9급 공무원 시험대비 **개정판**

박문각
공무원

기출문제

브랜드만족
1위
박문각

2025

노범석
한국사

노범석 편저

주제별 10개년 기출 분석

대표 유형+16개년 주요 기출문제

명쾌한 해설과 오답 분석

기출문제
1100제

동영상 강의 www.pmg.co.kr

끝날 때까지는 끝난 것이 아니다!

나의 강의와 교재는 언제나 당신의 나침반 역할을 하기를 자처해왔다.

"얼마나 빨리 가느냐"보다는 "어디로 가고 있느냐"가 더 중요하기 때문이다.

수험생활에 지름길은 없지만 올바른 길은 있으며 그 길은 성공한 여러 선배들의 경험에서 존중되어 온 원칙들에 근거를 두고 있다.

모든 과목에서 기출 문제는 시험의 기본 자료이자 최신 문제 유형을 파악하는데 가장 중요한 자료이기도 하다.

또한 기출문제를 통하여 어떤 내용이 출제될지를 예상할 수 있기도 하다. 따라서 금번 노범석 한국사 기출문제집은 최근 15여 년 간 출제된 주요 기출문제들을 단원별로 수록하였으며, 10년간 출제된 기출문제들은 주제별로 분석하여 중요도를 한눈에 파악할 수 있게 하였다. 그리고 오래전 기출문제라도 재출제 확률이 높은 경우에는 포함하였다.

기출문제는 문제 자체에 대한 풀이보다는 출제 경향에 맞추어 제시된 사료와 시대상에 대한 분석 능력과 개념의 학습 여부, 관련 시대상에 대한 이해 여부를 파악하는 것이 가장 중요한 나침반이 될 수 있다.

이제 이 책은 나의 책이 아닌 합격을 향해 쉼 없는 도전을 하고 있는 여러 수험생들의 책이다. 다시 한 번 여러분들의 믿음을 응원한다.

이 책이 나오기까지 많은 분들의 도움을 받았다. 연구실 직원들과 늘 학원에서 사는 저를 이해해준 가족들, 출판사 직원분들께 머리 숙여 감사하며 글을 마친다.

노량진 연구실에서 **노범석**

이 책의 구성과 특징
GUIDE

---

1 10년간 출제되었던 기출문제들을 주제별로 분석하여 중요도를 제시하였습니다.

TOP 01	79회 출제	삼국의 발전과 항쟁
TOP 02	21회 출제	통일 신라의 발전과 쇠퇴
TOP 02	21회 출제	발해의 발전과 쇠퇴
TOP 04	12회 출제	삼국의 대외 관계와 통일
TOP 05	10회 출제	통치 조직의 정비

2 16개년의 기출문제 중 중요 기출문제를 정선하여 수록하였고, 그 중 자주 출제되는 주제나 문제 형식을 대표유형 문제로 제시하였습니다.

삼국의 정치적 발전

대표유형

□□□

0055 다음 사건을 시기순으로 바르게 나열한 것은?

2022년 지방직 9급

(가) 신라의 한강 유역 확보   (나) 관산성 전투
(다) 백제의 웅진 천도   (라) 고구려의 평양 천도

① (가)→(라)→(나)→(다) ② (나)→(다)→(가)→(라)
③ (다)→(나)→(가)→(라) ④ (라)→(다)→(가)→(나)

3 매 문제마다 회독수와 문제 오답 유형을 체크할 수 있는 칸을 제시하여 효율적인 학습이 가능하도록 구성하였습니다.

□□□

0059 다음은 고구려에 대한 내용이다. (가), (나) 사이에 있었던 사실로 옳지 않은 것은?

2017년 국가직 9급

유사 2014년 법원직 9급 / 2012년 서울시

(가) 전진에서 불교를 받아들였고, 유학 교육 기관으로 태학을 설립하였으며, 율령을 공포하였다.
(나) 수도를 평양으로 옮기고, 백제의 수도 한성을 공격하여 개로왕을 죽였다.

4 실제 시험과 유사하게 정답표시 연습을 할 수 있도록 하였고, 틀린 문제에 대해 자기 점검을 할 수 있도록 하였습니다.

문항	번호				틀린 이유
0057	①	②	③	④	
0058	①	②	③	④	
0059	①	②	③	④	
0060	①	②	③	④	
0061	①	②	③	④	
0062	①	②	③	④	

해설

0057 밑줄 친 '왕'은 고국천왕을 일컫는다. ② 고국천왕은 한미한 가문 출신의 을파소를 국상으로 채용하여 진대법을 실시하였다. 진대법은 봄에 곡식을 빌려주었다가 가을에 추수하여 갚게 한 제도로, 이를 통해 농민들을 보호하고자 하였다.

5 명쾌한 해설과 꼼꼼한 오답 분석을 제시하여 학습에 불편함이 없도록 하였습니다.

해설

0141 제시된 자료는 발해 문왕의 업적에 대해 설명하고 있다. 발해 문왕의 재위 기간은 737년부터 793년까지로, 이 시기 신라는 경덕왕부터 원성왕까지 집권하고 있었다. ④ 원성왕 때인 788년 독서삼품과를 실시하였다. 독서삼품과는 독서 성적의 결과를 3등급으로 나누어 관료를 채용하는 제도이다.

오답노트 ① 녹읍이 폐지된 것은 신라 신문왕 때의 일로, 발해 문왕이 즉위하기 이전의 일이다. ② 청해진이 설치된 것은 9세기 흥덕왕 때의 일로, 발해 문왕 이후의 일이다. ③ 『삼대목』이 편찬된 것은 9세기 후반 진성여왕 때의 일로, 발해 문왕 이후의 일이다.

이 책의 차례
CONTENTS

Part

01

한국사의 이해,
선사 시대, 고조선과
여러 나라의 성장

Chapter 1 한국사의 이해, 선사 시대,
            고조선과 여러 나라의 성장

한국사의 이해, 선사 시대, 고조선과 여러 나라의 성장

CHAPTER 01

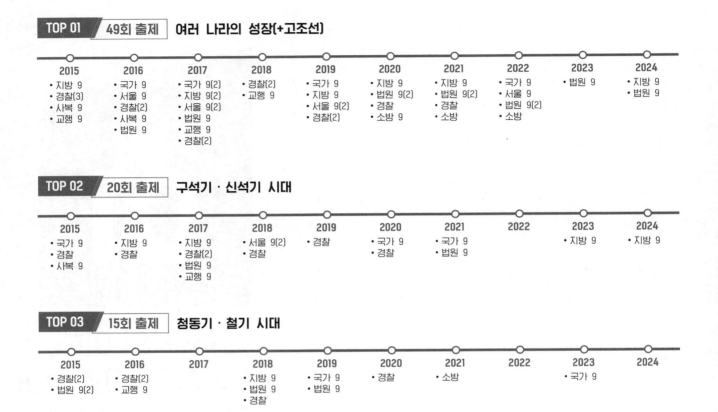

TOP 01 | **49회 출제** | **여러 나라의 성장(+고조선)**

2015	2016	2017	2018	2019	2020	2021	2022	2023	2024
• 지방 9	• 국가 9	• 국가 9(2)	• 경찰(2)	• 국가 9	• 지방 9	• 지방 9	• 국가 9	• 법원 9	• 지방 9
• 경찰(3)	• 서울 9	• 지방 9(2)	• 교행 9	• 지방 9	• 법원 9(2)	• 법원 9(2)	• 서울 9		• 법원 9
• 사복 9	• 경찰(2)	• 서울 9(2)		• 서울 9(2)	• 경찰	• 경찰	• 법원 9(2)		
• 교행 9	• 사복 9	• 법원 9		• 경찰(2)	• 소방 9	• 소방	• 소방		
	• 법원 9	• 교행 9							
		• 경찰(2)							

TOP 02 | **20회 출제** | **구석기 · 신석기 시대**

2015	2016	2017	2018	2019	2020	2021	2022	2023	2024
• 국가 9	• 지방 9	• 지방 9	• 서울 9(2)	• 경찰	• 국가 9	• 국가 9		• 지방 9	• 지방 9
• 경찰	• 경찰	• 경찰(2)	• 경찰		• 경찰	• 법원 9			
• 사복 9		• 법원 9							
		• 교행 9							

TOP 03 | **15회 출제** | **청동기 · 철기 시대**

2015	2016	2017	2018	2019	2020	2021	2022	2023	2024
• 경찰(2)	• 경찰(2)		• 지방 9	• 국가 9	• 경찰	• 소방		• 국가 9	
• 법원 9(2)	• 교행 9		• 법원 9	• 법원 9					
			• 경찰						

한국사의 바른 이해

대표유형

☐☐☐

0001 다음과 같은 주장에 가장 적합한 역사 서술은?

2011년 지방직 9급
유사 2010년 서울시 9급 / 2009년 국가직 9급

> 역사가는 자기 자신을 숨기고 과거가 본래 어떠한 상태에 있었는가를 밝히는 것을 자신의 지상 과제로 삼아야 하며, 이때 오직 역사적 사실로 하여금 말하게 하여야 한다.

① 궁예와 견훤의 흉악한 사람됨이 어찌 우리 태조와 서로 겨룰 수 있겠는가.

② 건국 초에 향리의 자제를 뽑아 서울에 머물게 하여 출신지의 일에 대하여 자문하였는데, 이를 기인이라고 한다.

③ 묘청 등이 승리하였다면 조선사가 독립적, 진취적으로 진전하였을 것이니, 이 사건을 어찌 일천년래 제일대사건이라 하지 아니하랴.

④ 토문 이북과 압록 이서의 땅이 누구의 것인지 알지 못하게 하였으니 (중략) 고려가 약해진 것은 발해를 차지하지 못하였기 때문이다.

☐☐☐

0002 다음 글을 근거로 할 때, 사료를 탐구하는 자세로 옳지 않은 것은?

2016년 국가직 9급
유사 2010년 지방직 9급 / 2008년 국가직 9급

> 역사라는 말은 사람에 따라 다양한 뜻으로 사용되고 있지만, 일반적으로 '과거에 있었던 사실'과 '조사되어 기록된 과거'라는 두 가지 뜻을 지니고 있다. 즉, 역사는 '사실로서의 역사'와 '기록으로서의 역사'라는 두 측면이 있다. 전자가 객관적 의미의 역사라면, 후자는 주관적 의미의 역사라 할 수 있다. 우리가 역사를 배운다고 할 때, 이것은 역사가들이 선정하여 연구한 '기록으로서의 역사'를 배우는 것이다.

① 사료는 과거에 있었던 사실이므로 그대로 사실로서의 역사라고 판단한다.

② 사료를 이해하기 위해 그 사료가 기록된 당시의 전반적인 시대 상황을 살펴본다.

③ 사료 또한 사람에 의해 기록된 과거이므로, 기록한 역사가의 가치관을 분석한다.

④ 동일한 사건 또는 같은 시대를 다루고 있는 여러 다른 사료와 비교·검토해 본다.

문항	번호				틀린 이유
0001	①	②	③	④	
0002	①	②	③	④	

해설

0001 제시된 자료가 주장하는 바는 사실로서의 역사, 객관적 역사를 말한다. ② 고려 때 시행된 기인 제도를 객관적으로 설명하고 있다.

오답노트 ①,③,④ 모두 저자의 견해가 들어간 것으로, 기록으로서의 역사, 즉 주관적 역사에 적합한 서술이다.

0002 ① 역사뿐만 아니라 사료도 당대 사람들의 주관에 의해 재구성된 것으로 그대로 '사실로서의 역사'로 판단할 수 없다.

오답노트 ②,③ 사료 내적 비판에 대한 설명이다. 기록된 내용의 진실성을 확인하기 위해서는 기록자의 신용과 능력(ex. 기록한 역사가의 가치관) 및 기록자와 사실과의 관계(ex. 전반적인 시대 상황) 등을 규명해야 한다. ④ 동시대의 사료라도 기록자의 주관에 따라 다르게 구성되었을 수 있기 때문에 사료 비판에서는 동일 사건에 대해 기록한 여러 사료들을 비교·검토하는 것이 중요하다.

PART 01

Answer 0001 ② 0002 ①

우리나라의 선사 시대(구석기 · 신석기)

0003 밑줄 친 '주먹도끼'가 사용된 시대에 대한 설명으로 옳은 것은?

2023년 지방직 9급

이 유적은 경기도 연천군 한탄강 언저리에 넓게 위치하고 있다. 이곳에서 아슐리안 계통의 <u>주먹도끼</u>가 다량으로 출토되어 더욱 많은 관심이 집중되었다. 이곳에서 발견된 <u>주먹도끼</u>는 그 존재 유무로 유럽과 동아시아 문화가 나뉘어진다고 한 모비우스의 학설을 무너뜨리는 결정적 증거가 되었다.

① 동굴이나 바위 그늘, 강가의 막집 등에서 살았다.
② 내부에 화덕이 있는 움집이 일반적인 주거 형태였다.
③ 토기를 만들어 음식을 조리하거나 식량을 저장하였다.
④ 구릉에 마을을 형성하고 그 주변에 도랑을 파고 목책을 둘렀다.

0004 (가) 시기의 생활상에 대한 설명으로 옳은 것은?

2020년 국가직 9급

유사 2012년 경찰 2차 / 2004년 경기도 9급

1935년 두만강 가의 함경북도 종성군 동관진에서 한반도 최초로 (가) 시대 유물인 석기와 골각기 등이 발견되었다. 발견 당시 일본에서는 (가) 시대 유물이 출토되지 않은 상황이었다.

① 반달 돌칼을 이용하여 벼를 수확하였다.
② 넓적한 돌 갈판에 옥수수를 갈아서 먹었다.
③ 사냥이나 물고기잡이 등을 통해 식량을 얻었다.
④ 영혼 숭배 사상이 있어 사람이 죽으면 흙 그릇 안에 매장하였다.

0005 한반도 선사 시대에 대한 설명으로 옳지 않은 것은?

2017년 지방직 9급(상)

유사 2017년 경기북부 여경 / 2015년 국가직 7급 / 2013년 경찰 1 · 2차 / 2012년 서울시 9급 / 2007년 국가직 9급

① 구석기 시대 전기에는 주먹도끼와 슴베찌르개 등이 사용되었다.
② 신석기 시대 집터는 대부분 움집으로 바닥은 원형이나 모서리가 둥근 사각형이다.
③ 신석기 시대 사람들은 조개류를 많이 먹었으며, 때로는 장식으로 이용하기도 하였다.
④ 청동기 시대의 전형적인 유물로는 비파형 동검 · 붉은 간토기 · 반달 돌칼 · 홈자귀 등이 있다.

0006 신석기 시대에 대한 설명으로 옳지 않은 것은?

2024년 지방직 9급

① 가락바퀴와 뼈바늘로 옷이나 그물을 만들었다.
② 군장이 죽으면 그의 권력을 상징하는 고인돌을 만들었다.
③ 동물 뼈나 조개껍데기로 된 목걸이나 팔찌를 만들어 착용하였다.
④ 일부 지역에서는 농경이 시작되어 조, 피, 수수 등을 재배하였다.

PART 01

대표유형

□□□

0007 신석기 시대 유적과 유물을 바르게 연결한 것만을 모두 고르면?

2021년 국가직 9급

┌─ 보기 ─────────────────────────┐
ㄱ. 양양 오산리 유적 – 덧무늬 토기
ㄴ. 서울 암사동 유적 – 빗살무늬 토기
ㄷ. 공주 석장리 유적 – 미송리식 토기
ㄹ. 부산 동삼동 유적 – 아슐리안형 주먹 도끼
└──────────────────────────────┘

① ㄱ, ㄴ
② ㄱ, ㄹ
③ ㄴ, ㄷ
④ ㄷ, ㄹ

□□□

0008 〈보기〉의 유적들이 등장한 시대의 사회상에 대한 설명으로 가장 옳은 것은?

2018년 서울시 9급(상)

유사 2018년 경찰 1차 / 2017년 법원직 9급 / 2013년 경찰간부

┌─ 보기 ─────────────────────────┐
• 서울 암사동 유적   • 제주 고산리 유적
• 양양 오산리 유적   • 부산 동삼동 유적
└──────────────────────────────┘

① 움집을 청산하고 지상 가옥에서 거주하기 시작하였다.
② 벼농사를 위하여 각종 수리 시설이 축조되었다.
③ 조개무지(패총)를 많이 남겼다.
④ 마을을 보호하기 위한 방어 시설이 발전하였다.

문항	번호				틀린 이유
0003	①	②	③	④	
0004	①	②	③	④	
0005	①	②	③	④	
0006	①	②	③	④	
0007	①	②	③	④	
0008	①	②	③	④	

해설

0003 밑줄 친 '주먹도끼'는 구석기 시대의 대표적 유물이다. ① 구석기 시대의 사람들은 동굴이나 바위 그늘에서 살거나 강가에 막집을 짓고 살았다.

오답노트 ② 신석기 · 청동기 시대의 주거 형태에 대한 설명이다. ③ 신석기 시대부터 토기를 만들기 시작하였다. ④ 청동기 시대의 주거 형태에 대한 설명이다.

0004 1935년에 함경북도 동관진에서 구석기 유적이 발견되었다. ③ 구석기 시대에는 동물의 뼈나 뿔로 만든 뼈 도구와 뗀석기로 사냥과 채집, 물고기잡이 등을 하면서 생활하였다.

오답노트 ① 청동기 시대에 대한 설명이다. ② 신석기 시대에 대한 설명이다. ④ 신석기 시대에 들어와 사후에도 영혼은 없어지지 않는다고 여겨 영혼 숭배가 나타났으며, 이에 따라 죽은 사람을 흙 그릇 등에 매장하는 풍습이 생겨났다.

0005 ① 슴베찌르개는 구석기 후기에 등장한 대표적인 석기로, 주로 창의 기능을 하였다.

오답노트 ② 신석기 시대 집터는 대개 움집으로, 바닥은 원형이나 모서리가 둥근 사각형이다. ③ 신석기 시대에는 조개더미(패총)나 조개껍데기로 만든 가면 등이 많이 출토되어, 신석기인들이 조개류를 많이 먹었으며 장식으로도 이용했음을 알 수 있다. ④ 비파형 동검, 붉은 간 토기, 반달 돌칼, 홈자귀 등은 청동기 시대의 유물들이다.

0006 ② 청동기 시대에는 지배층(군장)의 무덤인 고인돌이 만들어졌다. 고인돌은 당시 지배층의 정치 권력과 경제력을 잘 보여 주는 유물이다.

오답노트 ①,④ 신석기 시대에 대한 설명이다. ③ 신석기 시대의 예술 활동에 대한 설명이다.

0007 ㄱ. 양양 오산리 유적은 신석기 시대의 유적지로서, 덧무늬 토기 등이 출토되고 있다. ㄴ. 서울 암사동 유적은 신석기 시대의 유적지로서, 빗살무늬 토기 등이 출토되고 있다.

오답노트 ㄷ. 공주 석장리 유적지는 대표적인 구석기 시대의 유적지이고, 미송리식 토기는 청동기 시대의 유물이다. ㄹ. 부산 동삼동 유적지는 신석기 시대의 유적지가 맞지만, 아슐리안형 주먹 도끼는 구석기 시대의 유물이다.

0008 제시된 자료의 유적들은 신석기 시대의 대표적인 유적지이다. ③ 신석기 시대의 유적지에서는 조개더미(패총)가 많이 발견되고 있다. 이를 통해 신석기인들은 조개류를 많이 먹었음을 알 수 있다.

오답노트 ① 움집이 점차 지상 가옥으로 바뀌어 가기 시작한 것은 청동기 시대부터이다. ② 철기 시대에 들어와 벼농사가 발달하여 각종 수리 시설이 축조되기 시작하였다. ④ 청동기 시대에 들어와 방어 및 의례의 목적으로 마을 주변에 환호를 두르고 목책을 설치하였다.

Answer 0003 ① 0004 ③ 0005 ① 0006 ② 0007 ① 0008 ③

□□□

0009 다음 토기가 사용된 시기의 생활상으로 옳지 않은 것은?

2019년 국가직 7급

이 토기는 그릇의 표면에 점토 띠를 덧붙여 각종 문양 효과를 내었으며, 바닥은 평저 또는 원저로 이루어져 있다. 대표적인 예로 부산 동삼동, 울주 신암리, 양양 오산리 유적 등에서 출토된 것이 있다.

① 움집에서 주거 생활을 하였다.
② 검은 간 토기를 함께 사용하였다.
③ 가락바퀴를 이용해 옷을 만들었다.
④ 농경이 시작되어 조와 기장 등을 경작하였다.

□□□

0010 ㉠ 시대에 대한 설명으로 옳은 것은?

2019년 지방직 7급

유사 2020년 경찰 2차 / 2016년 경찰 2차 / 2015년 경찰 2차

제주도 고산리 유적은 ┌─㉠─┐ 시대의 연대를 앞당길 수 있는 단서를 제공해 주고 있다. 여기에서 출토된 삼각형 모양의 돌화살촉과 이른 민무늬 토기를 분석하여 ┌─㉠─┐ 시대가 기원전 8,000년경부터 시작되었음을 알게 되었다. 출토된 토기는 일명 '고산리식 토기'라고 불린다.

① 고인돌에 간돌검을 부장하였다.
② 가락바퀴를 이용하여 옷감을 만들었다.
③ 명도전, 반량전 등의 화폐를 사용하였다.
④ 반달 돌칼을 사용하여 이삭을 수확하였다.

□□□

0011 밑줄 친 '이 토기'가 주로 사용되었던 시대에 대한 설명으로 옳은 것은?

2016년 지방직 9급

유사 2016년 지방직 7급 / 2014년 서울시 9급

이 토기는 팽이처럼 밑이 뾰족하거나 둥글고, 표면에 빗살처럼 생긴 무늬가 새겨져 있다. 곡식을 담는 데 많이 이용된 이 토기는 전국 각지에서 출토되고 있는데, 대표적 유적지는 서울 암사동, 봉산 지탑리 등이다.

① 농경과 정착 생활이 이루어졌다.
② 고인돌이나 돌널무덤을 만들었다.
③ 빈부의 격차가 나타나고 계급이 발생하였다.
④ 군장이 부족의 풍요와 안녕을 기원하는 제사를 지냈다.

□□□

0012 밑줄 친 '이 시대'의 사회 모습으로 옳은 것은?

2015년 국가직 9급

유사 2017년 교육행정직 9급

이 시대의 황해도 봉산 지탑리와 평양 남경 유적에서 탄화된 좁쌀이 발견되는 것으로 보아 잡곡류 경작이 이루어졌음을 알 수 있다. 농경의 발달로 수렵과 어로가 경제 생활에서 차지하는 비중이 줄어들기 시작하였지만, 여전히 식량을 얻는 중요한 수단이었다. 한편 가락바퀴나 뼈바늘을 이용하여 옷이나 그물을 만드는 등 원시적인 수공업 생산이 이루어지기 시작하였다.

① 생산물의 분배 과정에서 사유 재산 제도가 등장하였다.
② 마을 주변에 방어 및 의례 목적으로 환호(도랑)를 두르기도 하였다.
③ 흑요석의 출토 사례로 보아 원거리 교류나 교역이 있었음을 알 수 있다.
④ 집자리는 주거용 외에 창고, 작업장, 집회소, 공공 의식 장소 등도 확인되었다.

□□□
0013 다음 유물이 만들어진 시대의 사회상으로 옳은 것은?

2014년 지방직 9급

유사 2015년 서울시 7급 / 2015년 사회복지직 9급 / 2010년 지방직 7급

- 충북 청주 산성동 출토 가락바퀴
- 경남 통영 연대도 출토 치레걸이
- 인천 옹진 소야도 출토 조개껍데기 가면
- 강원 양양 오산리 출토 사람 얼굴 조각상

① 한자의 전래로 붓이 사용되었다.
② 무덤은 일반적으로 고인돌이 사용되었다.
③ 조, 피 등을 재배하는 농경이 시작되었다.
④ 반량전, 오수전 등의 중국 화폐가 사용되었다.

청동기 · 초기 철기 시대

□□□
0014 다음 유물이 사용된 시대에 대한 설명으로 옳은 것은?

2023년 국가직 9급

미송리식 토기, 팽이형 토기, 붉은 간 토기

① 비파형 동검이 사용되었다.
② 오수전 등의 화폐가 사용되었다.
③ 아슐리안형 주먹 도끼가 사용되었다.
④ 철이 많이 생산되어 낙랑과 왜에 수출되었다.

문항	번호				틀린 이유
0009	①	②	③	④	
0010	①	②	③	④	
0011	①	②	③	④	
0012	①	②	③	④	
0013	①	②	③	④	
0014	①	②	③	④	

해설

0009 제시된 자료는 신석기 시대의 토기인 덧무늬 토기에 대해 설명하고 있다. 덧무늬 토기는 그릇의 표면에 띠 모양의 흙을 덧붙여 각종 무늬를 낸 토기로, 신석기 시대의 유적지인 부산 동삼동 · 울주 신암리 · 양양 오산리 유적지 등에서 출토되고 있다. ② 검은 간 토기는 초기 철기 시대에 사용된 토기이다.

오답노트 ① 신석기 시대의 주거 생활에 대한 설명이다. ③ 신석기 시대에는 가락바퀴를 이용하여 옷을 만들기도 하였다. ④ 신석기 시대에 들어와 농경이 시작되어 조 · 기장 등 잡곡류를 경작하였다.

0010 제주도 고산리 유적지에서는 우리나라에서 확인된 가장 오래된 신석기 시대의 토기인 고산리 토기가 출토되어, 신석기 시대의 연대를 앞당길 수 있는 단서를 제공해주고 있다. 따라서 ⊙ 시대는 신석기 시대이다. ② 신석기 시대에는 가락바퀴 등을 이용해서 옷을 만들었다.

오답노트 ① 고인돌, 간돌검 등은 청동기 시대의 유물들이다. ③ 명도전, 반량전 등의 화폐가 사용된 것은 초기 철기 시대의 일이다. ④ 반달 돌칼이 추수용 농기구로 사용된 것은 청동기 시대의 일이다.

0011 밑줄 친 '이 토기'는 신석기 시대의 빗살무늬 토기이다. ① 신석기 시대에 들어와 농경이 시작되었고, 정착 생활을 하게 되었다.

오답노트 ② 고인돌과 돌널무덤은 청동기 시대에 만들어진 무덤들이다. ③,④ 청동기 시대에 대한 설명들이다. 청동기 시대에 들어와 생산력이 더욱 증가하여 사유 재산과 계급이 나타나게 되었다. 이에 따라 '군장'이라는 지배 세력도 등장했는데, 이들은 하늘에 제사를 지내는 일 등 종교 의식까지 주관하여 더욱 권위를 가질 수 있었다.

0012 밑줄 친 '이 시대'는 신석기 시대이다. ③ 신석기 시대의 오산리와 동삼동 유적을 비롯하여 한반도 동북부와 남해안의 각 지역에는 흑요석으로 만든 석기가 다량 출토되고 있다. 흑요석은 한반도 남부에서는 생산되지 않기 때문에 다른 지역으로부터 교역을 통하여 구입하였음을 알 수 있다. 흑요석의 산지로 밝혀진 곳은 백두산, 시베리아, 일본 오도제도(五島諸島) 등이 있으며, 한반도 남부 지역에서 발견된 흑요석을 통해 일본 규슈 지역과 원거리 교역이 있었다고 추정하고 있다.

오답노트 ①,②,④ 청동기 시대에 대한 설명이다.

0013 제시된 유물들은 모두 신석기 시대에 제작되었다. ③ 신석기 시대에 처음으로 조, 피 등을 경작하는 농경이 시작되었다.

오답노트 ① 철기 시대 유적지인 경남 창원 다호리에서 나온 붓은 이 시기에 이미 한자를 쓰고 있었음을 보여 준다. ② 고인돌, 돌널무덤 등은 청동기 시대의 대표적인 무덤 양식이다. ④ 철기와 함께 출토되는 명도전, 반량전, 오수전 등 중국 화폐는 철기 시대에 중국과 활발하게 교류했음을 보여 준다.

0014 제시된 자료는 청동기 시대에 사용된 토기들을 나열한 것이다. ① 청동기 시대에는 칼날 모양이 비파라는 악기를 닮은 비파형 동검이 사용되었다.

오답노트 ② 초기 철기 시대의 일이다. ③ 구석기 시대에 대한 설명이다. ④ 변한에 대한 설명이다.

Answer 0009 ② 0010 ② 0011 ① 0012 ③ 0013 ③ 0014 ①

0015 다음은 각 유물과 그것이 사용되던 시기의 사회 모습에 대한 설명이다. 옳은 것만을 모두 고르면?

2018년 지방직 9급
유사 2015년 지방직 7급 / 2015년 경찰 3차

㉠ 슴베찌르개 – 벼농사를 짓기 시작하였고 나무로 만든 농기구를 사용하였다.
㉡ 붉은 간 토기 – 거친무늬 거울을 사용하여 제사를 지내거나 의식을 거행하였다.
㉢ 반달 돌칼 – 농사를 짓기 시작했지만 아직 지배와 피지배 관계는 발생하지 않았다.
㉣ 눌러찍기무늬 토기 – 가락바퀴와 뼈바늘을 이용하여 옷이나 그물을 만들어 사용하였다.

---

① ㉠, ㉡   ② ㉠, ㉢
③ ㉡, ㉣   ④ ㉢, ㉣

0016 밑줄 친 '이 시기'에 해당하는 사실로 옳은 것은?

2017년 국가직 9급(하)

이 시기에는 반달 돌칼 등 다양한 간석기가 사용되었고 민무늬 토기를 비롯한 토기의 종류도 다양해졌으며, 고인돌과 돌널무덤이 만들어졌다.

---

① 목을 길게 단 미송리식 토기가 사용되었다.
② 용호동 유적에서 불 땐 자리가 확인되었다.
③ 주로 동굴이나 강가의 막집에 거주하였다.
④ 농경과 목축이 시작되었다.

0017 청동기 시대의 유적과 유물에 대한 설명으로 옳은 것은?

2019년 국가직 9급
유사 2014년 경찰 1차

① 연천 전곡리에서는 사냥 도구인 주먹 도끼가 출토되었다.
② 창원 다호리에서는 문자를 적는 붓이 출토되었다.
③ 강화 부근리에서는 탁자식 고인돌이 발견되었다.
④ 서울 암사동에서는 곡물을 담는 빗살무늬 토기가 나왔다.

0018 선사 시대의 생활상과 문화에 대한 설명으로 가장 적절하지 않은 것은?

2019년 경찰 2차
유사 2020년 경찰 1차 / 2018년 경찰간부 / 2018년 경찰 1차 /
2017년 경찰 1차 / 2016년 경찰 1차 / 2012년 지방직 7급

① 후기 구석기 시대에는 슴베찌르개가 제작되었다.
② 동삼동 패총에서는 조개껍데기 가면이 출토되어 신석기 시대 사람들의 예술 활동을 알려준다.
③ 신석기 시대에는 조, 피, 수수 등이 재배되었고 벼농사가 본격적으로 이루어졌다.
④ 청동기 시대에는 고인돌이 등장하고 미송리식 토기가 사용되었다.

□□□
0019 다음 유물이 대표하는 시기의 사회 모습으로 가장 옳은 것은?

2019년 법원직 9급

유사 2020년 국가직 7급 / 2016년 교육행정직 9급 / 2010년 법원직 9급

① 농경이 시작되었다.
② 불교를 받아들였다.
③ 계급 사회가 성립되었다.
④ 주로 동굴이나 막집에서 살았다.

□□□
0020 청동기 시대의 생활상에 대한 설명으로 옳은 것은?

2016년 국가직 7급

① 정교하고 날카로운 간돌검을 사용하였다.
② 빗살무늬 토기에 도토리 등을 저장하였다.
③ 유적으로는 상원 검은모루, 공주 석장리 등이 있다.
④ 주먹 도끼, 찍개 등 돌로 된 사냥 도구를 만들었다.

문항	번호				틀린 이유
0015	①	②	③	④	
0016	①	②	③	④	
0017	①	②	③	④	
0018	①	②	③	④	
0019	①	②	③	④	
0020	①	②	③	④	

해설

0015 ㉡ 붉은 간 토기는 청동기 시대에 사용된 토기이다. 청동기 시대의 유적지에는 거친무늬 거울이 출토되었는데, 주로 제사용으로 사용된 것으로 보인다. ㉣ 눌러찍기무늬(압인문) 토기는 신석기 전기에 사용된 토기이다. 신석기 시대의 유적지에는 가락바퀴나 뼈바늘이 출토되어 이 시기에 옷이나 그물을 만들었음을 알 수 있다.

오답노트 ㉠ 슴베찌르개는 주로 구석기 후기에 사용되었다. 벼농사를 짓기 시작한 것은 청동기 시대부터이다. ㉢ 반달 돌칼은 청동기 시대의 농기구이다. 농사를 짓기 시작했지만, 아직 지배와 피지배 관계가 발생하지 않은 시기는 신석기 시대이다.

0016 밑줄 친 '이 시기'는 청동기 시대이다. ① 청동기 시대에는 목이 길고 넓게 올라가서 다시 안으로 오므라드는 것이 특징인 미송리식 토기가 사용되었다.

오답노트 ②, ③ 구석기 시대. ④ 신석기 시대에 대한 설명이다.

0017 ③ 강화도 부근리에서는 청동기 시대의 무덤 양식인 탁자식 고인돌이 발견되었다.

오답노트 ① 연천 전곡리는 구석기 시대의 유적지이다. ② 창원 다호리는 초기 철기 시대의 유적지로, 이곳에서는 오수전과 붓 등이 출토되었다. ④ 서울 암사동은 신석기 시대의 유적지이다.

0018 ③ 신석기 시대부터 농경이 시작되어, 조·피·수수 등이 재배되었다. 그러나 벼농사는 청동기 시대에 일부 저습지에서 짓기 시작하여, 초기 철기 시대에 들어와 철기 농기구의 사용 등으로 인해 본격적으로 발달하였다.

오답노트 ① 후기 구석기 시대에 들어와 슴베찌르개가 등장하였다. ② 부산 동삼동 패총에서는 조개껍데기 가면 등이 출토되었는데, 이를 통해 신석기 시대의 예술상을 알 수 있다. ④ 청동기 시대에는 고인돌·돌널무덤 등의 무덤이 만들어졌고, 미송리식 토기 등이 사용되었다.

0019 제시된 자료는 청동기 시대의 유물인 반달 돌칼이다. ③ 청동기 시대에 들어와 생산 경제가 이전보다 발달함에 따라 사유 재산 제도와 계급이 발생하였다.

오답노트 ① 신석기 시대의 일이다. ② 불교를 수용한 것은 철기 시대 이후인 고대 국가 시대의 일이다. ④ 구석기 시대의 주거 생활에 대한 설명이다.

0020 ① 청동기 시대의 유적지에는 정교하고 날카롭게 갈아 만든 간돌검(마제석검)이 많이 발견되었다. 간돌검은 의기용으로 사용한 청동검과는 달리 주로 실용적인 용도로 제작되었다고 추정된다.

오답노트 ② 신석기 시대에 대한 설명이다. 신석기 시대에는 도토리를 주식으로 삼았다. ③ 구석기 시대 유적지에 대한 설명이다. ④ 주먹 도끼와 찍개는 구석기 시대의 대표적인 뗀석기 사냥 도구이다.

Answer 0015 ③ 0016 ① 0017 ③ 0018 ③ 0019 ③ 0020 ①

0021 (가), (나) 시대의 사회상과 유적이 바르게 연결된 것을 〈보기〉에서 모두 고르면?

2014년 국가직 7급

(가) 동물의 뼈나 뿔로 만든 뼈 도구와 뗀석기를 가지고 사냥과 채집을 하면서 생활하였다.

(나) 고인돌이 만들어지고 계급이 형성되는 한편 군장 국가가 등장하였다.

─〔보기〕─

㉠ (가) - 동굴 유적지로 덕천 승리산, 제천 점말, 청원 두루봉이 있다.

㉡ (나) - 금속을 다루는 전문 장인이 나타나고 사유 재산 제도가 발달하였다.

㉢ (가) - 반달 돌칼과 구멍 뚫린 돌자귀를 만들어 농경에 활용하였다.

㉣ (나) - 서울 암사동과 황해도 봉산 지탑리가 주요 유적지이다.

① ㉠, ㉡   ② ㉠, ㉢

③ ㉡, ㉣   ④ ㉢, ㉣

0022 다음 설명에 해당하는 토기는?

2013년 국가직 7급
유사 2007년 법원직 9급

밑이 납작한 항아리 양쪽 옆으로 손잡이가 하나씩 달리고 목이 넓게 올라가서 다시 안으로 오므라들고, 표면에 집선 (集線) 무늬가 있는 것이 특징이다. 주로 청천강 이북, 요령성과 길림성 일대에 분포한다. 이 토기는 고인돌, 거친무늬 거울, 비파형 동검과 함께 고조선의 특징적인 유물로 간주된다.

① 검은 간 토기
② 미송리식 토기
③ 눌러찍기무늬 토기
④ 덧띠새김무늬 토기

0023 다음 ㉠~㉣에 들어갈 말을 바르게 배열한 것은?

2012년 국가직 9급

• 기원전 8~7세기 무렵에 (㉠)도 본격화되기 시작했다.

• 일반적으로 (㉡)은 식량 채집 단계로부터 식량 생산 단계로의 변화를 낳은 농업 혁명을 말한다.

• (㉢)과 뒤를 이은 (㉣)을 대표적인 유물로 하는 청동기 문화는 황하나 내몽골 지역의 것과는 구별되는 독자적인 개성을 지닌 것이었다.

	㉠	㉡	㉢	㉣
①	벼농사	신석기 혁명	비파형 동검	세형 동검
②	벼농사	청동기 혁명	세형 동검	비파형 동검
③	보리농사	신석기 혁명	세형 동검	비파형 동검
④	보리농사	청동기 혁명	비파형 동검	세형 동검

0024 (가)~(라)에 대한 설명으로 옳은 것을 〈보기〉에서 모두 고른 것은?

2011년 지방직 7급
유사 2015년 법원직 9급 / 2011년 법원직 9급

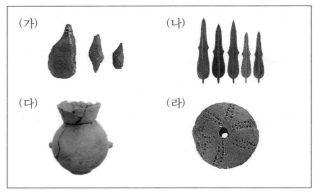

─〔보기〕─

㉠ (가)의 슴베찌르개는 주로 구석기 시대 후기에 이르러 사용하였는데, 이것은 창의 기능을 하였다.

㉡ (나)는 만주로부터 한반도에 이르는 넓은 지역에서 출토되어, 이 지역이 같은 문화권에 속하였음을 보여 준다.

㉢ (다)는 신석기 시대의 대표적인 토기이다.

㉣ (라)는 원시적 수공업 생산이 이루어졌음을 보여 주는 유물이다.

① ㉠, ㉡   ② ㉡, ㉢

③ ㉠, ㉡, ㉣   ④ ㉡, ㉢, ㉣

□□□

0025 다음 유물들을 통해 알 수 있는 사실로 가장 옳은 것은?

2014년 법원직 9급

유사 2012년 국가직 7급 / 2004년 강원도 9급

① 계급의 분화가 시작되었다.
② 농경을 처음으로 시작하였다.
③ 중국과 활발하게 교류하였다.
④ 철제 농기구의 사용이 보편화되었다.

고조선 건국과 발전

대표
유형

□□□

0026 다음과 같은 법이 있었던 국가에 대한 설명으로 옳지 않은 것은?

2024년 지방직 9급

• 사람을 죽이면 즉시 사형에 처한다.
• 남에게 상처를 입히면 곡식으로 배상한다.
• 남의 물건을 훔친 자는 그 집의 노비로 삼는데, 스스로 죄를 면제받고자 하는 자는 50만을 내야 한다.

① 동맹이라는 제천 행사가 있었다.
② 상, 대부, 장군 등의 관직을 두었다.
③ 위만이 준왕을 몰아내고 왕이 되었다.
④ 중국의 한과 한반도 남부 사이에서 중계 무역을 하였다.

문항	번호				틀린 이유
0021	①	②	③	④	
0022	①	②	③	④	
0023	①	②	③	④	
0024	①	②	③	④	
0025	①	②	③	④	
0026	①	②	③	④	

해설

0021 (가)는 구석기 시대, (나)는 청동기 시대이다. ㉠ 덕천 승리산, 제천 점말, 청원 두루봉은 모두 구석기 시대의 동굴 유적이다. ㉡ 청동기 시대에는 생산 경제가 이전보다 발달하고 청동기 제작과 관련된 전문 장인이 나타났다. 또한 생산력의 증가로 사유 재산이 늘어나면서 빈부의 차이와 계급이 발생하였다.
오답노트 ㉢ 반달 돌칼과 구멍 뚫린 돌자귀(홈자귀)는 청동기 시대의 농기구이다. ㉣ 서울 암사동과 황해도 봉산 지탑리는 대표적인 신석기 시대의 유적지이다.

0022 ② 제시된 자료는 청동기 시대의 미송리식 토기에 대한 설명이다.
오답노트 ① 검은 간 토기는 철기 시대의 토기이다. ③ 눌러찍기무늬 토기는 신석기 시대의 토기이다. ④ 덧띠새김무늬 토기는 신석기 시대 말기부터 나타난 새로운 양식의 토기로서, 청동기 시대의 가장 이른 시기를 대표한다.

0023 ㉠ 기원전 8~7세기 무렵은 청동기 시대이다. 신석기 시대부터 시작된 농경은 청동기 시대부터 본격화되어 일부 지역에서는 벼농사를 지었다. 청동기 시대의 탄화미 출토 유적지는 그런 사실을 뒷받침한다. ㉡ 식량 채집 단계로부터 식량 생산 단계로의 변화를 가져온 농업 혁명은 신석기 혁명이다. ㉢ 비파형 동검이다. ㉣ 청동기 후반 이후, 비파형 동검은 세형 동검으로 그 형태가 변하여 갔다.

0024 (가) 슴베찌르개, (나) 비파형 동검, (다) 미송리식 토기, (라) 가락바퀴이다. ㉠ 슴베찌르개는 주로 구석기 후기에 사용되었다. ㉡ 비파형 동검은 주로 만주 요녕성에서 집중적으로 출토되고 있으나 한반도에서도 상주, 부여 송국리, 전라남도 해안가 등 여러 곳에서 동일한 형태의 동검이 출토되었다. ㉣ 가락바퀴는 옷을 만들 때 사용한 도구로, 원시적 수공업 생산이 이루어졌음을 알 수 있다.
오답노트 ㉢ 미송리식 토기는 청동기 시대의 토기이다. 신석기 시대의 대표적인 토기는 빗살무늬 토기이다.

0025 왼쪽에서부터 명도전, 반량전, 붓(창원 다호리 유적에서 발견)이다. ③ 철기와 함께 위의 유물(명도전, 반량전, 붓)이 출토되어, 당시 중국과 활발하게 교류했음을 알 수 있다.
오답노트 ① 청동기 시대, ② 신석기 시대에 대한 설명이다. ④ 6세기 삼국 시대 이후의 일이다.

0026 제시된 자료는 고조선의 8조법이다. ① 동맹은 초기 고구려의 제천 행사이다.
오답노트 ② 고조선에는 상, 대부, 장군, 박사 등의 관직이 있었다. ③ 기원전 194년 위만은 왕검성에 쳐들어가 준왕을 몰아내고 스스로 왕이 되었다. ④ 위만 조선의 경제 활동에 대한 설명이다.

Answer 0021 ① 0022 ② 0023 ① 0024 ③ 0025 ③ 0026 ①

대표유형

□□□

0027 (가)와 (나) 시기 고조선에 대한 〈보기〉의 설명으로 옳은 것만을 고른 것은?

2016년 국가직 9급
유사 2009년 지방직 7급

	(가)	(나)	
기원전 2333년 단군의 등장	기원전 194년 위만의 집권	기원전 108년 왕검성 함락	

─[보기]─

㉠ (가) – 왕 아래 대부, 박사 등의 직책이 있었다.
㉡ (가) – 고조선 지역에 한(漢)의 창해군이 설치되었다.
㉢ (나) – 철기 문화를 본격적으로 수용하며, 중계 무역의 이득을 취하였다.
㉣ (나) – 비파형 동검과 고인돌의 분포를 통하여 통치 지역을 알 수 있다.

① ㉠, ㉢
② ㉠, ㉣
③ ㉡, ㉢
④ ㉡, ㉣

□□□

0028 밑줄 친 '법'을 시행한 나라에 대한 설명으로 가장 옳은 것은?

2023년 법원직 9급
유사 2020년 경찰 / 2020년 소방직 / 2019년 서울시 9급 / 2019년 경찰 /
2017년 국가직 7급(하) / 2017년 서울시 9급

백성들에게 금하는 법 8조를 만들었다. 사람을 죽인 자는 즉시 죽이고, 남에게 상처를 입힌 자는 곡식으로 갚는다. 도둑질한 자는 노비로 삼는다. 용서받고자 하는 자는 한 사람마다 50만 전을 내야 한다. … 여자들은 모두 정숙하여 음란하고 편벽된 짓을 하지 않았다. ─ 『한서』

① 서옥제라는 혼인 풍습이 있었다.
② 해마다 영고라는 제천 행사를 열었다.
③ 목지국의 지배자가 왕으로 추대되었다.
④ 한 무제가 보낸 군대의 침공으로 멸망하였다.

□□□

0029 (가) 나라에 대한 설명으로 가장 옳은 것은?

2022년 법원직 9급

┌─────────────────────────────────┐
│ (가) 의 문화 및 세력 범위를 추정할 수 있는 유물들 │
└─────────────────────────────────┘

① 상·대부·장군 등의 관직을 두었다.
② 읍군, 삼로 등이 하호를 통치하였다.
③ 계루부 출신의 왕이 5부의 대가들과 함께 통치하였다.
④ 사람이 죽으면 가매장한 다음 뼈만 추려 목곽에 안치하였다.

□□□

0030 밑줄 친 ㉠~㉣에 대한 해석으로 적절하지 않은 것은?

2021년 법원직 9급

옛날 ㉠환인의 아들 환웅이 천부인 3개와 3,000명의 무리를 이끌고 태백산 신단수 밑에 내려왔는데, 이곳을 신시라 하였다. 그는 ㉡풍백, 우사, 운사로 하여금 인간의 360여 가지의 일을 주관하게 하였는데 그 중에서 곡식, 생명, 질병, 형벌, 선악 등 다섯 가지 일이 가장 중요한 것이었다. 이로써 인간 세상을 교화시키고 인간을 널리 이롭게 하였다. 이때 ㉢곰과 호랑이가 사람이 되기를 원하므로 환웅은 쑥과 마늘을 주고 … 곰은 금기를 지켜 21일 만에 여자로 태어났고 환웅과 혼인하여 아들을 낳았다. 이가 곧 ㉣단군왕검이었다.

① ㉠ – 천손 사상으로 부족의 우월성을 과시했다.
② ㉡ – 고조선의 농경 사회 모습이 반영되어 있다.
③ ㉢ – 특정 동물을 수호신으로 여기는 샤머니즘이 존재했다.
④ ㉣ – 정치적 지배자와 제사장이 일치된 사회였음을 알 수 있다.

PART 01

□□□

0031 다음 자료와 관련된 나라에 대한 설명으로 가장 옳은 것은?

2020년 법원직 9급

유사 2015년 지방직 9·7급 / 2015년 서울시 7급 / 2015년 경찰 2차 / 2013년 서울시 9급 / 2012년 지방직 9급 / 2012년 서울시 9급

> 대개 사람을 죽인 자는 즉시 죽이고, 남에게 상처를 입힌 자는 곡식으로 배상한다. 도둑질한 자가 남자면 그 집의 노, 여자면 비로 삼는다. 단, 스스로 용서받고자 하는 자는 1인당 50만 전을 내야 한다.

① 10월에 무천이라는 제천 행사를 개최하였다.
② 형이 죽으면 형수를 아내로 삼는 풍습이 있었다.
③ 중대한 범죄자는 제가 회의를 열어 사형에 처했다.
④ 왕 밑에서 국무를 관장하던 상이라는 관직이 있었다.

□□□

0032 다음 중 고조선에 대한 설명으로 가장 옳지 않은 것은?

2017년 서울시 사복직 9급

유사 2014년 경찰 1차 / 2011년 경찰(정보통신) / 2004년 서울시 9급

① 중국 측 기록인 『관자』나 『산해경』 등에는 고조선과 관련된 기록이 등장한다.
② 『삼국지』 「동이전」에 인용된 『위략』에 따르면 연나라가 강성해져 스스로 왕을 칭하자 조선후가 왕을 자칭하지 않았다는 기록이 있다.
③ 기원전 2세기 초, 위만은 고조선에 망명해 와 있다가 준왕을 몰아내고 왕이 되었다.
④ 위만 조선은 기원전 108년 한나라의 침입에 의해 멸망했고, 이 지역에는 한의 군현이 설치되었다.

문항	번호				틀린 이유
0027	①	②	③	④	
0028	①	②	③	④	
0029	①	②	③	④	
0030	①	②	③	④	
0031	①	②	③	④	
0032	①	②	③	④	

해설

0027 ㉠ 고조선은 주나라 정치 제도의 영향을 받아 왕 밑에 상(相)·경(卿)·대부(大夫)·대신(大臣)·장군(將軍)·박사(博士) 등의 직책이 있었다. ㉢ 위만 왕조의 고조선은 철기 문화를 본격적으로 수용하였다. 그리고 한강 이남의 진국(辰國)이 고조선을 통해 한(漢)과 무역하도록 하여 중계 무역의 이득을 취하였다.

오답노트 ㉡ (나) 시기에 해당한다. 위만 조선 시기에 예맥의 군장 남려가 28만 인의 호적을 가지고 한에 투항해오자, 한 무제는 이곳에 창해군을 설치하였다. ㉣ 비파형 동검과 고인돌의 분포를 통하여 통치 지역을 알 수 있는 시기는 위만 집권 이전인 (가) 시기이다.

0028 제시된 자료는 고조선의 8조법이다. ④ 고조선은 한 무제가 보낸 군대의 침입을 받아 기원전 108년에 멸망하였다.

오답노트 ① 고구려, ② 부여에 대한 설명이다. ③ 삼한 중에서 마한의 세력이 가장 강했는데 마한에서 세력이 가장 큰 목지국의 지배자가 마한왕 또는 진왕(辰王)으로 추대되어 삼한 전체를 대표하였다.

0029 비파형 동검과 탁자식 고인돌의 분포 지역을 통해 고조선의 세력 범위를 짐작할 수 있다. ① 고조선에는 왕 밑에 상, 대부, 장군 같은 여러 관직이 있었다.

오답노트 ② 옥저·동예의 정치 체제에 대한 설명이다. ③ 고구려에 대한 설명이다. ④ 옥저의 장례 풍습에 대한 설명이다.

0030 ③ 밑줄 친 ㉢곰과 호랑이가 ~ 쑥과 마늘을 주고라는 문장을 통해 특정 동물을 수호신으로 여기는 토테미즘이 존재했음을 알 수 있다.

오답노트 ① 밑줄 친 ㉠환인의 아들 환웅을 통해 고조선이 하늘의 자손임을 내세운 천손 사상을 통해 부족의 우월성을 과시했음을 알 수 있다. ② 밑줄 친 ㉡풍백, 우사, 운사를 통해 고조선이 바람, 비, 구름 등 농경과 관계되는 것을 중시한 농경 사회였음을 알 수 있다. ④ 밑줄 친 ㉣단군왕검을 통해 고조선이 제정 일치의 지배자가 존재했던 사회임을 알 수 있다.

0031 제시된 자료는 고조선의 8조법에 대한 내용이다. ④ 고조선에는 상(相)이라는 관직이 있었다. 상(相)은 왕 밑에서 국무를 관장하며 왕과 함께 국가의 중대사를 논의하였다.

오답노트 ① 무천은 동예의 제천 행사이다. ② 형사취수제는 부여와 고구려에 존재한 혼인 풍습이다. ③ 고구려의 법률에 대한 설명이다.

0032 ② 『삼국지』 「동이전」에 인용된 『위략』에 따르면, 기원전 4~3세기경 연나라가 강성해져 스스로 왕을 칭하자 조선후 역시 스스로 왕이라 칭하였다는 기록이 있다.

오답노트 ① 중국의 『관자』, 『산해경』 등을 토대로, 요녕성 일대나 만주 지역을 중심으로 고조선이 존재하였음을 짐작할 수 있다. ③ 기원전 2세기경 고조선에 망명한 위만은 서쪽 변경에서 세력을 키워 수도인 왕검성에 쳐들어가 준왕을 몰아내고 스스로 왕이 되었다. ④ 위만 조선은 한나라와의 장기간에 걸친 전쟁으로 지배층의 내분이 일어나 멸망하였다. 이후 한(漢)은 고조선의 영토에 한사군을 설치하여 이 지역을 지배하고자 하였다.

Answer 0027 ① 0028 ④ 0029 ① 0030 ③ 0031 ④ 0032 ②

0033 (가) 시기에 고조선에서 있었던 사실로 옳은 것은?

2015년 교육행정직 9급
유사 2014년 사회복지직 9급

기원전 5~4세기경	기원전 194년경	기원전 108년	기원전 57년
●	●	●	●
철기 보급	위만 집권	고조선 멸망	신라 건국
	(가)		

① 부왕에 이어 준왕이 왕위에 올랐다.
② 졸본성에서 국내성으로 도읍을 옮겼다.
③ 전국 7웅의 하나인 연(燕)과 대결하였다.
④ 진(辰)과 한(漢) 사이의 중계 무역으로 이익을 얻었다.

여러 나라의 성장

0034 다음에 해당하는 나라에 대한 설명으로 옳은 것은?

2021년 지방직 9급

- 은력(殷曆) 정월에 지내는 제천 행사는 나라에서 여는 대회로 날마다 먹고 마시고 노래하고 춤추는데, 이를 영고라 하였다. 이때 형옥을 중단하고 죄수를 풀어주었다.
- 국내에 있을 때의 의복은 흰색을 숭상하며, 흰 베로 만든 큰 소매 달린 도포와 바지를 입고 가죽신을 신는다. 외국에 나갈 때는 비단옷·수놓은 옷·모직옷을 즐겨 입는다.
  — 『삼국지』 위서 동이전

① 사람이 죽으면 뼈만 추려 가족 공동 무덤인 목곽에 안치하였다.
② 읍군이나 삼로라고 불린 군장이 자기 영역을 다스렸다.
③ 가축 이름을 딴 마가, 우가, 저가, 구가 등이 있었다.
④ 천신을 섬기는 제사장인 천군이 있었다.

0035 (가), (나) 국가에 대한 설명으로 옳은 것은?

2019년 지방직 9급
유사 2016년 지방직 7급 / 2014년 서울시 9급 / 2013년 서울시 9급

(가) 그 나라의 혼인 풍속에 여자의 나이가 열 살이 되면 서로 혼인을 약속하고, 신랑 집에서는 (그 여자를) 맞이하여 장성하도록 길러 아내로 삼는다. (여자가) 성인이 되면 다시 친정으로 돌아가게 한다. 여자의 친정에서는 돈을 요구하는데, (신랑 집에서) 돈을 지불한 후 다시 신랑 집으로 돌아온다.

(나) 은력(殷曆) 정월에 하늘에 제사를 지내며 나라에서 대회를 열어 연일 마시고 먹고 노래하고 춤추는데, 영고(迎鼓)라고 한다. 이때 형옥(刑獄)을 중단하여 죄수를 풀어주었다.

① (가) - 무천이라는 제천 행사가 있었다.
② (가) - 계루부 집단이 권력을 장악하였다.
③ (나) - 사출도라는 구역이 있었다.
④ (나) - 철이 많이 생산되어 낙랑과 왜에 수출하였다.

0036 (가)에 대한 다음 설명으로 가장 옳은 것은?

2020년 법원직 9급
유사 2016년 서울시 9급

[(가)]은/는 쑹화강 상류의 넓은 평야 지대에서 성장하여, 농경과 목축이 발달하였으며, 서쪽으로는 북방 유목 민족인 선비족과, 남쪽으로는 고구려와 대립하였다. 1세기 경에 이르면 왕권이 안정되고 영역도 사방 2000여 리에 달하였다.

① 매년 12월에 영고라는 제천 행사를 열었다.
② 서옥제라는 혼인 풍습이 있었다.
③ 특산물로 단궁, 과하마, 반어피가 유명하였다.
④ 신지, 읍차라고 불리는 지배자들이 다스렸다.

□□□

0037 〈보기〉에 해당하는 고대 국가에 대한 설명으로 가장 옳은 것은?

2019년 서울시 9급(상)

유사 2012년 경찰간부 / 2012년 경찰 1차

─[보기]─
- 은 정월(殷正月)에 제천 행사를 행하면서 국중 대회를 열었다.
- 전쟁이 일어났을 때는 소를 죽여 그 굽으로 길흉을 점쳤다.
- 형이 죽으면 형수를 부인으로 맞아들였다.
- 남의 물건을 훔쳤을 때는 물건 값의 12배를 배상하게 하였다.
- 지방 행정 구획으로 사출도가 있었다.

① 소와 말을 순장하였고 큰 새의 깃털을 장례에 사용하였다.
② 제천 행사는 동맹이었으며 국동대혈에서의 제사가 있었다.
③ 천군이 신성 지역인 소도에서 농경 의례 등을 올렸다.
④ 재해가 발생하면 왕은 교체 혹은 죽음을 당하기도 하였다.

□□□

0038 (가), (나)의 특징을 가진 국가에 대한 설명으로 옳은 것은?

2017년 지방직 9급

유사 2010년 서울시 9급

(가) 옷은 흰색을 숭상하며, 흰 베로 만든 큰 소매 달린 도포와 바지를 입고 가죽신을 신는다.
(나) 부여의 별종(別種)이라 하는데, 말이나 풍속따위는 부여와 많이 같지만 기질이나 옷차림이 다르다.

―『삼국지』 위서 동이전

① (가) - 혼인 풍속으로 민며느리제가 있었다.
② (나) - 제사장인 천군이 다스리는 소도가 있었다.
③ (가) - 남의 물건을 훔쳤을 때는 12배로 배상하게 하였다.
④ (나) - 단궁이라는 활과 과하마·반어피 등이 유명하였다.

문항	번호				틀린 이유
0033	①	②	③	④	
0034	①	②	③	④	
0035	①	②	③	④	
0036	①	②	③	④	
0037	①	②	③	④	
0038	①	②	③	④	

해설

0033 ④ 위만 집권 이후 고조선은 남방의 진국이 고조선을 통해 중국의 한나라와 교역하도록 하여 중계 무역의 이득을 취하였다.

오답노트 ① 기원전 3세기경 고조선에 대한 설명이다. ② 고구려 2대 국왕인 유리왕 때의 일이다. ③ 기원전 4세기경 고조선에 대한 설명이다.

0034 제시된 자료는 부여의 제천 행사·의복과 관련된 내용이다. ③ 부여에서는 왕 아래에 여섯 가축의 이름으로 관직명을 정했는데 전해지는 것으로 마가, 우가, 저가, 구가 등이 있었다.

오답노트 ① 옥저의 장례 풍습에 대한 설명이다. ② 옥저·동예에 대한 설명이다. ④ 삼한에 대한 설명이다.

0035 (가)는 옥저의 혼인 풍속인 민며느리제에 대한 내용이고, (나)는 부여의 제천 행사인 영고에 대한 내용이다. ③ 부여에는 마가, 우가, 저가, 구가라는 가(加)들이 있어 저마다 따로 행정 구획인 사출도를 다스렸다.

오답노트 ① 무천은 동예의 제천 행사이다. ② 고구려에 대한 설명이다. ④ 변한에 대한 설명이다.

0036 제시된 자료는 부여의 위치와 경제 상황 등에 대해 설명하고 있다. ① 부여에는 영고라는 제천 행사가 있었는데, 이는 매년 12월에 열렸다.

오답노트 ② 서옥제는 고구려의 혼인 풍습이다. ③ 동예의 특산물에 대한 설명이다. ④ 삼한에 대한 설명이다.

0037 제시된 자료는 부여에 대해 설명하고 있다. ④ 부여에서는 자연재해가 발생하여 오곡이 잘 익지 않으면 그 책임을 왕에게 물어 왕을 교체하기도 하였다.

오답노트 ① 삼한(마한)에서는 소와 말을 순장하는 풍습이 있었으며, 또한 진한과 변한에서는 큰 새의 깃털을 이용하여 죽은 자의 승천을 빌었다. ② 고구려에 대한 설명이다. ③ 삼한에 대한 설명이다.

0038 제시된 자료의 (가)는 부여, (나)는 고구려에 대한 내용이다. ③ 부여의 법률에 따르면 남의 물건을 훔쳤을 때는 물건 값의 12배를 배상하게 하였다(1책 12법).

오답노트 ① 민며느리제는 옥저의 혼인 풍습이다. ② 신성 지역으로 소도가 있었던 나라는 삼한이다. ④ 단궁, 과하마, 반어피 등은 동예의 특산물이다.

Answer 0033 ④ 0034 ③ 0035 ③ 0036 ① 0037 ④ 0038 ③

☐☐☐
0039 다음 글에 해당하는 국가에 대한 설명으로 〈보기〉에서 옳은 것을 모두 고른 것은?

2017년 국가직 7급

> 형벌이 엄하여 사람을 죽인 자는 사형에 처하고, 그 집안 사람들을 노비로 삼았다. 도둑질을 하면 12배를 변상하게 하였다. …(중략)… 성책(城柵)의 축조는 모두 둥근 형태로 하는데, 마치 감옥과 같았다. …(중략)… 사람이 죽으면 여름철에는 모두 얼음을 사용하여 장사를 지냈다. …(중략)… 장사를 후하게 지냈으며, 곽(槨)은 사용하였으나 관(棺)은 쓰지 않았다.
> ─ 『삼국지』

─[보기]─
㉠ 여섯 가축의 이름으로 관명을 정하였다.
㉡ 국왕의 장례에는 옥갑(玉匣)을 사용하였다.
㉢ 집집마다 부경이라는 작은 창고를 갖고 있었다.
㉣ 온 집안 식구들을 하나의 곽 속에 넣어 매장하였다.

① ㉠, ㉡
② ㉠, ㉣
③ ㉡, ㉢
④ ㉢, ㉣

☐☐☐
0040 다음과 같은 혼인 풍습이 있었던 나라의 사회상으로 옳지 않은 것은?

2012년 국가직 9급
유사 2011년 국가직 9급

> 혼인하는 풍속을 보면, 구두로 정해지면 신부집에서 본채 뒤에 작은 별채를 짓는데, 이를 서옥(婿屋)이라 한다. 해가 저물 무렵, 신랑이 신부집 문 밖에 와서 이름을 밝히고 꿇어앉아 절하며 안에 들어가 신부와 잘 수 있도록 요청한다. 이렇게 두세 번 청하면 신부의 부모가 별채에 들어가 자도록 허락한다. …(중략)… 자식을 낳아 장성하면 신부를 데리고 자기 집으로 간다.
> ─ 『삼국지』

① 건국 시조인 주몽과 그 어머니 유화 부인을 조상신으로 섬겨 제사를 지냈다.
② 남의 부족의 영역을 침범하면 소나 말 등으로 변상하는 책화라는 풍습이 있었다.
③ 왕 아래 상가, 고추가 등의 대가들이 있었으며, 각기 사자, 조의, 선인 등 관리를 거느렸다.
④ 10월에 동맹이라는 제천 행사를 치르고, 아울러 왕과 신하들이 국동대혈에 모여 함께 제사를 지냈다.

☐☐☐
0041 (가) 국가에 대한 설명으로 가장 옳은 것은?

2022년 법원직 9급

> ___(가)___에서는 본래 소노부에서 왕이 나왔으나 점점 미약해져서 지금은 계루부에서 왕위를 차지하고 있다. 절노부는 대대로 왕실과 혼인을 하였으므로 그 대인은 고추가(古鄒加)의 칭호를 더하였다. 모든 대가(大加)들은 스스로 사자·조의·선인을 두었는데, 그 명단을 모두 왕에게 보고하여야 한다. …… 감옥은 없고 범죄자가 있으면 제가들이 모여서 평의하여 사형에 처하고 처자는 몰수하여 노비로 삼는다.
> ─ 『삼국지』, 위서 동이전

① 혼인 풍속으로 서옥제가 있었다.
② 신성 지역인 소도가 존재하였다.
③ 영고라고 하는 제천 행사를 개최하였다.
④ 읍락의 경계를 중시하여 책화라는 풍습이 있었다.

☐☐☐
0042 다음 풍습이 있었던 국가에 대한 사실로 옳은 것은?

2021년 경찰 1차

> 혼인할 때 말로 미리 정하고, 여자의 집에서 자기들이 살고 있는 큰 집 뒤에 조그만 집을 짓는다. … 자식을 낳아서 장성하면 부인은 남편의 집으로 돌아간다.

① 큰 새의 깃털을 사용하여 장사를 지냈다.
② 관리가 뇌물을 받으면 3배를 추징하였다.
③ 대가들은 스스로 사자, 조의, 선인을 두었다.
④ 다른 마을을 함부로 침범하면 소, 말 등으로 배상하였다.

☐☐☐

0043 다음 자료의 나라에 대한 설명으로 가장 옳은 것은?

2017년 법원직 9급

유사 2017년 지방직 9급(하) / 2012년 국가직 7급 / 2008년 국가직 9급

> 그 나라 안의 대가들은 농사를 짓지 않으며 좌식자(坐食者)가 만여 명이나 된다. 하호는 식량과 고기와 소금을 멀리서 져다 이들에게 공급하고 있다. 10월에 하늘에 제사지내는데, 온 나라가 대회를 가지므로 이를 동맹(同盟)이라 한다.
> — 『삼국지』 위서 동이전

① 여러 가(加)들이 사출도를 다스렸다.
② 철이 많이 생산되어 왜에 수출하였다.
③ 집집마다 부경이라는 작은 창고가 있었다.
④ 사회 질서 유지를 위해 법금 8조를 만들었다.

대표
유형

☐☐☐

0044 다음 풍습이 있었던 나라에 대한 설명으로 옳은 것은?

2022년 국가직 9급

유사 2013년 국가직 9급

> 가족이 죽으면 시체를 가매장하였다가 나중에 그 뼈를 추려서 가족 공동 무덤인 커다란 목곽에 안치하였다. 목곽 입구에는 죽은 자가 먹을 양식으로 쌀을 담은 항아리를 매달아 놓기도 하였다.
> — 『삼국지』 위서 동이전

① 민며느리제라는 혼인 풍습이 있었다.
② 제가가 별도로 사출도를 다스렸다.
③ 소도라는 신성 구역이 존재하였다.
④ 무천이라는 제천 행사를 열었다.

문항	번호				틀린 이유
0039	①	②	③	④	
0040	①	②	③	④	
0041	①	②	③	④	
0042	①	②	③	④	
0043	①	②	③	④	
0044	①	②	③	④	

해설

0039 제시된 자료에 해당하는 국가는 부여이다. ㉠ 부여에서는 여섯 가축의 이름으로 관명을 정하였는데, 전해지는 것으로는 마가 · 구가 · 저가 · 우가가 있다. ㉡ 부여는 중국으로부터 장례 용구인 옥갑(玉匣)을 수입하였는데 주로 국왕의 장례 때 사용하였다.

오답노트 ㉢ 고구려에 대한 설명이다. ㉣ 옥저의 장례 풍속에 대한 설명이다.

0040 제시된 자료는 고구려의 서옥제이다. ② 책화는 동예의 풍속이다.

오답노트 ①,③,④ 고구려에 대한 설명이다.

0041 제시된 자료는 초기 고구려의 정치 체제와 관련된 내용이다. ① 고구려에서는 혼인 풍속으로 서옥제가 있었다.

오답노트 ② 삼한, ③ 부여, ④ 동예에 대한 설명이다.

0042 제시된 자료는 고구려의 혼인 풍습인 서옥제와 관련된 내용이다. ③ 고구려에는 상가 · 고추가 · 패자 등 대가들이 있었으며, 각기 사자 · 조의 · 선인 등 관리를 거느렸다.

오답노트 ① 진한과 변한에서는 큰 새의 깃털을 장례에 사용하여 사망자의 승천을 빌었다. ② 백제의 법률에 대한 설명이다. 백제에서는 관리가 뇌물을 받거나 국가의 재물을 횡령했을 때 3배를 배상하게 하였다. ④ 동예의 풍습인 책화에 대한 설명이다.

0043 제시된 자료는 고구려에 대한 설명이다. ③ 고구려는 약탈해 온 식량을 보관하는 작은 창고를 집집마다 만들었는데, 이를 부경이라 하였다.

오답노트 ① 부여, ② 변한, ④ 고조선에 대한 설명이다.

0044 제시된 자료는 옥저의 장례 풍습에 대한 내용이다. ① 민며느리제는 옥저의 혼인 풍습이다. 민며느리 제도는 신랑이 될 집안이 혼인을 약속한 여자아이를 데려와 키우다가, 아이가 성장하면 남자는 여자 집에 예물을 주고 혼인하는 제도이다.

오답노트 ② 부여, ③ 삼한, ④ 동예에 대한 설명이다.

Answer 0039 ① 0040 ② 0041 ① 0042 ③ 0043 ③ 0044 ①

0045 밑줄 친 '이 나라'에서 볼 수 있는 모습으로 적절한 것은?

2020년 지방직 9급
유사 2012년 법원직 9급

이 나라는 대군왕이 없으며, 읍락에는 각각 대를 잇는 장수(長帥)가 있다. …… 이 나라의 토질은 비옥하며, 산을 등지고 바다를 향해 있어 오곡이 잘 자라며 농사짓기에 적합하다. 사람들의 성질은 질박하고, 정직하며 굳세고 용감하다. 소나 말이 적고, 창을 잘 다루며 보전(步戰)을 잘한다. 음식, 주거, 의복, 예절은 고구려와 흡사하다. 그들은 장사를 지낼 적에는 큰 나무 곽(槨)을 만드는데 길이가 십여 장(丈)이나 되며 한쪽 머리를 열어 놓아 문을 만든다.

– 『삼국지』 위서 동이전

① 민며느리를 받아들이는 읍군
② 위만에게 한나라의 침입을 알리는 장군
③ 5월에 씨를 뿌리고 하늘에 제사를 지내는 천군
④ 국가의 중요한 일을 논의하고 있는 마가와 우가

0046 〈보기〉의 밑줄 친 '이 나라'에 대한 설명으로 가장 옳은 것은?

2022년 서울시 9급

[보기]

이 나라에서는 해마다 10월이면 하늘에 제사를 지내는데 주야로 술을 마시며 노래를 부르고 춤추니 이를 무천이라 한다. 또 호랑이를 신으로 여겨 제사 지낸다.

① 마가, 우가, 저가 등 관직을 두었다.
② 철이 많이 생산되어 왜, 낙랑 등에 수출하였다.
③ 소노부를 비롯한 5부가 정치적 자치력을 갖고 있었다.
④ 다른 읍락을 함부로 침범하면 노비, 소 등으로 변상하는 책화가 있었다.

0047 밑줄 친 '나라'에 대한 설명으로 가장 옳은 것은?

2021년 법원직 9급

이 나라는 남쪽으로는 진한과 북쪽으로는 고구려·옥저와 맞닿아 있고, 동쪽으로는 큰 바다에 닿았으니 오늘날 조선 동쪽이 모두 그 지역이다. 호수는 2만이다. …(중략)… 대군장이 없고 한 시대 이래로 후·읍군·삼로라는 관직이 있어 하호를 다스렸다.

– 『삼국지』 위서 동이전

① 1세기 초 왕호를 사용하였다.
② 민며느리제라는 혼인 풍습이 있었다.
③ 목지국의 지배자가 왕으로 추대되었다.
④ 해마다 무천이라는 제천 행사를 열었다.

대표유형

0048 (가), (나)의 나라에 대한 설명으로 옳은 것은?

2019년 국가직 9급
유사 2018년 경찰 1차 / 2014년 법원직 9급 / 2013년 지방직 9급 / 2010년 국가직 7급 / 2007년 법원직 9급

(가) 음력 12월에 지내는 제천 행사가 있는데, 이를 영고라고 한다. 이때에는 형옥을 중단하고 죄수를 풀어주었다.
(나) 해마다 10월 하늘에 제사를 지내는데, 밤낮으로 술 마시며 노래 부르고 춤추니 이를 무천이라고 한다.

– 『삼국지』

① (가) – 5부가 있었으며, 계루부에서 왕위를 차지하였다.
② (가) – 정치적 지배자로 신지, 읍차 등이 있었다.
③ (나) – 죄를 지은 사람이 소도에 들어가면 잡아가지 못하였다.
④ (나) – 다른 부족의 영역을 침범하면 책화라 하여 노비나 소, 말로 변상하였다.

□□□
0049 다음 나라의 사회 모습으로 옳은 것은?

2018년 교행직 9급

꺼리는 것이 많아 사람이 병들어 죽으면 집을 버리고 새 집을 짓는다. …(중략)… 낙랑단궁이라는 활, 바다표범 가죽[班魚皮], 무늬 있는 표범, 그리고 키가 작은 과하마가 난다.
– 『삼국지』 위서 동이전

① 신랑이 처가에서 지은 서옥에 머물렀다.
② 은력 정월에 영고라는 국중대회가 열렸다.
③ 범금팔조가 시행되어 살인, 상해, 절도 등을 처벌하였다.
④ 다른 읍락을 침범하면 책화라 하여 노비, 소, 말로 배상하였다.

□□□
0050 다음 자료에 나타난 나라에 대한 설명으로 옳은 것은?

2017년 국가직 9급

유사 2019년 국가직 7급 / 2019년 경찰 2차 / 2012년 지방직 9급 / 2011년 법원직 9급

해마다 10월이면 하늘에 제사를 지내는데, 밤낮으로 술을 마시고 노래 부르며 춤을 추니 이를 무천이라 한다. 또 호랑이를 신(神)으로 여겨 제사지낸다. 읍락을 함부로 침범하면 노비와 소, 말로 변상하는데, 이를 책화라 한다.

① 후·읍군·삼로 등이 하호를 통치하였다.
② 국읍마다 천신에 대한 제사를 주관하는 천군이 있었다.
③ 사람이 죽으면 가매장한 다음 뼈만 추려 목곽에 안치하였다.
④ 아이가 출생하면 돌로 머리를 눌러 납작하게 하는 풍습이 있었다.

문항	번호				틀린 이유
0045	①	②	③	④	
0046	①	②	③	④	
0047	①	②	③	④	
0048	①	②	③	④	
0049	①	②	③	④	
0050	①	②	③	④	

해설

0045 제시된 자료는 옥저에 대한 내용이다. ① 옥저에는 왕은 없고 읍군(邑君)·삼로(三老)·후(候)·거수(巨帥)라는 군장이 각자 자신의 읍락을 다스렸다. 또한, 혼인 풍습으로 일종의 매매혼적 성격을 보여 주는 민며느리제가 있었다.
오답노트 ② 위만 조선 때의 일이다. ③ 삼한에 대한 설명이다. ④ 부여에 대한 설명이다. 부여에서는 왕 아래에 여섯 가축의 이름으로 관직명을 정했는데 전해지는 것으로 마가, 우가, 저가, 구가가 있다.

0046 제시된 자료는 동예의 제천 행사와 관련된 내용이다. ④ 동예는 책화라는 풍습이 있어, 다른 부족의 영역을 침범하면 노비·소·말 등으로 변상하였다.
오답노트 ① 부여의 정치 체제에 대한 설명이다. ② 삼한(변한)의 경제 활동에 대한 설명이다. ③ 고구려는 소노부를 비롯한 5부족 연맹을 토대로 발전하였다. 이들 5부는 정치적 자치력을 가지고 있어, 부 내부의 일을 처리하는 부의 관원이 별도로 존재하기도 하였다.

0047 제시된 자료는 동예의 위치와 정치 체제에 대한 내용이다. ④ 동예에서는 매년 10월에 무천이라는 제천 행사를 열었다.
오답노트 ① 부여와 고구려에서는 1세기에 이미 왕호를 사용하고 있었다. ② 옥저의 혼인 풍습에 대한 설명이다. ③ 삼한에서는 마한의 목지국 지배자가 마한왕 또는 진왕으로 추대되어 삼한 전체를 대표하였다.

0048 제시된 자료의 (가)는 부여, (나)는 동예이다. ④ 동예에서는 책화라는 풍습이 있어 다른 부족의 영역을 침범하면 노비, 소, 말 등으로 변상하도록 하였다.
오답노트 ① 고구려, ②,③ 삼한에 대한 설명이다.

0049 제시된 자료는 동예에 대한 내용이다. ④ 동예는 각 부족마다 생활권이 구분되어 있어, 다른 부족의 영역을 침범하면 책화라고 하여 노비·소·말 등으로 변상하였다.
오답노트 ① 고구려, ② 부여에 대한 설명이다. ③ 고조선에는 8조법이 있어 살인자, 남의 신체를 상한 자, 남의 물건을 도둑질한 자 등을 처벌하였다.

0050 제시된 자료는 동예의 풍습에 대해 설명하고 있다. ① 동예는 왕이 없고, 대신 읍군·삼로·후라는 군장들이 자기 부족을 다스렸다.
오답노트 ② 삼한에 대한 설명이다. ③ 옥저의 장례 풍습에 대한 설명이다. ④ 진한과 변한에서는 돌을 가지고 머리의 모양을 일정한 형태로 만드는 편두의 풍속이 있었다.

Answer 0045 ① 0046 ④ 0047 ④ 0048 ④ 0049 ④ 0050 ①

0051 **(가) 국가에 대한 설명으로 가장 옳은 것은?**

2024년 법원직 9급

> ☐(가)☐ 에는 각각 우두머리가 있어서 세력이 강대한 사람
> 은 스스로 신지라 하고, 그 다음은 읍차라 하였다. ⋯ 귀신
> 을 믿기 때문에 국읍에 각각 한 사람씩 세워 천신의 제사를
> 주관하게 하는데, 이를 천군이라 부른다.
> ─『삼국지』「위서 동이전」

① 무천이라는 제천 행사가 있었다.
② 화백 회의에서 중요한 일을 결정하였다.
③ 여러 개의 소국으로 구성된 연맹체였다.
④ 사출도라 불리는 독자적인 영역이 있었다.

0052 **밑줄 친 '이 나라'에 대한 설명으로 옳은 것은?**

2017년 국가직 9급[하]

> 이 나라는 서쪽에 자리 잡고 있다. 그 민인은 토착하여 곡식
> 을 심고 누에치기와 뽕나무를 가꿀 줄 알며 면포를 만든다.
> 각기 장수(長帥)가 있어 큰 세력을 지닌 이는 스스로 신지
> (臣智)라 하고 그 다음은 읍차(邑借)라 한다.

① 남의 물건을 훔친 자는 12배의 배상을 하게 하였다.
② 집집마다 부경이라는 창고를 두었다.
③ 특산물인 단궁, 과하마, 반어피 등을 수출하였다.
④ 파종한 5월과 추수한 10월에는 제의를 행하였다.

0053 **다음 자료에 해당하는 나라에 대한 설명으로 옳은 것은?**

2017년 지방직 7급

유사 2014년 경찰 2차 / 2012년 국가직 9급 / 2012년 경찰 2차

> 해마다 5월이면 씨뿌리기를 마치고 귀신에게 제사를 지낸
> 다. 떼를 지어 모여서 노래와 춤을 즐긴다. 술 마시고 노는
> 데 밤낮을 가리지 않는다. ⋯(중략)⋯ 10월에 농사일을 마치
> 고 나서도 이렇게 한다. ─『삼국지』위서 동이전

① 명주와 삼베를 짜는 방직 기술이 발달하였다.
② 고구려와 풍속이 달랐고 민며느리제가 있었다.
③ 정치적 지배자 외에 제사장인 천군이 있었다.
④ 간음한 자와 투기가 심한 부인은 사형에 처하였다.

대표유형

□□□

0054 (가), (나)의 나라에 대한 설명으로 옳은 것만을 〈보기〉에서 모두 고르면?

2014년 지방직 9급

유사 2014년 국가직 7급 / 2013년 지방직 7급 / 2011년 지방직 9급 / 2009년 법원직 9급

(가) 살인자는 사형에 처하고 그 가족은 노비로 삼았다. 도둑질을 하면 12배로 변상케 했다. 남녀 간에 음란한 짓을 하거나 부인이 투기하면 모두 죽였다. 투기하는 것을 더욱 미워하여, 죽이고 나서 시체를 산 위에 버려서 썩게 했다. 친정에서 시체를 가져가려면 소와 말을 바쳐야 했다.

(나) 귀신을 믿기 때문에 국읍에 각각 한 사람씩 세워 천신에 대한 제사를 주관하게 했다. 이를 천군이라 했다. 여러 국(國)에는 각각 소도라고 하는 별읍이 있었다. 큰 나무를 세우고 방울과 북을 매달아 놓고 귀신을 섬겼다. 다른 지역에서 거기로 도망쳐 온 사람은 누구든 돌려보내지 않았다.

— 『삼국지』

〔보기〕

㉠ (가) – 왕 아래에는 상가, 고추가 등의 대가가 있었다.
㉡ (가) – 농사가 흉년이 들면 국왕을 바꾸거나 죽이기도 하였다.
㉢ (나) – 제천 행사는 5월과 10월의 계절제로 구성되어 있었다.
㉣ (나) – 동이(東夷) 지역에서 가장 넓고 평탄한 곳이라 기록되어 있었다.

① ㉠, ㉡
② ㉠, ㉣
③ ㉡, ㉢
④ ㉢, ㉣

문항	번호				틀린 이유
0051	①	②	③	④	
0052	①	②	③	④	
0053	①	②	③	④	
0054	①	②	③	④	

해설

0051 제시된 자료는 삼한의 정치 체제와 관련된 내용이다. ③ 삼한은 여러 개의 소국들로 구성된 연맹체였다. 기록에 의하면 마한에는 54개의 소국이 있었으며, 진한과 변한에는 각각 12개의 소국이 있었다고 전해진다.

오답노트 ① 동예, ② 신라, ④ 부여에 대한 설명이다.

0052 제시된 자료는 삼한의 정치·경제에 대해 설명하고 있다. ④ 삼한에서는 해마다 씨를 뿌리고 난 뒤인 5월과 곡식을 거두어들이는 10월에 계절제를 열어 하늘에 제사를 지냈다.

오답노트 ① 부여와 고구려에서는 절도죄를 저지르면 물건 값의 12배를 배상하게 하였다(1책 12법). ② 고구려, ③ 동예에 대한 설명이다.

0053 제시된 자료는 삼한의 제천 행사를 설명하고 있다. ③ 삼한에는 정치적 지배자 외에 하늘에 제사 지내는 일을 주관하는 천군이 따로 존재하였다.

오답노트 ① 동예, ② 옥저, ④ 부여에 대한 설명이다.

0054 (가)는 부여의 법률과 관련된 내용이고, (나)는 삼한의 천군과 소도에 대한 내용이다. ㉡ 부여에서 가(加)들은 왕을 추대하기도 하였고 수해나 한해를 입어 오곡이 잘 익지 않으면 그 책임을 왕에게 물어 죽이기도 하였다. ㉢ 삼한에서는 해마다 씨를 뿌리고 난 뒤인 5월과 가을 곡식을 거두어들이는 10월에 계절제를 열어 하늘에 제사를 지냈다.

오답노트 ㉠ 고구려는 왕 아래 상가, 고추가 등의 대가들이 있었으며 대가들은 사자, 조의, 선인 등의 관리를 거느렸다. ㉣ 『삼국지』 위지 동이전의 부여에 대한 기록이다.

Answer 0051 ③ 0052 ④ 0053 ③ 0054 ③

Part

02

고대 사회의 발전

CHAPTER 01 고대의 정치

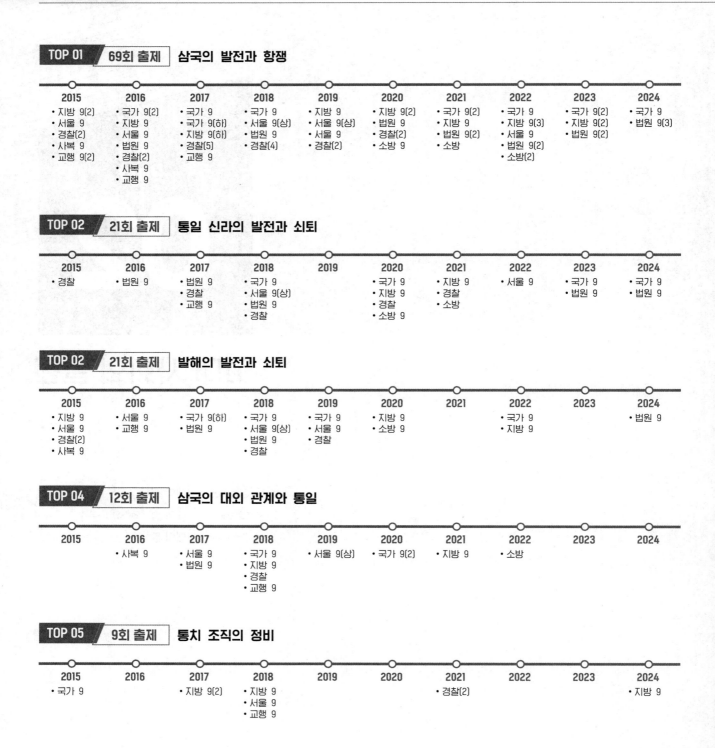

TOP 01 | 69회 출제 | 삼국의 발전과 항쟁

2015	2016	2017	2018	2019	2020	2021	2022	2023	2024
• 지방 9(2)	• 국가 9(2)	• 국가 9	• 국가 9	• 지방 9	• 지방 9(2)	• 국가 9(2)	• 국가 9	• 국가 9(2)	• 국가 9
• 서울 9	• 지방 9	• 국가 9(하)	• 서울 9(상)	• 서울 9(상)	• 법원 9	• 지방 9	• 지방 9(3)	• 지방 9(2)	• 법원 9(3)
• 경찰(2)	• 서울 9	• 지방 9(하)	• 법원 9	• 서울 9	• 경찰(2)	• 법원 9(2)	• 서울 9	• 법원 9(2)	
• 사복 9	• 법원 9	• 경찰(5)	• 경찰(4)	• 경찰(2)	• 소방 9	• 소방	• 법원 9(2)		
• 교행 9(2)	• 경찰(2)	• 교행 9					• 소방(2)		
	• 사복 9								
	• 교행 9								

TOP 02 | 21회 출제 | 통일 신라의 발전과 쇠퇴

2015	2016	2017	2018	2019	2020	2021	2022	2023	2024
• 경찰	• 법원 9	• 법원 9	• 국가 9		• 국가 9	• 지방 9	• 서울 9	• 국가 9	• 국가 9
		• 경찰	• 서울 9(상)		• 지방 9	• 경찰		• 법원 9	• 법원 9
		• 교행 9	• 법원 9		• 경찰	• 소방			
			• 경찰		• 소방 9				

TOP 02 | 21회 출제 | 발해의 발전과 쇠퇴

2015	2016	2017	2018	2019	2020	2021	2022	2023	2024
• 지방 9	• 서울 9	• 국가 9(하)	• 국가 9	• 국가 9	• 지방 9		• 국가 9		• 법원 9
• 서울 9	• 교행 9	• 법원 9	• 서울 9(상)	• 서울 9	• 소방 9		• 지방 9		
• 경찰(2)			• 법원 9	• 경찰					
• 사복 9			• 경찰						

TOP 04 | 12회 출제 | 삼국의 대외 관계와 통일

2015	2016	2017	2018	2019	2020	2021	2022	2023	2024
	• 사복 9	• 서울 9	• 국가 9	• 서울 9(상)	• 국가 9(2)	• 지방 9	• 소방		
		• 법원 9	• 지방 9						
			• 경찰						
			• 교행 9						

TOP 05 | 9회 출제 | 통치 조직의 정비

2015	2016	2017	2018	2019	2020	2021	2022	2023	2024
• 국가 9		• 지방 9(2)	• 지방 9			• 경찰(2)			• 지방 9
			• 서울 9						
			• 교행 9						

삼국의 정치적 발전

□□□

0055 다음 사건을 시기순으로 바르게 나열한 것은?

2022년 지방직 9급

(가) 신라의 한강 유역 확보   (나) 관산성 전투
(다) 백제의 웅진 천도   (라) 고구려의 평양 천도

① (가)→(라)→(나)→(다) ② (나)→(다)→(가)→(라)
③ (다)→(나)→(가)→(라) ④ (라)→(다)→(가)→(나)

□□□

0056 (나) 시기에 발생한 사건으로 옳은 것은?

2019년 지방직 9급

(가) 백제왕이 병력 3만 명을 거느리고 평양성을 공격해 왔다. 왕이 출병하여 막다가 날아오는 화살에 맞아 서거하였다.

⇩

(나)

⇩

(다) 왕이 보병과 기병 5만 명을 보내 신라를 구원하게 하였다. (고구려군이) 남거성을 통해 신라성에 이르렀는데 그곳에 왜가 가득하였다. 관군이 도착하자 왜적이 퇴각하였다.

① 태학을 설립하고 율령을 반포하였다.
② 평양으로 도읍을 옮기고 한성을 함락하였다.
③ 관구검이 이끄는 위나라 군대의 침략을 받았다.
④ 왕이 직접 말갈 병사를 거느리고 요서 지방을 공격하였다.

문항	번호				틀린 이유
0055	①	②	③	④	
0056	①	②	③	④	

해설

0055 (라) 고구려는 장수왕 때인 427년 평양으로 도읍을 옮기고 적극적으로 남진 정책을 추진하였다. (다) 백제 문주왕은 475년 웅진(공주)으로 천도하였다. (가) 신라는 진흥왕 때 백제 성왕과 연합하여 551년에 한강 유역을 탈환하였다. 한강 하류는 백제가, 한강 상류는 신라가 나누어 차지하였다. 그러나 진흥왕은 553년 백제가 회복한 하류 6군을 빼앗아 한강 유역 전체를 차지하였다. (나) 관산성 전투는 신라 진흥왕 때인 554년의 일이다. 신라의 배신에 격분한 성왕의 공격으로 관산성 전투가 벌어졌으나 성왕은 이 전투에서 전사하고 신라가 승리하였다.

0056 (가)는 4세기 고국원왕 때인 371년 근초고왕의 공격을 받아 고국원왕이 평양성에서 전사한 사건에 대한 내용이다. (다)는 400년 고구려 광개토대왕이 군대를 보내 신라에 침입한 왜를 격퇴한 사실에 대한 내용이다. ① 고국원왕에 이어 즉위한 소수림왕(371~384)은 유학 교육의 강화를 위해 태학을 설립하고, 율령을 반포하여 중앙 집권 체계를 확고히 하였다.

오답노트 ② 5세기 장수왕 때의 일로, (다) 이후이다. ③ 3세기 동천왕 때의 일로, (가) 이전이다. ④ 6세기 말 고구려 영양왕의 요서 공격에 대한 설명으로, (다) 이후의 일이다. 영양왕은 598년에 말갈의 군사를 이끌고 요서 지방을 선제 공격하였다.

PART 02

Answer 0055 ④ 0056 ①

0057 밑줄 친 '왕'에 대한 설명으로 옳은 것은?

2023년 국가직 9급

> 16년 겨울 10월, 왕이 질양(質陽)으로 사냥을 갔다가 길에 앉아 우는 자를 보았다. 왕이 말하기를 "아! 내가 백성의 부모가 되어 백성들이 이 지경에 이르게 하였으니 나의 죄로다." …(중략)… 그리고 관리들에게 명하여 매년 봄 3월부터 가을 7월까지 관청의 곡식을 내어 백성들의 식구 수에 따라 차등 있게 빌려주었다가, 10월에 이르러 상환하게 하는 것을 법규로 정하였다. ─『삼국사기』

① 낙랑군을 축출하였다.
② 진대법을 시행하였다.
③ 백제의 침입으로 전사하였다.
④ 영락이라는 독자적인 연호를 사용하였다.

0058 (가)~(다)는 고구려의 발전 과정을 시기순으로 나열한 것이다. (나)에 들어갈 내용으로 옳은 것만을 〈보기〉에서 모두 고른 것은?

2017년 국가직 9급
유사 2017년 경찰 2차

> (가) 낙랑군을 차지하여 한반도로 진출하는 발판을 마련하였다.
> (나)
> (다) 평양으로 도읍을 옮기고, 백제의 수도인 한성을 함락하였다.

┌ 보기 ┐
㉠ 태학을 설립하였다.
㉡ 진대법을 도입하였다.
㉢ 천리장성을 축조하였다.
㉣ 신라를 도와 왜를 격퇴하였다.

① ㉠, ㉡
② ㉠, ㉣
③ ㉡, ㉢
④ ㉢, ㉣

0059 다음은 고구려에 대한 내용이다. (가), (나) 사이에 있었던 사실로 옳지 않은 것은?

2017년 국가직 9급(하)
유사 2014년 법원직 9급 / 2012년 서울시 9급

> (가) 전진에서 불교를 받아들였고, 유학 교육 기관으로 태학을 설립하였으며, 율령을 공포하였다.
> (나) 수도를 평양으로 옮기고, 백제의 수도 한성을 공격하여 개로왕을 죽였다.

① 모용황의 공격을 받았다.
② 후연을 공격하여 요동 지역에 진출하였다.
③ 북쪽으로 숙신을 정복하였다.
④ 신라를 도와 낙동강 유역에서 왜병을 대파하였다.

0060 다음은 삼국 시대 고구려가 강성했을 당시의 역사적 사실을 나열한 것이다. 〈보기〉의 사실을 시대순으로 가장 옳게 나열한 것은?

2012년 경찰 2차
유사 2018년 서울시 9급(상)

┌ 보기 ┐
㉠ 백제의 웅진 천도
㉡ 나·제 동맹 결성
㉢ 광개토왕비의 건립
㉣ 고구려 평양 천도

① ㉢ - ㉣ - ㉡ - ㉠
② ㉡ - ㉢ - ㉣ - ㉠
③ ㉣ - ㉢ - ㉠ - ㉡
④ ㉢ - ㉣ - ㉠ - ㉡

0061 밑줄 친 '왕'에 대한 설명으로 가장 옳은 것은?

2024년 법원직 9급

> 신라가 사신을 보내 왕에게 말하기를 "왜인이 그 국경에 가
> 득 차 성을 부수었으니, 노객은 백성된 자로서 왕에게 귀의
> 하여 분부를 청합니다."라고 하였다. … 10년(400)에 보병과
> 기병 5만을 보내 (신라를) 구원하게 하였다.

① 태학을 설립하고 율령을 반포하였다.
② 마한을 병합하고 평양을 공격하였다.
③ 마립간이라는 왕호를 처음 사용하였다.
④ 요동을 포함한 만주 일대를 장악하였다.

0062 밑줄 친 '왕' 때의 사실로 옳은 것은?

2016년 국가직 9급

> • 왕 재위 2년에 전진 국왕 부견이 사신과 승려 순도를 보
>   내며 불상과 경문을 전해왔다. (이에 우리) 왕께서 사신을
>   보내 사례하며 토산물을 보냈다.
> • 왕 재위 5년에 비로소 초문사를 창건하고 순도를 머물게
>   하였다. 또 이불란사를 창건하고 아도를 머물게 하였다.
>   이것이 해동 불법(佛法)의 시작이었다. — 『삼국사기』

① 역사서인 『신집』을 편찬하였다.
② 진휼 제도로 진대법을 도입하였다.
③ 유학 교육 기관인 태학을 설치하였다.
④ 왜에 종이와 먹의 제작 방법을 전해 주었다.

문항	번호				틀린 이유
0057	①	②	③	④	
0058	①	②	③	④	
0059	①	②	③	④	
0060	①	②	③	④	
0061	①	②	③	④	
0062	①	②	③	④	

해설

0057 밑줄 친 '왕'은 고국천왕을 일컫는다. ② 고국천왕은 한미한 가문 출신의 을파소를 국상으로 채용하여 진대법을 실시하였다. 진대법은 봄에 곡식을 빌려주었다가 가을에 추수하여 갚게 한 제도로, 이를 통해 농민들을 보호하고자 하였다.

오답노트 ① 4세기 미천왕 때의 일이다. ③ 4세기 고국원왕에 대한 설명이다. ④ 5세기 광개토대왕의 업적이다.

0058 (가)는 4세기 미천왕 때의 일이고, (다)는 5세기 장수왕 때의 일이다. ㉠ 4세기 후반 소수림왕은 유학 교육의 강화를 위해 태학을 설립하였다. ㉣ 400년 광개토대왕 때, 고구려가 신라를 도와 왜를 격퇴하였다.

오답노트 ㉡ 진대법을 시행한 것은 2세기 고국천왕 때의 일이다. ㉢ 고구려가 국경에 천리장성을 축조한 것은 7세기 때의 일이다.

0059 (가)는 4세기 소수림왕 때의 일이고, (나)는 5세기 장수왕 때의 일이다. ① (가) 이전인 342년 고국원왕 때, 전연의 모용황이 침입하여 수도인 국내성이 함락되는 등 국가적 위기를 맞았다.

오답노트 ②, ③ 광개토대왕 때의 일이다. ④ 광개토대왕은 400년 신라에 침입한 왜를 격퇴하였다.

0060 ㉢ 광개토대왕릉비는 장수왕 대인 414년에 건립되었다. ㉣ 고구려 장수왕은 남하 정책의 일환으로 427년 국내성에서 평양으로 천도하였다. ㉡ 고구려의 남하 정책에 대응하여 433년 백제와 신라는 나·제 동맹을 체결하였다. ㉠ 고구려 장수왕의 공격을 받아 475년 백제의 개로왕이 전사하고, 개로왕의 아들인 문주왕이 왕으로 즉위하여 한성에서 웅진으로 천도하였다.

0061 밑줄 친 '왕'은 고구려 광개토대왕을 일컫는다. ④ 고구려 광개토대왕 때 요동을 포함한 만주 대부분의 땅을 차지하였다.

오답노트 ① 고구려 소수림왕의 업적에 대한 설명이다. ② 4세기 백제 근초고왕의 정복 활동에 대한 설명이다. ③ 4세기 신라 내물 마립간 때부터 마립간이라는 왕호를 사용하기 시작하였다.

0062 밑줄 친 '왕'은 고구려 소수림왕이다. ③ 소수림왕은 유학 교육 강화를 위해 태학을 설립하였다.

오답노트 ① 고구려 영양왕 때 이문진이 역사서인 『신집』을 편찬하였다. ② 고구려 고국천왕은 봄에 곡식을 빌려주었다가 가을에 추수하여 갚게 하는 진대법을 실시하여 농민들을 보호하고자 하였다. ④ 담징이 종이와 먹의 제조 방법을 일본에 전해준 것은 7세기 초의 역사적 사실로, 시기상 맞지 않다.

Answer 0057 ② 0058 ② 0059 ① 0060 ① 0061 ④ 0062 ③

☐☐☐
0063 다음 시가를 지은 왕의 재위 기간에 있었던 사실은?

2021년 국가직 9급

> 펄펄 나는 저 꾀꼬리
> 암수 서로 정답구나
> 외로울사 이 내 몸은
> 뉘와 더불어 돌아가랴

① 진대법을 시행하였다.
② 낙랑군을 축출하였다.
③ 졸본에서 국내성으로 천도하였다.
④ 율령을 반포하여 중앙 집권 체제를 강화하였다.

☐☐☐
0064 밑줄 친 '왕'에 대한 설명으로 옳은 것은?

2021년 소방직

유사 2015년 교육행정직 9급 / 2013년 법원직 9급 / 2012년 지방직 7급 / 2010년 국가직 9급

> 신라가 사신을 보내 왕에게 말하기를, "왜인이 그 국경에 가득 차 성을 부수었으니, 노객은 백성 된 자로서 왕에게 귀의하여 분부를 청한다."고 하였다. … 10년 경자(庚子)에 보병과 기병 5만을 보내 신라를 구원하게 하였다. … 관군이 이르자 왜적이 물러가므로, 뒤를 급히 추격하여 임나가라(任那加羅)의 종발성에 이르렀다. 성이 곧 귀순하여 복종하므로, 순라병을 두어 지키게 하였다.

① 태학을 설립하였다.
② 대가야를 정복하였다.
③ 관산성에서 전사하였다.
④ 독자적인 연호를 사용하였다.

☐☐☐
0065 밑줄 친 ㉠의 결과에 해당하는 사실로 옳은 것은?

2018년 국가직 9급

유사 2016년 법원직 9급 / 2014년 지방직 7급 / 2013년 경찰간부 / 2008년 국가직 9급

> (영락) 6년 병신(丙申)에 왕이 직접 수군을 이끌고 백제를 토벌하였다. (백제왕이) 우리 왕에게 항복하면서 "지금 이후로는 영원히 노객(奴客)이 되겠습니다."라고 맹세하였다. …(중략)… ㉠10년 경자(庚子)에 왕이 보병과 기병 5만 명을 보내어 신라를 구원하게 하였다.

① 고구려가 신라 내정 간섭을 강화하였다.
② 백제가 고구려의 평양성을 공격하였다.
③ 신라가 관산성 전투에서 백제 성왕을 살해하였다.
④ 금관가야가 가야 지역의 중심 세력으로 대두하였다.

☐☐☐
0066 (가), (나) 시기 사이에 있었던 사실로 가장 옳은 것은?

2023년 법원직 9급

> (가) 영락 5년 왕은 패려(稗麗)가 … 하지 않는다고 생각하고 친히 군사를 이끌고 가서 토벌하였다. 부산(富山)·부산(負山)을 지나 염수(鹽水) 가에 이르렀다. 600∼700영(營)을 격파하니, 노획한 소·말·양의 수가 헤아릴 수 없이 많았다.
> (나) 고구려왕 거련(巨璉)이 병사 3만 명을 거느리고 한성을 포위하였다. 고구려 사람들이 병사를 네 방면의 길로 나누어 협공하고 또 바람을 이용해서 불을 질러 성문을 태우니, 성 밖으로 나가 항복하려는 자도 있었다. 임금은 기병 수십 명을 거느리고 성문을 나가 서쪽으로 달아났는데, 고구려 병사에게 살해되었다.

① 신라에 병부가 설치되었다.
② 고구려가 평양으로 천도하였다.
③ 고이왕이 좌평과 관등제의 기본 골격을 마련하였다.
④ 백제군의 공격으로 고국원왕이 전사하였다.

□□□

0067 밑줄 친 '이 왕'에 대한 설명으로 옳은 것은?

2022년 국가직 9급

백제 개로왕은 장기와 바둑을 좋아하였는데, 도림이 고하기를 "제가 젊어서부터 바둑을 배워 꽤 묘한 수를 알게 되었으니 개로왕께 알려드리기를 원합니다."라고 하였다. …(중략)… 개로왕이 (도림의 말을 듣고) 나라 사람을 징발하여 흙을 쪄서 성(城)을 쌓고 그 안에는 궁실, 누각, 정자를 지으니 모두가 웅장하고 화려하였다. 이로 말미암아 창고가 비고 백성이 곤궁하니, 나라의 위태로움이 알을 쌓아 놓은 것보다 더 심하게 되었다. 그제야 도림이 도망을 쳐 와서 그 실정을 고하니 <u>이 왕</u>이 기뻐하여 백제를 치려고 장수에게 군사를 나누어 주었다.
― 『삼국사기』

① 평양으로 도읍을 천도하였다.

② 진대법을 처음으로 시행하였다.

③ 낙랑군을 점령하고 한 군현 세력을 몰아내었다.

④ 신라에 침입한 왜군을 낙동강 유역에서 물리쳤다.

□□□

0068 다음 밑줄 친 고구려왕의 재위 기간에 발생한 사건으로 옳지 않은 것을 〈보기〉에서 모두 고른 것은?

2019년 경찰 2차

유사 2017년 기상직 9급 / 2015년 서울시 9급

<u>고구려왕 거련(巨連)</u>이 군사 3만 명을 거느리고 와서 한성을 포위하였다. 임금이 성문을 닫고 나가 싸우지 못하였다. …(중략)… 임금은 상황이 어렵게 되자 어찌할 바를 모르다가 기병 수십 명을 거느리고 성문을 나가 서쪽으로 달아났는데, 고구려 병사가 추격하여 임금을 살해하였다.

[보기]

㉠ 후연을 격파하여 요동 지역을 확보했다.

㉡ 도읍지를 국내성에서 평양으로 옮겼다.

㉢ 부여를 복속하여 고구려 최대 영토를 확보했다.

㉣ 영락이라는 독자적인 연호를 사용했다.

① ㉠, ㉡, ㉢

② ㉠, ㉡, ㉣

③ ㉠, ㉢, ㉣

④ ㉡, ㉢, ㉣

문항	번호				틀린 이유
0063	①	②	③	④	
0064	①	②	③	④	
0065	①	②	③	④	
0066	①	②	③	④	
0067	①	②	③	④	
0068	①	②	③	④	

해설

0063 제시된 자료는 고구려 유리왕이 지은 '황조가'의 내용으로, 유리왕이 사모하는 여인을 그리워하며 지은 4언시이다. ③ 고구려 유리왕 때 수도를 졸본 지방에서 압록강 근처의 국내성으로 옮겼다.

오답노트 ① 고국천왕 때의 일이다. ② 미천왕 때 낙랑군을 축출하였다. ④ 율령을 반포한 국왕으로는 고구려의 소수림왕, 신라의 법흥왕 등이 있다.

0064 밑줄 친 '왕'은 고구려 광개토대왕을 일컫는다. 광개토대왕은 5만의 군사를 신라에 보내어, 당시 신라를 침입한 왜군을 낙동강 유역에서 물리쳤다. ④ 광개토대왕은 영락이라는 연호를 사용하여 자주성을 드러냈다.

오답노트 ① 소수림왕의 업적이다. ② 대가야를 정복한 왕은 신라 진흥왕이다. 진흥왕은 이사부를 앞세워 대가야를 정복하였다. ③ 백제 성왕에 대한 설명이다.

0065 제시된 자료는 광개토대왕릉비문의 기록으로, 광개토대왕이 신라 내물왕의 요청을 받아들여 신라에 침입한 왜를 격퇴한 내용이다. ① 신라 내물왕 때 왜가 침입하였는데, 고구려 광개토대왕의 도움을 받아 격퇴하였다. 이를 계기로 고구려 군대가 신라 영토에 주둔하는 등 고구려의 정치력 영향력이 강화되었다.

오답노트 ② 4세기 백제 근초고왕 때의 일이다. ③ 6세기 신라 진흥왕 때의 일이다. ④ 3세기 경, 김해의 금관가야를 중심으로 전기 가야 연맹이 성립하였다.

0066 (가)는 광개토대왕 때인 395년 패려(거란족으로 추정)를 정벌한 것에 대한 내용이고, (나)는 장수왕 때인 475년 백제 수도인 한성 점령과 개로왕 살해와 관련된 내용이다. ② 고구려 장수왕은 427년 평양으로 도읍을 옮기고 적극적으로 남하 정책을 추진하였다.

오답노트 ① 6세기 법흥왕 때의 일이다. ③ 3세기 백제 고이왕 때의 일이다. ④ 4세기 근초고왕의 공격을 받아 고국원왕이 평양성에서 전사한 것은 371년의 일이다.

0067 제시된 자료는 장수왕이 승려 도림을 보내 백제의 국력을 피폐하게 만들고 한성을 점령한 것과 관련된 내용으로, 밑줄 친 '이 왕'은 장수왕을 지칭한다. ① 장수왕은 평양으로 도읍을 옮기고 적극적인 남진 정책을 추진하였다.

오답노트 ② 고국천왕의 업적이다. ③ 미천왕 때 낙랑군을 점령하여 한 군현 세력을 한반도에서 몰아냈다. ④ 광개토대왕 때 신라에 침입한 왜를 낙동강 유역에서 격퇴하고, 한반도 남부에까지 영향력을 행사하였다.

0068 밑줄 친 '고구려왕 거련'은 고구려 장수왕을 일컫는다. ㉠ 광개토대왕의 정복 활동에 대한 설명이다. ㉢ 문자왕 때의 일이다. ㉣ 영락은 광개토대왕 때 사용한 연호이다.

오답노트 ㉡ 고구려 장수왕의 업적에 대한 설명이다.

Answer 0063 ③ 0064 ④ 0065 ① 0066 ② 0067 ① 0068 ③

PART 02

□□□

0069 다음 자료의 시기에 해당하는 상황으로 옳은 것을 〈보기〉에서 모두 고른 것은?

2018년 법원직 9급

유사 2018년 서울시 7급[상] / 2013년 기상직 9급 / 2011년 경북 교행 / 2008년 국가직 9급

고려대왕 상왕공과 신라 매금은 세세토록 형제같이 지내기를 원하며 수천(守天)하기 위해 동으로 …(중략)… 동이 매금의 옷을 내려 주었다.

┌ 보기 ┐
㉠ 중국에서 남북조가 대립하였다.
㉡ 고구려는 남하 정책을 추진하였다.
㉢ 백제는 수도를 사비로 천도하였다.
㉣ 신라는 왕호를 중국식으로 바꾸었다.

① ㉠, ㉡ 　　　　② ㉡, ㉢
③ ㉢, ㉣ 　　　　④ ㉠, ㉢

대표유형

□□□

0070 (가)~(라)의 시기에 해당하는 백제 역사에 대한 설명으로 옳지 않은 것은?

2016년 국가직 9급

유사 2016년 경찰 2차 / 2012년 경찰 3차

	(가)	(나)	(다)	(라)	

| 기원전 18년 건국 | 475년 웅진 천도 | 538년 사비 천도 | 660년 사비성 함락 | 665년 문무왕과 회맹 |

① (가) - 관등제를 정비하고 공복제를 도입하는 등 국가 통치 체제의 근간을 마련하였다.
② (나) - 남쪽의 마한 잔여 세력을 정복하고, 수군을 정비하여 요서 지방까지 진출하였다.
③ (다) - 신라와 연합하여 한강 유역 일부 지역을 수복했으나 얼마 후 신라에게 빼앗겼다.
④ (라) - 복신과 도침 등이 주류성에서 군사를 일으켜 사비성의 당나라 군대를 공격하였다.

□□□

0071 〈보기〉에서 백제의 발전 과정을 순서대로 바르게 나열한 것은?

2019년 서울시 9급

┌ 보기 ┐
㉠ 6좌평제와 16관등제 및 백관의 공복을 제정하였다.
㉡ 고구려의 평양성을 공격하였다.
㉢ 지방에 22담로를 설치하였다.
㉣ 불교를 받아들여 통치 이념을 정비하였다.

① ㉠ - ㉡ - ㉢ - ㉣ 　　② ㉠ - ㉡ - ㉣ - ㉢
③ ㉡ - ㉣ - ㉢ - ㉠ 　　④ ㉣ - ㉡ - ㉢ - ㉠

□□□

0072 (가)~(라) 시기에 해당하는 백제 역사에 대한 설명으로 옳은 것을 〈보기〉에서 고른 것은?

2017년 교육행정직 9급

유사 2011년 국가직 7급 / 2010년 법원직 9급 / 2005년 지방직 9급

260년		371년		475년		554년		660년
	(가)		(나)		(다)		(라)	
관등 제정		평양성 공격		웅진 천도		관산성 전투		사비성 함락

┌ 보기 ┐
㉠ (가) - 마라난타가 불교를 전하였다.
㉡ (나) - 신라의 눌지왕과 동맹을 맺었다.
㉢ (다) - 지방의 22담로에 왕족을 파견하였다.
㉣ (라) - 국호가 남부여로 개칭되었다.

① ㉠, ㉡ 　　　　② ㉠, ㉣
③ ㉡, ㉢ 　　　　④ ㉢, ㉣

□□□ 　　　　　　　　　　　　　　　　　　　　**고난도**

0073 다음 사건들이 일어난 시기 순서로 보아 (다)에 들어갈 수 있는 내용은?

2014년 사회복지직 9급

> (가) 고구려가 국내성에서 평양으로 천도하였다.
> (나) 신라가 처음으로 연호를 사용하였다.
> (다) ⬚⬚⬚⬚⬚⬚⬚⬚⬚⬚⬚⬚⬚⬚⬚⬚⬚⬚⬚⬚⬚⬚
> (라) 백제가 일본에 처음으로 불교를 전하였다.

① 백제가 사비성으로 천도하였다.
② 고구려가 살수에서 수나라에 크게 승리하였다.
③ 신라가 불교를 공인하였다.
④ 백제의 비유왕과 신라의 눌지왕이 나·제 동맹을 맺었다.

□□□

0074 (가)와 (나) 사이의 시기에 있었던 사실로 옳은 것은?

2013년 지방직 9급

유사 2014년 법원직 9급 / 2009년 법원직 9급 / 2007년 서울시 9급

> (가) 동성왕은 신라에 사신을 보내 혼인을 청하였는데, 신라의 왕이 이벌찬(伊伐湌) 비지(比智)의 딸을 시집보냈다.
> (나) 왕은 신라를 습격하기 위하여 친히 보병과 기병 50명을 거느리고 밤에 구천(狗川)에 이르렀는데, 신라의 복병이 나타나 그들과 싸우다가 살해되었다.

① 도읍을 금강 유역의 웅진으로 옮겼다.
② 장수왕의 공격을 받아 한성이 함락되었다.
③ 국호를 남부여로 고치고 중흥을 꾀하였다.
④ 동진으로부터 불교를 수용하여 공인하였다.

문항	번호				틀린 이유
0069	①	②	③	④	
0070	①	②	③	④	
0071	①	②	③	④	
0072	①	②	③	④	
0073	①	②	③	④	
0074	①	②	③	④	

해설

0069 제시된 자료는 5세기 고구려 장수왕의 한강 유역 진출과 관련된 내용이다. ⊙ 5세기부터 6세기 후반까지 중국에서는 남북조가 대립하였다. ⓒ 5세기 장수왕 때 평양으로 도읍을 옮기고 적극적으로 남하(남진) 정책을 추진하였다.
오답노트 ⓒ 6세기 성왕, ② 6세기 지증왕 때의 일이다.

0070 ② (나)가 아니라 (가) 시기에 해당한다. 4세기 근초고왕은 마한 세력을 정복하여 전라도 해안까지 영토를 확보하였다. 또한 중국의 요서 지방에 진출하여 요서군을 설치하고 이곳을 대중국 무역 기지로 이용하였다.
오답노트 ① 3세기 중엽 고이왕은 관등제를 정비하고 관복제를 도입하는 등 지배 체제를 정비하였다. ③ 6세기 성왕은 신라와 연합하여 한강 하류의 6군을 회복했으나 신라 진흥왕의 공격으로 이 지역을 빼앗기게 되었다. ④ 660년 백제 멸망 이후 복신과 도침 등을 중심으로 백제 부흥 운동이 전개되었다. 이들은 200여 성을 회복하고 사비성과 웅진성의 당군을 공격하면서 저항했으나 내부 분열로 부흥 운동은 결국 좌절되었다.

0071 ⊙ 6좌평제와 16관등제 및 백관의 공복 제정은 3세기 중반 고이왕 때의 역사적 사실이다. ⓒ 4세기 근초고왕 때 고구려의 평양성을 공격하여 고국원왕을 전사시켰다. ② 4세기 후반인 384년 침류왕 때 불교를 수용하여 통치 이념을 정비하였다. ⓒ 6세기 무령왕 때 지방에 22담로를 설치하고 왕족을 파견하였다.

0072 ⓒ 백제 비유왕은 433년에 신라 눌지왕과 나·제 동맹을 맺었다. ⓒ 무령왕(501~523)은 22담로를 지방에 설치하고, 왕족을 파견하였다.
오답노트 ⊙ 4세기 후반 침류왕 때의 일로, (나) 시기에 속한다. ② 백제 성왕은 538년 사비로 도읍을 옮기고, 국호를 남부여로 고쳐 중흥을 꾀하였다. 이는 (다) 시기이다.

0073 (가) 고구려 장수왕은 427년 남하 정책의 일환으로 국내성에서 평양으로 천도하였다. (나) 신라는 법흥왕 때인 536년 독자적인 연호를 세워 건원이라 하였다. (라) 백제 성왕 때인 552년 노리사치계가 불경과 불상을 일본에 전하였다.
① 성왕은 538년 사비(부여)로 도읍을 옮기고, 국호를 남부여로 고치면서 중흥을 꾀하였다.
오답노트 ② 612년 을지문덕의 유도 작전에 말려 수 양제의 대군이 살수에서 대패하였다. ③ 법흥왕 때인 527년 이차돈의 순교를 계기로 불교를 공인하였다. ④ 고구려의 남하에 대항하여 433년 백제와 신라가 나·제 동맹을 체결하였다.

0074 (가)는 493년 백제 동성왕과 신라 소지왕의 결혼 동맹에 대한 자료이다. (나)는 554년 성왕이 전사한 관산성 전투에 대한 자료이다. ③ 백제 성왕은 538년 수도를 웅진에서 사비로 옮기고 국호를 남부여로 고쳤다.
오답노트 ①,② 475년 장수왕의 공격으로 한성이 함락되고 개로왕이 전사함에 따라, 백제는 웅진으로 천도하였다. ④ 백제가 한성에 수도를 두던 시기인 384년 침류왕 때, 동진의 마라난타를 통해 불교를 수용하였다.

Answer 0069 ① 0070 ② 0071 ② 0072 ③ 0073 ① 0074 ③

PART 02

□□□
0075 이 시기 백제 왕의 업적으로 옳은 것을 〈보기〉에서 모두 고른 것은?

2021년 법원직 9급

유사 2013년 기상직 9급 / 2012년 경북 교행 / 2009년 법원직 9급

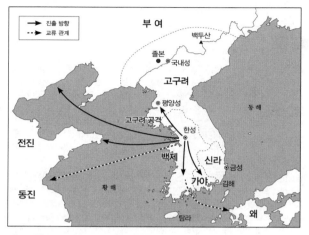

─[보기]─

㉠ 남으로 마한을 통합하였다.
㉡ 왕위의 부자 상속이 확립되었다.
㉢ 중앙 관청을 22부로 확대하였다.
㉣ 좌평 제도와 관등제를 마련하였다.

① ㉠, ㉡
② ㉠, ㉣
③ ㉡, ㉢
④ ㉢, ㉣

□□□
0076 다음과 같은 업적을 남긴 왕의 재위 기간에 있었던 사실로 옳은 것은?

2018년 기상직 9급

내신좌평을 두어 왕명 출납을, 내두좌평은 물자와 창고를, 내법좌평은 예법과 의식을, 위사좌평은 숙위 병사를, 조정 좌평은 형벌과 송사를, 병관좌평은 지방의 군사에 관한 일을 각각 맡게 하였다. ─『삼국사기』

① 한강 유역을 장악하고 한 군현과 대립하였다.
② 동진과 국교를 맺고 요서 지방에 진출하였다.
③ 광개토대왕의 도움을 받아 가야와 왜의 연합군을 물리쳤다.
④ 낙랑군을 공격하여 중국 세력을 영토에서 완전히 쫓아냈다.

□□□
0077 (가)와 (나) 사건 사이에 있었던 사실로 옳은 것은?

2022년 소방직

(가) 고구려 왕 거련이 군사 3만 명을 이끌고 와서 왕도인 한성을 포위하였다. 고구려 군대가 군사를 네 방향으로 나누어 협공하였고, 바람을 타고 불을 놓아 성문을 불태웠다. ─『삼국사기』
(나) 왕이 신라를 습격하기 위하여 직접 보병과 기병 50명을 거느리고 밤에 구천에 이르렀는데, 신라의 복병이 나타나 그들과 싸우다가 난병들에게 살해되었다. 시호를 성(聖)이라 하였다. ─『삼국사기』

① 신라가 대가야를 병합하였다.
② 백제가 22담로에 왕족을 파견하였다.
③ 고구려가 국내성으로 수도를 옮겼다.
④ 백제가 마한의 잔여 세력을 복속하였다.

□□□
0078 밑줄 친 '무덤 주인'이 왕위에 있었던 시기의 사실로 옳은 것은?

2016년 지방직 9급

1971년 7월, 공주시 송산리 고분군 배수로 공사 도중 벽돌무덤 하나가 우연히 발견되었다. 무덤 입구를 열자, 무덤 주인을 알려주는 지석이 놓여 있었으며, 백제는 물론 중국의 남조와 왜에서 만들어진 갖가지 유물들이 고스란히 남아 있었다.

① 중앙에는 22부 관청을 두고 지방에는 5방을 설치하였다.
② 고구려의 남진 정책에 맞서 나·제 동맹을 처음 결성하였다.
③ 활발한 대외 정복 전쟁으로 한강 유역을 차지하고 가야를 완전히 정복하였다.
④ 지방에 22개의 담로를 두고 왕족을 파견하여 지방에 대한 통제를 강화하였다.

□□□
0079 밑줄 친 인물의 업적으로 옳은 것은?

2015년 교육행정직 9급
유사 2012년 경찰간부

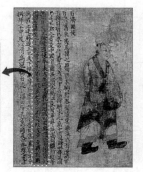

여륭(餘隆)이 사신을 보내 글을 올렸는데, 고구려를 잇달아 격파했다고 하였다. …(중략)… 모두 22담로가 있는데, 왕실 자제들에게 나누어 다스리게 했다.

① 남조의 양과 교류하고 가야 지역으로 진출하였다.
② 사비로 수도를 옮겨 국가 중흥의 기틀을 다졌다.
③ 율령을 반포하여 중앙 집권 국가로서의 통치 기준을 마련하였다.
④ 마한의 잔여 세력을 정복하여 전라도 일대까지 영역을 확대하였다.

□□□
0080 밑줄 친 '왕'의 재위 기간에 있었던 사실로 옳은 것은?

2017년 지방직 9급(하)

왕 30년, 달솔 노리사치계를 왜에 보내 석가여래상과 불경을 전했다.

① 북위에 국서를 보내 고구려를 공격해줄 것을 요청했다.
② 평양성까지 진군하여 고국원왕을 전사시켰다.
③ 국호를 남부여로 고쳤다.
④ 불교를 공인하였다.

문항	번호				틀린 이유
0075	①	②	③	④	
0076	①	②	③	④	
0077	①	②	③	④	
0078	①	②	③	④	
0079	①	②	③	④	
0080	①	②	③	④	

해설

0075 제시된 자료는 4세기 백제 전성기 때의 지도로, 이 시기 백제의 왕은 근초고왕이다. ㉠ 근초고왕은 마한의 잔여 세력을 정복하여 전라도 해안까지 영토를 확보하였다. ㉡ 근초고왕 때 왕위의 부자 상속제를 확립하였다.

오답노트 ㉢ 6세기 백제 성왕의 업적이다. ㉣ 3세기 백제 고이왕 때의 일이다. 고이왕은 6개의 좌평을 두어 업무를 분장시켰으며, 관등제를 마련하여 국가 체제를 정비하였다.

0076 제시된 자료는 3세기 중엽 백제 고이왕 때의 관제 정비와 관련된 내용이다. ① 백제 고이왕은 남쪽의 목지국을 제압하여 한강 유역을 장악하고, 북쪽의 낙랑군과 대립하였다.

오답노트 ② 4세기 백제 근초고왕 때의 일이다. ③ 4세기 신라 내물 마립간 때의 일이다. ④ 4세기 고구려 미천왕의 업적에 대한 설명이다.

0077 (가)는 5세기 장수왕의 한성 점령(475)과 관련된 내용이고, (나)는 6세기 백제 성왕이 전사한 관산성 전투(554)와 관련된 내용이다. ② 백제 무령왕은 지방의 22담로에 왕족을 파견하였다. 무령왕의 재위 기간은 501년부터 523년까지이다.

오답노트 ① 신라가 대가야를 정복한 것은 진흥왕 때인 562년의 일로, (나) 이후에 속한다. ③ 고구려가 국내성으로 도읍을 옮긴 것은 (가) 이전인 유리왕 때의 일이다. ④ 4세기 백제 근초고왕 때의 일로, (가) 이전이다.

0078 제시된 자료는 무령왕릉에 대한 설명으로, 밑줄 친 '무덤 주인'은 백제 무령왕이다. ④ 무령왕은 지방에 22개의 담로를 두고 왕족을 파견함으로써 지방에 대한 통제를 강화하였다.

오답노트 ① 백제 성왕의 업적이다. ② 나・제 동맹을 처음 체결한 왕은 백제 비유왕과 신라 눌지마립간이다. ③ 신라 진흥왕에 대한 설명이다.

0079 밑줄 친 '여륭'은 무령왕이다. ① 무령왕은 중국 남조의 양나라와 외교 관계를 강화하였고, 섬진강 유역의 가야 지역으로 진출하였다.

오답노트 ② 성왕에 대한 설명이다. ③ 백제는 율령 반포를 실시한 국왕이 누구인지에 대한 명시적인 기록이 아직까지 발견되지 않았다. 다만 고이왕 때를 기준으로 율령 반포에 준하는 지배 체제가 정비되었다고 보고 있다. ④ 근초고왕에 대한 설명이다.

0080 밑줄 친 '왕'은 백제의 성왕이다. ③ 성왕은 국호를 남부여로 개칭하였다.

오답노트 ① 개로왕, ② 근초고왕에 대한 설명이다. ④ 불교를 공인한 왕으로는 고구려 소수림왕, 백제 침류왕, 신라 법흥왕 등이 있다.

Answer 0075 ① 0076 ① 0077 ② 0078 ④ 0079 ① 0080 ③

0081 신라 왕호의 변천 과정에서 (가), (나)에 해당하는 설명으로 가장 옳은 것은?

2014년 법원직 9급

유사 2019년 기상직 9급 / 2014년 경찰 1차

거서간 ⇨ 차차웅 ⇨ (가) ⇨ (나) ⇨ 왕

① (가)가 왕호였던 시기에 이르러 독자적 세력을 유지해 오던 6부가 행정 구역으로 재편되었다.

② (가)가 왕호였던 시기에 신라는 낙동강 유역의 가야 세력을 정복하고 영토를 확장하였다.

③ (나)는 대군장의 뜻을 지니며 왕권의 성장이 그 이름에 반영되어 있다.

④ (나)가 왕호였던 시기에 신라 왕위는 박·석·김의 3성이 교대로 차지하였다.

0082 ㉠ 왕호를 사용하던 신라 시기의 사실로 옳은 것은?

2017년 국가직 7급(하)

신라 왕으로서 거서간, 차차웅이란 이름을 쓴 이가 각기 하나요, 이사금이라 한 이가 열여섯이며, ㉠ (이)라 한 이가 넷이다. ―『삼국사기』

① 율령이 반포되었다.

② 대가야를 병합하였다.

③ 왕위의 부자 상속제가 확립되었다.

④ 건원이라는 독자적인 연호를 사용하였다.

0083 (가) 시기에 신라에서 있었던 사실은?

2021년 국가직 9급

고구려의 침입으로 한성이 함락되자, 수도를 웅진으로 옮겼다.

⇩

(가)

⇩

성왕은 사비로 도읍을 옮겼다.

① 대가야를 정복하였다.

② 황초령 순수비를 세웠다.

③ 거칠부가 『국사』를 편찬하였다.

④ 이차돈의 순교를 계기로 불교가 공인되었다.

0084 (가), (나) 사이의 시기에 있었던 사실로 옳은 것은?

2015년 지방직 9급

(가) 국호를 신라로 바꾸고, 왕의 칭호도 마립간에서 왕으로 고쳤다. 대외적으로는 우산국을 복속시켰다.

(나) 한강 유역을 빼앗고, 고령 지역의 대가야를 정복하였다. 북쪽으로는 함경도 지역까지 진출하였다.

① 백제 동성왕과 혼인 동맹을 맺었다.

② 김씨에 의한 왕위 세습권이 확립되었다.

③ 진골 귀족 세력의 반발로 녹읍이 부활되었다.

④ 병부를 설치하고, 백관의 공복을 제정하였다.

대표유형

□□□

0085 밑줄 친 '국왕'에 대한 설명으로 옳은 것은?

2016년 사회복지직 9급

> 국왕은 병부를 설치하여 직접 병권을 장악하였고, 건원이라는 독자적인 연호를 사용하였다. 또한 영토 확장에 힘을 기울여 금관가야를 정복하였다.

① 자장의 권유로 황룡사 9층탑을 건립하였다.
② 율령을 공포하고, 백관의 공복을 제정하였다.
③ 청소년 조직인 화랑도를 국가적인 조직으로 개편하였다.
④ 원광에게 수나라에 군사를 청하는 걸사표를 짓게 하였다.

□□□

0086 ㉠~㉣에 해당하는 왕의 업적으로 옳은 것은?

2014년 국가직 7급
유사 2013년 법원직 9급

> 고구려 ㉠ 왕 때 전진에서 승려 순도(順道)가 불상과 불경을 전하였으며, 백제는 ㉡ 왕 때 동진에서 고승 마라난타(摩羅難陀)가 불교를 전하였다. 신라의 불교는 ㉢ 왕 때 고구려에서 온 승려 묵호자가 전하고 소지왕 때 다시 고구려에서 승려 아도가 전하였으나 ㉣ 왕 때 이차돈의 순교 후 비로소 공인되었다.

① ㉠ – 수도를 국내성에서 평양으로 옮겼다.
② ㉡ – 수도를 사비로 옮기고 남부여라 하였다.
③ ㉢ – 황룡사를 짓고 9층 목탑을 건립하였다.
④ ㉣ – 법령을 반포하고 상대등 제도를 설치하였다.

문항	번호				틀린 이유
0081	①	②	③	④	
0082	①	②	③	④	
0083	①	②	③	④	
0084	①	②	③	④	
0085	①	②	③	④	
0086	①	②	③	④	

해설

0081 (가)는 연장자를 뜻하는 이사금, (나)는 대군장을 뜻하는 마립간이다. ③ 내물왕 때부터 대군장을 뜻하는 마립간을 왕호로 사용하였는데, 이는 왕권이 강화되었음을 뜻하는 것이다.

오답노트 ① 5세기 말 소지 마립간 시기의 일이다. ② 6세기의 일로 왕을 칭하던 시기이다. ④ 신라는 이사금이 왕호였던 시기에 박·석·김의 3성이 교대로 왕위를 차지하였다.

0082 제시된 자료의 ㉠에 들어갈 왕호는 마립간이다. 마립간 왕호는 내물~지증왕 재위 초반 시기까지 사용하였다. ③ 눌지 마립간 때 왕위의 부자 상속제가 확립되었다.

오답노트 ①,④ 법흥왕, ② 진흥왕 때의 일이다.

0083 고구려의 침입으로 한성이 함락된 백제가 수도를 웅진으로 옮긴 것은 백제 문주왕 때인 475년의 일이고, 백제 성왕이 사비로 도읍을 옮긴 것은 538년의 일이다. ④ 법흥왕 때인 527년 이차돈의 순교를 계기로 불교를 공인하였다.

오답노트 ① 대가야를 정복한 것은 진흥왕 때인 562년의 일이다. ② 대가야를 정복한 이후, 진흥왕은 568년 함흥평야를 정복하고 황초령 순수비를 세웠다. ③ 거칠부가 『국사』를 편찬한 것은 진흥왕 때인 545년의 일이다.

0084 (가)는 신라 지증왕, (나)는 신라 진흥왕 때의 일이다. ④ 6세기 법흥왕은 병부를 설치하여 왕이 군권을 장악하고, 백관의 공복을 제정하였으며 17관등제를 완성하였다.

오답노트 ① 5세기에 신라의 소지 마립간은 이찬 비지의 딸을 백제 동성왕에게 시집보내 백제와의 동맹을 강화하였다. ② 4세기 내물 마립간 때 김씨에 의한 왕위 세습이 확립되었다. ③ 통일 신라 경덕왕 때 진골 귀족들의 반발로 녹읍이 부활하였다.

0085 '병부 설치', '건원', '금관가야 정복' 등을 통해 밑줄 친 '국왕'은 법흥왕임을 알 수 있다. ② 법흥왕은 율령을 반포하고 백관의 공복을 제정하였으며 17관등제를 완성하였다.

오답노트 ① 선덕여왕, ③ 진흥왕, ④ 진평왕에 대한 설명이다.

0086 ㉠ 소수림왕, ㉡ 침류왕, ㉢ 눌지왕, ㉣ 법흥왕이다. ④ 법흥왕 때인 520년 율령을 반포하였으며, 531년 상대등 제도를 설치하였다.

오답노트 ① 고구려 장수왕 때인 427년의 일이다. ② 백제 성왕 때인 538년의 일이다. ③ 황룡사는 신라 진흥왕 때 지어졌고, 황룡사 9층 목탑은 선덕여왕 때 승려 자장의 건의로 건립되었다.

Answer 0081 ③ 0082 ③ 0083 ④ 0084 ④ 0085 ② 0086 ④

□□□

0087 다음 사건이 있었던 시기의 신라 국왕에 대한 설명으로 옳은 것은?

2022년 지방직 9급

유사 2018년 지방직 7급 / 2012년 국가직 9급 / 2012년 지방직 9급 / 2010년 지방직 7급

이찬 이사부가 하슬라주 군주가 되어, '우산국 사람이 우매하고 사나워서 위엄으로 복종시키기는 어려우니 계책을 써서 굴복시키는 것이 좋겠다.'라고 생각하였다. 이에 나무로 사자 모형을 많이 만들어 배에 나누어 싣고 우산국 해안에 이르러, 속임수로 통고하기를 "만약에 너희가 항복하지 않는다면 곧바로 이 맹수들을 풀어 너희를 짓밟아 죽이겠다."라고 하였다. 그 나라 사람이 두려워 즉시 항복하였다.

① 독서삼품과를 실시하였다.
② 국호를 신라로 확정하였다.
③ 관료전을 지급하고 녹읍을 폐지하였다.
④ 장문휴를 보내 당의 등주를 공격하였다.

□□□

0088 밑줄 친 '왕'에 대한 설명으로 가장 옳은 것은?

2022년 법원직 9급

이때에 이르러 왕 또한 불교를 일으키려고 하였으나, 여러 신하들이 믿지 않고 이런저런 불평을 많이 하였으므로 왕이 근심하였다. …… 이차돈이 왕에게 아뢰기를, "바라건대 하찮은 신의 목을 베어 여러 사람들의 논의를 진정시키십시오."라고 하였다.
— 『삼국사기』

① 이사부를 파견하여 우산국을 복속시켰다.
② 광개토 대왕의 지원으로 왜군을 격파하였다.
③ 대가야를 정복하여 가야 연맹을 해체시켰다.
④ 상대등을 설치하여 정치 조직을 강화하였다.

□□□

0089 〈보기〉의 밑줄 친 '왕' 대에 이루어진 내용을 옳게 고른 것은?

2019년 서울시 9급[상]

유사 2013년 국가직 9급

─[보기]─

재위 19년에는 금관국주인 김구해가 비와 세 아들을 데리고 와 항복하자 왕은 예로써 대접하고 상등(上等)의 벼슬을 주었으며, 23년에는 처음으로 연호를 칭하여 건원(建元) 원년이라 하였다.

㉠ 국호를 사로국에서 신라로, 왕호를 마립간에서 왕으로 고쳤다.
㉡ 왕은 연호를 고쳐 '개국(開國)'이라 하였으며 『국사』를 편찬토록 하였다.
㉢ 왕호를 성법흥대왕이라 쓰기도 하였다.
㉣ '신라 육부'가 새겨진 울진 봉평 신라비가 세워졌다.
㉤ 연호를 인평(仁平)으로 고쳤으며 분황사와 영묘사를 창건하였다.

① ㉠, ㉡
② ㉡, ㉢
③ ㉢, ㉣
④ ㉣, ㉤

□□□

0090 (가), (나)에 들어갈 왕의 업적으로 옳은 것은?

2023년 지방직 9급

삼국의 역사서로는 고구려에 『유기』가 있었는데, 영양왕 때 이문진이 이를 간추려 『신집』 5권을 편찬하였다. 백제에서는 __(가)__ 시기에 고흥이 『서기』를, 신라에서는 __(나)__ 시기에 거칠부가 『국사』를 편찬하였다.

① (가) - 국호를 남부여로 바꾸었다.
② (가) - 동진으로부터 불교를 받아들여 공인하였다.
③ (나) - 화랑도를 국가적 조직으로 개편하였다.
④ (나) - 병부를 처음으로 설치하여 군권을 장악하였다.

□□□

0091 밑줄 친 '왕'의 재위 기간에 있었던 사실로 옳은 것은?

2020년 지방직 9급

유사 2020년 경찰 1차 / 2018년 국가직 7급 / 2013년 경찰간부

이찬 이사부가 왕에게 "국사라는 것은 임금과 신하들의 선악을 기록하여, 좋고 나쁜 것을 만대 후손들에게 보여 주는 것입니다. 이를 책으로 편찬해 놓지 않는다면 후손들이 무엇을 보고 알겠습니까?"라고 아뢰었다. 왕이 깊이 동감하고 대아찬 거칠부 등에게 명하여 선비들을 널리 모아 그들로 하여금 역사를 편찬하게 하였다. ─『삼국사기』

① 정전 지급
② 국학 설치
③ 첨성대 건립
④ 북한산 순수비 건립

대표
유형

□□□

0092 다음 문화재와 이를 통해 알 수 있는 내용의 연결이 옳지 않은 것은?

2023년 지방직 9급

① 사택지적비 ─ 백제가 영산강 유역까지 영역을 확장하였다.
② 임신서기석 ─ 신라에서 청년들이 유교 경전을 공부하였다.
③ 충주 고구려비 ─ 고구려가 5세기에 남한강 유역까지 진출하였다.
④ 호우명 그릇 ─ 5세기 초 고구려와 신라가 밀접한 관계를 맺고 있었다.

문항	번호				틀린 이유
0087	①	②	③	④	
0088	①	②	③	④	
0089	①	②	③	④	
0090	①	②	③	④	
0091	①	②	③	④	
0092	①	②	③	④	

해설

0087 제시된 자료는 신라 지증왕 때 우산국 정벌과 관련된 내용이다. ② 지증왕은 국호를 신라로 정하고 왕호를 기존의 마립간에서 중국식인 '왕'으로 고쳤다.

오답노트 ① 원성왕의 업적이다. ③ 신문왕 때의 일이다. ④ 발해 무왕 때의 일이다.

0088 밑줄 친 '왕'은 법흥왕이다. 법흥왕은 이차돈의 순교를 계기로 불교를 공인하였다. ④ 법흥왕은 상대등을 설치하여 재상과 같은 지위를 부여하였다.

오답노트 ① 지증왕에 대한 설명이다. ② 4세기 내물 마립간에 대한 설명이다. ③ 진흥왕에 대한 설명이다. 신라는 법흥왕 때 금관가야를, 진흥왕 때 대가야를 각각 정복하였다.

0089 제시된 자료의 밑줄 친 '왕'은 신라 법흥왕이다. © 법흥왕 때 건립된 울진 천전리 서석에서는 '성법흥대왕'(혹은 성법흥태왕)이라는 표현이 있어 당시 법흥왕을 성법흥대왕이라고 칭하기도 했음을 알 수 있다. ② 법흥왕 때 울진 봉평 신라비를 건립하였다. 울진 봉평 신라비에는 '신라 육부'가 새겨져 있어, 당시 국왕이 6부의 대표자나 귀족들과 함께 국가 중대사를 논의했음을 알 수 있다.

오답노트 ⑤ 지증왕, © 진흥왕, ⑩ 선덕여왕 때의 일이다.

0090 (가)는 근초고왕을, (나)는 진흥왕을 일컫는다. 4세기 근초고왕 때 박사 고흥을 시켜 『서기』를 편찬하게 했으며, 신라 진흥왕 때 왕명에 따라 거칠부가 『국사』를 편찬하였다. ③ 진흥왕 때 화랑도라는 청소년 집단을 국가적인 조직으로 개편하였다.

오답노트 ① 백제 성왕의 업적이다. ② 백제 침류왕 때 동진의 마라난타를 통해 불교를 수용하였다. ④ 신라 법흥왕의 업적이다. 법흥왕은 병부를 설치하여 왕이 군권을 장악하였다.

0091 제시된 자료는 진흥왕 때 거칠부 등에게 왕명으로 『국사』를 편찬하게 한 것과 관련된 내용으로, 밑줄 친 '왕'은 진흥왕이다. ④ 진흥왕은 북한산에 친히 순행하여 북한산 순수비를 건립하였다.

오답노트 ① 신라 성덕왕 때 백성들에게 정전을 지급하였다. ② 국학은 신라 신문왕 때 설치된 유학 교육 기관이다. ③ 첨성대를 건립한 것은 신라 선덕여왕 때의 일이다.

0092 ① 백제의 사택지적비는 의자왕 때 상좌평을 지낸 사택지적이 인생의 무상함을 이야기하고, 불교에 귀의해 불당과 탑을 건립하였다는 내용의 비문이다. 이 비석은 백제 한학의 높은 수준(4·6 변려체)을 보여 주고 있으며, 백제의 영산강 유역 진출과는 관련이 없다.

오답노트 ② 임신서기석에는 화랑으로 보이는 두 청년이 3년 안에 유교 경전을 읽겠다는 내용이 기록되어 있다. ③ 충주(중원) 고구려비는 장수왕 때 건립된 비석으로, 고구려의 남한강 유역 진출을 보여 주고 있다. ④ 호우명 그릇은 광개토 대왕의 제사 때 사용된 것으로 추정되며, 이를 통해 5세기 초 신라가 고구려의 영향력 아래 있었음을 알 수 있다.

Answer 0087 ② 0088 ④ 0089 ③ 0090 ③ 0091 ④ 0092 ①

0093 삼국 시대 금석문 자료에 대한 설명으로 옳지 않은 것은?

2014년 지방직 9급

유사 2013년 경찰 1차 / 2012년 경찰 2차 / 2012년 경찰간부 / 2010년 국가직 9급

① 호우총 출토 청동 호우의 존재를 통해 신라와 고구려 관계를 살펴볼 수 있다.
② 사택지적비를 통해 당시 백제가 도가(道家)에 대한 이해를 하고 있었음을 알 수 있다.
③ 울진 봉평리 신라비를 통해 신라가 동해안의 북쪽 방면으로 세력을 확장하였음을 알 수 있다.
④ 충주 고구려비(중원 고구려비)를 통해 신라가 고구려에게 자신을 동이(東夷)라고 낮추어 표현했음을 알 수 있다.

대표유형

0094 다음 사건을 시기순으로 바르게 나열한 것은?

2023년 국가직 9급

| (가) 신라의 우산국 복속 | (나) 고구려의 서안평 점령 |
| (다) 백제의 대야성 점령 | (라) 신라의 금관가야 병합 |

① (가) → (나) → (다) → (라)
② (가) → (라) → (나) → (다)
③ (나) → (가) → (라) → (다)
④ (나) → (다) → (가) → (라)

대표유형

0095 (가)~(라) 시기에 있었던 사실로 옳은 것은?

2020년 국가직 7급

유사 2019년 경찰 1차 / 2018년 경찰 2차 / 2015년 서울시 7급

	(가)	(나)	(다)	(라)	
고구려 진대법 시행		백제 불교 공인	신라 율령 반포	고구려 살수 대첩	백제 주류성 함락

① (가) - 신라가 대가야를 병합하였다.
② (나) - 고구려가 한반도에서 낙랑군을 축출하였다.
③ (다) - 백제가 사비로 천도하였다.
④ (라) - 신라가 북한산에 순수비를 세웠다.

0096 (가), (나) 사이의 시기에 있었던 사실로 가장 옳지 않은 것은?

2024년 법원직 9급

(가)   (나)

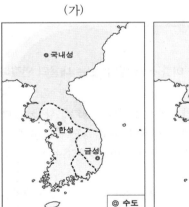

① 태조왕이 옥저를 복속하였다.
② 진흥왕이 화랑도를 개편하였다.
③ 장수왕이 남진 정책을 추진하였다.
④ 지증왕이 국호를 '신라'로 정하였다.

□□□
0097 (가), (나) 시기 사이에 있었던 사실로 가장 옳은 것은?

2022년 법원직 9급

(가) 왕 41년 겨울 10월, 백제왕이 군사 3만 명을 거느리고 평양성을 공격하였다. 왕이 군사를 이끌고 방어하다가 화살에 맞았다. 23일에 왕이 죽었다. 고국 언덕에 장사 지냈다.
— 『삼국사기』, 고구려본기

(나) 왕 32년 가을 7월, 왕이 신라를 습격하기 위하여 직접 보병과 기병 50명을 거느리고 밤에 구천에 이르렀는데, 신라의 복병이 나타나 그들과 싸우다가 왕이 난병들에게 살해되었다. 시호를 성이라 하였다.
— 『삼국사기』, 백제본기

① 수가 고구려를 침입하였다.
② 고구려가 평양으로 천도하였다.
③ 백제가 나·당 연합군의 공격을 받았다.
④ 당이 매소성 전투에서 신라에 패하였다.

□□□
0098 (가)~(라)를 일어난 순서대로 바르게 나열한 것은?

2021년 법원직 9급

(가) 성왕이 군사를 보내 고구려를 공격하였다.
(나) 온조는 한강 하류에 이르러 도읍을 정하였다.
(다) 태조왕이 동옥저를 정벌하고 빼앗아 성읍으로 삼았다.
(라) 법흥왕이 율령을 반포하고, 처음으로 관리의 공복을 정하였다.

① (가) − (나) − (다) − (라)
② (나) − (다) − (라) − (가)
③ (나) − (가) − (라) − (다)
④ (다) − (가) − (나) − (라)

문항	번호				틀린 이유
0093	①	②	③	④	
0094	①	②	③	④	
0095	①	②	③	④	
0096	①	②	③	④	
0097	①	②	③	④	
0098	①	②	③	④	

해설

0093 ④ 중원 고구려비에 고구려가 신라를 동이(東夷)로 칭하는 동시에 의복을 하사한다는 내용이 있으나, 신라가 스스로 낮추어 동이라 칭한 것은 아니다.
오답노트 ① 청동 호우, 즉 호우명 그릇은 고구려에서 만든 것으로 경주의 호우총에서 발견되었다. 이를 통해 당시 신라에 대한 고구려의 영향력을 확인할 수 있다. ② 사택지적비는 사택지적이란 인물이 말년에 늙어가는 것을 탄식하며 인생의 무상함을 이야기하고(도교적 요소), 불교에 귀의해 불당과 탑을 건립하였다는 내용을 담고 있는 비문이다. ③ 울진에 있는 봉평비(법흥왕, 524)를 통해 신라가 동해안의 북쪽 방면으로 세력을 확장했음을 알 수 있다.

0094 (나) 4세기 미천왕 때인 311년 고구려는 전략적 요충지인 서안평을 점령하였다. (가) 6세기 지증왕 때인 512년 신라 장군 이사부가 우산국(울릉도)을 복속하였다. (라) 6세기 법흥왕 때인 532년 신라는 금관가야를 정복하여 낙동강 유역으로 진출하였다. (다) 7세기 의자왕 때인 642년 백제는 신라의 대야성을 점령하였다.

0095 고구려의 진대법 시행은 2세기 고국천왕 때인 194년, 백제 불교 공인은 4세기 침류왕(384~385) 때의 일이다. 또한 신라 율령 반포는 6세기 법흥왕 때인 520년, 고구려 살수 대첩은 7세기 영양왕 때인 612년, 백제 주류성 함락은 백제 멸망 이후인 663년의 일이다. ③ 6세기 백제 성왕 때인 538년의 일로, (다) 시기에 속한다.
오답노트 ① 진흥왕 때인 562년의 일로, (다) 시기에 속한다. ② 4세기 미천왕 때인 313년의 일로, (가) 시기에 속한다. ④ 진흥왕 때인 555년의 일로, (다) 시기에 속한다.

0096 (가)는 4세기 삼국의 지도이고, (나)는 6세기 삼국의 지도이다. ① 1세기 후반~2세기 초반에 집권했던 고구려 태조왕의 업적이다. 고구려 태조왕 때 옥저를 복속하여 영토를 넓혔다.
오답노트 ② 6세기 진흥왕 때의 일이다. ③ 5세기 고구려의 정치 상황에 대한 설명이다. ④ 6세기 초반 지증왕 때의 일이다.

0097 (가)는 4세기 근초고왕 때인 371년에 백제가 고구려를 공격한 평양성 전투와 관련된 내용이고, (나)는 6세기 백제 성왕이 신라를 기습 공격하다가 전사한 관산성 전투에 관한 내용으로, 554년의 일이다. ② 5세기 장수왕 때인 427년 고구려는 평양으로 수도를 옮겼다.
오답노트 ① 수나라는 6세기 말부터 7세기 초까지 4차례에 걸쳐 고구려를 침략해왔다. ③ 7세기 백제 의자왕 때인 660년의 일이다. ④ 7세기 신라 문무왕 때인 675년의 일이다.

0098 (나) 기원전 18년 온조는 한강 하류에 위치한 하남 위례성에서 백제를 건국하였다. (다) 고구려 태조왕 때 옥저를 복속하여 영토를 확장했는데, 태조왕의 재위 기간은 53~146년까지이다. (라) 6세기 법흥왕의 업적에 대한 설명이다. 법흥왕은 520년 율령을 반포하고 관리의 공복을 만들었다. (가) 6세기 백제 성왕은 551년 신라와 연합하여 고구려를 공격하였다.

Answer 0093 ④ 0094 ③ 0095 ③ 0096 ① 0097 ② 0098 ②

0099 삼국 간의 전쟁 과정에서 일어난 사건을 순서대로 바르게 나열한 것은?

2019년 경찰 2차

유사 2017년 서울시 7급 / 2016년 서울시 9급 / 2013년 국가직 9급 / 2012년 지방직 9급

> ㉠ 백제 성왕은 관산성 전투에서 신라의 공격을 받고 죽었다.
> ㉡ 신라의 대야성은 백제의 공격을 받고 함락되었다.
> ㉢ 백제 한성은 고구려의 공격을 받아 함락되고 개로왕이 처형되었다.
> ㉣ 고구려 고국원왕이 백제의 공격을 받고 전사하였다.

① ㉣ - ㉠ - ㉢ - ㉡   ② ㉡ - ㉢ - ㉣ - ㉠
③ ㉡ - ㉠ - ㉣ - ㉢   ④ ㉣ - ㉢ - ㉠ - ㉡

0100 다음 사실들을 시기순으로 바르게 나열한 것은?

2016년 지방직 9급

유사 2014년 경찰 / 2013년 경찰 / 2008년 국가직 7급 / 2007년 국가직 9급

> ㉠ 고구려 - 살수에서 수 양제의 군대를 격파하였다.
> ㉡ 백제 - 사비로 도읍을 옮기고 국호를 남부여로 고쳤다.
> ㉢ 신라 - 율령을 반포하고 백관의 공복을 제정하였다.
> ㉣ 가야 - 고령 지역의 대가야가 신라의 공격으로 멸망하였다.

① ㉡ - ㉢ - ㉣ - ㉠   ② ㉡ - ㉣ - ㉢ - ㉠
③ ㉢ - ㉡ - ㉣ - ㉠   ④ ㉢ - ㉣ - ㉠ - ㉡

대표
유형

0101 밑줄 친 '이 나라'에 대한 설명으로 옳은 것은?

2024년 국가직 9급

> 5세기 후반 가야의 주도 세력으로 성장한 이 나라는 낙동강 유역이라는 지리적 이점과 풍부한 철을 활용하여 후기 가야 연맹의 맹주가 되었다.

① 진흥왕에 의해 멸망하였다.
② 사비로 천도하고 국호를 남부여로 하였다.
③ 지방 행정 구역을 5경 15부 62주로 나누었다.
④ 평양으로 수도를 옮기고 남진 정책을 추진하였다.

0102 (가) 국가에 대한 설명으로 가장 옳지 않은 것은?

2024년 법원직 9급

> 김해·고령 등 (가) 고분군 7곳, 유네스코 세계 문화유산 됐다.
>
> 유네스코 "고대 문명의 주요 증거"
>
> 한반도 남부에 남아 있는 유적 7곳을 묶은 고분군이 유네스코 세계 문화유산 됐다. … (가) 은/는 기원 전후부터 562년까지 주로 낙동강 유역을 중심으로 번성한 작은 나라들의 총칭이다.
>
> – 2023. 9. 18. □□일보 –

① 낙동강 하류의 변한 지역에서 성장하였다.
② 철기를 활발히 생산하여 주변국에 수출하였다.
③ 골품에 따라 관등이나 관직 승진에 제한이 있었다.
④ 금관가야를 중심으로 전기 가야 연맹이 결성되었다.

□□□
0103 (가) 나라에 대한 설명으로 옳은 것은?

2021년 지방직 9급

유사 2020년 경찰간부 / 2019년 서울시 9급 / 2019년 기상직 9급 / 2012년 지방직 7급 / 2010년 국가직 9급

> 북쪽 구지에서 이상한 소리로 부르는 것이 있었다. … 구간 (九干)들은 이 말을 따라 모두 기뻐하면서 노래하고 춤을 추었다. 자줏빛 줄이 하늘에서 드리워져서 땅에 닿았다. 그 줄이 내려온 곳을 따라가 붉은 보자기에 싸인 금으로 만든 상자를 발견하고 열어보니, 해처럼 둥근 황금알 여섯 개가 있었다. 알 여섯이 모두 변하여 어린아이가 되었다. … 가장 큰 알에서 태어난 수로(首露)가 왕위에 올라 ____(가)____ 을/를 세웠다.
> ─ 『삼국유사』

① 해상 교역을 통해 우수한 철을 수출하였다.
② 박, 석, 김씨가 교대로 왕위를 계승하였다.
③ 경당을 설치하여 학문과 무예를 가르쳤다.
④ 정사암 회의를 통해 재상을 선발하였다.

□□□
0104 밑줄 친 '이 나라'에 대한 설명으로 옳은 것은?

2020년 지방직 9급

> 이 나라는 삼한의 종족이며, 지금의 고령에 있었다. 건원 원년(479)에 그 국왕 하지(荷知)는 사신을 보내 남제에 공물을 바쳤다. 남제에서는 국왕 하지에게 "보국장군 본국왕"을 제수하였다.

① 관산성 전투에서 국왕이 전사하였다.
② 울릉도를 정복해서 영토로 편입하였다.
③ 호남 동부 지역까지 세력을 확장하였다.
④ 신라를 도와 낙동강 유역에 진출한 왜를 격파하였다.

문항	번호				틀린 이유
0099	①	②	③	④	
0100	①	②	③	④	
0101	①	②	③	④	
0102	①	②	③	④	
0103	①	②	③	④	
0104	①	②	③	④	

해설

0099 ㉣ 고국원왕이 백제의 공격을 받고 전사한 시기는 371년이다. ㉢ 개로왕이 피살당한 시기는 475년이다. ㉠ 관산성 전투는 554년의 일이다. ㉡ 신라의 대야성이 함락당한 시기는 선덕여왕 재위 기간인 642년의 일이다.

0100 ㉢ 신라 법흥왕은 520년에 율령을 반포하여 체제를 정비하고자 하였다. ㉡ 백제 성왕은 538년 대외 진출에 유리한 사비(부여)로 천도하여 중흥을 꾀하고자 하였다. ㉣ 고령의 대가야는 562년 신라 진흥왕에게 복속되었다. ㉠ 7세기 초 고구려 영양왕 때 수나라 군대는 을지문덕의 유도 작전에 말려들어 살수에서 대패하였다(612, 살수 대첩).

0101 밑줄 친 '이 나라'는 대가야를 일컫는다. ① 대가야는 562년 신라 진흥왕에게 멸망하였다.

오답노트 ② 백제 성왕이 추진한 정책들이다. ③ 발해 선왕 때의 지방 제도 정비에 대한 설명이다. ④ 고구려 장수왕이 추진한 정책들이다.

0102 2023년에 김해, 고령 등 가야 고분군 7곳이 유네스코 세계 문화유산으로 등재되었다. 따라서 (가) 국가는 가야를 일컫는다. ③ 신라의 골품제에 대한 설명이다.

오답노트 ① 가야는 낙동강 하류 유역의 변한 땅에서 성장하였다. ② 가야는 질 좋은 철을 생산하였고, 이를 중국 군현과 왜 등지에 수출하였다. ④ 3세기 무렵 금관가야를 중심으로 전기 가야 연맹이 결성되었다.

0103 제시된 자료는 금관가야의 건국 설화와 관련된 내용이다. ① 금관가야는 낙동강 하류에 위치하여 해상 무역에 유리하였다. 또한 질 좋은 철을 많이 생산해서 이를 교역 활동에 이용하였다.

오답노트 ② 신라에 대한 설명이다. 초기 신라는 박, 석, 김의 3성이 교대로 왕위를 계승하였다. ③ 경당은 고구려의 교육 기관이다. ④ 백제에 대한 설명이다.

0104 제시된 자료는 대가야와 중국 남조의 남제와의 교류에 대한 내용이다. ③ 대가야는 전성기에 소백산맥 너머 전라북도 일부 지역(호남 동부)까지 영역을 확장하였다.

오답노트 ① 백제 성왕, ② 신라 지증왕, ④ 고구려 광개토대왕 때의 일이다.

Answer 0099 ④ 0100 ③ 0101 ① 0102 ③ 0103 ① 0104 ③

□□□
고난도

0105 밑줄 친 '이 나라'에 대한 설명으로 옳지 않은 것은?

2017년 국가직 7급

> 시조는 이진아시왕이다. 그로부터 도설지왕까지 대략 16대 520년이다. 최치원이 지은 『석이정전』을 살펴보면, 가야산 신정견모주가 천신 이비가지에게 감응되어 이 나라 왕 뇌질 주일과 금관국왕 뇌질청예 두 사람을 낳았는데, 뇌질주일은 곧 이진아시왕의 별칭이고 뇌질청예는 수로왕의 별칭이라 고 한다.
> ─ 『신증동국여지승람』

① 5세기 후반부터 급성장해 가야의 주도 세력이 되었다.
② 고령의 지산동 고분군을 대표적 문화유산으로 남겼다.
③ 시조는 아유타국에서 온 공주와 혼인을 하였다고 전한다.
④ 전성기에는 지금의 전라북도 일부 지역까지 세력을 확장 하였다.

□□□

0107 밑줄 친 '그'에 대한 설명으로 옳은 것은?

2021년 지방직 9급
유사 2019년 기상직 9급 / 2014년 경찰간부

> 그가 왕에게 아뢰었다. "삼교는 솥의 발과 같아서 하나라도 없어서는 안 됩니다. 지금 유교와 불교는 모두 흥하는데 도 교는 아직 번성하지 않으니, 소위 천하의 도술(道術)을 갖추 었다고 할 수 없습니다. 엎드려 청하오니 당에 사신을 보내 도교를 구해와서 나라 사람들을 가르치게 하소서."
> ─ 『삼국사기』

① 당나라와 동맹을 체결하였다.
② 천리장성의 축조를 맡아 수행하였다.
③ 수나라의 군대를 살수에서 격퇴하였다.
④ 남진 정책을 추진하여 한성을 점령하였다.

삼국의 대외 관계와 삼국 통일

□□□

0106 (가), (나) 시기 사이에 있었던 사실로 가장 옳은 것은?

2023년 법원직 9급

> (가) 진흥왕이 이사부에게 토벌을 명하고 사다함에 보좌하 게 하였다. … 이사부가 군사를 이끌고 다다르자, 대가 야가 모두 항복하였다. ─ 『삼국사기』
> (나) 백제군 한 사람이 1,000명을 당해냈다. 신라군은 이에 퇴각하였다. 이와 같이 진격하고 퇴각하길 네 차례에 이르러, 계백은 힘이 다하여 죽었다. ─ 『삼국사기』

① 백제가 웅진으로 천도하였다.
② 소수림왕이 불교를 수용하였다.
③ 신라가 기벌포에서 당군을 물리쳤다.
④ 고구려가 수나라 군대를 살수에서 격퇴하였다.

□□□

0108 〈보기〉의 시와 관련된 전쟁에 대한 설명으로 가장 옳은 것은?

2019년 서울시 7급[상]
유사 2018년 경찰 2차

─[보기]─
> 귀신같은 전술은 천문을 꿰뚫었고
> 묘한 전략은 지리를 통달했구나.
> 전쟁에서 이겨 공이 이미 높아졌으니,
> 만족함을 알고 그만함이 어떠하겠는가.

① 동천왕 때 일어난 전쟁이다.
② 살수에서 고구려군이 크게 승리하였다.
③ 당 태종이 직접 군대를 이끌고 침략을 감행하였다.
④ 왜군 3만 명이 원군으로 참전하였으나 백강 전투에서 크 게 패배하였다.

□□□

0109 밑줄 친 '왕'의 활동으로 가장 옳은 것은?

2020년 법원직 9급

> 대야성의 패전에서 도독 품석의 아내도 죽었는데, 그녀는 춘추의 딸이었다. …(중략)… 왕에게 나아가 아뢰기를, "신이 고구려에 가서 군사를 청해 원수를 갚고 싶습니다."라고 하니 왕이 허락했다.
>
> ─『삼국사기』

① 단양 적성비를 세웠다.

② 황룡사 9층 목탑을 건립하였다.

③ 고구려 부흥 운동을 지원하였다.

④ 이차돈의 순교를 계기로 불교를 공인하였다.

□□□ **고난도**

0110 밑줄 친 '왕' 대에 있었던 역사적 사실로 옳은 것은?

2015년 국가직 7급

유사 2015년 경찰간부

> 왕이 죽기 전에 여러 신하들이 왕에게 아뢰었다. "어떻게 해서 모란꽃에 향기가 없고, 개구리 우는 것으로 변이 있다는 것을 아셨습니까." 왕이 대답했다. "꽃을 그렸는데 나비가 없으므로 그 향기가 없는 것을 알 수가 있었다. 이것은 당나라 임금이 나에게 짝이 없는 것을 희롱한 것이다."
>
> ─『삼국유사』

① 『국사』를 편찬하였다.

② 영묘사를 건설하였다.

③ 향가를 모아 『삼대목』을 편찬하였다.

④ 「오언태평송(五言太平頌)」을 지어 당에 보냈다.

문항	번호				틀린 이유
0105	①	②	③	④	
0106	①	②	③	④	
0107	①	②	③	④	
0108	①	②	③	④	
0109	①	②	③	④	
0110	①	②	③	④	

해설

0105 밑줄 친 '이 나라'는 대가야이다. ③ 금관가야에 대한 설명이다. 『삼국유사』에 따르면 금관가야의 시조 김수로왕은 아유타국의 공주 허황옥과 혼인을 맺었다고 전해진다.

오답노트 ① 대가야는 5세기 후반부터 급성장하여 후기 가야 연맹을 주도하였다. ② 대가야의 근거지인 고령의 지산동 고분군은 가야의 대표적인 고분군 중 하나다. ④ 대가야는 소백산맥 너머 호남 동부 지역까지 영토를 확장하였다. 이후 6세기 초 백제 무령왕의 압박을 받아 섬진강 유역을 비롯한 호남 동부 지방을 상실하자 통치 체제를 정비하고 신라와 결혼 동맹을 맺었다.

0106 (가)는 562년 신라 진흥왕 때 이사부를 앞세워 대가야를 정복하는 내용이고, (나)는 660년 황산벌 전투에서 계백이 이끄는 백제군이 신라군에게 패배한 것과 관련된 내용이다. ④ 수나라 양제의 100만 대군이 고구려를 침입하자 612년 을지문덕이 적을 살수에서 격파하였다.

오답노트 ① 백제는 성왕 때인 538년 대외 진출에 유리한 사비(부여)로 도읍을 옮겼다. ② 4세기 소수림왕인 372년의 일이다. ③ 기벌포 전투는 7세기 문무왕 때인 676년의 일이다.

0107 제시된 자료는 연개소문이 보장왕에게 도교 장려를 건의한 내용으로, 밑줄 친 '그'는 연개소문을 일컫는다. ② 고구려는 당의 침략에 대비하여 천리장성을 쌓았다. 연개소문은 이 성곽 축조를 감독하면서 요동 지방의 군사력을 장악할 수 있었다.

오답노트 ① 신라 진덕여왕 때 김춘추의 활약으로 나・당 동맹이 체결되었다. ③ 고구려 장수인 을지문덕에 대한 설명이다. ④ 장수왕의 업적이다.

0108 제시된 시는 살수 대첩 당시에 고구려 장수 을지문덕이 수나라 장수 우중문에게 보낸 「여수장우중문시」이다. ② 을지문덕은 퇴각하는 수나라군을 살수에서 공격하여 대승을 거두었는데, 이를 살수 대첩이라고 부른다.

오답노트 ① 살수 대첩은 영양왕 때 일어났다. ③ 여・당 전쟁에 대한 설명이다. ④ 백강 전투는 백제 멸망 이후에 전개된 백제의 부흥 운동과 관련된 역사적 사건이다.

0109 제시된 자료는 선덕여왕 재위 기간에 있었던 대야성 전투(642)의 패배와 이에 대한 김춘추의 대응을 보여 주고 있다. ② 선덕여왕은 호국 중심 사찰인 황룡사에 황룡사 9층 목탑을 건립하여 국가와 왕실의 권위를 높이려 하였다.

오답노트 ① 단양 적성비는 진흥왕 때인 551년에 건립되었다. ③ 고구려 부흥 운동을 지원한 국왕은 신라 문무왕이다. ④ 법흥왕 때의 일이다.

0110 제시된 자료는 『삼국유사』의 '선덕여왕이 미리 안 세 가지 일'의 일부 내용이다. 당 태종은 세 가지 색으로 그린 모란 그림과 그 씨앗을 선덕여왕에게 보냈는데, 선덕여왕은 "이 꽃은 향기가 없을 것이다."라고 말하였다. 이후 신하들이 확인한 결과 정말로 향기가 없었다고 한다. ② 영묘사는 선덕여왕 때 창건된 절이다. 『삼국유사』에 따르면 이 절에서 개구리가 3~4일 동안 계속해서 울었는데 사람들이 이 사실을 선덕여왕에게 알리자 왕은 서쪽 교외에 백제군이 매복해 있으니 군사를 보내 격퇴하라고 하였다. 그곳에 가보니 정말 백제군이 숨어있어 이를 물리쳤다고 전해진다.

오답노트 ① 진흥왕 대에 있었던 역사적 사실이다. ③ 진성여왕 대에 있었던 역사적 사실이다. ④ 진덕여왕에 대한 설명이다. 그는 당나라 고종을 칭송하는 내용의 「오언태평송」을 지어 당에 바쳤다. 「오언태평송」은 진덕여왕 때의 대당 외교를 상징적으로 보여 주는 작품이다.

Answer 0105 ③ 0106 ④ 0107 ② 0108 ② 0109 ② 0110 ②

0111 (가) 시기에 해당되는 사실로 옳은 것만을 〈보기〉에서 모두 고르면?

2018년 지방직 9급
유사 2018년 서울시 7급(상)

> 문무왕이 왕위에 올랐다.
> ⇩
> (가)
> ⇩
> 신라가 기벌포에서 당의 수군을 격파하였다.

─〔보기〕─
㉠ 신라가 안승을 고구려왕에 봉했다.
㉡ 당나라가 신라를 계림대도독부로 삼았다.
㉢ 신라가 황산벌 전투에서 백제군을 무찔렀다.
㉣ 보장왕이 요동 지역에서 고구려 부흥을 꾀했다.

① ㉠, ㉡
② ㉠, ㉢
③ ㉡, ㉣
④ ㉢, ㉣

0112 삼국 통일 과정의 역사적 사실들을 일어난 순서대로 바르게 나열한 것은?

2016년 사회복지직 9급
유사 2019년 경찰간부 / 2017년 서울시 9급 / 2006년 서울시 9급

㉠ 나·당 연합군의 공격으로 사비성이 함락되자 웅진에 있던 의자왕이 항복하였다.
㉡ 나·당 연합군의 공격으로 평양성을 지키던 연개소문의 아들인 남산이 항복하였다.
㉢ 신라는 사비성을 탈환하고 웅진도독부를 대신하여 소부리주를 설치하였다.
㉣ 신라군이 당나라 군대 20만 명을 매소성에서 크게 물리쳤다.

① ㉠ - ㉡ - ㉢ - ㉣
② ㉠ - ㉢ - ㉡ - ㉣
③ ㉡ - ㉠ - ㉣ - ㉢
④ ㉡ - ㉣ - ㉠ - ㉢

0113 밑줄 친 '그'에 대한 설명으로 옳은 것은?

2022년 지방직 9급

> 이날 소정방이 부총관 김인문 등과 함께 기벌포에 도착하여 백제 군사와 마주쳤다. …(중략)… 소정방이 신라군이 늦게 왔다는 이유로 군문에서 신라 독군 김문영의 목을 베고자 하니, 그가 군사들 앞에 나아가 "황산 전투를 보지도 않고 늦게 온 것을 이유로 우리를 죄주려 하는구나. 죄도 없이 치욕을 당할 수는 없으니, 결단코 먼저 당나라 군사와 결전을 한 후에 백제를 쳐야겠다."라고 말하였다.

① 살수에서 수의 군대를 물리쳤다.
② 김춘추의 신라 왕위 계승을 지원하였다.
③ 청해진을 설치하고 해상 무역을 전개하였다.
④ 대가야를 정벌하여 낙동강 유역을 확보하였다.

0114 (가) 인물에 대한 설명으로 옳은 것은?

2020년 국가직 9급
유사 2014년 경찰간부

> 김춘추가 당나라에 들어가 군사 20만을 요청해 얻고 돌아와서 [(가)]을/를 보며 말하기를, "죽고 사는 것이 하늘의 뜻에 달렸는데, 살아 돌아와 다시 공과 만나게 되니 얼마나 다행한 일입니까?"라고 하였다. 이에 [(가)]이/가 대답하기를, "저는 나라의 위엄과 신령함에 의지하여 두 차례 백제와 크게 싸워 20성을 빼앗고 3만여 명을 죽이거나 사로잡았습니다. 그리고 품석 부부의 유골이 고향으로 되돌아왔으니 천행입니다."라고 하였다.
> －『삼국사기』

① 황산벌에서 백제군을 물리쳤다.
② 화랑이 지켜야 할 세속오계를 제시하였다.
③ 진덕여왕의 뒤를 이어 신라왕으로 즉위하였다.
④ 당에서 숙위 활동을 하다가 부대총관이 되어 신라로 돌아왔다.

문항	번호				틀린 이유
0111	①	②	③	④	
0112	①	②	③	④	
0113	①	②	③	④	
0114	①	②	③	④	
0115	①	②	③	④	
0116	①	②	③	④	

해설

0111 문무왕이 왕위에 오른 것은 661년의 일이고, 신라가 기벌포에서 당의 수군을 섬멸한 것은 676년의 일이다. ㉠ 신라는 안승에게 고구려왕의 칭호를 주었는데, 이는 670년의 일이다. ㉡ 당나라가 신라에 계림도독부를 설치한 것은 663년의 일이다.

오답노트 ㉢ 660년의 일이다. ㉣ 당나라는 포로로 데려간 보장왕을 요동으로 보내 677년 요동 도독 겸 조선왕으로 임명하고 이 지역의 고구려 유민을 회유하려 하였다. 이후 보장왕은 요동 지역에서 고구려 부흥을 꾀하였으나 실패하였다.

0112 ㉠ 백제의 멸망에 대한 설명으로, 660년에 일어났다. ㉡ 고구려의 멸망에 대한 설명으로, 668년에 일어났다. ㉢ 신라가 671년 사비성을 탈환하고 이곳에 소부리주를 설치하면서 본격적으로 나·당 전쟁이 전개되었다. ㉣ 매소성 전투에 대한 설명으로 675년에 일어났다.

0113 660년 백제 공격을 위해 기벌포에 도착한 당나라 소정방은 김유신이 약속한 시일보다 늦게 왔음을 문제삼아 신라 측과 갈등을 빚었다. 따라서 밑줄 친 '그'는 김유신이다. ② 진골 출신인 김춘추(무열왕)는 김유신의 도움을 받아 왕위에 오를 수 있었다.

오답노트 ① 을지문덕, ③ 장보고에 대한 설명이다. ④ 대가야를 정복한 것은 6세기 진흥왕 때의 일이다. 나·당 연합군이 백제를 공격할 당시 신라의 국왕은 태종 무열왕(김춘추)이었다.

0114 제시된 자료는 『삼국사기』 김유신 열전의 기록으로, (가)에 들어갈 인물은 김유신이다. ① 660년 김유신이 지휘한 신라군은 탄현을 넘어 황산벌에서 계백이 이끈 백제의 결사대를 격파한 후에 사비성으로 진출하였다.

오답노트 ② 원광에 대한 설명이다. ③ 태종 무열왕(김춘추)에 대한 설명이다. ④ 김춘추의 둘째 아들이자, 문무왕의 동생인 김인문은 진덕여왕의 명을 받들어 당에 들어가 숙위(宿衛)한 이래 22년간이나 당나라에 체류하면서 대당 외교에 주력하였다. 그는 660년 당의 부대총관으로 백제 원정에 종군하기도 하였다.

0115 낙랑군 축출은 4세기 초 미천왕 때인 313년, 광개토대왕릉비 건립은 5세기 장수왕 때인 414년, 살수 대첩 승리는 7세기 고구려 영양왕 때인 612년, 안시성 전투 승리는 7세기 고구려 보장왕 때인 645년, 고구려 멸망은 보장왕 때인 668년의 일이다. ④ 고구려 멸망 이후인 675년 신라는 매소성에 주둔한 당나라 이근행의 20만 대군을 격파하였다(매소성 전투).

오답노트 ① 백제 침류왕 때의 일로, 침류왕의 재위 기간은 4세기 후반(384~385)이다. ② 6세기 말인 598년의 일이다. ③ 백제 의자왕은 642년 신라의 대야성을 공격하여 함락시켰다.

0116 제시된 자료는 『삼국사기』에 등장하는 문무왕의 유언 중 일부이다. ④ 지수신은 마지막까지 임존성에서 저항하다 고구려로 망명한 인물이다.

오답노트 ① 문무왕은 태자 시절이던 660년에 김유신 등과 함께 군사를 이끌고 백제를 멸망시켰다. ② 문무왕 668년에 당나라와 함께 고구려를 멸망시켰다. ③ 661년 문무왕의 즉위 직후에 백제 부흥 운동이 일어나자 문무왕은 이를 주도하던 복신·부여풍 등을 공격하였다.

Answer 0111 ① 0112 ① 0113 ② 0114 ① 0115 ④ 0116 ④

대표유형

□□□

0115 (가)~(라)에 해당하는 사실로 옳지 않은 것은?

2020년 국가직 9급

	(가)	(나)	(다)	(라)	
낙랑군 축출		광개토대왕 대왕릉비 건립	살수 대첩 승리	안시성 전투 승리	고구려 멸망

① (가) - 백제 침류왕이 불교를 받아들였다.
② (나) - 고구려 영양왕이 요서 지방을 선제공격하였다.
③ (다) - 백제가 신라 대야성을 공격하여 함락시켰다.
④ (라) - 신라가 매소성에서 당군을 격파하였다.

□□□ **고난도**

0116 신라 문무왕의 유언이다. 밑줄 친 ㉠~㉣의 내용과 부합하지 않는 것은?

2018년 국가직 9급

> 과인은 운수가 어지럽고 전쟁을 하여야 하는 때를 만나서 ㉠서쪽을 정벌하고 ㉡북쪽을 토벌하여 영토를 안정시켰고, ㉢배반하는 무리를 토벌하고 ㉣협조하는 무리를 불러들여 멀고 가까운 곳을 모두 안정시켰다. ─『삼국사기』

① ㉠ - 태자로서 참전하여 백제를 멸망시켰다.
② ㉡ - 당나라 군대와 함께 고구려를 멸망시켰다.
③ ㉢ - 백제 부흥 운동을 주도한 복신을 공격하였다.
④ ㉣ - 임존성에서 저항하던 지수신의 투항을 받아주었다.

남북국 시대의 정치 변화

대표유형

☐☐☐
0117 다음 왕의 재위 기간에 있었던 사실로 옳은 것은?

2018년 국가직 9급

유사 2021년 소방직 / 2017년 서울시 7급 / 2017년 법원직 9급 / 2017년 교육행정직 9급

> • 왕 원년 : 소판 김흠돌, 파진찬 흥원, 대아찬 진공 등이 반역을 도모하다가 사형을 당하였다.
> • 왕 9년 : 달구벌로 서울을 옮기려다 실현하지 못하였다.
>
> ─ 『삼국사기』

① 관료에게 지급하는 녹읍을 부활하였다.
② 국학을 설치하여 유학을 교육하였다.
③ 수도에 서시와 남시를 설치하였다.
④ 사방에 우역을 설치하였다.

대표유형

☐☐☐
0118 밑줄 친 '왕'의 재위 기간에 있었던 사실로 옳은 것은?

2017년 국가직 9급(하)

유사 2022년 서울시 9급 / 2013년 국가직 9급

> 왕 7년 5월에 왕이 하교하여 문무관료전을 차등 있게 지급하였다. …(중략)… 왕 9년 정월에 하교하여 중외 관리들의 녹읍을 파하고 세조(歲租)를 차등 있게 지급하는 것을 항식(恒式)으로 삼도록 했다.

① 독서삼품과가 시행되었다.
② 백성들에게 정전을 지급하였다.
③ 중앙군을 9개의 서당으로 개편하였다.
④ 관직과 주군현의 명칭을 중국식 한자명으로 바꾸었다.

☐☐☐
0119 다음 전투 이후에 일어난 사건으로 옳은 것만을 모두 고르면?

2023년 국가직 9급

> 이근행이 군사 20만 명의 대군을 이끌고 매소성(買肖城)에 머물렀다. 우리 군사가 공격하여 달아나게 하고 전마 30,380필을 얻었는데, 남겨놓은 병장기도 그 정도 되었다.
>
> ─ 『삼국사기』

> ㉠ 웅진도독부가 설치되었다.
> ㉡ 김흠돌이 반란을 일으켰다.
> ㉢ 교육 기관인 국학이 설립되었다.
> ㉣ 복신과 도침이 부여풍과 함께 백제 부흥 운동을 일으켰다.

① ㉠, ㉡   ② ㉠, ㉣
③ ㉡, ㉢   ④ ㉢, ㉣

☐☐☐
0120 밑줄 친 '이 왕'에 대한 설명으로 옳은 것은?

2021년 지방직 9급

> 문무왕이 왜병을 진압하고자 감은사를 처음 창건하려 했으나, 끝내지 못하고 죽어 바다의 용이 되었다. 뒤이어 즉위한 이 왕이 공사를 마무리하였다. 금당 돌계단 아래에 동쪽을 향하여 구멍을 하나 뚫어 두었으니, 용이 절에 들어와서 돌아다니게 하려고 마련한 것이다. 유언에 따라 유골을 간직해 둔 곳은 대왕암(大王岩)이라고 불렀다. ─ 『삼국유사』

① 건원이라는 독자적인 연호를 사용하였다.
② 국학을 설립하여 유학을 교육하였다.
③ 백성에게 처음으로 정전을 지급하였다.
④ 진골 출신으로서 처음 왕위에 올랐다.

□□□

0121 다음은 어느 역사서의 일부분이다. 밑줄 친 인물의 왕위 재위 기간에 일어난 사실로 가장 적절한 것은?

2020년 경찰 1차
유사 2016년 경찰간부

"신의 나라가 대국을 섬긴 지 여러 해가 되었습니다. 그러나 백제는 강성하고 교활하여 침략을 일삼아 왔습니다. …(중략)… 만약 폐하께서 군사를 보내 그 흉악한 무리들을 없애지 않는다면 우리나라 백성은 모두 포로가 될 것입니다. 육로와 수로를 거쳐 섬기러 오는 일도 다시는 기대할 수 없을 것입니다." 태종이 크게 동감하고 군사를 보낼 것을 허락하였다.

① 갈문왕 제도가 사실상 폐지되고 상대등의 권한이 약화되었다.
② 비담과 염종 등 귀족 세력의 반란이 일어났다.
③ 독자적인 연호를 폐지하고 당 고종의 연호를 사용하였다.
④ 자장의 건의로 황룡사 9층 목탑이 축조되었다.

□□□

0122 다음 '왕'에 관한 설명 중 가장 옳은 것은?

2016년 법원직 9급
유사 2006년 서울시 9급

'왕'은 놀라고 기뻐하며 오색 비단과 금과 옥으로 보답하고 사자를 시켜 대나무를 베어서 바다에서 나오자, 산과 용은 갑자기 사라져 나타나지 않았다. '왕'이 행차에서 돌아와 그 대나무로 피리를 만들었는데, 이 피리를 불면, 적병이 물러가고 병이 나으며, 가뭄에는 비가 오고 장마는 개며, 바람이 잦아지고 물결이 평온해졌다.
                                                    - 『삼국유사』

① 백성들에게 정전을 지급하였다.
② 김흠돌의 반란을 진압하고 왕권을 강화하였다.
③ 당의 세력을 몰아내고 삼국 통일을 완수하였다.
④ 독서삼품과를 실시하여 유교 교육을 진흥시켰다.

문항	번호				틀린 이유
0117	①	②	③	④	
0118	①	②	③	④	
0119	①	②	③	④	
0120	①	②	③	④	
0121	①	②	③	④	
0122	①	②	③	④	

해설

0117 제시된 사료에서 김흠돌의 난과 달구벌 천도 등의 내용을 통해 신문왕 때임을 알 수 있다. ② 신문왕은 국학을 설치하여 유학 교육을 강화했다.

오답노트 ① 경덕왕, ③ 효소왕, ④ 소지왕 때의 일이다.

0118 제시된 자료의 밑줄 친 '왕'은 통일 신라의 신문왕이다. ③ 신문왕은 군사 조직을 정비하여 중앙군인 9서당과 지방군인 10정을 설치하였다.

오답노트 ① 원성왕, ② 성덕왕, ④ 경덕왕 때의 일이다.

0119 제시된 자료는 675년 매소성 전투 과정에 대한 내용이다. 신라는 매소성 전투와 기벌포 전투에서 당나라에 승리를 거두고 삼국 통일을 완성하였다. ⓒ 삼국 통일 이후에 집권한 신문왕 때의 일이다. 신문왕은 681년 왕비의 아버지인 김흠돌이 일으킨 반란을 진압하였다. ⓒ 신문왕 때 국학을 설립하여 유학을 교육하였다.

오답노트 ⓒ 백제 멸망 이후인 663년 백제의 옛 영토에 웅진도독부가 설치되었다. ⓔ 660년 백제가 멸망한 직후 백제 승려 도침과 장수 복신이 왕자 부여풍을 왕으로 추대하고 백제 부흥 운동을 전개하였다. 이후 백제 부흥 운동은 내부 분열과 나·당 연합군의 공격으로 점차 약화되어 663년 무렵에 좌절되었다.

0120 밑줄 친 '이 왕'은 신문왕이다. 신문왕은 아버지인 문무왕을 위해 대왕암을 바라보는 방향으로 감은사를 완공하였다. ② 신문왕은 유교 정치 이념을 확립하고 유교 교육을 강화하기 위해 국학을 설립하였다.

오답노트 ① 건원이라는 연호를 사용한 왕은 신라 법흥왕이다. ③ 성덕왕 때의 일이다. ④ 최초의 진골 출신의 왕은 태종 무열왕이다.

0121 제시된 자료는 진덕여왕 때 당나라로 파견된 김춘추가 당나라 태종에게 동맹을 제안한 내용으로, 당나라 태종이 이를 허락하여 648년 나·당 동맹이 체결되었다. 이후 김춘추는 진덕여왕의 뒤를 이어 왕으로 즉위하였다(태종 무열왕). ① 무열왕 때 왕의 혈족 등에게 특권적 지위를 누리게 했던 갈문왕 제도를 폐지하였다. 또한 무열왕 때부터 집사부의 장관인 시중의 기능을 강화하고, 귀족 세력의 이익을 대변하던 상대등의 세력을 억제하였다.

오답노트 ② 비담·염종이 반란을 일으킨 것은 선덕여왕 때의 일이다. ③ 진덕여왕은 즉위 초부터 사용한 독자적인 연호인 태화(太和)를 버리고 650년부터 당나라 고종의 연호를 사용하였다. ④ 선덕여왕 때의 일이다.

0122 제시된 사료는 『삼국유사』의 만파식적 이야기이다. 이는 통일 신라 신문왕 시기의 국태민안(나라와 백성이 모두 편안한 상태)과 왕권 안정에 대한 염원과 자신감이 표출되어 있는 자료이다. ② 신문왕은 왕비의 아버지인 김흠돌이 반란을 일으키자 이에 연루된 많은 귀족들을 처단하면서 왕권을 더욱 강화하였다.

오답노트 ① 백성들에게 정전을 지급한 왕은 성덕왕이다. ③ 삼국 통일을 완수한 왕은 문무왕이다. ④ 독서삼품과를 실시한 왕은 원성왕이다.

Answer 0117 ② 0118 ③ 0119 ③ 0120 ② 0121 ① 0122 ②

0123 밑줄 친 '왕'의 재위 기간에 있었던 일로 옳은 것은?

2019년 지방직 7급

유사 2017년 국가직 7급(하) / 2014년 서울시 7급

> 왕은 사벌주를 상주로 바꾸는 등 9주의 명칭을 개정하고, 군현의 이름도 한자식으로 고쳤다. 또한, 중앙 관서의 관직명도 중국의 예에 맞추어 한자식으로 바꾸었다.
> － 『삼국사기』

① 국학이 설치되었다.
② 녹읍이 부활되었다.
③ 독서삼품과가 시행되었다.
④ 처음으로 정전이 지급되었다.

0124 밑줄 친 '왕'의 재위 기간에 있었던 사실로 옳은 것은?

2020년 국가직 9급

유사 2018년 서울시 9 · 7급 / 2013년 경찰 1 · 2차 / 2007년 국가직 9급

> 나라 안의 여러 군현에서 공부(貢賦)를 바치지 않으니 창고가 비어 버리고 나라의 쓰임이 궁핍해졌다. 왕이 사신을 보내어 독촉하자, 이로 말미암아 곳곳에서 도적이 벌떼처럼 일어났다. 이때 원종과 애노 등이 사벌주에 웅거하여 반란을 일으켰다.

① 발해가 멸망하였다.
② 국학을 설치하였다.
③ 최치원이 시무책 10여 조를 건의하였다.
④ 장보고의 건의에 따라 청해진이 설치되었다.

0125 다음 (가), (나) 사이의 시기에 있었던 사실로 옳지 않은 것은?

2018년 법원직 9급

> (가) 대왕을 도와 조그마한 공을 이루어 삼한을 한 집으로 만들었으며, 백성들은 두 마음이 없게 되었습니다 (三韓爲一家 百姓無二心). 비록 아직 태평한 세상에 이르지는 못하였으나 조금 편안한 상태는 되었습니다.
> (나) 원종과 애노 등이 사벌주에서 반란을 일으키니 왕이 나마(관직명) 영기에게 명하여 잡게 하였으나 영기가 적진을 쳐다보고는 두려워하여 나아가지 못하였다.

① 발해의 장문휴가 산둥반도를 공격하였다.
② 장보고의 도움을 받아 신무왕이 즉위하였다.
③ 궁예가 개성을 수도로 삼고 후고구려를 건국하였다.
④ 발해 문왕이 상경 용천부에서 동경 용원부로 수도를 옮겼다.

0126 밑줄 친 '반란'에 대한 설명으로 옳은 것만을 모두 고르면?

2024년 국가직 9급

> 웅천주 도독 헌창이 반란을 일으켜, 무진주 · 완산주 · 청주 · 사벌주 네 주의 도독과 국원경 · 서원경 · 금관경의 사신 및 여러 군현의 수령들을 위협하여 자신의 아래에 예속시키려 하였다.

〔 보기 〕

ㄱ 천민이 중심이 된 신분 해방 운동 성격을 가졌다.
ㄴ 반란 세력은 국호를 '장안', 연호를 '경운'이라 하였다.
ㄷ 주동자의 아버지가 왕이 되지 못한 것에 대한 불만으로 일어났다.
ㄹ 무열왕 직계가 단절되고 내물왕계가 다시 왕위를 차지하는 결과를 가져왔다.

① ㄱ, ㄴ   ② ㄱ, ㄹ
③ ㄴ, ㄷ   ④ ㄷ, ㄹ

□□□

0127 밑줄 친 '왕'이 다스리던 시기에 있었던 사실로 가장 옳은 것을 〈보기〉에서 모두 고른 것은?

2024년 법원직 9급

왕 3년(889) 나라 안의 여러 주(州)·군(郡)에서 공물과 조세를 보내지 않아 나라의 창고가 텅 비어 나라의 씀씀이가 궁핍하게 되었으므로 왕이 사자를 보내 독촉하였다. 이로 말미암아 도적들이 곳곳에서 벌떼처럼 일어났다.

─〔 보기 〕─
㉠ 적고적의 난이 발생하였다.
㉡ 김헌창의 반란이 진압되었다.
㉢ 만적이 신분 해방을 주창하였다.
㉣ 원종과 애노가 사벌주에서 봉기하였다.

① ㉠, ㉢
② ㉠, ㉣
③ ㉡, ㉢
④ ㉡, ㉣

□□□

0128 (가)~(라)를 시대순으로 가장 바르게 연결한 것은?

2023년 법원직 9급

(가) 견훤이 후백제를 건국하였다.
(나) 신문왕이 관료전을 지급하였다.
(다) 광개토대왕이 왜군을 격퇴하였다.
(라) 선왕 시기에 해동성국으로 불렸다.

① (가) - (다) - (나) - (라)
② (나) - (다) - (라) - (가)
③ (다) - (나) - (라) - (가)
④ (라) - (나) - (다) - (가)

문항	번호				틀린 이유
0123	①	②	③	④	
0124	①	②	③	④	
0125	①	②	③	④	
0126	①	②	③	④	
0127	①	②	③	④	
0128	①	②	③	④	

해설

0123 제시된 자료는 경덕왕 때의 한화 정책과 관련된 내용이다. ② 경덕왕 재위 기간에는 신문왕 때 폐지되었던 녹읍이 부활하였다.

오답노트 ① 신문왕, ③ 원성왕, ④ 성덕왕 때의 일이다.

0124 제시된 자료는 진성여왕 때 일어난 원종·애노의 난에 대한 내용이다. ③ 당나라에서 귀국한 최치원이 진성여왕에게 개혁안(시무책)을 제시하였으나 시행되지 못하였다.

오답노트 ① 발해는 15대 애왕(대인선) 때인 926년 거란 야율아보기의 침략을 받아 멸망했는데, 이때 신라는 경애왕이 재위하고 있었다. ② 신문왕 때의 일이다. ④ 흥덕왕 때 해적 소탕을 위해 장보고로 하여금 완도에 청해진을 설치하게 하고 그를 청해진 대사로 임명하였다.

0125 (가)는 『삼국사기』의 김유신 열전에 나오는 내용으로 삼국 통일 직후(676)의 상황을 담고 있으며, (나)는 진성여왕 때 일어난 원종·애노의 난에 대한 내용이다(889). ③ 궁예가 후고구려를 건국한 것은 효공왕 때인 901년의 일이다.

오답노트 ① 신라 성덕왕 때인 732년의 일이다. ② 신무왕이 즉위한 것은 839년이다. ④ 신라 선덕왕 때인 785년의 일이다.

0126 제시된 자료는 신라 하대인 헌덕왕 때 일어난 김헌창의 난과 관련된 내용이다. ㉡ 김헌창은 웅주(공주)에 나라를 세우고 국호를 장안, 연호를 경운이라 하였다. ㉢ 김헌창은 아버지인 김주원이 왕위 다툼에서 패한 것에 불만을 품고 반란을 일으켰다.

오답노트 ㉠ 고려 무신 집권기에 일어난 만적의 난 등에 대한 설명이다. ㉣ 김헌창의 난과 관련이 없는 내용이다. 혜공왕이 살해되고 김양상이 선덕왕으로 즉위하면서 무열왕 직계가 단절되고 내물왕계에서 왕이 배출되었다.

0127 제시된 자료의 밑줄 친 '왕'은 신라 하대의 진성여왕(887~897)을 일컫는다. ㉠ 진성여왕 때 적고적의 난이 일어났는데, 이들은 서남 지역에서 일어나 경주 인근까지 쳐들어왔다. ㉣ 진성여왕 때 사벌주에서 원종과 애노가 난을 일으켰다.

오답노트 ㉡ 9세기 전반 헌덕왕 때의 일이다. ㉢ 고려 최충헌 집권기 때의 일이다.

0128 (다) 광개토대왕은 400년 내물왕의 요청에 따라 신라에 침입한 왜를 격퇴하고, 한반도 남부에까지 영향력을 행사하였다. (나) 7세기 신문왕은 687년 문무 관리들에게 차등을 두어 관료전을 지급하였다. (라) 발해 선왕의 재위 기간은 9세기(818~830)의 일이다. (가) 견훤은 효공왕 때인 900년 완산주(전주)에 도읍을 정하고 후백제를 건국하였다.

Answer 0123 ② 0124 ③ 0125 ③ 0126 ③ 0127 ② 0128 ③

0129 밑줄 친 '이 시기'에 볼 수 있었던 모습으로 옳은 것은?

2020년 소방직 9급

유사 2018년 경찰간부

혜공왕 이후 진골 귀족들의 왕위 쟁탈전이 치열해진 <u>이 시기</u>에는 집사부 시중보다 상대등의 권한이 강화되었고, 20명의 왕이 교체되는 등 정치적인 혼란이 거듭되었다. 또한 중앙 정부의 통제력이 약화되면서 김헌창의 난 등이 발생하였다.

① 우산국을 정벌하는 장군
② 『계원필경』을 저술하는 6두품
③ 김흠돌의 난을 진압하는 군인
④ 노비안검법 시행을 환영하는 농민

고난도

0130 신라 말 진성왕 대의 사실로 옳지 않은 것은?

2017년 국가직 7급

유사 2018년 경찰 1차 / 2017년 경찰 1차

① 견훤이 무진주에서 군사를 일으켰다.
② 궁예가 국호 마진을 태봉으로 바꾸었다.
③ 원종과 애노가 사벌주에서 반란을 일으켰다.
④ 양길이 부하를 보내 명주 관할 군현을 공격하였다.

0131 다음은 신라의 역사를 세 시기로 구분한 것이다. 이에 관한 설명 중 옳은 것을 모두 고른 것은?

2013년 경찰 2차

상고	중고	하고	
상대		중대	하대

㉠ 상고·중고·하고로 시기를 나누는 것은 『삼국유사』이다.
㉡ 상대·중대·하대로 시기를 나누는 것은 『삼국사절요』이다.
㉢ 중고는 진덕여왕까지이고, 하고는 무열왕부터이다.
㉣ 중대는 혜공왕까지이고, 하대는 선덕왕부터이다.

① ㉠, ㉡, ㉢, ㉣　　　② ㉠, ㉢, ㉣
③ ㉢, ㉣　　　　　　　④ ㉠, ㉢

대표
유형

0132 (가), (나)에 대한 설명으로 옳은 것만으로 연결된 것은?

2024년 법원직 9급

• [(가)]은/는 본래 고구려의 별종이다. … 무리를 이끌고 동쪽으로 가서 계루부의 옛 땅을 차지하고 동모산에 성을 쌓고 살았다.
• 부여씨가 망하고 고씨가 망하게 되니 김씨가 그 남쪽 땅을 차지하고 대씨가 그 북쪽 땅을 차지하여 [(나)]라 하였다. 이것을 남북국이라 한다.

[보기]

㉠ (가)은/는 고구려의 왕족 출신이다.
㉡ (가)은/는 당의 산둥반도를 공격하였다.
㉢ (나)은/는 거란의 침략으로 멸망하였다.
㉣ (나)의 군사 제도로 9서당 10정이 있었다.

① ㉠　　　　　　　　　② ㉡
③ ㉠, ㉢　　　　　　　④ ㉡, ㉣

0133 다음은 발해사에 대한 중국과 러시아 입장이다. 한국사의 입장에서 이를 반박하는 증거로 적절한 것은?

2018년 국가직 9급

유사 2008년 국가직 7급 / 2008년 법원직 9급

• 중국: 소수 민족 지역의 분리 독립 의식을 약화시키려고, 국가라기보다는 당 왕조에 예속된 지방 민족 정권 차원에서 본다.
• 러시아: 중국 문화보다는 중앙아시아나 남부 시베리아의 영향을 강조하여 러시아의 역사에 편입시키려한다.

① 신라와의 교통로
② 상경성 출토 온돌 장치
③ 유학 교육 기관인 주자감
④ 3성 6부의 중앙 행정 조직

0134 (가) 국가에 대한 설명으로 옳지 않은 것은?

2016년 교육행정직 9급

유사 2015년 경찰 1·2·3차 / 2014년 경찰 1차 / 2013년 서울시 7급 / 2013년 경찰 1차

왕자 대봉예가 당 조정에 문서를 올려, ____(가)____ 이/가 신라보다 윗자리에 자리 잡기를 청하였다. 이에 대해 대답하기를, "국명의 선후는 원래 강약에 따라 일컫는 것이 아닌데, 조정 제도의 등급과 위엄을 지금 어찌 나라의 성하고 쇠한 것으로 인해 바꿀 수 있겠는가? 마땅히 이전대로 할 것이다."라고 하였다.

① 인안, 대흥 등의 독자적인 연호를 사용하였다.
② 위화부를 두고 관리 인사 업무를 담당케 하였다.
③ 일본에 보낸 문서에 고려국왕이라는 명칭을 사용하였다.
④ 대부분의 말갈족을 복속시켰고 요동 지역으로도 진출하였다.

문항	번호				틀린 이유
0129	①	②	③	④	
0130	①	②	③	④	
0131	①	②	③	④	
0132	①	②	③	④	
0133	①	②	③	④	
0134	①	②	③	④	

해설

0129 제시된 자료는 신라 하대의 정치 상황에 대한 내용이다. ② 신라 하대, 6두품 출신인 최치원은 당의 빈공과에 급제하고 문장가로 이름을 떨친 후 귀국하여 『계원필경』 등을 남겼다.

오답노트 ① 우산국을 정벌한 것은 6세기 지증왕 때의 일이다. ③ 신라 중대인 신문왕 때의 일이다. ④ 노비안검법이 시행된 것은 고려 광종 때의 일이다.

0130 신라 말 진성(여)왕의 재위 기간은 887~897년으로, 후삼국 성립 이전이다. ② 901년 효공왕 때 궁예는 송악에 도읍을 정하고 후고구려를 세웠다. 이후 904년에는 국호를 마진으로 바꾸고 이듬해 수도를 철원으로 옮겼으며, 911년에는 국호를 태봉으로 바꾸었다.

오답노트 ① 진성여왕 때 견훤은 무진주(광주)에서 군사를 일으켰다. ③ 진성여왕 때 사벌주에서 원종과 애노가 난을 일으켰다. ④ 진성여왕 때 강원도 원주 지역에서 양길이 농민 반란을 이끌었는데, 궁예를 받아들인 후 세력을 확대하여 명주(강원도 강릉)까지 영역이 확대되었다.

0131 ㉠,㉢,㉣ 신라를 상고(혁거세~지증왕) - 중고(법흥왕~진덕여왕) - 하고(무열왕~경순왕)로 나눈 것은 『삼국유사』의 구분법이고, 상대(혁거세~진덕여왕) - 중대(무열왕~혜공왕) - 하대(선덕왕~경순왕)로 나눈 것은 『삼국사기』의 구분법이다.

오답노트 ㉡ 『삼국사기』의 시대 구분에 대한 설명으로, 『삼국사절요』와는 관계가 없다.

0132 첫 번째 사료는 대조영의 발해 건국과 관련된 내용이고, 두 번째 사료는 조선 후기에 유득공이 저술한 『발해고』의 내용이다. 따라서 (가)는 발해 고왕(대조영), (나)는 발해를 일컫는다. ㉢ 발해는 926년에 거란 야율아보기의 침략을 받아 멸망하였다.

오답노트 ㉠ 대조영은 고구려의 왕족 출신이 아니라 고구려의 장군 출신으로 기록되어 있다. ㉡ 대조영(발해 고왕)이 아니라 발해 무왕에 대한 설명이다. ㉣ 9서당 10정은 통일 신라의 군사 제도이다.

0133 ② 발해가 한국사에 포함되는 근거로는 건국 주도 세력이 고구려계 유민이었고 일본에 보낸 국서에서 고구려 계승 의식을 표명했다는 점, 온돌 장치·기와·불상·정혜 공주 묘 등 고구려 문화와의 유사성 등 여러 가지가 있다.

오답노트 ① 신라도는 제시된 입장을 반박하는 내용과는 관련이 없다. ③,④ 주자감과 3성 6부의 중앙 행정 조직은 당나라의 영향을 받았다.

0134 제시된 자료는 신라의 최치원이 발해 사신을 신라보다 위에 앉히지 않은 일에 대해 당 소종에게 감사하는 글인 「사불허북국거상표」로서, (가) 국가는 발해를 일컫는다. ② 신라는 위화부를 두고 관리의 인사 업무를 담당하게 하였다.

오답노트 ① 발해 무왕은 인안이라는 연호를, 발해 문왕은 대흥·보력이라는 연호를 사용하였다. ③ 발해 문왕은 일본에 보낸 국서에서 스스로를 '고려국왕'이라고 지칭하였다. ④ 발해 선왕 때의 영토 확장에 대한 내용이다.

Answer 0129 ② 0130 ② 0131 ② 0132 ② 0133 ② 0134 ②

□□□
0135 밑줄 친 '북국(北國)'에 대한 설명으로 옳지 않은 것은?

2015년 지방직 9급

유사 2019년 경찰간부 / 2018년 경찰 3차 / 2013년 서울시 9급 / 2012년 법원직 9급 /
2012년 기상직 9급 / 2010년 국가직 7급

> 원성왕 6년 3월 북국(北國)에 사신을 보내 빙문(聘問)하였다. …(중략)… 요동 땅에서 일어나 고구려의 북쪽 땅을 병합하고 신라와 서로 경계를 맞대었지만, 교빙한 일이 역사에 전하는 것이 없었다. 이때 와서 일길찬 백어(伯魚)를 보내 교빙하였다.

① 감찰 기관으로 중정대가 있었다.
② 최고 교육 기관으로 태학감을 두었다.
③ 중앙의 정치 조직으로 3성 6부를 두었다.
④ 지방의 행정 조직으로 5경 15부 62주가 있었다.

□□□
0136 다음은 발해사의 전개 과정이다. 시기순으로 바르게 나열한 것은?

2013년 지방직 7급

> ㉠ 일본과 국교를 맺었고, 해군을 보내어 당나라를 공격하였다.
> ㉡ 왕의 계보가 대조영의 직계에서 그의 동생 대야발의 직계로 바뀌게 되었다.
> ㉢ 당과 친선 관계를 맺으면서 당의 문물을 받아들여 체제를 정비하였고, 수도를 동경 용원부로 옮겼다.

① ㉠ - ㉡ - ㉢   ② ㉠ - ㉢ - ㉡
③ ㉡ - ㉠ - ㉢   ④ ㉢ - ㉠ - ㉡

□□□
0137 (가) 왕에 대한 설명으로 옳은 것은? 2022년 국가직 9급

> 당 현종 개원 7년에 대조영이 죽으니, 그 나라에서 사사로이 시호를 올려 고왕(高王)이라 하였다. 아들 _(가)_ 이/가 뒤이어 왕위에 올라 영토를 크게 개척하니, 동북의 모든 오랑캐가 겁을 먹고 그를 섬겼으며, 또 연호를 인안(仁安)으로 고쳤다.
> – 『신당서』

① 수도를 상경성으로 옮겼다.
② 해동성국이라고 불릴 만큼 전성기를 이루었다.
③ 장문휴를 시켜 당의 등주(산둥성)를 공격하였다.
④ 고구려 유민과 말갈족을 이끌고 동모산에 도읍을 정하였다.

□□□
0138 (가) 왕 대의 사실에 대한 설명으로 옳은 것은?

2019년 국가직 9급

유사 2013년 지방직 9급

> _(가)_ 은/는 흑수말갈이 당과 통하려고 하자 군사를 동원하여 흑수말갈을 치게 하였다. 또한 일본에 사신 고제덕 등을 보내 "여러 나라를 관장하고 여러 번(蕃)을 거느리며, 고구려의 옛 땅을 회복하고 부여의 옛 습속을 지니고 있다."라고 하여 강국임을 자부하였다.

① 국호를 진국에서 발해로 바꾸었다.
② 신라는 급찬 숭정을 발해에 사신으로 보냈다.
③ 대흥이라는 독자적인 연호를 사용하였다.
④ 장문휴가 당의 등주를 공격하였다.

□□□
0139 밑줄 친 '왕'의 재위 기간에 있었던 일로 옳은 것은?

2019년 국가직 7급

유사 2017년 국회사무처 9급 / 2016년 서울시 9급

왕의 국서에 이르기를 "열국(列國)을 거느리고 여러 번(蕃)을 총괄하면서, 고려의 옛 땅을 회복하고 부여의 유풍을 지니고 있습니다. 너무 멀어 길이 막히고 바다 역시 아득하여 소식이 통하지 않고 길흉을 물음이 끊겨졌는데, 우호를 맺고 옛날의 예에 맞추어 사신을 보내어 이웃을 찾는 것이 오늘에야 비롯하게 되었습니다."라고 하였다.

① 당과 신라를 견제하기 위해 돌궐과 손을 잡았다.
② 당으로부터 발해군왕의 책봉호를 처음으로 받았다.
③ 당에서 안녹산의 난이 일어나자 중경에서 상경으로 천도하였다.
④ 요동 지역까지 영토를 확장하고 5경 15부 62주의 행정 구역을 완비하였다.

□□□
0140 다음의 사건이 벌어진 시기의 상황으로 가장 적절한 것은?

2018년 법원직 9급

유사 2015년 사회복지직 9급 / 2014년 법원직 9급

당나라 수군의 거점인 등주성에 한바탕 난리가 벌어졌다. 장문휴가 이끄는 발해 군대가 등주성을 기습했기 때문이다. 등주자사까지 전사했다는 소식에 당 조정은 신라에 군사 지원을 요청하였다. 신라군은 발해를 공격했지만 추위와 폭설로 철수할 수밖에 없었다.

① 대흥이라는 연호를 사용하였다.
② 3성 6부제의 중앙 관제를 정비하였다.
③ 전성기를 맞이하여 해동성국이라고 불리웠다.
④ 돌궐·일본과 친교를 강화하며 당·신라에 맞섰다.

문항	번호				틀린 이유
0135	①	②	③	④	
0136	①	②	③	④	
0137	①	②	③	④	
0138	①	②	③	④	
0139	①	②	③	④	
0140	①	②	③	④	

해설

0135 제시된 사료는 『동사강목』의 기록으로, 밑줄 친 '북국'은 발해를 지칭한다. ② 발해의 최고 교육 기관은 주자감이었다. 신라 경덕왕 때 교육 기관을 정비하여 국학을 태학(감)으로 명칭을 바꾸고 박사와 조교를 두어 유교 교육을 강화하였다.

오답노트 ① 발해의 감찰 기구는 중정대이다. ③ 발해의 중앙 정치 조직은 3성(정당성, 선조성, 중대성)과 6부(충부, 인부, 의부, 지부, 예부, 신부)를 근간으로 편성하였다. ④ 발해의 지방 행정 조직은 5경 15부 62주로 구성되어 있었다.

0136 ③ 발해 무왕은 당나라와의 전쟁에 앞서(732년 산둥반도의 등주 공격) 727년 일본에 국서를 보내어 우호 관계를 맺자고 제의하였다. ⓒ 발해 문왕에 대한 설명이다. ⓒ 제10대 선왕부터 발해가 멸망할 때까지 대조영의 동생 대야발의 후손이 왕위를 계승하였다.

0137 (가)에 들어갈 국왕은 발해 무왕이다. ③ 발해 무왕은 중국 산둥 지방의 등주에 장문휴를 필두로 하는 수군을 보내 공격하였다.

오답노트 ① 수도를 상경성으로 옮긴 것은 발해 문왕과 발해 성왕이다. 발해 문왕은 수도를 중경 현덕부에서 북쪽 상경 용천부로 옮겼고, 발해 성왕 때 수도를 동경 용원부에서 상경 용천부로 옮겼다. ② 발해 선왕 때의 일이다. ④ 대조영(발해 고왕)에 대한 설명이다.

0138 제시된 자료의 (가) 왕은 발해 무왕이다. ④ 발해 무왕 때 중국 산둥 지방의 등주에 장문휴를 필두로 하는 수군을 보내 공격하였다.

오답노트 ① 발해 고왕(대조영) 때의 일이다. ② 9세기 발해의 내분기 때의 일로, 신라 헌덕왕이 급찬 숭정을 발해에 사신으로 파견하였다. ③ 대흥은 발해 문왕 때 사용된 연호이다.

0139 자료는 발해 무왕이 일본에 보낸 국서 중 일부이다. 따라서 밑줄 친 '왕'은 발해 무왕이다. ① 발해 무왕은 당과 신라를 견제하기 위해 외교적으로 돌궐, 일본 등과 외교 관계를 수립하고자 하였다.

오답노트 ② 고왕(대조영), ③ 문왕, ④ 선왕에 대한 설명이다.

0140 제시된 자료는 발해 무왕 때 당나라 산둥 지방의 등주를 공격한 내용이다. ④ 발해의 세력 확대에 따라 신라는 북방 경계를 강화하였고, 당나라도 흑수부 말갈과 연계하여 발해를 견제하고자 하였다. 이에 발해 무왕은 장문휴의 수군으로 당의 산둥 지방을 공격하는 한편, 돌궐·일본 등과 연결하면서 당과 신라를 견제하여 동북아시아의 세력 균형을 유지하였다.

오답노트 ① 발해 문왕 때의 일이다. 발해의 무왕은 인안이라는 연호를 사용하였다. ② 발해 문왕 때의 일이다. ③ 발해 선왕 때의 일이다.

Answer 0135 ② 0136 ② 0137 ③ 0138 ④ 0139 ① 0140 ④

PART 02

대표유형

□□□

0141 다음 설명에 해당하는 발해 왕의 재위 기간에 통일 신라에서 일어난 상황으로 옳은 것은? 2020년 지방직 9급

> • 대흥이란 독자적인 연호를 사용하였다.
> • 수도를 중경 ⇨ 상경 ⇨ 동경으로 옮겼다.
> • 일본에 보낸 외교 문서에 천손(하늘의 자손)이라 표현하였다.
> • 당과 친선 관계를 맺으며 당의 문물을 도입하여 체제를 정비하였다.

① 녹읍 폐지
② 청해진 설치
③ 『삼대목』 편찬
④ 독서삼품과 설치

대표유형

□□□
[고난도]

0142 발해에서 일어난 일을 시기순으로 바르게 나열한 것은? 2017년 국가직 9급(하)

[유사] 2019년 서울시 7급 / 2017년 지방직 7급 / 2015년 국가직 7급 / 2013년 국가직 7급 / 2012년 경찰 1차

> ㉠ 장문휴가 당의 산동 지방 등주를 공격하였다.
> ㉡ 수도를 중경 현덕부에서 북쪽의 상경 용천부로 옮겼다.
> ㉢ 당으로부터 발해군왕에서 발해국왕으로 봉해졌다.
> ㉣ 건흥이라는 연호를 사용하였다.

① ㉠ - ㉡ - ㉢ - ㉣
② ㉠ - ㉢ - ㉣ - ㉡
③ ㉡ - ㉠ - ㉣ - ㉢
④ ㉠ - ㉢ - ㉡ - ㉣

대표유형

□□□

0143 (가), (나) 국왕의 재위 시기에 있었던 사실로 옳은 것만을 〈보기〉에서 모두 고르면? 2014년 지방직 9급

[유사] 2016년 계리직 9급

> (가) 대조영의 뒤를 이어 즉위하였다. 영토 확장에 힘을 기울여 동북방의 여러 세력을 복속하고 북만주 일대를 장악하였다.
> (나) 대부분의 말갈족을 복속시키고, 요동 지역으로 진출하였다. 이후 전성기를 맞은 발해를 중국에서는 해동성국(海東盛國)이라고 불렀다.

[보기]

> ㉠ (가) - 수도를 중경에서 상경으로 옮겼다.
> ㉡ (가) - 장문휴가 수군을 이끌고 당(唐)의 산동(山東) 지방을 공격하였다.
> ㉢ (나) - '건흥' 연호를 사용하고, 지방 행정 조직을 정비하였다.
> ㉣ (나) - 당시 국왕을 '대왕'이라 표현한 정혜 공주의 묘비가 만들어졌다.

① ㉠, ㉡
② ㉠, ㉣
③ ㉡, ㉢
④ ㉢, ㉣

□□□

0144 〈보기〉의 왕에 대한 설명으로 가장 옳은 것은? 2018년 서울시 9급(상)

[유사] 2009년 국가직 9급

[보기]

> 왕은 당이 내분으로 어지러워진 틈을 타서 영토를 넓히고, 수도를 중경에서 상경으로, 다시 동경으로 옮겼다. 또한 대흥, 보력 등 독자적인 연호를 사용하였다.

① 산동 지방에 수군을 보내 당을 공격하였다.
② 당으로부터 해동성국이라 불렸다.
③ 전륜성왕을 자처하고 황상이라는 칭호를 사용하였다.
④ 동모산에 나라를 세웠다.

□□□
0145 다음 자료를 통하여 알 수 있는 시대의 역사적 상황으로 가장 옳은 것은?

2015년 경찰간부

> 지금 보내온 국서(國書)를 살펴보니 부왕(父王)의 도를 갑자기 바꾸어 날짜 아래에 관품(官品)을 쓰지 않았고, 글 끝에 천손(天孫)이라는 참람된 칭호를 쓰니 법도에 어긋납니다. 왕의 본래의 뜻이 어찌 이러하겠습니까. …(중략)… 고씨의 시대에 병난이 그치지 않아 조정의 위엄을 빌려 저들이 형제를 칭하였습니다. 지금 대씨는 일없이 고의로 망령되이 사위와 장인을 칭하였으니 법례를 잃은 것입니다.

① 북만주 일대를 차지하고 산동의 등주를 공격하였다.
② 수도를 중경에서 상경, 동경으로 옮겨 중흥을 꾀하였다.
③ 5경 15부 62주의 행정 제도가 완비되었다.
④ 당으로부터 해동성국이라 칭해졌다.

고대의 통치 조직과 정비

□□□
0146 (가) 국가에 대한 설명으로 옳은 것은?

2024년 지방직 9급

> [(가)]의 호암사에는 정사암이란 바위가 있다. 나라에서 장차 재상을 의논할 때에 뽑을 후보 서너 명의 이름을 써서 상자에 넣고 봉해서 바위 위에 두었다. 얼마 후에 열어 보고 이름 위에 도장이 찍힌 자국이 있는 사람을 재상으로 삼았다. 이런 까닭에 정사암이라 했다. — 『삼국유사』

① 6좌평과 16관등제를 마련하였다.
② 태학이라는 교육 기관을 설립하였다.
③ 인안이라는 독자적인 연호를 사용하였다.
④ 골품에 따라 관등이나 관직 승진에 제한이 있었다.

문항	번호				틀린 이유
0141	①	②	③	④	
0142	①	②	③	④	
0143	①	②	③	④	
0144	①	②	③	④	
0145	①	②	③	④	
0146	①	②	③	④	

해설

0141 제시된 자료는 발해 문왕의 업적에 대해 설명하고 있다. 발해 문왕의 재위 기간은 737년부터 793년까지로, 이 시기 신라는 경덕왕부터 원성왕까지 집권하고 있었다. ④ 원성왕 때인 788년 독서삼품과를 실시하였다. 독서삼품과는 독서 성적의 결과를 3등급으로 나누어 관료를 채용하는 제도이다.

오답노트 ① 녹읍이 폐지된 것은 신라 신문왕 때의 일로, 발해 문왕이 즉위하기 이전의 일이다. ② 청해진이 설치된 것은 9세기 흥덕왕 때의 일로, 발해 문왕 이후의 일이다. ③『삼대목』이 편찬된 것은 9세기 후반 진성여왕 때의 일로, 발해 문왕 이후의 일이다.

0142 ㉠ 장문휴가 당나라 산동 지방의 등주를 공격한 것은 무왕 때(732)의 일이다. ㉡ 발해 문왕 때 당에서 일어난 안사의 난의 영향을 받아 수도를 중경 현덕부에서 상경 용천부로 천도하였다(755). ㉢ 당으로부터 발해국왕으로 봉해진 것은 발해 문왕 때인 762년의 일이다. ㉣ 건흥이라는 연호를 사용한 것은 9세기 선왕 때의 일이다.

0143 (가)는 발해의 무왕이고, (나)는 발해의 선왕이다. ㉡ 무왕은 732년에 장문휴를 보내어 당의 산동(山東) 지방을 공격하였다. ㉢ 선왕은 건흥이라는 연호를 사용하였으며 5경 15부 62주의 지방 행정 조직을 정비하였다.

오답노트 ㉠, ㉣ 문왕 때의 일이다.

0144 제시된 자료는 발해 문왕의 업적에 대한 내용이다. ③ 발해 문왕은 불교의 전륜성왕 이념을 받아들였으며, 황상이라는 칭호를 사용하여 황제 국가의 면모를 과시하였다.

오답노트 ① 발해 무왕, ② 발해 선왕 때의 일이다. ④ 대조영(발해 고왕)은 동모산 기슭에서 나라를 건국하고 국호를 진이라 하였다.

0145 제시된 자료는 일본이 발해 문왕이 보낸 국서의 내용을 항의하기 위해 보낸 답서이다. 발해 문왕은 일본에 보낸 국서에서 천손임을 자랑하였고 일본과의 관계를 장인과 사위로 비유하여 일본과 외교 마찰을 일으키기도 하였다. ② 문왕은 수도를 중경 현덕부에서 북쪽 상경 용천부로 옮겼다. 그 후 다시 동경 용원부로 천도하였다.

오답노트 ① 발해 무왕, ③,④ 발해 선왕에 대한 설명이다.

0146 제시된 자료는 백제의 정사암 회의에 대한 내용으로, 따라서 (가) 국가는 백제이다. ① 백제의 정치 제도에 대한 설명이다. 백제는 6개의 부서(내신·내두·내법·위사·조정·병관)가 업무를 분담했으며, 장관으로 6좌평을 두었다. 또한 16관등제를 마련하였다.

오답노트 ② 태학은 고구려의 교육 기관이다. ③ 인안이라는 연호를 사용한 나라는 발해이다. ④ 골품제를 운영한 나라는 신라이다.

Answer 0141 ④ 0142 ① 0143 ③ 0144 ③ 0145 ② 0146 ①

0147 다음 내용의 비석이 세워진 국가에서 있었던 사실로 옳은 것은?

2021년 경찰 1차

> 하늘 앞에 맹세한다. 지금부터 3년 이후까지 충도(忠道)를 지키고 잘못이 없기를 맹세한다. 만약 이 서약을 어기면 하늘로부터 큰 벌을 받을 것을 맹세한다.

① 거칠부가 『국사』를 편찬하였다.
② 태학을 창설하여 유교를 교육하였다.
③ 방군제를 실시하여 지방 제도를 재정비하였다.
④ 담로에 왕족을 파견하여 지방에 대한 통제를 강화하였다.

고난도

0148 삼국 시대의 정치 제도에 대한 설명으로 옳은 것만을 모두 고르면?

2018년 지방직 9급
유사 2013년 경찰 2차 / 2009년 지방직 7급

> ㉠ 삼국의 관등제와 관직 제도 운영은 신분제에 의하여 제약을 받았다.
> ㉡ 고구려는 대성(大城)에는 처려근지, 그 다음 규모의 성에는 욕살을 파견하였다.
> ㉢ 백제는 도성에 5부, 지방에 방(方)-군(郡) 행정 제도를 시행하였다.
> ㉣ 신라는 10정 군단을 바탕으로 영역을 확장하고 삼국 통일을 이룩하였다.

① ㉠, ㉡   ② ㉠, ㉢
③ ㉡, ㉣   ④ ㉢, ㉣

0149 다음 (가)에서 이루어진 합의 제도를 시행한 국가의 통치 체제로 옳은 것은?

2017년 지방직 9급
유사 2020년 국가직 7급 / 2014년 경찰간부

> 호암사에는 ▢(가)▢(이)라는 바위가 있다. 나라에서 장차 재상을 뽑을 때에 후보 3, 4명의 이름을 써서 상자에 넣고 봉해 바위 위에 두었다가 얼마 후에 가지고 와서 열어 보고 그 이름 위에 도장이 찍혀 있는 사람을 재상으로 삼았다.
>
> ─『삼국유사』

[보기]

> ㉠ 중앙 정치는 대대로를 비롯하여 10여 등급의 관리들이 나누어 맡았다.
> ㉡ 중앙 관청을 22개로 확대하고 수도는 5부, 지방은 5방으로 정비하였다.
> ㉢ 16품의 관등제를 시행하고, 품계에 따라 옷의 색을 구별하여 입도록 하였다.
> ㉣ 지방 행정 조직을 9주 5소경 체제로 정비하였다.
> ㉤ 중앙에 3성 6부를 두고, 정당성을 관장하는 대내상이 국정을 총괄하도록 하였다.

① ㉠, ㉡   ② ㉡, ㉢
③ ㉢, ㉣   ④ ㉣, ㉤

0150 삼국 시대 정치 제도에 대한 설명으로 가장 옳은 것은?

2017년 서울시 사복직 9급
유사 2013년 경찰 1차 / 2011년 경찰 / 2010년 국가직 7급

① 신라 화백 회의는 만장일치 원칙이며 회의의 의장은 상좌평이다.
② 백제는 관품 구별에 따라 자·단·비·녹색의 공복을 입었다.
③ 신라는 진덕여왕 대 집사부와 창부를 통합해 정무 기관인 품주를 설치하였다.
④ 국상, 대대로, 막리지 등은 고구려에서 재상의 직위를 지칭한다.

□□□

0151 통일 신라의 통치 체제에 대한 설명으로 옳은 것은?

2016년 서울시 7급

유사 2018년 서울시 9급 / 2011년 지방직 9급 / 2011년 법원직 9급 / 2009년 법원직 9급

① 13개의 관부가 병렬적으로 독립되어 있었으며 각 부의 장관은 여러 명인 경우가 많았다.

② 중앙과 지방에 각각 9서당과 10정을 두었으며 10정에 편제된 보병이 군사력의 핵심을 이루었다.

③ 지방 세력을 제도적으로 통제·감시할 목적으로 일정 기간 경주에 머물게 하는 사심관제를 실시하였다.

④ 진골만을 위한 관리 등용 제도로 『춘추좌전』, 『논어』, 『효경』 등 유학적 견식을 파악하는 독서삼품과를 실시하였다.

□□□

0152 통일 신라의 지방 행정 조직에 대한 설명으로 옳지 않은 것은?

2015년 국가직 9급

① 신문왕 대에 9주 5소경 체제로 정비하였다.

② 주(州)에는 지방 감찰관으로 보이는 외사정이 배치되었다.

③ 5소경을 전략적 요충지에 두고, 도독이 행정을 관할토록 하였다.

④ 촌주가 관할하는 촌 이외에, 향·부곡이라는 행정 구역도 있었다.

문항	번호				틀린 이유
0147	①	②	③	④	
0148	①	②	③	④	
0149	①	②	③	④	
0150	①	②	③	④	
0151	①	②	③	④	
0152	①	②	③	④	

해설

0147 제시된 자료는 신라에서 세워진 임신서기석의 내용이다. 화랑으로 보이는 두 청년이 착한 일을 하고 유교 경전을 공부하겠다고 맹세하고 있다. ① 신라 진흥왕 때 거칠부가 역사서인 『국사』를 편찬하였다.

오답노트 ② 고구려의 소수림왕은 유학 교육의 강화를 위해 태학을 설립하였다. ③ 방군제는 백제의 지방 제도이다. ④ 백제 무령왕은 22담로를 지방에 설치하고 왕족을 파견하였다.

0148 ㉠ 삼국의 관등제와 관직 체계의 운영은 신분제에 의해 제약을 받았다. 특히 신라는 관등제를 골품 제도와 결합하여 운영하였다. ㉢ 백제는 도성은 5부로 나누고 지방은 5방으로 나누었는데, 방 밑에는 군과 성을 편성하여 방-군 행정 제도를 시행하였다.

오답노트 ㉡ 고구려는 부(대성)에 지방 장관인 욕살을 파견하였고, 그 다음 규모의 성에는 처려근지 등을 파견하였다. ㉣ 통일 이전의 신라에는 6정의 군단이 편성되어 있었다. 10정 군단이 설치된 것은 통일 신라 때의 일이다.

0149 제시된 자료의 (가)는 정사암으로, 백제는 정사암 회의를 통해 국가 중대사를 논의하였다. ㉢ 백제는 점차 국무가 복잡해짐에 따라 성왕 때 내관 12부, 외관 10부의 22부가 마련되었다. 그리고 수도는 5부로 나누고, 지방 행정 단위로 5방을 두었다. ㉣ 백제는 1품 좌평~16품 극우까지 16품의 관등제를 실시하고, 관등에 따라 각기 자색·비색·청색의 공복을 입도록 하였다.

오답노트 ㉠ 대대로는 고구려의 재상이다. ㉤ 통일 신라의 지방 제도에 대한 설명이다. ㉥ 발해의 중앙 행정 조직에 대한 설명이다.

0150 ④ 고구려에서는 국초에 국상·대보 등의 재상을 두어 국정을 담당하도록 하였으며, 6세기 이후에는 대대로·막리지가 재상의 역할을 담당하였다.

오답노트 ① 신라 화백 회의의 의장은 상좌평이 아니라 상대등이다. 상좌평은 백제의 수상이다. ② 백제의 공복 색은 자·비·청색 순이다. 자·단·비·녹색은 고려의 공복 색깔이다. ③ 신라는 진덕여왕 때 정무 기관인 품주를 분화하여 국가 기밀을 관장하는 집사부, 재정을 관장하는 창부를 두었다.

0151 ① 통일 신라는 집사부를 제외한 13개의 관부들이 병렬적으로 독립되어 있어, 행정 업무를 분담하였다. 또, 사정부·예작부 등은 장관이 1인이었지만, 대부분의 관부들은 복수 장관제를 취하고 있었다.

오답노트 ② 통일 신라 군사력의 핵심은 중앙에 편제된 9서당이었다. ③ 사심관 제도는 통일신라가 아니라 고려의 통치 제도이다. 고려 태조는 사심관 제도를 실시하여 개경에 거주하는 공신이나 고관들로 하여금 출신 지역을 관장케 하여 간접적으로 지방을 통제하였다. ④ 독서삼품과는 주로 국학 졸업생을 대상으로 한 시험으로, 진골뿐만 아니라 6두품 등도 이를 통해 관직에 진출할 수 있었다.

0152 ③ 5소경에 파견된 관리는 도독이 아니라 사신이다.

오답노트 ① 신문왕은 지방 행정 조직을 9주 5소경 체제로 정비하였다. ② 통일 신라는 지방관을 감찰하기 위해서 외사정을 파견하였다. ④ 통일 신라의 하부 행정 단위인 촌은 토착 세력인 촌주가 지방관의 통제를 받으면서 다스렸다. 또한 향·부곡이라 불리는 특수 행정 구역도 존재하고 있었다.

Answer 0147 ① 0148 ② 0149 ② 0150 ④ 0151 ① 0152 ③

□□□
0153 다음은 고대 국가의 통치 조직을 정리한 것이다. ㉠~㉣에 대한 설명으로 옳은 것은?
2008년 법원직 9급

구분	고구려	백제	신라	통일 신라
최고 관직	㉠	상좌평	상대등	시중
지방 행정 구역	5부	5방	㉡	9주
특수 행정 구역	3경	㉢	2소경	5소경
최고 회의 기구	제가 회의	정사암 회의	㉣	

① ㉠ - 정당성의 장관으로 국정을 총괄하였다.
② ㉡ - 지방 행정 조직은 군사 조직을 겸하였다.
③ ㉢ - 풍수지리설의 영향으로 지방 거점에 설치하였다.
④ ㉣ - 임시 기구로 법 제정이나 시행 규정을 다루었다.

대표유형
□□□
0154 밑줄 친 '이 나라'에 대한 설명으로 옳은 것은?
2022년 지방직 9급
유사 2017년 법원직 9급

- 이 나라에서 귀하게 여기는 것에는 태백산의 토끼, 남해부의 다시마, 책성부의 된장, 부여부의 사슴, 막힐부의 돼지, 솔빈부의 말, 현주의 베, 옥주의 면, 용주의 명주, 위성의 철, 노성의 쌀 등이 있다. － 『신당서』
- 이 나라의 땅은 영주(營州)의 동쪽 2천 리에 있으며, 남으로는 신라와 서로 접한다. 월희말갈에서 동북으로 흑수말갈에 이르는데, 사방 2천 리, 호는 십여 만, 병사는 수만 명이다. － 『구당서』

① 중앙에 6좌평의 관제를 마련하였다.
② 9서당 10정의 군사 조직을 갖추었다.
③ 지방을 5경 15부 62주로 편성하였다.
④ 제가 회의에서 국가의 중대사를 결정하였다.

□□□
0155 발해의 통치 체제에 대한 설명으로 옳은 것은?
2017년 지방직 9급(하)
유사 2017년 국가직 7급

① 중앙과 지방에 각각 6부와 9주를 두어 다스렸다.
② 정당성 아래에 있는 6부가 정책을 집행하였다.
③ 중앙의 핵심 군단으로 9서당이 있었다.
④ 사정부를 두어 관리를 감찰하였다.

□□□
0156 다음은 발해의 통치 조직에 관한 표이다. 이와 관련된 설명으로 옳지 않은 것은?
2013년 기상직 9급

① 선조성과 중대성의 장관이 국정을 총괄하였다.
② 관청의 명칭을 유교식으로 변화시켜 사용하였다.
③ 당의 제도를 수용하였으나 명칭과 운영에서 독자성이 나타난다.
④ 좌사정과 우사정이 각각 3부씩 나누어 맡는 이원적 통치 체제를 운영하였다.

문항		번호			틀린 이유
0153	①	②	③	④	
0154	①	②	③	④	
0155	①	②	③	④	
0156	①	②	③	④	

해설

0153 ② ㉡ 신라의 지방 행정 조직으로 지증왕 때부터 실시한 5주를 가리킨다. 고대 지방 통치의 특징 중 하나는 행정 조직이 군사 조직도 겸하였다는 점이다.

오답노트 ① ㉠ 고구려 최고 관직은 대대로이다. 정당성은 발해의 최고 정책 결정 기구로 장관인 대내상이 국정을 총괄하였다. ③ ㉢ 백제의 특수 행정 구역은 무령왕 때의 22담로이며, 풍수지리설과는 관련이 없다. ④ ㉣ 고려 식목도감에 대한 설명이다. 신라의 최고 회의 기구인 화백 회의는 임시 기구가 아닌 상설 기구였다.

0154 제시된 자료는 발해의 특산물과 위치에 대해 서술하고 있다. ③ 발해는 지방을 5경 15부 62주로 편성하였다. 전략적 요충지에는 5경을 두었으며, 지방 행정은 15부로 편성하고 그 아래에 주와 현을 두고 지방관을 파견하였다.

오답노트 ① 백제의 중앙 제도에 대한 설명이다. ② 통일 신라의 군사 제도에 대한 설명이다. ④ 고구려는 제가 회의라는 합좌 기구에서 귀족들이 국가 중대사를 처리하였다.

0155 ② 발해는 정당성 아래에 6부를 두어 나라의 일을 나누어 처리하게 하였다.

오답노트 ① 신라는 중앙에 6부를 두었으며, 통일 이후에는 지방에 9주를 두어 다스렸다. ③ 통일 신라의 중앙군에 대한 설명이다. ④ 사정부는 통일 신라의 관부로, 관리를 감찰하였다.

0156 ① 선조성과 중대성의 장관이 아니라 정당성의 장관인 대내상이 국정을 총괄하였다.

오답노트 ②,③ 당의 3성 6부제를 수용하였지만, 3성의 독특한 운영 방식과 유교적 성격의 6부 명칭에서 발해의 독자적 성격을 잘 나타내고 있다. ④ 발해는 정당성 아래에 좌사정이 3부를, 우사정이 3부를 각각 나누어 관할하는 이원적인 통치 체제를 구성하였다.

M.E.M.O

PART 02

Answer 0153 ② 0154 ③ 0155 ② 0156 ①

CHAPTER
02 고대의 경제와 사회

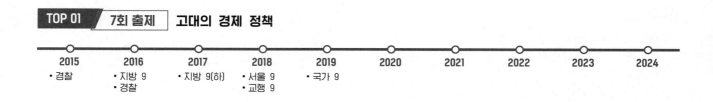

TOP 01 / **7회 출제** | 고대의 경제 정책

2015	2016	2017	2018	2019	2020	2021	2022	2023	2024
• 경찰	• 지방 9 • 경찰	• 지방 9(하)	• 서울 9 • 교행 9	• 국가 9					

TOP 02 / **6회 출제** | 고대의 신분 제도

2015	2016	2017	2018	2019	2020	2021	2022	2023	2024
	• 지방 9	• 국가 9 • 지방 9(2)	• 서울 9	• 서울 9(상)					

TOP 03 / **5회 출제** | 고대의 경제 생활

2015	2016	2017	2018	2019	2020	2021	2022	2023	2024
• 국가 9	• 사복 9	• 지방 9		• 지방 9	• 경찰				

고대의 경제 정책

0157 '신라 촌락(민정) 문서'를 통해서 알 수 있는 내용으로 옳지 않은 것은?

2017년 지방직 9급(하)

유사 2015년 국가직 7급 / 2012년 지방직 7급 / 2009년 국가직 9급

① 인구를 중시하여 소아의 수까지 파악했다.
② 내시령과 같은 관료에게 토지가 지급되었다.
③ 촌락의 경제력을 파악할 때 유실수의 상황을 반영했다.
④ 촌락을 통제하기 위해서 지방관으로 촌주가 파견되었다.

0158 밑줄 친 '이 문서'에 대한 설명으로 옳은 것은?

2019년 국가직 7급

> 이 문서는 서원경 부근 4개 촌락의 상황을 전하고 있으며, 호수와 전답의 면적, 가축과 과실나무의 수 등이 기록되어 있다.

① 건원이라는 연호가 기록되어 있다.
② 전시과와 녹봉 제도의 운영 양상이 나타나 있다.
③ 호(戶)는 인정(人丁)의 다소에 따라 9등급으로 나누었다.
④ 현존하는 세계 최고(最古)의 목판 인쇄물로 평가받고 있다.

문항	번호				틀린 이유
0157	①	②	③	④	
0158	①	②	③	④	

해설

0157 민정 문서는 1933년 일본 도다이사 정창원에서 발견된 서원경과 그 부근의 4개 촌락에 대한 자료이다. ④ 촌주는 중앙에서 파견하지 않고 토착민 중에서 임명하였다.

오답노트 ① 민정 문서는 인구를 연령에 따라 6등급까지 나누었는데, 소아의 수까지 파악한 것으로 보아 인구를 중시하였음을 알 수 있다. ② 민정 문서에 나오는 내시령답의 존재를 통해 내시령과 같은 관료들에게 토지를 지급했음을 알 수 있다. ③ 민정 문서는 촌락의 경제력을 파악하기 위해 유실수(인간에게 필요한 열매를 생산하는 나무)의 개수까지 자세히 기록하였다.

0158 제시된 자료의 밑줄 친 '이 문서'는 신라 민정 문서이다. ③ 신라 민정 문서에서 호(戶)는 사람의 많고 적음에 따라 상상호(上上戶)에서 하하호(下下戶)까지 9등급으로 나누어 파악하고 있다.

오답노트 ① 민정 문서는 통일 이후에 작성되었으며, 연호가 기록되어 있지 않다. 건원이라는 연호는 그 이전인 6세기 법흥왕 때 사용되었다(민정 문서의 작성 시기에 대해서는 논란이 있으며, 경덕왕설·헌덕왕설·효소왕설 등이 있다). ② 전시과는 고려 시대의 토지 제도이다. ④ 현존하는 세계 최고(最古)의 목판 인쇄물은 불국사 3층 석탑에서 발견된 무구정광대다라니경이다.

Answer 0157 ④ 0158 ③

□□□

0159 통일 신라 시대 민정 문서(장적)에 대한 설명으로 옳지 않은 것은?

2014년 지방직 9급

유사 2016년 경찰 2차 / 2013년 경찰간부 / 2008년 국가직 7급

① 인구, 가호, 노비 및 소와 말의 증감까지 매년 작성하였다.
② 토지에는 연수유전답, 촌주위답, 내시령답이 포함되어 있다.
③ 사람은 남녀로 나누고, 연령을 기준으로 하여 6등급으로 구분하였다.
④ 호(戶)는 상상호(上上戶)에서 하하호(下下戶)까지 9등급으로 구분하였다.

□□□

0161 밑줄 친 ㉠~㉣에 대한 설명으로 옳은 것은?

2012년 지방직 9급

유사 2018년 교행직 9급 / 2016년 국가직 7급 / 2015년 지방직 7급 / 2014년 국가직 9급 / 2014년 사회복지직 9급 / 2012년 경찰 1차

> • 문무왕 8년(668) 김유신에게 태대각간의 관등을 내리고 ㉠식읍 500호를 주었다.
> • 신문왕 7년(687) 문무 관리들에게 ㉡관료전을 차등 있게 주었다.
> • 신문왕 9년(689) 내외 관료의 ㉢녹읍을 혁파하고 매년 조(租)를 주었다.
> • 성덕왕 21년(722) 처음으로 백성에게 ㉣정전을 지급하였다.

① ㉠ - 조세를 수취하고 노동력을 징발할 권리를 부여하였다.
② ㉡ - 하급 관료와 군인의 유가족에게 지급하였다.
③ ㉢ - 전쟁에서 큰 공을 세운 사람에게 공로의 대가로 지급하였다.
④ ㉣ - 왕권이 약화되는 배경이 되었다.

□□□

0160 (가) 시기의 경제 상황에 대한 설명으로 옳은 것은?

2019년 국가직 9급

유사 2017년 서울시 사복직 9급

		(가)		
국호 '신라' 확정	9주 5소경 설치	대공의 난 발발	독서삼품과 실시	

① 백성에게 정전을 처음으로 지급하였다.
② 시장을 감독하는 관청인 동시전을 신설하였다.
③ 백성의 구휼을 위하여 진대법을 제정하였다.
④ 청주(菁州)의 거로현을 국학생의 녹읍으로 삼았다.

□□□

0162 통일 신라의 토지 제도를 시행된 순서대로 가장 적절하게 나열한 것은?

2017년 경기북부 여경

유사 2018년 서울시 9급

> ㉠ 처음으로 백성에게 정전을 지급하였다.
> ㉡ 문무 관료전을 지급하되, 차등을 두었다.
> ㉢ 여러 내외관의 월봉을 없애고 다시 녹읍을 나누어 주었다.
> ㉣ 여러 내외관의 녹읍을 혁파하고 매년 조를 내리되 차등이 있게 하여 이로써 영원한 법식을 삼았다.

① ㉡ - ㉣ - ㉠ - ㉢　　② ㉣ - ㉡ - ㉠ - ㉢
③ ㉡ - ㉠ - ㉣ - ㉢　　④ ㉣ - ㉡ - ㉢ - ㉠

□□□

0163 다음 밑줄 친 '대사'에 대한 내용으로 옳지 않은 것은?

2017년 지방직 9급

이 엔닌은 대사의 어진 덕을 입었기에 삼가 우러러 뵙지 않을 수 없습니다. 저는 이미 뜻한 바를 이루기 위해 당나라에 머물러 왔습니다. 부족한 이 사람은 다행히도 대사께서 발원하신 적산원(赤山院)에 머물 수 있었던 것에 대해 감경(感慶)한 마음을 달리 비교해 말씀드리기가 어렵습니다.

－『입당구법순례행기』

① 법화원을 건립하고 이를 지원하였다.
② 당나라에 가서 서주 무령군 소장이 되었다.
③ 회역사, 견당매물사 등의 교역 사절을 파견하였다.
④ 웅주를 근거지로 반란을 일으켜 장안(長安)이라는 나라를 세웠다.

□□□

0164 밑줄 친 '그'가 활동한 시기의 상황에 대한 설명으로 옳은 것은?

2016년 사회복지직 9급

유사 2019년 경찰간부 / 2015년 경찰간부 / 2009년 지방직 7급

그가 돌아와 흥덕왕을 찾아보고 말하기를 "중국에서는 널리 우리나라 사람을 노비로 삼으니, 청해진을 만들어 적으로 하여금 사람들을 약탈하지 못하도록 하기를 원하나이다."라고 하였다. …(중략)… 대왕은 그에게 군사 만 명을 거느리고 해상을 방비하게 하니, 그 후로는 해상으로 나간 사람들이 잡혀가는 일이 없었다.

－『삼국사기』

① 산둥반도와 양쯔강 하류에 신라방과 신라소가 있었다.
② 삼한통보, 해동통보, 해동중보 등의 화폐가 주조되었다.
③ 시전을 설치하고, 개경·서경 등 대도시에 주점, 다점 등 관영 상점을 두었다.
④ 『농상집요』를 통해 이앙법이 남부 지방에 보급될 정도로 논농사가 발전하였다.

문항	번호				틀린 이유
0159	①	②	③	④	
0160	①	②	③	④	
0161	①	②	③	④	
0162	①	②	③	④	
0163	①	②	③	④	
0164	①	②	③	④	

해설

0159 ① 촌주는 해당 촌락의 호구, 인구, 수목, 가축 등의 변동 사항을 조사하여 3년마다 민정 문서를 작성하였다.

오답노트 ② 민정 문서에 기록된 토지로는 내시령에게 지급한 내시령답, 관청의 경비를 충당할 목적으로 지급된 관모답, 촌주에게 배당된 일종의 직전인 촌주위답, 농민들의 소유지인 연수유답 등이 있었다. ③ 민정 문서에서 사람은 남녀별로 구분하고, 연령을 기준으로 나이에 따라 6등급으로 구분하여 기록하였다. ④ 민정 문서에서 호구는 인정의 다소에 따라 9등급으로 나누었다.

0160 9주 5소경은 신문왕 때 설치되었고, 대공의 난은 혜공왕 때 발발하였다. 따라서 (가) 시기는 신문왕~혜공왕 시기이다. ① 정전을 처음으로 지급한 것은 성덕왕 때의 역사적 사실이다.

오답노트 ② 동시전이 신설된 것은 지증왕 때이다. ③ 진대법은 고구려 고국천왕 때 제정되었다. ④ 신라 하대 소성왕 때의 역사적 사실이다.

0161 ① 식읍과 녹읍은 조세를 수취하고, 노동력을 징발할 권리를 부여받았다. 반면 관료전은 조세를 수취할 권리만 있었다.

오답노트 ② 하급 관료와 군인의 유가족에게 지급한 토지는 고려 시대의 구분전이다. ③ 전쟁에서 공을 세운 사람에게 주는 토지는 식읍이다. ④ 정전 지급은 왕권 강화를 의미한다.

0162 ⓒ 신문왕 때인 687년에 문무 관료전을 차등 있게 지급하였다. ⓔ 신문왕 때인 689년에 내외관의 녹읍을 혁파하고, 대신 해마다 세조를 차등 있게 지급하였다. ⓐ 성덕왕 때인 722년에 백성들에게 정전을 처음으로 지급하였다. ⓑ 경덕왕 때인 757년에 녹읍이 부활하였다.

0163 제시된 자료의 밑줄 친 '대사'는 장보고이다. ④ 헌덕왕 때 웅주를 근거지로 국가를 세우고 국호를 장안이라고 하며 반란을 일으킨 인물은 김헌창이다.

오답노트 ① 장보고는 당나라에서 법화원을 창건하고, 이곳을 기반으로 재당 신라인의 단결을 도모하였다. ② 장보고는 일찍이 당나라 서주에 건너가 무령군 소장이 되었다. ③ 장보고는 회역사라는 사절단을 일본에 보냈으며, 당나라에는 견당매물사 등의 교역 사절을 파견하여 교역을 활발히 하였다.

0164 제시된 자료의 밑줄 친 '그'는 장보고이다. 장보고가 활동했던 시기는 9세기 무렵이다. ① 통일 신라 때인 8세기 이후 당과의 무역 확대로 산둥반도와 양쯔강 하류에는 신라인의 거주지인 신라방과 신라촌, 신라인을 다스리는 신라소, 여관인 신라관, 절인 신라원이 생겨났다.

오답노트 ② 삼한통보, 해동통보, 해동중보는 고려 숙종 때 만든 화폐이다. ③ 개경에 시전을 설치하고 개경·서경 등 대도시에 관영 상점을 둔 시기는 고려 시대이다. ④ 『농상집요』는 중국(원나라)의 농서로, 고려 후기에 이암이 소개하였다.

Answer 0159 ① 0160 ① 0161 ① 0162 ① 0163 ④ 0164 ①

PART 02

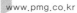
고대의 경제 생활

0165 통일 신라의 경제 상황에 대한 설명으로 옳지 않은 것은?

2019년 지방직 9급

① 왕경에 서시전과 남시전이 설치되었다.
② 어아주, 조하주 등 고급 비단을 생산하여 당나라에 보냈다.
③ 촌락의 토지 결수, 인구 수, 소와 말의 수 등을 파악하였다.
④ 시비법과 이앙법 등의 발달로 농민층에서 광작이 성행하였다.

고난도

0166 다음 자료에 해당하는 국가에 대한 설명으로 옳지 않은 것은?

2018년 지방직 7급

> 재상가는 녹(祿)이 끊이지 않았다. 노동(奴僮)이 3,000명이고, 비슷한 수의 갑옷과 무기, 소, 말, 돼지가 있었다. 바다 가운데 섬에서 길러 필요할 때에 활로 쏘아서 잡아먹었다. 곡식을 꾸어서 갚지 못하면 노비로 삼았다.

① 천문박사와 누각박사를 두었다.
② 인구는 남녀 각각 연령에 따라 6등급으로 구분하였다.
③ 수도에 서시(西市)와 남시(南市)가 새로이 설치되었다.
④ 지방에서 수취한 조세를 수도로 이송하는 조운 체계가 확립되었다.

0167 통일 신라 시대 농민의 생활상에 대한 설명으로 옳지 않은 것은?

2013년 지방직 7급

유사 2014년 경찰 1차 / 2011년 국가직 7급 / 2011년 지방직 7급 / 2007년 서울시 9급

① 향이나 부곡에서 생활하는 농민들도 있었다.
② 연수유전답이나 관모전답을 경작하기도 하였다.
③ 지방의 농민들은 보통 촌(村)이라고 하는 말단 행정 구역에 편입되어 있었다.
④ 쌀, 보리 등의 곡류 작물 외에도 모시, 목화 등의 의류 작물을 재배하였다.

고대의 사회

대표 유형

0168 ㉠과 ㉡ 두 인물의 공통된 신분상의 특징으로 옳은 것은?

2017년 국가직 9급

유사 2018년 기상직 9급

> • ㉠ 은(는) 신문왕에게 화왕계를 통하여 조언하였다.
> • ㉡ 은(는) 진성여왕에게 시무책 10여 조를 올렸다.

① 관등 승진에서 중위제(重位制)를 적용받았다.
② 중앙 관부의 최고 책임자를 독점하였다.
③ 자색(紫色)의 공복을 착용하였다.
④ 왕이 될 수 있는 신분이었다.

대표유형

□□□

0169 밑줄 친 인물들이 속한 신분층에 대한 설명으로 옳은 것은?

2017년 지방직 9급(하)

- 진덕여왕 2년, 김춘추가 돌아오는 길에 고구려의 순라병을 만났는데, 종자인 온군해가 대신 피살되었고 그는 무사히 신라로 귀국했다.
- 마침 알천의 물이 불어 김주원이 왕궁으로 건너오지 못하니, 상대등 김경신이 왕위에 올랐다.　—『삼국유사』

① 관등과 상관없이 특정 색깔의 관복을 입었다.
② 골품제의 모순을 비판하여 과거제 도입을 주장하였다.
③ 죄를 지으면 본관지로 귀향시키는 형벌이 적용되었다.
④ 중앙 관부와 지방 행정 조직의 장관직에 오를 수 있었다.

□□□

0170 〈보기〉의 ㉠에 관한 설명으로 옳은 것은?

2019년 서울시 9급(상)

유사 2014년 경찰 2차 / 2013년 지방직 7급 / 2010년 지방직 7급

┌ 보기 ┐

신라에서는 사람을 등용하는 데에 ⬚㉠⬚ 을(를) 따진다. (때문에) 진실로 그 족속이 아니면, 비록 큰 재주와 뛰어난 공이 있더라도 넘을 수가 없다. 나는 원컨대, 서쪽 중국으로 가서 세상에서 보기 드문 지략을 떨쳐서 특별한 공을 세워 스스로 영광스러운 관직에 올라 고관대작의 옷을 갖추어 입고 칼을 차고서 천자의 곁에 출입하면 만족하겠다.

① 통일 신라기에 성립하였다.
② 국학이 설립되면서 폐지되었다.
③ 진골은 대아찬 이상의 고위 관등만 받을 수 있었다.
④ 혈통에 따른 신분제로서 승진의 상한선을 결정했다.

문항	번호				틀린 이유
0165	①	②	③	④	
0166	①	②	③	④	
0167	①	②	③	④	
0168	①	②	③	④	
0169	①	②	③	④	
0170	①	②	③	④	

해설

0165 ④ 조선 후기의 일이다.

오답노트 ① 통일 신라 시대인 효소왕 때 왕경에 서시와 남시를 추가로 설치하였다. ② 어아주・조하주 등은 삼국 시대・통일 신라 때 생산되던 비단의 종류이다. 『삼국사기』에 의하면 성덕왕 때 어아주와 조하주를 같이 당나라에 보낸 사실이 기록되어 있다. ③ 통일 신라의 민정 문서에 따르면 촌락의 토지 결수, 인구 수, 소와 말의 수, 뽕나무와 잣나무의 그루 수 등을 파악하여 조세를 부과했음을 알 수 있다.

0166 제시된 자료는 통일 신라 귀족의 경제 생활에 대한 내용이다. ④ 조운이란 지방에서 세금 등을 현물로 거두어들인 후 이를 일정한 지역에 모아 선박을 통해 수도로 옮기는 제도를 말하는데, 이는 고려 시대 때 처음 등장하였다.

오답노트 ① 『삼국사기』에는 경덕왕 때 천문박사 1명과 누각박사 6명을 두었다는 기록도 보인다. 이를 통해 통일 신라 때 천문학을 담당하는 관리가 존재했음을 짐작할 수 있다. ② 통일 신라 민정 문서에 따르면 인구는 남녀별로 구분하여, 연령을 기준으로 6등급으로 구분하였다. ③ 통일 신라의 효소왕 때 서시와 남시를 추가로 설치하였다.

0167 ④ 목화 등 의류 작물을 본격적으로 재배하기 시작한 시기는 고려 말~조선 초이다.

오답노트 ① 통일 신라 때부터 향과 부곡 등의 특수 행정 구역이 존재하였다. 이곳에서는 주로 농업에 종사하였고, 많은 세금을 국가에 납부해야 했다. ② 신라 민정 문서에 따르면 농민들이 연수유전답이나 관모전답 등 국가의 토지를 경작하였음을 알 수 있다. ③ 통일 신라 때 대부분의 농민들은 말단 행정 구역인 촌에 편입되어 거주했으나 일부 농민들은 향과 부곡 등의 특수 행정 구역에서 거주하기도 하였다.

0168 제시된 자료의 ㉠은 설총, ㉡은 최치원이다. 설총과 최치원은 6두품 출신의 인물이다. ① 6두품이 진출할 수 있었던 관등인 아찬, 대나마, 나마에는 중위가 설정되어 있어 제한된 관등을 넘지 않고도 승진을 계속 할 수 있게 하였다.

오답노트 ② 진골에 대한 설명이다. ③ 자색 공복은 진골이 입을 수 있었다. ④ 성골과 진골에 대한 설명이다.

0169 밑줄 친 인물인 '김춘추', '김주원', '김경신'은 모두 진골 귀족들이다. ④ 진골 귀족은 중앙 관부의 장관과 주의 도독, 군대의 장군 등에 독점적으로 임명되었다.

오답노트 ① 진골 귀족들은 관등에 따라 자색, 비색, 청색, 황색의 공복을 입었다. ② 골품제의 모순을 비판한 계층은 주로 6두품들이었다. ③ 고려 시대의 귀족에 대한 설명이다.

0170 제시된 자료의 ㉠은 골품으로, 신라 시대에 골품제에 따른 정치 활동 제약과 관련된 내용이다. ④ 골품은 신라 사회에서 개인의 사회 활동과 정치 활동의 범위까지 엄격히 제한하여, 골품에 따라 관등 승진의 상한선을 결정하였다.

오답노트 ① 골품제는 신라가 삼국을 통일하기 이전부터 존재하였다. ② 골품제는 신라가 멸망할 때까지 존속하였다. ③ 진골은 대아찬 이상의 고위 관등만 받는 신분이 아니라, 모든 관등에 진출할 수 있는 관등에 제한이 없는 신분이다.

Answer 0165 ④ 0166 ④ 0167 ④ 0168 ① 0169 ④ 0170 ④

0171 다음 글을 지은 사람들의 공통점으로 옳은 것은?

2017년 지방직 9급
유사 2018년 서울시 9급

고난도

(가) 낭혜화상백월보광탑비문(朗慧和尙白月葆光塔碑文)
(나) 대견훤기고려왕서(代甄萱寄高麗王書)
(다) 낭원대사오진탑비명(郎圓大師悟眞塔碑銘)

① 당나라에 유학하여 빈공과(賓貢科)에 급제하였다.
② 신라뿐만 아니라 고려 왕조에서도 벼슬하였다.
③ 국립 교육 기관인 태학(太學)에서 공부하였다.
④ 골품제를 비판하고 호족 억압을 주장하였다.

0172 다음 자료에 나타난 통일 신라 시대의 신분층과 연관된 설명으로 옳은 것은?

2016년 국가직 9급
유사 2018년 서울시 9급

고난도

(그들의) 집에는 녹(祿)이 끊이지 않았다. 노동(奴僮)이 3천 명이며, 비슷한 수의 갑병(甲兵)이 있다. 소, 말, 돼지는 바다 가운데 섬에서 기르다가 필요할 때 활로 쏘아 잡아먹는다. 곡식을 남에게 빌려 주어 늘리는데, 기간 안에 갚지 못하면 노비로 삼아 부린다. — 『신당서』

① 관등 승진의 상한은 아찬까지였다.
② 도당 유학생의 대부분을 차지하였다.
③ 돌무지덧널무덤을 묘제로 사용하였다.
④ 식읍·전장 등을 경제적 기반으로 하였다.

0173 다음 내용의 출신에 대한 설명으로 가장 적절하지 않은 것은?

2015년 경찰 1차
유사 2016년 교육행정직 9급 / 2007년 법원직 9급

• 관등 승진의 상한선은 아찬까지였다.
• 이 골품에 해당하는 자는 비색 공복(公服)은 입을 수 있었으나, 자색 공복(公服)은 입을 수 없었다.

① 주로 중앙 관청의 우두머리나 지방 장관직을 담당하였다.
② 신라 말기에 이 출신이었던 일부 당(唐) 유학생은 신라 골품제 사회를 비판하면서 새로운 정치 이념을 제시하였다.
③ 신라 중대에는 왕의 정치적 조언자로 활동하였다.
④ 강수, 설총, 최치원이 이 골품에 해당하는 자들이었다.

0174 다음 도표는 신라의 골품과 관등에 관한 것이다. 제시된 도표와 관련된 설명으로 옳지 않은 것은?

2007년 국가직 9급

등급	관등명	골품				복색
		진골	6두품	5두품	4두품	
1	이벌찬					자색
2	이 찬					
3	잡 찬					
4	파진찬					
5	대아찬					
6	아 찬					비색
7	일길찬					
8	사 찬					
9	급벌찬					
10	대나마					청색
11	나 마					
12	대 사					황색
13	사 지					
14	길 사					
15	대 오					
16	소 오					
17	조 위					

① 공복의 색깔은 관등에 의해 결정되었다.
② 진골이 처음 받은 관등은 대아찬이었다.
③ 5두품은 황색과 청색 공복을 입을 수 있었다.
④ 골품에 따라 진출할 수 있는 관등에 한계가 있었다.

□□□
0175 다음 조직이 신라 사회에 미친 영향을 가장 적절하게 파악한 것은?

2006년 법원직 9급

신라가 정복 활동을 강화하던 진흥왕 때에 국가 차원에서 그 활동을 장려하여 조직이 확대되는데 귀족 자제 중에서 선발된 화랑을 지도자로 삼고, 귀족은 물론 평민의 자제까지 망라한 많은 낭도들이 그를 따랐다. 여기서 훈련받은 청소년들은 스스로 나라의 일꾼으로 자처하였고, 이러한 청소년들에게 원광은 세속 5계를 가르쳤다.

① 계층 간의 대립과 갈등을 완화시켰다.
② 중앙 집권 국가로의 발전을 촉진시켰다.
③ 왕권을 견제하고 귀족의 지위를 강화하였다.
④ 집단 간의 결속을 강화시키고 부정을 방지하는 기능을 하였다.

대표
유형

□□□
0176 다음 자료에 나타난 시기에 대한 설명으로 옳은 것은?

2016년 지방직 9급

유사 2014년 국가직 7급 / 2014년 법원직 9급 / 2008년 지방직 7급

곳곳에서 도적이 벌떼같이 일어났다. 이에, 원종, 애노 등이 사벌주(상주)에 의거하여 반란을 일으키니, 왕이 나마 벼슬의 영기에게 명하여 잡게 하였다.

① 지방에서는 호족 세력이 성장하였다.
② 신진 사대부가 대두하여 권문세족을 비판하였다.
③ 농민들은 전정, 군정, 환곡 등 삼정의 문란으로 고통을 받았다.
④ 봄에 곡식을 빌려 주었다가 가을에 추수한 것으로 갚게 하는 진대법을 실시하였다.

문항	번호				틀린 이유
0171	①	②	③	④	
0172	①	②	③	④	
0173	①	②	③	④	
0174	①	②	③	④	
0175	①	②	③	④	
0176	①	②	③	④	

해설

0171 (가)는 최치원이 지은 비문이고, (나)는 최승우가 견훤을 대신하여 지어 고려 왕건에게 보낸 서신이다. 그리고 (다)는 문장가인 최언위가 지은 비문이다. ① '나말 3최'로 유명한 최치원, 최승우, 최언위는 모두 6두품 출신이며, 당나라에 유학하여 빈공과에 합격한 대표적인 인물들이었다.

오답노트 ② 신라와 고려 왕조에서 모두 벼슬을 한 인물은 최언위이다. 최치원은 신라에서만 벼슬했으며, 최승우는 벼슬을 살지 않았다. ③ 태학은 고구려의 교육 기관이다. ④ 최치원·최승우·최언위는 골품제를 비판했지만, 호족 억압을 주장하지는 않았다. 오히려 최승우, 최언위는 호족 출신인 견훤, 왕건과 손을 잡았다.

0172 제시된 자료는 통일 신라 진골 귀족들의 사치스러운 생활에 대해 서술하고 있다. ④ 통일 신라의 귀족들은 국가에서 준 식읍·녹읍 등 토지와 곡물 이외에 전장(귀족들의 대규모 사유지), 노비, 목장, 섬 등을 가지고 있었다.

오답노트 ①,② 6두품에 대한 설명이다. ③ 돌무지 덧널무덤은 삼국 통일 이전의 무덤 양식이다.

0173 제시된 자료는 6두품에 대한 설명이다. ① 진골에 대한 설명이다. 6두품은 신분의 제약으로 인하여 중앙 관청의 우두머리나 지방의 장관 자리에는 오를 수 없었다.

오답노트 ② 당에 유학하였다가 돌아온 6두품 출신의 일부 유학생 중에서는 신라 골품제 사회를 비판하면서 새로운 정치 이념을 제시하기도 하였다. ③ 신라 중대의 6두품 출신은 학문적 식견과 실무 능력을 바탕으로 국왕을 보좌하면서 정치적 진출을 활발히 하였다. ④ 대표적인 6두품 출신의 인물들이다.

0174 ② 신라의 골품 제도는 정치적·사회적 제한을 가지고 있어 승진의 상한선이 골품에 따라 정해져 있었다. 진골 귀족이 관직에 진출할 때 처음 받는 관등은 따로 정해져 있지 않았다. 대아찬은 진골이 처음 받은 관등이 아니라 진골만이 받을 수 있는 관등 중 하나이다.

0175 제시된 자료는 신라의 청소년 조직인 화랑도에 대한 내용이다. ① 화랑도는 진골 귀족에서부터 일반 평민에 이르기까지 여러 계층을 포함하여, 분열된 계층 간의 대립과 갈등을 완화하는 구실을 하였다.

오답노트 ② 화랑도가 국가 조직화된 진흥왕 때의 신라는 이미 중앙 집권 국가였기 때문에 화랑도가 발전을 촉진시켰다는 내용은 틀린 말이다. ③,④ 신라의 귀족 합의체인 화백 회의에 대한 내용이다.

0176 제시된 자료는 진성여왕 때 일어난 원종·애노의 난(889)에 대한 설명이다. ① 신라 하대에는 사회가 혼란해지면서 지방에서는 호족이라 불리는 새로운 세력이 성장하였다.

오답노트 ② 신진 사대부가 대두하여 권문세족을 비판하며 사회 개혁을 요구한 것은 고려 후기의 일이다. ③ 삼정의 문란은 조선 후기에 있었던 폐단이다. ④ 진대법은 2세기 고구려 고국천왕이 실시하였다.

Answer 0171 ① 0172 ④ 0173 ① 0174 ② 0175 ① 0176 ①

□□□
0177 다음 기록이 지적하는 당시의 사회상에 대해 옳게 서술한 것은?

2019년 경찰 1차

사람은 상하가 있고 지위는 존비가 있어서, 그에 따라 호칭이 같지 않고 의복도 다른 것이다. 그런데 풍속이 점차 경박해지고 백성들이 사치와 호화를 다투게 되어, 오직 외래 물건의 진기함을 숭상하고 도리어 토산품의 비야함을 혐오하니, 신분에 따른 예의가 거의 무시되는 지경에 빠지고 풍속이 쇠퇴하여 없어지는 데까지 이르렀다. 이에 감히 옛 법에 따라 밝은 명령을 펴는 바이니, 혹시 고의로 범하는 자가 있으면 진실로 일정한 형벌이 있을 것이다.

① 중앙 귀족이 위축되고 자영농의 성장으로 인하여 지방 호족이 득세하였다.
② 평민의 생활이 크게 향상되어서 기와로 지붕을 이었고 밥 짓는데도 숯을 사용하였다.
③ 춘궁기인 봄에 곡식을 빌려 주고 추수기인 가을에 돌려받는 진대법이 시행되었다.
④ 국제 무역을 독점하던 일부 해상 세력이 반란을 일으키기도 하였다.

문항	번호				틀린 이유
0177	①	②	③	④	

해설

0177 제시된 자료는 신라 하대 흥덕왕이 교서를 내려 반포한 사치 금지령의 내용이다. ④ 신라 하대인 문성왕 때 청해진을 근거지로 국제 무역을 주도하던 장보고가 난을 일으켰으나 진압되었다.

오답노트 ① 신라 하대 중앙 귀족의 위축·농민의 몰락 등으로 인하여 지방 호족이 득세할 수 있었다. ② 평민이 아니라 통일 신라 시대 귀족들의 생활 모습이다. ③ 진대법은 고구려 고국천왕 때 시행되었다.

Answer 0177 ④

CHAPTER
03 고대의 문화

TOP 01 | 14회 출제 | 고대의 불교(승려)

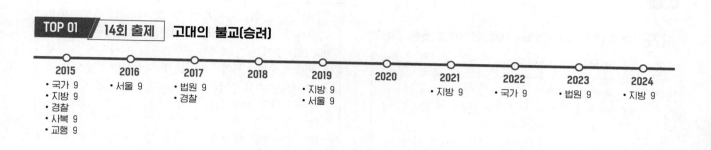

2015	2016	2017	2018	2019	2020	2021	2022	2023	2024
• 국가 9 • 지방 9 • 경찰 • 사복 9 • 교행 9	• 서울 9	• 법원 9 • 경찰		• 지방 9 • 서울 9		• 지방 9	• 국가 9	• 법원 9	• 지방 9

TOP 02 | 10회 출제 | 과학 기술 / 탑 / 건축 / 회화

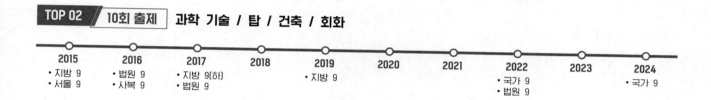

2015	2016	2017	2018	2019	2020	2021	2022	2023	2024
• 지방 9 • 서울 9	• 법원 9 • 사복 9	• 지방 9(하) • 법원 9		• 지방 9			• 국가 9 • 법원 9		• 국가 9

TOP 03 | 9회 출제 | 고분

2015	2016	2017	2018	2019	2020	2021	2022	2023	2024
• 법원 9 • 경찰 • 사복 9			• 경찰(2) • 교행 9	• 경찰	• 경찰	• 국가 9			

고대의 불교와 학문의 발달

대표유형

☐☐☐

0178 다음 (가), (나) 승려에 대한 설명으로 옳은 것은?

2022년 국가직 9급

(가) 중국 유학에서 돌아와 부석사를 비롯한 여러 사원을 건립하였으며, 문무왕이 경주에 성곽을 쌓으려 할 때 만류한 일화로 유명하다.

(나) 진골 귀족 출신으로 대국통을 역임하였으며, 선덕여왕에게 황룡사 9층탑의 건립을 건의하였다.

① (가)는 모든 것이 한마음에서 나온다는 일심 사상을 제시하였다.
② (가)는 『화엄일승법계도』를 만들었다.
③ (나)는 『왕오천축국전』이라는 여행기를 남겼다.
④ (나)는 이론과 실천을 같이 강조하는 교관겸수를 제시하였다.

대표유형

☐☐☐

0179 밑줄 친 '그'에 대한 설명으로 옳은 것은?

2019년 지방직 9급

유사 2018년 서울시 7급(상)

그는 중국 유학을 마치고 귀국한 다음, 국왕에게 황룡사에 9층탑을 세울 것을 건의했다. 그가 9층탑 건립을 건의한 데에는 주변 나라의 침입을 막고자 하는 호국 정신이 담겨있다.

① 화랑이 지켜야 할 세속오계를 지었다.
② 대국통으로 있으면서 계율을 지키는 일에 힘을 보탰다.
③ 통일 이후의 사회 갈등을 통합으로 이끄는 화엄 사상을 강조하였다.
④ 일심(一心) 사상을 주장하여 불교 교리의 대립을 극복하고자 하였다.

☐☐☐

0180 (가) 인물에 대한 설명으로 옳은 것은?

2021년 지방직 9급

[(가)]이/가 귀산 등에게 말하기를 "세속에도 5계가 있으니, 첫째는 충성으로써 임금을 섬기는 것, 둘째는 효도로써 어버이를 섬기는 것, 셋째는 신의로써 벗을 사귀는 것, 넷째는 싸움에 임하여 물러서지 않는 것, 다섯째는 생명 있는 것을 죽이되 가려서 한다는 것이다. 그대들은 이를 실행함에 소홀하지 말라."라고 하였다.
— 『삼국사기』

① 모든 것이 한마음에서 나온다는 일심 사상을 제시하였다.
② 화엄 사상을 연구하여 『화엄일승법계도』를 작성하였다.
③ 왕에게 수나라에 군사를 청하는 글을 지어 바쳤다.
④ 인도를 여행하여 『왕오천축국전』을 썼다.

☐☐☐

0181 ㉠, ㉡ 승려의 활동으로 옳은 것은? 2019년 지방직 7급

• 왕이 수(隋)에 군사를 청하는 글을 요청하자, [㉠]은/는 "자기가 살기 위해 남을 멸망시키는 것은 승려가 할 일이 아니나, 제가 대왕의 땅에 살면서 수초(水草)를 먹고 있사오니 명령을 따르겠습니다."라고 하였다.

• 왕이 왕성을 짓고자 하여 [㉡]에게 의견을 묻자, "비록 들판의 초가집에 살아도 바른 도를 행하면 복업이 길어질 것이요, 그렇지 않으면 사람을 수고롭게 하여 애써 성(城)을 만들지라도 역시 이익이 없을 것입니다."라고 하였다.
— 『삼국사기』

① ㉠ – 왕에게 건의하여 황룡사 9층 탑을 세웠다.
② ㉠ – 화랑이 지켜야 할 세속오계를 만들었다.
③ ㉡ – 저잣거리에서 무애가를 부르면서 대중을 교화하였다.
④ ㉡ – 당에 유학하여 유식론을 독자적으로 발전시켰다.

대표 유형

□□□

0182 (가) 인물에 대한 설명으로 가장 옳은 것은?

2023년 법원직 9급

> 당에서 유학하고 돌아온 (가) 은/는 '모든 존재가 서로 의존하며 조화를 이루고 있다.'라는 사상을 강조하여 통일 직후 신라 사회를 통합하는 데 큰 역할을 하였다. 또한 (가) 은/는 부석사를 중심으로 많은 제자를 양성하여 교단을 형성하고 각지에 사찰을 세웠다. 또한, 현세에서 겪는 고난을 구제받고자 하는 관음 신앙을 전파하였다.

① 무애가를 지어 불교 대중화에 기여하였다.
② 『화엄일승법계도』를 지어 화엄 사상을 정립하였다.
③ 불교 교단을 통합하기 위해 천태종을 개창하였다.
④ 인도와 중앙아시아를 여행하고 『왕오천축국전』을 저술하였다.

□□□

0183 밑줄 친 '그'의 행적으로 옳은 것은?
2018년 국가직 7급
유사 2012년 지방직 9급

> 왕이 수도(금성)에 성곽을 쌓으려고 문의하니 그가 말하기를, "비록 초야에 살더라도 정도(正道)만 행하면 복업(福業)이 오래 갈 것이요, 만일 그렇지 못하면 여러 사람을 수고롭게 하여 성을 쌓을지라도 아무 이익이 없을 것입니다."라고 하였다. 왕은 이에 성 쌓는 일을 그만두었다. -『삼국사기』

① 일심 사상을 바탕으로 화쟁 사상을 주장하였다.
② 당에서 유학하고 돌아와 부석사를 창건하였다.
③ 당에 들어가 유식론을 독자적으로 발전시켰다.
④ 가지산파를 개창하면서 선종을 보급하기 시작하였다.

문항	번호				틀린 이유
0178	①	②	③	④	
0179	①	②	③	④	
0180	①	②	③	④	
0181	①	②	③	④	
0182	①	②	③	④	
0183	①	②	③	④	

해설

0178 (가)는 의상의 행적에 관한 내용이고, (나)는 자장의 활동에 대해 서술하고 있다. ② 의상은 『화엄일승법계도』를 저술하여 화엄 사상의 요체를 제시하였다.

오답노트 ① 일심 사상을 주장한 승려는 원효이다. ③ 혜초는 인도와 중앙아시아 여러 나라의 풍물을 기록한 『왕오천축국전』을 남겼다. ④ 교관겸수를 주장한 승려는 고려의 의천이다.

0179 밑줄 친 '그'는 신라의 승려 자장이다. 자장은 선덕여왕에게 황룡사 9층 목탑의 건립을 건의하였다. ② 자장은 선덕여왕 때 대국통에 임명되어 출가자의 규범과 계율을 주관하였다.

오답노트 ① 원광에 대한 설명이다. ③ 의상에 대한 설명이다. 자장은 통일 이전에 활동했으며, 계율종을 강조하였다. ④ 원효에 대한 설명이다.

0180 제시된 자료의 (가) 인물은 신라의 승려인 원광이다. ③ 신라 진평왕 때 원광에게 걸사표를 짓게 하여 수나라에게 고구려 정벌을 요청하였다.

오답노트 ① 원효는 모든 것이 한마음에서 나온다는 일심 사상을 바탕으로 화쟁의 논리를 펼쳤다. ② 의상은 『화엄일승법계도』를 저술하여 화엄 사상의 요지를 간결하게 축약하였다. ④ 혜초에 대한 설명이다.

0181 제시된 자료의 ㉠은 걸사표를 지어 수나라 황제에게 보낸 원광이고, ㉡은 의상으로 문무왕이 도성을 새로이 정비하려 하자 이를 만류하였다. ② 원광은 세속오계를 지어 충(忠), 효(孝), 신(信) 등의 이념을 강조했으며, 화랑에게 이것을 지키라고 하였다.

오답노트 ① 자장에 대한 설명이다. ③ 원효에 대한 설명이다. ④ 의상이 당나라에 유학한 것은 맞지만, 유식론이 아니라 화엄학을 배우고 돌아왔다. 당나라에 유학하여 유식론을 독자적으로 발전시킨 승려는 원측이다.

0182 제시된 자료는 신라 승려인 의상의 주장과 활동을 서술한 것이다. ② 의상은 『화엄일승법계도』를 저술하여 화엄 사상의 핵심을 정리하였다.

오답노트 ① 신라 승려인 원효, ③ 고려 승려인 의천, ④ 신라 승려인 혜초에 대한 설명이다.

0183 밑줄 친 '그'는 의상이다. 의상은 문무왕이 큰 공사를 일으켜 도성을 새로이 정비하려 할 때 백성을 위해 이를 만류하였다고 한다. ② 의상은 당나라에 유학을 가서 화엄종의 교조인 지엄에게 화엄학을 배우고 귀국하였다. 이후 경주 영주에 부석사를 창건하고 해동 화엄종의 시조가 되었다.

오답노트 ① 원효, ③ 원측에 대한 설명이다. ④ 도의는 가지산파를 개창하고, 선종을 널리 보급하였다.

Answer 0178 ② 0179 ② 0180 ③ 0181 ② 0182 ② 0183 ②

0184 다음에서 설명하는 인물의 업적으로 옳은 것은?

2015년 지방직 9급

유사 2012년 국가직 9급 / 2010년 지방직 9급

성은 김씨이다. 29세에 황복사에서 머리를 깎고 승려가 되었다. 얼마 후 중국으로 가서 부처의 교화를 보고자 하여 원효(元曉)와 함께 구도의 길을 떠났다. …(중략)… 처음 양주에 머무를 때 주장(州將) 유지인이 초청하여 그를 관아에 머물게 하고 성대하게 대접하였다. 얼마 후 종남산 지상사에 가서 지엄(智儼)을 뵈었다.
　　　　　　　　　　　　　　　　　　　　－『삼국유사』

① 『화엄일승법계도』를 저술하여 화엄 사상을 정리하였다.
② 중국에서 풍수지리설을 들여와 지세의 중요성을 일깨웠다.
③ 『십문화쟁론』을 지어 종파 간의 대립을 해소하고자 하였다.
④ 인도와 중앙아시아 지역을 여행하고 돌아와 『왕오천축국전』을 저술하였다.

대표유형

0185 다음 내용과 관련된 인물에 대한 설명으로 옳은 것만을 〈보기〉에서 모두 고른 것은?

2014년 지방직 7급

유사 2020년 경찰간부 / 2018년 기상직 9급 / 2015년 사회복지직 9급

스스로 소성거사라 부르고 …(중략)… 방방곡곡을 돌아다니며 노래와 춤을 통해 부처의 가르침을 전하였다. 이로 말미암아 가난하고 무지몽매한 사람들까지도 부처의 이름을 알게 되었고, 나무아미타불을 외우게 되었으니 그의 교화가 자못 크다.
　　　　　　　　　　　　　　　　　　　　－『삼국유사』

[보기]
㉠ 현세에서 고난을 구제받고자 하는 관음 신앙을 이끌었다.
㉡ 『금강삼매경론』을 찬술하였다.
㉢ 교종과 선종을 통합하고자 하였다.
㉣ 화쟁 사상을 주장하였다.

① ㉠, ㉡　　　　　　　　② ㉡, ㉣
③ ㉡, ㉢　　　　　　　　④ ㉠, ㉣

대표유형

0186 신라 승려 ㉠과 ㉡에 대한 설명으로 옳지 않은 것은?

2015년 국가직 9급

　㉠　은(는) 불교 서적을 폭넓게 이해하고, 일심(一心) 사상을 바탕으로 하여 여러 종파들의 사상적 대립을 조화시키며, 분파 의식을 극복하려고 노력하였다. 한편　㉡　은(는) 모든 존재가 상호 의존적인 관계에 있으면서 서로 조화를 이룬다는 화엄 사상을 정립하고, 교단을 형성하여 많은 제자를 양성하였다.

① ㉠은 미륵 신앙을 전파하며, 불교 대중화의 길을 걸었다.
② ㉠은 무애가라는 노래를 유포하며 일반 백성을 교화하였다.
③ ㉡은 관음 신앙과 함께 아미타 신앙을 화엄 교단의 주요 신앙으로 삼았다.
④ ㉡은 국왕이 큰 공사를 일으켜 도성을 새로이 정비하려 할 때 백성을 위해 이를 만류하였다.

0187 밑줄 친 '그'에 대한 설명으로 옳은 것은?

2013년 국가직 7급

유사 2019년 지방직 7급 / 2017년 법원직 9급 / 2017년 경기북부 여경 / 2015년 경찰 3차 / 2015년 교육행정직 9급

그는 그 모양대로 도구를 만들어 화엄경의 "일체 무애인은 한길로 생사를 벗어난다."라는 문구에서 그 이름을 따와서 무애라 하며 이내 노래를 지어 세상에 퍼뜨렸다. 일찍이 이것을 가지고 많은 촌락에서 노래하고 춤추며 교화하고 음영하여 돌아왔으므로 가난하고 무지몽매한 무리들까지도 모두 부처의 호를 알게 되었고, 다 나무아미타불을 부르게 되었으니 그의 법화는 컸던 것이다.

① 부석사를 창건하여 해동 화엄종의 시조가 되었다.
② 천태종을 통해 교종의 입장에서 선종을 통합하려 하였다.
③ 화쟁의 논리에 따라 중관파의 부정론과 유식파의 긍정론을 같이 비판하였다.
④ 자신의 행동을 진정으로 참회하는 법화 신앙에 중점을 둔 백련결사를 제창하였다.

□□□

0188 (가)에 해당하는 인물로 옳은 것은? 2024년 지방직 9급

(가) 은/는 중앙아시아와 인도 지역의 다섯 천축국을 순례하고 각국의 지리, 풍속, 산물 등에 관한 기행문을 남겼다. 이 기행문은 중국의 둔황 막고굴에서 발견되었으며 현재 프랑스 국립 도서관에 있다.

① 원광
② 원효
③ 의상
④ 혜초

□□□

0189 신라 하대 불교계의 새로운 경향을 알려주는 다음의 사상에 대한 설명으로 옳은 것은?

2014년 국가직 9급
유사 2013년 경찰 1차 / 2011년 경찰(정보통신)

불립문자(不立文字)라 하여 문자를 세워 말하지 않는다고 주장하고, 복잡한 교리를 떠나서 심성(心性)을 도야하는데 치중하였다. 그러므로 이 사상에서 주장하는 바는 인간의 타고난 본성이 곧 불성(佛性)임을 알면 그것이 불교의 도리를 깨닫는 것이라는 견성오도(見性悟道)에 있었다.

① 전제 왕권을 강화해주는 이념적 도구로 크게 작용하였다.
② 지방에서 새로이 대두한 호족들의 사상으로 받아들여졌다.
③ 왕실은 이 사상을 포섭하려는 노력에 관심을 기울이지 않았다.
④ 인도에까지 가서 공부해 온 승려들에 의해 전파되었다.

문항	번호				틀린 이유
0184	①	②	③	④	
0185	①	②	③	④	
0186	①	②	③	④	
0187	①	②	③	④	
0188	①	②	③	④	
0189	①	②	③	④	

해설

0184 제시된 자료에서 설명하고 있는 인물은 의상이다. ① 의상은 『화엄일승법계도』를 저술하여 화엄 사상의 요지를 간결한 시로 축약하여 정리하였다.
오답노트 ② 신라 말기의 도선과 같은 선종 승려들에 대한 설명이다. ③ 원효에 대한 설명이다. ④ 혜초에 대한 설명이다.

0185 제시된 자료는 원효에 대한 설명이다. ⓒ 원효는 『대승기신론소』·『금강삼매경론』 등의 주석서와, 일심 사상을 바탕으로 한 『십문화쟁론』 등을 저술하였다. ② 원효는 중관파와 유식파의 대립을 해소하기 위해 화쟁의 논리를 제시하였다.
오답노트 ⓐ 의상, ⓒ 의천과 지눌에 대한 설명이다.

0186 ㉠은 원효이고, ㉡은 의상이다. ① 진표 등에 대한 설명이다.
오답노트 ② 원효는 스스로 승복을 벗고, '소성거사'라 칭하며 광대 옷차림으로 '무애가'를 지어 부르면서 대중들을 교화하였다. ③ 의상은 아미타 신앙과 함께 현세에서 고난을 구제받고자 하는 관음 사상을 이끌었다. ④ 『삼국사기』의 기록에 의하면 의상은 문무왕이 도성을 새롭게 짓고자 할 때, 이를 만류하였다고 한다.

0187 제시된 자료의 밑줄 친 '그'는 원효이다. ③ 원효는 중관론과 유식론의 대립인 공유 논쟁을 화쟁 사상을 바탕으로 해결하고자 하였다.
오답노트 ① 의상, ② 의천, ④ 요세에 대한 설명이다.

0188 제시된 자료는 혜초의 활동에 대해 서술한 것이다. ④ 신라의 승려인 혜초는 중앙아시아와 인도 각지를 순례하였다. 이후 신라로 돌아와 인도와 중앙아시아 여러 나라의 풍물을 기록한 『왕오천축국전』을 남겼다.

0189 제시된 자료는 선종에 대한 내용이다. ② 선종은 신라 말기에 6두품, 호족들의 지지를 받아서 크게 성장할 수 있었다.
오답노트 ① 교종의 한 종파인 화엄종에 대한 설명이다. ③ 신라 왕실도 선종을 포섭하고자 했으나 선종은 지방 호족과 더욱 밀착되었다. 성주산문은 경문왕 때인 871년에 왕실의 부름을 받아 응하기도 하였고, 헌안왕과 정강왕의 귀의를 받았지만 결국은 왕실보다는 지방 호족과의 결연에 더 집중하였다. ④ 선종은 중국에서 탄생한 종파로, 중국에서 전파되었다.

Answer **0184** ① **0185** ② **0186** ① **0187** ③ **0188** ④ **0189** ②

PART 02

0190 다음은 역사적 사실을 순서대로 나열한 것이다. 다음 (가)와 (나)에 들어갈 역사적 사실로 옳지 않은 것은?

2017년 서울시 7급
유사 2018년 국가직 7급

백제의 고흥이 『서기』를 편찬하였다.
⇩
(가)
⇩
신라의 거칠부가 『국사』를 편찬하였다.
⇩
(나)
⇩
성덕대왕 신종이 완성되었다.

① (가) 충주 고구려비가 세워졌다.
② (가) 황룡사 9층 목탑이 건축되었다.
③ (나) 이문진이 『신집』 5권을 편찬하였다.
④ (나) 김대성이 석굴암을 지었다.

0191 다음 중 역사 편찬에 관한 설명으로 가장 적절하지 않은 것은?

2016년 경찰 1차
유사 2010년 지방직 7급

① 고구려에서는 일찍부터 『유기』가 편찬되었으며, 영양왕 때 이문진이 이를 간추려 『신집』 5권을 편찬하였다.
② 백제에서는 근초고왕 때 고흥이 『서기』를 편찬하였다.
③ 신라에서는 진흥왕 때 거칠부가 『국사』를 편찬하였다.
④ 삼국 통일 이후, 김대문은 『화랑세기』, 『고승전』, 『제왕연대력』을 편찬하였다.

0192 신라 시대의 유교에 대한 설명으로 옳지 않은 것은?

2014년 경찰 2차
유사 2013년 경찰간부 / 2012년 국가직 7급

① 신문왕 대에는 국학을 태학으로 고치고, 박사와 조교를 두어 『논어』와 『효경』 등의 유교 경전을 가르쳤다.
② 임신서기석을 보면 신라에서도 청소년이 유교 경전을 공부하였던 사실을 알 수 있다.
③ 원성왕 대에는 유교 경전의 이해 수준을 시험하여 관리를 채용하는 독서삼품과를 마련하였다.
④ 최치원은 당나라의 빈공과에 급제하고 문장가로 이름을 떨친 후 귀국하여 개혁안 10여 조를 건의하였다.

0193 (가) 교육 기관에 대한 설명으로 옳은 것은?

2019년 기상직 9급

모든 학생은 관등이 대사(大舍) 이하로부터 관등이 없는 자로, 15세에서 30세까지인 사람을 들였다. 재학 연한은 9년이고, 만약 노둔하여 인재가 될 가능성이 없는 자는 그만두게 하였다. 만약 재주와 도량은 이룰 만한데 아직 미숙한 자는 비록 9년을 넘더라도 [(가)]에 남아있는 것을 허락하였다. 관등이 대나마(大奈麻)와 나마(奈麻)에 이른 이후에는 [(가)]에서 내보낸다.

① 박사와 조교를 두고 유교 경전을 가르쳤다.
② 국자학, 태학, 사문학으로 나누어 교육하였다.
③ 지방에 설치되어 한학과 함께 무술을 가르쳤다.
④ 국왕으로부터 편액과 함께 서적 등을 받기도 하였다.

□□□
0194 (가)~(라)를 일어난 순서대로 바르게 나열한 것은?

2018년 법원직 9급

> (가) 국학을 태학(감)으로 고치고 학문을 장려하였다.
> (나) 원효는 모든 것이 한마음에서 나온다는 일심 사상의 이론적 체계를 마련하였다.
> (다) 유교 경전에 대한 이해 수준에 따라 관리를 채용하는 독서삼품과를 실시하였다.
> (라) 최치원은 빈공과에 합격한 뒤에 황소를 격퇴하는 글을 써서 당에서 명문장가로 유명해졌다.

① (가) − (나) − (다) − (라)
② (가) − (다) − (나) − (라)
③ (나) − (가) − (다) − (라)
④ (나) − (가) − (라) − (다)

□□□
0195 다음 제도에 대한 설명으로 옳지 않은 것은?

2013년 법원직 9급
유사 2022년 소방직 / 2012년 경찰 1차

> 『춘추좌씨전』이나 『예기』나 『문선』을 읽어 그 뜻을 잘 통하고 논어·효경에도 밝은 자를 상(上)으로 하고, 곡례·논어·효경을 읽은 자를 중(中)으로 하고, 곡례·효경을 읽은 자를 하(下)로 하되, 만일 5경·3사와 제자백가의 서(書)를 능히 겸통하는 자가 있으면 등급을 넘어 등용한다.

① 신문왕 때 처음 시행되었다.
② 6두품은 이 제도의 시행을 적극 지지하였다.
③ 학문과 유학을 널리 보급시키는 데 이바지하였다.
④ 골품 제도 때문에 그 기능을 제대로 발휘하지는 못하였다.

문항		번호			틀린 이유
0190	①	②	③	④	
0191	①	②	③	④	
0192	①	②	③	④	
0193	①	②	③	④	
0194	①	②	③	④	
0195	①	②	③	④	

해설

0190 고흥의 『서기』 편찬은 4세기 근초고왕, 거칠부의 『국사』 편찬은 6세기 진흥왕, 성덕대왕 신종의 완성은 8세기 혜공왕 때의 일이다. ② 황룡사 9층 목탑 건립은 7세기 선덕여왕 때이므로, (나) 시기에 속한다.

오답노트 ① 5세기 장수왕, ③ 7세기 영양왕, ④ 8세기 경덕왕 때의 일이다.

0191 ④ 통일 신라 때 김대문은 화랑들의 전기인 『화랑세기』와 유명한 승려들의 전기를 모은 『고승전』 등을 편찬하였다. 『제왕연대력』은 최치원이 편찬한 역사서로, 신라 역대 국왕의 역사를 정리한 책이다.

오답노트 ① 고구려에서는 일찍부터 『유기』가 편찬되었으며, 영양왕 때 이문진이 이를 간추려 『신집』 5권을 편찬하였다. ② 백제의 근초고왕은 박사 고흥을 시켜 『서기』를 편찬하도록 하였다. ③ 신라 진흥왕 때 거칠부가 『국사』를 편찬하였다.

0192 ① 신문왕은 국학을 설치하였으며, 경덕왕은 국학을 태학(감)으로 고치고 박사와 조교를 두어 유교 경전을 가르쳤다.

오답노트 ② 임신서기석에는 신라의 두 화랑이 3년 안에 시경, 서경, 예기 등의 유교 경전을 읽겠다는 내용이 담겨 있다. ③ 원성왕 때 유교 경전의 이해 수준을 시험하여 관리를 채용하는(특품, 상품, 중품, 하품) 독서삼품과를 마련하였다. ④ 최치원은 숙위 학생으로 당에 건너가 빈공과에 급제하고, 「토황소격문」을 짓는 등 문장가로 이름을 떨쳤다. 그리고 진성여왕 때 귀국하여 개혁안 10여 조를 건의하였으나 받아들여지지 않았다.

0193 제시된 자료는 신라 국학의 교육 기간과 입학 자격 등과 관련된 내용으로 (가)에 들어갈 교육 기관은 국학이다. ① 신라는 국학에 박사와 조교를 두고, 논어와 효경 등 유교 경전을 가르쳤다.

오답노트 ② 고려의 국자감에 대한 설명이다. ③ 고구려의 경당에 대한 설명이다. ④ 조선 시대의 사액 서원에 대한 설명이다.

0194 (나) 원효가 활동한 때는 무열왕~문무왕 시기이다. (가) 국학을 태학감으로 개칭한 것은 경덕왕 때의 사실이다. (다) 독서삼품과가 실시된 것은 원성왕 때의 사실이다(788). (라) 9세기 후반, 신라 헌강왕 때 당나라에서 황소의 난이 일어나자 최치원은 「토황소격문」을 지어 이름을 높였다.

0195 제시된 자료는 독서삼품과에 대한 내용으로, 유교 경전의 이해 수준을 시험하여 관리를 채용하는 제도이다. ① 독서삼품과는 신라 원성왕 때 처음 실시되었다.

오답노트 ② 골품 제도에 따라 정치·사회 활동에 제약을 받았던 6두품은 독서삼품과의 시행을 지지하였다. ③,④ 능력 중심의 관리 선발 제도인 독서삼품과는 골품 제도 때문에 그 기능을 제대로 발휘하지는 못하였지만, 학문과 유학을 널리 보급시키는데 이바지하였다.

Answer 0190 ② 0191 ④ 0192 ① 0193 ① 0194 ③ 0195 ①

0196 〈보기〉에서 (가)의 인명과 그의 저술을 옳게 짝지은 것은?

2022년 서울시 9급

유사 2017년 법원직 9급 / 2016년 국가직 7급 / 2016년 경찰간부 / 2015년 경찰간부

―[보기]―
> 진성왕 8년(894) 봄 2월에 [(가)]이 시무 10여 조를 올리자, 왕이 이를 좋게 여겨 받아들이고 아찬으로 삼았다.

① 김대문 - 『화랑세기』
② 김대문 - 『계원필경』
③ 최치원 - 『제왕연대력』
④ 최치원 - 『한산기』

고대 과학 기술의 발달

0197 삼국 시대 금속 제작 기술에 대한 설명으로 옳지 않은 것은?

2016년 사회복지직 9급
유사 2008년 국가직 7급

① 철광석 생산이 풍부하고 제작 기술이 발달한 가야에서는 철로 만든 불상이 유행하였다.
② 백제에서 제작해 왜에 보낸 칠지도는 강철로 만들고 금으로 글씨를 상감해 새겨 넣었다.
③ 고구려 고분 벽화에는 철을 단련하고 수레바퀴를 제작하는 인물의 모습이 그려져 있다.
④ 신라 고분에서 출토된 금관은 뛰어난 제작 기법과 형태를 보여 주고 있다.

고대인의 자취와 멋

0198 다음은 어느 유적의 사진과 내부 구조도이다. 이 유적에 대한 설명으로 옳은 것은?

2018년 교행직 9급

① 널방 벽에서 사신도(四神圖)가 발견되었다.
② 묘지석이 발굴되어 무덤 주인공이 밝혀졌다.
③ 화강암을 다듬어 쌓은 계단식 돌무지무덤이다.
④ 광개토대왕 제사 때 쓰인 호우명 그릇이 출토되었다.

0199 다음 그림에 대한 설명으로 옳지 않은 것은?

2012년 지방직 9급
유사 2011년 국가직 9급

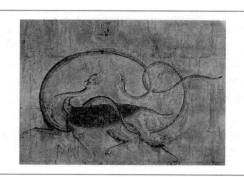

① 사신도의 하나로, 북쪽 방위신이다.
② 돌무지 덧널무덤의 벽면에 그려진 것이다.
③ 죽은 자의 사후 세계를 지켜 주리라는 믿음을 표현하였다.
④ 고구려 시대의 고분에 그려졌는데 도교의 영향이 나타나 있다.

대표 유형

□□□

0200 다음 왕릉에 대한 설명으로 가장 적절하지 않은 것은?

2018년 경찰 2차

유사 2019년 경찰 1차 / 2013년 서울시 9급 / 2011년 법원직 9급

> 1971년 7월, 송산리 고분군 배수로 공사 도중 무덤 하나가 우연히 발굴되었다. 그 입구를 열자, 무덤 주인을 알리는 지석이 놓여 있었다. 그 내용의 일부는 이러하다. "영동대장군인 사마왕은 62세가 되는 계묘년 5월 임진일인 7일에 돌아가셨다. 을사년 8월 갑신일인 12일에 안장하여 대묘에 모시었다."

① 충남 부여에 있다.
② 금제 관장식이 나왔다.
③ 돌짐승[石獸]이 나왔다.
④ 중국 남조 양식의 벽돌로 축조되었다.

□□□

0201 다음 (가), (나) 고분 양식에 대한 설명으로 옳은 것은?

2012년 법원직 9급

> 한강 유역에 있던 초기 한성 시기에 (가) 계단식 돌무지무덤을 만들었는데, 서울 석촌동에 일부가 남아 있다. 웅진 시기의 고분은 굴식 돌방무덤 또는 널방을 벽돌로 쌓은 (나) 벽돌무덤으로 바뀌었다. 벽돌무덤은 중국 남조의 영향을 받은 것이다. 사비 시기에는 규모는 작지만 세련된 굴식 돌방무덤을 만들었다.

① (가) - 도굴이 어려워 많은 껴묻거리가 발굴되었다.
② (가) - 봉토 주위를 둘레돌로 두르고 12지 신상을 조각하였다.
③ (나) - 벽과 천장에 사신도 등을 그렸다.
④ (나) - 무덤의 천장을 모줄임 구조로 만들었다.

문항	번호				틀린 이유
0196	①	②	③	④	
0197	①	②	③	④	
0198	①	②	③	④	
0199	①	②	③	④	
0200	①	②	③	④	
0201	①	②	③	④	

해설

0196 제시된 자료는 최치원의 행적에 대해 서술하고 있다. 당나라에서 귀국한 최치원은 진성여왕에게 개혁안인 시무 10여 조를 건의하였으나 결국 받아들여지지 않았다. ③ 최치원은 신라 역대 왕의 역사를 정리한 『제왕연대력』을 편찬하였다.

0197 ① 가야는 철불이 유행하지 않았다. 철불이 유행한 시기는 통일 신라 말에서부터 고려 초까지이다. 대표적인 철불로는 신라 말에 제작된 철원 도피안사 철조 비로자나불 좌상과 고려 초에 제작된 광주 춘궁리 철불(하남 하사창동 철조 석가여래 좌상)이 있다.

오답노트 ② 4세기 후반에 백제에서 만들어 일본에 보낸 칠지도는 강철로 만들고 금으로 글씨를 상감해 새겨 넣은 것으로, 백제 제철 기술의 우수함을 잘 보여주고 있다. ③ 철제 기술이 발달한 고구려의 고분 벽화에서는 철을 단련하고 수레바퀴를 제작하는 기술자의 모습이 사실적으로 그려져 있다. ④ 신라에서는 금세공 기술이 발달하였는데, 신라 고분에서 출토된 금관들은 순금으로 만든 것과 금으로 도금한 것이 있는데, 제작 기법이 뛰어나며 독특한 모양이 돋보인다.

0198 제시된 자료는 고구려 장군총의 사진과 내부 구조도이다. ③ 고구려 장군총은 정밀하게 다듬은 화강암을 계단식으로 7층 가량 쌓아 올린 돌무지 무덤이다.

오답노트 ① 장군총에는 벽화가 존재하지 않는다. ② 백제 고분인 무령왕릉에 대한 설명이다. ④ 신라 고분인 호우총에 대한 설명이다.

0199 제시된 그림은 고구려 강서고분에 그려져 있는 사신도 중 북쪽을 지키는 신으로 여겨진 현무도로, 도교 사상이 잘 나타나 있다. 현무도는 죽은 자의 사후 세계를 지켜 주리라는 믿음을 표현한 것이었다. ② 돌무지 덧널무덤은 신라의 무덤으로 벽화가 그려질 수 없는 구조였다.

0200 다음 자료에서 설명하는 왕릉은 무령왕릉이다. ① 무령왕릉이 발견된 송산리 고분군은 부여가 아니라 공주에 있다.

오답노트 ② 무령왕릉에서 왕관을 꾸미는 금제 관장식이 출토되었다. ③ 무령왕릉에서 입구를 지키는 돌짐승(石獸: 석수)이 출토되었다. ④ 무령왕릉은 벽돌무덤의 형태를 띠고 있는데, 이는 중국 남조 양식의 영향을 받은 것이다.

0201 ③ 벽돌무덤의 벽과 천장에는 사신도 등의 벽화가 그려져 있다. 대표적으로 공주 송산리 6호분이 있다.

오답노트 ① 돌무지 덧널무덤에 대한 설명이다. ② 통일 신라 시대의 굴식 돌방무덤에 대한 설명이다. ④ 고구려의 굴식 돌방무덤에 대한 설명이다.

Answer 0196 ③ 0197 ① 0198 ③ 0199 ② 0200 ① 0201 ③

대표유형

□□□

0202 신라의 돌무지 덧널무덤에 대한 설명으로 옳은 것은?

2014년 사회복지직 9급

유사 2015년 지방직 7급 / 2007년 지방직 9급

① 돌로 방을 만들고 외부와 연결되는 통로를 설치하였다.
② 황남대총, 장군총, 천마총 등의 사례가 있다.
③ 무덤 안에 벽돌로 널방을 만들고 그 안에 돌로 덧널을 설치하였다.
④ 무덤 안에서 많은 부장품이 출토되었는데 서봉총 등의 사례가 있다.

□□□

0203 다음과 같은 무덤 양식에 관한 서술로 가장 옳은 것은?

2015년 법원직 9급

유사 2013년 서울시 9급 / 2011년 법원직 9급

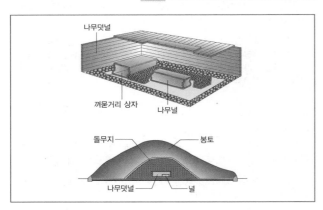

① 내부에 무용도, 수렵도, 사신도와 같은 벽화가 남아 있다.
② 무령왕릉으로 추정되는 묘지석이 이러한 양식의 무덤에서 나왔다.
③ 백제 건국 세력이 고구려와 관계있음을 보여 주는 무덤 양식이다.
④ 천마도가 발견되어 천마총이라 이름 붙은 무덤도 이러한 양식이다.

□□□

0204 다음에 설명한 무덤 양식에 해당하지 않는 것은?

2015년 사회복지직 9급

유사 2012년 경찰간부

> 돌로 방을 만들고 그것을 통로로 연결한 무덤으로 그 위에 흙으로 덮어 봉분을 만들었다. 일반적으로 앞방과 널방으로 구분하고 벽에 그림을 그려 넣기도 하였다.

① 쌍영총　　　　② 무용총
③ 각저총　　　　④ 장군총

대표유형

□□□ 　　　　　　　　　　　　　　　　　고난도

0205 밑줄 친 공주의 무덤에 대한 설명으로 가장 적절하지 않은 것은?

2018년 경찰 2차

유사 2020년 경찰간부 / 2017년 국가직 7급(하) / 2017년 경찰간부 / 2016년 경찰간부 / 2016년 기상직 9급

> 공주는 우리 대흥보력효감금륜성법대왕(발해 문왕)의 넷째 딸이다. 공주는 대흥 56년(792) 여름 6월 9일 임진일에 궁궐 밖에서 사망하니, 나이는 36세였다. 이해 겨울 11월 28일 기묘일에 염곡의 서쪽 언덕에 매장하였으니 이것은 예의에 맞는 것이다.

① 죽은 자의 가족 관계를 기록한 묘지(墓誌)가 있다.
② 벽돌로 축조되어 있다.
③ 늘어서 있는 인물들의 벽화가 있다.
④ 무덤 양식은 굴식 돌방무덤이고, 돌사자상이 나왔다.

□□□　　　　　　　　　　　　　　　　　　　　고난도

0206 다음은 발해 수도에 대한 답사 계획이다. 각 수도에 소재하는 유적에 대한 탐구 내용으로 옳은 것만을 모두 고르면?

2021년 국가직 9급

발해 유적
답사 계획서
―

 일시　출발 0000년 0월 00일
귀국 0000년 0월 00일

 인원　00명

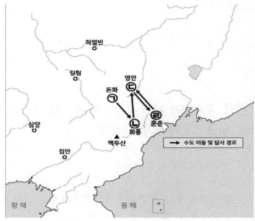
（지도: 하얼빈, 길림, 심양, 영안, 돈화ⓒ, 화룡ⓒ, 훈춘ⓔ, 집안, 백두산）
→ 수도 이동 및 답사 경로

 탐구 내용
ⓒ 정효 공주 무덤을 찾아 벽화에 그려진 인물들의 복식을 탐구한다.
ⓒ 용두산 고분군을 찾아 벽돌무덤의 특징을 탐구한다.
ⓒ 오봉루 성문터를 찾아 성의 구조를 당의 장안성과 비교해 본다.
ⓔ 정혜 공주 무덤을 찾아 고구려 무덤과의 계승성을 탐구한다.

① ⓒ, ⓒ　　　　　　　　② ⓒ, ⓔ
③ ⓒ, ⓒ　　　　　　　　④ ⓒ, ⓔ

문항	번호				틀린 이유
0202	①	②	③	④	
0203	①	②	③	④	
0204	①	②	③	④	
0205	①	②	③	④	
0206	①	②	③	④	

해설

0202 ④ 서봉총은 신라의 돌무지 덧널무덤으로, 금관 등의 여러 부장품이 출토되었다.

오답노트 ① 굴식 돌방무덤에 대한 설명이다. ② 황남대총과 천마총은 대표적인 돌무지 덧널무덤이지만, 장군총은 고구려의 돌무지무덤이다. ③ 돌무지 덧널무덤은 시신과 껴묻거리를 넣은 나무 덧널을 설치하고 그 위에 냇돌을 쌓은 다음 흙으로 덮은 무덤이다.

0203 제시된 자료의 무덤 양식은 돌무지 덧널무덤이다. ④ 대표적인 돌무지 덧널무덤으로는 천마총 등이 있다.

오답노트 ① 돌무지 덧널무덤은 벽화가 그려질 수 없는 구조의 무덤이다. ② 무령왕릉은 벽돌무덤이다. ③ 백제 건국 세력과 고구려의 연관성을 알 수 있는 유적으로는 한성 시기의 계단식 돌무지무덤이 있으며, 석촌동에 일부가 남아 있다.

0204 제시된 자료는 굴식 돌방무덤에 대한 내용이다. ④ 장군총은 돌무지 무덤이다.

오답노트 ①, ②, ③ 대표적인 굴식 돌방무덤들이다.

0205 밑줄 친 '공주'는 발해 문왕의 넷째 딸인 정효 공주이다. 따라서 이 무덤은 정효 공주 묘임을 알 수 있다. ④ 정혜 공주 묘에 대한 설명이다.

오답노트 ①, ②, ③ 정효 공주 묘는 당나라의 영향을 받은 벽돌무덤의 형태로 축조되었는데, 무사·시위·내시·악사 등 12명의 인물도가 그려진 벽화와 정효 공주의 가족 관계를 기록한 묘지가 발견되었다.

0206 제시된 지도의 ⓒ 돈화는 길림성 돈화시 동모산이고, ⓒ 화룡은 중경 현덕부, ⓒ 영안은 상경 용천부, ⓔ 훈춘은 동경 용원부이다. ⓒ 용두산 고분군은 중국 길림성 화룡면에 위치했기 때문에 ⓒ이 적절하다. ⓒ 당나라 장안을 본 떠 만든 상경성의 궁성 정문터인 오봉루 성문터는 상경 용천부에서 발견되었다.

오답노트 ⓒ 정효 공주 무덤은 길림성 화룡면 용두산 고분군에서 발견되었기 때문에 ⓒ이 적절하다. ⓔ 정혜 공주 무덤은 길림성 돈화현 육정산 고분군에서 발견되었기 때문에 ⓒ이 적절하다.

Answer 0202 ④ 0203 ④ 0204 ④ 0205 ④ 0206 ③

0207 백제 무령왕릉과 발해 정효 공주 묘의 공통점으로 옳은 것만을 모두 고르면?

2019년 국가직 7급
유사 2016년 경찰간부

> ㉠ 중국 문화의 영향을 받아 만들어진 벽돌무덤이다.
> ㉡ 천장은 각을 줄여 쌓는 평행 고임 구조로 되어 있다.
> ㉢ 무덤방의 네 벽면에 회가 칠해지고 벽화가 그려져 있다.
> ㉣ 무덤에 묻힌 인물에 대해 알려 주는 문자 자료가 발견되었다.

① ㉠, ㉡
② ㉠, ㉣
③ ㉡, ㉢
④ ㉢, ㉣

대표유형

0208 밑줄 친 '가람'에 대한 설명으로 옳은 것은?

2024년 국가직 9급

> 우리 왕후께서는 좌평 사택적덕의 따님으로 지극히 오랜 세월에 선인(善因)을 심어 이번 생에 뛰어난 과보를 받아 만민을 어루만져 기르시고 삼보(三寶)의 동량(棟梁)이 되셨기에 능히 가람을 세우시고, 기해년 정월 29일에 사리를 받들어 맞이하셨다. 원하옵나니, 영원토록 공양하고 다함이 없이 이 선(善)의 근원을 배양하여, 대왕 폐하의 수명은 산악과 같이 견고하고 치세는 천지와 함께 영구하며, 위로는 정법을 넓히고 아래로는 창생을 교화하게 하소서.

① 목탑의 양식을 간직한 석탑이 있다.
② 대리석으로 만든 10층 석탑이 있다.
③ 성주산문을 개창한 낭혜 화상의 탑비가 있다.
④ 돌을 벽돌 모양으로 만들어 쌓은 모전 석탑이 있다.

0209 우리나라 유네스코 세계 유산에 대한 설명으로 옳지 않은 것은?

2022년 국가직 9급

① 미륵사지에는 목탑 양식의 석탑이 있다.
② 정림사지에는 백제의 5층 석탑이 남아 있다.
③ 능산리 고분군에는 계단식 돌무지무덤이 있다.
④ 무령왕릉에는 무덤 주인공을 알려주는 지석이 있었다.

0210 우리나라 세계 유산과 세계 기록 유산에 대한 설명으로 옳은 것만을 모두 고르면?

2021년 국가직 9급

> ㉠ 공주 송산리 고분군에는 전축분인 6호분과 무령왕릉이 있다.
> ㉡ 양산 통도사는 금강계단 불사리탑이 있는 삼보 사찰이다.
> ㉢ 남한산성은 병자호란 때 인조가 피난했던 산성이다.
> ㉣ 『승정원일기』는 역대 왕의 훌륭한 언행을 『실록』에서 뽑아 만든 사서이다.

① ㉠, ㉡
② ㉡, ㉢
③ ㉠, ㉡, ㉢
④ ㉠, ㉢, ㉣

□□□

0211 (가) 종교가 반영된 문화유산의 사례로 가장 적절한 것은?

2022년 법원직 9급

불로장생과 신선이 되기를 추구하는 [(가)]은/는 삼국에 전래되어 귀족 사회를 중심으로 유행했으며 예술에도 많은 영향을 주었다. 7세기 고구려의 연개소문은 귀족과 연결된 불교 세력을 억누르기 위해 [(가)]을/를 장려하는 정책을 펼쳤다.

①

②

③

④

문항	번호				틀린 이유
0207	①	②	③	④	
0208	①	②	③	④	
0209	①	②	③	④	
0210	①	②	③	④	
0211	①	②	③	④	

해설

0207 ㉠ 무령왕릉과 정효 공주 묘는 둘 다 벽돌무덤으로, 무령왕릉은 중국 남조의 영향을, 정효 공주 묘는 중국 당나라의 영향을 받았다. ㉣ 무령왕릉에서는 무덤 주인공이 무령왕과 왕비임을 알 수 있는 지석이 발견되었고, 정효 공주 묘역시 묘지(죽은 자의 생애와 가족 관계 등을 기록)가 출토되어 묘의 주인이 누구인지 확실히 알 수 있었다.

오답노트 ㉡ 정효 공주 묘에만 해당되는 내용이다. 정효 공주 묘의 무덤 양식은 당의 영향을 받았지만, 천장은 고구려의 평행 고임 구조를 가지고 있다. ㉢ 벽화는 정효 공주 묘에서만 발견되었다. 무령왕릉에는 벽화가 존재하지 않는다.

0208 제시된 자료는 미륵사지 금제 사리 봉안기의 내용으로, 밑줄 친 '가람(=절)'은 백제 무왕 때 건립된 미륵사를 일컫는다. ① 미륵사에는 목탑의 모습을 간직한 미륵사지 석탑이 있다.

오답노트 ② 원각사에 건립된 원각사지 10층 석탑에 대한 설명이다. ③ 낭혜 화상 탑비는 성주사에 있다. ④ 분황사에 건립된 분황사 모전 석탑에 대한 설명이다.

0209 ③ 계단식 돌무지무덤은 서울 석촌동 고분군에서 발견되었다. 부여 능산리 고분군에서는 규모는 작지만 세련된 굴식 돌방무덤이 발견되고 있다.

오답노트 ① 백제의 미륵사지 석탑은 목탑의 모습을 많이 지니고 있다. ② 정림사지에는 미륵사지 석탑을 계승한 정림사지 5층 석탑이 있다. ④ 무령왕릉에는 무덤 주인공이 무령왕과 왕비임을 알려주는 지석이 발견되어 연대를 확실히 파악할 수 있었다.

0210 ㉠ 공주 송산리 고분군 중에서 전축분(=벽돌무덤)은 무령왕릉과 송산리 6호분이다. ㉡ 양산 통도사는 삼보 사찰(통도사·해인사·송광사로 각각 불·법·승을 상징하는 불교 건축물이 존재함) 중 하나로, 금강계단 불사리탑(부처의 사리 보관)이 있어 불보 사찰의 칭호를 얻었다. ㉢ 병자호란 때 청 군대의 빠른 남진으로 강화도로 가는 길이 막히자 인조와 대신들은 남한산성으로 피난하였다.

오답노트 ㉣ 『국조보감』에 대한 설명이다. 『승정원일기』는 승정원의 주서(注書)가 왕과 신하 간에 오고간 문서와 국왕의 일과를 매일 기록한 것이다.

0211 제시된 자료는 도교의 특징에 대해 서술하고 있다. ④ 백제의 문화재인 금동 대향로에는 불로장생하는 신선이 용, 봉황과 같은 상상의 동물과 조화롭게 사는 도교의 이상 세계가 표현되어 있다.

오답노트 ① 신라 하대에 만들어진 쌍봉사 철감선사 승탑으로, 선종 승려들의 사리를 봉안하였다. ② 칠지도는 창 모양의 칼로, 62자의 금으로 상감된 문자가 새겨져 있다. 도교와는 관련이 없는 문화재이다. ③ 금동 미륵보살 반가상으로, 불교 문화재이다.

Answer 0207 ② 0208 ① 0209 ③ 0210 ③ 0211 ④

대표
유형

□□□

0212 삼국 시대 문화에 대한 설명으로 옳지 않은 것은?

2019년 지방직 9급

유사 2019년 경찰간부 / 2016년 국가직 7급 / 2015년 서울시 7급

① 선덕여왕 때에 첨성대를 세웠다.

② 목탑 양식의 미륵사지 석탑이 건립되었다.

③ 가야 출신의 우륵에 의해 가야금이 신라에 전파되었다.

④ 사신도가 그려진 강서대묘는 돌무지 무덤으로 축조되었다.

□□□

0213 다음 유네스코 세계 유산으로 지정된 백제 역사 유적 지구 문화유산 중 부여군에 속한 것만을 모두 고르면?

2018년 국가직 7급

㉠ 정림사지	㉡ 공산성
㉢ 부소산성과 관북리 유적	㉣ 송산리 고분군

① ㉠, ㉢   ② ㉠, ㉣

③ ㉡, ㉢   ④ ㉡, ㉣

□□□

0214 (가)~(다)는 백제의 수도들이다. (나)를 수도로 삼았던 시기의 문화재로 가장 적절한 것은?

2017년 법원직 9급

유사 2016년 법원직 9급 / 2009년 법원직 9급

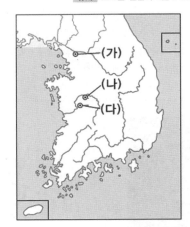

①

②

③

④

□□□
0215 다음 괄호 안에 들어갈 사항으로 옳은 것만을 〈보기〉에서 모두 고른 것은?

고난도

2015년 지방직 9급
유사 2020년 경찰간부

2000년 12월에 유네스코 세계 유산으로 지정된 경주 역사 유적 지구는 남산 지구, 월성 지구, 대릉원 지구, 황룡사 지구, 산성 지구로 세분된다. 이 중에 남산 지구에 해당하는 문화유산으로는 (   ) 등이 있다.

─〔 보기 〕─
㉠ 계림   ㉡ 나정(蘿井)
㉢ 포석정   ㉣ 분황사
㉤ 첨성대   ㉥ 배리 석불 입상

① ㉠, ㉡, ㉢   ② ㉠, ㉣, ㉤
③ ㉡, ㉢, ㉥   ④ ㉣, ㉤, ㉥

□□□
0216 밑줄 친 '탑'에 대한 설명으로 옳은 것은?

2017년 지방직 9급(하)
유사 2019년 경찰간부

신인(神人)이 말하기를, "황룡사의 호법룡은 나의 아들로서 범왕(梵王)의 명을 받아 그 절을 보호하고 있으니, 본국에 돌아가 그 절에 탑을 세우시오. 그렇게 하면 이웃 나라가 항복하고 구한(九韓)이 와서 조공하여 왕업이 길이 태평할 것이오."라고 하였다. …(중략)… 백제에서 아비지(阿非知)라는 공장을 초빙하여 이 탑을 건축하고 용춘이 이를 감독했다.
－『삼국유사』

① 선종이 보급되면서 승려의 사리를 봉안하기 위해 세웠다.
② 목조탑의 양식을 간직하고 있는 석탑이다.
③ 돌을 벽돌 모양으로 다듬어 쌓았다.
④ 자장 율사가 건의하여 세워졌다.

문항	번호				틀린 이유
0212	①	②	③	④	
0213	①	②	③	④	
0214	①	②	③	④	
0215	①	②	③	④	
0216	①	②	③	④	

해설

0212 ④ 고구려의 강서대묘(강서고분)는 돌무지무덤이 아니라 굴식 돌방무덤으로, 사신도와 같은 벽화가 존재한다.

오답노트 ① 7세기 신라 선덕여왕 때 첨성대를 세워 천체를 관측하였다. ② 백제의 미륵사지 석탑은 목탑의 모습을 많이 지니고 있다. ③ 대가야가 망할 즈음, 우륵은 가야금을 가지고 신라로 들어가 가야금과 12악곡을 신라에 전파하였다.

0213 백제 역사 유적 지구는 공주시, 부여군, 익산시 3개 지역에 분포된 8개 고고학 유적지로 이루어져 있다. 부여군에 속하는 문화유산으로는 부여 사비성과 관련된 관북리 유적(관북리 왕궁지) 및 부소산성, 정림사지, 능산리 고분군, 부여 나성 등이 있다.

오답노트 ㉡,㉣ 공산성과 송산리 고분군은 공주시에 속하는 문화유산이다.

0214 제시된 자료의 (가)는 한성, (나)는 웅진(공주), (다)는 사비(부여)이다. ② 무령왕릉은 웅진 시기의 문화재이다.

오답노트 ① 석촌동 계단식 돌무지무덤은 한성 시기의 문화재이다. ③ 미륵사지 석탑은 사비 시기에 만들어졌다. ④ 정림사지 5층 석탑은 사비 시기에 만들어졌다.

0215 경주 역사 유적 지구는 유적의 성격에 따라 남산 지구·월성 지구·대릉원 지구·황룡사 지구·산성 지구로 나뉘어져 있다. ③ 남산 지구에는 나정, 포석정, 배리 석불 입상 등이 있다.

오답노트 계림, 첨성대, 안압지 등은 월성 지구에 속하며, 대릉원 지구에는 천마총, 황남대총 등이 있다. 황룡사 지구에는 황룡사, 분황사, 분황사 석탑 등이 있으며, 산성 지구에는 명활산성 등이 있다.

0216 제시된 자료의 밑줄 친 '탑'은 황룡사 9층 목탑이다. ④ 황룡사 9층 목탑은 자장 율사(계율에 정통한 승려)의 건의에 따라 백제 기술자 아비지의 지도를 받아 세운 목조탑이다.

오답노트 ① 승탑, ② 미륵사지 석탑, ③ 분황사 모전 석탑에 대한 설명이다.

Answer   0212 ④   0213 ①   0214 ②   0215 ③   0216 ④

고난도

0217 삼국 시대 도성에 대한 설명으로 옳지 않은 것은?

2016년 지방직 7급

① 고구려 수도인 평양에는 장안성이 축조되었다.
② 백제 사비 도성에는 중심 지역 외곽에 나성을 둘렀다.
③ 신라는 산성을 축조하여 도성을 방어하였다.
④ 고구려 오녀산성은 국내성 방어를 위하여 축조되었다.

0218 다음은 『삼국사기』에서 신라의 역사를 세 시기로 구분한 것이다. (가)~(다) 시기에 있었던 사실로서 옳은 것을 〈보기〉에서 모두 고른 것은?

2012년 지방직 7급

⇦박혁거세 진덕여왕⇨		⇦선덕왕 경순왕⇨
(가)	**(나)**	**(다)**

─〔 보기 〕─
㉠ (가) - 황룡사 9층 목탑을 세웠다.
㉡ (나) - 천체를 관측하기 위해 첨성대를 세웠다.
㉢ (나) - 감은사지 3층 석탑을 축조하였다.
㉣ (다) - 봉덕사종이라고도 하는 성덕대왕 신종을 제작하였다.

① ㉠, ㉡
② ㉠, ㉢
③ ㉡, ㉢
④ ㉢, ㉣

0219 다음과 같은 불교 사상의 영향을 받아 만들어진 문화재는?

2018년 지방직 9급

이 불교 사상은 개인적 정신세계를 추구하는 경향이 강하였기 때문에 지방에서 독자적인 세력을 이루어 성주나 장군을 자처하던 자들로부터 큰 호응을 받았다.

① 성덕대왕 신종
② 쌍봉사 철감선사탑
③ 경천사지 10층 석탑
④ 금동 미륵보살 반가사유상

0220 밑줄 친 '이들'이 등장한 시기의 문화에 대한 설명으로 옳은 것은?

2014년 지방직 7급
유사 2012년 서울시 9급

이들은 스스로 성주, 장군이라고 칭하면서 지역에서 실질적인 지배력을 행사하였다. 이들은 지방으로 낙향한 진골 귀족이나 6두품 계층, 무역에 종사하면서 재력과 무력을 키운 세력, 촌의 행정을 담당한 촌주 출신이 주를 이루었다.

① 태학박사 이문진이 왕명을 받아 『신집』 5권을 만들었다.
② 전탑 형식의 분황사탑이 세워졌다.
③ 북방 가마의 기술이 도입되어 분청사기가 생산되었다.
④ 선종의 영향을 받은 승탑과 탑비가 유행하였다.

고대 국가의 문화 교류

□□□

0221 〈보기〉는 한국 고대 사회 문화의 일본 전파와 관련된 설명이다. 옳은 것끼리 짝지어진 것은?

2018년 서울시 7급

유사 2015년 경찰 1차 / 2007년 법원직 9급

┌ 보기 ┐

㉠ 백제의 아직기는 일본에 불교를 전파하였다.

㉡ 다카마쓰 무덤에서 발견된 벽화를 통해 가야 문화가 일본에 영향을 미쳤음을 알 수 있다.

㉢ 신라인들은 배를 만드는 조선술과 제방을 만드는 축제술을 일본에 전해주었다.

㉣ 고구려의 승려 혜자는 쇼토쿠 태자의 스승이 되었다.

① ㉠, ㉡   ② ㉡, ㉢

③ ㉡, ㉣   ④ ㉢, ㉣

□□□

0222 백제가 일본에 전파한 문화에 대한 설명으로 옳지 않은 것은?

2017년 국가직 7급(하)

① 아직기가 일본 태자에게 한자를 가르쳤다.

② 혜관이 일본 삼론종의 시조가 되었다.

③ 노리사치계가 불교를 전해 주었다.

④ 고안무가 유학을 전해 주었다.

문항	번호				틀린 이유
0217	①	②	③	④	
0218	①	②	③	④	
0219	①	②	③	④	
0220	①	②	③	④	
0221	①	②	③	④	
0222	①	②	③	④	

해설

0217 ④ 고구려의 오녀산성은 졸본성의 방어용 산성으로 축조된 것으로 보인다. 고구려 초기 도성으로 추정되는 오녀산성에는 쪽구들(온돌)을 갖춘 주거지를 비롯하여 고구려의 유적이 많이 발견된다.

오답노트 ① 장안성은 평양성을 이르는 말이다. 장안성은 평양 주변 4개의 산을 중심으로 한 산성으로 구성되어 있다. ② 백제 사비 도성은 왕이 거주하던 내성이 있고 외곽에 나성을 축조하여 거주민을 보호하고자 하였다. ③ 신라는 지형상 주위에 산이 둘러싸여 있어 천연의 요새를 형성하고 있었다. 따라서 이를 이용하여 주위에 산성을 축조하고 도성을 방어하였다.

0218 (가) 시기는 신라 상대, (나) 시기는 중대, (다) 시기는 하대이다. 상대는 성골 출신이 왕위를 계승하던 시기이고, 중대는 무열계 진골이, 하대는 내물계 진골이 왕위를 계승하던 시기이다. ㉠ 황룡사 9층 목탑을 세운 것은 신라 선덕여왕 때로 (가) 시기가 적절하다. ㉢ 감은사지 3층 석탑을 축조한 것은 신문왕 대이므로 (나) 시기가 적절하다.

오답노트 ㉡ 첨성대는 선덕여왕 때 축조된 것으로 (나)가 아닌 (가) 시기이다. ㉣ 성덕대왕 신종은 경덕왕 때 만들기 시작하여 혜공왕 때 완성되었다. 따라서 (다)가 아닌 (나) 시기이다.

0219 제시된 자료는 신라 하대에 크게 성장한 불교 종파인 선종에 대해 설명하고 있다. ② 신라 하대에 들어와 선종 승려들의 사리를 봉안한 승탑과 탑비가 유행하였는데, 쌍봉사 철감선사 승탑 등이 대표적이다.

오답노트 ① 성덕대왕 신종은 신라 중대의 경덕왕이 부친인 성덕왕을 기리기 위해 만들기 시작한 종으로서(혜공왕 때 완성), 선종과 관련이 없다. ③ 경천사지 10층 석탑은 고려 후기에 조성된 석탑으로, 원나라 영향을 받아 건립되었다. ④ 금동 미륵보살 반가사유상은 주로 삼국 시대에 많이 만들어졌으며, 선종의 영향을 받지 않았다.

0220 밑줄 친 '이들'은 신라 하대에 등장한 호족이다. ④ 신라 하대에는 선종이 유행하여, 선종 승려들의 사리를 봉안한 승탑과 탑비가 많이 만들어졌다.

오답노트 ① 고구려는 국초에 『유기』 100권을 편찬하였으며, 영양왕 때 태학박사 이문진이 이를 간추려 『신집』 5권을 편찬하였다. ② 분황사 모전 석탑은 통일 신라 이전인 7세기 선덕여왕 때 만들어졌다. ③ 분청사기는 고려 말에 등장하였으며, 조선 전기까지 유행하였다.

0221 ㉢ 신라인들은 일본에 배 만드는 기술과 제방 쌓는 기술을 전해주었다. ㉣ 고구려의 승려 혜자는 일본 쇼토쿠 태자의 스승이 되었다.

오답노트 ㉠ 4세기 백제 아직기는 일본 태자에게 한자를 가르쳤다. 일본에 불교를 기록상 처음으로 전파한 사람은 6세기 성왕 때의 노리사치계이다. ㉡ 일본의 다카마쓰 고분 벽화는 고구려 수산리 고분 벽화와 흡사한데, 이를 통해서 고구려의 영향력을 확인할 수 있다.

0222 ② 일본 삼론종의 시조가 된 혜관은 백제가 아니라 고구려의 승려이다.

오답노트 ① 백제의 아직기는 4세기에 일본의 태자에게 한자를 가르쳤다. ③ 6세기 성왕 때 노리사치계가 일본에 건너가 불경과 불상을 전해주었다. ④ 무령왕 때 고안무와 단양이 등이 일본에 건너가 유학을 전해 주었다.

Answer   0217 ④   0218 ②   0219 ②   0220 ④   0221 ④   0222 ②

Part

03

중세 사회의 발전

CHAPTER 01 중세의 정치

TOP 01 | 30회 출제 | 고려 전기 국왕별 업적

2015	2016	2017	2018	2019	2020	2021	2022	2023	2024
• 국가 9 • 서울 9 • 경찰(2) • 사복 9	• 법원 9 • 교행 9	• 법원 9 • 경찰 • 교행 9	• 경찰 • 법원 9 • 교행 9	• 지방 9 • 서울 9 • 경찰	• 지방 9 • 법원 9	• 국가 9 • 법원 9 • 경찰(2) • 소방	• 지방 9 • 서울 9	• 법원 9(2)	• 지방 9 • 법원 9(2)

TOP 02 | 23회 출제 | 대외 관계의 변화

2015	2016	2017	2018	2019	2020	2021	2022	2023	2024
	• 지방 9 • 경찰	• 법원 9 • 경찰	• 국가 9 • 서울 9 • 경찰(2)	• 서울 9(상) • 경찰	• 지방 9 • 소방 9	• 지방 9(2) • 경찰 • 소방	• 지방 9 • 서울 9	• 국가 9(2) • 지방 9 • 법원 9	• 지방 9

TOP 03 | 20회 출제 | 원 간섭기와 공민왕

2015	2016	2017	2018	2019	2020	2021	2022	2023	2024
• 서울 9 • 법원 9	• 국가 9 • 서울 9 • 법원 9	• 국가 9(하) • 서울 9 • 경찰	• 경찰(2) • 교행 9	• 서울 9(상) • 경찰	• 지방 9 • 경찰 • 소방 9		• 국가 9 • 지방 9 • 법원 9	• 국가 9	

TOP 04 | 18회 출제 | 무신 정권

2015	2016	2017	2018	2019	2020	2021	2022	2023	2024
• 경찰	• 지방 9 • 서울 9 • 경찰		• 서울 9 • 법원 9 • 경찰	• 서울 9(상) • 서울 9	• 국가 9 • 경찰간부 • 경찰	• 지방 9 • 경찰	• 소방	• 지방 9 • 법원 9	• 법원 9

TOP 05 | 14회 출제 | 중세 제도사

2015	2016	2017	2018	2019	2020	2021	2022	2023	2024
• 법원 9 • 경찰	• 경찰		• 지방 9(2) • 경찰(2) • 법원 9	• 서울 9 • 경찰(2)		• 지방 9		• 법원 9	• 법원 9

고려의 건국과 민족의 재통일

대표 유형

□□□

0223 다음에 제시된 역사적 사건들을 시기순으로 바르게 나열한 것은?

2016년 경찰 1차

유사 2020년 경찰 1차 / 2010년 서울시 7급 / 2007년 법원직 9급 / 2006년 국가직 7급

> ㉠ 발해가 거란에 의하여 멸망하였다.
> ㉡ 신라의 경순왕이 왕건에게 항복하였다.
> ㉢ 왕건이 후백제를 정벌하여 후삼국을 통일하였다.
> ㉣ 왕건은 고구려 계승을 내세워 국호를 고려라 하고 송악으로 도읍을 옮겼다.

① ㉠ – ㉣ – ㉡ – ㉢
② ㉠ – ㉣ – ㉢ – ㉡
③ ㉣ – ㉠ – ㉡ – ㉢
④ ㉣ – ㉠ – ㉢ – ㉡

□□□

0224 ㉠ 기간에 일어난 사실로 가장 옳은 것은?

2023년 법원직 9급

> 임금이 대광 박술희에 말하였다. "짐은 미천한 가문에서 일어나 그릇되게 사람들의 추대를 받아 몸과 마음을 다하여 노력한 지 19년 만에 삼한을 통일하였다. 외람되게 ㉠ 25년 동안 왕위에 있었으니 몸은 이미 늙었으나 후손들이 사사로운 정에 치우치고 욕심을 함부로 부려 나라의 기강을 어지럽힐까 크게 걱정된다. 이에 훈요를 지어 후세에 전하니 바라건대 아침저녁으로 살펴 길이 귀감으로 삼기 바란다."

① 공산 전투가 전개되었다.
② 노비안검법이 시행되었다.
③ 수덕만세라는 연호가 등장하였다.
④ 최승로가 시무 28조를 제시하였다.

문항	번호				틀린 이유
0223	①	②	③	④	
0224	①	②	③	④	

해설

0223 ㉣ 918년 신하들의 추대 형식을 빌려 왕위에 오른 왕건은 국호를 고려라 하고, 이듬해 송악으로 도읍을 옮겼다. ㉠ 926년 발해는 거란에게 멸망당하였다. ㉡ 935년 신라 경순왕은 고려에 자진 항복하였다. ㉢ 936년 왕건은 후백제 국왕인 신검의 항복을 받아 후삼국 통일을 완성하였다.

0224 제시된 자료는 고려 태조가 남긴 훈요 10조의 내용으로, 밑줄 친 '25년 동안'은 태조의 재위 기간(918~943)을 일컫는다. ① 927년 태조(왕건)는 신라를 돕기 위해 출전했지만, 대구 부근의 공산에서 후백제군에게 패배하였다.

오답노트 ② 고려 광종의 정책이다. ③ 수덕만세는 궁예가 911년 사용한 연호이다. ④ 고려 성종 때의 일이다.

Answer 0223 ③ 0224 ①

고난도

0225 (가) 시기에 발생한 사건으로 가장 옳지 않은 것은?

2021년 법원직 9급

유사 2011년 국가직 9급 / 2008년 법원직 9급

> 태조가 포정전에서 즉위하여 국호를 고려라 하고 연호를 고쳐 천수라 하였다. ─『고려사』

⇩

(가)

⇩

> 고려군의 군세가 크게 성한 것을 보자 갑옷을 벗고 창을 던져 견훤이 탄 말 앞으로 와서 항복하니 이에 적병이 기세를 잃어 감히 움직이지 못하였다. … 신검이 두 동생 및 문무 관료와 함께 항복하였다. ─『고려사』

① 고려군이 고창에서 견훤의 후백제군을 패퇴시켰다.
② 신라의 경순왕은 스스로 나라를 고려에 넘겨주었다.
③ 왕건이 이끄는 군대가 후백제의 금성을 함락하였다.
④ 발해국 세자 대광현과 수만 명이 고려에 귀화하였다.

0226 밑줄 친 (가)의 행적에 해당하지 않는 것은?

2014년 경찰간부

유사 2017년 국회사무처 9급 / 2016년 경찰간부 / 2006년 국가직 7급

> 머리를 깎고 승려가 되어 스스로 (가)선종(善宗)이라고 이름하였다. 신라 말에 정치가 잘못되고 백성이 흩어져 지방의 주현들이 반란 세력에 따라 붙는 자가 거의 반에 이르고 먼 곳과 가까운 곳에서 도적들이 벌떼처럼 일어나 그 아래에 백성이 개미처럼 모여드는 것을 보고 이런 혼란기를 틈타 무리를 모으면 자신의 뜻을 이룰 수 있다고 생각하여 대순 2년 신해년에 죽주의 도적 괴수 기훤에게 의탁하였다. 기훤이 얕보고 거만하게 대하자, 경복 원년 임자년에 북원의 도적 양길에게 의탁하니, 양길이 잘 대우하여 일을 맡기고 드디어 병사를 나누어 주어 동쪽으로 땅을 점령하도록 하였다.

① 미륵불의 화신임을 내세우면서 백성들을 현혹하였다.
② 독자적인 연호를 사용하면서 황제국 체제를 지향하였다.
③ 중국의 오월 및 일본과 통교하면서 국제적으로 지위를 인정받고자 하였다.
④ 부석사에 있던 신라 왕의 화상을 칼로 훼손하면서 반신라 감정을 드러냈다.

고려 초기 국왕의 업적

대표 유형

0227 다음과 같은 글을 남긴 국왕의 업적에 해당하는 것은?

2019년 지방직 9급

> 우리 동방은 옛날부터 중국의 풍속을 흠모하여 문물과 예악이 모두 그 제도를 따랐으나, 지역이 다르고 인성도 각기 다르므로 꼭 같게 할 필요는 없다. 거란은 짐승과 같은 나라로 풍속이 같지 않고 말도 다르니 의관 제도를 삼가 본받지 말라. ─『고려사』

① 물가 조절을 위해 상평창을 설치하였다.
② 기인·사심관제와 함께 과거제를 실시하였다.
③ 혼인 정책과 사성 정책을 통해 호족을 포섭하였다.
④ 광군 30만을 조직하여 거란의 침략에 대비하였다.

0228 다음 정책과 같은 목적으로 시행된 것은?

2024년 법원직 9급

> 신라 왕 김부가 항복해 오니 그를 경주의 사심관으로 임명하여 부호장 이하의 관직 등에 관한 일을 맡게 하였다. 이에 여러 공신들 역시 이를 본받아 각각 자기 주의 사심관이 되게 하였다.

① 기인 제도
② 북진 정책
③ 정혜쌍수
④ 독서삼품과

□□□

0229 〈보기〉와 관련된 왕에 대한 설명으로 가장 옳은 것은?

2022년 서울시 9급

┌ 보기 ┐
- 불교의 힘으로 나라를 세웠으므로 사찰을 서로 빼앗지 말 것
- 사찰을 지을 때에는 도선의 풍수사상에 맞게 지을 것
- 연등회와 팔관회를 성실하게 지킬 것
- 농민의 요역과 세금을 가볍게 하여 민심을 얻고 부국안민을 이룰 것

① 중국에서 귀화한 쌍기의 건의에 따라 과거(科擧) 제도를 시행하였다.
② 귀순한 호족에게 성(姓)을 내려주어 포섭하였다.
③ 경제 개혁을 수행하여 전시과(田柴科)를 실시하였다.
④ 관료 제도를 안정시키기 위해 공복(公服)을 등급에 따라 제정하였다.

□□□

0230 밑줄 친 '왕'의 재위 기간에 있었던 사실로 옳은 것은?

2021년 경찰 1차

세자 대광현이 수만 명을 이끌고 투항하였다. 왕이 대광현에게 성과 이름을 하사하고 그들을 후하게 대우하였다.

① 왕규의 난이 일어났다.
② 광군을 조직하여 거란의 침략에 대비하였다.
③ 고구려의 수도였던 평양을 서경이라 하였다.
④ 귀법사를 창건하여 화엄종을 통합하게 하였다.

문항	번호				틀린 이유
0225	①	②	③	④	
0226	①	②	③	④	
0227	①	②	③	④	
0228	①	②	③	④	
0229	①	②	③	④	
0230	①	②	③	④	

해설

0225 태조 왕건이 왕으로 즉위하여 국호를 고려라 하고 연호를 천수라고 제정한 것은 918년의 일이다. ⇨ (가) ⇨ 일리천 전투에서 패배한 후백제의 신검이 고려에게 항복한 것은 936년의 일이다. ③ 왕건이 이끄는 군대가 후백제의 금성을 함락한 것은 903년의 일로, 왕건이 왕으로 즉위하기 이전이다.
오답노트 ① 고창 전투에서 고려가 후백제에게 승리를 거둔 것은 930년의 일이다. ② 신라의 경순왕이 고려에 자진 항복한 것은 935년의 일이다. ④ 발해의 왕자 대광현이 유민들을 이끌고 망명해온 것은 934년의 일이다.

0226 제시된 자료의 (가)는 궁예이다. ③ 후백제를 세운 견훤에 대한 설명이다. 견훤은 중국의 후당과 오월 및 일본에 외교 사절을 파견하는 등 국제적으로 인정받고자 하였다.
오답노트 ① 궁예는 계속되는 전쟁을 치르기 위해 지나치게 조세를 거둬들였고, 죄 없는 관료와 장군을 살해하였을뿐 아니라, 미륵 신앙을 이용하여 전제 정치를 도모하였다. ② 궁예가 세운 후고구려는 904년 마진으로 국호를 바꾸면서 무태, 성책이란 연호를 사용하였고, 이후 국호를 다시 태봉으로 바꾸면서 수덕만세, 정개라는 연호를 사용하였다. ④ 『삼국사기』에 따르면 궁예는 반신라 감정을 지니고 있었는데, 부석사에 갔을 때 벽에 그려진 신라 왕의 화상을 보고 칼을 뽑아 그것을 훼손했다는 일화가 전해지고 있다.

0227 제시된 자료는 고려 태조가 남긴 훈요 10조의 내용이다. ③ 고려 태조는 각 지역의 유력 호족의 딸들과 결혼하는 혼인 정책과 왕씨 성을 하사하는 사성 정책을 통해 호족 세력의 통합 및 정치 안정을 도모하였다.
오답노트 ① 고려 성종 때의 일이다. ② 고려 태조 때 기인 제도·사심관 제도를 실시한 것은 맞지만, 과거제가 실시된 것은 고려 광종 때의 일이다. ④ 고려 정종 때의 일이다.

0228 제시된 자료는 고려 태조 때 호족 견제와 지방 통치의 안정을 목적으로 실시한 사심관 제도에 대한 내용이다. ① 고려 태조는 지방 통치를 보완하기 위해 기인 제도를 실시하였다. 이는 호족의 자제를 볼모로 삼아 수도에 두고 출신 지역의 일을 자문하게 한 것이다.
오답노트 ② 고려 태조가 북진 정책을 추진한 것은 맞지만, 이는 호족 견제와 지방 통치 안정을 목적으로 실시한 정책은 아니다. ③ 고려 승려 지눌이 주장한 내용이다. ④ 신라 원성왕의 업적이다.

0229 제시된 자료는 고려 태조가 남긴 훈요 10조의 내용이다. ② 고려 태조가 실시한 사성(賜姓) 정책에 대한 설명이다. 태조는 각 지역의 유력 호족들에게 '왕'씨 성을 하사하여 이들을 포섭하고자 하였다.
오답노트 ① 고려 광종의 업적이다. ③ 전시과를 처음 실시한 국왕은 고려 경종이다. ④ 고려 광종 때의 일이다

0230 고려 태조 때 발해의 왕자 대광현이 수만 명의 유민을 이끌고 망명하자, 태조는 그에게 왕계라는 이름을 하사하고 관직을 제수하였다. ③ 태조는 고구려 계승을 표방하여, 고구려의 옛 수도인 평양을 서경이라 했으며 이곳을 북진 정책의 전진 기지로 삼아 적극 개발하였다.
오답노트 ① 외척인 왕규가 반란을 일으킨 것은 고려 혜종 때의 일이다. ② 고려 정종 때의 일이다. ④ 고려 광종 때 귀법사를 창건하여 불교 사상의 통합을 도모하였다.

Answer 0225 ③ 0226 ③ 0227 ③ 0228 ① 0229 ② 0230 ③

□□□

0231 밑줄 친 '인물상'에 해당하는 왕의 업적으로 옳은 것은?

2019년 지방직 7급

유사 2017년 법원직 9급 / 2016년 교육행정직 9급 / 2012년 지방직 7급

> 개성의 현릉 부근에서 발견된 청동제 인물상은 온화한 얼굴
> 에다가 두 손을 맞잡고 있으며, 자비로운 미소를 띠고 있다.
> 이 상은 황제가 착용한다는 통천관을 쓰고 있어 고려가 황
> 제국가로 자부하였음을 알 수 있다.

① 유학 교육 기관으로 국자감을 설치하였다.
② 거란에 대비하여 30만 광군을 조직하였다.
③ 개경을 황도로, 서경을 서도로 격상하였다.
④ 역분전이라는 토지 제도를 처음으로 시행하였다.

대표 유형

□□□

0232 밑줄 친 '왕'의 재위 기간에 있었던 일로 옳은 것은?

2022년 지방직 9급

> • 평농서사 권신(權信)이 대상(大相) 준홍(俊弘)과 좌승(佐
> 丞) 왕동(王同) 등이 반역을 꾀한다고 참소하자 왕이 이
> 들을 내쫓았다.
> • 왕이 쌍기의 건의를 받아 처음으로 과거를 실시하였다.
> 시(詩)·부(賦)·송(頌) 및 시무책을 시험하여 진사를 뽑
> 았으며, 더불어 명경업·의업·복업 등도 뽑았다.

① 노비안검법을 제정하였다.
② 전민변정도감을 설치하였다.
③ 토지 제도로서 전시과를 시행하였다.
④ 12목을 설치하고 지방관을 파견하였다.

□□□

0233 밑줄 친 '왕' 대 사실로 옳지 않은 것은?

2020년 국가직 7급

유사 2020년 법원직 9급 / 2018년 지방직 7급 / 2017년 교행직 9급 / 2014년 법원직 9급

> 왕이 노비를 조사하여 그 시비를 가려내게 하자, (노비들이)
> 그 주인을 등지는 자가 많아지고, 윗사람을 능멸하는 풍조가
> 성행하였다. 사람들이 모두 탄식하고 원망하자, 대목왕후가
> 간곡히 간(諫)하였으나 받아들이지 않았다.   -『고려사』

① 제위보를 설치하였다.
② 귀법사를 창건하였다.
③ 준풍 등 연호를 사용하였다.
④ 12목에 지방관을 파견하였다.

□□□

0234 다음 정책을 시행한 국왕 대에 있었던 사실로 옳은 것은?

2020년 지방직 9급

> • 광덕, 준풍 등의 연호를 사용하였다.
> • 개경을 고쳐 황도라 하고 서경을 서도라고 하였다.

① 노비안검법을 시행하였다.
② 전시과 제도를 시행하였다.
③ 개경에 국자감을 설립하였다.
④ 12목을 설치하고 지방관을 파견하였다.

0235 다음 상소문이 올라간 국왕 대에 있었던 사실로 옳은 것은?

2024년 지방직 9급

불교는 몸을 닦는 근본이며 유교는 나라를 다스리는 근원입니다. 몸을 닦는 것은 내생을 위한 것이며 나라를 다스리는 일은 곧 오늘의 할 일입니다. 오늘은 극히 가깝고 내생은 지극히 먼 것이니, 가까운 것을 버리고 먼 것을 구하는 일이 그릇된 일이 아니겠습니까.

① 개경에 나성을 쌓았다.
② 전시과 제도를 처음 실시하였다.
③ 전국의 주요 지역에 12목을 설치하였다.
④ 노비안검법을 실시하여 호족 세력을 약화시켰다.

0236 다음 상소문을 올린 왕 대에 있었던 사실은?

2021년 국가직 9급

석교(釋敎)를 행하는 것은 수신(修身)의 근본이요, 유교를 행하는 것은 이국(理國)의 근원입니다. 수신은 내생의 자(資)요, 이국은 금일의 요무(要務)로서, 금일은 지극히 가깝고 내생은 지극히 먼 것인데도 가까움을 버리고 먼 것을 구함은 또한 잘못이 아니겠습니까.

① 양경과 12목에 상평창을 설치하였다.
② 균여를 귀법사 주지로 삼아 불교를 정비하였다.
③ 국자감에 7재를 두어 관학을 부흥하고자 하였다.
④ 전지(田地)와 시지(柴地)를 지급하는 경정 전시과를 실시하였다.

문항	번호				틀린 이유
0231	①	②	③	④	
0232	①	②	③	④	
0233	①	②	③	④	
0234	①	②	③	④	
0235	①	②	③	④	
0236	①	②	③	④	

해설

0231 고려 태조 왕건릉인 북한 개성 현릉(顯陵) 외곽에서 발견된 청동제 인물상은 고려 태조인 왕건상으로 보고 있다. 따라서 밑줄 친 '인물상'은 고려 태조를 일컫는다. ④ 고려 태조는 논공행상에 따라 공신들에게 역분전을 하사하였다.

오답노트 ① 고려 성종 때의 일이다. ② 고려 정종 때의 일이다. ③ 고려 광종 때 개경을 황도라 하고, 서경을 서도라 하였다.

0232 제시된 자료는 광종 때의 공신 세력 숙청과 과거제 실시에 대한 내용이다. ① 광종은 노비안검법을 제정하여 불법적으로 노비가 된 자들을 조사하고 양인으로 해방하였다. 이를 통해 호족의 세력을 약화시키고 국가의 수입 기반을 확대하였다.

오답노트 ② 전민변정도감은 불법적인 농장을 규제하고 백성을 보호하기 위해 설치한 기구이다. 고려 원종 때 처음 설치되었고 이후 충렬왕·공민왕·우왕 때 설치와 폐지를 반복하였다. ③ 고려 경종 때 처음 전시과 제도를 실시하였다. ④ 고려 성종의 업적이다.

0233 제시된 자료는 고려 광종 때 노비안검법 시행과 관련된 내용이다. ④ 고려 성종 때 최승로의 건의를 받아들여 12목에 지방관을 파견하였다.

오답노트 ① 고려 광종 때 제위보를 설치하여 빈민을 구제하였다. ② 광종 때 귀법사를 창건하여 불교 사상의 통합을 도모하였다. ③ 광종은 광덕·준풍 등의 연호를 사용하였다.

0234 제시된 자료는 광종이 실시한 정책들을 나열하고 있다. ① 광종은 노비안검법을 실시하여 불법적으로 노비가 된 자들을 조사하여 양인으로 해방시켰다.

오답노트 ② 전시과 제도는 경종 때 처음 실시되었으며, 이후 목종 때 개정 전시과로, 문종 때 경정 전시과로 개편되었다. ③ 성종은 개경에 국자감을 설치하는 등 유학 교육 기관을 정비하였다. ④ 성종은 최승로의 건의에 따라 전국의 주요 지역에 12목을 설치하고 지방관을 파견하였다.

0235 제시된 자료는 고려 성종 때 최승로가 국왕에게 올린 시무 28조의 내용이다. ③ 고려 성종은 최승로의 건의에 따라 전국 주요 지역에 12목을 설치하고 지방관을 파견하였다.

오답노트 ① 고려 현종은 강감찬의 건의에 따라 개경에 나성을 쌓았다. ② 고려 경종 때의 일이다. ④ 고려 광종의 업적이다.

0236 제시된 자료는 고려 성종 때 최승로가 건의한 시무 28조의 내용이다. ① 성종 때 개경, 서경, 12목에 물가 조절 기관인 상평창을 설치하였다.

오답노트 ② 고려 광종 때 균여를 귀법사의 주지로 삼았다. ③ 고려 예종 때 국자감을 재정비하여 전문 강좌인 7재를 설치하였다. ④ 고려 문종 때 경정 전시과를 실시하였다.

Answer 0231 ④ 0232 ① 0233 ④ 0234 ① 0235 ③ 0236 ①

대표유형

□□□

0237 (가), (나)에 대한 설명으로 옳은 것은?

2018년 법원직 9급

(가) 5조 – 나는 삼한 산천 신령의 도움을 받아 왕업을 이루었다. 서경은 수덕이 순조로워 우리나라 지맥의 근본이 되니 만대 왕업의 땅이다. 1년에 100일 이상 머물러 왕실의 안녕을 이루어야할 것이다. – 『고려사』

(나) 20조 – 불교는 몸을 닦는 근본이며 유교는 나라를 다스리는 근원이니, 몸을 닦는 것은 내생을 위한 것이며, 나라를 다스리는 일은 곧 오늘의 할 일입니다. 오늘은 극히 가깝고 내생은 지극히 먼 것이니, 가까운 것을 버리고 먼 것을 구하는 일이 그릇된 일이 아니겠습니까? – 『고려사』

① (나)가 (가)보다 먼저 발표되었다.
② (가)를 발표할 당시 양현고를 설치하였다.
③ (가)를 발표한 왕이 과거 제도를 실시하였다.
④ (나)가 작성될 당시의 왕이 국자감을 설치하였다.

□□□

0238 (가) 시기에 해당하는 사실로 가장 옳은 것은?

2024년 법원직 9급

노비를 상세히 조사하고 살펴서 옳고 그름을 따져 밝혀내도록 명하였다. 주인을 배반하는 노비들이 이루 다 셀 수가 없을 정도였다. 이로 말미암아 상전을 능멸하는 풍조가 크게 일어나 사람들이 모두 탄식하고 원망하므로 왕비가 간절하게 간언하였으나, 왕이 받아들이지 않았다.

⇩

(가)

⇩

가을 7월 교(教)하기를, "양민이 된 노비들은 해가 점차 멀어지면 반드시 그 본래의 주인을 가벼이 보고 업신여기게 된다. … 만약 그 주인을 욕하는 자가 있으면, 다시 천민으로 되돌려 부리게 할 것이다."라고 하였다.

① 강조가 정변을 일으켰다.
② 거란이 개경을 점령하였다.
③ 전시과가 처음으로 제정되었다.
④ 공신들에게 역분전이 지급되었다.

□□□

0239 다음 사건이 일어난 왕의 시기에 있었던 사실로 가장 옳은 것은?

2023년 법원직 9급

소손녕 : 그대 나라는 신라 땅에서 일어났고, 고구려 땅은 우리 땅인데 너희들이 쳐들어와 차지하였다.
서 희 : 우리는 고구려를 계승하여 나라 이름을 고려라 하였다. 땅의 경계를 논한다면 그대 나라의 동경도 다 우리 땅이다.

① 발해가 멸망하였다.
② 이자겸이 난을 일으켰다.
③ 최충이 9재 학당을 설치하였다.
④ 중앙 관제를 2성 6부로 정비하였다.

□□□

0240 다음 정책을 추진한 국왕의 재위 기간에 있었던 사실로 옳은 것은?

2018년 교육행정직 9급

• 주·부·군·현의 이직(吏職)을 개정하여 …(중략)… 당대등을 호장으로, 대등을 부호장으로, 낭중을 호정으로, 원외랑을 부호정으로 하였다.
• 경치 좋은 장소를 택하여 서재와 학교를 크게 세우고 적당한 토지를 주어서 학교의 식량을 해결하며 또 국자감을 창설하라고 명하였다. – 『고려사』

① 윤관과 오연총이 동여진을 공격하였다.
② 박서가 몽골 침략에 맞서 귀주성에서 분투하였다.
③ 서희가 외교 담판을 통해 강동 6주 지역을 획득하였다.
④ 양규가 강조의 정변을 구실로 침략한 거란의 군대를 격퇴하였다.

□□□
0241 다음 건의를 받아들인 왕이 실시한 정책으로 옳은 것은?

2015년 국가직 9급

유사 2015년 경찰간부 / 2015년 경찰 2차

> 임금이 백성을 다스릴 때 집집마다 가서 날마다 그들을 살펴보는 것이 아닙니다. 그래서 수령을 나누어 파견하여, (현지에) 가서 백성의 이해(利害)를 살피게 하는 것입니다. 우리 태조께서도 통일한 뒤에 외관(外官)을 두고자 하셨으나, 대개 (건국) 초창기였기 때문에 일이 번잡하여 미처 그럴 겨를이 없었습니다. 이제 제가 살펴보건대, 지방 토호들이 늘 공무를 빙자하여 백성들을 침해하며 포악하게 굴어, 백성들이 명령을 견뎌내지 못합니다. 외관을 두시기 바랍니다.

① 서경 천도를 추진하였다.
② 5도 양계의 지방 제도를 확립하였다.
③ 지방 교육을 위해 경학박사를 파견하였다.
④ 유교 이념과는 별도로, 연등회·팔관회 행사를 장려하였다.

정치 구조의 정비

□□□
0242 (가)에 들어갈 기구로 옳은 것은?

2021년 지방직 9급

> 고려 시대 중서문하성과 중추원의 고위 관료들은 도병마사와 ⌐(가)⌐에서 국가의 중요한 일을 논의하였다. 도병마사에서는 국방과 군사 문제를 다루었고, ⌐(가)⌐에서는 제도와 격식을 만들었다.

① 삼사
② 상서성
③ 어사대
④ 식목도감

문항		번호			틀린 이유
0237	①	②	③	④	
0238	①	②	③	④	
0239	①	②	③	④	
0240	①	②	③	④	
0241	①	②	③	④	
0242	①	②	③	④	

해설

0237 (가)는 태조가 남긴 훈요 10조, (나)는 성종 때 최승로가 올린 시무 28조이다. ④ 성종 때 국자감이 설치되었다.

오답노트 ① 훈요 10조가 시무 28조보다 먼저 발표되었다. ② 양현고는 예종 때 설치되었다. ③ 과거 제도는 광종 때 실시되었다.

0238 (가) 시기는 고려 4대 국왕인 광종이 실시한 노비안검법과 고려 6대 국왕인 성종이 실시한 노비환천법 사이의 시기를 일컫는다. ③ 고려 5대 국왕인 경종 때 전시과 제도(시정 전시과)를 처음으로 실시하였다.

오답노트 ① 고려 7대 국왕인 목종, ② 고려 8대 국왕인 현종, ④ 고려 태조 때의 일이다.

0239 제시된 자료는 고려 성종 때 거란의 1차 침입 당시 소손녕과 서희의 외교 담판과 관련된 내용이다. ④ 성종 때 2성 6부제를 중심으로 중앙 관제를 정비하였다.

오답노트 ① 발해는 926년 거란의 침입으로 멸망했는데, 이때 고려는 태조가 집권하고 있었다. ② 고려 인종 때의 일이다. ③ 고려 문종 때의 일이다.

0240 제시된 자료는 고려 성종이 추진한 정책들에 대한 내용이다. ③ 성종 때 거란의 소손녕이 대군을 이끌고 침략하였다(거란의 1차 침입). 이때 서희가 소손녕과 담판을 하여 압록강 동쪽의 강동 6주를 확보하는 성과를 거두었다.

오답노트 ① 고려 예종 때 윤관의 여진 정벌에 대한 설명이다. ② 몽골의 1차 침입에 대한 설명으로, 고종 때의 일이다(최우 집권기). ④ 현종 때 거란의 2차 침입에 대한 설명이다.

0241 제시된 자료는 최승로가 성종에게 올린 시무 28조의 내용이다. 성종은 최승로의 건의에 따라 전국 주요 지역에 12목을 설치하고 지방관을 파견하였으며, 향리 제도를 마련하여 지방 세력을 견제하고자 하였다. ③ 성종은 지방에 향교를 설치하고, 경학박사와 의학박사를 파견하여 유학 교육 진흥에 노력하였다.

오답노트 ① 정종은 개경의 공신 세력을 제거하고 수도를 자신의 지지 세력인 왕식렴이 있는 서경으로 천도하고자 하였으나 실패하였다. ② 현종은 전국을 5도와 경기, 양계로 크게 나누어 지방 제도를 정비하였다. ④ 고려 태조는 불교를 숭상하여 연등회를 성대하게 개최하고 팔관회를 열도록 하였다. 그러나 성종 때에는 불교 행사가 억제되어 연등회, 팔관회가 폐지되었다.

0242 제시된 자료에 들어갈 정치 기구는 식목도감이다. 고려 시대에는 중서문하성과 중추원에 소속된 고관이 함께 모여 중요한 정책을 의논하는 기구인 도병마사와 식목도감이 있었다. ④ 식목도감은 법의 제정이나 각종 시행 규정 등 대내 문제를 주로 다루었다.

오답노트 ① 삼사는 화폐와 곡식의 출납에 대한 회계를 담당하였다. ② 상서성은 정무 집행 기관으로, 6부를 하위 기관으로 두고 정책을 집행하였다. ③ 어사대는 감찰이 주 업무이며, 정치의 잘잘못을 논의하고 풍속을 교정하며 백관을 규찰하고 탄핵하는 일을 담당하였다.

Answer 0237 ④ 0238 ③ 0239 ④ 0240 ③ 0241 ③ 0242 ④

유형

□□□

0243 (가)~(라)에 대한 설명으로 옳은 것은?

2017년 국가직 7급(하)

유사 2018년 법원직 9급 / 2018년 경찰 3차 / 2016년 서울시 9급 / 2011년 법원직 9급 / 2007년 법원직 9급

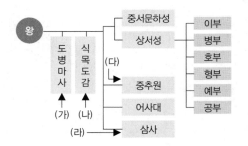

① (가)는 법제, 격식을 다루었으며, (나)는 고려 후기에 도당으로 불렸다.
② (가)와 (나)는 고려의 독자적인 기구이며, 중서문하성의 재신과 (다)의 추신이 합좌하였다.
③ (다)는 왕명 출납과 군기의 업무를 맡았고, (라)는 백관을 규찰하고 탄핵하였다.
④ (다)와 (라)는 당제를 모방하여 설치하였고, 주요 사안을 6부와 협의하여 결정하였다.

□□□

0244 (가)에 들어갈 내용으로 가장 옳지 않은 것은?

2024년 법원직 9급

○○ : 고려 시대 중서문하성의 낭사와 어사대의 관원을 합쳐서 불렀다. 이들은 ＿＿(가)＿＿의 역할을 담당하였다.
－「한국사 용어 사전」

① 왕의 잘못을 논하는 간쟁
② 중추원의 추밀과 함께 법제와 격식 제정
③ 관원 임명시 동의 여부에 서명할 수 있는 서경
④ 잘못된 왕명을 시행하지 않고 되돌려 보내는 봉박

□□□

0245 고려 전기의 문산계와 무산계에 대한 설명으로 옳지 않은 것은?

2018년 지방직 9급

① 중앙 문반에게 문산계를 부여하였다.
② 성종 때에 문산계를 정식으로 채택하였다.
③ 중앙 무반에게 무산계를 제수하였다.
④ 탐라의 지배층과 여진 추장에게 무산계를 주었다.

□□□

0246 ㉠의 정치 기구에 대한 설명으로 옳은 것은?

2013년 지방직 9급

유사 2011년 지방직 7급 / 2009년 국가직 7급

도병마사는 성종 때 처음 설치되어 국방 문제를 담당하였다. …(중략)… 원 간섭기에 ＿＿㉠＿＿(으)로 개칭되면서 국정 전반에 걸친 중요 사항을 관장하는 최고 기구로 발전하였다.

① 도당으로 불렸으며 조선 건국 초에 폐지되었다.
② 법제의 세칙을 만드는 고려의 독자적인 기구이다.
③ 정책을 집행하는 기능을 담당했으며, 그 밑에 6부를 두었다.
④ 관리의 임명이나 법령의 개폐를 동의하는 서경권을 행사하였다.

□□□
0247 다음은 어느 관리의 이력이다. 밑줄 친 (가)~(라)에 대한 설명으로 옳은 것은?

2012년 법원직 9급

> 목종 8년 과거에 장원으로 급제
> 현종 4년 국사수찬관으로 (가)『칠대실록』을 편찬
> 정종 1년 지공거(知貢擧)가 되어 과거를 주관
> 문종 1년 (나)문하시중이 되어 율령서산(律令書算)을 정함.
> 문종 4년 도병마사를 겸하게 되자 (다)동여진에 대한 대비책
>   을 건의함.
> 문종 9년 퇴직 후 학당을 설립, (라)9개의 전문 강좌를 개설

① (가) - 현존하는 가장 오래된 관찬 역사서이다.
② (나) - 재신과 낭사로 구성된 최고 기관의 장이다.
③ (다) - 동북 9성을 건설한 계기가 되었다.
④ (라) - 양현고의 지원을 받아 번성하였다.

□□□
0248 고려 시대의 정치 기구에 대한 설명으로 옳지 않은 것은?

2011년 지방직 9급

유사 2016년 경찰 1차 / 2013년 경찰 2차 / 2012년 경찰 1차 /
2008년 지방직 9급

관부	장관	특징
㉠	문하시중(종1)	정치의 최고 관부로서 재부라고 불리움
㉡	판원사(종2)	왕명 출납, 숙위, 군기(軍機)
㉢	판사(재신 겸)	국방, 군사 문제의 회의 기관
㉣	판사(재신 겸)	법제, 격식 문제의 회의 기관

① ㉠의 관직은 2품 이상의 재신과 3품 이하의 낭사로 구분
   되었다.
② ㉠과 ㉡의 고관인 재추들이 모여 국가의 중대사를 협
   의·결정하는 기구가 ㉢과 ㉣이었다.
③ ㉢은 고려 후기에 이르러 국가의 모든 정무를 관장하는
   최고 기구로 발전하였다.
④ ㉢은 당의 관제를, ㉣은 송의 관제를 본 딴 것이었다.

문항	번호				틀린 이유
0243	①	②	③	④	
0244	①	②	③	④	
0245	①	②	③	④	
0246	①	②	③	④	
0247	①	②	③	④	
0248	①	②	③	④	

해설

0243 ② (가) 도병마사와 (나) 식목도감은 고려의 독자적인 제도로, 중서문하성의 재신과 중추원의 추신(추밀)이 합좌하여 국정을 논의하였다.

오답노트 ① (가) 도병마사와 (나) 식목도감에 대한 설명이 바뀌었다. ③ (라) 삼사는 화폐와 곡식의 출납에 대한 회계 업무를 맡았다. 백관을 규찰하고 탄핵한 관서는 어사대이다. ④ (다) 중추원과 (라) 삼사는 송나라 제도를 채용하여 설치되었다.

0244 고려 시대 중서문하성의 낭사는 어사대의 관원과 함께 대간이라고 불리며 간쟁과 봉박, 서경 등의 임무를 수행하였다. ② 중서문하성의 재신에 대한 설명이다. 중서문하성의 재신은 중추원의 추밀과 함께 식목도감에서 법이나 각종 시행 규정을 제정하였다.

오답노트 ①,③,④ 고려 시대 대간의 역할에 대한 설명이다.

0245 ③ 중앙 무반들에게는 무산계가 아니라 문산계를 제수하였다.

오답노트 ① 중앙의 문반들에게는 문산계가 부여되었다. ② 문·무산계제가 정식으로 실시된 것은 고려 성종 때이다. ④ 탐라의 지배층, 여진 추장, 수공업자, 악공, 향리 등 지방 세력들에게 무산계가 부여되었다.

0246 제시된 자료의 ㉠은 도평의사사이다. ① 도당이라고 불렸던 도평의사사는 조선 초 태조 때부터 점차 약화되었으며, 정종 때에 이르러 왕세제 이방원의 관제 개혁으로 혁파되었다.

오답노트 ② 식목도감, ③ 상서성에 대한 설명이다. ④ 어사대의 관원과 중서문하성의 낭사를 대간이라 하였는데, 대간은 간쟁·봉박·서경의 임무를 수행하였다.

0247 제시된 자료는 고려 중기에 활약한 최충의 이력이다. ② 문하시중은 재신과 낭사로 구성된 고려 최고 관서인 중서문하성의 수장이다.

오답노트 ① 거란의 침입으로 고려의 실록이 소실되자 현종 때 태조부터 목종에 이르는 『7대 실록』을 편찬하기 시작하여 덕종 때 완성하였다. 그러나 현존하지 않는다. ③ 여진 정벌을 준비하기 위해 별무반을 조직한 것은 숙종 때이고, 동북 9성을 건설한 것은 예종 때이다. ④ 양현고는 예종 때 관학 진흥의 일환으로 설치한 장학 재단이다. 최충이 설립한 9재 학당은 사학 교육 기관이기 때문에 양현고와는 관련이 없다.

0248 ㉠은 중서문하성, ㉡은 중추원, ㉢은 도병마사, ㉣은 식목도감이다. ④ 도병마사와 식목도감은 고려의 독자적인 관제이다.

오답노트 ① 중서문하성은 최고 관서로서 2품 이상의 재신과 3품 이하의 낭사(간관)로 구성되었다. ② 중서문하성의 재신과 중추원의 추밀이 모여 국가의 중대사를 결정하는 기구로는 도병마사와 식목도감이 있었다. ③ 도병마사는 충렬왕 때 도평의사사(도당)로 개편되면서 최고 정무 기구로 발전하였다.

Answer 0243 ② 0244 ② 0245 ③ 0246 ① 0247 ② 0248 ④

0249 다음은 통일 신라, 발해, 고려의 관제를 나타낸 표이다. 각기 담당했던 기능이 비슷한 것끼리 묶인 것은?

2009년 법원직 9급

유사 2018년 지방직 9급 / 2011년 경찰(정보통신)

		통일 신라	발해	고려
㉠	국정 총괄	집사부	정당성	중추원
㉡	법률 담당	좌·우이방부	예부	형부
㉢	감찰 담당	사정부	중대성	어사대
㉣	국립 대학	국학	주자감	국자감

① ㉠, ㉢ ② ㉡, ㉣
③ ㉠, ㉣ ④ ㉡, ㉢

대표유형

0250 고려 시대 지방 행정에 대한 설명으로 옳은 것은?

2012년 지방직 9급

유사 2012년 경북 교행 / 2006년 법원직 9급

① 성종은 호장, 부호장과 같은 향리 직제를 마련하였다.
② 퇴직한 관료를 사심관으로 임명하여 출신 지역에 거주하게 하였다.
③ 광종은 처음으로 중요 거점 지역에 상주하는 지방관을 파견하였다.
④ 지방 향리의 자제를 상수리로 임명하여 궁중의 잡역을 담당하게 하였다.

0251 다음 사실이 있었던 시대에 대한 내용으로 옳은 것을 〈보기〉에서 모두 고른 것은?

2023년 법원직 9급

엄수안은 영월군의 향리로 키가 크고 담력이 있었다. 나라의 법에 향리에게 아들 셋이 있으면 아들 하나는 벼슬하는 것이 허락되어서, 엄수안은 관례에 따라 중방서리로 보임되었다. 원종 때 과거에 급제하여 도병마녹사에 임명되었다.

〔보기〕
㉠ 주현이 속현보다 적었다.
㉡ 모든 군현에 수령이 파견되었다.
㉢ 중서문하성의 낭사는 어사대와 함께 대간으로 불렸다.
㉣ 전국을 8도로 나누고 그 아래 부·목·군·현을 두었다.

① ㉠, ㉡ ② ㉡, ㉣
③ ㉠, ㉢ ④ ㉢, ㉣

0252 고려 시대 지방 제도에 대한 설명 중 가장 적절한 것은?

2019년 경찰 2차

유사 2018년 경찰 1차 / 2017년 경기북부 여경 / 2015년 경찰 3차

① 북방의 국경 지대에는 동계·북계의 양계를 설치하고 도독을 파견하였다.
② 중앙에서 지방을 견제하기 위해 외사정을 파견하였다.
③ 지방 행정 말단 조직으로 면·리·통을 두었다.
④ 조세와 공물의 징수 등 지방 행정의 실무는 향리가 담당하였다.

0253 고려 시대 군사 제도에 대한 설명으로 가장 옳지 않은 것은?

2019년 서울시 9급

① 북방의 양계 지역에는 주현군을 따로 설치하였다.

② 2군(二軍)인 응양군과 용호군은 왕의 친위 부대였다.

③ 6위(六衛) 중의 감문위는 궁성과 성문 수비를 맡았다.

④ 직업 군인인 경군에게 군인전을 지급하고 그 역을 자손에게 세습시켰다.

0254 다음과 같은 군사 제도를 두었던 나라에 대한 설명으로 옳은 것은?

2016년 서울시 7급

> 중앙에는 응양군과 용호군, 그리고 좌우위, 신호위, 흥위위, 금오위, 천우위, 감문위 등을 두어 국왕 호위, 수도 경비, 국경 방어, 경찰, 의장, 궁성과 도성문 수비 등의 역할을 수행하게 하였다.

① 장군들로 구성된 장군방, 상장군·대장군들로 구성된 중방이라는 합좌 기관이 있었다.

② 중앙군으로 10위를 두고 그 밑에 지방군이 있었다.

③ 다섯 군단으로 구성된 중앙군이 있었고 지방의 육군은 진관 체제로 편성하였다.

④ 포수·사수·살수의 삼수로 나누어 훈련시켜 군사의 전문적 기능을 높였다.

문항	번호				틀린 이유
0249	①	②	③	④	
0250	①	②	③	④	
0251	①	②	③	④	
0252	①	②	③	④	
0253	①	②	③	④	
0254	①	②	③	④	

해설

0249 ㉢ 좌·우이방부와 예부, 형부는 모두 법률을 담당한 부서들이다. ㉣ 국학, 주자감, 국자감은 모두 최고 교육 기관들이다.

오답노트 ㉠ 고려에서 국정을 총괄한 기관은 중추원이 아니라 중서문하성이다. ㉡ 발해에서 감찰을 담당한 기관은 중대성이 아니라 중정대이다.

0250 ① 성종은 호장, 부호장과 같은 향리 직제를 마련하여 지방 세력을 견제하였다.

오답노트 ② 중앙에 상주하는 고관을 자기 출신지의 사심관으로 임명하였다. ③ 지방관을 처음 파견한 것은 광종이 아닌 성종이다. ④ 상수리 제도는 통일 신라 때 토착 세력을 상경시켜 관부의 일을 맡아보게 하면서 이들을 통제한 제도이다. 고려 시대에는 호족의 자제를 서울로 데려다가 그 지방 행정에 관한 자문 역할을 하도록 한 기인 제도를 실시하였다.

0251 제시된 자료는 고려 향리인 엄수안의 행적을 나열한 것이다. 원종, 도병마사 등을 통해 고려 시대임을 추정할 수 있다. ㉠ 고려 시대에는 지방관이 파견되는 주현보다 지방관이 파견되지 않은 속현이 더 많았다. ㉢ 고려 시대 어사대의 관리는 중서문하성의 낭사와 함께 대간이라고 불리며 간쟁과 봉박·서경 등의 임무를 수행하였다.

오답노트 ㉡,㉣ 조선 시대의 지방 제도에 대한 설명이다.

0252 ④ 고려의 향리는 외관을 보좌하며, 노역 징발과 조세 징수 등 지방 행정의 실무를 담당하였다.

오답노트 ① 고려는 국경 지대에 북계와 동계를 설치하고, 도독이 아니라 병마사를 파견하였다. 도독은 통일 신라 때 9주에 파견한 장관의 명칭이다. ② 지방관을 감찰하기 위해 외사정을 파견한 것은 고려가 아니라 통일 신라 때의 일이다. ③ 면·리·통은 고려가 아니라 조선 시대의 지방 행정 말단 조직이다.

0253 ① 양계 지역에는 주현군이 아니라 주진군을 두었다.

오답노트 ② 고려 시대는 중앙군을 2군 6위로 운영하였는데, 2군은 응양군과 용호군으로 구성되어 국왕의 친위군 역할을 하였다. ③ 고려 시대의 6위 중 하나였던 감문위는 궁성과 성문의 수비를 담당하였다. ④ 고려 시대의 경군(중앙군)은 직업 군인으로 편성되었는데, 이들은 군적에 올라 군인전을 지급받고 그 역은 자손에게 세습되었다.

0254 제시된 자료는 고려의 중앙군에 대한 설명이다. ① 2군 6위의 장군들은 합좌 기구인 장군방, 중방에서 군사 문제를 논의하였다.

오답노트 ② 발해는 중앙군으로 10위를 두어 왕궁과 수도의 경비를 맡겼다. ③ 조선의 군사 제도에 대한 설명이다. ④ 조선 후기의 5군영 중 하나인 훈련도감에 대한 설명이다.

Answer 0249 ② 0250 ① 0251 ③ 0252 ④ 0253 ① 0254 ①

PART 03

0255 고려 시대 음서에 대한 설명으로 옳은 것만을 모두 고르면?

2019년 지방직 7급
유사 2015년 법원직 9급 / 2014년 사회복지직 9급

> ㉠ 문종 때 처음 실시되었다.
> ㉡ 음서로 등용된 사람들은 고위 관직에 오르지 못했다.
> ㉢ 사위나 외손자에게도 적용되었다.
> ㉣ 공신의 자손, 조종 묘예, 문무 5품 이상 관인의 자손 등 이 대상이었다.

① ㉠, ㉡
② ㉠, ㉢
③ ㉡, ㉣
④ ㉢, ㉣

문벌 귀족 사회의 성립과 대외 관계

0256 다음과 같이 말한 인물에 대한 설명으로 옳은 것은?

2023년 국가직 9급

> 우리나라가 곧 고구려의 옛 땅이다. 그리고 압록강의 안팎 또한 우리의 지역인데 지금 여진이 그 사이에 몰래 점거하여 저항하고 교활하게 대처하고 있어서 …(중략)… 만일 여진을 내쫓고 우리 옛 땅을 되찾아서 성보(城堡)를 쌓고 도로를 통하도록 하면 우리가 어찌 사신을 보내지 않겠는가?
> ─『고려사』

① 목종을 폐위하였다.
② 귀주에서 거란군을 물리쳤다.
③ 여진을 몰아내고 동북 9성을 쌓았다.
④ 소손녕과 담판하여 강동 6주를 획득하였다.

0257 (가)에 대한 설명으로 옳은 것은?

2021년 지방직 9급
유사 2014년 법원직 9급

> 건국 초부터 북진 정책을 추진한 고려는 발해를 멸망시킨 __(가)__ 을/를 견제하고 송과 친선 관계를 맺었다. 이에 송과 대립하던 __(가)__ 은/는 고려를 경계하여 여러 차례 고려에 침입하였다.

① 강조의 정변을 구실로 고려를 침략하였다.
② 고려에 동북 9성을 돌려달라고 요구하였다.
③ 다루가치를 배치하여 고려의 내정을 간섭하였다.
④ 쌍성총관부를 두어 철령 이북의 땅을 지배하였다.

0258 (가)와 (나) 사건 사이에 있었던 사실로 옳은 것은?

2021년 소방직
유사 2014년 법원직 9급

> (가) 강감찬이 산골짜기 안에 병사를 숨기고 큰 줄로 쇠가죽을 꿰어 성 동쪽의 큰 개천을 막아서 기다리다가, 적이 이르자 물줄기를 터뜨려 크게 이겼다.
> (나) 윤관이 새로운 부대를 창설했는데, 말을 가진 자는 신기군으로 삼았고, 말이 없는 자는 신보군 등에 속하게 하였으며, 승려들을 뽑아 항마군으로 삼았다.

① 여진을 몰아내고 동북 9성을 설치하였다.
② 공을 세운 신하들에게 역분전을 지급하였다.
③ 압록강에서 도련포에 이르는 천리장성을 축조하였다.
④ 친원적 성향이 강한 권문세족이 지배 세력으로 등장하였다.

□□□

0259 〈보기〉의 대외 관계에 관한 사실을 일어난 순서대로 바르게 나열한 것은?

2019년 서울시 7급(상)

유사 2019년 서울시 9급(상) / 2019년 경찰 2차 / 2017년 경찰 2차 / 2016년 경찰간부 / 2015년 경찰간부 / 2013년 서울시 7급

┌─ 〔보기〕─────────────────────────

㉠ 강감찬이 거란군을 맞아 귀주에서 크게 승리했다.

㉡ 윤관이 별무반을 편성하여 여진을 물리치고 동북 9성을 개척했다.

㉢ 서희가 소손녕과 담판하여 강동 6주를 영토로 편입시켰다.

㉣ 몽골과 강화를 맺고 개경으로 환도했다.

└─────────────────────────────

① ㉠ - ㉡ - ㉢ - ㉣   ② ㉡ - ㉢ - ㉣ - ㉠

③ ㉢ - ㉠ - ㉡ - ㉣   ④ ㉣ - ㉡ - ㉢ - ㉠

□□□

0260 다음 (갑)과 (을)의 담판 이후에 있었던 (을)의 활동으로 옳은 것은?

2018년 국가직 9급

유사 2013년 국가직 7급 / 2013년 경찰간부

┌──────────────────────────────

(갑) 그대 나라는 신라 땅에서 일어났고 고구려 땅은 우리의 소유인데 그대들이 침범했다.

(을) 아니다. 우리야말로 고구려를 이은 나라이다. 그래서 나라 이름도 고려라 했고, 평양에 도읍하였다. 만일 땅의 경계로 논한다면 그대 나라 동경도 모두 우리 강역에 들어 있는 것인데 어찌 침범이라 하겠는가.

└──────────────────────────────

① 천리장성 축조   ② 강동 6주 경략

③ 귀주 대첩   ④ 9성 설치

문항		번호			틀린 이유
0255	①	②	③	④	
0256	①	②	③	④	
0257	①	②	③	④	
0258	①	②	③	④	
0259	①	②	③	④	
0260	①	②	③	④	

해설

0255 ㉢ 4~5품은 아들과 손자까지 음서의 혜택이 주어졌지만 3품 이상의 경우 조카·사위·동생·양자도 음서의 혜택을 받을 수 있었다. ㉣ 음서는 공신의 자손, 조종 묘예(왕실의 후대 자손), 문무 5품 이상 관리의 자손 등이 대상이었다.

오답노트 ㉠ 음서는 목종 즉위년에 최초로 시행한 기록이 있는 것을 통해 적어도 성종 시기에는 제도가 제정되어 있었을 것으로 보인다. ㉡ 음서로 등용된 사람들은 대부분 5품 이상의 고위직에 진출할 수 있었다.

0256 제시된 자료는 고려 성종 재위 기간인 거란의 1차 침입 당시, 서희가 거란의 소손녕과 담판한 내용이다. ④ 서희는 소손녕과의 담판에서 거란과 교류하겠다고 약속하고, 대신 압록강 동쪽의 강동 6주를 획득하였다.

오답노트 ① 강조에 대한 설명이다. ② 현종 재위 기간인 거란의 3차 침입 당시, 강감찬이 지휘하는 고려군은 귀주에서 퇴각하는 거란군을 크게 물리쳤다(귀주 대첩, 1019). ③ 윤관에 대한 설명이다.

0257 제시된 자료의 (가)는 거란이다. ① 거란의 2차 침입과 관련된 내용이다. 고려가 송과 친선 관계를 계속 유지하자, 거란은 강조의 정변을 계기로 40만 대군을 이끌고 다시 쳐들어 왔다(거란의 2차 침입).

오답노트 ② 여진과 관련된 내용이다. ③ 몽골(원)과 관련된 내용이다. ④ 고려 고종 때 몽골(원)은 화주(영흥)에 쌍성총관부를 설치하여 철령 이북의 땅을 지배하였다.

0258 (가)는 고려 현종 재위 기간에 일어난 거란의 3차 침입 당시의 귀주 대첩(1019)과 관련된 내용이다. (나)는 고려 숙종 때 윤관이 별무반을 창설한 것과 관련된 내용이다. ③ 거란의 3차 침입을 격퇴한 이후, 고려는 압록강 어귀에서 동해안의 도련포에 이르는 북쪽 국경 일대에 천리장성을 축조(1033~1044, 덕종~정종)하였다.

오답노트 ① (나) 이후인 고려 예종 때의 일이다. ② (가) 이전인 고려 태조 때의 일이다. ④ 권문세족이 지배 세력으로 등장한 것은 (나) 이후인 원 간섭기 때의 일이다.

0259 ㉢ 거란의 1차 침입에 대한 설명으로, 성종 때의 사실이다. ㉠ 거란의 3차 침입에 대한 설명으로, 현종 때의 사실이다. ㉡ 윤관이 여진을 토벌하고 동북 9성을 축조한 것은 예종 때의 사실이다. ㉣ 개경 환도는 1270년 원종 때의 사실이다.

0260 제시된 자료는 거란의 1차 침입 당시 서희와 소손녕의 담판 내용으로, (갑)은 소손녕이고 (을)은 서희이다. ② 서희는 이 담판에서 뛰어난 외교 솜씨로 거란 부대를 물리치고, 강동 6주를 얻어내 이곳을 경략하는데 성공함으로써 국경을 압록강 이남까지 확대하였다.

오답노트 ① 고려의 천리장성 축조는 거란의 3차 침입을 막아낸 이후의 사실이며, 서희와는 관련이 없다. ③ 귀주 대첩은 거란의 3차 침입 당시의 사실로, 강감찬이 지휘하였다. ④ 9성은 12세기 초 동북 일대 여진족을 축출한 이후 설치한 것으로, 윤관이 주도하였다.

Answer 0255 ④ 0256 ④ 0257 ① 0258 ③ 0259 ③ 0260 ②

PART 03

대표유형

□□□

0261 밑줄 친 '이곳'에 대한 설명으로 옳은 것은?

2023년 국가직 9급

> • 장수왕은 남진 정책의 일환으로 수도를 이곳으로 천도하였다.
> • 묘청은 이곳으로 수도를 옮길 것을 주장하였다.

① 쌍성총관부가 설치되었다.
② 망이·망소이가 반란을 일으켰다.
③ 제너럴 셔먼호 사건이 발생하였다.
④ 1923년 조선 형평사가 결성되었다.

대표유형

□□□

0262 (가) 지역에 대한 설명으로 옳은 것은?

2021년 지방직 9급

> 나는 삼한(三韓) 산천의 음덕을 입어 대업을 이루었다. (가) 은/는 수덕(水德)이 순조로워 우리나라 지맥의 뿌리가 되니 대업을 만대에 전할 땅이다. 왕은 춘하추동 네 계절의 중간 달에 그곳에 가 100일 이상 머물러서 나라를 안녕케하라. ─『고려사』

① 이곳에 대장도감을 설치하여 재조대장경을 만들었다.
② 지눌이 이곳에서 수선사 결사 운동을 펼쳤다.
③ 망이·망소이가 이곳에서 봉기하였다.
④ 몽골이 이곳에 동녕부를 두었다.

□□□

0263 여름 휴가를 맞아 강화도로 답사 여행을 떠나고자 한다. 다음 중 유적(지)과 주제의 연결이 옳지 않은 것은?

2023년 지방직 9급

	유적(지)	주제
①	외규장각	동학 농민 운동
②	고려궁지	대몽 항쟁
③	고인돌	청동기 문화
④	광성보	신미양요

□□□

0264 (가) 지역에 대한 설명으로 옳은 것을 〈보기〉에서 모두 고른 것은?

2023년 법원직 9급

> 몽골의 대군이 경기 지역으로 침입하자 최이가 재추 대신들을 모아 놓고 (가) 천도를 의논하였다. 사람들은 옮기기를 싫어하였으나 최이의 세력이 두려워서 감히 한마디도 발언하는 자가 없었다. 오직 유승단이 "작은 나라가 큰 나라를 섬기는 것은 도리에 맞는 일이니, 예로써 섬기고 믿음으로써 사귀면 그들도 무슨 명목으로 우리를 괴롭히겠는가? 성곽과 종사를 내버리고 섬에 구차히 엎드려 세월을 보내면서 장정들을 적의 칼날에 죽게 만들고, 노약자들을 노예로 잡혀가게 하는 것은 국가를 위한 계책이 아니다."라고 반대하였다.

┌ 보기 ┐
⊙ 동녕부가 설치되었다.
ⓒ 조선왕조실록 사고가 세워졌다.
ⓒ 망이·망소이의 난이 일어났다.

① ⊙　　　　　　② ⊙, ⓒ
③ ⓒ　　　　　　④ ⓒ, ⓒ

☐☐☐

0265 밑줄 친 '이 지역'에 대한 설명으로 옳은 것은?

2020년 국가직 9급

유사 2010년 교원임용 / 2009년 국가직 7급 / 2009년 서울시 9급

> 장수왕은 군사 3만을 거느리고 백제를 침공하여 왕도인 이 지역을 함락시켜, 개로왕을 살해하고 남녀 8천 명을 사로잡아 갔다.

① 망이, 망소이가 반란을 일으켰다.
② 고려 문종 대에 남경이 설치되었다.
③ 보조국사 지눌이 수선사 결사를 주도하였다.
④ 고려 태조가 북진 정책의 전진 기지로 삼았다.

☐☐☐

0266 밑줄 친 '이곳'에서 일어난 일로 옳은 것은?

2018년 지방직 9급

유사 2017년 법원직 9급 / 2011년 국가직 7급

> 고려 정종 때 이곳으로 천도 계획을 세웠으나 실현되지 못했고, 문종 때 이곳 주위에 경기 4도를 두었다.

① 이곳에서 현존 세계 최고의 직지심체요절이 간행되었다.
② 지눌이 이곳을 중심으로 수선사 결사 운동을 전개하였다.
③ 조위총이 정중부 등의 타도를 위해 이곳에서 반란을 일으켰다.
④ 강조가 군사를 이끌고 이곳으로 들어와 김치양 일파를 제거하였다.

문항	번호				틀린 이유
0261	①	②	③	④	
0262	①	②	③	④	
0263	①	②	③	④	
0264	①	②	③	④	
0265	①	②	③	④	
0266	①	②	③	④	

해설

0261 제시된 자료는 평양(서경)에서 전개된 역사적 사실들을 나열한 것이다. 5세기 장수왕 때 고구려는 평양으로 천도했으며, 고려 인종 때 묘청은 서경(평양)으로 천도할 것을 주장하였다. ③ 평양에 대한 설명이다. 흥선 대원군 때인 1866년 미국 상선 제너럴 셔먼호가 평양에 와서 통상을 요구했으나, 이들의 횡포에 분노한 평양의 관군과 주민들은 평안감사 박규수의 지휘 아래 제너럴 셔먼호를 불태워 침몰시켰다.

오답노트 ① 쌍성총관부는 철령 이북 지역인 화주(영흥)에 설치되었다. ② 망이·망소이가 반란을 일으킨 곳은 공주 명학소이다. ④ 조선 형평사가 결성된 곳은 경상남도 진주이다.

0262 제시된 자료는 고려 태조가 남긴 훈요 10조의 내용으로, (가) 지역은 서경이다. ④ 고려 원종 때 최탄의 투항으로 몽골(원)은 자비령 이북의 땅을 차지하고 서경에 동녕부를 설치하였다.

오답노트 ① 최우 무신 정권은 강화도에 대장도감을 설치하였다. ② 지눌은 전라도 순천을 중심으로 수선사 결사 운동을 전개하였다. ③ 공주에 대한 설명이다.

0263 ① 외규장각과 관련된 주제는 정조, 병인양요 등이 있다. 병인양요 때 프랑스군은 강화도의 외규장각(정조 때 설치)에서 많은 서적과 의궤, 은괴 등 조선의 귀중한 문화재와 보화를 약탈해 갔다.

오답노트 ② 강화도의 고려궁지는 대몽 항쟁 당시, 고려의 궁궐이 있던 곳이다. ③ 청동기 유적인 고인돌은 강화도 부근리 등 여러 곳에서 발견되었다. ④ 신미양요 때 강화도의 광성보에서 어재연이 이끄는 부대가 미군의 공격에 맞서 항전을 하였으나 전력의 열세로 함락되고 어재연은 전사하였다.

0264 제시된 자료는 고려 최우 집권기에 몽골의 침입에 맞서 강화도 천도를 논의하는 내용이다. 유승단은 강화 천도에 대해 반대하였다. 따라서 (가)는 강화도를 일컫는다. ⓒ 임진왜란 이후 강화도 정족산에 조선왕조실록을 보관하는 사고가 세워졌다.

오답노트 ㉠ 원(몽골)은 서경에 동녕부를 설치하였다. ⓒ 공주 명학소에 대한 설명이다.

0265 제시된 자료의 밑줄 친 '이 지역'은 오늘날 서울인 한성이다. ② 고려 문종 때 한양을 남경으로 승격시켜 개경, 서경과 함께 3경이라 하였다.

오답노트 ① 공주 명학소에 대한 설명이다. ③ 지눌은 전라도 순천 송광사에서 수선사 결사를 주도하였다. ④ 서경(평양)에 대한 설명이다.

0266 제시된 자료의 밑줄 친 '이곳'은 서경이다. ③ 서경 유수 조위총은 정중부 정권 타도를 주장하며 지방군과 농민을 이끌고 반란을 일으켰으나 진압되었다.

오답노트 ① 직지심체요절은 청주 흥덕사에서 간행되었다. ② 지눌은 전라도 순천의 송광사를 중심으로 수선사 결사 운동을 전개하였다. ④ 강조는 군사를 이끌고 개경으로 들어와 김치양 일파를 제거하였다.

Answer 0261 ③ 0262 ④ 0263 ① 0264 ③ 0265 ② 0266 ③

0267 다음 밑줄 친 '이 도시'의 역사적 사실에 대한 설명으로 옳은 것은?

2018년 기상직 9급

유사 2017년 법원직 9급 / 2011년 국가직 7급

> 이 도시는 2015년, 유네스코에서 지정한 우리나라의 12번째 세계 문화유산과 관련된 지역이다. 유네스코는 이 도시의 역사 유적지인 아래 두 곳을 포함해 '백제 역사 유적 지구'를 지정하였다.

▲ 공산성

▲ 송산리 고분군

① 백제 금동 대향로가 출토되었다.
② 호암사에 있는 정사암에서 중대한 회의가 이루어졌다.
③ 헌덕왕 17년(825) 내물계 후손 김헌창이 난을 일으켰다.
④ 명종 6년(1176) 망이·망소이의 난이 벌어졌다.

0268 고려 시대 의주에 대한 설명으로 옳지 않은 것은?

고난도

2017년 국가직 9급

① 청천강변에 위치하며 도호부가 설치된 곳이다.
② 강동 6주 가운데 하나인 흥화진이 있던 곳이다.
③ 요(遼)와 물품을 거래하던 각장이 설치된 곳이다.
④ 요(遼)와 금(金)의 분쟁을 이용하여 회복하려고 시도한 곳이다.

0269 (가) 지역에 대한 설명으로 옳은 것은?

2016년 교육행정직 9급

> 김위제가 도선의 비기를 공부한 후, 남경 천도를 청하며 다음과 같은 글을 올렸다. "『도선기』에는 '고려 땅에 세 곳의 수도가 있으니, __(가)__ 이/가 중경, 목멱양이 남경, 평양이 서경이다. 11월에서 2월까지는 중경에서, 3월에서 6월까지는 남경에서, 7월에서 10월까지는 서경에서 지내면 36개국이 와서 조공할 것이다.'라고 했습니다."

① 견훤이 국도로 삼은 곳이다.
② 묘청이 반란을 일으킨 곳이다.
③ 망이·망소이의 난이 일어난 곳이다.
④ 거란의 침략에 대비하여 나성이 축조된 곳이다.

0270 우리 역사 속의 제주도에 관한 설명으로 옳은 것은?

2010년 국가직 9급

① 원래 탐라라고 불렸는데 고려 시대에 제주라는 이름으로 바뀌었다.
② 삼별초는 관군의 압박이 심해지자 이 섬을 버리고 진도로 옮겨갔다.
③ 장보고는 완도에 청해진, 이곳에 혈구진을 세워 해상 세력을 형성하였다.
④ 구한 말 영국 함대가 러시아를 견제하기 위해 이곳을 무단 점령하였다.

□□□
0271 아래에서 설명하는 지역의 역사적 사실로 옳지 않은 것은?

2010년 지방직 7급

> • 신라 하대에 군진 세력의 하나인 혈구진이 있었다.
> • 정제두를 중심으로 한 조선의 양명학파가 형성되었다.

① 고려 초기에 풍수지리설의 길지로 여겨진 삼경 중의 한 곳이다.
② 조선 시대 실록이 보관된 사고가 있던 곳이다.
③ 조선 시대에 왕실에서 초제를 지낸 산이 있다.
④ 개항 전에 프랑스군의 침입을 받았으나 격퇴한 곳이다.

대표 유형

□□□
0272 (가)의 재위 기간에 있었던 사실로 옳은 것은?

2024년 국가직 9급

> 강조의 군사들이 궁문으로 마구 들어오자, 목종이 모면할 수 없음을 깨닫고 태후와 함께 목 놓아 울며 법왕사로 옮겼다. 잠시 후 황보유의 등이 [(가)]을/를 받들어 왕위에 올렸다. 강조가 목종을 폐위하여 양국공으로 삼고, 군사를 보내 김치양 부자와 유행간 등 7인을 죽였다.

① 윤관이 별무반 편성을 건의하였다.
② 외적이 침입하여 국왕이 복주(안동)로 피난하였다.
③ 서희의 외교 담판으로 강동 6주 지역을 획득하였다.
④ 불교 경전을 집대성한 초조대장경 조판이 시작되었다.

문항		번호			틀린 이유
0267	①	②	③	④	
0268	①	②	③	④	
0269	①	②	③	④	
0270	①	②	③	④	
0271	①	②	③	④	
0272	①	②	③	④	

해설

0267 제시된 자료의 밑줄 친 '이 도시'는 공주이다. ④ 고려 명종 때, 공주 명학소에서 망이와 망소이가 봉기하였다.

오답노트 ① 백제 금동 대향로는 부여 능산리 절터에서 출토되었다. ② 백제는 사비(부여) 부근의 호암사라는 절에 있는 정사암이라는 바위 앞에 모여 귀족들이 회의를 열어 국가 중대사를 논의하였다. ③ 김헌창의 난이 일어난 지역은 공주(웅천주)가 맞지만, 김헌창은 내물계 후손이 아니라 무열계 후손이다.

0268 ① 의주는 청천강이 아니라 압록강변에 위치한 지역이며, 고려의 도호부에도 속하지 않는다. 고려 시대의 도호부에는 5도 지역에 안서 도호부와 안남 도호부, 양계 지역에 안북 도호부와 안변 도호부가 있으며, 그중 청천강변에 위치한 고려의 도호부는 안북 도호부(현재 평안남도 안주)이다.

오답노트 ② 의주는 강동 6주 가운데 흥화진이 있던 곳이다. ③ 각장은 고려 시대에 거란과 여진 등과의 교역을 위해 설치한 공식 무역장이다. 고려는 의주에 각장을 설치하여 거란과 무역을 하였다. ④ 거란은 1014년 압록강 동쪽 의주 지역의 일부를 점령하여 보주(保州)라 칭하였는데, 귀주 대첩 이후에도 거란이 차지하고 있었다. 이 지역은 예종 때 들어 요와 금의 분쟁 지역이 되었는데 고려는 이러한 분쟁을 이용하여 보주 지역을 회복하였다. 이후 고려 인종 때 금이 보주 지역의 반환을 요구하여 외교적 문제로 대두되었다.

0269 제시된 자료의 (가)는 개경을 일컫는다. ④ 고려 현종 때 강감찬의 건의에 따라 개경에 나성을 쌓아 도성 수비를 강화하였다.

오답노트 ① 견훤은 완산주(전주)에 도읍을 정하고 후백제를 세웠다. ② 묘청은 서경(평양)을 중심으로 반란을 일으켰다. ③ 망이 · 망소이는 공주 명학소에서 반란을 일으켰다.

0270 ① 제주도는 본래 탐라라고 불렸다. 고려 숙종 때 탐라군이 되어 고려의 직접 관할하에 들어왔으며, 고려 희종 때 제주로 개칭되었다.

오답노트 ② 삼별초는 강화도에서 진도, 진도에서 제주도로 이동하면서 항쟁하였으며 제주도에서 평정되었다. ③ 혈구진은 강화도에 세워진 신라 하대의 군진이며, 장보고가 세운 것도 아니다. ④ 19세기 후반 고종 때 러시아의 남하를 막기 위해 영국이 거문도를 점령하였다(1885~1887).

0271 혈구진은 신라 하대에 강화도에 세운 군진이며, 정제두는 조선 후기에 강화도에서 양명학을 중심으로 한 강화 학파를 성립시켰다. ① 서경(평양)에 대한 설명이다. 훈요 10조 중 5조에 '서경은 수덕이 순조로워 우리나라 지맥의 근본이니 후세의 왕들이여, 100일간 그곳에 머무르라'는 내용이 있다.

오답노트 ② 조선 전기에는 춘추관, 충주, 전주, 성주에 실록을 보관하는 사고를 두었는데 임진왜란으로 전주 사고 외의 실록이 소실되었다. 이후 이 전주 사고의 실록을 바탕으로 5대 사고(춘추관, 오대산, 태백산, 적상산, 마니산)를 마련하여 실록을 보관하였는데 그 중 하나가 강화도의 마니산 사고이다. ③ 조선 시대의 초제는 궁중과 단군이 제천했다는 강화도 마니산 등지에서 행하여 민족 의식을 높여 주는 기능을 수행하였다. ④ 1866년 병인박해를 구실로 프랑스군이 강화도를 침범하였다.

0272 제시된 자료는 목종 때 일어난 강조의 정변에 대한 내용으로, 이 사건을 계기로 목종이 폐위되고 현종이 즉위하였다. 따라서 (가)에 들어갈 국왕은 고려 현종이다. ④ 현종 때 거란의 침입을 받았던 고려는 부처의 힘을 빌려 이를 물리치려고 초조대장경 조판을 시작하였다.

오답노트 ① 고려 숙종 때의 일이다. ② 고려 후기 공민왕에 대한 설명이다. ③ 고려 성종 때의 일이다.

Answer 0267 ④ 0268 ① 0269 ④ 0270 ① 0271 ① 0272 ④

대표 유형

□□□

0273 밑줄 친 '왕'의 재위 기간에 있었던 사실로 옳은 것은?

2016년 지방직 9급

> 주전도감에서 왕에게 아뢰기를 "백성들이 화폐를 사용하는 유익함을 이해하고 그것을 편리하게 생각하고 있으니 이 사실을 종묘에 알리십시오."라고 하였다. 이 해에 또 은병을 만들어 화폐로 사용하였는데, 은 한 근으로 우리나라의 지형을 본떠서 만들었고 민간에서는 활구라고 불렀다.

① 주요 지역에 12목을 설치하고 목사를 파견하였다.
② 여진 정벌을 위해 윤관이 건의한 별무반을 설치하였다.
③ 지방 호족을 견제하기 위해 사심관과 기인 제도를 도입하였다.
④ 왕권을 강화하기 위해 과거 제도를 시행하고 독자적인 연호를 사용하였다.

대표 유형

□□□

0274 밑줄 친 '왕'의 재위 기간에 있었던 사실로 가장 옳은 것은?

2022년 법원직 9급

> 왕은 윤관이 이끄는 별무반을 파견하여 여진을 정벌한 후 동북쪽에 9개의 성을 쌓아 방어하도록 하였다.

① 광덕, 준풍이라는 연호를 사용하였다.
② 최승로가 시무 28조의 개혁안을 제시하였다.
③ 양현고를 설치하여 관학을 진흥시키고자 하였다.
④ 의천 등의 건의를 받아들여 주전도감을 설치하였다.

□□□

0275 (가) 인물에 대한 설명으로 옳은 것은?

2022년 지방직 9급

> 군대를 이끌고 통주성 남쪽으로 나가 진을 친 ___(가)___ 은/는 거란군에게 여러 번 승리를 거두었다. 하지만 자만하게 된 그는 결국 패해 거란군의 포로가 되었다. 거란의 임금이 그의 결박을 풀어 주며 "내 신하가 되겠느냐?"라고 물으니, ___(가)___ 은/는 "나는 고려 사람인데 어찌 너의 신하가 되겠느냐?"라고 대답하였다. 재차 물었으나 같은 대답이었으며, 칼로 살을 도려내며 물어도 대답은 같았다. 거란은 마침내 그를 처형하였다.

① 묘청의 난을 진압하였다.
② 별무반의 편성을 건의하였다.
③ 목종을 폐위하고 현종을 옹립하였다.
④ 거란과 협상하여 강동 6주 지역을 고려 영토로 확보하였다.

□□□

0276 〈보기〉의 밑줄 친 인물이 왕으로 즉위하여 활동하던 기간에 있었던 사실로 가장 옳은 것은?

2022년 서울시 9급

[보기]

> 개경으로 돌아온 강조(康兆)는 김치양 일파를 제거함과 동시에 국왕마저 폐한 후 살해하였다. 이 같은 소용돌이에서 대량원군이 임금으로 즉위하였다.

① 부모의 명복을 빌기 위해 현화사(玄化寺)를 창건했다.
② 거란의 침입에 대비하기 위하여 광군 30만을 조직했다.
③ 강동 6주의 땅을 고려 영토로 편입시켰다.
④ 재조대장경의 각판 사업에 착수했다.

□□□
0277 밑줄 친 '이 부대'에 대한 설명으로 옳은 것은?

2020년 지방직 9급
유사 2012년 경찰 3차 / 2007년 국가직 9급

> 윤관이 아뢰기를, "신이 적의 기세를 보건대 예측하기 어려울 정도로 군세니, 마땅히 군사를 쉬게 하고 군관을 길러서 후일을 기다려야 할 것입니다. 또 신이 싸움에서 진 것은 적은 기병(騎兵)인데 우리는 보병(步兵)이라 대적할 수가 없었기 때문입니다."라 하였다. 이에 그가 건의하여 처음으로 이 부대를 만들었다.

① 정종 2년에 설치되었다.
② 귀주 대첩에서 큰 활약을 하였다.
③ 여진족에 대처하기 위해 조직되었다.
④ 응양군, 용호군, 신호위 등의 2군과 6위로 편성되었다.

□□□
0278 밑줄 친 '왕'의 정책으로 옳지 않은 것은?

2017년 국가직 9급(하)

> 대관(大觀) 경인년에 천자께서 저 먼 변방에서 신묘한 도(道)를 듣고자 함을 돌보시어 신사(信使)를 보내시고 우류(羽流) 2인을 딸려 보내어 교법에 통달한 자를 골라 훈도하게 하였다. 왕은 신앙이 돈독하여 정화(政和) 연간에 비로소 복원관(福源觀)을 세워 도가 높은 참된 도사 10여 인을 받들었다. 그러나 그 도사들은 낮에는 재궁(齋宮)에 있다가 밤에는 집으로 돌아가고는 하였다. 그래서 후에 간관이 지적, 비판하여 다소간 법으로 금하는 조치를 취하게 되었다. 간혹 듣기로는, 왕이 나라를 다스렸을 때는 늘 도가의 도록을 보급하는 데 뜻을 두어 기어코 도교로 호교(胡敎)를 바꿔 버릴 생각을 하고 있었으나 그 뜻을 이루지 못해 무엇인가를 기다리는 것이 있는 듯하였다고 한다. — 『고려도경』

① 우봉·파평 등의 지역에 감무관을 파견하였다.
② 국학 7재를 설치하여 관학을 진흥하였다.
③ 김위제의 건의로 남경 건설을 추진하였다.
④ 윤관을 원수로 하여 여진 정벌을 단행하였다.

문항		번호			틀린 이유
0273	①	②	③	④	
0274	①	②	③	④	
0275	①	②	③	④	
0276	①	②	③	④	
0277	①	②	③	④	
0278	①	②	③	④	

해설

0273 밑줄 친 '왕'은 고려 숙종이다. ② 숙종은 여진족 토벌을 위해 윤관으로 하여금 별무반을 조직하도록 하였다.

오답노트 ① 고려 성종, ③ 고려 태조, ④ 광종에 대한 설명이다.

0274 제시된 자료의 밑줄 친 '왕'은 고려 예종이다. 예종 때 윤관이 별무반을 이끌고 여진 정벌을 단행하여 동북 9성을 축조하였다. ③ 예종 때 양현고라는 장학 재단을 설립하여 관학의 경제 기반을 강화하였다.

오답노트 ① 광종, ② 고려 성종, ④ 고려 숙종 때의 일이다.

0275 제시된 자료의 (가) 인물은 고려의 장수인 강조이다. 강조는 거란군의 침입에 맞서 싸웠지만 패하여 거란군의 포로가 되었다. 거란은 그에게 귀순을 제의했으나 강조는 이를 거부하고 처형당하였다. ③ 목종 때 서북면 도순검사 강조가 군사를 일으켜 개경에 들어와 김치양 일파를 제거하였다(강조의 정변). 강조는 목종을 폐위시켰으며 현종을 왕으로 옹립하였다.

오답노트 ① 김부식, ② 윤관에 대한 설명이다. ④ 서희의 외교 담판에 대한 설명이다.

0276 제시된 자료는 목종 때 일어난 강조의 정변과 관련된 내용이다. 이 정변의 결과, 목종이 폐위됐으며 대량원군(현종)을 왕으로 옹립하였다. 따라서 현종 때의 역사적 사실을 고르는 문제이다. ① 현종은 부모의 명복을 빌고자 현화사를 창건하였다.

오답노트 ② 고려 정종, ③ 고려 성종, ④ 최우 집권기 때의 일이다.

0277 제시된 자료는 고려 숙종 때 윤관이 여진과의 싸움에서 패배한 뒤, 별무반의 창설을 요구하는 상소문의 내용이다. 따라서 밑줄 친 '이 부대'는 별무반을 일컫는다. ③ 고려는 윤관의 건의에 따라 기병을 주축으로 한 별무반을 조직하여, 여진과의 싸움에 대비하였다.

오답노트 ① 광군에 대한 설명이다. 광군은 고려 정종 때 거란족의 침입에 대비하기 위해 편성한 부대이다. ② 귀주 대첩은 고려 현종 때인 1019년에 일어난 전투로, 별무반 편성 이전의 일이다. ④ 고려의 중앙군에 대한 설명이다.

0278 제시된 자료는 고려 예종이 도교를 장려하는 내용이다. ③ 김위제의 건의로 남경 건설이 추진된 것은 숙종 때의 일이다.

오답노트 ① 감무관이란 백성의 토지 이탈을 막고 농업을 권장하기 위해 속현에 파견되었던 관리들로 예종 때부터 본격적으로 파견되었다. ②,④ 예종 때의 일이다.

Answer 0273 ② 0274 ③ 0275 ③ 0276 ① 0277 ③ 0278 ③

0279 다음 사건으로 즉위한 왕의 재위 기간에 있었던 사실로 옳지 않은 것은?

2017년 지방직 9급(하)

> 목종의 모후(母后)인 천추태후와 김치양이 불륜 관계를 맺고 왕위를 엿보자, 서북면 도순검사 강조가 군사를 일으켜 김치양 일파를 제거하고 목종을 폐위시켰다.

① 대장경 조판 사업을 시작하였다.
② 지방관이 없는 속군에 감무를 파견하였다.
③ 부모의 명복을 빌고자 현화사를 창건하였다.
④ 개성부를 경중(京中) 5부와 경기로 구획하였다.

0281 (가) 왕의 시기에 일어난 사실로 옳은 것은?

2019년 국가직 9급

> 이자겸, 척준경이 말하기를 "금이 예전에는 작은 나라여서 요와 우리나라를 섬겼으나, 지금은 갑자기 흥성하여 요와 송을 멸망시켰다. …(중략)… 작은 나라로서 큰 나라를 섬기는 것은 선왕의 도이니, 마땅히 우선 사절을 보내야합니다." 라고 하니   (가)   이/가 그 의견을 따랐다. — 『고려사』

① 도평의사사를 중심으로 정치를 주도하였다.
② 성리학을 수용하면서 『주자가례』를 보급하였다.
③ 서경에 대화궁을 짓게 하고 칭제건원을 주장하였다.
④ 몽골의 침략에 대응하기 위해 강화도로 도읍을 옮겼다.

대표 유형

0280 (가), (나) 사건 사이에 있었던 사실로 옳은 것만을 모두 고르면?

2020년 국가직 7급

> (가) 윤관이 여진을 공격하여 동북 지방의 여러 지역을 점령하고 9성을 쌓아 군사를 주둔시켰다.
> (나) 최충헌이 정권을 장악한 이후 교정도감을 설치하였다.

> ㉠ 강화로 천도하였다.
> ㉡ 이자겸의 난이 발생하였다.
> ㉢ 묘청 등이 서경 천도 운동을 일으켰다.
> ㉣ 강감찬이 퇴각하는 거란군을 귀주에서 격파하였다.

① ㉠, ㉡   ② ㉠, ㉣
③ ㉡, ㉢   ④ ㉢, ㉣

PART 03

대표 유형

□□□

0282 다음은 『고려사』에 나타난 고려 중기 두 세력의 대표적 인물의 주장이다. 이들에 대한 설명으로 옳은 것을 〈보기〉에서 고르면?

2017년 서울시 9급

유사 2021년 소방직 / 2017년 법원직 9급 / 2016년 국회사무처 9급

(가) 제가 보건대 서경 임원역의 땅은 풍수지리를 하는 사람들이 말하는 아주 좋은 땅입니다. 만약 이곳에 궁궐을 짓고 전하께서 옮겨 앉으시면 천하를 다스릴 수 있습니다. 또한 금나라가 선물을 바치고 스스로 항복할 것이고 주변의 36나라가 모두 머리를 조아릴 것입니다.

(나) 금년 여름 서경 대화궁에 30여 개소나 벼락이 떨어졌습니다. 서경이 만일 좋은 땅이라면 하늘이 이렇게 하였을 리 없습니다. 또 서경은 아직 추수가 끝나지 않았습니다. 지금 거동하시면 농작물을 짓밟을 것이니 이는 백성을 사랑하고 물건을 아끼는 뜻과 어긋납니다.

─[보기]─

㉠ (가) – 국호를 대위, 연호를 천개로 정하고 반란을 일으켰다.
㉡ (가) – 칭제 건원과 요나라 정벌을 주장하였다.
㉢ (나) – 개경 중심의 문벌 귀족 세력의 대표였다.
㉣ (나) – 편년체 역사서인 『삼국사기』를 편찬하였다.

① ㉠, ㉢
② ㉠, ㉡, ㉢
③ ㉠, ㉢, ㉣
④ ㉠, ㉡, ㉢, ㉣

□□□

0283 (가), (나)에 대한 다음 설명으로 가장 옳은 것은?

2020년 법원직 9급

유사 2015년 지방직 7급

이 싸움은 낭가 및 불교 대 유교의 싸움이며, 국풍파 대 한학파의 싸움이다. 또 독립당 대 사대당의 싸움이고, 진취 사상 대 보수 사상의 싸움이다. (가) 은/는 전자의 대표요, (나) 은/는 후자의 대표였다. 이 싸움에서 (가) 이/가 패하고 (나) 이/가 승리하였으므로, 조선의 역사가 사대적이고 보수적인 유교에 정복되고 말았다.

① (가)는 금을 정벌할 것을 주장하였다.
② (가)는 전민변정도감 설치를 건의하였다.
③ (나)는 당시 대표적인 성리학자였다.
④ (나)는 『삼국유사』를 편찬하였다.

문항		번호			틀린 이유
0279	①	②	③	④	
0280	①	②	③	④	
0281	①	②	③	④	
0282	①	②	③	④	
0283	①	②	③	④	

해설

0279 제시된 자료는 강조의 정변에 대한 내용이다. 이 사건을 계기로 현종이 즉위하였다. ② 속군에 감무를 파견하기 시작한 것은 고려 예종 때부터이다.

오답노트 ① 고려 현종 때 초조대장경이 조판되기 시작하였다. ③ 현종 때 현화사가 건립되었다. ④ 현종 때 기존의 개성부는 경기로 개편하고 왕경을 포함한 경기 지역의 일부는 경중(京中) 5부로 따로 편제되어 중앙 정부의 통제를 받았다.

0280 (가)는 예종 때 동북 9성 축조와 관련된 내용이고, (나)는 최충헌 집권기의 교정도감 설치와 관련된 내용이다. ㉡ 이자겸의 난은 고려 인종 때인 1126년에 일어났다. ㉢ 묘청의 서경 천도 운동은 고려 인종 때인 1135년에 일어났다.

오답노트 ㉠ 최우 집권기 때의 일로, (나) 이후이다. ㉣ 거란의 3차 침입 시기 귀주대첩(1019)에 대한 설명으로, (가) 이전인 현종 때의 일이다.

0281 제시된 자료는 고려 인종 때 금나라가 고려에 군신 관계를 요구하자, 이자겸과 척준경이 금을 섬기는 데 찬성하는 것과 관련된 내용이다. 따라서 (가)에 들어갈 국왕은 고려 인종이다. ③ 인종 때 서경 세력인 묘청·정지상 등은 국왕에게 풍수지리설을 내세워 서경(평양) 천도를 강조하며 서경에 대화궁이라는 궁궐을 짓게 하였다. 또한 칭제건원(稱帝建元), 즉 황제가 되어 독자의 연호를 쓰면 금나라가 항복을 하고 주변의 여러 국가가 고려에 복속할 것이라고 주장하였다.

오답노트 ① 도평의사사를 중심으로 정국이 운영된 것은 고려 후기인 충렬왕 때부터이다. ② 성리학은 고려 후기인 충렬왕 때부터 수용되기 시작하였다. ④ 최우 집권기(고종) 때의 일이다.

0282 (가)는 서경파인 묘청, (나)는 개경파인 김부식의 주장이다. ㉠ 묘청 세력은 국호를 대위국, 연호를 천개라 하고 서경에서 난을 일으켰다. ㉢ 김부식은 개경의 문벌 귀족 세력으로 유교 이념에 충실함으로써 사회 질서를 확립하고자 하였다.

오답노트 ㉡ 묘청 세력은 요나라가 아니라 금나라 정벌을 주장하였다. ㉣ 『삼국사기』는 기전체 역사서이다.

0283 제시된 자료는 신채호의 『조선사연구초』에 기록된 내용으로, 묘청의 서경 천도 운동에 대해 긍정적으로 평가하고 있다. 따라서 (가)는 묘청이고, (나)는 김부식을 일컫는다. ① 묘청 등 서경 세력은 황제를 칭할 것과 금나라 정벌을 주장하였다.

오답노트 ② 묘청이 아니라 신돈에 대한 설명이다. ③ 김부식이 활동하던 고려 중기는 아직 성리학이 고려에 들어오기 전이다. 성리학이 유입된 것은 충렬왕 때부터의 일이다. ④ 일연에 대한 설명이다. 김부식은 『삼국사기』를 편찬하였다.

Answer 0279 ② 0280 ③ 0281 ③ 0282 ① 0283 ①

□□□
0284 (가)와 (나) 시기 사이의 사실로 옳은 것은?

2013년 법원직 9급

유사 2011년 법원직 9급 / 2006년 경북 9급 / 2005년 국가직 9급

(가) 왕이 어느 날 홀로 한참 동안 통곡하였다. 이자겸의 십팔자(十八字)가 왕이 된다는 비기(秘記)가 원인이 되어 왕위를 찬탈하려고 독약을 떡에 넣어 왕에게 드렸던바, 왕비가 은밀히 왕에게 알리고 떡을 까마귀에게 던져주었더니 그 까마귀가 그 자리에서 죽었다.
— 『고려사』

(나) 몽골병이 이르자 윤후가 처인성으로 난을 피하였는데, 몽골의 원수 살리타가 와서 성을 치매 윤후가 그를 사살하였다. 왕은 그 공을 가상히 여겨 상장군의 벼슬을 주었으나 이를 사양하고 받지 않았다. — 『고려사』

① 삼별초가 난을 일으켰다.
② 서경파가 대화궁을 축조하였다.
③ 강감찬이 귀주 대첩에서 승리하였다.
④ 여진을 축출하고 동북 9성을 쌓았다.

□□□
0285 (가)~(다) 사건을 일어난 순서대로 가장 바르게 나열한 것은?

2023년 법원직 9급

유사 2014년 서울시 7급 / 2011년 서울시 9급

(가) 이고 등이 임종식, 이복기, 한뢰를 비롯하여 왕을 모시던 문관 및 대소 신료들을 살해하였다. 정중부 등이 왕을 모시고 궁으로 돌아왔다.

(나) 김부식이 군대를 모아서 서경을 공격하였다. 서경이 함락되자 조광은 스스로 불에 뛰어들어 죽었다.

(다) 최사전의 회유에 따라 척준경은 마음을 돌려 계책을 정하고 이자겸을 제거하였다.

① (나) - (가) - (다)   ② (나) - (다) - (가)
③ (다) - (가) - (나)   ④ (다) - (나) - (가)

무신 정변과 몽골의 침입

대표 유형

□□□
0286 다음 사건을 시기순으로 바르게 나열한 것은?

2021년 지방직 9급

유사 2017년 지방직 7급

(가) 정중부와 이의방이 정변을 일으켰다.
(나) 최충헌이 이의민을 제거하고 권력을 잡았다.
(다) 충주성에서 천민들이 몽골군에 맞서 싸웠다.
(라) 이자겸이 척준경과 더불어 난을 일으켰다.

① (가) → (나) → (라) → (다)
② (가) → (다) → (나) → (라)
③ (라) → (가) → (나) → (다)
④ (라) → (가) → (다) → (나)

대표 유형

□□□
0287 (가) 인물에 대한 설명으로 옳은 것은?

2020년 국가직 9급

유사 2019년 서울시 9급 / 2018년 법원직 9급 / 2014년 국가직 7급 / 2014년 경찰 1차 / 2012년 경찰간부 / 2009년 지방직 7급

신종 원년 사노비 만적 등이 북산에서 땔나무를 하다가 공사의 노비들을 모아 모의하기를, "우리가 성 안에서 봉기하여 먼저 [(가)] 등을 죽인다. 이어서 각각 자신의 주인을 죽이고 천적(賤籍)을 불태워 삼한에서 천민을 없게 하자. 그러면 공경장상이라도 우리가 모두 할 수 있을 것이다."라고 하였다.

① 정방을 설치하여 인사권을 장악하였다.
② 치안 유지를 위해 야별초를 설립하였다.
③ 이의방을 제거하고 권력을 장악하였다.
④ 봉사 10조를 올려 사회 개혁안을 제시하였다.

0288 밑줄 친 '㉠, ㉡'에 대한 설명으로 가장 옳은 것은?

2024년 법원직 9급

이지영이 장군이 되었다. 그가 최충수 집의 비둘기를 빼앗 았는데, 최충수가 화가 나서 그 형인 ㉠ 최충헌에게 그 사실 을 아뢰고 ㉡ 이의민 부자를 죽이자고 하니, 최충헌이 그렇 게 하자고 하였다. 이의민이 미타산 별장에 갔을 때, 최충헌 등이 가서 그를 죽이고 머리를 저자에 내걸었다. 당시 이지 순은 대장군이었고, 이지광은 장군이었는데, 변란의 소식을 듣고 가동을 이끌고 길에서 싸웠다.
― 『고려사』

① ㉠ – 하층민 출신의 권력자였다.
② ㉠ – 교정도감을 설치하여 국정을 장악하였다.
③ ㉡ – 개혁안 봉사 10조를 올렸다.
④ ㉡ – 정방을 통해 인사권을 장악하였다.

0289 다음 건의문이 올려진 이후에 발생한 사건으로 옳은 것은?

2022년 소방직
유사 2012년 서울시 9급

엎드려 살펴보건대, 적신 이의민은 성품이 맹수처럼 잔인하 여 임금님을 업신여기고, 아랫사람들을 능멸하였습니다. 임 금의 자리마저 흔들려고 했기에 화가 불꽃처럼 일어나고 백 성들은 살길이 아득해졌습니다. 신들은 폐하의 신령스러운 위엄을 빌려 단번에 그들을 소탕하였습니다. 원하건대 폐하 께서는 낡은 제도를 혁파하고 새로운 정치를 도모하심에 오 로지 태조의 올바른 법을 따르시어 중흥의 길을 환히 여시 길 바랍니다. 이에 삼가 10가지 사항을 아뢰옵니다.
― 『고려사』

① 이의방이 정변을 일으켰다.
② 정방과 삼별초가 설치되었다.
③ 척준경이 이자겸을 제거하였다.
④ 묘청이 국호를 대위로 정하였다.

문항	번호				틀린 이유
0284	①	②	③	④	
0285	①	②	③	④	
0286	①	②	③	④	
0287	①	②	③	④	
0288	①	②	③	④	
0289	①	②	③	④	

해설

0284 (가) 이자겸의 난(1126), (나) 제2차 몽골 침입(1232) 때 일어난 처인성 전투와 관련된 내용이다. ② 이자겸의 난이 진압된 이후에 묘청 세력은 풍수지 리설을 내세워 서경 천도를 강조하며 서경에 대화궁이라는 궁궐을 짓고, 황제를 칭할 것과 금나라 정벌 등을 주장하였다.

오답노트 ① 고려 원종 때인 1270~1273년의 일로, (나) 이후이다. ③ 고려 현종 때인 1019년의 일로, (가) 이전이다. ④ 고려 예종 때인 1107년의 일로, (가) 이전 이다.

0285 (다) 이자겸의 난을 진압하는 과정에 대한 설명으로, 인종 때인 1126년 의 일이다. (나) 김부식이 군대를 이끌고 묘청의 서경 천도 운동을 진압하는 것 과 관련된 내용으로, 서경이 함락된 것은 인종 때인 1136년의 일이다. (가) 의종 때인 1170년에 일어난 무신 정변에 대한 설명이다.

0286 (라) 인종 때인 1126년에 일어난 이자겸의 난에 대한 설명이다. (가) 1170년 무신 정변 발생에 대한 설명이다. 의종 때인 1170년 정중부, 이의방 등 무신들은 보현원에서 정변을 일으켜 많은 문신을 살해하였다. (나) 최충헌이 이 의민을 제거하고 권력을 잡은 것은 명종 때인 1196년의 일이다. (다) 몽골의 5차 침입 때인 1253년 김윤후는 천민들과 함께 몽골의 침입에 맞서 충주성을 지켜 냈다.

0287 제시된 자료는 최충헌 집권기에 일어난 만적의 난에 대한 내용으로, (가) 에 들어갈 인물은 최충헌이다. ④ 최충헌은 사회 개혁안으로 봉사 10조를 제시하 여, 토지 겸병과 승려의 고리대업 금지, 조세 제도의 개혁 등을 주장하였다.

오답노트 ① 최우에 대한 설명이다. ② 도적을 막기 위해 야별초를 설치한 인물 은 최우이다. ③ 최충헌은 이의방이 아니라 이의민을 제거하고 권력을 장악했 다. 이의방 등을 제거하고 중방을 중심으로 권력을 행사한 인물은 정중부이다.

0288 ② 최충헌은 최고 집정부의 구실을 하는 교정도감을 설치하여 권력을 행사하였다.

오답노트 ① 이의민, ③ 최충헌에 대한 설명이다. ④ 정방은 이의민 집권 이후 인 최우 때 설치된 기구이다. 이의민은 상장군·대장군의 합좌 기구인 중방을 통해 권력을 행사하였다.

0289 제시된 자료는 1196년에 최충헌이 명종에게 올린 '봉사 10조'의 내용이 다. ② 최충헌 다음으로 집권한 최우가 실시한 정책들이다. 최우는 정방을 설치 하여 모든 관직에 대한 인사권을 장악했으며, 삼별초를 조직하여 최씨 무신 정 권의 군사적 기반으로 삼았다.

오답노트 ① 정중부, 이의방 등 무신들이 보현원에서 정변을 일으킨 것은 의종 때인 1170년의 일이다. ③ 고려 인종 때 발생한 이자겸의 난에 대한 설명이다. ④ 고려 인종 때 발생한 묘청의 서경 천도 운동에 대한 설명이다.

Answer 0284 ② 0285 ④ 0286 ③ 0287 ④ 0288 ② 0289 ②

□□□

0290 ㉠에 들어갈 무신 집권자 때의 사실로 옳은 것은?

2021년 경찰 1차

이의방 → 정중부 → (㉠) → 이의민 → 최충헌

① 정방을 설치하여 인사권을 장악하였다.
② 사병 집단인 도방을 처음으로 조직하였다.
③ 교정도감을 설치하여 권력 기반을 강화하였다.
④ 왕에게 봉사 10조를 올려 개혁안을 제시하였다.

대표 유형

□□□

고난도

0291 (가)~(라)의 시기에 있었던 사실로 옳은 것은?

2016년 지방직 9급

유사 2015년 경찰간부 / 2012년 법원직 9급 / 2012년 기상직 9급 / 2010년 지방직 9급

	(가)		(나)		(다)		(라)	
무신 정변 발생		최충헌 집권		최우 집권		김준 집권		왕정 복구

① (가) - 국정을 총괄하는 교정도감이 처음 설치되었다.
② (나) - 망이 · 망소이 등 명학소민이 봉기하였다.
③ (다) - 금속 활자로 상정고금예문을 인쇄하였다.
④ (라) - 고려 대장경을 다시 조판하여 완성하였다.

□□□

0292 밑줄 친 ㉠의 집권 시기에 대한 설명으로 가장 적절한 것은?

2018년 경찰 3차

유사 2020년 경찰간부 / 2015년 경찰 2차 / 2014년 국가직 7급 / 2014년 경찰 1차 / 2012년 서울시 9급

> 적신 이의민은 성품이 사납고 잔인하여 윗사람을 업신여기고 아랫사람을 능멸하여 주상의 자리를 흔들고자 하니 신(臣) ㉠ 등이 폐하의 위엄에 힘입어 일거에 소탕하였습니다. 원컨대 폐하께서는 새로운 정치를 도모하시어 태조의 바른 법을 따라 빛나게 중흥을 여소서. 삼가 열 가지 일을 조목으로 나누어 아룁니다. ─『고려사』

① 무신 정권을 반대하는 김보당, 귀법사 승도의 반란이 일어났다.
② 교정도감이라는 독자적인 집정부가 만들어졌다.
③ 정방이 설치되어 인사 문제가 처리되었다.
④ 서방에서 문신들이 숙위하며 정책을 자문했다.

□□□

0293 다음의 봉기를 일으킨 주동자에 관한 설명으로 옳은 것은?

2018년 법원직 9급

유사 2009년 지방직 7급

> 경계 이후 공경대부는 천예 속에서 많이 나왔다. 장상의 종자가 어찌 따로 있겠는가? 때가 오면 누구나 할 수 있는 것이다. 우리가 어찌 상전의 채찍 밑에서 힘겨운 일에 시달리기만 하겠는가. …(중략)… 모두 자신의 주인을 죽이고 천예들의 호적을 불살라서 삼한에 천인이 없게 하면 공경과 장상은 우리 모두 할 수 있다. ─『고려사』

① 서경의 유수로서, 정권 탈취를 목적으로 하였다.
② 개경에서 노비들을 모아서 노비 해방을 주장하였다.
③ 경주 지역 세력과 연합하여 신라 부흥을 주장하였다.
④ 공주 명학소에서 신분 차별에 반발하여 봉기를 일으켰다.

대표유형

□□□

0294 다음 사건을 일어난 순서대로 바르게 나열한 것은?

2016년 서울시 9급

유사 2020년 경찰 2차 / 2016년 경찰 2차

> ㉠ 김보당의 난 발생
> ㉡ 이의민의 권력 장악
> ㉢ 김사미와 효심의 난 발생
> ㉣ 교정도감의 설치

① ㉠ - ㉡ - ㉢ - ㉣
② ㉠ - ㉡ - ㉣ - ㉢
③ ㉡ - ㉠ - ㉢ - ㉣
④ ㉡ - ㉠ - ㉣ - ㉢

대표유형

□□□

0295 고려와 몽골의 관계 속에서 일어난 사건을 발생한 순서대로 바르게 나열한 것은?

2018년 경찰 3차

유사 2021년 경찰 1차

> ㉠ 무신 정권이 무너지고 개경으로 환도했다.
> ㉡ 고려가 몽골과 연합하여 강동성에서 거란족을 몰아냈다.
> ㉢ 중서문하성과 상서성이 합쳐져 첨의부가 되었다.
> ㉣ 처인성에서 김윤후가 쏜 화살을 맞고 살리타가 전사했다.

① ㉡ - ㉣ - ㉠ - ㉢
② ㉡ - ㉣ - ㉢ - ㉠
③ ㉢ - ㉣ - ㉠ - ㉡
④ ㉢ - ㉠ - ㉣ - ㉡

문항	번호				틀린 이유
0290	①	②	③	④	
0291	①	②	③	④	
0292	①	②	③	④	
0293	①	②	③	④	
0294	①	②	③	④	
0295	①	②	③	④	

해설

0290 제시된 자료의 ㉠에 들어갈 인물은 경대승이다. ② 경대승은 신변 안전을 위해 사병 집단인 도방을 설치하였다.

오답노트 ① 최우에 대한 설명이다. ③ 최충헌에 대한 설명이다. ④ 최충헌은 고려 명종에게 봉사 10조라는 사회 개혁안을 제시하여, 토지 겸병의 금지·승려의 고리대업 금지·조세 제도의 개혁 등을 주장하였다.

0291 무신 정변의 발생은 1170년, 최충헌 집권은 1196년, 최우 집권은 1219년, 김준 집권은 1258년, 왕정 복구는 1270년의 일이다. ③ 강화도로 천도한 최우는 고려 인종 때 편찬되었던 『상정고금예문』을 금속 활자로 재간행하였다(1234).

오답노트 ① 교정도감은 최충헌이 설치하였으므로 (가)가 아니라 (나) 시기에 해당한다. ② 망이·망소이의 난은 최충헌 집권 이전인 1176년에 일어났으므로 (나)가 아니라 (가) 시기에 해당한다. ④ 고려 대장경을 다시 조판하기 시작하여 완성한 시기는 최우에서 최항 집권기로 (다)에 해당한다.

0292 제시된 자료는 최충헌이 명종에게 제시한 '봉사 10조'의 내용으로, ㉠은 최충헌을 일컫는다. ② 최충헌은 본래 반대 세력을 감찰·숙청할 목적에서 교정도감을 설치했으나, 점차 인사 행정·재정까지 담당하는 최고 집정부로 강화시켰다.

오답노트 ① 김보당의 난은 1173년, 귀법사 승려의 반란은 1174년에 일어난 사건으로 둘 다 최충헌 집권 이전인 정중부 집권기 때이다. ③ 최우 집권기 때 최우는 독자적인 인사 행정 기구인 정방을 자기 집에 설치하여 문·무관의 인사권을 장악하였다. ④ 최우 집권기부터 서방이 설치되어 운영되기 시작하였다. 서방은 문신들의 숙위 기관으로 문인들이 고문 역할을 담당하였다.

0293 제시된 자료는 최충헌 집권기에 일어난 만적의 난에 대한 내용이다. ② 최충헌의 사노비였던 만적은 '사람이면 누구나 공경대부가 될 수 있다.'라고 주장하며 신분 차별에 항거하고, 정권 탈취를 계획했으나 실패하였다.

오답노트 ① 조위총, ③ 김사미·효심 등, ④ 망이·망소이에 대한 설명이다.

0294 ㉠ 동북면 병마사 김보당의 난은 정중부 집권기인 1173년에 일어났으며 최초의 반무신 난이다. ㉡ 1183년 경대승이 병사하자 천민 출신의 이의민이 중방을 중심으로 정권을 장악하였다. ㉢ 김사미와 효심의 난은 이의민 집권기인 1193년에 일어난 민란이다. ㉣ 1196년에 집권한 최충헌은 반대 세력을 감찰·숙청하기 위해 교정도감을 설치하였다.

0295 ㉡ 1219년 강동의 역에 대한 설명이다. ㉣ 처인성 전투는 몽골의 2차 침입 때인 1232년의 일이다. ㉠ 무신 정권이 붕괴되자, 원종은 1270년 몽골군의 지원을 받아 개경 환도를 단행하였다. ㉢ 충렬왕 때인 1275년 원의 압력으로 관제를 격하함에 따라 중서문하성과 상서성을 합쳐 첨의부로 통합하였다.

Answer 0290 ② 0291 ③ 0292 ② 0293 ② 0294 ① 0295 ①

PART 03

0296 다음 ⊙과의 항쟁에 대한 설명으로 옳지 않은 것은?

2015년 서울시 7급

유사 2014년 지방직 7급 / 2014년 경찰간부

고난도

> 김윤후가 충주산성 방호별감으로 있을 때 ⊙ 이/가 쳐들어와 충주성을 70여 일 동안 포위하자 비축해 둔 군량이 바닥나버렸다. 김윤후가 군사들에게 만약 힘을 다해 싸워 준다면 귀천을 불문하고 모두 관작을 줄 것이니 너희들은 나를 믿으라고 설득한 뒤 관노(官奴) 문서를 가져다 불살라 버리고 노획한 마소를 나누어 주었다. 이에 사람들이 모두 죽음을 무릅쓰고 적에게로 돌진하니 ⊙ 은/는 조금씩 기세가 꺾여 더이상 남쪽으로 나아가지 못했다.
> — 『고려사』

① 귀주에서 승리를 거두었다.
② 강화도로 천도하며 항쟁하였다.
③ 흥화진에서 승리를 거두었다.
④ 산성, 해도 입보 정책을 펼쳤다.

대표유형

0297 (가) 군사 조직에 대한 설명으로 옳은 것은?

2023년 지방직 9급

> 고려 정부는 몽골과 강화를 맺고 개경으로 환도하였다. 대몽 항전에 적극적이었던 (가) 은/는 개경 환도를 반대하고 반란을 일으켰다. 이어 진도로 근거지를 옮기면서 항쟁을 전개하였다.

① 포수, 사수, 살수의 삼수병으로 편제되었다.
② 윤관의 건의로 편성된 기병 중심의 부대였다.
③ 도적을 잡기 위해 설치한 야별초에서 시작되었다.
④ 양계 지방에서 국경 지역 방어를 맡았던 상비적인 전투 부대였다.

0298 밑줄 친 '이번 문서'를 보낸 조직에 대한 설명으로 옳은 것은?

2014년 국가직 9급

유사 2013년 서울시 7급 / 2013년 경찰간부 / 2013년 경찰 1차

> • 이전 문서에서는 몽고의 연호를 사용했는데, 이번 문서에서는 연호를 사용하지 않았다.
> • 이전 문서에서는 몽고의 덕에 귀의하여 군신 관계를 맺었다고 하였는데, 이번 문서에서는 강화로 도읍을 옮긴 지 40년에 가깝지만, 오랑캐의 풍습을 미워하여 진도로 도읍을 옮겼다고 한다.
> — 고려첩장(高麗牒狀)

① 최우가 도적을 막기 위해 만든 조직에서 비롯되었다.
② 최충헌이 신변 보호와 집권 체제 강화를 위해 조직하였다.
③ 거란의 침입에 대비하기 위한 조직으로 편성되었다.
④ 쌍성총관부 탈환에 주도적인 역할을 한 조직이다.

고려 후기의 정치 변동

대표유형

0299 (가) 시기의 사실로 옳지 않은 것은? 2022년 국가직 9급

유사 2018년 교행직 9급

> | 무신 정권 몰락 |
> ⇩
> | (가) |
> ⇩
> | 공민왕 즉위 |

① 만권당이 만들어졌다.
② 정동행성이 설치되었다.
③ 쌍성총관부가 수복되었다.
④ 『제왕운기』가 저술되었다.

□□□

0300 (가) 시기에 있었던 사실로 가장 옳은 것은?

2022년 법원직 9급

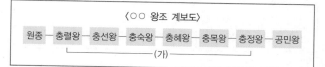

〈○○ 왕조 계보도〉

원종 ― 충렬왕 ― 충선왕 ― 충숙왕 ― 충혜왕 ― 충목왕 ― 충정왕 ― 공민왕

──────(가)──────

① 서경 유수 조위총이 난을 일으켰다.
② 정동행성 이문소가 내정을 간섭하였다.
③ 홍건적의 침입으로 왕이 복주로 피신하였다.
④ 삼별초가 진도와 제주도에서 항쟁을 전개하였다.

□□□

고난도

0301 다음은 원의 세조가 고려에 약속한 내용의 일부이다. 이 약속 이후에 일어난 사실로 옳지 않은 것은?

2017년 국가직 9급(하)

• 옷과 머리에 쓰는 관은 고려의 풍속을 유지하고 바꿀 필요가 없다.
• 압록강 둔전과 군대는 가을에 철수한다.
• 몽고에 자원해 머문 사람들은 조사하여 모두 돌려보낸다.

① 정동행성을 설치하였다.
② 2차 여·몽 연합군은 일본 원정에 실패하였다.
③ 쌍성총관부를 설치하였다.
④ 사림원을 설치하였다.

문항	번호				틀린 이유
0296	①	②	③	④	
0297	①	②	③	④	
0298	①	②	③	④	
0299	①	②	③	④	
0300	①	②	③	④	
0301	①	②	③	④	

해설

0296 제시된 자료는 1253년(고종 30)에 당시 충주성의 방호별감이었던 김윤후를 비롯한 충주의 군민들이 일치단결하여 몽골의 공격에 맞선 충주산성 전투에 대한 내용이다. 따라서 ㉠은 몽골이다. ③ 고려가 흥화진에서 승리를 거둔 것은 거란의 2차, 3차 침입 때의 일이다.

오답노트 ① 몽골의 1차 침입(1231) 당시, 몽골군이 귀주로 쳐들어오자 박서가 지휘하는 고려군이 이를 잘 막아냈다. ②,④ 몽골의 침입에 맞서 최우 정권은 강화도로 도읍을 옮겨 항쟁하였다. 또한 지방의 백성들에게는 산성이나 섬으로 들어가 오랜 전쟁에 대비하게 하였다.

0297 제시된 자료의 (가) 군사 조직은 삼별초이다. 삼별초는 개경 환도 때 몽골과의 강화에 반대하여 대몽 항쟁을 계속하였다. ③ 삼별초는 도적을 막기 위하여 야별초를 둔 데서 비롯되었다. 야별초를 좌별초와 우별초로 나누었으며, 몽골군의 포로가 되었다가 도망쳐 온 자들로 신의군을 편성함에 따라 삼별초가 형성되었다.

오답노트 ① 조선 시대의 훈련도감에 대한 설명이다. ② 별무반에 대한 설명이다. ④ 고려 시대의 지방군인 주진군에 대한 설명이다. 주진군은 북방 국경 지대인 양계의 진 등에 주둔한 상비군이다.

0298 제시된 자료에서 '이번 문서'를 보낸 조직은 삼별초인데, 진도로 도읍을 옮겼다는 내용 등을 통해 알 수 있다. ① 삼별초는 최우가 도적을 막기 위해 만든 '야별초'에서 분화, 발전된 것이다.

오답노트 ② 최충헌은 신변 보호와 집권 체제 강화를 위해 경대승이 만들었던 사병 기관인 도방을 부활시켰다. ③ 거란의 침입에 대비하기 위한 조직으로는 정종 때 창설된 광군이 있다. ④ 쌍성총관부는 공민왕 때 탈환한 지역으로, 삼별초와 무관하다.

0299 무신 정권이 몰락한 것은 1270년의 일이고, 공민왕 즉위는 1351년의 일이다. ③ 공민왕 때 유인우 등이 쌍성총관부를 공격하여 철령 이북의 땅을 수복하였다(1356).

오답노트 ① 충선왕은 1313년 아들인 충숙왕을 즉위시킨 뒤 원나라로 돌아가 연경에 만권당을 설립하였다. ② 정동행성은 충렬왕 때 일본 원정을 준비하기 위해 개경에 설치하였다. ④『제왕운기』는 충렬왕 때 이승휴가 편찬한 역사서이다.

0300 (가)는 고려 후기 원 간섭기인 충렬왕~충정왕 때이다. ② 정동행성은 몽골의 일본 원정을 준비하기 위한 기구로 충렬왕 때인 1280년에 개경에 처음 세워졌다. 일본 원정 이후에도 계속 유지되어 고려의 내정을 간섭했으며, 특히 실권은 사법 기구인 이문소에 집중되어 있었다.

오답노트 ① 서경 유수 조위총의 난은 무신 정변 직후인 정중부 집권기에 일어났다. ③ 홍건적의 2차 침입에 대한 설명으로, (가) 이후인 공민왕 때의 일이다. ④ 삼별초는 진도와 제주도로 근거지를 옮기면서 대몽 항쟁을 계속했는데, 이는 (가) 이전인 원종 때의 일이다.

0301 제시된 자료는 원종이 세자 시절에 원나라에 가서 세조를 만나 고려의 자치를 약속받은 세조 구제의 내용으로, 1259년의 일이다. ③ 고종 때인 1258년에 원나라는 화주(영흥)에 쌍성총관부를 설치하여 철령 이북을 직속령으로 편입시켰다.

오답노트 ①,② 충렬왕, ④ 충선왕 때의 일이다.

Answer 0296 ③ 0297 ③ 0298 ① 0299 ③ 0300 ② 0301 ③

□□□
0302 다음의 밑줄 친 ㉠과 관련된 설명으로 가장 옳지 않은 것은?

2015년 서울시 9급
유사 2019년 국가직 7급

> 원의 간섭을 받으면서 그에 의존한 고려의 왕권은 이전 시기에 비하여 상대적으로 안정되었고 ㉠ 중앙 지배층도 개편되었다. …(중략)… 그들은 왕의 측근 세력과 함께 권력을 잡아 농장을 확대하고 양민을 억압하여 노비로 삼는 등 사회 모순을 격화시켰다.

① ㉠은 가문의 권위보다는 현실적인 관직을 통하여 정치 권력을 행사하였다.
② 공민왕은 ㉠의 경제력을 약화시키기 위해 전민변정도감을 설치하였다.
③ ㉠은 사원 세력의 대표인 신돈과 연대하여 신진 사대부에 대항하였다.
④ ㉠에는 종래의 문벌 귀족 가문, 무신 정권기에 등장한 가문, 원과의 관계에서 성장한 가문 등이 포함되었다.

대표 유형

□□□
0303 밑줄 친 '이 왕'의 재위 기간에 있었던 사실로 옳은 것은?

2020년 소방직 9급

> 이 왕이 원의 제국대장 공주와 결혼하여 고려는 원의 부마국이 되었고, 도병마사는 도평의사사로 개편되었다.

① 만권당을 설치하였다.
② 정동행성을 설치하였다.
③ 정치도감을 설치하였다.
④ 입성책동 사건이 일어났다.

□□□
0304 다음 사건이 있었던 국왕 때의 일로 옳은 것은?

2013년 지방직 7급

> • 왕에 관련된 칭호를 격하하였다.
> • 정동행성을 설치하여 일본 원정을 단행하였다.

① 인사를 관장했던 정방을 폐지하고 사림원을 설치하여 개혁 정치를 수행하였다.
② 기철 등의 부원 세력을 제거하고 쌍성총관부를 공격하여 무력으로 복속하였다.
③ 정치도감을 두어 부원 세력을 척결하고 권세가들이 빼앗은 토지와 노비의 문제를 해결하였다.
④ 도병마사를 도평의사사로 개편하여 국가 중대사를 회의하고 결정하는 합좌 기관으로 만들었다.

대표 유형

□□□
0305 다음 인물에 대한 설명으로 가장 적절한 것은?

2017년 경찰 2차
유사 2016년 서울시 9급 / 2013년 서울시 7급

> 선왕의 맏아들이며 어머니는 제국대장 공주(齊國大長公主)이다. 을해년 9월 정유일에 출생하였다. 성품이 총명하고 굳세며 결단력이 있었다. 이로운 것을 일으키고 폐단을 제거하여 시정에 그런대로 볼 만한 것이 있었으나 부자(父子) 사이는 실로 부끄러운 일이 많았다. 오랫동안 상국(上國)에 있었는데, 스스로 귀양 가는 욕을 당하였다. 왕위에 있은지 5년이며, 수(壽)는 51세였다.
> ー 『고려사절요』

① 서경에 대화궁을 짓고 그 안에 팔성당을 설치하였다.
② 중앙 교육 기관인 국자감을 국학으로 개칭하고, 양현고를 설치하였다.
③ 유인우로 하여금 쌍성총관부를 비롯한 철령 이북의 땅을 무력으로 수복하게 하였다.
④ 원나라에 만권당을 설치하여 고려의 학자들이 원의 학자들과 교류하게 하였다.

□□□

0306 고려 후기 개혁 정치에 대한 설명이다. ㉠과 ㉡에 들어갈 내용으로 옳은 것은?

2018년 지방직 7급

유사 2010년 서울시 9급

충선왕의 관제 개혁으로 ㉠ 은 시정(施政)에 대한 국왕의 고문 기능 겸 전주(銓注)와 왕명 출납을 관장하는 권력 기구로 부상하여 개혁의 중심 기관이 되었다. 충목왕은 ㉡ 이라는 임시 기구를 설치하여 부원 세력을 척결하면서 권세가들이 불법으로 차지한 토지와 노비를 조사하여 본 주인에게 돌려주었다.

	㉠	㉡
①	사림원	교정도감
②	편민조례추변도감	정치도감
③	사림원	정치도감
④	교정도감	편민조례추변도감

□□□

0307 밑줄 친 '그'에 대한 설명으로 옳은 것은?

2016년 국가직 9급

그는 즉위하여 정방을 폐지하고 사림원을 설치하는 등의 관제 개혁을 추진하는 한편, 권세가들의 농장을 견제하고 소금 전매제를 실시하여 국가 재정을 확충하고자 하였다.

① 만권당을 통해 고려와 원나라 학자들의 문화 교류에 힘썼다.

② 도병마사를 도평의사사로 개편하여 국정을 총괄하게 하였다.

③ 철령 이북의 영토 귀속 문제를 계기로 요동 정벌을 단행하였다.

④ 기철을 비롯한 부원 세력을 숙청하고 자주적 반원 개혁을 추진하였다.

문항	번호				틀린 이유
0302	①	②	③	④	
0303	①	②	③	④	
0304	①	②	③	④	
0305	①	②	③	④	
0306	①	②	③	④	
0307	①	②	③	④	

해설

0302 제시된 자료의 ㉠은 권문세족이다. ③ 권문세족이 신돈과 연대한 것이 아니라, 공민왕이 신돈을 등용하여 권문세족을 견제하고자 하였다.

오답노트 ① 권문세족은 현실적인 관직을 통하여 정치 권력을 행사하였다. ② 공민왕은 전민변정도감을 통해 권문세족의 경제적 기반을 약화시키고자 하였다. ④ 권문세족에는 문벌 귀족 가문이 그대로 유지된 경우(경주 김씨, 인주 이씨)와 무신 정권 당시 무신으로 새로이 득세한 경우(언양 김씨, 평강 채씨), 원과 결탁을 통해 성장한 경우(평양 조씨, 철원 유씨) 등이 있다.

0303 제시된 자료의 밑줄 친 '이 왕'은 고려 후기의 충렬왕이다. ② 충렬왕 때인 1280년에 정동행성을 개경에 설치하였다. 정동행성은 원이 일본 정벌을 위해 고려에 설치한 기구로, 일본 원정이 실패한 뒤에도 유지되어 고려의 내정을 간섭하였다.

오답노트 ① 충선왕에 대한 설명이다. ③ 충목왕에 대한 설명이다. ④ 입성책동 사건은 일부 친원 세력들이 고려를 원나라의 지방 행정 구역(직속령)으로 편입하려고 시도한 것으로, 충선왕 복위 이후 약 30년간 4차례에 걸쳐 일어났다. 따라서 충렬왕 이후에 전개되었다.

0304 제시된 시기는 고려 후기 충렬왕 때이다. ④ 충렬왕 때 도병마사가 도평의사사로 개편되어, 구성원이 증가되고 국방 문제뿐만 아니라 모든 국사를 합의·시행하는 최고의 정무 기관이 되었다.

오답노트 ① 충선왕 대의 일이다. ② 공민왕 대의 일이다. 공민왕은 반원 정치의 일환으로 쌍성총관부를 무력으로 탈환하였고, 왕권을 강화하기 위하여 부원 세력인 기철을 제거하였다. ③ 충목왕 때 개혁 기구인 정치도감을 설치하였다.

0305 제시된 자료는 충선왕에 대해 설명하고 있다. ④ 충선왕은 아들인 충숙왕을 즉위시킨 후 원나라로 가서 연경에 만권당을 설립하였다. 그는 만권당에 중국 최고의 학자들을 초대하고 이제현 등 고려 학자들도 불러 교류하게 하였다.

오답노트 ① 고려 인종 때의 일이다. ② 고려 예종 때 국자감의 명칭을 국학으로 개칭(최근에는 충렬왕 때로 보기도 함)하고, 양현고라는 장학 재단을 설립하였다. ③ 공민왕 때의 일이다.

0306 ③ 충선왕 때 국왕의 고문 역할과 인사 및 왕명 출납을 담당하는 권력의 핵심 기구로 사림원을 설치하였다. 또한, 충목왕 때 정치도감(정리도감)을 두어 친원 세력을 척결하고, 권세가들이 불법적으로 차지한 토지와 노비를 조사하여 본 주인에게 돌려주고자 하였다.

오답노트 교정도감은 무신 집권기 때 최충헌이 설치한 것으로, 인사 행정 및 재정권까지 담당하는 최고 집정부 역할을 하였다. 편민조례추변도감은 충혜왕 때 설치된 정치 기구이다.

0307 밑줄 친 '그'는 충선왕이다. ① 충선왕은 아들 충숙왕을 즉위시킨 뒤, 원나라로 돌아가 연경에 만권당을 설립하여 중국 최고의 학자들을 초대하고 이제현 등 고려의 학자들을 불러 교류하게 하였다.

오답노트 ② 충렬왕 때의 일이다. ③ 우왕 때 명이 철령 이북의 땅을 차지하려 하자 고려 정부는 최영의 주도로 요동 정벌을 단행하였다. ④ 공민왕에 대한 설명이다.

Answer 0302 ③ 0303 ② 0304 ④ 0305 ④ 0306 ③ 0307 ①

□□□
0308 다음은 어떤 왕의 즉위 교서이다. 이 왕의 정책과 활동으로 옳지 않은 것은? 2012년 지방직 9급

> 지금부터 만약에 종친으로서 동성과 혼인하는 자는 (원의 세조) 성지(聖旨)를 어긴 것으로 논죄할 터인즉, 마땅히 (종친은) 누대의 재상을 지낸 집안의 딸을 아내로 맞고, 재상 집안의 아들은 종실들의 딸들에게 장가들 것이다. …(중략)… 경원 이태후와 안산 김태후 및 철원 최씨, 해주 최씨, 공암 허씨, 평강 채씨, 청주 이씨, 당성 홍씨, 황려 민씨, 횡천 조씨, 파평 윤씨, 평양 조씨는 모두 누대의 공신이요, 재상지종(宰相之宗)이니 가히 대대로 혼인을 하여 아들은 종실의 여자에게 장가들고 딸은 왕비로 삼을 만하다. - 『고려사』

① 국가가 소금을 전매하는 각염법을 시행하였다.
② 북경에서 만권당을 설립하여 학문 연구를 지원하였다.
③ 사림원을 두어 신진 학자들과 함께 개혁을 추진하였다.
④ 고려에 내정 간섭을 하던 정동행성 이문소를 혁파하였다.

□□□
0309 (가)에 대한 설명으로 옳은 것은? 2023년 국가직 9급

> 신돈이 ⬜(가)⬜ 을/를 설치하자고 요청하자, …(중략)… 이제 도감이 설치되었다. …(중략)… 명령이 나가자 권세가 중에 전민을 빼앗은 자들이 그 주인에게 많이 돌려주었으며, 전국에서 기뻐하였다. - 『고려사』

① 시전의 물가를 감독하는 임무를 담당하였다.
② 국가 재정의 출납과 회계 업무를 총괄하였다.
③ 불법적으로 점유된 토지와 노비를 조사하였다.
④ 부족한 녹봉을 보충하고자 관료에게 녹과전을 지급하였다.

□□□
0310 다음 사건 이후에 일어난 일로 옳은 것은? 2020년 지방직 9급
유사 2017년 서울시 9급 / 2010년 법원직 9급

> 개경을 떠나 피난 중인 왕이 안성현을 안성군으로 승격시켰다. 홍건적이 양광도를 침입하자 수원은 항복하였는데, 작은 고을인 안성만이 홀로 싸워 승리함으로써 홍건적이 남쪽으로 내려오지 못하게 하였기 때문이다.

① 화약 무기를 사용해 진포 해전에서 승리하였다.
② 처인성 전투에서 적의 장수 살리타를 사살하였다.
③ 기철 일파를 제거하고 쌍성총관부의 관할 지역을 수복하였다.
④ 적의 침략을 물리치기 위한 염원에서 팔만대장경을 만들었다.

□□□
0311 다음 괄호 안에 들어갈 국왕과 관련되는 내용은? 2014년 국가직 9급
유사 2020년 경찰 2차 / 2019년 경찰 1차 / 2017년 기상직 9급 / 2014년 서울시 9급 / 2013년 서울시 9급 / 2012년 국가직 9급

> (   )이 원나라의 제도를 따라 변발(辮髮)을 하고 호복(胡服)을 입고 전상(殿上)에 앉아 있었다. 이연종이 간하려고 문밖에서 기다리고 있었더니, 왕이 사람을 시켜 물었다. …(중략)… 답하기를 "변발과 호복은 선왕의 제도가 아니오니, 원컨대 전하께서는 본받지 마소서."라고 하니, 왕이 기뻐하면서 즉시 변발을 풀어 버리고 그에게 옷과 요를 하사하였다. - 『고려사』

① 노비와 관련된 문제를 처리하는 장례원을 설치하였다.
② 정동행성 이문소를 폐지하고 요동 지방을 공략하였다.
③ 『동국병감』과 같은 병서를 간행하여 원나라의 침략에 대비하였다.
④ 권문세족의 경제 기반을 무너뜨리기 위해서 과전법을 시행하였다.

□□□
0312 밑줄 친 '왕'의 재위 기간에 있었던 일로 옳은 것은?

2019년 지방직 7급
유사 2019년 서울시 7급(상)

> 왕이 복주에 이르렀다. 정세운은 성품이 충성스럽고 청렴하였는데, 왕의 파천(播遷) 이래 밤낮으로 근심하고 분하게 여겨서 홍건적을 물리치고 개경을 회복하는 것을 자신의 임무로 여겼다. …(중략)… 마침내 정세운을 총병관으로 임명하였다.
> ― 『고려사절요』

① 『향약구급방』이 편찬되었다.
② 정치도감이 설치되었다.
③ 직지심체요절이 금속 활자로 인쇄되었다.
④ 이제현에 의해 『사략』이 편찬되었다.

□□□
0313 다음과 같은 시기에 재위하였던 국왕 대의 사실로 옳은 것은?

2018년 국가직 7급
유사 2018년 경찰간부 / 2009년 국가직 7급

> 성균관을 다시 짓고 이색을 판개성부사 겸 성균관 대사성으로 삼았다. …(중략)… 이색이 다시 학칙을 정하고 매일 명륜당에 앉아서 경전을 나누어 수업하였는데, 강의를 마치면 함께 논쟁하느라 지루함을 잊었다. 이에 학자들이 모여들기 시작하였고 서로 함께 눈으로 보고 느끼게 되니, 정주 성리학이 비로소 흥기하게 되었다.
> ― 『고려사』

① 정동행성을 설치하였다.
② 정치도감을 설치하였다.
③ 전민변정도감을 설치하였다.
④ 각염제를 처음으로 시행하였다.

문항		번호			틀린 이유
0308	①	②	③	④	
0309	①	②	③	④	
0310	①	②	③	④	
0311	①	②	③	④	
0312	①	②	③	④	
0313	①	②	③	④	

해설

0308 제시된 자료는 충선왕의 즉위 교서이다. ④ 공민왕에 대한 설명이다.
오답노트 ①,②,③ 충선왕의 정책에 대한 설명이다. 충선왕은 각종 개혁 정책을 실시하였는데, 국가 재정을 확보하기 위해 소금 전매제를 실시하였고(각염법), 이제현을 북경으로 보내 만권당에서 원의 학자들과 학문을 교류하도록 하였다. 또한 사림원을 두어 신진 학자들과 개혁을 주도하였다.

0309 제시된 자료는 공민왕 때 신돈을 중용하고, 전민변정 사업을 추진한 것과 관련된 내용이다. 따라서 (가)는 전민변정도감을 일컫는다. ③ 공민왕은 전민변정도감을 설치하여 권문세족들이 부당하게 빼앗은 토지와 노비를 본래의 소유주에게 돌려주거나 양민으로 해방시켰다. 전민변정도감은 원종 때 처음 설치되었고, 이후 충렬왕·공민왕·우왕 때 설치와 폐지를 반복한 개혁 기구이다.
오답노트 ① 고려의 경시서에 대한 설명이다. ② 고려의 삼사에 대한 설명이다. ④ 녹과전은 고려 원종 때 관리들의 녹봉을 보충하기 위해 지급된 토지로, 전민변정도감과는 관련이 없다.

0310 제시된 자료는 고려 공민왕 때인 1361년 홍건적의 2차 침입에 대한 설명이다. 홍건적의 2차 침입 때 반성·사유 등이 20여만 명을 이끌고 침입하여 개경이 함락되고 공민왕이 복주(안동)로 피난하였다. ① 진포 해전은 고려 우왕 때의 일이다. 우왕 때 최무선은 진포에서 왜선 500척을 화통과 화포로 대파하였다.
오답노트 ② 고려 고종 때인 몽골의 2차 침입(1232)에 대한 설명이다. ③ 홍건적의 침입 이전에 공민왕이 추진한 개혁 정책에 대한 설명들이다. ④ 팔만대장경은 고려 고종 때인 1236년에 조판하기 시작하여, 1251년에 완성하였다.

0311 제시된 자료에서 괄호 안에 들어갈 국왕은 고려 공민왕이다. ② 공민왕은 정동행성 이문소를 폐지하고, 인당과 최영으로 하여금 요동 지방을 공략하게 하였다.
오답노트 ① 장례원은 조선 세조 때 설치된 '변정원'을 고친 말로, 조선 시대에 노비와 관련된 업무를 맡아 본 관아이다. ③ 『동국병감』은 조선 문종 때 김종서의 주도하에 고조선에서 고려 말까지의 전쟁사를 정리한 책이다. ④ 공양왕 때인 1391년의 일이다.

0312 제시된 자료는 홍건적의 2차 침입 당시 공민왕이 복주(안동)로 피난한 것과 관련된 내용으로, 밑줄 친 '왕'은 고려 공민왕을 일컫는다. ④ 『사략』은 공민왕 때 이제현이 성리학적 유교 사관에 입각하여 편년체로 저술한 역사서이다.
오답노트 ① 『향약구급방』은 현존하는 우리나라 최고(最古)의 의학 서적으로, 고려 고종 때인 1236년에 대장도감에서 처음으로 간행되었다. ② 충목왕 때의 일이다. ③ 직지심체요절은 현존하는 가장 오래된 금속 활자 인쇄물로, 고려 우왕 때인 1377년 청주 흥덕사에서 금속 활자로 간행되었다.

0313 이색을 성균관 대사성으로 임명하고 성리학의 중흥을 꾀했다는 점으로 보아, 해당 시기의 국왕이 공민왕임을 알 수 있다. ③ 공민왕은 전민변정도감을 설치하여 권문세족이 빼앗은 토지와 노비를 본래의 소유주에게 넘겨주거나 양인으로 해방시켰다.
오답노트 ① 정동행성은 충렬왕 때 설치되었다. ② 충목왕에 대한 설명이다. ④ 충선왕 때의 일이다.

Answer 0308 ④ 0309 ③ 0310 ① 0311 ② 0312 ④ 0313 ③

PART 03

0314 밑줄 친 '왕'의 재위 기간에 있었던 일로 옳은 것은?

2022년 지방직 9급

왕의 어릴 때 이름은 모니노이며, 신돈의 여종 반야의 소생
이었다. 어떤 사람은 "반야가 낳은 아이가 죽어서 다른 아이
를 훔쳐서 길렀는데, 공민왕이 자신의 아들이라고 칭하였
다."라고 하였다. 왕은 공민왕이 죽은 뒤 이인임의 추대로
왕위에 올랐다. 이후 이인임, 염흥방, 임견미 등이 권력을
잡아 극심하게 횡포를 부렸다.

① 이종무가 왜구의 소굴인 대마도를 정벌하였다.
② 삼별초가 반란을 일으켜 대몽 항쟁을 계속하였다.
③ 쌍성총관부를 공격해 철령 이북 지역을 수복하였다.
④ 요동 정벌을 위해 출병한 이성계가 위화도에서 회군하였다.

0315 다음 문화유산이 간행된 왕 대에 대한 설명으로 옳은
것은?

2020년 지방직 7급

직지심체요절은 백운 화상이 저술한 책을 청주 흥덕사에서
1377년 7월에 금속 활자로 인쇄한 것이다. 1972년 '세계 도
서의 해'에 출품되어 세계 최고의 금속 활자본으로 공인되
었다. 이 책은 이러한 가치를 인정받아 2001년 9월에 유네
스코 세계 기록 유산으로 등재되었다.

① 원 황실은 북쪽으로 도망가고 명이 건국되었다.
② 기존의 토지 문서를 불태워 버리고 과전법을 시행하였다.
③ 원에 만권당을 설치하여 고려와 원의 지식인들이 교류하
였다.
④ 명은 철령위를 설치한다고 고려에 통보하였다.

0316 (가)에 해당하는 기구로 옳은 것은? 2024년 지방직 9급

비로소 [(가)]을 설치했다. 판사 최무선의 말을 따른 것이
다. 이때에 원나라의 염초 장인 이원이 최무선과 같은 동네
사람이었다. 최무선이 몰래 그 기술을 물어서 집의 하인들
에게 은밀하게 배워서 시험하게 하고 조정에 건의했다.

－『고려사절요』

① 교정도감   ② 대장도감
③ 식목도감   ④ 화통도감

0317 다음 〈보기〉의 밑줄 친 주체에 대한 설명으로 가장
옳지 않은 것은?

2017년 서울시 사복직 9급

유사 2019년 서울시 7급[상] / 2019년 경찰간부

[보기]

운봉을 넘어온 …(중략)… 이 싸움에서 아군은 1,600여 필의
군마와 여러 병기를 노획하였고, 살아 도망간 자는 70여 명
밖에 없었다고 한다.   －『고려사』에서 인용·요약

① 그들로부터 개경을 수복한 정세운, 이방실, 김득배는 김
용의 주도하에 살해되었다.
② 조운선이 그들의 목표물이 되어 국가 재정이 곤란해졌다.
③ 그들의 소굴인 대마도가 정벌되어 그 기세가 꺾이게 되
었다.
④ 그들이 자주 출몰하자 수도를 옮기자는 주장이 제기되었다.

문항	번호				틀린 이유
0314	①	②	③	④	
0315	①	②	③	④	
0316	①	②	③	④	
0317	①	②	③	④	

해설

0314 제시된 자료는 우왕의 출생과 즉위 과정에 대해 서술하고 있다. ④ 우왕 때 명의 철령위 설치에 대응하여 최영의 주도로 요동 정벌을 추진하였다. 그러나 요동 정벌에 나섰던 이성계는 위화도에서 군대를 되돌려 우왕을 몰아내고 최영을 제거하였다(위화도 회군).

오답노트 ① 조선 세종 때의 일이다. ② 삼별초의 반란은 고려 원종 때인 1270년에 시작되어 1273년에 진압되었다. ③ 공민왕 때의 일이다.

0315 제시된 자료의 '직지심체요절'은 고려 우왕 때 간행된 서적이다. ④ 고려 우왕 때 명나라는 철령 이북의 땅(쌍성총관부가 설치되었던 지역)이 원래 원에 속하였다는 이유를 들어, 이 땅을 관할하는 철령위를 설치한다고 고려에 통보하였다.

오답노트 ① 명나라가 건국된 것은 1368년의 일로, 고려 공민왕 때의 일이다. ② 과전법을 시행한 것은 고려 공양왕 때인 1391년의 일이다. ③ 충선왕의 업적이다. 충선왕은 아들인 충숙왕을 즉위시킨 뒤 원나라로 돌아가 연경에 만권당을 설립하였다.

0316 제시된 자료는 고려 우왕 때 화통도감 설치와 관련된 내용이다. ④ 고려 우왕 때 최무선은 왜구 격퇴를 위해 화통도감의 설치를 건의하였다. 이에 화통도감이 설치되어 화포를 개발하였다.

오답노트 ① 교정도감은 최충헌이 설치한 기구로 국가의 중요한 정책을 결정하였다. ② 고려 고종 때 강화도에 대장도감을 설치하고 대장경을 만들었다. ③ 식목도감은 대내적인 법제와 격식을 다루던 임시 회의 기관이다.

0317 제시된 자료는 이성계의 황산 대첩과 관련된 내용이다. 밑줄 친 주체는 왜구를 지칭한다. ① 공민왕 때의 홍건적 침입과 관련된 내용이다.

오답노트 ② 조세를 운반하는 조운선과 조세를 보관하던 조창이 왜구에 의해 약탈당함에 따라 국가 재정 수입이 줄어들게 되었다. ③ 창왕 때 박위가 전함 100척을 이끌고 대마도를 토벌하였다. ④ 고려 말 왜구는 서해안을 중심으로 광범위하게 약탈하였는데, 공민왕 9년에는 강화도 교동을 점령하기도 하였다. 이에 공민왕은 잠시 백악(장단)으로 거처를 옮겼으며, 철원이나 충주 등 중부 내륙 지방으로의 천도를 논의하기도 하였다.

M.E.M.O

PART 03

CHAPTER

02 중세의 경제와 사회

TOP 01 12회 출제 **전시과 제도(중세 토지 제도)**

2015	2016	2017	2018	2019	2020	2021	2022	2023	2024
• 지방 9 • 경찰(2)	• 국가 9 • 경찰	• 지방 9		• 국가 9 • 법원 9	• 법원 9 • 경찰 • 소방	• 법원 9			

TOP 02 9회 출제 **백성들의 생활 모습(향도, 사회 제도, 법률과 풍습)**

2015	2016	2017	2018	2019	2020	2021	2022	2023	2024
• 경찰	• 지방 9	• 국가 9(하) • 경찰	• 경찰	• 경찰	• 국가 9 • 법원 9	• 소방			

TOP 02 9회 출제 **고려의 신분 제도**

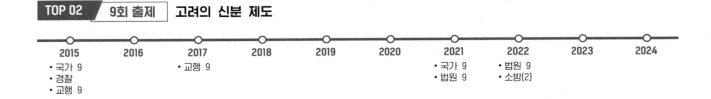

2015	2016	2017	2018	2019	2020	2021	2022	2023	2024
• 국가 9 • 경찰 • 교행 9		• 교행 9				• 국가 9 • 법원 9	• 법원 9 • 소방(2)		

TOP 04 8회 출제 **중세의 경제 생활**

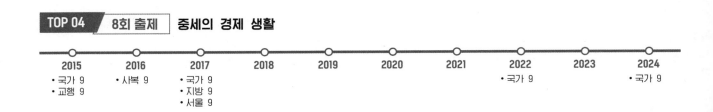

2015	2016	2017	2018	2019	2020	2021	2022	2023	2024
• 국가 9 • 교행 9	• 사복 9	• 국가 9 • 지방 9 • 서울 9					• 국가 9		• 국가 9

중세의 경제 정책

☐☐☐

0318 밑줄 친 '이 나라'의 경제 상황에 대한 설명으로 옳지 않은 것은?

2022년 국가직 9급

> 이 나라에는 관리에게 정해진 면적의 토지에서 조세를 거둘 수 있는 권리를 나누어주는 전시과라는 제도가 있었다. 농민은 소를 이용해 깊이갈이를 하기도 했으며, 시비법의 발달로 휴경지가 점차 줄어들었다. 밭농사는 2년 3작의 윤작법이 점차 보급되었다. 이 나라의 말기에는 직파법 대신 이앙법이 남부 지방 일부에 보급될 정도로 논농사에 변화가 나타났다. 또한 이암에 의해 중국 농서인 『농상집요』도 소개되었다.

① 재정을 운영하는 관청으로 삼사를 두었다.

② 공물 부과 기준이 가호에서 토지로 바뀌었다.

③ 생산량의 10분의 1에 해당하는 조세를 거두었다.

④ 소라는 행정 구역의 주민이 국가에서 필요로 하는 물품을 생산하였다.

☐☐☐

고난도

0319 ㉠~㉣에 대한 설명으로 옳지 않은 것은?

2017년 국가직 9급(하)

> 고려는 국가가 주도하여 산업을 재편하면서 ㉠ 경작지를 확대하고, ㉡ 상업과 수공업의 체제를 확립하여 안정된 경제 기반을 확보하였다. 또 ㉢ 수취 체제를 정비하면서 양전 사업을 실시하고 ㉣ 토지 제도를 정비하였다.

① ㉠ – 농민이 황무지를 개간하면 일정 기간 소작료나 조세를 감면해 주었고, 여러 수리 시설도 개축하였다.

② ㉡ – 개경에 시전을 만들어 관영 점포를 열었고, 소는 생산한 물품을 일정하게 공물로 납부하였다.

③ ㉢ – 국초부터 군현 단위로 20년마다 양전을 실시하여 1/10의 조세를 거두었다.

④ ㉣ – 경종 때의 전시과 제도는 문무 관리의 지위와 직역, 인품에 따라 전지와 시지를 지급하였다.

문항	번호				틀린 이유
0318	①	②	③	④	
0319	①	②	③	④	

해설

0318 제시된 자료는 고려 시대의 전시과 제도와 농업 기술 발달에 관해 서술하고 있다. ② 조선 후기에 실시된 대동법에 따라 공물 부과 기준이 가호에서 토지로 바뀌었다.

오답노트 ① 고려는 재정을 운영하는 관청으로 호부, 삼사 등을 두었다. ③ 고려 정부는 생산량의 1/10을 조세로 거두었다. ④ 고려 시대에 '소'라는 특수 행정 구역에 거주하는 사람들은 국가가 필요로 하는 금, 은, 구리, 철 등의 원료와 종이, 먹, 도자기 등의 공납품을 만들어 바쳤다.

0319 ③ 조선 시대에 대한 내용으로, 조선은 『경국대전』에서 20년마다 양전 사업을 실시하는 것을 법제화하였다. 고려 시대 양전 사업에 대해서는 현재 전해지는 기록이 거의 없다.

오답노트 ① 고려 시대에는 개간 사업을 적극적으로 실시하여 개간한 땅에 대해서는 일정 기간 조세를 감면해 주고 주인이 없으면 소유권도 인정해 주는 한편, 김제의 벽골제나 밀양의 수산제 등을 개축하기도 하였다. ② 고려 시대에는 개경에 시전을 만들고 여러 관영 상점을 두기도 했으며 소(所)를 설치하여 공물을 생산하고 납부하게 하였다. ④ 경종 때 시행된 시정 전시과는 문무 관리의 관품과 인품을 모두 반영했다.

Answer 0318 ② 0319 ③

0320 전시과 제도의 변천 과정을 나타낸 것이다. (가) 제도에 대한 〈보기〉의 설명으로 옳은 것만을 모두 고른 것은?

2016년 국가직 9급
유사 2018년 기상직 9급

시정 전시과 (경종 1년, 976)	→	개정 전시과 (목종 1년, 998)	→	(가) (문종 30년, 1076)

┌ 보기 ┐
㉠ 4색 공복을 기준으로 등급을 나누었다.
㉡ 산직(散職)이 전시의 지급 대상에서 배제되었다.
㉢ 등급별 전시의 지급 액수가 전보다 감소하였다.
㉣ 무반과 일반 군인에 대한 대우가 전반적으로 향상되었다.

① ㉠, ㉡   ② ㉢, ㉣
③ ㉠, ㉡, ㉢   ④ ㉡, ㉢, ㉣

0321 (가)~(다) 전시과에 대한 설명으로 옳은 것을 〈보기〉에서 모두 고른 것은?

2015년 지방직 9급

과		1	2	3	4	5	6	7	8	9	10	11	12	13	14	15	16	17	18
(가)	전지	110	105	100	95	90	85	80	75	70	65	60	55	50	45	42	39	36	33
	시지	110	105	100	95	90	85	80	75	70	65	60	55	50	45	40	35	30	25
(나) 지급액수(결)	전지	100	95	90	85	80	75	70	65	60	55	50	45	40	35	30	27	23	20
	시지	70	65	60	55	50	45	40	35	33	30	25	22	20	15	10			
(다)	전지	100	90	85	80	75	70	65	60	55	50	45	40	35	30	25	22	20	17
	시지	50	45	40	35	30	27	24	21	18	15	12	10	8	5				

— 『고려사』 식화지

┌ 보기 ┐
㉠ (가) - 관품과 함께 인품도 고려되었다.
㉡ (나) - 한외과가 소멸되었다.
㉢ (다) - 승인과 지리업에게 별사전이 지급되었다.
㉣ (가)~(다) - 경기 8현에 한하여 지급되었다.

① ㉠, ㉡   ② ㉠, ㉢
③ ㉡, ㉢   ④ ㉢, ㉣

0322 (가)~(다)를 일어난 순서대로 바르게 나열한 것은?

2021년 법원직 9급

(가) 은병을 만들어 화폐로 썼는데, 은 한 근으로 만들되 우리나라 지형을 본떴다. 민간에서는 활구라 불렀다.
(나) 원년 11월에 처음으로 직관과 산관 각 품의 전시과를 제정하였는데, 관품의 높고 낮음은 따지지 않고 단지 인품으로만 이를 정하였다.
(다) 도평의사사에서 상서하여 과전을 지급하는 법을 정할 것을 청하니, 그 의견을 따랐다. … 경기는 사방의 근본이므로 마땅히 과전을 두어 사대부를 우대한다.

① (가) - (나) - (다)   ② (가) - (다) - (나)
③ (나) - (가) - (다)   ④ (나) - (다) - (가)

0323 고려 시대 (가)~(라)의 토지 제도가 시행된 순서대로 바르게 정리한 것은?

2020년 법원직 9급

(가) 관등과 인품을 기준으로 지급하였다.
(나) 현직 관리만을 대상으로 지급하였다.
(다) 공신의 공로에 따라 차등 지급하였다.
(라) 관등에 따라 18등급으로 구분하여 지급하였다.

① (가) ⇨ (나) ⇨ (다) ⇨ (라)
② (나) ⇨ (가) ⇨ (라) ⇨ (다)
③ (다) ⇨ (가) ⇨ (라) ⇨ (나)
④ (라) ⇨ (다) ⇨ (나) ⇨ (가)

☐☐☐   `고난도`

0324 (가) 토지 제도에 대한 설명으로 옳은 것은?

2019년 국가직 9급
`유사` 2020년 소방직 9급

> 비로소 직관(職官)·산관(散官) 각 품(品)의 ▢(가)▢ 을/를 제정하였는데, 관품의 높고 낮은 것은 논하지 않고 다만 인품만 가지고 그 등급을 결정하였다.   -『고려사』

① 4색 공복을 기준으로 문반, 무반, 잡업으로 나누어 지급 결수를 정하였다.
② 산관이 지급 대상에서 제외되었으며 무반의 차별 대우가 개선되었다.
③ 전임 관료와 현임 관료를 대상으로 경기 지방에 한하여 지급하였다.
④ 고려의 건국 과정에서 충성도와 공로에 따라 차등 지급되었다.

☐☐☐

0325 〈보기〉는 고려의 토지 제도에 대한 설명이다. (㉠)과 (㉡)에 들어갈 것으로 가장 옳게 짝지은 것은?

2019년 서울시 7급(상)
`유사` 2016년 사회복지직 9급 / 2013년 경찰간부

─〔보기〕─
5품 이상의 고위 관리에게는 (A)를 주어 자손에게 상속하게 하였다. 하급 관료의 자제 중 관직에 오르지 못한 사람에게는 (B)를 주고, 직업 군인에게는 군역의 대가로 (C)를 지급하였다. 직역을 계승할 자손이 없으면 국가에서는 토지를 회수하고 대신 유가족의 생활을 보호하기 위해 ▢㉠▢ 을 지급하였다. 한편 왕실에는 왕실 경비를 충당하기 위해 (D)를 지급하였다. 중앙과 지방의 관청에는 ▢㉡▢ 을 지급하였고, 사원에는 (E)를 지급하였다.

	㉠	㉡
①	구분전	공해전
②	민전	내장전
③	군인전	공해전
④	한인전	내장전

문항	번호				틀린 이유
0320	①	②	③	④	
0321	①	②	③	④	
0322	①	②	③	④	
0323	①	②	③	④	
0324	①	②	③	④	
0325	①	②	③	④	

해설

0320 (가) 제도는 경정 전시과이다. ㉡ 산직(散職)은 일정한 직무가 없는 관직이다. 경정 전시과에서는 현직 관리만을 대상으로 삼았기 때문에 산직은 전시의 지급 대상에서 배제되었다. ㉢ 경정 전시과에서는 1등급을 제외하고 각 등급별로 토지 지급 액수가 3~5결 정도 감소하였다. ㉣ 경정 전시과에서는 무관에 대한 차별이 시정되어 무반과 일반 군인에 대한 대우가 전반적으로 향상되었다.
`오답노트` ㉠ 시정 전시과에 대한 설명이다. 시정 전시과에서는 관품과 인품을 함께 반영하였고, 4색 공복 등을 기준으로 삼았다.

0321 (가)는 경종 때 제정된 시정 전시과, (나)는 목종 때 제정된 개정 전시과, (다)는 문종 때 제정된 경정 전시과를 의미한다. ㉠ 시정 전시과는 관품과 인품을 함께 반영하였다. ㉢ 경정 전시과에서는 별사전시가 신설되었다. 이는 승려와 풍수지리업자에게 지급된 토지이다.
`오답노트` ㉡ 한외과가 폐지된 것은 경정 전시과이다. ㉣ 전시과는 전국의 토지를 대상으로 지급되었다. 경기 8현의 토지에 대한 수조권을 분급한 것은 녹과전(원종 12, 1271)이다.

0322 (나)는 경종 때 제정된 시정 전시과의 내용이다. (가)는 고려 숙종 때의 화폐 주조와 관련된 내용이다. 숙종 때 의천의 건의에 따라 은병(활구)이라는 은전을 만들었다. (다)는 고려 말 공양왕 때 제정된 과전법의 내용이다.

0323 (다) 태조 때 실시한 역분전에 대한 설명이다. (가) 경종 때 제정한 시정 전시과에 대한 설명이다. (라) 목종 때 제정된 개정 전시과에 대한 설명이다. 개정 전시과에서는 인품이라는 막연한 요소를 배제하고 오직 관품만 고려하여 18과(科)로 구분하여 토지를 나누어 주었다. (나) 문종 때 실시한 경정 전시과에 대한 설명이다.

0324 제시된 자료의 (가)에 들어갈 토지 제도는 시정 전시과이다. ① 시정 전시과는 4색 공복을 기준으로 문반, 무반, 잡업으로 나누어 토지 지급 결수를 정하였다.
`오답노트` ② 문종 때 제정된 경정 전시과에 대한 설명이다. ③ 전시과는 전국의 토지를 대상으로 지급하였다. 전임 관료와 현임 관료를 대상으로 경기 지방에 한하여 지급된 토지 제도로는 과전법 등이 있다. ④ 역분전에 대한 설명이다.

0325 순서대로 A는 공음전, B는 한인전, C는 군인전, D는 내장전, E는 사원전이다. ㉠ 고려 시대에서 하급 관료 또는 군인이 사망시 그 유가족에게 생활 대책을 마련하기 위해 지급했던 토지는 구분전이다. ㉡ 국가에서 중앙과 지방 관청의 경비를 조달하기 위해 지급한 토지는 공해전이다.
`오답노트` '민전'은 일반 백성들이 소유하고 있던 토지이다. '군인전'은 군인들에게 지급한 토지이다. '한인전'은 하급 관리의 자제 중 관직에 오르지 못한 자들에게 지급된 토지이다. '내장전'은 왕실이 직접 경영을 하던 토지였다.

Answer   0320 ④   0321 ②   0322 ③   0323 ③   0324 ①   0325 ①

0326 (가) 제도와 관련된 설명으로 가장 적절한 것은?

2019년 법원직 9급

> 고려의 토지 제도는 대체로 당(唐)의 제도를 모방하였다. 경작하는 토지의 수를 헤아리고 그 비옥함과 척박함을 나누어, 문무의 백관으로부터 부병(府兵)과 한인(閑人)에 이르기까지 과(科)에 따라 받지 않은 자가 없었으며, 또한 과에 따라 땔나무를 베어낼 땅도 지급하였으니, 이를 일컬어 [(가)]라고 하였다. — 『고려사』

① 광종 때 처음으로 만들어졌다.
② 양반전은 원칙적으로 세습이 허용되었다.
③ 목종 때에는 인품을 기준으로 토지를 지급하였다.
④ 문종 때에는 지급 대상을 현직 관리로 제한하였다.

0327 고려 시대 토지 종목 중 ㉠에 해당하는 것은?

2017년 지방직 9급(하)

> 원종 12년 2월에 도병마사가 아뢰기를, "근래 병란이 일어남으로 인해 창고가 비어서 백관의 녹봉을 지급하지 못하여 사인(士人)을 권면할 수 없었습니다. 청컨대 경기 8현을 품등에 따라 [㉠]으로 지급하소서."라고 하였다. — 『고려사』

① 공음전   ② 구분전
③ 녹과전   ④ 사패전

0328 다음 고려 시대의 전시과에 대한 설명으로 옳지 않은 것은?

2010년 법원직 9급

유사 2017년 서울시 9급 / 2016년 경찰 1차 / 2016년 사회복지직 9급 / 2015년 경찰 2·3차 / 2015년 교육행정직 9급 / 2012년 지방직 9급

> (가) 경종 원년(976) 11월에 비로소 직관(현직 관리), 산관(퇴직 관리) 각 품의 전시과를 제정하였는데 18품으로 나눈다. 1품은 전(田)과 시(柴)가 각각 110결, 18품은 전33결, 시25결이다.
> (나) 목종 원년(998) 12월에 문무 관리와 군인, 한인에게 토지를 나누어 주는 것으로 전시과를 개정하였다. 제1과는 전100결, 시70결, 제17과는 전23결, 제18과는 전20결로 한다.
> (다) 문종 30년(1076)에 전시과를 다시 개정하였다. 제1과는 전100결, 시50결, 제17과는 전20결, 제18과는 전17결로 한다.

① (가) 시기에는 관품과 인품이 병용된 다원적 기준이 적용되었다.
② (나) 시기에는 같은 양의 전지, 시지를 직·산관 및 무관들에게 지급되었다.
③ (다) 시기에는 현직 관리에 한해 토지를 지급했고, 별사과, 무산과 전시도 지급되었다.
④ 관등에 따라 18등급으로 나누어 전지와 시지에 대한 수조권을 지급한 제도이다.

중세의 경제 활동

□□□

0329 다음에서 설명하는 화폐가 사용된 시기의 경제 상황으로 옳은 것은?

2017년 국가직 9급

> 초기에는 은 1근으로 우리나라 지형을 본떠 만들었는데 그 가치는 포목 100필에 해당하는 고액이었다. 주로 외국과의 교역에 사용되었으며 후에 은의 조달이 힘들어지고 동을 혼합한 위조가 성행하자, 크기를 축소한 소은병을 만들었다.

① 청해진이 설치되어 무역권을 장악하였다.
② 동시전이 설치되어 시장을 감독하였다.
③ 책, 차 등을 파는 관영 상점을 두었다.
④ 이앙법이 전국적으로 보급되었다.

□□□

0330 고려의 경제 상황에 대한 설명으로 옳은 것은?

2024년 국가직 9급

① 진대법이라는 구휼 제도를 시행하였다.
② 건원중보가 발행되었으나 널리 이용되지 못하였다.
③ 광산 경영 방식에서 덕대제가 유행하기 시작하였다.
④ 전통적 농업 기술을 정리한 『농사직설』이 편찬되었다.

문항	번호				틀린 이유
0326	①	②	③	④	
0327	①	②	③	④	
0328	①	②	③	④	
0329	①	②	③	④	
0330	①	②	③	④	

해설

0326 제시된 자료의 (가)에 들어갈 제도는 고려 전시과이다. ④ 문종 때 경정 전시과가 제정됨에 따라 현직 관리만을 대상으로 전시과를 지급하였다.

오답노트 ① 전시과 제도는 고려 경종 때 처음으로 만들어졌다. ② 양반전(=과전)은 고려 전시과 체제에서 문무 관리에게 지급된 토지로, 원칙적으로 세습을 허용하지 않았다. ③ 목종 때 개정 전시과가 제정되면서 인품이라는 막연한 요소를 배제하고 오직 관품만 고려하여 토지를 나누어 주었다.

0327 제시된 자료의 ㉠은 녹과전이다. ③ 고려는 개경 환도 이후 1271년(원종 12년)에 녹봉의 부족분을 보충하기 위해 현직 관료를 대상으로 경기 8현의 토지에 대한 수조권을 분급했는데, 이를 녹과전이라고 불렀다.

오답노트 ① 공음전은 5품 이상 고위 관리들에게 지급한 토지이다. ② 구분전은 하급 관료나 군인의 사망시 그 유가족들에게 지급한 토지이다. ④ 사패전은 대몽 항쟁기 이후 많은 농토가 황폐화되자, 토지 개간을 장려하기 위해 지배층에게 분급한 토지이다.

0328 (가)는 경종 대의 시정 전시과, (나)는 목종 대의 개정 전시과, (다)는 문종 대의 경정 전시과이다. ② 개정 전시과에서는 지급량이 재조정되어 퇴직자인 산관은 현직자에 비해 토지 분급량이 이전보다 감소하였으며 무관보다 문관이 우대되었다.

오답노트 ① 시정 전시과는 관등의 높고 낮음과 함께 인품을 반영하였다. ③ 경정 전시과는 현직 관리에게만 수조권을 지급하였으며 일반 전시과 외에 무산계 전시와 별사전시도 마련되었다. ④ 전시과 제도는 문무 관리로부터 군인, 한인에 이르기까지 18등급으로 나누어 곡물을 수취할 수 있는 전지와, 땔감을 얻을 수 있는 시지를 주었다. 이때 지급된 토지는 수조권만 갖는 토지였다.

0329 제시된 자료는 은병(활구)에 대한 설명이다. 고려 숙종은 의천의 건의로 주전도감을 설치하여 삼한통보, 해동통보 등의 동전과 활구라는 은전을 만들어 유통을 시도하였다. ③ 고려는 개경, 서경, 동경 등 대도시에 책을 파는 서적점, 차를 파는 다점 등 관영 상점을 두었다.

오답노트 ① 청해진은 신라 하대 흥덕왕 때 장보고의 건의로 완도에 설치되었다. ② 동시전은 신라 지증왕 때 설치된 시장 감독 관청이다. ④ 이앙법의 전국적인 보급은 조선 후기에 이루어졌다.

0330 ② 고려 성종 때 최초로 철전인 건원중보를 만들었으나 유통에 실패하였다.

오답노트 ① 고구려 고국천왕 때 진대법을 실시하여 가난한 농민이 노비로 전락하는 것을 막으려 하였다. ③ 조선 후기의 경제 상황에 대한 설명이다. ④ 『농사직설』이 편찬된 것은 조선 전기인 세종 때의 일이다.

Answer 0326 ④ 0327 ③ 0328 ② 0329 ③ 0330 ②

www.pmg.co.kr

□□□

0331 밑줄 친 '왕'의 재위 시기에 있었던 사실로 옳은 것을 〈보기〉에서 모두 고른 것은?
2022년 법원직 9급
유사 2020년 경찰간부 / 2018년 서울시 9급 / 2018년 서울시 7급 / 2010년 국가직 9급 / 2008년 국가직 9급 / 2008년 지방직 7급

주전도감에서 왕에게 아뢰기를 "나라의 백성이 돈을 사용하는 것의 유리함을 이해하고 그것을 편리하다고 생각하게 되었으니 이 사실을 종묘에 고하십시오."라고 하였다. 이 해에 또 은병도 만들어 화폐로 사용하였는데, 그 제도는 은 한 근으로 만들되 우리나라의 지형을 따서 만들었고, 민간에서는 활구라고 불렀다.

┌─ 보기 ─┐
㉠ 해동통보가 발행되었다.
㉡ 의천이 화폐 주조를 건의하였다.
㉢ 원의 화폐인 지원보초가 유통되었다.
㉣ 저화라고 불린 지폐가 제작되어 유통되었다.

① ㉠, ㉡   ② ㉠, ㉢
③ ㉡, ㉣   ④ ㉢, ㉣

□□□

0332 고려 시대의 상공업에 대한 설명으로 옳은 것만을 모두 고른 것은?
2017년 국가직 7급(하)

㉠ 고려 초기 개경, 서경 등에 시전을 두었다.
㉡ 주전도감을 설치하여 해동통보를 주조하였다.
㉢ 충선왕 때에 각염법을 실시하였다.
㉣ 사원과 소(所)에서 수공업 물품이 제작되었다.

① ㉠, ㉡   ② ㉠, ㉣
③ ㉡, ㉢, ㉣   ④ ㉠, ㉡, ㉢, ㉣

□□□

0333 다음 상황이 나타난 시기에 볼 수 있는 모습으로 옳은 것은?
2017년 지방직 9급
유사 2015년 지방직 7급 / 2014년 경찰 2차 / 2012년 서울시 9급 / 2011년 지방직 7급

대외 무역이 발전하면서 예성강 어귀의 벽란도가 국제 무역항으로 번성했으며, 대식국(大食國)으로 불리던 아라비아 상인들도 들어와 수은·향료·산호 등을 팔았다.

① 해동통보와 은병(銀瓶) 같은 화폐를 만들어 사용하였다.
② 인구·토지 면적 등을 기록한 장적(帳籍, 촌락 문서)이 작성되었다.
③ 개성의 송상은 전국에 송방(松房)이라는 지점을 개설해서 활동하였다.
④ 지방 장시의 객주와 여각은 상품의 매매뿐 아니라 숙박·창고·운송 업무까지 운영하였다.

□□□

0334 다음과 같은 정책이 시행되었던 시대의 경제 상황에 대한 설명으로 옳은 것은?
2013년 국가직 9급
유사 2009년 지방직 7급

• 해동통보를 비롯한 돈 15,000관을 주조하여 관리들에게 나누어 주었다.
• 은 한 근으로 우리나라 지형을 본 딴 은병을 만들어 통용시켰는데, 민간에서는 이를 활구(闊口)라 불렀다.

① 공인이 상업 활동을 주도하였다.
② 시전 상인의 금난전권을 제한하였다.
③ 대도시에 주점, 다점 등의 관영 상점을 두었다.
④ 시장을 감독하는 관청으로 동시전을 설치하였다.

0335 고려 시대의 수공업에 대한 설명으로 옳지 않은 것은?

2011년 지방직 9급
유사 2007년 인천시 9급

① 고려 시대의 수공업은 관청 수공업, 소(所) 수공업, 사원 수공업, 민간 수공업으로 구분할 수 있다.
② 중앙과 지방의 관청에서는 그곳에서 일할 기술자들을 공장안(工匠案)에 등록해 두었다.
③ 소(所)에서는 금, 은, 철 등 광산물과 실, 종이, 먹 등 수공업 제품 외에 생강을 생산하기도 하였다.
④ 고려 후기에는 소(所)에서 죽제품, 명주, 삼베 등 다양한 물품을 만들어 민간에 팔기도 하였다.

0336 다음과 같은 문화 활동을 전후한 시기의 농업 기술 발달에 관한 내용으로 옳은 것을 <보기>에서 모두 고르면?

2009년 국가직 9급
유사 2014년 경찰 2차

- 서예에서 간결한 구양순체 대신에 우아한 송설체가 유행하였다.
- 고려 태조에서 숙종 대까지의 역대 임금의 치적을 정리한 『사략』이 편찬되었다.

─[보기]─
㉠ 2년 3작의 윤작법이 점차 보급되었다.
㉡ 원의 『농상집요』가 소개되었다.
㉢ 우경에 의한 심경법이 확대되었다.
㉣ 상품 작물이 광범위하게 재배되었다.

① ㉠, ㉡
② ㉡, ㉢
③ ㉠, ㉡, ㉢
④ ㉡, ㉢, ㉣

문항	번호				틀린 이유
0331	①	②	③	④	
0332	①	②	③	④	
0333	①	②	③	④	
0334	①	②	③	④	
0335	①	②	③	④	
0336	①	②	③	④	

해설

0331 제시된 자료의 밑줄 친 '왕'은 고려 숙종이다. ㉠ 숙종 때 해동통보·은병 등의 화폐를 주조하였다. ㉡ 숙종 때 의천이 화폐 주조를 건의했으며, 이에 따라 주전도감을 설치하였다.

오답노트 ㉢ 원의 지폐인 보초가 유입된 것은 고려 후기의 일이다. ㉣ 공양왕 때는 최초의 지폐인 저화가 발행되었다.

0332 ㉠ 고려 초 개경, 서경 등에 상설 점포인 시전을 설치하였다. ㉡ 주전도감은 의천의 건의로 숙종 때 설치된 임시 기구인데 여기서 삼한통보, 해동통보, 해동중보 등이 주조되었다. ㉢ 충선왕 때는 각염법을 실시하여 국가가 소금의 전매권을 가져가서 국가 재정을 확보하려는 정책을 실시했다. ㉣ 고려 전기에는 소(所), 관청 수공업 등이 발달하였고 후기에는 사원, 민간 수공업이 발달했다.

0333 제시된 자료는 고려 시대의 무역 활동에 대한 내용이다. ① 고려 숙종 때 삼한통보, 해동통보, 해동중보 등의 동전이 만들어졌고 활구(은병)라는 은전이 제작되었지만 널리 유통되지는 못하였다.

오답노트 ② 장적(촌락 문서)이 작성된 것은 통일 신라 때의 일이다. ③,④ 조선 후기의 경제 상황에 대한 설명이다.

0334 제시된 자료는 고려 숙종 때의 화폐 발행에 대한 자료이다. 숙종은 의천의 화폐 주전의 건의를 받아들여 해동통보, 활구 등의 화폐를 발행하였다. ③ 고려는 개경, 서경, 동경 등 대도시에 관청의 수공업장에서 생산한 물품을 판매하는 서적점·약점과 주점·다점 등 관영 상점을 두었다.

오답노트 ① 공인은 대동법 이후 등장한 상인으로 조선 후기 상품 화폐 경제의 발달에 이바지하였다. ② 1791년 정조 때의 신해통공으로 육의전을 제외한 시전의 금난전권이 철폐되었다. ④ 신라 지증왕 때의 일이다.

0335 ④ 고려 후기에 들어와 향·부곡·소가 점차 해체되면서 소(所) 수공업도 쇠퇴하였다. 고려 후기에는 농촌의 가내 수공업을 중심으로 민간 수공업과 사원 수공업이 발달하였다.

오답노트 ① 고려 시대의 수공업은 전기에는 관청 수공업과 소(所) 수공업이 중심이었으며, 후기에는 민간 수공업과 사원 수공업이 발달하였다. ② 중앙과 지방에 있던 관청에서는 그곳에서 일할 기술자를 공장안에 올려 물품을 생산하게 하였으며, 농민을 부역으로 동원하여 보조하게 하였다. ③ 소(所)에서는 광공업품과 수공업품 이외에 생강같은 작물도 생산하였다.

0336 제시된 자료는 고려 후기의 문화 양상에 대해 설명하고 있다. ㉠,㉡,㉢ 고려 후기에는 2년 3작의 윤작법이 보급되었고, 원나라에 다녀온 이암이 『농상집요』를 고려에 소개하였다. 또한 우경에 의한 심경법이 확대되었다.

오답노트 ㉣ 조선 후기에는 상품 작물들을 재배하여 시장에 팔았다.

Answer 0331 ① 0332 ④ 0333 ① 0334 ③ 0335 ④ 0336 ③

고려의 신분 제도와 사회 정책

대표유형

□□□

0337 고려 시대 향리에 대한 설명으로 옳은 것만을 모두 고르면?

2021년 국가직 9급

유사 2013년 경찰간부 / 2012년 국가직 7급 / 2011년 국가직 9급

> ㉠ 부호장 이하의 향리는 사심관의 감독을 받았다.
> ㉡ 상층 향리는 과거로 중앙 관직에 진출할 수 있었다.
> ㉢ 일부 향리의 자제들은 기인으로 선발되어 개경으로 보내졌다.
> ㉣ 속현의 행정 실무는 향리가 담당하였다.

① ㉠

② ㉠, ㉡

③ ㉡, ㉢, ㉣

④ ㉠, ㉡, ㉢, ㉣

대표유형

□□□

0338 (가)의 주민에 대한 설명으로 옳은 것은?

2017년 교육행정직 9급

유사 2019년 지방직 7급 / 2016년 지방직 9급 / 2012년 국가직 9급

> 예종 3년에 왕이 명하기를, "구리, 철, 자기, 종이, 먹 등을 만드는 ___(가)___ 에서 공물을 지나치게 많이 거두어 주민들이 어려움을 이기지 못해 도망하고 있다. 이제 해당 관청에서는 그 공물의 양을 다시 정하여 보고하도록 하라."라고 하였다.

① 증여, 상속의 대상이었다.

② 양인이지만 군현민에 비해 차별을 받았다.

③ 대부분 관청에 소속되어 수공업 제품을 생산하였다.

④ 조세, 공물의 징수와 요역 징발 등 행정 실무를 담당하였다.

□□□

0339 (가) 세력에 대한 설명으로 가장 옳은 것은?

2021년 법원직 9급

유사 2015년 경찰 3차 / 2015년 교육행정직 9급 / 2012년 경찰 2차

> ▶ 고려 지배층의 변화 ◀
>
> 호족 → 문벌 귀족 → 무신 → 권문 세족 → (가)

① 성리학을 통해 불교의 폐단을 지적하였다.

② 주로 음서를 통하여 관직에 진출하였다.

③ 권력을 앞세워 대규모 농장을 소유하였다.

④ 친원적 성향의 이들은 도평의사사를 장악하였다.

□□□

0340 밑줄 친 '이들'에 대한 설명으로 가장 옳은 것은?

2022년 법원직 9급

> 이들의 첫 벼슬은 후단사이며, 두 번째에 오르면 병사(兵史)·창사(倉史)가 되고, 세 번째에 오르면 주·부·군·현의 사(史)가 되며, 네 번째 오르면 부병정(副兵正)·부창정(副倉正)이 되고, 여섯 번째 오르면 호정이 되며, 일곱 번째 오르면 병정·창정이 되고, 여덟 번째 오르면 부호장이 되고, 아홉 번째 오르면 호장(戶長)이 된다.

① 자손이 음서의 혜택을 받았다.

② 속현의 조세와 공물의 징수, 노역 징발 등을 담당하였다.

③ 수군, 조례, 역졸, 조졸 등으로 칠반천역이라고도 불렸다.

④ 수령의 행정 실무를 보좌하는 세습적인 아전으로 활동하였다.

□□□
0341 다음 〈보기〉의 ( )에 들어갈 낱말을 바르게 나열한 것은?

2017년 서울시 사복직 9급

┌ 보기 ┐
고려의 지배층과 피지배층 사이에는 중류층이 자리 잡고 있었다. 중앙 관청의 말단 서리인 (㉠), 궁중 실무 관리인 (㉡), 직업 군인으로 하급 장교인 (㉢) 등이 있었다.
└─────

	㉠	㉡	㉢
①	잡류	역리	군반
②	남반	군반	역리
③	잡류	남반	군반
④	남반	군반	잡류

□□□
0342 고려 시대 신분 제도에 대한 설명으로 가장 옳지 않은 것은?

2018년 서울시 7급

유사 2015년 국가직 9급 / 2012년 국가직 7급 / 2012년 지방직 7급 / 2009년 지방직 7급 / 2008년 국가직 7급 / 2007년 국가직 7급

① 왕실과 혼인을 통해 외척이 되어 대대로 특권을 누리는 문벌 가문이 나타났다.
② 상층 향리인 호장층은 지방 세력 가운데 과거 합격률이 가장 높아 관료를 배출하는 모체가 되었다.
③ 서민이 손쉽게 출세하는 벼슬은 궁궐의 잡무를 맡은 서리층으로 이를 산관이라 했다.
④ 광산에서 일하는 광부를 철간, 어부를 생선간, 소금 굽는 염부를 염간, 목축하는 사람을 목자간, 뱃사공을 진척이라 불렀다.

문항	번호				틀린 이유
0337	①	②	③	④	
0338	①	②	③	④	
0339	①	②	③	④	
0340	①	②	③	④	
0341	①	②	③	④	
0342	①	②	③	④	

해설

0337 ㉠ 고려 태조 때 사심관 제도를 실시하여 부호장 이하의 관직 등에 관한 사무를 관장하도록 하였다. ㉡ 상층 향리는 과거 응시가 가능했기 때문에 이를 통해 중앙 관직으로 진출할 수 있었다. ㉢ 고려 태조 때부터 기인 제도를 실시했는데, 이를 통해 향리의 자제들은 기인으로 선발되어 개경으로 보내져 그 지방 행정에 관해 자문하였다. ㉣ 지방관이 파견되지 않는 속현의 경우, 향리가 실질적인 행정 업무를 담당하였다.

0338 제시된 자료의 (가)는 고려의 특수 행정 구역인 '소'이다. ② 소의 주민들은 양인임에도 불구하고 일반 군현민보다 더 많은 세금을 부담하고, 국학에 들어가거나 과거 응시가 금지되는 등 여러 면에서 차별을 받았다.
오답노트 ① 노비에 대한 설명이다. ③ 소의 주민들은 도자기, 종이, 먹 등을 생산하는 수공업에 종사했으나, 관청에 소속된 것은 아니다. ④ 향리에 대한 설명이다.

0339 제시된 표에서 (가)에 들어갈 지배 세력은 신진 사대부이다. ① 신진 사대부는 성리학을 받아들여 사상적 기반으로 삼았으며, 이를 통해 불교의 폐단 등을 지적하였다.
오답노트 ② 신진 사대부는 주로 과거를 통하여 관직에 진출하였다. 음서의 혜택을 주로 입은 지배 세력으로는 문벌귀족, 권문세족 등이 있다. ③,④ 권문세족에 대한 설명이다.

0340 제시된 자료는 향리의 승진 단계와 관련된 내용으로, 밑줄 친 '이들'은 고려의 향리를 일컫는다. ② 고려의 향리는 지방관이 파견되지 않는 속현의 행정 실무(조세와 공물 징수·노역 징발 등)를 담당하였다.
오답노트 ① 음서의 혜택을 받을 수 있는 것은 5품 이상의 고위 관리의 자손이다. ③ 조선 시대의 신량역천에 대한 설명이다. ④ 조선 시대의 향리에 대한 설명이다.

0341 고려 시대에는 ㉠ 중앙 관서의 말단에서 행정 실무에 종사한 서리를 잡류라 부르며, ㉡ 궁중의 당직이나 국왕의 호종·간단한 왕명 전달 등의 실무를 맡은 관리는 남반, ㉢ 중앙의 직업 군인으로 하급 장교를 군반이라 불렀다.
오답노트 역리는 지방의 역(驛)을 관리하였으며, 군사 정보 및 왕명을 전달하거나 사신의 영송과 접대를 주요 업무로 하였다.

0342 ③ 고려 시대에 궁궐의 잡무를 맡은 계층은 서리가 아니라 남반이다. 산관은 고려 시대에 품계는 있지만 실제 직무는 없던 관직으로, 일종의 대기발령자들이었다.
오답노트 ① 고려 시대에는 왕실과 외척 관계를 맺어 특권을 누리는 문벌 가문들이 등장했는데, 경원 이씨가 대표적이었다. ② 상층 향리 계층은 지방 세력 가운데 과거 합격률이 가장 높았으며, 이에 따라 관료들도 많이 배출되었다. ④ 고려 시대 때 소, 역, 진과 같은 특수 행정 구역에서 일하던 계층들 중 일부는 뒤에 - 간이나 - 척과 같은 명칭이 붙었는데 대표적으로 철간·생선간·염간·목자간·진척 등이 있다.

Answer 0337 ④ 0338 ② 0339 ① 0340 ② 0341 ③ 0342 ③

□□□

0343 ㉮~㉲에 대한 설명으로 옳지 <u>않은</u> 것은?

2022년 소방직

▶ 고려의 다양한 사회적 지위

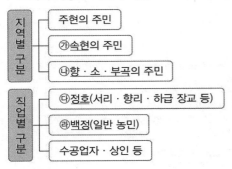

① ㉰는 국가로부터 토지를 지급받았다.
② ㉮와 ㉯에는 수령이 파견되지 않았다.
③ ㉱는 ㉰와 달리 직역을 수행하지 않았다.
④ ㉯의 주민은 과거를 통해 하급 관료가 될 수 있었다.

□□□

0344 밑줄 친 '평량'과 '평량의 처'에 대한 설명으로 옳은 것을 〈보기〉에서 골라 바르게 짝지은 것은? 2013년 국가직 9급

유사 2013년 경찰간부

평량은 평장사 김영관의 사노비로 경기도 양주에 살면서 농사에 힘써 부유하게 되었다. 평량의 처는 소감 왕원지의 사노비인데, 왕원지는 집안이 가난하여 가족을 데리고 와서 의탁하고 있었다. 평량이 후하게 위로하여 서울로 돌아가기를 권하고는 길에서 몰래 처남과 함께 왕원지 부부의 아들을 죽이고, 스스로 그 주인이 없어졌으므로 다행으로 여겼다.
— 『고려사』

┌ 보기 ┐
㉠ 평량은 자신의 토지를 소유할 수 있었다.
㉡ 평량은 주인집에 살면서 잡일을 돌보았다.
㉢ 평량의 처는 국가에 일정량의 신공을 바쳤다.
㉣ 평량의 처는 매매·증여·상속의 대상이 되었다.

① ㉠, ㉡
② ㉠, ㉣
③ ㉡, ㉢
④ ㉢, ㉣

□□□

0345 고려 시대 노비에 대한 설명으로 옳지 <u>않은</u> 것은?

2010년 지방직 9급

① 노비는 자신의 재산을 소유할 수도 있었다.
② 노비는 매매, 증여, 상속의 대상이 되었고, 승려가 될 수 없었다.
③ 소유주가 각기 다른 노와 비가 혼인하더라도 가정을 이루는 것이 가능하였다.
④ 모든 노비는 독립된 경제 생활을 영위하였다.

대표 유형

고난도

□□□

0346 (가)에 들어갈 기관으로 옳은 것은? 2020년 국가직 9급

5월에 조서를 내리기를 "개경 내의 사람들이 역질에 걸렸으니 마땅히 ▢(가)▢을/를 설치하여 이들을 치료하고, 또한 시신과 유골은 거두어 묻어서 비바람에 드러나지 않게 할 것이며, 신하를 보내어 동북도와 서남도의 굶주린 백성을 진휼하라."라고 하였다.
— 『고려사』

① 의창
② 제위보
③ 혜민국
④ 구제도감

대표 유형

□□□

0347 고려 시대 사회 모습에 대한 설명으로 가장 적절하지 않은 것은?

2017년 경찰 1차

유사 2018년 경찰 2차 / 2014년 지방직 7급 / 2012년 경찰 1차 / 2012년 경찰간부

① 개경, 서경 및 각 12목에는 상평창을 두어 물가의 안정을 꾀하였다.

② 향도는 고려 후기에 이르러 자신들의 이익을 위하여 조직되는 향도에서 점차 신앙적인 향도로 변모되었다.

③ 기금을 마련한 뒤 이자로 빈민을 구제하는 제위보가 설치되었다.

④ 귀양형을 받은 사람이 부모상을 당하였을 때에는 유형지에 도착하기 전에 7일간의 휴가를 주어 부모상을 치를 수 있도록 하였다.

□□□

0348 (가)에 들어갈 기관은?

2021년 소방직

고려는 백성의 생활을 안정시키기 위한 여러 정책을 추진하였다. 가난한 백성을 진료하고, 의탁할 곳이 없는 백성들을 돌보기 위해 개경에 _____(가)_____을 설치하였다.

① 의창
② 흑창
③ 상평창
④ 동·서 대비원

문항	번호				틀린 이유
0343	①	②	③	④	
0344	①	②	③	④	
0345	①	②	③	④	
0346	①	②	③	④	
0347	①	②	③	④	
0348	①	②	③	④	

해설

0343 ④ 향·소·부곡의 주민들은 국학에 입학하거나 과거에 응시할 수 없었다.

오답노트 ① 서리·향리·하급 장교 등 일정 직역을 담당한 정호들은 직역의 대가로 국가로부터 토지를 지급받았다. ② 고려 정부는 속현과 향·소·부곡에 지방관을 파견하지 않았다. ③ 고려 시대의 백정은 직역을 수행하지 않는 일반 농민들을 일컫는다.

0344 제시된 자료는 고려 시대의 사노비에 대한 자료이다. 평량과 평량의 처는 사노비인데 평량은 김영관의 사노비로 양주에서 농사를 짓는 외거 노비이다. ㉠ 고려와 조선의 외거 노비 모두 자신의 토지와 가옥 등을 소유할 수 있었다. ㉣ 노비는 매매, 증여, 상속의 대상이 될 수 있었다.

오답노트 ㉡ 주인집에 살면서 집안일을 돌본 것은 솔거 노비로, 평량은 솔거 노비가 아니라 외거 노비이다. ㉢ 평량의 처는 사노비이므로 국가가 아니라 그의 주인에게 신공을 바쳤다.

0345 ④ 고려 시대 노비 중에서 외거 노비만이 독자적인 재산과 가정을 가질 수 있었다.

오답노트 ① 외거 노비의 경우, 가옥, 토지, 노비 등을 소유할 수도 있었고, 재산의 증식이 가능했다. ② 노비는 매매, 증여, 상속의 대상이 되어 인격적 대우를 받지 못하였으며 승려로의 입적, 관직 진출 등이 불가능했다. ③ 노비는 본관이나 성을 가질 수 없었지만, 소유주가 다른 경우에도 가정을 이루는 것이 가능했다.

0346 제시된 자료는 고려 예종 때 구제도감을 설치해 병자를 치료한 것과 관련된 내용이다. ④ 구제도감은 가뭄과 홍수 등 자연재해나 전염병 등이 발생했을 때, 병자의 치료와 빈민의 구제를 목적으로 임시로 설치한 기관이다.

오답노트 ① 의창은 빈민 구제 기관으로, 봄에 곡식을 빌려주고 가을에 갚게 하였다. ② 제위보는 기금을 조성하여 그 이자로 빈민을 구제하기 위해 광종 때 만들어진 기관이다. ③ 혜민국은 백성들의 의료를 담당하여 시약(施藥)을 행하던 곳으로 예종 때 설치하였다.

0347 ② 향도는 본래 불상·석탑을 만들거나 절을 지을 때 주도적인 역할을 하는 등 신앙적인 활동을 주로 하였다. 고려 후기에 들어와 마을 노역, 혼례와 상장례, 마을 제사 등 공동체 생활을 주도하는 농민 조직으로 발전하였다.

오답노트 ① 고려 시대에는 물가 조절 기관으로 상평창이 개경, 서경, 12목에 설치되었다. ③ 고려 광종 때 제위보가 설치되어 빈민을 구제하고자 하였다. ④ 고려 시대에 귀양형을 받은 사람이 부모상을 당하였을 때에는 유형지에 도착하기 전에 7일간의 휴가를 주어 부모상을 치를 수 있도록 하였다.

0348 제시된 자료의 (가)에 들어갈 기관은 동·서 대비원이다. ④ 동·서 대비원은 환자 진료와 빈민 구휼을 위해 개경 등지에 세웠던 의료 기관이다.

오답노트 ① 의창은 흑창을 계승한 기관으로, 흉년 등 어려운 시기를 맞이한 백성들에게 곡식을 빌려주고 가을에 갚게 하였다. ② 태조 때 빈민 구제를 위해 설치한 진휼 기관이다. ③ 상평창은 물가 조절 기관이다.

Answer 0343 ④ 0344 ② 0345 ④ 0346 ④ 0347 ② 0348 ④

PART 03

0349 고려의 형률 제도에 대한 설명으로 옳은 것은?

2014년 국가직 9급

유사 2020년 경찰간부 / 2012년 경찰간부

① 주로 당나라의 것을 끌어다 썼으며, 때에 따라 고려의 실정에 맞는 율문도 만들었다.
② 행정과 사법이 명확하게 분리·독립되어 있었다.
③ 실형주의(實刑主義)보다는 배상제(賠償制)를 우위에 두고 있었다.
④ 기본적으로 태형(笞刑), 장형(杖刑), 도형(徒刑), 유형(流刑)의 4형 체계를 가지고 있었다.

백성들의 생활 모습

대표 유형

0350 고려 사회에 대한 설명으로 옳은 것만을 모두 고른 것은?

2017년 지방직 7급

유사 2014년 서울시 9급 / 2014년 법원직 9급 / 2011년 경북 교행 / 2008년 지방직 7급 / 2007년 국가직 세무직 9급

> ㉠ 여성은 재혼이 가능하였다.
> ㉡ 여성은 호주가 될 수 없었다.
> ㉢ 부모의 재산은 아들과 딸의 구분 없이 고르게 상속되었다.
> ㉣ 결혼할 때 여성이 데려온 노비에 대한 소유권은 남편에게 귀속되었다.

① ㉠, ㉡ 　　　　② ㉠, ㉢
③ ㉡, ㉣ 　　　　④ ㉢, ㉣

0351 고려 시대의 사회상에 대한 설명으로 가장 적절하지 않은 것은?

2019년 경찰 2차

유사 2015년 경찰 2차 / 2009년 국가직 9급 / 2008년 지방직 7급 / 2008년 법원직 9급

① 사위가 처가의 호적에 입적하는 경우도 자주 있었다.
② 부모의 재산은 남녀 관계없이 고루 분배되었으며, 출생 순서에 따라 차등을 두었다.
③ 제사는 형제자매가 돌아가면서 지냈다.
④ 여성의 재가는 비교적 자유롭게 이루어졌다.

0352 다음과 같은 상황이 나타난 시기에 볼 수 있는 모습으로 가장 옳은 것은?

2020년 법원직 9급

> 옹주는 지극히 예뻐하던 딸이 공녀로 가게 되자 근심하고 번민하다가 병이 생겼다. 결국 지난 9월에 세상을 떠나니 나이가 55세였다. 우리나라의 자녀들이 서쪽 원나라로 끌려가기를 거른 해가 없다. 비록 왕실의 친족과 같이 귀한 집안이라도 숨기지 못하였으며 어미와 자식이 한번 이별하면 만날 기약이 없다.
> — 수령옹주 묘지명

① 몽골군을 물리치는 김윤후와 처인부곡민
② 농민의 토지를 빼앗아 농장을 확대하는 권문세족
③ 왕명을 받아 『삼국사기』를 편찬하는 김부식
④ 별무반과 함께 여진 정벌에 나서는 윤관

□□□   고난도

0353 다음은 『고려사』의 일부 내용이다. 이 시기에 대한 설명으로 옳지 않은 것은?

2017년 국가직 9급(하)

유사 2020년 법원직 9급 / 2016년 지방직 7급 / 2012년 지방직 7급

- 명학소를 충순현으로 승격시켰다. 수령까지 두어 위무하더니 태도를 바꿔 군대를 보내와서 토벌하니 어찌된 까닭인가?
- 순비 허씨는 일찍이 평양공 왕현에게 시집가서 3남 4녀를 낳았는데, 왕현이 죽은 후 충선왕의 비가 되었다.
- 윤수는 매와 사냥개를 잘 다루어 응방 관리가 되었으며, 그의 가문은 권세가가 되었다.

① 향·소·부곡 등 특수 행정 구역이 주현으로 승격되기도 하였다.
② 여성의 재혼을 규제하려는 움직임이 나타났다.
③ 향리 이하의 층도 문·무반으로 신분 상승을 할 수 있었다.
④ 충선왕 대 이후에도 왕실 족내혼이 널리 행해졌다.

문항		번호			틀린 이유
0349	①	②	③	④	
0350	①	②	③	④	
0351	①	②	③	④	
0352	①	②	③	④	
0353	①	②	③	④	

해설

0349 ① 고려는 중국의 당률을 참작한 71개조 법률을 시행했으며, 경우에 따라서 고려의 실정에 맞는 율문도 만들었다.

오답노트 ② 지방의 행정을 관할하는 지방관이 대부분의 재판에서 재량권을 행사했다는 사실을 통해 지방관의 사법권이 컸음을 알 수 있다(행정권과 사법권의 미분리). ③ 수속법(형벌의 경중에 따라 소정의 재화를 납부하는 것으로 실형을 면제받는 것)과 유사한 경우가 배상제에 해당되는데, 고려 시대에는 배상제보다는 실형주의가 우위에 있었다. ④ 기본적으로 고려의 형벌에는 태, 장, 도, 유, 사 다섯 종류가 있었다.

0350 ㉠ 고려 시대에 여성의 재가는 자유롭게 이루어졌고, 그 자식의 사회적 진출에도 차별을 두지 않았다. ㉢ 고려 시대에 재산 상속은 자녀에게 골고루 분배되었다.

오답노트 ㉡ 고려 시대에 여성은 호주가 될 수 있었다. ㉣ 고려 시대에 여성은 자신의 재산을 독립적으로 소유하였다. 결혼 후에도 호적상에 남편과 아내의 노비를 구분하여 기록하였고, 남편이 사망하여 아내가 본가로 돌아갈 때 자기 소유의 노비를 찾아갈 수 있었다.

0351 ② 고려 시대에는 부모의 유산은 남녀나 출생 순서에 관계없이 자녀에게 골고루 분배되었다.

오답노트 ① 고려 시대에는 사위가 처가의 호적에 입적하여 처가에서 생활하는 경우도 적지 않았다. ③ 고려 시대에는 모든 자식들이 돌아가며 제사를 지냈다. ④ 고려 시대에 여성의 재가는 비교적 자유롭게 이루어졌다.

0352 자료의 '딸이 공녀로~', '원나라로~' 등을 통해 원 간섭기의 사회 모습임을 추정할 수 있다. ② 원 간섭기에 지배 세력으로 성장한 권문세족들은 토지 개간, 권력과 고리대를 통한 토지 탈취 등을 통하여 농장을 확대하였다.

오답노트 ① 몽골의 2차 침입 때인 1232년의 일로, 원 간섭기 이전에 해당된다. ③ 12세기 인종 때의 일이다. ④ 12세기 예종 때의 일이다.

0353 제시된 자료는 무신 집권기와 원 간섭기의 사회 모습에 대한 내용이다. ④ 충선왕은 복위 교서에서 종친으로서 같은 성에 장가드는 자는 황제의 명령을 위배한 자로서 처리한다고 하였다. 이후 왕실에서 족내혼의 비중이 감소하였다.

오답노트 ① 무신 집권기 때 일어난 망이·망소이의 난을 계기로 향·소·부곡 등 특수 행정 구역이 점차 폐지되어 일반 주현으로 승격되기도 하였다. ② 고려 공양왕 때 '중서문하성 소속의 정3품 이상 관리의 처는 재가하지 못하게 하고, 판사 이하 6품 관리의 처까지는 그 남편이 사망한 후 3년 안에는 재가를 허락하지 말도록 하되, 이를 어기는 자는 절개를 잃은 죄로 처벌하자'는 내용이 도당에서 논의되었다. ③ 무신 집권기 이후, 향리 이하의 신분 계층에서도 신분 상승을 하는 사람이 많았다.

Answer   0349 ①   0350 ②   0351 ②   0352 ②   0353 ④

CHAPTER
03 중세의 문화

TOP 01 | **17회 출제** | **불교**

2015	2016	2017	2018	2019	2020	2021	2022	2023	2024
• 지방 9	• 지방 9	• 지방 9	• 법원 9	• 지방 9	• 소방 9			• 지방 9	• 법원 9
• 경찰	• 경찰	• 지방 9(하)	• 경찰	• 서울 9(상)	• 국회 9				
		• 서울 9		• 서울 9					
		• 교행 9							

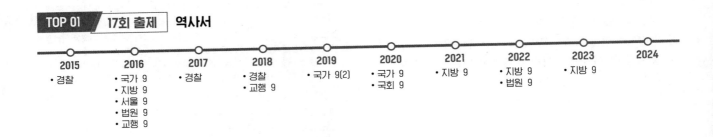

TOP 01 | **17회 출제** | **역사서**

2015	2016	2017	2018	2019	2020	2021	2022	2023	2024
• 경찰	• 국가 9	• 경찰	• 경찰	• 국가 9(2)	• 국가 9	• 지방 9	• 지방 9	• 지방 9	
	• 지방 9		• 교행 9		• 국회 9		• 법원 9		
	• 서울 9								
	• 법원 9								
	• 교행 9								

TOP 03 | **13회 출제** | **건축 · 탑 · 공예 · 불상**

2015	2016	2017	2018	2019	2020	2021	2022	2023	2024
• 경찰	• 사복 9	• 경찰	• 경찰	• 법원 9	• 경찰		• 국가 9	• 국가 9	• 국가 9
				• 경찰(2)			• 지방 9		• 지방 9

불교 사상과 신앙

□□□

0354 밑줄 친 '그'에 대한 설명으로 옳은 것은?

2023년 지방직 9급

유사 2017년 교육행정직 9급 / 2013년 경찰간부 / 2013년 경찰 1차 / 2010년 지방직 7급

> 그는 화엄종을 중심으로 교종을 통합하고 해동 천태종을 창시하여 선종까지 포섭하려 하였다. 그러나 그의 사후에 교단은 다시 분열되었고, 권력층과 밀착되어 타락하는 양상까지 나타났다.

① 이론적인 교리 공부와 실천적인 수행을 아우를 것을 주장하였다.

② 참선과 독경은 물론 노동에도 힘을 쓰자고 하면서 결사를 제창하였다.

③ 삼국 시대 이래 고승들의 전기를 정리하여 『해동고승전』을 편찬하였다.

④ 백련사를 결성하여 극락왕생을 기원하는 참회와 염불 수행을 강조하였다.

문항	번호				틀린 이유
0354	①	②	③	④	

해설

0354 제시된 자료는 의천이 주도한 교·선 통합 운동의 과정과 결과를 서술한 것이다. ① 의천은 교리 이론(교)과 실천 수행법(관)을 함께 닦아야 한다고 주장하였다(교관겸수). 이는 이론의 연마와 실천을 아울러 강조한 것이다.

오답노트 ② 지눌에 대한 설명이다. ③ 『해동고승전』은 고종 때 승려 각훈이 왕명에 따라 편찬한 역사서이다. ④ 요세에 대한 설명이다.

Answer 0354 ①

대표유형

□□□

0355 (가)와 (나)의 인물에 대한 〈보기〉의 설명으로 옳은 것은?

2017년 지방직 9급

유사 2018년 법원직 9급

> (가)는 "교(敎)를 배우는 이는 대개 안의 마음을 버리고 외면에서 구하고, 선(禪)을 익히는 이는 인연을 잊고 안의 마음을 밝히기를 좋아하니, 모두 한쪽에 치우친 것으로 두 극단에 모두 막힌 것이다."라고 주장하였다.
> (나)는 "정(定)은 본체이고 혜(慧)는 작용이다. 작용은 본체를 바탕으로 존재하므로 혜가 정을 떠나지 않고, 본체가 작용을 가져오게 하므로 정은 혜를 떠나지 않는다."라고 주장하였다.

┌─[보기]─
○ (가)와 (나)는 서로 다른 방법으로 교종과 선종의 통합을 시도하였다.
○ (가)와 (나)는 지방 호족과 연합하여 신라 정부의 권위를 약화시켰다.
○ (가)는 불교와 유교 모두 도를 추구한다는 점에서 같다는 유·불 일치설을 주장하였다.
○ (나)는 수선사 결성을 제창하여 불교계의 개혁을 추진하였다.

① ㉠, ㉡   ② ㉠, ㉣
③ ㉡, ㉢   ④ ㉡, ㉣

□□□

0356 밑줄 친 '후(煦)'에 대한 설명으로 가장 옳은 것은?

2024년 법원직 9급

> 후(煦)는 문종의 넷째 아들로서 송나라 황제와 이름이 같으므로 그것을 피하여 자(字)로 행세하였다. 문종이 여러 아들에게, "누가 승려가 되어 복전(福田)의 이익을 짓겠느냐?"라고 물으니 후(煦)가, "상(上)의 명령대로 하겠다." 하고, 출가하여 영통사(靈通寺)에 거처하였다. 그는 송나라에 들어가 법을 구하려 했으나 문종이 허락하지 않았다. 하지만 후(煦)는 송나라로 들어가 황제를 만나 여러 절을 다니며 법을 묻겠다고 하였다.

① 교관겸수를 제창하였다.
② 『왕오천축국전』을 남겼다.
③ 유불 일치설을 주장하였다.
④ 수선사 결사를 조직하였다.

□□□

0357 『신편제종교장총록』을 편찬한 승려에 대한 설명으로 옳은 것은?

2017년 지방직 9급(하)

① 선종의 일파인 임제종을 들여와 전파하였다.
② 거조암, 길상사 등에서 정혜결사를 주도하였다.
③ 우리나라 천태교학의 전통을 원효에게서 찾았다.
④ 성속무애 사상을 주장하면서 종단을 통합하려 하였다.

□□□

0358 다음 왕의 재위 기간에 있었던 사실로 옳은 것은?

2015년 지방직 9급

> 왕은 중국에 36명의 승려를 파견하여 법안종을 배우도록 하였다. 또한 제관과 의통을 파견하여 천태학에 대한 관심을 보였다.

① 승과 제도를 시행하였다.
② 요세가 세운 백련사를 후원하였다.
③ 의천이 국청사를 창건하는 것을 후원하였다.
④ 거란과의 전쟁을 물리치기 위해 초조대장경을 조성하였다.

□□□

0359 밑줄 친 '나'에 대한 설명으로 옳지 않은 것은?

2014년 지방직 9급

유사 2016년 계리직 9급

나는 도(道)를 구하는 데 뜻을 두어 덕이 높은 스승을 두루 찾아다녔다. 그러다가 진수대법사 문하에서 교관(敎觀)을 대강 배웠다. 법사께서는 강의하다가 쉬는 시간에도 늘 "관(觀)도 배우지 않을 수 없고, 경(經)도 배우지 않을 수 없다."라고 제자들에게 훈시하였다. 내가 교관에 마음을 다 쏟는 까닭은 이 말에 깊이 감복하였기 때문이다.

① 해동 천태종을 창시하였다.
② 이론과 실천의 양면을 강조하였다.
③ 교종의 입장에서 선종을 통합하였다.
④ 정혜쌍수로 대표되는 결사 운동을 일으켰다.

□□□

0360 다음 글에서 ㉠의 간행을 주도한 인물에 대한 설명으로 옳은 것은?

2010년 지방직 7급

유사 2013년 경찰 1차

선종 8년에 간행된 ___㉠___은 고려, 송, 요, 일본 등 각지에 있는 불교 서적을 모아 편찬한 것으로 고려 불교의 전통을 재확인하고 불교의 기반을 국제적 규모로 확대한 것이다.

① 유불 일치설을 주장하며 심성의 도야를 강조하여 장차 성리학 수용의 토대를 마련하였다.
② 만덕사에서 법화 신앙에 중점을 둔 백련 결사를 제창하였다.
③ 흥왕사를 근거지로 삼아 화엄종 중심의 교종 통합 운동을 벌였다.
④ 정혜쌍수와 돈오점수를 내세우면서 선교 일치의 사상을 완성하였다.

문항	번호				틀린 이유
0355	①	②	③	④	
0356	①	②	③	④	
0357	①	②	③	④	
0358	①	②	③	④	
0359	①	②	③	④	
0360	①	②	③	④	

해설

0355 제시된 자료의 (가)는 의천이 주장한 교관겸수에 대한 내용이고, (나)는 지눌의 주장인 정혜쌍수에 대한 내용이다. ㉠ 의천은 먼저 교종의 여러 종파를 종합하고, 또 해동 천태종을 개창하여 이를 중심으로 교종과 대립하고 있던 선종을 융합시키려 하였다. 그리고 지눌은 선종을 중심으로 교종을 통합하고자 하였다. ㉣ 지눌은 수선사 결사를 제창하여 불교계의 타락상을 비판하고, 승려 본연의 자세로 돌아가 독경과 선 수행, 노동에 고루 힘쓰자고 하였다.

오답노트 ㉡ 의천과 지눌은 모두 고려 시대의 승려이다. ㉢ 혜심에 대한 설명이다.

0356 밑줄 친 '후(煦)'는 고려 승려인 의천을 일컫는다. ① 의천은 이론과 실천을 같이 강조하는 교관겸수를 주장하였다.

오답노트 ② 신라 승려인 혜초, ③ 고려 승려인 혜심, ④ 고려 승려인 지눌에 대한 설명이다.

0357 『신편제종교장총록』을 편찬한 승려는 의천이다. ③ 의천은 우리나라 천태교학의 전통을 원효에게서 찾았으며, 원효의 화쟁 사상을 계승하여 천태종을 중심으로 선종을 포용하고자 하였다.

오답노트 ① 공민왕의 왕사였던 보우에 대한 설명이다. ② 지눌에 대한 설명이다. ④ 균여는 성속무애를 주장하면서 종교와 세속의 차별을 없애고자 하였다.

0358 광종은 중국에서 법안종을 수입하여 선종의 통합을 이루고자 했으며, 제관과 의통을 남중국에 파견하여 천태학을 도입하고자 하였다. ① 광종은 왕권 강화를 도모하기 위해 불교를 장려하였다. 이를 위해 승과 제도를 실시하여 합격한 자에게 승계를 주고 승려의 지위를 보장하였다.

오답노트 ② 요세의 백련사를 후원한 것은 최씨 무신 정권이다. ③ 고려 숙종에 대한 설명이다. ④ 현종 재위 기간의 일이다.

0359 밑줄 친 '나'는 의천이다. ④ 지눌에 대한 내용이다. 지눌은 당시 불교계의 타락을 비판하고 송광사를 중심으로 정혜결사를 만들어 승려 본연의 자세로 돌아가 독경과 선 수행, 노동에 힘쓸 것을 강조하였다. 또한 선정(선종의 수행 방법)과 혜(지혜)를 함께 수행하자는 정혜쌍수를 주장하였다.

오답노트 ①, ②, ③ 의천에 대한 내용이다.

0360 ㉠은 교장(속장경)으로, 초조대장경을 보완하기 위해 의천이 중심이 되어 흥왕사에서 조판하였다. ③ 의천은 흥왕사를 근거지로 삼아 화엄종을 중심으로 교종을 통합하고자 했으며 국청사를 중심으로 해동 천태종을 창시하였다.

오답노트 ① 혜심, ② 요세, ④ 지눌에 대한 설명이다.

Answer 0355 ② 0356 ① 0357 ③ 0358 ① 0359 ④ 0360 ③

대표유형

□□□

0361 다음 내용을 주장한 인물에 대한 설명으로 옳은 것은?

고난도

2016년 지방직 9급

유사 2014년 사회복지직 9급 / 2009년 국가직 9급

• 한 마음(一心)을 깨닫지 못하고 한없는 번뇌를 일으키는 것이 중생인데, 부처는 이 한 마음을 깨달았다. 깨닫는 것과 깨닫지 못하는 것은 오직 한 마음에 달려있으니 마음을 떠나서 따로 부처를 찾을 수 없다.
• 먼저 깨치고 나서 후에 수행한다는 뜻은 못의 얼음이 전부 물인 줄은 알지만 그것이 태양의 열을 받아 녹게 되는 것처럼 범부가 곧 부처임을 깨달았으나 불법의 힘으로 부처의 길을 닦게 되는 것과 같다.

① 국청사를 창건하고 천태종을 창시하였다.
② 부석사를 창건하고 화엄 사상을 선양하였다.
③ 불교계를 개혁하기 위해 수선사 결사를 주도하였다.
④ 『십문화쟁론』을 저술하여 종파 간의 사상적 대립을 조화시키고자 하였다.

□□□

0362 다음 글을 쓴 승려에 대한 설명으로 옳은 것은?

2009년 국가직 9급

유사 2010년 서울시 9급 / 2009년 법원직 9급 / 2007년 국가직 7급

한 마음(一心)을 깨닫지 못하고 한없는 번뇌를 일으키는 것이 중생인데 부처는 이 한 마음을 깨달았다. 깨닫고 아니 깨달음은 오직 한 마음에 달려 있으니 이 마음을 떠나 따로 부처를 찾을 것이 없다. …(중략)… 하루는 같이 공부하는 사람 10여 인과 약속하였다. 명예와 이익을 버리고 산림에 은둔하여 결사를 결성하자. 항상 선을 익히고 지혜를 골고루 하는 데 힘쓰자.

① 불교와 유교의 통합을 시도하였다.
② 백성의 신앙적 욕구를 고려하여 백련 결사를 제창하였다.
③ 교장을 간행하여 동아시아 각국의 불교 학설을 정리하였다.
④ 꾸준한 수행으로 깨달음의 확인을 아울러 강조한 돈오점수를 주장하였다.

□□□

0363 밑줄 친 '그'에 대한 설명으로 옳은 것은?

2017년 서울시 9급

유사 2020년 국회직 9급 / 2012년 경찰간부 / 2011년 지방직 7급

그는 『묘종초』를 설법하기 좋아하여 언변과 지혜가 막힘이 없었고, 대중에게 참회를 닦기를 권하였다. …(중략)… 대중의 청을 받아 교화시키고 인연을 맺은 지 30년이며, 결사에 들어온 자들이 3백여 명이 되었다.

① 강진의 토호 세력의 도움을 받아 백련사를 결성하였다.
② 불교계 폐단을 개혁하기 위해 9산 선문의 통합을 주장하였다.
③ 이론의 연마와 실천을 아울러 강조하는 교관겸수를 제창하였다.
④ 깨달은 후에도 꾸준한 실천이 필요하다는 돈오점수를 중시하였다.

□□□

0364 다음 ㉠~㉣에 들어갈 인물을 바르게 연결한 것은?

2019년 지방직 9급

유사 2018년 국가직 7급 / 2018년 경찰 3차 / 2016년 경찰 1차 / 2015년 경찰 1차 / 2013년 지방직 7급

• (㉠)는/은 『신편제종교장총록』을 편찬하였다.
• (㉡)는/은 원의 불교인 임제종을 들여와서 전파시켰다.
• (㉢)는/은 강진에 백련사를 결사하여 법화 신앙을 내세웠다.
• (㉣)는/은 『목우자수심결』을 지어 마음을 닦고자 하였다.

	㉠	㉡	㉢	㉣
①	수기	보우	요세	지눌
②	의천	각훈	요세	수기
③	의천	보우	요세	지눌
④	의천	요세	각훈	수기

□□□

0365 고려 시대 불교계의 동향과 관련된 설명으로 가장 옳지 않은 것은?

2019년 서울시 9급

유사 2019년 서울시 9급(상) / 2015년 국가직 7급 / 2014년 서울시 9급 / 2011년 지방직 9급 / 2011년 국가직 7급

① 백련결사를 제창한 요세는 참회와 수행에 중점을 두는 등 복잡한 이론보다 종교적 실천을 강조했다.

② 재조대장경은 고려 전기에 만들어졌던 대장경 판목이 거란의 침입으로 불타버렸기 때문에 무신 집권기에 다시 만든 것이다.

③ 각훈은 삼국 시대 이래 승려들의 전기를 정리하여 『해동고승전』을 지었다.

④ 지눌은 깨달음과 더불어 실천을 강조하는 돈오점수를 주장했다.

□□□

고난도

0366 고려에서 행한 국가 제사에 대한 설명으로 옳지 않은 것은?

2018년 지방직 9급

① 태조 때에 환구단(圜丘壇)에서 풍년을 기원하는 제사를 올렸다.

② 성종 때에 사직(社稷)을 세워 지신과 오곡 신에게 제사를 지냈다.

③ 숙종 때에 기자(箕子) 사당을 세워 국가에서 제사하였다.

④ 예종 때에 도관(道觀)인 복원궁을 세워 초제를 올렸다.

문항	번호				틀린 이유
0361	①	②	③	④	
0362	①	②	③	④	
0363	①	②	③	④	
0364	①	②	③	④	
0365	①	②	③	④	
0366	①	②	③	④	

해설

0361 제시된 자료는 지눌이 주장한 내용들이다. ③ 지눌은 당시 불교계의 타락상을 비판하고, 불교계 개혁 운동인 수선사 결사를 제창하였다.

오답노트 ① 의천, ② 의상, ④ 원효에 대한 설명이다.

0362 제시된 자료는 지눌의 「권수정혜결사문」이다. ④ 지눌은 내가 곧 부처라는 깨달음을 위한 노력과 함께, 꾸준한 수행으로 깨달음의 확인을 아울러 강조한 돈오점수를 주장하였다.

오답노트 ① 유불 일치설을 주장한 혜심에 대한 설명이다. ② 요세, ③ 의천에 대한 설명이다.

0363 밑줄 친 '그'는 요세이다. ① 요세는 강진 만덕사(백련사)에서 정토 신앙을 적극 수용하여 백련결사를 제창하였다. 요세의 백련결사는 대중적인 신앙 결사였기 때문에 지방민의 적극적인 호응을 얻을 수 있었다.

오답노트 ② 보우, ③ 의천, ④ 지눌이 주장한 내용이다.

0364 ⊙ 의천은 불교 사상과 교리를 정리할 목적으로 「신편제종교장총록」을 만들었다. ⓒ 공민왕의 왕사였던 보우는 원나라에서 임제종을 들여와 불교계의 폐단을 바로잡고자 하였다. ⓒ 요세는 강진 만덕사에서 백련결사를 제창했으며, 자신의 행동을 진정으로 참회하는 법화 신앙을 강조하였다. ⓔ 지눌은 『목우자수심결』을 저술하여 마음을 닦는 비결을 제시했는데, 여기서 정혜쌍수·돈오점수 등을 주장하였다.

오답노트 수기는 고려의 승려로, 개태사의 주지를 역임하였다. 각훈은 고려의 승려로, 『해동고승전』을 저술하였다.

0365 ② 고려 전기에 만들어진 대장경 판목은 초조대장경을 가리키는데, 이것은 거란의 침입이 아니라 몽골의 침입 때 불에 타 없어졌다.

오답노트 ① 요세는 백련결사를 제창하여 복잡한 이론보다는 참회와 종교적 실천 등을 강조하였다. ③ 각훈은 삼국 시대 이래 고려 시대 승려들까지의 전기를 정리한 『해동고승전』을 지었다. ④ 지눌은 깨달음과 실천을 함께 강조한 돈오점수를 주장하였다.

0366 ① 환구단에서 제사를 지내는 것은 성종 때 처음으로 시작되었다. 고려 때 시행된 환구단 제사는 하늘에 대한 제사를 지냄과 동시에 건국자였던 태조 왕건에게도 제사를 지냈다.

오답노트 ② 고려 시대에는 성종 때 처음으로 사직단을 세워 지신과 오곡 신에게 제사를 지냈다. ③ 숙종 때 기자를 숭배하는 기자 사당을 세워 국가적으로 제사를 지내도록 했다. ④ 예종 때 복원궁을 세우고, 도교식으로 하늘과 별들에게 제사를 지내는 초제를 거행했다.

Answer 0361 ③ 0362 ④ 0363 ① 0364 ③ 0365 ② 0366 ①

0367 다음 (가)에 대한 설명으로 옳지 않은 것은?

고난도

2018년 국가직 9급

> 예전에 성종이 [(가)] 시행에 따르는 잡기가 정도(正道)에 어긋나는데다가 번거롭고 요란스럽다 하여 이를 모두 폐지하였다. …(중략)… 이것을 폐지한 지가 거의 30년이나 되었는데, 이때에 와서 정당문학 최항이 청하여 이를 부활시켰다.

① 훈요 10조에서 시행할 것을 강조하였다.
② 토속 신에게 제사를 지냈다.
③ 정월 보름에 개최되었다.
④ 국제 교류의 장이었다.

0368 다음 (가) 행사에 대한 설명으로 가장 옳은 것은?

2017년 법원직 9급

> • 연등은 부처를 섬기는 것이고, [(가)]은/는 하늘의 신령과 5악, 명산, 대천, 용신을 섬기는 것이다. 후세에 간신이 가감을 건의하는 자가 있으면, 마땅히 이를 금지시키도록 하라.
> – 훈요 10조
> • 우리나라는 봄에 연등을 베풀고, 겨울에는 [(가)]을/를 열어 널리 사람을 동원하고 노역이 매우 번다하오니 원컨대 이를 감하여 백성들이 힘을 펴게 하소서.
> – 시무 28조

① 소격서가 행사를 주관하였다.
② 향음주례와 향사례의 절차가 진행되었다.
③ 외국 상인에게 무역의 장이 되기도 하였다.
④ 향나무를 땅에 묻는 매향 활동이 이루어졌다.

0369 다음에 나타난 사상에 대한 설명으로 옳지 않은 것은?

2017년 국가직 9급
유사 2014년 지방직 7급

> 신(臣)들이 서경의 임원역 지세를 관찰하니, 이곳이 곧 음양가들이 말하는 매우 좋은 터입니다. 만약 궁궐을 지어서 거처하면 천하를 병합할 수 있고, 금나라가 폐백을 가지고 와 스스로 항복할 것이며, 36국이 모두 신하가 될 것입니다.

① 서경 천도 운동의 배경이 되었다.
② 문종 때 남경 설치의 배경이 되었다.
③ 하늘에 제사 지내는 초제의 사상적 근거가 되었다.
④ 공민왕과 우왕 때 한양 천도 주장의 근거가 되었다.

0370 밑줄 친 '이 사상'에 대한 설명으로 옳지 않은 것은?

2016년 국가직 9급
유사 2008년 지방직 9급

> 신라 말기에 도선과 같은 선종 승려들이 중국에서 유행한 이 사상을 전하였다. 이는 산세와 수세를 살펴 도읍·주택·묘지 등을 선정하는, 경험에 의한 인문 지리적 사상이다. 아울러 지리적 요인을 인간의 길흉화복과 관련하여 생각하는 자연관 및 세계관을 내포하고 있다.

① 신라 말기에 안정된 사회를 염원하는 일반 백성의 인식이 반영되었다.
② 신라 말기에 호족이 자기 지역의 중요성을 자부하는 근거로 이용하였다.
③ 고려 시대에 묘청이 서경 천도의 필요성을 주장하는 논리로 활용하였다.
④ 고려 시대에 국가와 왕실의 안녕과 번영을 기원하는 초제로 행하여졌다.

유학의 발달과 역사서의 편찬

대표유형

☐☐☐

0371 밑줄 친 '유학자'에 대한 설명으로 옳은 것은?

2021년 국가직 9급

> 풍기군수 주세붕은 고려 시대 <u>유학자</u>의 고향인 경상도 순흥면 백운동에 회헌사(晦軒祠)를 세우고, 1543년에 교육 시설을 더해서 백운동 서원을 건립하였다.

① 해주향약을 보급하였다.
② 원 간섭기에 성리학을 국내로 소개하였다.
③ 『성학십도』를 저술하여 경연에서 강의하였다.
④ 일본의 동정을 담은 『해동제국기』를 저술하였다.

대표유형

☐☐☐

0372 밑줄 친 '그'에 대한 설명으로 옳은 것은?

2015년 지방직 9급

유사 2015년 교육행정직 9급 / 2007년 법원직 9급

> 그는 송악산 아래의 자하동에 학당을 마련하여 낙성(樂聖), 대중(大中), 성명(誠明), 경업(敬業), 조도(造道), 솔성(率性), 진덕(進德), 대화(大和), 대빙(待聘) 등의 9재(齋)로 나누고 각각 전문 강좌를 개설토록 하였다. 그리하여 당시 과거 보려는 자제들은 반드시 먼저 그의 학도로 입학하여 공부하는 것이 상례로 되었다.

① 9경과 3사를 중심으로 교육하였다.
② 유교적 합리주의 사관에 기초하여 『삼국사기』를 편찬하였다.
③ 유교 사상을 치국의 근본으로 삼아 시무 28조의 개혁안을 올렸다.
④ 『소학』과 『주자가례』를 중시하고 권문세족과 불교의 폐단을 비판하였다.

문항	번호				틀린 이유
0367	①	②	③	④	
0368	①	②	③	④	
0369	①	②	③	④	
0370	①	②	③	④	
0371	①	②	③	④	
0372	①	②	③	④	

해설

0367 제시된 자료는 『고려사절요』에 기록된 현종 때 팔관회 부활에 대한 내용이다. 따라서 (가)는 팔관회이다. ③ 팔관회는 매년 11월 15일에 개최되었다. 정월 보름에 개최된 행사는 연등회이다(현종 이후에는 2월 15일에 열림).

오답노트 ① 태조는 훈요 10조에서 연등회와 팔관회의 시행을 강조하였다. ② 팔관회는 천령(天靈, 하늘의 영, 고려 시대에는 옥황상제를 뜻함) 및 오악(五嶽, 이름난 다섯 개의 산), 명산, 대천과 용신(龍神) 등 토속 신을 제사지내는 행사이다. ④ 팔관회는 송의 상인이나 여진과 탐라의 사절이 와서 축하 선물을 바치고 무역을 하는 등 국제적 규모의 행사로도 기능하였다.

0368 제시된 자료의 (가) 행사는 팔관회이다. ③ 국가적으로 이름난 명산대천에 제사를 지내는 팔관회는 송의 상인이나 여진과 탐라의 사절이 와서 축하 선물을 바치고 무역을 하는 등 국제적 규모의 행사이기도 하였다.

오답노트 ① 도교식 초제에 대한 설명이며, 소격서는 조선 시대의 관청이다. ② 조선 시대 향촌 사회에 대한 설명이다. ④ 향도에 대한 설명이다.

0369 제시된 자료는 묘청의 서경 천도 운동이다. 묘청 등 서경 세력은 풍수지리설을 내세워 서경 천도를 주장하였다. ③ 하늘에 제사를 지내는 초제는 도교에서 비롯되었다.

오답노트 ① 고려 시대 풍수지리설에서 말하는 지기쇠왕설에 따라 서경이 명당이라는 설이 유포되었는데, 이는 묘청의 서경 천도 운동의 이론적 근거가 되었다. ②,④ 문종을 전후한 시기에는 북진 정책의 퇴조와 함께 새로이 한양 명당설이 대두되었는데, 이에 문종이 한양을 남경으로 승격시켰다. 이러한 남경 명당설은 고려 후기에도 이어져 공민왕과 우왕 시기에 왕사 보우 등이 한양 천도를 주장하였다.

0370 밑줄 친 '이 사상'은 풍수지리 사상이다. ④ 초제는 도교의 행사로, 국가와 왕실의 재앙을 물리치고 복을 기원하고자 한 것이다.

오답노트 ① 도선의 풍수지리 사상에 대한 설명이다. ② 풍수지리 사상은 다른 지방의 중요성을 자각하는 계기를 마련하였으며, 특히 호족 세력의 근거지를 마련하는 데 이용되었다. ③ 풍수지리 사상은 묘청의 서경 천도 운동의 이론적 근거가 되었다.

0371 제시된 자료의 밑줄 친 '유학자'는 고려 시대 유학자인 안향을 일컫는다. 조선 중종 때 풍기군수 주세붕은 안향의 고향에 백운동 서원을 건립하여 안향을 추모하였다. ② 원 간섭기인 충렬왕 때 안향은 원나라에서 『주자전서』를 필사하여 고려에 성리학을 처음으로 소개하였다.

오답노트 ① 해주향약을 만들어 보급한 인물은 조선 시대 유학자인 이이이다. ③ 『성학십도』는 조선 시대 유학자인 이황이 저술하였다. ④ 『해동제국기』는 조선 전기 신숙주가 저술한 견문록이다.

0372 밑줄 친 '그'는 최충이다. ① 최충의 문헌공도를 비롯한 사학 12도에서는 9경(經) 3사(史)를 교과 내용으로 하였다.

오답노트 ② 김부식, ③ 최승로, ④ 고려 말의 신진 사대부에 대한 설명이다.

Answer 0367 ③ 0368 ③ 0369 ③ 0370 ④ 0371 ② 0372 ①

□□□

0373 〈보기〉에서 이름과 활동을 옳게 짝지은 것은?

2022년 서울시 9급

유사 2018년 지방직 7급 / 2009년 서울시 9급

┌─〔보기〕─────────────────────────
│ ㉠ 이제현 − 만권당에서 원의 학자들과 교류하였다.
│ ㉡ 안 향 − 공민왕이 중용한 성균관의 대사성이 되었다.
│ ㉢ 이 색 − 충렬왕 때 고려에 성리학을 본격적으로 소개
│   하였다.
│ ㉣ 정몽주 − 역사서 『사략』을 저술하였다.
└─────────────────────────────────

① ㉠　　　　　　　　　　② ㉡

③ ㉢　　　　　　　　　　④ ㉣

□□□　　　　　　　　　　　　　　　고난도

0374 ㉠에 들어갈 인물에 대한 설명으로 옳은 것은?

2019년 국가직 7급

┌─────────────────────────────────
│ 　㉠ 은/는 원에서 크게 성행하고 있던 성리학을 국내
│ 에 소개하였으며, 중국 강남에 사람을 보내 공자와 제자들
│ 의 초상화 및 문묘에서 사용할 제기와 서적 등을 구해 오게
│ 하였다.
└─────────────────────────────────

① 최초의 성리학 입문서인 『학자지남도』를 편찬하였다.

② 충선왕이 세운 만권당에서 원의 학자들과 교류하였다.

③ 원의 과거에 급제하고 돌아와 성균관을 중심으로 성리학
　을 확산시켰다.

④ 이 인물을 배향하기 위해 설립된 서원은 뒤에 조선 최초
　의 사액 서원이 되었다.

□□□

0375 (가)~(다) 사건이 일어난 순서대로 바르게 나열된 것은?

2024년 법원직 9급

┌─────────────────────────────────
│ (가) 이미 우리 고향을 현으로 승격하고 또 수령을 두어 어
│ 　루만지고 위로하더니, 돌이켜 다시 군대를 일으켜 토
│ 　벌하러 와서 우리 어머니와 아내를 옥에 가두었으니
│ 　그 뜻은 어디에 있는가?
│ (나) 의천이 불전과 경서 1,000권을 바치고, 또 흥왕사에 교
│ 　장도감을 둘 수 있기를 아뢰었다. 요와 송에서 책을 사
│ 　들여 4,000권에 이를 정도로 많았는데 죄다 간행하였
│ 　으며, 천태종을 처음 열어 국청사에 두었다.
│ (다) 성균관을 다시 정비하고 이색을 판개성부사 겸 성균대
│ 　사성으로 삼았다. … 이색이 다시 가르치는 방법을 정
│ 　하고 매일 명륜당에 앉아서 경전을 나누어 수업하였는
│ 　데, 강의를 마치면 함께 논쟁하느라 지루함을 잊을 정
│ 　도였다.
└─────────────────────────────────

① (가) − (나) − (다)　　② (나) − (가) − (다)

③ (나) − (다) − (가)　　④ (다) − (나) − (가)

□□□

0376 다음 사실을 시기순으로 바르게 나열한 것은?

2017년 국가직 7급(하)

┌─────────────────────────────────
│ ㉠ 7재에 무학재를 두었다.
│ ㉡ 교정도감을 설치하였다.
│ ㉢ 도평의사사의 건의로 무과를 설치하였다.
│ ㉣ 경정 전시과에서 무관에 대한 차별 대우를 시정하였다.
└─────────────────────────────────

① ㉠ − ㉡ − ㉣ − ㉢　　② ㉡ − ㉢ − ㉣ − ㉠

③ ㉢ − ㉣ − ㉠ − ㉡　　④ ㉣ − ㉠ − ㉡ − ㉢

□□□
0377 고려 시대 관학 교육에 대한 설명으로 가장 적절한 것은?

2015년 경찰 2차

유사 2020년 법원직 9급 / 2017년 경찰 1차 / 2014년 경찰간부 / 2011년 국가직 9급 / 2010년 서울시 7급

① 국자감에는 율학, 산학, 서학과 같은 유학부와 국자학, 태학, 사문학 등의 기술학부가 있었다.
② 예종 때 도서관 겸 학문 연구소인 청연각, 보문각을 설치하였다.
③ 인종 때 전문 강좌인 7재를 9재 학당으로 정비하였다.
④ 섬학전의 부실을 보충하기 위해 충렬왕 때 양현고를 설치하였다.

대표
유형

□□□
0378 다음 내용의 역사서에 대한 설명으로 옳은 것은?

2021년 지방직 9급

유사 2017년 경찰 2차 / 2016년 서울시 7급

왕께서는 "우리나라 사람들은 유교 경전과 중국 역사에 대해서는 자세히 말하는 사람이 있으나 우리나라의 사실에 이르러서는 잘 알지 못하니 매우 유감이다. 중국 역사서에 우리 삼국의 열전이 있지만 상세하게 실리지 않았다. 또한, 삼국의 고기(古記)는 문체가 거칠고 졸렬하며 빠진 부분이 많으므로, 이런 까닭에 임금의 선과 악, 신하의 충과 사악, 국가의 안위 등에 관한 것을 다 드러내어 그로써 후세에 권계(勸戒)를 보이지 못했다. 마땅히 일관된 역사를 완성하고 만대에 물려주어 해와 별처럼 빛나도록 해야 하겠다."라고 하셨습니다.

① 불교를 중심으로 신화와 설화를 정리하였다.
② 유교적인 합리주의 사관에 따라 기전체로 서술되었다.
③ 단군 조선을 우리 역사의 시작으로 본 통사이다.
④ 진흥왕의 명을 받아 거칠부가 편찬하였다.

문항	번호				틀린 이유
0373	①	②	③	④	
0374	①	②	③	④	
0375	①	②	③	④	
0376	①	②	③	④	
0377	①	②	③	④	
0378	①	②	③	④	

해설

0373 ㉠ 이제현은 원에 설립된 만권당에서 원의 학자들과 교류하면서 성리학에 대한 이해를 심화하였다.

오답노트 ㉡ 이색에 대한 설명이다. 공민왕 때 성균관 대사성이 된 이색은 정몽주·정도전·권근 등을 가르치면서 성리학을 더욱 확산시켰다. ㉢ 안향에 대한 설명이다. ㉣ 『사략』은 이제현이 저술한 역사서이다.

0374 제시된 자료의 ㉠에 들어갈 인물은 안향이다. 안향은 충렬왕 때 원나라에 가서 『주자전서』를 베껴와 성리학을 고려에 처음으로 소개한 인물이다. 또한 그는 김문정을 중국으로 보낸 뒤, 공자와 제자들의 초상화·제기(祭器)·육경(六經)·사서(史書) 등을 구해오도록 하였다. ④ 조선 중종 때 풍기군수 주세붕이 고려 말의 유학자 안향을 배향하기 위해 최초의 서원인 백운동 서원을 설립하였다. 이후 명종 때 풍기군수로 부임한 이황이 왕에게 주청하여 소수서원이라는 편액을 하사받아 조선 최초의 사액 서원이 되었다.

오답노트 ① 『학자지남도』는 정도전이 편찬한 성리학 입문서이다. ② 이제현 등에 대한 설명이다. 안향은 충렬왕 재위 기간인 1306년에 죽었다. ③ 이곡, 이색 등은 원나라에 가서 과거에 급제하고 돌아와 성리학을 더욱 확산시킨 인물들이다. 안향과는 관련 없는 내용이다.

0375 (나)는 고려 선종 때인 1086년 의천이 교장도감의 설치를 건의한 것과 관련된 내용이다. (가)는 정중부 집권 시기인 1176년에 일어난 공주 명학소의 난과 관련된 내용이다. (다)는 고려 공민왕 때 성균관을 순수 유학 교육 기관으로 개편하여 유학 교육을 강화한 것과 관련된 내용이다.

0376 ㉣ 경정 전시과는 문종 때인 1076년에 제정된 토지 제도로, 무관에 대한 차별이 시정되었다. ㉠ 예종 때 국자감에 전문 강좌인 7재를 설치했는데, 여택재, 대빙재, 무학재(강예재) 등을 두었다. ㉡ 최충헌 집권기(1196~1219) 때의 일이다. ㉢ 공양왕 때 도평의사사의 건의로 무과가 정식으로 설치되었다.

0377 ② 예종은 국학 7재를 개설하였고, 국자감의 재정을 담당하는 양현고를 설치하였다. 또한, 도서관 겸 학문 연구소인 청연각과 보문각을 두는 등 각종 관학 진흥 정책을 펼쳤다.

오답노트 ① 율학, 서학, 산학은 기술학부이며 국자학, 태학, 사문학은 유학부이다. ③ 9재 학당은 최충이 관직에서 물러난 후 세운 교육 기관으로, 문종 때 설립되었다. ④ 충렬왕은 양현고의 부실을 보충하기 위해 장학 재단인 섬학전을 설치하였다.

0378 제시된 자료는 고려 인종 때 편찬된 『삼국사기』와 관련된 내용이다. ② 『삼국사기』는 김부식을 중심으로 편찬한 현존하는 우리나라 최고(最古)의 역사서이다. 유교적 합리주의 사관에 기초하여 서술되었다.

오답노트 ① 『삼국유사』는 불교사를 중심으로 고대의 민간 설화나 전래 기록을 수록하였다. ③ 단군조선을 우리 역사의 시작으로 본 통사로는 조선 전기에 편찬된 『동국통감』 등이 있다. ④ 신라의 거칠부가 저술한 『국사』에 대한 설명이다.

Answer 0373 ① 0374 ④ 0375 ② 0376 ④ 0377 ② 0378 ②

대표유형

□□□

0379 (가)와 (나)에 들어갈 역사서에 대한 설명으로 옳은 것은?

2016년 국가직 9급

> • (가) 은/는 현존하는 우리나라의 가장 오래된 역사서로 고려 인종 때 편찬되었다. 본기 28권, 연표 3권, 지 9권, 열전 10권 등 총 50권으로 구성되어 있다.
> • (나) 은/는 충렬왕 때 한 승려가 일정한 역사 서술 체계에 구애받지 않고 자유로운 형식으로 저술한 역사서이다. 총 5권으로 구성되었으며, 민간 설화와 불교에 관한 내용들이 많이 수록되어 있다.

① (가) - 고조선의 역사를 중시하였다.
② (가) - 고구려 계승 의식을 강조하였다.
③ (나) - 민족적 자주 의식을 고양하였다.
④ (나) - 도덕적 합리주의를 표방하였다.

□□□

0380 밑줄 친 '그'에 대한 설명으로 옳은 것은?

2016년 지방직 9급

> 묘청의 천도 운동에서 그가 패하고 묘청이 이겼더리면 조선사는 독립적·진취적으로 진전하였을 것이니 이것이 어찌 일천년래 제일 사건이라 하지 아니하랴.

① 성리학적 유교 사관에 입각한 『사략』을 저술하였다.
② 현존하는 우리나라 최고(最古) 역사서를 편찬하였다.
③ 우리나라 역사를 단군에서부터 서술한 역사서를 저술하였다.
④ 동명왕의 업적을 칭송한 영웅 서사시인 『동명왕편』을 저술하였다.

□□□

0381 다음과 같이 왕명을 받아 편찬한 책에 대한 설명으로 옳지 않은 것은?

2012년 국가직 9급

유사 2009년 지방직 7급

> 신 부식은 아뢰옵니다. 옛날에는 여러 나라들도 각각 사관을 두어 일을 기록하였습니다. …(중략)… 해동의 삼국도 지나온 세월이 장구하니, 마땅히 그 사실이 책으로 기록되어야 하므로 마침내 늙은 신에게 명하여 편집하게 하셨사오나, 아는 바가 부족하여 어찌할 바를 모르겠습니다.

① 현존하는 우리나라의 역사서 가운데 가장 오래된 것이다.
② 기전체로 서술되어 본기, 지, 열전 등으로 나누어 구성되었다.
③ 고구려 계승 의식보다는 신라 계승 의식이 좀 더 많이 반영되었다고 평가된다.
④ 몽골 침략의 위기를 겪으며 우리의 전통 문화를 올바르게 이해하려는 움직임에서 편찬되었다.

대표유형

□□□

0382 다음 글을 쓴 인물에 대한 설명으로 옳은 것은?

2023년 지방직 9급

> 세상에서 동명왕의 신이(神異)한 일을 많이 말한다. …(중략)… 지난 계축년 4월에 『구삼국사』를 얻어 『동명왕 본기』를 보니 그 신기한 사적이 세상에서 얘기하는 것보다 더하였다. 그러나 처음에는 믿지 못하고 귀신이나 환상이라고만 생각하였는데, 두세 번 반복하여 읽어서 점점 그 근원에 들어가니 환상이 아닌 성스러움이며, 귀신이 아닌 신성한 이야기였다.

① 사실의 기록보다 평가를 강조한 강목체 사서를 편찬하였다.
② 단군부터 고려 충렬왕 때까지의 역사를 서사시로 기록하였다.
③ 단군 신화와 전설 등 민간에서 전승되는 자료를 광범위하게 수록하였다.
④ 김부식의 『삼국사기』에 동명왕의 신이한 사적이 생략되어 있다고 평하였다.

0383 이규보의 역사 의식에 대한 설명으로 옳은 것은?

2019년 국가직 7급

① 불교사를 중심으로 새로운 고대사 체계를 세웠다.

② 유교적 합리주의 사관에 입각하여 기전체 사서를 편찬하였다.

③ 고구려 계승 의식을 통해 고려의 기원을 신성시하고자 하였다.

④ 우리 역사를 중국과 대등하게 파악하며 단군을 민족 시조로 인식하였다.

□□□

고난도

0384 다음은 고려 시대 진화의 시이다. 이 시인과 교류를 통해 자부심을 공유한 인물의 작품은?

2018년 국가직 9급

> 서쪽 송나라는 이미 기울고 북쪽 오랑캐는 아직 잠자고 있네. 앉아서 문명의 아침을 기다려라, 하늘의 동쪽에서 태양이 떠오르네.

① 『삼국사기』　　　　② 『동명왕편』
③ 『제왕운기』　　　　④ 『삼국유사』

문항	번호				틀린 이유
0379	①	②	③	④	
0380	①	②	③	④	
0381	①	②	③	④	
0382	①	②	③	④	
0383	①	②	③	④	
0384	①	②	③	④	

해설

0379 제시된 자료의 (가)는 『삼국사기』, (나)는 『삼국유사』이다. ③ 고려 후기에는 민족적 자주 의식을 바탕으로 전통 문화를 올바르게 이해하려는 경향이 대두되었는데, 대표적인 사서로는 『삼국유사』 등이 있다.

오답노트 ① 『삼국사기』에서는 상고사를 평가 절하하여 고조선의 존재를 알면서도 삭제하였다. ② 『삼국사기』에는 신라 계승 의식이 더 많이 반영된 것으로 여겨지고 있다. ④ 도덕적 합리주의 사관에 기초하여 편찬된 역사서로는 『삼국사기』 등이 있다.

0380 제시된 자료는 신채호의 『조선사연구초』에 기록된 내용으로, 묘청의 난을 '조선역사상 일천년래 대사건'으로 평가하고 있다. 따라서 밑줄 친 '그'는 김부식을 일컫는다. ② 김부식은 현존하는 우리나라의 최고(最古) 역사서인 『삼국사기』를 편찬하였다.

오답노트 ① 이제현에 대한 설명이다. ③ 우리나라 역사를 단군에서부터 서술한 역사서로는 이승휴의 『제왕운기』 등이 있다. ④ 이규보에 대한 설명이다.

0381 제시된 자료는 김부식이 『삼국사기』를 편찬하면서 올린 글의 내용이다. ④ 몽골 침략의 위기를 겪은 후 민족적 자주 의식을 바탕으로 전통 문화를 올바르게 이해하려는 경향을 반영한 역사서로는 『삼국유사』, 『제왕운기』 등을 꼽을 수 있다.

오답노트 ①,② 『삼국사기』는 현존하는 우리나라 최고(最古)의 역사서로, 고려 초에 쓰여진 『구삼국사』를 기본으로 유교적 합리주의 사관에 기초하여 기전체로 서술되었다. ③ 고려는 건국 초부터 고구려 계승 의식을 뚜렷하게 표방하였으나, 중기에 이르러 신라 계승 의식이 강화되었다. 『삼국사기』에는 신라 계승 의식이 더 많이 반영된 것으로 여겨지고 있다.

0382 제시된 자료는 이규보가 저술한 『동명왕편』 서문의 내용이다. ④ 이규보는 『삼국사기』에서는 동명왕의 이야기를 괴력난신에 해당되는 신이한 내용이 있어 축소·생략했다고 평가하였다. 그러나 이규보는 고구려 계승 의식을 강조하여 동명왕의 이야기를 기록하였다.

오답노트 ① 이규보는 강목체 역사서를 편찬하지 않았다. 강목체 역사서를 편찬한 인물로는 민지(『본조편년강목』), 안정복(『동사강목』) 등이 있다. ② 이승휴의 『제왕운기』에 대한 설명이다. ③ 일연의 『삼국유사』에 대한 설명이다.

0383 ③ 고려의 무신 집권기에 활동한 문신 이규보는 『동명왕편』을 저술하였다. 그는 『동명왕편』에서 고구려 시조 동명왕의 건국 신화를 다시 해석하여 동명왕이야말로 천손의 후예로서 성인(聖人)이자 영웅이라고 보고, 그의 건국 과정을 시로 재구성하였다. 이는 고려가 천손의 후예인 고구려의 전통을 계승했다는 자부심을 표현한 것이다.

오답노트 ① 일연이 저술한 『삼국유사』 등에 대한 설명이다. ② 고려 인종 때 김부식이 저술한 『삼국사기』 등에 대한 설명이다. ④ 충렬왕 때 이승휴가 저술한 『제왕운기』에 반영된 역사 의식에 대한 설명이다.

0384 제시된 자료는 고려 시대 문인이었던 진화가 금나라에 사신으로 가는 도중에 지은 한시이다. 진화는 무신 집권 시기에 이규보와 쌍벽을 이뤘던 문인으로, 서로 동시대를 살면서 교류했다고 전해진다. ② 제시된 자료에서 보이는 진화의 시는 송나라는 몰락하고 금나라는 미개하니, 고려가 문명의 중심으로 떠오르고 있다는 자부심을 담고 있다. 이규보 역시 『동명왕편』을 통해서 고구려 전통 계승 의식의 확인과 금나라에 대한 사대 정책을 비판하고, 고려의 문화적 우월성을 확인하려는 모습을 보였다.

오답노트 ① 『삼국사기』는 고려 중기인 인종 때 지어진 역사서이다. ③,④ 『제왕운기』와 『삼국유사』는 원 간섭기인 충렬왕 때 저술되었다.

Answer　0379 ③　0380 ②　0381 ④　0382 ④　0383 ③　0384 ②

PART 03

대표유형

0385 다음 내용이 실린 사서에 대한 설명으로 옳은 것은?

2019년 국가직 9급

유사 2013년 국가직 9급

제왕이 장차 일어날 때는 하늘의 명령과 상서로운 기운을 받아서 반드시 보통 사람과는 다른 점이 있으니, 그런 뒤에야 능히 큰 변화를 타서 제왕의 지위를 얻고 대업을 이루었다. …(중략)… 삼국의 시조들이 모두 신이(神異)한 일로 탄생했음이 어찌 괴이하겠는가. 이것이 책 첫머리에 기이(紀異)편이 실린 까닭이며, 그 의도도 여기에 있는 것이다.

① 불교 승려의 전기를 수록한 고승전이다.
② 불교 중심의 고대 민간 설화를 수록하였다.
③ 고조선부터 고려 말까지의 역사를 정리하였다.
④ 유교적 사관에 기초하여 기전체로 서술하였다.

0386 밑줄 친 '이 책'에 대한 설명으로 가장 옳은 것은?

2022년 법원직 9급

이 책은 보각국사 일연의 저서로 왕력(王歷)·기이(奇異)·흥법(興法)·탑상(塔象)·의해(義解)·신주(神呪)·감통(感通)·피은(避隱)·효선(孝善) 등 9편목으로 구성되어 있다. 여러 고대 국가의 역사, 불교 수용 과정, 탑과 불상, 고승들의 전기, 효도와 선행 이야기 등 불교사와 관련된 일화를 중심으로 서술한 것이 특징이다.

① 기전체 형식으로 서술되었다.
② 현존하는 가장 오래된 역사서이다.
③ 단군의 건국 이야기가 수록되었다.
④ 대의명분을 중시하는 성리학적 사관을 비판하였다.

0387 (가)에 들어갈 내용으로 옳은 것은?

2018년 교육행정직 9급

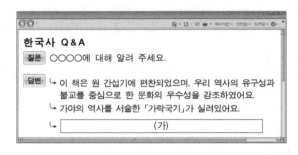

한국사 Q & A

질문 ○○○○에 대해 알려 주세요.

답변 ↳ 이 책은 원 간섭기에 편찬되었으며, 우리 역사의 유구성과 불교를 중심으로 한 문화의 우수성을 강조하였어요.
↳ 가야의 역사를 서술한 「가락국기」가 실려있어요.
↳ (가)

① 신라의 역사를 상고, 중고, 하고로 구분하였어요.
② 기전체 서술 방식에 따라 본기, 연표, 지, 열전으로 구성하였어요.
③ 기자 조선 — 마한 — 신라 정통론의 입장에서 강목법에 따라 서술하였어요.
④ 고구려 계승 의식을 바탕으로 동명왕의 업적을 서사시로 표현하였어요.

0388 다음 자료가 기록된 사서에 대한 설명으로 옳은 것은?

2015년 서울시 9급

곰과 호랑이가 찾아와 사람이 되기를 원하므로 환웅이 그들에게 쑥과 마늘을 주면서 "이것을 먹고 100일 동안 햇빛을 보지 않으면 사람이 될 것이다."라고 하였다. 곰은 이를 지켜 여자의 몸이 되었으나 호랑이는 사람이 되지 못하였다. 환웅이 사람으로 변신하여 웅녀와 결혼하였다. 아들을 낳으니 이가 단군왕검이다.

① 왕력, 기이, 흥법, 탑상, 의해 등으로 구성되어 있다.
② 김부식을 비롯한 유학자들이 편찬한 역사서이다.
③ 현존하는 우리나라의 가장 오래된 역사서이다.
④ 삼국에서 고려까지 고승들의 전기를 정리하여 편찬한 책이다.

□□□

0389 밑줄 친 '이 책'에 대한 설명으로 옳은 것은?

2020년 국가직 9급

> 신(臣)이 이 책을 편수하여 바치는 것은 …(중략)… 중국은 반고부터 금국에 이르기까지, 동국은 단군으로부터 본조(本朝)에 이르기까지 처음 일어나게 된 근원을 간책에서 다 찾아보아 같고 다른 것을 비교하여 요점을 취하고 읊조림에 따라 장을 이루었습니다.

① 성리학적 유교 사관이 반영되어 대의명분을 강조하였다.
② 국왕, 훈신, 사림이 서로 합의하여 통사 체계를 구성하였다.
③ 원 간섭기에 중국과 구별되는 우리 역사의 독자성을 강조하였다.
④ 왕명으로 단군조선에서 고려 말까지의 역사를 노래 형식으로 정리하였다.

□□□

고난도

0390 단군에 대한 인식을 설명한 것으로 옳지 않은 것은?

2019년 국가직 9급

① 이승휴의 『제왕운기』에서는 우리 역사를 단군부터 서술하였다.
② 홍만종의 『동국역대총목』은 단군 정통론의 입장에서 기술하였다.
③ 이규보의 『동명왕편』은 단군의 건국 과정을 다루고 있다.
④ 기미독립선언서에는 조선 건국 4252년으로 연도를 표기하였다.

문항	번호				틀린 이유
0385	①	②	③	④	
0386	①	②	③	④	
0387	①	②	③	④	
0388	①	②	③	④	
0389	①	②	③	④	
0390	①	②	③	④	

해설

0385 제시된 자료는 고려 말 일연이 편찬한 『삼국유사』의 서문이다. ② 『삼국유사』는 불교사를 중심으로 고대의 민간 설화와 전래 기록 등을 수록하였다.

오답노트 ① 각훈이 쓴 『해동고승전』에 대한 설명이다. ③ 조선 시대의 『동사강목』 등에 대한 설명이다. ④ 『삼국사기』 등에 대한 설명이다.

0386 제시된 자료는 『삼국유사』의 구성과 특징에 대해 서술하고 있다. ③ 『삼국유사』는 단군을 우리 민족의 시조로 여겨 단군의 건국 이야기를 수록하였다.

오답노트 ① 『삼국유사』는 기사본말체로 서술된 역사서이다. ② 『삼국사기』에 대한 설명이다. ④ 『삼국유사』는 성리학적 사관 비판과는 관련이 없다.

0387 제시된 자료는 충렬왕 때 일연이 저술한 『삼국유사』에 대한 내용이다. ① 『삼국유사』는 왕명을 기준으로 신라사를 구분했는데, 상고(신라 고유 왕명), 중고(불교식 왕명), 하고(중국식 시호)로 시대를 구분하였다.

오답노트 ② 『삼국사기』, ③ 안정복의 『동사강목』 등, ④ 『동명왕편』에 대한 설명이다.

0388 제시된 자료는 『삼국유사』에 기록된 단군 신화의 일부 내용이다. ① 『삼국유사』의 전체 분량은 5권으로, 왕력(王曆)·기이(紀異)·흥법(興法)·탑상(塔像)·의해(義解)·신주(神呪)·감통(感通)·피은(避隱)·효선(孝善) 등 9편목으로 구성되어 있다.

오답노트 ②,③ 『삼국사기』는 김부식을 비롯한 유학자들에 의해 편찬되었으며, 현존하는 우리나라 최고(最古)의 역사서이다. ④ 각훈이 저술한 『해동고승전』에 대한 설명이다. 책의 내용으로 미루어 보아 삼국에서 고려까지의 고승을 망라하였을 것으로 추정되나, 현재는 삼국 시대 승려 30여 명에 대한 기록만 전해지고 있다.

0389 제시된 자료는 충렬왕 때 이승휴가 저술한 『제왕운기』 서문의 내용이다. ③ 『제왕운기』는 원 간섭기에 편찬된 역사서로, 우리 역사를 중국과 대등하게 파악하면서 우리 역사의 독자성을 강조하였다.

오답노트 ① 성리학적 유교 사관이 반영된 역사서로는 이제현의 『사략』 등이 있다. ② 국왕, 훈신, 사림 세력이 서로 합의하여 통사 체계를 구성한 역사서로는 조선 전기에 편찬된 『동국통감』 등이 있다. ④ 『제왕운기』는 우리 역사를 단군 조선부터 서술하여 고려 충렬왕까지 기록하였다. 따라서 고려 말까지의 역사를 정리했다는 표현은 틀렸다.

0390 ③ 이규보의 『동명왕편』은 단군이 아니라 고구려의 건국 신화를 다루고 있다.

오답노트 ① 이승휴의 『제왕운기』는 우리나라의 역사를 단군에서부터 서술하였다. ② 홍만종의 『동국역대총목』은 단군 정통론을 앞세워 우리나라의 역사를 정리하였다. ④ 3·1 운동 때 발표된 기미독립선언서에 따르면 단군이 나라를 세웠다고 전해지는 기원전 2333년을 기준으로 하여 1919년을 '조선 건국 4252년'이라고 표현하였다.

Answer 0385 ② 0386 ③ 0387 ① 0388 ① 0389 ③ 0390 ③

고난도

0391 다음 논쟁이 있었던 무렵의 저술 활동으로 가장 적절한 것은?

2013년 지방직 9급

유사 2016년 법원직 9급 / 2013년 기상직 9급

재상 박유가 아뢰기를 "청컨대 여러 신하, 관료로 하여금 여러 처를 두게 하되, 품위에 따라 그 수를 점차 줄이도록 하여 보통사람에 이르러서는 1처 1첩을 둘 수 있도록 하며, 여러 처에서 낳은 아들도 역시 본처가 낳은 아들처럼 벼슬을 할 수 있게 하기를 원합니다."라고 하였다. 연등회 날 저녁 박유가 왕의 행차를 호위하여 따라갔는데, 어떤 노파가 그를 손가락질하면서 "첩을 두고자 요청한 자가 저 늙은이다."라고 하였다. 듣는 사람들이 서로 전하여 서로 가리키니 무서워하는 자들이 있었기 때문에 그 건의를 정지하고, 결국 시행하지 못하였다.

① 김부식이 『진삼국사기표』를 지었다.
② 일연 선사가 『삼국유사』를 찬술하였다.
③ 정도전이 『조선경국전』을 저술하였다.
④ 정인지가 『훈민정음해례』 서문을 지었다.

과학 기술과 귀족 문화의 발달

대표 유형

0392 (가) 문화유산에 대한 설명으로 옳은 것은?

2024년 지방직 9급

____(가)____ 은/는 1377년 청주 흥덕사에서 인쇄한 것이다. 독일 구텐베르크가 인쇄한 책보다 70여 년 앞서 간행된 것으로 밝혀졌다. 현재 유네스코 세계 기록 유산으로 등재되어 있다.

① 최윤의 등이 지은 의례서를 인쇄한 것이다.
② 몽골의 침략을 물리치려는 염원을 담고 있다.
③ 현존하는 금속 활자본 중에서 가장 오래된 것이다.
④ 우리나라 풍토에 맞는 처방과 약재 등이 기록되어 있다.

0393 밑줄 친 '이 기구'가 설치된 왕 대에 있었던 사실로 옳은 것은?

2017년 국가직 9급

유사 2016년 법원직 9급

조정은 중국의 화약 제조 기술을 터득하여 이 기구를 두고, 대장군포를 비롯한 20여 종의 화기를 생산하였으며, 화약과 화포를 제작하였다.

① 복원궁을 건립하여 도교를 부흥시켰다.
② 흥덕사에서 직지심체요절을 간행하였다.
③ 교장도감을 설치하여 속장경을 간행하였다.
④ 시무 28조를 수용하여 유교 정치를 구현하였다.

0394 ㉠에 대한 설명으로 옳은 것은?

2017년 국가직 7급(하)

평장사 최윤의 등 17명의 신하에게 명하여 고금의 서로 다른 예문을 모아 참작하고 절충하여 50권의 책을 만들고 ____㉠____ (이)라 이름하였다.   - 『동국이상국집』

① 교서관에서 갑인자로 인쇄되었다.
② 금속 활자로 인쇄한 판본이 남아있다.
③ 최씨 집권기에 활자본 28부를 간행하였다.
④ 현재 프랑스 국립 도서관에서 소장하고 있다.

0395 밑줄 친 ㉠, ㉡에 대한 설명으로 옳은 것은?

2016년 교육행정직 9급

유사 2019년 기상직 9급 / 2014년 경찰간부

고려 시대에는 불교 사상에 대한 이해가 깊어지면서 불교 관련 저술을 모아 체계적으로 정리한 대장경이 만들어졌다. ㉠ 현종 때의 경판이 임진년 몽골의 침입으로 불타 버렸고, 이에 왕이 신하들과 더불어 다시 발원하여 도감을 세우고 16년 만에 ㉡ 새 경판을 완성하였다.

① ㉠ - 합천 해인사에 소장되었다.
② ㉠ - 교장도감에서 제작한 경판이다.
③ ㉡ - 유네스코 세계 기록 유산으로 등재되었다.
④ ㉡ - 불교 경전 주석서를 수집하여 간행한 속장경이다.

0396 ㉠~㉣에 대한 설명으로 옳지 않은 것은?

2013년 국가직 9급

유네스코가 세계 문화유산으로 등재한 우리나라의 문화유산은 ㉠ 종묘, 해인사 장경판전, 불국사와 석굴암, 수원 화성, 창덕궁, 경주 역사유적지구, ㉡ 고창·화순·강화의 고인돌 유적, 안동 하회마을과 경주 양동마을, 조선 시대 왕릉 등이다. 또 훈민정음, ㉢ 조선왕조실록, 승정원일기, ㉣ 직지심체요절, 해인사 고려대장경판 및 제경판, 조선왕조의궤, 동의보감, 일성록, 5·18 민주화 운동 기록물 등이 유네스코의 세계 기록 유산으로 등재되어 있다.

① ㉠ - 조선 시대 왕과 왕비의 신주를 모셨다.
② ㉡ - 청동기 시대의 돌무덤이다.
③ ㉢ - 태조에서 철종 때까지의 역사를 편년체로 기록하였다.
④ ㉣ - 병인양요 때 프랑스군에게 약탈당하였다.

문항	번호				틀린 이유
0391	①	②	③	④	
0392	①	②	③	④	
0393	①	②	③	④	
0394	①	②	③	④	
0395	①	②	③	④	
0396	①	②	③	④	

해설

0391 제시된 자료는 원 간섭기인 고려 충렬왕 때 재상인 박유가 첩을 들일 수 있도록 청한 것인데, 고려 여인들의 반발이 심하여 결국 시행되지 못했다. 이 사료는 고려 여성의 지위를 알려주는 사료로 유명하다. ② 원 간섭기에는 자주적 민족 의식이 반영된 사서들이 편찬되었는데, 대표적으로 충렬왕 때 편찬한 일연의 『삼국유사』와 이승휴의 『제왕운기』 등이 있다.

오답노트 ① 김부식은 『삼국사기』(1145)를 편찬하기에 앞서 인종에게 『진삼국사기표』(『삼국사기』를 올리는 글)를 바쳤다. 『삼국사기』는 무신 집권기 이전인 문벌 귀족기에 유교적 합리주의 사관을 바탕으로 저술되었다. ③ 정도전은 개국 이후 태조 대인 1394년에 법전인 『조선경국전』을 술하여 유교적 민본 통치 규범을 마련하였다. ④ 『훈민정음해례』는 훈민정음 창제의 동기와 목적을 밝히고 창제의 과정과 원리 및 실제적인 운용에 대해 설명한 것으로, 세종 때 지어졌다.

0392 (가)는 고려의 문화재인 직지심체요절이다. ③ 직지심체요절은 현존하는 가장 오래된 금속 활자 인쇄물로, 청주 흥덕사에서 금속 활자로 찍어 낸 것이 전해지고 있다. 현재 프랑스 국립 도서관에서 보관 중이다.

오답노트 ① 고려 인종 때 최윤의 등이 지은 의례서는 『상정고금예문』으로, 최우가 강화도에서 『상정고금예문』을 금속 활자로 28부 인쇄했다고 전해지고 있다. ② 재조대장경(팔만대장경)에 대한 설명이다. ④ 『향약구급방』, 『향약집성방』 등 의서에 대한 설명이다.

0393 제시된 자료의 밑줄 친 '이 기구'는 화통도감이다. 고려 말 우왕 때인 1377년 최무선은 화통도감을 설치하고 화약과 화포를 제작하였다. ② 우왕 재위 기간인 1377년, 청주 흥덕사에서 금속 활자로 직지심체요절을 간행하였다.

오답노트 ① 고려 예종 때의 일이다. ③ 고려 선종 때 의천은 교장도감을 설치하고 교장(속장경)을 간행하였다. ④ 고려 성종 때의 일이다.

0394 제시된 자료의 ㉠은 『상정고금예문』이다. 12세기 인종은 최윤의 등에게 명하여 의례서인 『상정고금예문』을 편찬하도록 하였다. ③ 『상정고금예문』은 강화도로 천도할 때 예관이 가지고 오지 못해서, 최우가 보관하던 것을 강화도에서 금속 활자로 28부 인쇄하였다.

오답노트 ① 교서관은 조선 시대의 관청으로, 도서의 인쇄·반포 및 각종 제사 때 축문을 쓰는 업무를 담당하였다. 또한 갑인자는 세종 때 주조된 활자이다. ② 『상정고금예문』의 인쇄본은 오늘날 전하지 않는다. ④ 직지심체요절에 대한 설명이다.

0395 제시된 자료의 ㉠은 현종 때에 간행된 초조대장경이고, ㉡은 재조대장경(팔만대장경판)이다. ③ 팔만대장경판은 2007년에 유네스코 세계 기록 유산으로 등재되었다.

오답노트 ① 팔만대장경, ②,④ 의천의 교장(속장경)에 대한 설명이다.

0396 ④ 직지심체요절은 프랑스군에게 약탈당한 것이 아니라, 개항 이후 서울에 온 주한 프랑스 공사 플랑시에 의해 프랑스로 건너갔고 현재 프랑스 국립 도서관에 보관 중이다.

오답노트 ① 조선은 종묘와 사직을 마련하여 종묘에는 역대 왕과 왕비를 모셨다. 종묘는 1995년 유네스코 세계 문화유산에 등재되었다. ② 고인돌은 청동기 시대의 대표적인 돌무덤으로, 고창·화순·강화의 고인돌 유적은 2000년 세계 문화유산에 등재되었다. ③ 『조선왕조실록』은 조선 왕조의 시조인 태조부터 철종까지 25대 472년간(1392~1863)의 역사를 연월일 순서에 따라 편년체로 기록한 방대한 양의 역사서로 1997년 유네스코 세계 기록 유산에 등재되었다.

Answer 0391 ② 0392 ③ 0393 ② 0394 ③ 0395 ③ 0396 ④

0397 고려 시대 과학 기술에 대한 다음 설명 중 가장 적절하지 않은 것은?

2012년 경찰 3차

유사 2011년 경찰(정보통신)

① 고려 초에는 당의 선명력을 사용하였으나, 충선왕 때에는 원의 수시력을 받아들였다.
② 토지 측량 기구인 인지의와 규형을 제작하여 토지 측량과 지도 제작에 활용하였다.
③ 최무선은 중국인 이원에게서 염초 만드는 기술을 배워 화약 제조법을 터득하였다.
④ 태의감에 의학 박사를 두어 의학을 가르치고, 의원을 뽑는 의과를 시행하였다.

0398 고려 시대에 제작된 대장경에 대한 설명으로 옳지 않은 것은?

2011년 지방직 9급

유사 2016년 서울시 9급

① 초조대장경은 거란의 침입 때 부처의 힘을 빌려 적을 물리치고자 만들었다.
② 속장경(교장)은 의천이 경(經), 율(律), 논(論) 삼장의 불교 경전을 모아 간행한 것이다.
③ 재조대장경은 몽고 침략으로 초조대장경이 소실된 후 고종 때 다시 만든 것이다.
④ 현재 합천 해인사에 보관되어 있는 팔만대장경은 재조대장경을 가리킨다.

0399 밑줄 친 '이 나라'의 문화유산으로 옳지 않은 것은?

2024년 국가직 9급

> 송나라 사신 서긍은 그의 저술에서 이 나라 자기의 빛깔과 모양에 대해, "도자기의 빛깔이 푸른 것을 사람들은 비색이라고 부른다. 근래에 와서 만드는 솜씨가 교묘하고 빛깔도 더욱 예뻐졌다. 술그릇의 모양은 오이와 같은데, 위에 작은 뚜껑이 있고 연꽃이나 엎드린 오리 모양을 하고 있다. 또, 주발, 접시, 사발, 꽃병 등도 있었다."라고 하였다.

① 안동 봉정사 극락전
② 구례 화엄사 각황전
③ 예산 수덕사 대웅전
④ 영주 부석사 무량수전

0400 다음 설명에 해당하는 문화유산은? 2022년 국가직 9급

> 이 건물은 주심포 양식에 맞배지붕 건물로 기둥은 배흘림 양식이다. 1972년 보수 공사 중에 공민왕 때 중창하였다는 상량문이 나와 우리나라에서 가장 오래된 목조 건물로 보고 있다.

① 서울 흥인지문
② 안동 봉정사 극락전
③ 영주 부석사 무량수전
④ 합천 해인사 장경판전

0401 ⓐ과 ⓑ에 해당하는 건축물에 대한 설명으로 옳은 것은?

고난도

유사 2015년 지방직 7급 / 2013년 서울시 9급 / 2012년 경북 교행

2016년 국가직 7급

공포를 기둥 위에만 배치하는 ⓐ 양식은 고려 시대의 일반적 건축 양식이었다. 공포를 기둥과 기둥 사이에도 배치하는 ⓑ 양식 건물은 고려 후기에 등장하지만 조선 시대에 널리 유행하였다.

① ⓐ - 부석사 무량수전은 간결한 맞배지붕 형태이다.
② ⓐ - 팔작지붕인 봉정사 극락전은 장엄하고 화려하다.
③ ⓑ - 수덕사 대웅전은 백제계 사찰의 전통을 이었다.
④ ⓑ - 맞배지붕의 성불사 응진전이 이에 해당한다.

대표 유형

0402 밑줄 친 '이 시기'에 있었던 사실로 옳은 것은?

2022년 지방직 9급

이 시기의 불교 조각은 지역에 따라 다양하게 제작되었다. 처음에는 하남 하사창동의 철조 석가여래 좌상과 같은 대형 철불이 많이 제작되었다. 또한 덩치가 큰 석불이 유행하였는데, 논산 관촉사 석조 미륵보살 입상이 대표적이다. 이 불상은 큰 규모에 비해 조형미는 다소 떨어지지만, 소박한 지방 문화의 모습을 잘 보여 준다.

① 성골 출신의 국왕이 재위하였다.
② 지방 세력으로 호족이 존재하였다.
③ 풍양 조씨 등 특정 가문이 정권을 장악하였다.
④ 성리학에 투철한 사림 세력이 정국을 주도하였다.

문항		번호			틀린 이유
0397	①	②	③	④	
0398	①	②	③	④	
0399	①	②	③	④	
0400	①	②	③	④	
0401	①	②	③	④	
0402	①	②	③	④	

해설

0397 ② 토지 측량 기구인 인지의와 규형은 조선 세조 때 만들어졌다.
오답노트 ① 고려 초기에는 신라 때부터 쓰기 시작하였던 당의 선명력을 그대로 사용하였다. 고려 후기에는 충선왕 때 원의 수시력을 채용하였고, 공민왕 때부터 명의 대통력을 사용하였다. ③ 최무선은 중국에서 어렵게 화약 제조 기술을 익혀 1377년 화통도감을 설치하고 화약과 화포를 제작하였다. ④ 고려 시대 태의감에서는 의원을 뽑는 의과를 시행하였고 의학 박사를 두어 의학을 가르쳤다.

0398 ② 교장(속장경)은 경, 율, 논 삼장의 불교 경전이 아니라 고려, 송, 요의 대장경에 대한 주석서인 논, 소, 초를 모아 의천이 간행한 것이다.
오답노트 ① 초조대장경은 현종 때 거란의 침입을 부처의 힘을 빌려 물리치고자 간행하였다. ③ 재조대장경은 몽골 침략으로 소실된 초조대장경을 대체하기 위해 고종 23년(1236)부터 고종 38년(1251)까지 총 16년에 걸쳐 만들어졌다. ④ 재조대장경은 강화도 선원사에 있다가 조선 초에 합천 해인사로 이관되어 현재까지 8만 매가 넘는 목판이 모두 보존되어 있어 팔만대장경이라고 부른다.

0399 인종 때 송나라 사신 서긍은 『고려도경』을 통해 고려에 와서 견문한 여러 가지 실정을 그림과 글로 설명하였다. 서긍은 이 책에서 당시 고려의 교육과 학문을 높이 평가하였다. 따라서 밑줄 친 '이 나라'는 고려를 일컫는다. ② 구례 화엄사 각황전은 조선 후기인 17세기의 건축물이다.
오답노트 ①,③,④ 모두 고려 시대의 건축물이다.

0400 제시된 자료는 안동 봉정사 극락전에 대해 설명하고 있다. ② 안동 봉정사 극락전은 주심포 양식에 맞배지붕 건물로, 가운데를 불룩하게 만들어 안정감을 준 배흘림 기둥 양식이다. 봉정사 극락전은 보수 공사 중 조선 시대에 지은 상량문(건물이 세워지고 다시 지어진 내력과 건물의 안녕을 비는 글)이 발견되었는데, 이 상량문에 공민왕 때 지붕을 수리하였다는 기록이 발견되었다. 이에 따라 이 건물이 현존하는 가장 오래된 목조 건축물임을 알 수 있다.

0401 ⓐ은 주심포, ⓑ는 다포이다. 맞배지붕은 지붕면이 양면으로 경사를 짓는 지붕 양식이며, 우진각지붕은 건물의 네 면에 지붕면이 있는 일자형 평면의 지붕 양식이다. 팔작지붕은 지붕 위에 까치박공이라는 조각을 달고 그 밑에 삼각형의 벽이 있는 지붕이다. ④ 성불사 응진전은 맞배지붕에 다포 양식 건축물이다.
오답노트 ① 부석사 무량수전은 팔작지붕의 형태이다. ② 봉정사 극락전은 맞배지붕에 주심포 양식의 건물이다. ③ 수덕사 대웅전은 주심포 양식의 건축물로, 백제 계통의 목조 건축 양식을 계승하였다.

0402 제시된 자료는 고려 전기 불상의 특징에 대해 서술하고 있다. ② 고려 전기에는 지방 세력으로 호족이 존재하고 있었다. 고려 태조는 유력 호족의 딸들과 결혼하는 혼인 정책과 왕씨 성을 하사하는 사성 정책을 통해 호족 세력을 포섭하고자 하였다.
오답노트 ① 신라에 대한 설명이다. 성골 출신의 국왕은 신라 진덕여왕이 마지막이었다. ③ 19세기 세도 정치 때의 일이다. ④ 사림 세력이 정국을 주도한 시기는 16세기 후반, 선조 때부터이다.

Answer 0397 ② 0398 ② 0399 ② 0400 ② 0401 ④ 0402 ②

PART 03

대표유형

□□□

0403 다음 일이 있었던 시대의 문화에 대한 설명으로 가장 적절하지 않은 것은?

2020년 경찰 1차

> 박유가 왕에게 글을 올려 말하기를 "…(중략)… 청컨대 여러 신하, 관료들로 하여금 여러 처를 두게 하되, 품계에 따라 그 수를 줄이도록 하여 보통 사람에 이르러서는 1인 1첩을 둘 수 있도록 하며 여러 처에게서 낳은 자식들도 역시 본가가 낳은 아들처럼 벼슬을 할 수 있게 하기를 원합니다." 라고 하였다. …(중략)… 당시 재상들 가운데 그 부인을 무서워하는 자들이 있었기 때문에 그 건의는 결국 실행되지 못하였다.

① 단아하고 균형 잡힌 석등이 꾸준히 만들어졌으며 법주사 쌍사자 석등이 대표적인 작품이다.
② 다포 양식 건물이 등장하여 지붕을 웅장하게 얹거나 건물을 화려하게 꾸밀 때 쓰였다.
③ 자기 제작에 상감 기법이 개발되어 무늬를 내는 데 활용되었으나 원 간섭기 이후에는 퇴조하였다.
④ 이 시대에는 불화가 많이 그려졌는데 혜허의 「관음보살도」가 유명하다.

□□□

0404 고려 시대 문화유산에 대한 설명으로 옳지 않은 것은?

2023년 국가직 9급

① 황해도 사리원 성불사 응진전은 다포 양식의 건물이다.
② 월정사 팔각 9층 석탑은 원의 석탑을 모방하여 제작하였다.
③ 여주 고달사지 승탑은 통일 신라의 팔각원당형 양식을 계승하였다.
④ 직지심체요절은 세계 기록 유산으로 등재된 현존하는 가장 오래된 금속 활자본이다.

□□□

0405 (가)~(마)가 제작된 시기의 순서대로 바르게 묶은 것은?

2019년 법원직 9급

유사 2019년 경찰 2차 / 2016년 기상직 9급 / 2009년 법원직 9급

① (가) – (나) – (다) – (라) – (마)
② (나) – (가) – (다) – (라) – (마)
③ (가) – (나) – (마) – (다) – (라)
④ (나) – (가) – (다) – (마) – (라)

□□□

0406 고려 시대의 예술에 대한 설명으로 가장 적절하지 않은 것은?

2018년 경찰 1차

유사 2019년 경찰 1차 / 2018년 서울시 9급 / 2015년 경찰 1차 / 2014년 경찰 2차 / 2012년 지방직 9급 / 2007년 서울시 9급

① 다포 양식은 공포가 기둥 위뿐만 아니라 기둥 사이에도 짜여져 있는 양식으로 황해도 사리원의 성불사 응진전은 대표적인 고려 시대 다포 양식의 건물이다.
② 신라 불상의 양식을 계승한 논산 관촉사 석조 미륵보살 입상은 균형미가 뛰어난 걸작이다.
③ 서예는 고려 전기 구양순체가 주류를 이루었고, 후기에는 송설체가 유행했다.
④ 고려 후기 왕실과 권문세족의 구복적 요구에 따라 극락왕생을 기원하는 아미타불도와 지장보살도 같은 불화가 많이 그려졌다.

□□□

0407 다음 풍속이 유행할 무렵에 있었던 문화적 사실로 가장 옳은 것은?

2014년 법원직 9급

유사 2016년 경찰간부 / 2012년 경찰간부

- 증류 방식의 술인 소주가 등장하였다.
- 임금의 음식을 가리키는 '수라'라는 말이 사용되었다.
- 남자들 사이에서 머리의 뒷부분만 남겨놓고 주변의 머리털을 깎아 나머지 모발을 땋아서 등 뒤로 늘어뜨리는 머리 스타일이 나타났다.

① 최충이 9재 학당을 세웠다.
② 김부식이 『삼국사기』를 편찬하였다.
③ 의천이 해동 천태종을 창시하였다.
④ 개성에 경천사지 10층 석탑이 세워졌다.

□□□

0408 다음 답사 계획 중 답사 장소와 답사의 주안점이 옳게 연결된 것은?

2014년 법원직 9급

▶ 고려 문화의 향기를 찾아서

	주제	소주제	답사지	답사 주안점
(가)	불교	결사 운동	강진 만덕사	조계종 발달
(나)	공예	자기 기술	부안·강진 도요지	상감청자 제작법
(다)	건축	목조 건축	안동 봉정사	다포 양식 건물
(라)	인쇄술	금속 활자	청주 흥덕사	상정고금예문 인쇄

① (가)   ② (나)
③ (다)   ④ (라)

문항	번호				틀린 이유
0403	①	②	③	④	
0404	①	②	③	④	
0405	①	②	③	④	
0406	①	②	③	④	
0407	①	②	③	④	
0408	①	②	③	④	

해설

0403 제시된 자료는 원 간섭기인 충렬왕 때 박유가 올린 상소문의 내용이다. 박유가 일부다처제를 상소했으나, 고위 관료 가운데 부인을 겁내는 자가 있어 실행하지 않았다고 한다. ① 통일 신라 시기에 만들어진 석등이다.

오답노트 ② 고려 후기에는 원의 영향을 받은 다포식 건물이 등장하였다. 다포 양식은 공포가 기둥뿐 아니라 기둥 사이에도 짜여 있는 건축 양식으로, 지붕이나 건물을 화려하게 꾸밀 때 쓰였다. ③ 고려 시대인 12세기 중엽에 고려의 독창적 기법인 상감법이 개발되어 자기에 활용되었다. 그러나 원 간섭기 이후에는 퇴조하였다. ④ 고려 후기에는 왕실과 권문세족의 구복적 요구에 따라 불화가 많이 그려졌다. 혜허가 그린 「관음보살도(양류관음도)」가 대표적인 작품이다.

0404 ① 웅진전이 아니라 응진전이다. 황해도 사리원의 성불사 응진전은 고려 시대의 다포식 양식으로 지어진 건축물이다. ② 고려의 월정사 8각 9층 석탑은 송나라의 영향을 받아 제작되었다. 선지 ①번 오타로 복수정답이 인정되었다.

오답노트 ③ 여주 고달사지 승탑은 고려 초기에 만들어진 것으로, 신라 하대의 팔각 원당형 승탑 양식을 계승하였다. ④ 고려의 직지심체요절은 현존하는 가장 오래된 금속 활자 인쇄물로, 2001년에 유네스코 세계 기록 유산으로 등재되었다.

0405 (나) 백제 시대에 건립된 미륵사지 석탑이다. (가) 신라 중대에 건립된 불국사 3층 석탑이다. (다) 신라 하대에 건립된 쌍봉사 철감선사 승탑이다. (마) 고려 전기에 건립된 월정사 8각 9층 석탑이다. (라) 고려 후기인 충목왕 때 건립된 경천사지 10층 석탑이다.

0406 ② 신라 양식을 계승한 불상으로는 부석사 소조 아미타여래 좌상 등이 있다. 관촉사 석조 미륵보살 입상은 신라 양식 계승과는 관련이 없다.

오답노트 ① 다포 양식이란 기둥과 기둥 사이에도 공포를 배치한 건축 양식으로 황해도 사리원의 성불사 응진전 등이 대표적이다. ③ 고려의 서예는 초기에는 구양순체, 후기에는 송설체가 유행했다. ④ 고려 후기에는 왕실과 권문세족의 요구에 따라 극락왕생을 기원하는 아미타불도, 지장보살도 등이 많이 그려졌다.

0407 고려 후기에는 몽골 문화의 영향으로 '수라'라는 말이 등장하고, 변발 등이 유행하였다. ④ 고려 후기인 충목왕 때 원의 영향을 받아 경천사지 10층 석탑이 축조되었다.

오답노트 ① 최충은 고려 중기인 문종 때 9재 학당을 세워 유학 교육에 힘썼다. ② 김부식은 고려 중기의 보수적, 현실적인 유학자로 『삼국사기』를 편찬하였다(1145). ③ 의천은 문종과 숙종 때 활약한 승려로 해동 천태종을 창시하였다.

0408 ② 상감청자는 자기를 만들 수 있는 흙이 생산되고 연료가 풍부한 지역에서 구워졌는데, 전라도 강진과 부안이 유명하였다.

오답노트 ① 조계종 승려인 지눌은 순천 송광사를 중심으로 결사 운동을 벌였다. 강진 만덕사는 천태종 승려인 요세가 백련 결사 운동을 벌인 곳이다. ③ 안동 봉정사 극락전은 주심포 양식의 건물이다. ④ 청주 흥덕사에서는 직지심체요절이 인쇄되었으며, 상정고금예문은 강화도에서 인쇄되었다.

Answer 0403 ① 0404 ①② 0405 ④ 0406 ② 0407 ④ 0408 ②

□□□
0409 다음 유물에 대한 설명으로 적절하지 않은 것은?

2014년 국가직 7급

유사 2016년 지방직 7급 / 2008년 국가직 9급

색이 푸른데 사람들은 이를 비색(翡色)이라 한다. 근년에 들어와 제작이 공교해지고 광택이 더욱 아름다워졌다. 술병의 형태는 참외와 같은데, 위에는 작은 뚜껑이 있고 마치 연꽃에 엎드린 오리 모양이다.

① 강진과 부안이 생산지로 유명하였다.
② 왕실과 관청 및 귀족들이 주로 사용하였다.
③ 송나라 사신 서긍이 그 아름다움을 극찬하였다.
④ 신라 말기 상감청자가 제작되면서 무늬가 한층 다양해졌다.

문항	번호				틀린 이유
0409	①	②	③	④	

해설

0409 제시된 자료는 1123년 북송의 사신으로 고려에 온 서긍이 고려청자(순청자)에 대해 기록한 『고려도경』 중 일부이다. ④ 상감청자는 12세기 중엽에 등장했기 때문에, 신라 말기에 상감청자가 제작되었다는 말은 틀린 내용이다.

오답노트 ① 고려의 청자는 자기를 만들 수 있는 흙이 생산되고 연료가 풍부한 지역에서 구워졌는데 전라도 강진과 부안이 유명하였다. ② 고려의 청자는 지배층이 주로 사용하였다.

Answer 0409 ④

Part

04

근세 사회의 발전

노범석 한국사
기출문제 1100제

CHAPTER 01 근세의 정치

TOP 01 | 31회 출제 | 붕당의 성립과 발전(＋사화)

2015	2016	2017	2018	2019	2020	2021	2022	2023	2024
• 국가 9 • 지방 9 • 서울 9 • 경찰(2)	• 지방 9 • 법원 9(2) • 교행 9	• 국가 9 • 법원 9 • 경찰	• 경찰 • 교행 9	• 법원 9 • 경찰	• 지방 9 • 경찰 • 국회 9	• 국가 9 • 법원 9	• 국가 9 • 법원 9(2) • 소방	• 법원 9(2) • 지방 9 • 국가 9	• 지방 9 • 법원 9

TOP 02 | 26회 출제 | 조선의 대외 관계와 양난의 극복

2015	2016	2017	2018	2019	2020	2021	2022	2023	2024
• 지방 9 • 법원 9(2) • 사복 9	• 국가 9 • 서울 9(2) • 법원 9 • 사복 9 • 교행 9	• 국가 9 • 지방 9 • 경찰	• 지방 9 • 경찰(2)	• 지방 9 • 서울 9 • 경찰		• 경찰	• 서울 9 • 법원 9	• 국가 9 • 지방 9	• 국가 9 • 법원 9

TOP 02 | 26회 출제 | 조선 전기 왕의 업적

2015	2016	2017	2018	2019	2020	2021	2022	2023	2024
• 경찰(2) • 교행 9	• 경찰 • 교행 9	• 국가 9 • 지방 9 • 서울 9 • 법원 9 • 교행 9	• 교행 9	• 지방 9 • 서울 9 • 법원 9 • 경찰	• 지방 9 • 경찰 • 소방 9 • 국회 9	• 국가 9	• 지방 9 • 법원 9(2)	• 지방 9	• 국가 9 • 법원 9

TOP 04 | 24회 출제 | 근세 제도사(중앙＋지방＋군사＋과거)

2015	2016	2017	2018	2019	2020	2021	2022	2023	2024
• 서울 9 • 법원 9(3) • 경찰	• 경찰(2)	• 지방 9 • 법원 9	• 국가 9 • 지방 9 • 서울 9 • 법원 9 • 경찰	• 국가 9 • 서울 9(상) • 경찰	• 법원 9	• 지방 9 • 소방	• 국가 9 • 서울 9	• 지방 9 • 법원 9	

근세 사회의 성립과 전개

 대표유형

□□□

0410 위화도 회군 이후에 있었던 사실로 옳지 않은 것은?

2024년 국가직 9급

① 과전법이 실시되었다.

② 정몽주가 살해되었다.

③ 한양으로 도읍을 이전하였다.

④ 황산 대첩에서 왜구를 토벌하였다.

 대표유형

□□□

0411 다음 여말선초기에 일어난 역사적 사건을 순서대로 바르게 나열한 것은?

2017년 서울시 7급

유사 2008년 국가직 7급

㉠ 이성계의 위화도 회군

㉡ 이방원에 의한 정몽주 암살

㉢ 공양왕의 폐위

㉣ 이성계 및 정도전 주도로 과전법 실시

① ㉠ - ㉡ - ㉢ - ㉣　　　② ㉠ - ㉡ - ㉣ - ㉢

③ ㉠ - ㉣ - ㉡ - ㉢　　　④ ㉠ - ㉣ - ㉢ - ㉡

문항	번호				틀린 이유
0410	①	②	③	④	
0411	①	②	③	④	

해설

0410 위화도 회군은 고려 우왕 때인 1388년 요동 정벌에 나섰던 이성계가 군사를 돌려 개경으로 들어와 정권을 장악한 사건이다. 이에 따라 우왕이 쫓겨나고 창왕이 즉위하였다. ④ 황산 대첩은 고려 우왕 때인 1380년의 일이다.

오답노트 ① 고려 공양왕 때인 1391년의 일이다. ② 고려 공양왕 때인 1392년 4월의 일이다. ③ 1392년 공양왕에게 양위를 받아 왕위에 오른 이성계(조선 태조)는 1394년 한양을 새 도읍으로 정하였다.

0411 ㉠ 1388년의 일이다. ㉣ 1391년의 일이다. ㉡ 1392년 4월의 일이다. 온건 사대부의 거두인 정몽주가 죽은 후 조선 건국 계획은 더욱 가속화되었다. ㉢ 1392년 8월의 일이다.

Answer 0410 ④ 0411 ③

0412 (가) 시기에 일어난 사건으로 가장 옳은 것은?

2019년 법원직 9급

이성계, 위화도 회군
⇩
(가)
⇩
공양왕 폐위, 이성계 즉위(1392)

① 과전법 실시
② 전민변정도감 설치
③ 제1차 왕자의 난 발생
④ 정도전의 요동 정벌 추진

0413 대외 관계와 관련된 연표의 (가)~(라) 시기에 있었던 사실로 옳은 것은?

2012년 법원직 9급

	(가)	(나)	(다)	(라)	
홍건적 침입		화통도감 설치	위화도 회군	대마도 정벌	6진 설치

① (가) – 철령 이북의 땅이 수복되었다.
② (나) – 전민변정도감을 통해 신돈이 개혁을 시도하였다.
③ (다) – 전제 개혁이 단행되어 과전법이 마련되었다.
④ (라) – 정도전이 『고려국사』를 편찬하였다.

조선 전기의 국왕

0414 밑줄 친 '그'에 대한 설명으로 옳지 않은 것은?

2019년 지방직 9급

> 그와 남은이 임금을 뵙고 요동을 공격하기를 요청하였고, 그리하여 급하게 『진도(陣圖)』를 익히게 하였다. 이보다 먼저 좌정승 조준이 휴가를 받아 집에 있을 때, 그와 남은이 조준을 방문하여, "요동을 공격하는 일은 지금 이미 결정되었으니 공(公)은 다시 말하지 마십시오."라고 말하였다.

① 만권당에서 원의 학자들과 교류하였다.
② 맹자의 역성혁명론을 조선 건국에 적용하였다.
③ 한양 도성의 성문과 궁궐 등의 이름을 지었다.
④ 『경제문감』을 저술하여 재상 중심의 정치를 주장하였다.

0415 밑줄 친 '그'에 대한 설명으로 옳은 것은?

2017년 국가직 9급
유사 2015년 사회복지직 9급 / 2014년 서울시 7급

> 그는 이성계를 추대하여 조선 왕조를 개창한 공으로 개국 1등 공신이 되었으며, 의정부를 중심으로 하는 재상 중심의 관료 정치를 주장하였다. 그리고 『불씨잡변』을 저술하여 불교의 사회적 폐단을 비판하였다.

① 왜구의 소굴인 쓰시마 섬을 정벌하였다.
② 백성들의 윤리서인 『삼강행실도』를 편찬하였다.
③ 여진족을 두만강 밖으로 몰아내고 6진을 개척하였다.
④ 『조선경국전』을 편찬하여 왕조의 통치 규범을 마련하였다.

대표유형

□□□

0416 다음 주장을 한 국왕이 추진한 정책으로 가장 옳은 것은?

2017년 법원직 9급

> 내가 일찍이 송도에 있을 때 의정부를 없애자는 의논이 있었으나, 지금까지 겨를이 없었다. 지난 겨울에 대간에서 작은 허물로 인하여 의정부를 없앨 것을 청하였으나 윤허하지 않았었다. 지난번에 좌정승이 말하기를 "중국에도 승상부가 없으니 의정부를 폐지해야 한다."라고 하였다. 내가 골똘히 생각해보니 모든 일이 내 한 몸에 모이면 결재하기가 힘은 들겠지만, 임금인 내가 어찌 고생스러움을 피하겠는가.

① 경연을 폐지하였다.
② 집현전을 설치하였다.
③ 호패법을 실시하였다.
④ 『경국대전』을 편찬하였다.

□□□

0417 (가), (나) 사이 시기에 있었던 사실로 가장 옳은 것은?

2024년 법원직 9급

> (가) 봉화백(奉化伯) 정도전·의성군(宜城君) 남은과 부성군(富城君) 심효생(沈孝生) 등이 여러 왕자들을 해치려 꾀하다가 성공하지 못하고 형벌에 복종하여 참형을 당하였다.
>
> (나) 상왕이 말하기를, "만일 물리치지 못하고 항상 침노만 받는다면, 한(漢)나라가 흉노에게 욕을 당한 것과 무엇이 다르겠는가. … 구주(九州)에서 온 왜인만은 구류하여 경동하는 일이 없게 하라. 또 우리가 약한 것을 보이는 것은 불가하니, 후일의 환이 어찌 다함이 있으랴." 하고, 곧 이종무를 삼군 도체찰사로 명하여, 중군을 거느리게 하였다.

① 경연이 폐지되었다.
② 홍문관이 설치되었다.
③ 6조 직계제가 시행되었다.
④ 위화도 회군이 단행되었다.

문항	번호				틀린 이유
0412	①	②	③	④	
0413	①	②	③	④	
0414	①	②	③	④	
0415	①	②	③	④	
0416	①	②	③	④	
0417	①	②	③	④	

해설

0412 이성계의 위화도 회군은 1388년의 일이고, 공양왕이 폐위되고 이성계가 왕으로 즉위한 것은 1392년의 일이다. 따라서 (가)는 1388년부터 1392년 조선 건국 이전의 시기를 일컫는다. ① 과전법이 실시된 것은 공양왕 때인 1391년의 일이다.

오답노트 ② 전민변정도감은 원종 때 처음 설치되었고, 이후 충렬왕·공민왕·우왕 때 설치와 폐지를 반복하였다. ③ 제1차 왕자의 난은 조선 태조 때인 1398년에 일어났다. ④ 조선 태조 때 정도전 등이 중심이 되어 요동 정벌을 계획하였다.

0413 홍건적 침입은 공민왕 때인 1359년과 1361년, 화통도감 설치는 우왕 때인 1377년, 위화도 회군은 우왕 때인 1388년, 대마도 정벌은 세종 때인 1419년, 6진 설치는 세종 때인 1449년의 일이다. ③ 1391년 과전법을 실시하여 전제 개혁을 단행하였다.

오답노트 ① 공민왕은 1356년 쌍성총관부를 무력으로 탈환했는데, (가) 이전 시기의 일이다. ② 공민왕 때의 일로, (가) 시기에 속한다. ④ 『고려국사』는 1395년(태조 4) 정도전 등에 의해 편찬된 역사서로, (다) 시기에 속한다.

0414 밑줄 친 '그'는 정도전이다. 정도전은 남은과 함께 요동 정벌 계획을 추진하였다. ① 이제현 등에 대한 설명이다.

오답노트 ② 정도전은 맹자의 역성혁명론(민심이 곧 천심이기 때문에 왕이 민심에 이반되는 행위를 한다면 왕조를 바꿀 수 있다는 주장)을 주장하며 조선 건국을 사상적으로 뒷받침하였다. ③ 정도전은 한양 도성의 성문 이름(숭례문 등)과 궁궐 안의 건물 이름을 지었다. ④ 정도전은 『경제문감』을 저술하여 재상이 중심이 된 정치 체제를 지향하고자 하였다.

0415 제시된 자료는 정도전에 대한 설명이다. ④ 정도전은 재상 중심의 정치를 주장하며 민본적 통치 규범을 제시하였고, 『조선경국전』, 『경제문감』 등을 저술하여 건국 초 제도 정비에 공헌하였다.

오답노트 ① 쓰시마 섬(대마도) 정벌은 고려 창왕 때 박위, 조선 세종 때 이종무가 주도하였다. ② 『삼강행실도』는 조선 세종 때 집현전 학사였던 설순이 편찬하였다. ③ 조선 세종 때 김종서의 6진 개척에 대한 설명이다.

0416 제시된 자료는 태종 때의 6조 직계제 실시와 관련된 내용이다. ③ 태종은 호패법을 실시하여 전국의 인구 동태를 파악했으며, 이를 조세 징수와 군역 부과에 활용하였다.

오답노트 ① 세조, ② 세종, ④ 성종 때의 일이다.

0417 (가)는 1398년 조선 태조 때 일어난 1차 왕자의 난과 관련된 내용이고, (나)는 세종 때인 1419년 상왕(태종)과 세종이 신하들을 불러 대마도 정벌을 논의한 것과 관련된 내용이다. ③ 조선 태종 때 6조 직계제를 실시하여 6조에서 의정부를 거치지 않고 국왕에게 직접 보고하도록 하였다.

오답노트 ① (나) 이후인 조선 세조 때의 일이다. ② (나) 이후인 조선 성종 때의 일이다. ④ 조선 건국 이전인 고려 우왕 때인 1388년의 일이다.

Answer 0412 ① 0413 ③ 0414 ① 0415 ④ 0416 ③ 0417 ③

PART 04

0418 밑줄 친 '그'에 대한 설명으로 옳은 것을 〈보기〉에서 모두 고른 것은?

2022년 법원직 9급

유사 2018년 교육행정직 9급

참찬문하부사 하륜 등이 청하였다. "정몽주의 난에 만일 그가 없었다면, 큰일이 거의 이루어지지 못하였을 것이고, 정도전의 난에 만일 그가 없었다면 또한 어찌 오늘이 있겠습니까? …… 청하건대, 그를 세워 세자를 삼으소서." 임금이 말하기를, "경 등의 말이 옳다." 하고, 드디어 도승지에게 명하여 도당에 전지하였다. "…… 나의 동복(同腹)아우인 그는 개국하는 초에 큰 공로가 있었고, 또 우리 형제 4, 5인이 성명(性命)을 보전한 것이 모두 그의 공이었다. 이제 명하여 세자를 삼고, 또 내외의 여러 군사를 도독하게 한다."

─[보기]─
㉠ 영정법을 도입하였다.
㉡ 호패법을 시행하였다.
㉢ 『경국대전』을 편찬하였다.
㉣ 6조 직계제를 실시하였다.

① ㉠, ㉡　　　　② ㉠, ㉢
③ ㉡, ㉣　　　　④ ㉢, ㉣

0419 다음의 지도가 편찬된 당시에 재위한 왕의 업적으로 옳은 것은?

2020년 소방직 9급

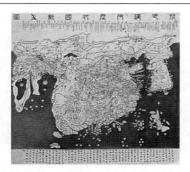

이 지도는 아라비아 지도학의 영향을 받아 만들어진 원나라의 세계 지도를 참고하고 여기에 한반도와 일본 지도를 첨가한 것이다. 현재 원본은 전하지 않으며 후대에 그린 모사본이 일본에 전한다.

① 집현전을 설치하였다.　② 호패법을 실시하였다.
③ 『경국대전』을 반포하였다. ④ 진관 체제를 도입하였다.

0420 밑줄 친 '왕'의 업적으로 옳은 것은? 2022년 지방직 9급

유사 2020년 국가직 7급

풍토에 따라 곡식을 심고 가꾸는 법이 다르니, 고을의 경험 많은 농부를 각 도의 감사가 방문하여 농사짓는 방법을 알아본 후 아뢰라고 왕께서 명령하셨다. 이어 왕께서 정초와 변효문 등을 시켜 감사가 아뢴 바 중에서 꼭 필요하고 중요한 것만을 뽑아 『농사직설』을 편찬하게 하셨다.

① 공법을 제정하였다.
② 한양으로 도읍을 옮겼다.
③ 『경국대전』을 완성하였다.
④ 조광조를 등용하여 개혁 정치를 실시하였다.

0421 (가) 시기에 있었던 일로 옳은 것은? 2020년 지방직 9급

	(가)	
이종무의 대마도 정벌		전분 6등법과 연분 9등법 시행

① 과전법 공포
② 이시애의 반란
③ 『농사직설』 편찬
④ 정도전의 요동 정벌 추진

□□□

0422 다음 정책을 추진한 국왕 대에 있었던 사실로 옳은 것은?

2019년 지방직 9급

> 옛적에 관가의 노비는 아이를 낳은 지 7일 후에 입역(立役)하였는데, 아이를 두고 입역하면 어린 아이에게 해로울 것이라 걱정하여 100일간의 휴가를 더 주게 하였다. 그러나 출산에 임박하여 일하다가 몸이 지치면 미처 집에 도착하기 전에 아이를 낳는 경우가 있다. 만일 산기에 임하여 1개월간의 일을 면제하여 주면 어떻겠는가. 가령 저들이 속인다 할지라도 1개월까지야 넘길 수 있겠는가. 상정소(詳定所)로 하여금 이에 대한 법을 제정하게 하라.

① 사형의 판결에는 삼복법을 적용하였다.
② 주자소를 설치하여 계미자를 주조하였다.
③ 국방력 강화를 위해 진관 체제를 실시하였다.
④ 도평의사사를 개편하여 의정부를 설치하였다.

□□□

0423 다음과 같은 명을 내린 왕에 대한 설명으로 옳은 것은?

2017년 지방직 9급(하)
유사 2012년 국가직 7급

> 삼강은 인도의 근본이니, 군신·부자·부부의 도리를 먼저 알아야 할 것이다. 이제 내가 유신에게 명하여 고금의 사적을 편집하고 아울러 그림을 붙여 만들어 이름을 '삼강행실'이라 하고, 인쇄하게 하여 서울과 외방에 널리 펴고자 한다.

① 압록강과 두만강 지역에 4군 6진을 설치하였다.
② 훈구 세력을 견제하기 위해 사림을 적극 중용하였다.
③『국조오례의』를 편찬하여 국가의 예법과 절차를 정하였다.
④ 토지 등급을 대부분 하등으로 정하여 전세를 경감해 주었다.

문항	번호				틀린 이유
0418	①	②	③	④	
0419	①	②	③	④	
0420	①	②	③	④	
0421	①	②	③	④	
0422	①	②	③	④	
0423	①	②	③	④	

해설

0418 제시된 자료는 정종 때 하륜이 이방원(태종)의 세자 책봉을 건의한 것으로, 밑줄 친 '그'는 태종(이방원)을 일컫는다. ⓒ 태종은 호패법을 실시하여 16세 이상의 모든 남성에게 호패를 착용하도록 하였다. ② 태종은 6조 직계제를 실시하여 6조에서 의정부를 거치지 않고 곧바로 국왕에게 사안을 올려 재가를 받아 시행하도록 하였다.

오답노트 ⊙ 인조의 업적이다. © 조선 성종 때의 일이다.

0419 제시된 자료는 태종 때 제작된 혼일강리역대국도지도에 대해 설명하고 있다. ② 태종 때 호패법을 실시하여 16세 이상의 모든 남성에게 호패 착용을 의무화하였다.

오답노트 ① 세종, ③ 성종, ④ 세조 때의 일이다.

0420 밑줄 친 '왕'은 세종을 일컫는다. ① 세종 때 공법을 시행하여 토지의 비옥도와 풍흉의 정도에 따라 조세를 부과하였다.

오답노트 ② 한양으로 도읍을 옮긴 국왕은 태조, 태종이다. ③ 조선 성종 때의 일이다. ④ 중종에 대한 설명이다.

0421 이종무가 대마도를 정벌한 것은 세종 때인 1419년의 일이고, 전분 6등법·연분 9등법의 공법이 시행된 것은 세종 때인 1444년의 일이다. ③ 정초 등이 왕명을 받아『농사직설』을 편찬한 것은 세종 때인 1429년의 일이다.

오답노트 ① 과전법이 공포된 것은 고려 공양왕 때인 1391년의 일이다. ② 이시애가 반란을 일으킨 것은 조선 세조 때의 일이다. ④ 조선 태조 때의 일이다.

0422 제시된 자료는『세종실록』의 기록으로, 관노비의 출산 휴가를 늘려주는 것과 관련된 내용이다. ① 세종 때 무거운 죄를 범하여 사형의 판결을 받은 자들에게 3심제를 적용하여 억울하게 죽는 일이 없도록 하였다(금부삼복법).

오답노트 ② 태종 때 주자소를 설치하고 구리로 계미자를 주조하였다(1403). ③ 조선 세조 때부터 진관 체제를 실시하였다. ④ 1400년 조선 정종 때 왕세제 정안대군 이방원의 주도로 도평의사사를 의정부로 개편하였다.

0423 제시된 자료는 세종 때 왕명에 따라 편찬된『삼강행실도』의 서문이다. ① 세종 때 김종서·최윤덕으로 하여금 압록강과 두만강 지역에 4군 6진을 설치하도록 하였다.

오답노트 ② 성종의 인재 등용 정책에 대한 설명이다. ③『국조오례의』는 성종 때 편찬한 의례서로, 국가의 여러 행사(오례)에 필요한 의례를 정리하였다. ④ 인조 때 실시한 영정법에 대한 설명이다.

Answer 0418 ③ 0419 ② 0420 ① 0421 ③ 0422 ① 0423 ①

0424 다음 글을 반포한 왕의 재위 시기에 있었던 사실로 옳은 것은?

2015년 교육행정직 9급

유사 2019년 법원직 9급 / 2017년 법원직 9급

> 6조 직계제를 시행한 이후 일의 크고 작음이나 가볍고 무거움이 없이 모두 6조에 붙여져 의정부와 관련을 맺지 않고, 의정부의 관여 사항은 오직 사형수를 논결하는 일 뿐이므로 옛날부터 재상을 임명한 뜻에 어긋난다. …(중략)… 6조는 모든 직무를 먼저 의정부에 여쭈어 의논하고, 의정부는 가부를 헤아린 뒤에 왕에게 아뢰어 왕의 전지를 받아 6조에 내려보내어 시행한다.

① 홍문관을 설치하고 경연을 활성화하였다.
② 사병제를 폐지하여 군사권을 일원화하였다.
③ 한양을 기준으로 한 역법서인 『칠정산』을 편찬하였다.
④ 언관들의 활동을 견제하기 위해 집현전을 없앴다.

0425 다음의 밑줄 친 '우리 전하'가 다스리던 시대에 대한 설명으로 가장 적절하지 않은 것은?

2013년 경찰 2차

유사 2019년 경찰 1차

> 계해년 겨울에 우리 전하께서 정음 28자를 처음으로 만들었다. …(중략)… 물건의 형상을 본떠서 글자는 고전(古篆)을 모방하였다. …(중략)… 그런 까닭으로 지혜로운 사람은 아침나절이 되기 전에 이를 이해하고, 어리석은 사람도 열흘만에 배울 수 있게 되었다.

① 백성과 더불어 즐거움을 함께 나눈다는 뜻을 가진 '여민락'이란 음악이 만들어졌다.
② 기전체 역사서인 『고려사』와 편년체 역사서인 『고려사절요』가 완성되어 편찬되었다.
③ 이종무 등이 왜구의 소굴인 대마도를 정벌하였다.
④ 대마도주의 청원에 따라 삼포를 개항하여 교역을 허락하였고, 계해약조를 맺어 1년에 50척으로 무역선(세견선)을 제한하였다.

대표 유형

0426 조선 세조 대에 있었던 사실로 옳은 것만을 모두 고르면?

2024년 국가직 9급

> ㉠ 사병을 혁파하였다.
> ㉡ 집현전을 폐지하였다.
> ㉢ 『경국대전』을 완성하였다.
> ㉣ 6조 직계제를 시행하였다.

① ㉠, ㉢   ② ㉠, ㉣
③ ㉡, ㉢   ④ ㉡, ㉣

0427 (가) 인물에 대한 설명으로 가장 옳은 것은?

2022년 법원직 9급

> • 황보인, 김종서 등이 역모를 품고 몰래 안평 대군과 연결하고, 환관들과 은밀히 내통하여 날짜를 정하여 반란을 꾀하고자 하였다. 이에 (가) 와/과 정인지, 한확, 박종우, 한명회 등이 그 기미를 밝혀 그들을 제거하였다.
> • (가) 이/가 명하기를, "집현전을 없애고, 경연을 정지하며, 거기에 소장하였던 서책은 모두 예문관에서 관장하게 하라."라고 하였다.

① 전민변정도감을 설치하였다.
② 『석보상절』을 한글로 번역하여 편찬하였다.
③ 불교 종파를 선·교 양종으로 병합하였다.
④ 정여립 모반 사건을 계기로 기축옥사를 일으켰다.

□□□
0428 밑줄 친 '왕'에 대한 설명으로 옳은 것은?

2021년 국가직 9급

> 1919년 3월 1일 탑골 공원에서 민족 대표 33인이 서명한 독립 선언서가 낭독되었다. 이 공원에 있는 탑은 왕이 세운 것으로 경천사 10층 석탑의 영향을 받았다.

① 우리나라 전쟁사를 정리한 『동국병감』을 편찬하였다.
② 우리나라 역대 문장의 정수를 모은 『동문선』을 편찬하였다.
③ 6조 직계제를 실시하여 국왕 중심의 정치 체제를 구축하였다.
④ 한양으로 다시 천도하면서 이궁인 창덕궁을 창건하였다.

□□□
0429 밑줄 친 '왕'에 대한 설명으로 옳은 것은?

2017년 서울시 9급

유사 2020년 경찰간부 / 2020년 국회직 9급 / 2017년 서울시 7급

> 왕은 왕권 강화를 위해 중앙 집권 체제를 강화하고, 변방 중심에서 전국적인 지역 중심 방어 체제로 바꾸는 등 국방을 강화하였다. 또 국가 재정을 안정시키기 위해 과전을 현직 관료에게만 지급하기 시작하였다.

① 『경국대전』의 편찬을 마무리하여 반포하였다.
② 간경도감을 두어 『월인석보』를 언해하여 간행하였다.
③ 6조 직계제를 채택하고 사간원을 독립시켜 대신을 견제하였다.
④ 대마도주와 계해약조를 맺어 무역선을 1년에 50척으로 제한하였다.

문항	번호				틀린 이유
0424	①	②	③	④	
0425	①	②	③	④	
0426	①	②	③	④	
0427	①	②	③	④	
0428	①	②	③	④	
0429	①	②	③	④	

해설

0424 제시된 자료는 세종 때 실시된 의정부 서사제에 대한 내용이다. ③ 세종 때 자주적인 역법서로 『칠정산』이 편찬되었다.

오답노트 ① 성종은 홍문관을 설치하고, 경연을 강화하였다. ② 정종 때 왕세제였던 정안대군(이방원)은 사병을 혁파(1400)하여 국왕이 군권을 장악하도록 하였다. ④ 세조는 사육신 사건 이후 세조를 비판한 집현전과 경연을 폐지하였다.

0425 제시된 자료는 세종이 훈민정음을 만든 내용에 대한 것이다. ② 『고려사』와 『고려사절요』가 완성된 것은 문종 때이다.

오답노트 ① 세종은 음악에도 조예가 깊어 스스로 여민락 등 악곡을 짓고 소리의 장단과 높낮이를 표현할 수 있는 정간보를 창안하였다. ③ 세종 원년인 1419년에 이종무를 보내 대마도 정벌을 단행하였다. ④ 대마도 정벌 이후 대마도주의 간청으로 삼포를 개항한 세종은 1443년 계해약조를 체결하여 무역량을 제한하였다(세견선은 1년에 50척으로, 세사미두는 200석으로 규정).

0426 ⓒ 세조는 자신을 비판하는 언관들을 견제하기 위해 집현전을 폐지하였다. ⓔ 6조 직계제를 시행한 왕은 태종과 세조이다.

오답노트 ⓐ 조선 태종에 대한 설명이다. 태종 이방원은 정종 때부터 사병 혁파를 추진하여 왕이 된 이후에 마무리하였다. ⓑ 『경국대전』을 완성하고 반포한 왕은 조선 성종이다.

0427 제시된 자료의 (가)는 세조(수양 대군)이다. ② 『석보상절』은 세종 때 수양 대군(훗날 세조)이 편찬한 책으로, 석가의 일대기를 한글로 번역하였다.

오답노트 ① 전민변정도감은 고려 원종 때 처음 설치되었고 이후 충렬왕·공민왕·우왕 때 설치와 폐지를 반복하였다. ③ 세종은 불교 교단을 정리하여 불교 종파를 선·교 양종으로 통합하였다. 선종과 교종 두 종파에 각각 18개의 절만 인정한 것이다. ④ 선조 때의 일이다.

0428 탑골 공원 안에 있는 원각사지 10층 석탑은 조선 세조 때 건립된 것으로, 밑줄 친 '왕'은 조선 세조를 일컫는다. ③ 세조 때 왕권 강화를 위해 의정부 서사제를 폐지하고, 6조 직계제를 다시 실시하였다.

오답노트 ① 『동국병감』은 조선 문종 때 김종서의 주도 아래 편찬된 병서이다. ② 조선 성종 때의 일이다. ④ 조선 태종 때 한양으로 재천도했으며, 경복궁 동쪽에 이궁(離宮)인 창덕궁을 새로 건설하였다.

0429 밑줄 친 '왕'은 조선 세조를 일컫는다. ② 세조는 간경도감을 설치하여 『월인석보』 등 불교 서적을 한글로 번역(언해)하여 간행하였다.

오답노트 ① 조선 성종, ③ 태종, ④ 세종에 대한 설명이다.

Answer 0424 ③ 0425 ② 0426 ④ 0427 ② 0428 ③ 0429 ②

PART 04

□□□
0430 밑줄 친 '내'가 재위한 시대에 있었던 일로 가장 적절한 것은?

2015년 경찰 1차
유사 2017년 경기북부 여경 / 2017년 교육행정직 9급

> 상왕이 어려서 무릇 조치하는 바는 모두 김종서 등에게 맡겨 논의, 시행하였다. 지금 내가 명을 받아 왕통을 계승하여 군국 서무를 아울러 모두 처리하며, 조종의 옛 제도를 모두 복구한다. 지금부터 형조의 사형수를 제외한 모든 서무는 6조가 각각 그 직무를 담당하여 직계한다.

① 과거 제도를 시행하고, 광덕·준풍 등 독자적인 연호를 사용하는 등 왕권이 강화되었다.
② 직전법을 실시하였다.
③ 『경국대전』의 편찬을 마무리하고 반포하였다.
④ 이종무가 병사 1만 7천 명을 이끌고 쓰시마 섬을 토벌하였다.

□□□
0431 다음은 조선 건국 후 법령을 집대성한 『경국대전』 서문의 일부이다. 이를 반포한 국왕에 대한 설명으로 옳지 않은 것은?

2014년 사회복지직 9급
유사 2016년 경찰 1차

> 천지가 광대하여 만물이 덮여 있고 실려 있지 않은 것이 없으며, 사시의 운행으로 만물이 생육되지 않은 것이 없으며, 성인이 제도를 만드심에 만물이 기쁘게 보이지 않은 것이 없으니, 진실로 성인이 제도를 만드심은 천지·사시와 같은 것이다.

① 직전제 실시 이후 심해진 관리들의 수탈을 방지하기 위하여 관수 관급제를 시행하였다.
② 법전 편찬에 심혈을 기울여 『조선경국전』, 『경제육전』 등도 간행하였다.
③ 왕권을 안정시키고 사림 정치의 기반을 조성하였다.
④ 성균관에 존경각을 짓고 서적을 소장하게 하였다.

통치 체제의 확립

대표유형
□□□
0432 조선 시대의 관청에 대한 설명으로 옳은 것은?

2022년 국가직 9급
유사 2019년 서울시 9급(상) / 2019년 경찰 1차 / 2012년 경찰간부

① 사간원 - 교지를 작성하였다.
② 한성부 - 시정기를 편찬하였다.
③ 춘추관 - 외교 문서를 작성하였다.
④ 승정원 - 국왕의 명령을 출납하였다.

대표유형
□□□
0433 다음은 어떤 인물에 대한 연보이다. 밑줄 친 ㉠~㉣의 설명으로 옳은 것은?

2019년 국가직 9급

> 1566년(31세) ㉠사간원 정언에 제수되다.
> 1568년(33세) ㉡이조좌랑이 되었으나 외할머니 이씨의 병환 소식을 듣고 사퇴되다.
> 1569년(34세) 동호독서당에 머물면서 『동호문답』을 찬진하다.
> 1574년(39세) ㉢승정원 우부승지에 제수되어 『만언봉사』를 올리다.
> 1575년(40세) ㉣홍문관 부제학에서 사퇴하고 『성학집요』를 편찬하다.

① ㉠ - 왕명을 출납하면서 왕의 비서 기관의 업무를 하였다.
② ㉡ - 삼사의 관리를 추천하는 권한이 있었다.
③ ㉢ - 왕의 정책을 간쟁하고 관원의 비행을 감찰하였다.
④ ㉣ - 서적 출판 및 간행의 업무를 전담하였다.

□□□

0434 (가)에 들어갈 기구로 옳은 것은?

2021년 지방직 9급

> • 무릇 관직을 받은 자의 고신(임명장)은 5품 이하일 때는
> (가) 와/과 사간원의 서경(署經)을 고려하여 발급한다.
> • (가) 은/는 시정(時政)을 논하고, 모든 관원을 규찰하
> 며, 풍속을 바르게 하는 등의 일을 맡는다.
> ― 『경국대전』

① 사헌부   ② 교서관
③ 승문원   ④ 승정원

□□□

0435 다음 밑줄 친 부분과 관련 깊은 통치 기구에 해당하는 것을 〈보기〉에서 모두 고른 것은?

2020년 법원직 9급

> 유교 이념에 바탕을 둔 정치를 강조한 조선은 국정 운영 과
> 정에서 왕권과 신권의 조화를 추구하는 한편, 권력이 어느
> 한편으로 집중되는 문제를 막기 위한 체제를 갖추어 나갔다.

[보기]
㉠ 사간원   ㉡ 승정원   ㉢ 사헌부   ㉣ 춘추관

① ㉠, ㉡   ② ㉠, ㉢
③ ㉡, ㉢   ④ ㉡, ㉣

문항	번호				틀린 이유
0430	①	②	③	④	
0431	①	②	③	④	
0432	①	②	③	④	
0433	①	②	③	④	
0434	①	②	③	④	
0435	①	②	③	④	

해설

0430 제시된 자료는 『세조실록』의 기록으로, 6조 직계제의 부활에 대한 내용이다. ② 세조 재위 기간에는 직전법이 실시되어, 현직 관료에게만 수조권을 지급하였다.

오답노트 ① 고려 광종은 과거 제도를 시행하고, 광덕·준풍 등 독자적인 연호를 사용하였다. ③ 조선의 성종은 조선의 기본 통치 방향과 이념을 제시한 『경국대전』을 완성하고, 반포하였다. ④ 세종은 이종무를 파견하여 쓰시마 섬을 정벌하였다.

0431 『경국대전』은 세조 때 편찬이 시작되어 성종 때 완료되었다. ② 『조선경국전』과 『경제육전』은 모두 태조 때 편찬되었다. 『조선경국전』은 정도전이 편찬한 법전이며, 『경제육전』은 조준이 편찬한 관찬 성문 법전이다.

오답노트 ① 성종 때인 1470년 관수 관급제를 실시하여 국가가 수조권을 대행하였다. ③ 성종은 훈구 세력을 견제하기 위해 김종직으로 대표되는 영남 사림 세력을 등용하였다. ④ 존경각은 성종 때인 1475년 성균관 안에 건립된 도서관 건물을 말한다.

0432 ④ 승정원은 국왕의 비서 기관으로 왕명의 출납(국왕의 명령을 신하들에게 전달)을 담당하였다.

오답노트 ① 교지 작성을 담당한 관청은 예문관이다. 사간원은 정책이나 잘못된 것에 대해 비판하는 간쟁 기관이었다. ② 각 관청에서 작성한 업무 일지인 등록을 모아 해마다 시정기를 편찬한 관청은 춘추관이다. 한성부는 서울의 행정과 치안을 담당하는 관청이었다. ③ 외교 문서 작성을 담당한 관청은 승문원이다. 춘추관은 역사 자료를 편찬하는 관청이었다.

0433 ② 이조정랑(5품)과 좌랑(6품)은 삼사(홍문관, 사간원, 사헌부)의 인사권을 지니고 있었는데, 이 둘을 합쳐 이조전랑이라고 불렀다.

오답노트 ① 사간원이 아니라 승정원에 대한 설명이다. ③ 승정원이 아니라 사헌부와 사간원(양사)에 대한 설명이다. ④ 홍문관이 아니라 교서관에 대한 설명이다.

0434 제시된 자료의 (가)에 들어갈 정치 기구는 사헌부이다. ① 조선은 5품 이하의 관리를 임명할 때 사헌부, 사간원의 동의를 구하도록 하였다. 또한, 사헌부는 모든 관리의 부정과 비행을 감찰하며 탄핵하고 규찰하는 업무를 담당하였다.

오답노트 ② 교서관은 도서의 인쇄·반포 및 각종 제사 때 축문을 쓰기도 했던 관청이다. ③ 승문원은 외교 문서 작성을 담당하였다. ④ 승정원은 국왕의 비서 기관으로 왕명의 출납을 담당하였다.

0435 조선 시대에는 권력의 독점과 부정을 방지하기 위해 여러 제도적 장치들을 마련하였다. 3사의 기능 강화 등도 이에 속한다. ㉠,㉢ 사간원과 사헌부는 3사에 속하는 정치 기구들로 관리의 비리를 감찰하고, 정사를 비판하며, 문필 활동을 하면서 언론 기능을 담당하였다. 3사의 언론은 고관은 물론이고 왕이라도 함부로 막을 수 없었고, 이를 위한 여러 규정이 관행으로 받아들여졌으며, 권력이 어느 한쪽으로 집중되는 것을 견제하였다.

오답노트 ㉡ 왕명을 출납하는 승정원은 왕의 비서 기관으로, 왕권을 강화하는 데 기여하였다. ㉣ 춘추관은 역사 자료를 편찬하는 기관으로, 권력의 독점 방지와는 관련이 없다.

Answer 0430 ② 0431 ② 0432 ④ 0433 ② 0434 ① 0435 ②

0436 (가)~(다) 통치 기구에 관한 설명으로 가장 옳지 않은 것은?

2015년 법원직 9급

유사 2013년 법원직 9급 / 2013년 기상직 9급 / 2011년 지방직 7급 / 2011년 서울시 9급 / 2009년 지방직 9급 / 2008년 국가직 9급

> (가) 시정을 논하여 바르게 이끌고, 모든 관원을 살피며, 풍속을 바로잡고, 원통하고 억울한 일을 밝히며, 건방지고 거짓된 행위를 금하는 등의 일을 맡는다.
> (나) 임금에게 간언하고, 정사의 잘못을 논박하는 직무를 관장한다.
> (다) 궁궐 안에 있는 경적을 관리하고, 문서를 처리하며, 왕의 자문에 대비한다. 모두 경연을 겸임한다.
> — 『경국대전』

① (가)는 발해의 중정대와 비슷한 기능을 수행하였다.
② (나)가 하였던 일을 고려 시대에 담당한 기관은 삼사였다.
③ (다)는 집현전을 계승하여 설치하였으며 옥당으로 일컬어졌다.
④ (가), (나), (다)는 왕권의 독주와 권신의 대두를 막는 역할을 하였다.

0437 성격이 유사한 것끼리 옳게 짝지은 것은?

2018년 지방직 9급

① 대대로 – 대내상
② 중정대 – 승정원
③ 2성 6부 – 5경 15부
④ 기인 제도 – 녹읍 제도

0438 조선의 중앙 정치 조직에 대한 설명으로 적절하지 않은 것은?

고난도

2016년 경찰 2차

유사 2014년 서울시 9급 / 2013년 지방직 7급 / 2013년 서울시 7급 / 2012년 경찰 3차 / 2010년 지방직 7급

① 홍문관은 학술 연구, 정책 자문 등의 역할을 하였으며 장(長)은 정2품의 대제학이었다.
② 조선의 사헌부는 발해의 중정대, 고려의 어사대와 같은 역할을 하였다.
③ 의금부와 승정원은 왕권을 강화하는 데 기여하였다.
④ 교서관은 국왕의 교서를 작성하는 역할을 하였다.

0439 다음 제도에 대한 설명으로 가장 옳은 것은?

2015년 법원직 9급

> 왕에게 유교 경전과 사서를 가르쳐 유교의 이상 정치를 실현하려는 것이 목적이었다. 강의는 매일 아침에 실시하는 것(조강)이 원칙이었으며, 주강과 석강을 포함하여 세 번 강의하던 시기도 있었다. 교재는 4서 5경과 역사 및 성리학 서적이었으며, 성종 이후에는 홍문관의 관원이 이를 담당하였다.

① 세조에 의하여 크게 활성화되었다.
② 조선 시대에 들어서 처음 도입되었다.
③ 집현전 학사들이 강의를 맡던 시기도 있었다.
④ 전제 왕권을 강화하기 위하여 도입된 제도였다.

0440 **(가), (나) 시기의 지방 행정 제도에 대한 설명으로 옳은 것은?**

2018년 법원직 9급

유사 2018년 국가직 9급 / 2018년 서울시 9급(상) / 2013년 경찰 2차

(가) 5도 양계를 중심으로 지방 제도가 마련되었다.
(나) 전국을 8도로 나누고, 그 아래에 부·목·군·현을 설치하였다.

① (가) - 5도에 관찰사가 파견되었다.
② (가) - 모든 군현에 수령이 파견되었다.
③ (나) - 유향소를 설치하여 수령을 보좌하였다.
④ (나) - 향리는 행정·사법·군사권을 행사하는 국왕의 대리인이다.

0441 **(가)에 들어갈 내용으로 옳은 것을 〈보기〉에서 모두 고른 것은?**

2023년 법원직 9급

평택현감 변징원이 하직하니, 임금이 그를 내전으로 불러 만났다. 임금이 변징원에게 "그대는 이미 수령을 지냈으니, 백성을 다스리는 데 무엇을 먼저 하겠는가?"라고 물었다. 이에 변징원이 "마땅히 칠사(七事)를 먼저 할 것입니다."라고 하였다. 임금이 "칠사라는 것은 무엇인가?"라고 질문하니, 변징원이 대답하기를, [(가)   ].

— 『성종실록』

〔보기〕

㉠ 호구를 늘리는 것입니다.
㉡ 농상(農桑)을 성하게 하는 것입니다.
㉢ 역을 고르게 부과하는 것입니다.
㉣ 사송(詞訟)을 간략하게 하는 것입니다.

① ㉠
② ㉠, ㉡
③ ㉠, ㉡, ㉢
④ ㉠, ㉡, ㉢, ㉣

문항	번호				틀린 이유
0436	①	②	③	④	
0437	①	②	③	④	
0438	①	②	③	④	
0439	①	②	③	④	
0440	①	②	③	④	
0441	①	②	③	④	

해설

0436 제시된 자료의 (가)는 사헌부, (나)는 사간원, (다)는 홍문관에 대한 설명이다. ② 고려 시대에 조선의 사간원이 했던 업무를 담당한 것은 중서문하성의 낭사이다. 고려의 삼사는 화폐와 곡식의 출납에 대한 회계만을 담당하였다.

오답노트 ① 발해의 중정대는 감찰 기구로, 조선의 사헌부와 비슷한 역할을 하였다. ③ 홍문관은 집현전을 계승하여 설치한 기구로, 옥당이라고도 불렀다. ④ 사간원, 사헌부, 홍문관은 권력의 독점과 부정을 막는 역할을 하였다.

0437 ① 대대로는 고구려의 재상이고, 대내상은 발해의 재상(수상)이므로 가장 성격이 유사하다.

오답노트 ② 중정대는 발해의 감찰 기구이며, 승정원은 조선 시대 국왕의 비서 기관으로, 왕명의 출납을 담당하였다. ③ 2성 6부는 고려의 중앙 정치 조직이며, 5경 15부는 발해의 지방 행정 조직이다. ④ 기인 제도는 고려 시대에 지방 세력을 견제하기 위해 마련한 제도이고, 녹읍은 관직 복무의 대가로 지급된 토지이다.

0438 ④ 교서관은 도서의 인쇄·반포와 각종 제사 때 축문을 쓰는 업무를 담당하였다. 국왕의 교서를 작성하는 역할은 예문관 등이 담당하였다.

오답노트 ① 홍문관은 경적과 문한을 관리하고 왕의 자문에 대비했으며, 이 관청의 장(長)으로 정2품 대제학이 있었다. ② 조선의 사헌부는 중정대(발해), 어사대(고려)와 같은 감찰 기구이다. ③ 의금부는 국왕 직속 특별 사법 기관이고, 승정원은 국왕의 비서 기관으로서 둘 다 왕권 강화에 기여하였다.

0439 제시된 자료는 경연에 대해 설명하고 있다. ③ 집현전 학사들은 경연에 참여하여 국왕의 통치를 자문하였다.

오답노트 ① 세조는 사육신 사건 이후, 자신을 비판한 집현전과 경연을 폐지하였다. ② 경연은 고려 시대부터 실시된 제도이다. ④ 경연은 왕에게 유교 경전과 사서를 가르쳐 유교의 이상 정치를 실현하는 것을 목적으로 하였다. 따라서 전제 왕권 강화와는 거리가 멀다.

0440 5도 양계가 마련된 것은 고려 시대이고, 전국을 8도로 나누고 부·목·군·현을 설치한 것은 조선 시대의 사실이다. 따라서 (가)는 고려, (나)는 조선 시대에 대한 설명이다. ③ 조선 시대, 유향소가 설치되어 수령을 보좌하고 향리를 규찰하는 역할을 담당했다.

오답노트 ① 관찰사는 조선 시대, 8도에 파견된 관리들이다. ② 모든 군현에 수령이 파견된 것은 조선 시대에 대한 설명이다. ④ 향리가 아니라 수령에 대한 설명이다.

0441 제시된 자료의 (가)는 수령 7사에 해당되는 내용을 고르면 된다. ④ ㉠, ㉡, ㉢, ㉣ 수령 7사는 수령의 주요 임무를 규정한 것으로, 인구 증가·농업 장려·교육 진흥·세금 징수·치안 유지 등을 일컫는다.

Answer 0436 ② 0437 ① 0438 ④ 0439 ③ 0440 ③ 0441 ④

PART 04

0442 조선 시대 지방 행정에 대한 설명으로 가장 옳지 않은 것은?

2022년 서울시 9급

① 전국 모든 군현에 수령이 파견되었다.
② 향리는 6방으로 나누어 실무를 맡았다.
③ 중앙에서 유향소를 통해 경재소를 통제하였다.
④ 인구를 늘리는 것이 수령의 중요한 임무 중 하나였다.

0443 조선 지방 제도에 대한 설명으로 옳은 것을 〈보기〉에서 모두 고른 것은?

2018년 서울시 7급

유사 2009년 서울시 9급 / 2008년 지방직 7급 / 2007년 법원직 9급

┌─[보기]──────────────────────────┐
│ ㉠ 군현 밑에는 면, 리, 통을 두고 다섯 집을 1통으로 편제 │
│   하였다. │
│ ㉡ 수령은 자기 출신 지역에 부임하지 못하며, 각 도에는 │
│   관찰사를 파견하여 수령의 업무 성적을 평가하였다. │
│ ㉢ 향리는 수령의 행정 실무를 보좌하였으며, 아전으로 신 │
│   분이 격하되었다. │
│ ㉣ 각 군현에 지방민의 자치를 허용하기 위해 경재소를 설 │
│   치하였다. │
└──────────────────────────────┘

① ㉠   ② ㉡, ㉢
③ ㉠, ㉡, ㉢   ④ ㉠, ㉡, ㉣

0444 조선 전기의 군사 제도에 대한 설명으로 옳지 않은 것은?

2016년 국가직 7급

① 5위도총부가 군무를 통괄하였다.
② 지방의 주요 거점을 중심으로 진관을 편제하였다.
③ 잡색군은 생업에 종사하다가 일정 기간 군사 훈련을 받았다.
④ 금위영을 설치하여 도성을 수비하였다.

0445 다음에 서술된 군역 제도의 양상을 시기순으로 바르게 나열한 것은?

2016년 지방직 7급

유사 2017년 국회사무처 9급

┌──────────────────────────────┐
│ ㉠ 보법을 실시하여 군정수를 크게 늘렸다. │
│ ㉡ 지방의 각 진관에서 방군수포가 행해졌다. │
│ ㉢ 평민에게만 징수해 온 군포를 양반에게도 징수하는 호 │
│   포제를 실시하였다. │
│ ㉣ 종래 군역이 면제되었던 상층 양인들을 선무군관으로 │
│   처음 편성하여 수포하였다. │
└──────────────────────────────┘

① ㉠ - ㉡ - ㉢ - ㉣   ② ㉠ - ㉡ - ㉣ - ㉢
③ ㉡ - ㉠ - ㉢ - ㉣   ④ ㉡ - ㉠ - ㉣ - ㉢

☐☐☐

0446 다음의 (가), (나)에 들어갈 말로 가장 옳게 연결한 것은?

2012년 경찰 2차
유사 2010년 국가직 7급

조선 전기에 실시되던 ☐(가)☐ 체제는 많은 외적의 침입에 효과가 없었다. 이에 16세기 후반에 이르러 ☐(나)☐ 체제가 수립되었으나 임진왜란 중에 큰 효과를 거두지 못하자 ☐(가)☐ 체제를 복구하였다.

─[보기]─

㉠ 유사시에 필요한 방어처에 각 지역의 병력을 동원하여 중앙에서 파견되는 장수가 지휘하는 방어 체제

㉡ 좌군, 우군, 초군으로 구성되어 진에 주둔하여 국경 수비를 전담하는 체제

㉢ 위로는 양반부터 아래로는 노비에 이르기까지 편제되어 평상시에는 생업에 종사하면서 향촌 사회를 지키다가 적이 침입해 오면 전투에 동원되는 체제

㉣ 지역 단위의 방위 체제로 각 도에 한두 개의 병영을 두어 병사가 관할 지역 군대를 장악하고, 병영 밑에 몇 개의 거진(巨鎭)을 설치하여 거진(巨鎭)의 수령이 그 지역 군대를 통제하는 체제

① (가) ─ ㉠ (나) ─ ㉡
② (가) ─ ㉠ (나) ─ ㉣
③ (가) ─ ㉢ (나) ─ ㉠
④ (가) ─ ㉣ (나) ─ ㉠

☐☐☐

0447 조선 초기 향교에 대한 설명으로 옳지 않은 것은?

2019년 국가직 7급

① 원칙적으로 모든 양인 남자에게 입학이 허용되었고 학비는 없었다.

② 모든 군현에 향교를 두기로 하고 군현의 규모에 따라 정원을 정하였다.

③ 매년 자체적으로 정기 시험을 치러 성적 우수자에게는 성균관 입학 자격이 주어졌다.

④ 학업 중 군역이 면제되었으나 성적 미달로 자격이 박탈될 경우 군역을 지도록 하였다.

문항	번호				틀린 이유
0442	①	②	③	④	
0443	①	②	③	④	
0444	①	②	③	④	
0445	①	②	③	④	
0446	①	②	③	④	
0447	①	②	③	④	

해설

0442 ③ 경재소는 그 지방 출신의 중앙 고관을 책임자로 두었으며 서울에 설치되었다. 또한 유향소는 지방에 설치된 향촌 자치 기구이다. 따라서 중앙에서는 경재소를 통해 유향소를 통제하도록 하였다.

오답노트 ① 조선 시대에는 전국의 모든 군현에 수령을 파견했으며, 이에 따라 전국의 주민을 국가가 직접 지배할 수 있었다. ② 향리는 중앙의 6조에 상응하는 6방으로 나누어 지방 행정의 실무를 담당하였다. ④ 수령의 주요 임무 중 하나는 호구를 늘리는 것이었으며, 수령 7사에도 규정되어 있는 내용이다.

0443 ㉠ 조선은 군현 밑에 면, 리, 통을 두고, 이를 효과적으로 관리·통제하기 위해 다섯 집을 1통으로 편제하였다. ㉡ 수령은 원칙적으로 자기 출신 지역에는 부임하지 못하였다. 또한 각 도에 파견된 관찰사가 수령의 업무 성적을 평가하여 승진시키거나 퇴출시킬 수 있었다. ㉢ 조선 시대의 향리는 수령의 지방 행정 실무를 보좌하는 하급 관리인 아전으로 신분이 격하되었다.

오답노트 ㉣ 경재소는 서울에 설치했으며, 지방 자치를 통제하고자 하였다.

0444 ④ 금위영은 조선 후기 숙종 때 만들어진 군영이다.

오답노트 ① 조선 세조 때 중앙군이 5위로 개편되면서 5위도총부가 중앙군을 관할하였다. ② 세조 이후에 조선 전기의 지방군은 지역 단위 방어 체제인 진관 체제로 편제되었다. ③ 잡색군은 세종 때 지역 수비를 보완하기 위해 만든 일종의 예비군이다. 서리, 신량역천인, 공·사노비, 잡학인 등이 소속되어 평소에는 생업에 종사하다가 유사시를 대비하기 위하여 일정 기간 군사 훈련을 받았다.

0445 ㉠ 보법에 대한 설명으로 15세기 조선 세조 때이다. ㉡ 군역을 지지 않는 대신, 그 대가로 일정 대가를 치르던 행위를 의미하는 방군수포는 16세기에 들어와 공공연히 성행하였다. ㉣ 18세기 영조 때 균역법의 실시에 따른 재정 부족을 보완하기 위해, 일부 양인 상류층에게 선무군관이라는 칭호를 주고 1년에 군포 1필을 납부하게 하였다. ㉢ 19세기 흥선 대원군 때 실시한 호포제에 대한 설명이다.

0446 (가) 진관 체제, (나) 제승방략 체제이다. (가) ㉣ 진관 체제는 지역 단위의 방위 체제로, 각 도에 한두 개의 병영을 두어 병사가 관할 지역 군대를 장악하고, 병영 아래에 몇 개의 거진을 설치하여 거진의 수령이 그 지역 군대를 통제하는 체제이다. 수군도 육군과 같은 방식으로 편제되었다. (나) ㉠ 제승방략 체제는 유사시에 각 고을의 수령이 그 지방에 소속된 군사를 이끌고 본진(本鎭)을 떠나 배정된 방어 지역으로 가는 광역 단위 방어 체계이다.

오답노트 ㉡ 좌군, 우군, 초군은 고려 시대 양계 지역에서 국경 수비를 전담하던 주진군에 대한 설명이다. ㉢ 속오군 체제에 대한 설명이다.

0447 ③ 향교는 매년 두 번씩 시험을 치러 성적 우수자에게는 성균관 입학 자격이 아니라 생원·진사 시험의 초시를 면제해 주었다. 성균관의 입학 자격은 생원·진사 시험을 통해 입학하는 것(상재생)을 원칙으로 하였다.

오답노트 ① 향교는 양인 이상의 신분으로 준수한 재능을 가진 남자(8세 이상)라면 입학이 가능했으며, 학비는 없었다. ② 조선은 전국의 모든 군현에 향교를 설치했으며, 교생의 정원은 군현의 인구 비율로 정해졌다. ④ 향교에 입학한 교생은 학업 중 군역이 면제되었으나, 성적 미달인 낙강생은 군역을 지도록 하였다.

Answer 0442 ③ 0443 ③ 0444 ④ 0445 ② 0446 ④ 0447 ③

0448 〈보기〉의 (가)에 대한 설명으로 가장 옳은 것은?

2018년 서울시 7급

유사 2013년 경찰간부 / 2010년 법원직 9급

[보기]
"[(가)]를 역을 피하는 곳으로 삼거니와, 어쩌다 글을 아는 자가 있어도 도리어 [(가)]에 이름을 두는 것을 부끄럽게 여겨 온갖 방법으로 교묘히 피하므로, 훈도·교수가 되는 자가 초동(樵童)·목수(牧竪)의 나머지를 몰아다가 그 부족한 수를 채워 살아갈 길을 도모하고 있습니다."

－『중종실록』

① 군현의 인구 비례로 정원을 배정하였다.
② 천민도 입학이 허가되었다.
③ 국가의 사액을 받으면 면세의 특권이 주어졌다.
④ 성적이 우수한 자는 문과 복시에 바로 응시할 수 있었다.

0449 다음 교육 기관에 대한 설명으로 옳은 것은?

2018년 교행직 9급

우리 태조께서 즉위하시고 국학(國學)을 동북쪽에 설립하였는데, 그 규모와 제도가 완전하지 않은 것이 없었다. 건물을 지어 스승과 제자가 강학하는 장소로 삼고, 이를 명륜당이라고 하였다. 학관(學官)은 대사성 이하 몇 사람을 두는데, 아침에 북을 울리어 학생을 뜰 아래 도열시키고, 한 번 읍한 다음에 명륜당에 올라 경(經)을 가지고 논쟁하며, 군신, 부자, 장유, 부부, 붕우의 도를 강론하였다.

① 흥선 대원군에 의해 철폐되었다.
② 유학부와 기술학부로 구성되었다.
③ 사학 12도의 융성으로 위축되었다.
④ 공자의 위패를 모신 대성전을 두었다.

0450 조선 시대의 교육 제도에 관한 설명으로 옳지 않은 것은?

고난도

2017년 서울시 사복직 9급

① 왕세자는 궁 안의 시강원에서 교육을 받았다.
② 성균관에는 생원이나 진사만 입학할 수 있었다.
③ 서울에는 서학, 동학, 남학, 중학이 설치되었다.
④ 향교의 교생 가운데 시험 성적이 나쁜 사람은 군역에 충정되기도 하였다.

대표
유형

0451 (가), (나)에 들어갈 말을 바르게 연결한 것은?

2023년 지방직 9급

조선 시대 과거 제도에는 문과·무과·잡과가 있었는데, 이 가운데 문과를 가장 중시하였다. 『경국대전』에 따르면 문과 시험 업무는 [(가)]에서 주관하고, 정기 시험인 식년시는 [(나)]마다 실시하는 것이 원칙이었다.

	(가)	(나)
①	이조	2년
②	이조	3년
③	예조	2년
④	예조	3년

□□□

0452 조선 시대 과거 제도에 대한 설명으로 가장 옳지 않은 것은?

2016년 서울시 7급

유사 2018년 경찰 1차 / 2016년 경찰 2차 / 2015년 경찰 3차 / 2013년 경찰 2차 / 2011년 경찰

① 문과의 소과에는 경학에 뛰어난 인재를 선발하는 진사과와 문학적 재능이 뛰어난 인재를 선발하는 생원과가 있었다.

② 소과의 1차 시험인 초시는 각 도의 인구 비율에 따라 선발 인원을 배분하였다.

③ 소과 합격 증서를 백패, 대과 합격 증서를 홍패라 하였다.

④ 무과에는 서얼도 응시가 가능하였다.

□□□

0453 다음 〈표〉에 나타내는 조선 시대 과거의 종류와 정원에 대한 설명으로 옳지 않은 것은?

2012년 국가직 7급

종류		초시		복시	전시	
문과(대과)		관시 한성시 향시	50명 40명 150명	(가)	갑과 을과 병과	3명 7명 23명
소과	생원시	한성시 향시	200명 500명	100명		
	진사시	한성시 향시	200명 500명	100명		
무과		원시 향시	70명 120명	(나)	갑과 을과 병과	3명 5명 20명

① 소과의 초시와 복시는 인구 비례에 의해 지역별로 할당되었다.

② 문과(대과)의 최종 합격자는 지역과 관련 없이 성적에 따라 갑, 을, 병으로 나뉘었다.

③ (가)와 (나)에 해당하는 정원은 각각 33명과 28명이었다.

④ 알성시와 증광시의 합격자 수는 이 〈표〉에 포함되지 않았다.

문항	번호				틀린 이유
0448	①	②	③	④	
0449	①	②	③	④	
0450	①	②	③	④	
0451	①	②	③	④	
0452	①	②	③	④	
0453	①	②	③	④	

해설

0448 제시된 자료의 (가)는 향교이다. 향교에는 교관으로 교수나 훈도가 파견되었다. 점차 군역을 면제받을 목적으로 부유한 양인들이 입학하는 경우가 많아지자, 일부 양반 출신들은 향교 입학을 기피하였다. ① 향교에 입학하는 교생의 정원은 군현의 인구 비율로 정해져 있었다.

오답노트 ② 향교에는 양인 이상의 신분만이 입학이 가능하였다. ③ 서원에 대한 설명이다. ④ 성균관에 대한 설명이다. 향교는 매년 두 번씩 시험을 치러 우수자는 소과의 초시를 면제해주고, 소과의 복시에 바로 응시할 수 있게 하였다.

0449 제시된 자료는 성균관 운영과 관련된 내용이다. ④ 성균관에는 공자의 위패를 모신 대성전과 강당인 명륜당 등이 있었다.

오답노트 ① 성균관은 개항 이후, 관제의 근대적 개혁과 더불어 기관의 명칭과 직제, 교육 과정 등이 여러 차례 바뀌었으나, 교육 기능을 완전히 상실한 것은 1910년 국권 피탈 이후의 일이다. ② 고려 시대의 국자감에 대한 설명이다. ③ 12세기 중엽 고려의 관학 교육(국자감 등)에 대한 설명이다.

0450 ② 성균관의 입학 자격은 생원·진사 시험을 통해 입학하는 것(상재생)을 원칙으로 하였으나, 특별 시험인 승보시 등을 거쳐 입학하는 사람들(기재생)도 있었다. 기재생은 하재생이라고도 부른다.

오답노트 ① 왕세자는 성균관에 입학한 뒤 궁 안의 시강원에서 교육을 따로 받았으며, 이를 서연(書筵)이라고 부른다. ③ 서울의 중등 교육 기관으로는 중학·동학·남학·서학으로 구성된 4부 학당이 있다. ④ 향교에서는 매년 두 번씩 시험을 치러 우등자는 생원·진사 시험의 초시를 면제해 주고 성적 미달의 낙강생(落講生)은 군역을 지도록 하였다.

0451 ④ 조선 시대에 과거(문과) 시험 업무는 예조에서 주관하였다. 또한, 문과는 3년마다 실시하는 정기 시험인 식년시와 부정기 시험(별시)인 증광시, 알성시 등이 있었다.

0452 ① 생원과와 진사과에 대한 설명이 뒤바뀌었다. 문과의 소과에는 4서 5경 등 경전을 시험 보는 생원과와 문학적 재능을 평가하는 진사과가 있었다.

오답노트 ② 소과의 1차 시험인 초시는 각 도의 인구 비율로 배분하여 선발하였다. ③ 소과의 합격자에게는 흰 종이에 쓴 합격 증서(백패)를, 대과의 합격자들은 붉은 종이에 쓴 합격 증서(홍패)를 받았다. ④ 무과에는 주로 서얼, 중인, 평민 등이 응시하였다.

0453 ① 소과의 초시에서는 각 도의 인구 비율로 배분하여 700명을 선발하였다. 그러나 2차 복시에서는 지역별 인구 비례를 고려하지 않고 성적순으로 생원과 진사를 각각 100명씩 선발하였다.

오답노트 ② 문과(대과) 최종 합격자는 성적에 따라 갑과 3명, 을과 7명, 병과 23명으로 차등 선발하여 최고 6품~최하 9품의 품계를 제수받았다. ③ 무반을 선발하는 무과는 3년마다 28명을 뽑았다. ④ 알성시와 증광시는 부정기 시험으로 정기 시험을 나타낸 위의 표에는 포함되지 않았다.

Answer 0448 ① 0449 ④ 0450 ② 0451 ④ 0452 ① 0453 ①

사림의 대두와 붕당의 형성

대표 유형

□□□

0454 ㉠ 인물에 대한 설명으로 옳지 않은 것은?

2017년 국가직 7급(하)

유사 2014년 국가직 7급 / 2013년 법원직 9급

> ┌─────┐ 은/는 초야의 미천한 선비로 세조 대에 과거에 급
> │ ㉠ │ 제하였다. 성종 대에 발탁되어 경연에 두어 오랫동안 시종
> └─────┘ 의 자리에 있었다. 병으로 물러나게 되자 성종은 소재지 관
> 리를 통해 특별히 미곡을 내려 주었다. 지금 그의 제자 김일
> 손이 사초에 부도덕한 말로써 선왕의 일을 거짓으로 기록하
> 고 스승인 ┌─────┐ 의 「조의제문」을 실었다.
>   │ ㉠ │
>   └─────┘

① 『여씨향약』을 도입하여 언문으로 간행하였다.
② 김굉필, 조광조가 그의 도학을 계승하였다.
③ 외가인 밀양에 서원이 세워져 봉사되었다.
④ 고려 말 정몽주, 길재의 학풍을 이었다.

□□□

0455 다음과 관련된 사건에 대한 설명으로 옳은 것은?

2018년 지방직 7급

> '조룡(祖龍)이 어금니와 뿔을 휘두른다'고 한 것은 세조를
> 가리켜 시황제에 비긴 것이요, '회왕을 찾아내어 민망(民望)
> 에 따랐다'고 한 것은 노산군을 가리켜 의제(義帝)에 비긴
> 것이고, '그 인의를 볼 수 있다'고 한 것은 노산을 가리킨 것
> 이니 의제의 마음에 비추어 말한 것이다.

① 폐비 윤씨 사건에 관련된 자들과 사림 세력이 제거되었다.
② 훈구 세력은 조광조 일파를 모함하여 죽이거나 유배 보
　 냈다.
③ 훈구 세력이 사관 김일손의 사초 내용을 문제 삼아 사림
　 을 축출하였다.
④ 훈구 세력이 폭정을 일삼던 연산군을 몰아내고, 중종을
　 왕으로 세웠다.

□□□

0456 다음 사건과 관련 있는 내용으로 가장 옳은 것은?

2023년 법원직 9급

> 왕이 어머니 윤씨가 왕비 자리에서 쫓겨나고
> 죽은 것이 성종의 후궁인 엄씨와 정씨의 참
> 소 때문이라 여기고, 밤에 그들을 궁정에 결
> 박해 놓고 손으로 함부로 치고 짓밟았다.
>
> 　　　　　　　　　　　　ㅡ『조선왕조실록』

① 수양대군이 단종을 내쫓고 왕위에 올랐다.
② 조광조를 비롯한 많은 사림이 피해를 입었다.
③ 연산군이 훈구파들을 제거하고 권력을 강화하였다.
④ 이조 전랑의 임명 문제를 둘러싸고 사림 간 대립이 일어
　 났다.

대표 유형

□□□

0457 (가) 인물에 대한 설명으로 옳은 것은?

2021년 국가직 9급

> ┌─────┐ 이/가 올립니다. "지방의 경우에는 관찰사와 수령,
> │ (가) │
> └─────┘ 서울의 경우에는 홍문관과 육경(六卿), 그리고 대간(臺諫)
> 들이 모두 능력 있는 사람을 천거하게 하십시오. 그 후 대궐
> 에 모아 놓고 친히 여러 정책과 관련된 대책 시험을 치르게
> 한다면 인물을 많이 얻을 수 있을 것입니다. 이는 역대 선왕
> 께서 하지 않으셨던 일이요, 한나라의 현량과와 방정과의
> 뜻을 이은 것입니다. 덕행은 여러 사람이 천거하는 바이므
> 로 반드시 헛되거나 그릇되는 일이 없을 것입니다."

① 기묘사화로 탄압받았다.
② 「조의제문」을 사초에 실었다.
③ 문정왕후의 수렴청정을 지지하였다.
④ 연산군의 생모 윤씨를 폐비하는 데 동조하였다.

□□□
0458 밑줄 친 '사건'의 명칭은?

2022년 국가직 9급

> 중종에 의해 등용된 조광조는 현량과를 통해 사림을 대거 등용하였다. 그는 3사의 언관직을 통해 개혁을 추진해 나갔고, 위훈 삭제를 주장하기도 하였다. 이러한 움직임은 반발을 불러일으켰으며, 중종도 급진적인 개혁 조치에 부담을 느껴 조광조 등을 제거하였다. 이 <u>사건</u>으로 사림은 큰 피해를 입었다.

① 갑자사화　　　　　② 기묘사화
③ 무오사화　　　　　④ 을사사화

□□□
0459 밑줄 친 '개혁'의 사례로 가장 옳은 것은?

2022년 법원직 9급
유사 2016년 교육행정직 9급

> 사진 속 건물은 조광조의 학문과 덕행을 추모하기 위해 설립된 심곡서원이다. 그는 사림의 여론을 바탕으로 왕도 정치를 실현하기 위한 <u>개혁</u>을 추진하였으나 훈구 대신들의 반발로 사사되었다. 그러나 선조 때 사림이 정치 주도권을 장악하면서 신원되었고, 그를 추모하는 서원이 여러 곳에 설립되었다.

① 현량과 실시　　　　② 비변사 폐지
③ 9재 학당 설립　　　④ 삼정이정청 설치

문항	번호				틀린 이유
0454	①	②	③	④	
0455	①	②	③	④	
0456	①	②	③	④	
0457	①	②	③	④	
0458	①	②	③	④	
0459	①	②	③	④	

해설

0454 제시된 자료의 ㉠에 들어갈 인물은 김종직이다. ① 김안국에 대한 설명이다.

오답노트 ② 김종직의 학문은 정여창, 김일손, 김굉필, 조광조 등에게 이어졌다. ③ 김종직의 외가인 밀양에 덕성 서원을 세워 그의 덕행과 학문을 추모하였다(이후 예림 서원으로 명칭 변경). ④ 김종직은 고려 말 온건 사대부인 정몽주, 길재 등의 학풍을 계승하였다.

0455 '세조', '노산군', '의제' 등의 표현으로 보아 「조의제문」과 관련된 사건인 무오사화임을 알 수 있다. ③ 무오사화는 훈구 세력이 주도한 것으로, 김일손이 김종직의 「조의제문」을 사초에 올린 것을 문제 삼아서 사림 세력을 대거 축출한 사건이다.

오답노트 ① 갑자사화, ② 기묘사화, ④ 중종반정에 대한 설명이다.

0456 제시된 자료는 연산군 때 일어난 갑자사화에 대한 내용이다. ③ 갑자사화의 결과, 연산군의 생모인 폐비 윤씨 사사 사건에 관여한 훈구 세력과 사림들이 제거되었다.

오답노트 ① 수양대군은 단종을 내쫓고 왕위에 올라 세조가 되었는데 이는 갑자사화 이전의 일이다. ② 갑자사화 이후인 중종 때 일어난 기묘사화에 대한 설명이다. ④ 선조 때의 정치 상황에 대한 설명으로, 갑자사화 이후의 일이다.

0457 제시된 자료는 조광조가 현량과 실시를 주장하는 내용으로, (가) 인물은 조광조이다. ① 조광조는 기묘사화 때 제거되었다.

오답노트 ② 김종직이 쓴 「조의제문」을 사초에 실은 인물은 김종직의 제자인 김일손이다. ③ 문정왕후의 수렴청정을 지지한 사람들은 윤원형을 비롯한 소윤 세력들이다. ④ 연산군의 생모인 윤씨를 폐비하는데 동조한 사람들은 일부 척신·훈구 세력들로, 조광조와는 관련 없다.

0458 ② 제시된 자료에서 '조광조', '위훈 삭제' 등의 내용을 통해 중종 때 일어난 기묘사화에 대해 설명하고 있음을 알 수 있다. 중종 때 반정 공신(훈구)들을 견제하기 위해 조광조를 비롯한 사림들을 중용하였다. 이들 사림 세력이 3사의 언관직을 차지하고 급진적인 개혁을 추진하자, 위기를 느낀 훈구 공신들은 위훈 삭제 사건에 반발하여 조광조를 비롯한 사림 세력을 제거하는 기묘사화를 일으켰다.

0459 중종 때 조광조는 유교적 이상 정치를 펼치기 위해 각종 개혁 정책을 추진하였다. ① 조광조는 현량과 실시를 통해 추천에 의한 인재 등용을 주장하였다.

오답노트 ② 비변사가 폐지된 것은 19세기 흥선 대원군 때의 일이다. ③ 최충이 9재 학당을 설립한 것은 고려 문종 때의 일이다. ④ 조선 후기인 철종 때의 일이다.

Answer　0454 ①　0455 ③　0456 ③　0457 ①　0458 ②　0459 ①

□□□

0460 다음 주장을 한 정치 세력에 대한 옳은 설명을 〈보기〉에서 고른 것은?

2014년 법원직 9급

유사 2012년 기상직 9급 / 2010년 교원임용

- 소격서는 본래 이단이며 예(禮)에도 어긋나는 것이니 비록 수명을 빌고자 해도 복을 얻을 수 없습니다. 소비가 많고 민폐도 커서 나라의 근본을 손상시키니 어찌 애석하지 않겠습니까.
- 지방에서는 감사와 수령이, 서울에서는 홍문관과 육경(六卿), 대간이 등용할 만한 사람을 천거하여, 대궐에 모아 놓고 친히 대책으로 시험한다면 인물을 많이 얻을 수 있을 것입니다. 이는 이전에 우리나라에서 하지 않았던 일이요, 한(漢)나라 현량과의 뜻을 이은 것입니다.

┌─[보기]─
│ ㉠ 3사에서 언론과 문한을 담당하였다.
│ ㉡ 왕도 정치와 향촌 자치를 주장하였다.
│ ㉢ 세조 이후 공신 세력으로서 정권을 장악하였다.
│ ㉣ 성리학 이외의 학문과 사상에 대해 관용적이었다.

① ㉠, ㉡　　　　　② ㉠, ㉣
③ ㉡, ㉢　　　　　④ ㉢, ㉣

□□□

0461 다음 사건이 일어난 왕의 재위 기간에 대한 설명으로 옳은 것은?

2020년 지방직 9급

유사 2019년 국가직 7급 / 2018년 경찰간부 / 2015년 국가직 7급

임꺽정은 양주 백정으로, 성품이 교활하고 날래고 용맹스러웠다. 그 무리 수십 명이 함께 다 날래고 빨랐는데, 도적이 되어 민가를 불사르고 소와 말을 빼앗고, 만약 항거하면 몹시 잔혹하게 사람을 죽였다. 경기도와 황해도의 아전과 백성들이 임꺽정 무리와 은밀히 결탁하여, 관에서 잡으려 하면 번번이 먼저 알려주었다.

① 동인과 서인의 붕당이 형성되었다.
② 문정왕후가 수렴청정하며 불교를 옹호하였다.
③ 삼포에서 4~5천 명의 일본인이 난을 일으켰다.
④ 조광조가 내수사 장리의 폐지, 소격서 폐지 등을 주장하였다.

□□□

0462 다음 사실들을 일어난 순서대로 바르게 나열한 것은?

2018년 경찰 2차

유사 2019년 기상직 9급 / 2014년 서울시 9급 / 2013년 서울시 7급

┌────
│ ㉠ 훈구 세력은 김일손 등의 사림 학자를 죽이거나 귀양 보내었다.
│ ㉡ 연산군은 생모인 윤씨의 폐출 사사 사건에 관여한 사람을 몰아냈다.
│ ㉢ 소윤이 대윤에 대한 보복으로 옥사를 일으켰다.
│ ㉣ 훈구 세력의 모략으로 조광조 일파가 제거되었다.

① ㉠ - ㉡ - ㉢ - ㉣　　② ㉠ - ㉡ - ㉣ - ㉢
③ ㉡ - ㉠ - ㉢ - ㉣　　④ ㉡ - ㉠ - ㉣ - ㉢

□□□

0463 조선 시대 붕당의 상황에 대한 설명으로 옳지 않은 것은?

2023년 지방직 9급

① 선조 대 - 사림이 동인과 서인으로 분열하였다.
② 광해군 대 - 북인이 집권하였다.
③ 인조 대 - 남인이 정권을 독점하였다.
④ 숙종 대 - 서인이 노론과 소론으로 갈라졌다.

□□□

0464 (가) 붕당에 대한 설명으로 옳은 것만을 <보기>에서 모두 고른 것은?

2022년 법원직 9급

__(가)__은/는 반정을 주도하여 정권을 잡은 이후 훈련도감을 비롯하여 새로 설치된 어영청, 총융청, 수어청의 병권을 장악하여 권력 유지의 기반으로 삼았다.

┌[보기]
ⓐ 북벌론을 주장하였다.
ⓑ 인목대비의 폐위를 주장하였다.
ⓒ 조식 학파를 중심으로 형성되었다.
ⓓ 예송 논쟁으로 남인과 대립하였다.

① ⓐ, ⓑ
② ⓐ, ⓓ
③ ⓑ, ⓒ
④ ⓒ, ⓓ

□□□

0465 (가), (나) 사이의 시기에 있었던 사실로 가장 옳은 것은?

2021년 법원직 9급

(가) 기묘사화가 일어나 사림이 피해를 입었다.
(나) 서인이 반정을 일으켜 정권을 장악하였다.

① 동인이 남인과 북인으로 분화하였다.
② 환국을 거치며 노론과 소론이 갈라섰다.
③ 1차 예송에서 승리한 서인이 집권하였다.
④ 조광조가 훈구 세력의 위훈 삭제를 주장하였다.

문항	번호				틀린 이유
0460	①	②	③	④	
0461	①	②	③	④	
0462	①	②	③	④	
0463	①	②	③	④	
0464	①	②	③	④	
0465	①	②	③	④	

해설

0460 제시된 자료는 중종 때 조광조를 비롯한 사림의 주장으로, 소격서를 폐지하고, 현량과를 실시하자는 내용이다. ㉠ 사림은 과거를 통해서 중앙에 진출하여 3사의 언관직과 전랑직을 차지하였고 이를 바탕으로 훈구 세력의 비리를 비판하였다. ㉡ 사림은 왕도 정치를 주장하였고, 향촌 자치를 실현하기 위해 향약의 실시를 주장하였다.

오답노트 ㉢,㉣ 훈구파에 대한 설명이다.

0461 제시된 자료는 명종 때 일어난 임꺽정의 난에 대한 내용이다. ② 명종 때에는 명종의 어머니인 문정왕후가 수렴청정을 했으며, 외척들이 정국을 주도하였다. 명종 때 문정 왕후의 지원 아래 보우가 중용되고 승과가 부활하는 등 일시적으로 불교가 중흥하였다.

오답노트 ① 선조 때의 일이다. ③ 삼포왜란이 일어난 것은 중종 때의 일이다. ④ 중종 때의 일이다. 중종 때 조광조는 도교 기관인 소격서의 폐지, 왕실의 고리대 역할을 한 내수사 장리의 폐지 등을 주장하였다.

0462 ㉠ 김일손이 죽은 것은 연산군 때인 1498년 무오사화에 대한 설명이다. ㉡ 생모 윤씨의 사사 사건과 관련된 것은 연산군 때인 1504년 갑자사화에 대한 설명이다. ㉢ 조광조 일파가 제거된 것은 중종 때의 기묘사화에 대한 설명이다. ㉣ 소윤이 대윤에 대한 보복으로 옥사를 일으킨 것은 명종 때의 을사사화에 대한 설명이다.

0463 ③ 인조 때 인조반정을 주도한 서인이 권력을 장악하였다. 서인은 남인과 연합하여 정국을 운영했다.

오답노트 ① 선조 때 심의겸을 중심으로 한 기성 관료를 서인, 김효원 등 신진 관료를 동인이라 칭하며 붕당이 발생하였다. ② 광해군 때 북인이 권력을 장악하였다. ④ 숙종 때 서인은 노론과 소론으로 나뉘었다.

0464 제시된 자료의 (가) 붕당은 서인이다. ㉠ 북벌론은 청을 정벌하여 문화가 높은 조선이 문화가 낮은 오랑캐에게 당한 수치를 씻고, 임진왜란 때 우리를 도와 준 명에 대한 의리를 지키자는 주장이었다. 주로 송시열, 송준길 등 서인들이 주도했으며, 정권 유지의 수단으로 이용하였다. ㉣ 예송 논쟁 당시 서인들은 남인과 대립하였다.

오답노트 ㉡,㉢ 북인에 대한 설명이다.

0465 (가)는 중종 때인 1519년에 일어난 기묘사화에 대한 내용이고, (나)는 1623년에 일어난 인조반정과 관련된 내용이다. ① 선조 때 서인에 대한 처벌을 둘러싸고 동인이 강경파인 북인과 온건파인 남인으로 나누어졌다.

오답노트 ② (나) 이후인 조선 숙종 때의 일이다. ③ (나) 이후인 조선 현종 때의 일이다. ④ 조광조가 주장한 위훈 삭제 사건은 기묘사화 직전에 일어난 것으로, 이 사건이 계기가 되어 기묘사화가 일어났다.

PART 04

Answer 0460 ① 0461 ② 0462 ② 0463 ③ 0464 ② 0465 ①

0466 다음 중 ㉠과 ㉡에 대한 설명으로 옳은 것은?

2019년 경찰 1차

유사 2015년 지방직 9급 / 2015년 서울시 9급 / 2012년 법원직 9급

> 이조 전랑 임명을 둘러싼 대립으로 두 파의 갈등이 표면화되어 김효원 등 신진 관료는 ⎡ ㉠ ⎤, 심의겸을 중심으로 한 기성 관료는 ⎡ ㉡ ⎤이라 하여 분당(分黨)되었다.

① ㉠은 대체로 이이와 성혼의 학맥을 이었다.
② ㉡이었던 정여립이 모반을 일으켜 기축옥사가 발생하였다.
③ 임진왜란 시기 의병 활동을 ㉡ 출신이 주도하였다.
④ ㉠은 정철의 처벌 문제를 둘러싸고 강경파와 온건파로 분열하였다.

0467 조선 시대 사림 세력의 분화 과정에 대한 설명이다. ㉠부터 ㉣까지의 설명 중 가장 적절하지 않은 것은?

2017년 경찰 1차
유사 2013년 경찰 2차

> 선조가 즉위하면서 사림 세력이 대거 중앙 정계로 진출하여 정국을 주도하게 되었다. 사림 세력은 척신 정치의 잔재를 어떻게 청산할 것인가를 둘러싸고 갈등을 겪다가 김효원을 지지하는 (㉠) 세력과 심의겸을 지지하는 (㉡) 세력으로 나뉘었다. 이후 (㉠) 세력은 정여립 모반 사건 등을 계기로 온건파인 (㉢) 세력과 급진파인 (㉣) 세력으로 나뉘었다.

① ㉠과 ㉡은 이조전랑 자리를 놓고 서로 경쟁하였다.
② ㉢이 ㉡을 역모로 몰아 정권을 독점한 경신환국 이후 ㉢은 ㉡에 대한 처벌 등의 문제로 분열되었다.
③ 현종 때 두 차례의 예송이 발생하면서 ㉡과 ㉢ 사이에 대립이 격화되었고, 이때 ㉡은 상대적으로 신권을 강조하였다.
④ 임진왜란이 끝난 뒤 ㉣이 집권하여 광해군 때까지 정국을 주도하였다.

대표 유형

0468 밑줄 친 '왕'의 재위 기간에 있었던 사실로 옳은 것은?

2024년 지방직 9급

> 당초에 강홍립 등이 압록강을 건너게 된 것은 왕이 명 조정의 지원군 요청을 거부하기 어려워 출사시킨 것이었다. 우리나라는 애초부터 그들을 원수로 대하지 않아 싸울 뜻이 없었다. 그래서 왕이 강홍립에게 비밀리에 명령을 내려 오랑캐와 몰래 통하게 하였던 것이다.

① 전국에 대동법을 실시하였다.
② 허준이 『동의보감』을 편찬하였다.
③ 자의 대비의 복상 문제로 예송이 일어났다.
④ 청과 국경을 정하기 위해 백두산정계비를 세웠다.

0469 (나) 시기에 일어난 사실로 옳은 것은?

2023년 국가직 9급
유사 2019년 서울시 7급(상)

(가) 삼포왜란이 발발하였다.
⇓
(나)
⇓
(다) 임진왜란이 발발하였다.

① 을사사화가 일어났다.
② 『경국대전』이 반포되었다.
③ 『향약집성방』이 편찬되었다.
④ 금속 활자인 갑인자가 주조되었다.

□□□
0470 밑줄 친 '왕'의 재위 기간에 있었던 사실로 옳지 않은 것은?

2022년 소방직

후금이 명에 대하여 전쟁을 포고하자, 명은 조선에 원군을 요청하였다. 왕은 강홍립을 도원수로 삼아 군대를 이끌고 명을 지원하게 하되, 적극적으로 나서지 말고 상황에 따라 대처하도록 명령하였다. 조·명 연합군이 후금군에 패하자 강홍립은 후금에 항복하였다. 이후에도 명의 원군 요청은 계속되었지만, 왕은 이를 적절히 거절하면서 후금과 친선을 꾀하는 중립적인 정책을 취하였다.

① 허준이 『동의보감』을 완성하였다.
② 경기도에 한하여 대동법을 실시하였다.
③ 국방력 강화를 위해 5군영 체제를 완비하였다.
④ 기유약조를 체결하여 제한된 범위의 교섭을 허용하였다.

□□□
0471 (가) 인물에 대한 옳은 설명을 〈보기〉에서 고른 것은?

2012년 법원직 9급
유사 2017년 서울시 9급 / 2016년 경찰간부

내가 비록 부덕하더라도 일국의 국모 노릇을 한 지 여러 해가 되었다. __(가)__은(는) 선왕(先王)의 아들이다. 나를 어미로 여기지 않을 수 없는데도 내 부모를 죽이고 품속의 어린 자식을 빼앗아 죽였으며, 나를 유폐하여 곤욕을 치르게 했다. 어디 그뿐인가, 중국이 우리나라를 다시 일으켜 준 은혜를 저버리고, 속으로 다른 뜻을 품고 오랑캐에게 성의를 베풀었다.
— 『계축일기』

[보기]
㉠ 북벌 운동을 전개하였다.
㉡ 이괄의 난을 진압하였다.
㉢ 『동의보감』을 편찬하게 하였다.
㉣ 경기도에 대동법을 시행하였다.

① ㉠, ㉡
② ㉠, ㉢
③ ㉡, ㉣
④ ㉢, ㉣

문항	번호				틀린 이유
0466	①	②	③	④	
0467	①	②	③	④	
0468	①	②	③	④	
0469	①	②	③	④	
0470	①	②	③	④	
0471	①	②	③	④	

해설

0466 제시된 자료는 동·서 분당에 대한 내용으로 ㉠은 동인을, ㉡은 서인을 일컫는다. ④ 동인은 서인 정철에 대한 처벌을 둘러싸고 강경파인 북인과 온건파인 남인으로 나뉘게 되었다.
오답노트 ① 서인에 대한 설명이다. 동인은 이황과 조식, 서경덕의 학문을 계승한 사람들을 중심으로 형성되었다. ② 기축옥사는 당시 동인에 속했던 정여립이 일부 동인과 연계를 맺어 역성혁명을 도모하려다 발각된 사건이다. ③ 임진왜란 때 의병 활동은 주로 북인 출신이 주도하였다.

0467 제시된 자료의 ㉠은 동인, ㉡은 서인, ㉢은 남인, ㉣은 북인이다. ② 경신환국 이후 서인은 남인에 대한 처벌을 둘러싸고 강경파와 온건파로 분열되었다.
오답노트 ① 동인과 서인은 이조전랑의 요직을 둘러싸고 갈등을 빚었다. ③ 현종 때 두 차례의 예송이 발생하면서 서인과 남인의 대립이 격화되었다. 이때 서인은 신권 강화의 입장에서 주장을 전개하였다. ④ 임진왜란 이후, 북인이 집권하여 광해군 때까지 정국을 주도하였다.

0468 제시된 자료는 조선 광해군 때의 중립 외교 정책에 대한 내용이다. 광해군은 명나라가 조선에 원군을 요청하자, 강홍립을 보내 상황에 따라 적절하게 대처하라고 하였다. ② 광해군 때 허준이 『동의보감』을 완성하였다.
오답노트 ① 대동법을 전국적으로 실시한 왕은 조선 숙종이다. ③ 조선 현종 때의 일이다. ④ 조선 숙종 때의 일이다.

0469 (가) 삼포왜란이 발발한 것은 중종 때인 1510년의 일이고, (다) 임진왜란이 발발한 것은 선조 때인 1592년의 일이다. ① 명종 때인 1545년 을사사화가 일어났다. 을사사화는 명종의 외척인 윤원형이 인종의 외척인 윤임 세력을 몰아낸 사건이다.
오답노트 ② 『경국대전』이 반포된 것은 조선 성종 때인 1485년의 일이다. ③ 『향약집성방』이 편찬된 것은 조선 세종 때인 1433년의 일이다. ④ 조선 세종 때 금속 활자인 갑인자, 경자자 등이 만들어졌다.

0470 제시된 자료는 광해군 때의 중립 외교 정책과 관련된 내용이다. ③ 숙종 때의 일이다.
오답노트 ① 광해군은 전란 중에 질병이 만연하여 인명의 손상이 많았던 경험에 비추어 허준으로 하여금 『동의보감』을 편찬하게 하였다. 이에 광해군 때 허준이 『동의보감』을 완성하였다. ② 광해군 때 방납의 문제를 해결하기 위해 경기도에 대동법을 실시하였다. ④ 광해군 때 일본과 기유약조를 체결하여 국교를 재개하였다.

0471 제시된 자료는 인목대비가 광해군 때 일어난 계축옥사(인목대비 유폐, 영창대군 살해)와 중립 외교를 비판하는 글이다. 따라서 (가)는 광해군을 가리킨다. ㉢ 광해군 때 허준의 『동의보감』이 편찬되었다. ㉣ 광해군은 방납의 폐단을 시정하여 민생 안정을 꾀하기 위해 경기도에 대동법을 시행하였다.
오답노트 ㉠ 북벌 운동을 전개한 것은 효종·숙종 때의 일이다. ㉡ 인조 때의 일이다.

Answer 0466 ④ 0467 ② 0468 ② 0469 ① 0470 ③ 0471 ④

0472 (가)~(라) 시기에 있었던 사실로 옳은 것은?

2017년 국가직 9급

유사 2014년 사회복지직 9급 / 2009년 기상직 9급

(가)	(나)	(다)	(라)	
연산군 즉위	중종 즉위	효종 즉위	영조 즉위	정조 즉위

① (가) - 현량과를 실시하였다.
② (나) - 무오사화와 갑자사화가 일어났다.
③ (다) - 두 차례에 걸친 예송이 일어났다.
④ (라) - 신해통공으로 금난전권을 폐지하였다.

0473 (가)~(라)를 일어난 순서대로 바르게 나열한 것은?

2019년 법원직 9급

(가) 정여립 모반 사건을 계기로 사림 세력이 갈라졌다.
(나) 공신들을 견제하기 위해 지방의 사림을 대거 등용하였다.
(다) 언론을 장악하고 왕권을 견제하던 사림 세력을 탄압하였다.
(라) 일당 전제화에 따라 공론보다 개인이나 가문의 이익을 우선시하였다.

① (가) - (다) - (라) - (나)
② (나) - (다) - (가) - (라)
③ (다) - (가) - (나) - (라)
④ (라) - (가) - (나) - (다)

0474 다음과 같이 상소한 인물이 속한 붕당에 대한 설명으로 옳은 것만을 모두 고르면?

2023년 국가직 9급

상소하여 아뢰기를, "신이 좌참찬 송준길이 올린 차자를 보았는데, 상복(喪服) 절차에 대하여 논한 것이 신과는 큰 차이가 있었습니다. 장자를 위하여 3년을 입는 까닭은 위로 '정체(正體)'가 되기 때문이고 또 전중(傳重: 조상의 제사나 가문의 법통을 전함)하기 때문입니다. …(중략)… 무엇보다 중요한 것은 할아버지와 아버지의 뒤를 이은 '정체'이지, 꼭 첫째이기 때문에 참최 3년복을 입는 것은 아닙니다."라고 하였다.
－『현종실록』

㉠ 기사환국으로 정권을 장악하였다.
㉡ 인조반정을 주도하여 집권 세력이 되었다.
㉢ 정조 시기에 탕평 정치의 한 축을 이루었다.
㉣ 이이와 성혼의 문인을 중심으로 형성되었다.

① ㉠, ㉡
② ㉠, ㉢
③ ㉡, ㉣
④ ㉢, ㉣

0475 다음과 같이 주장한 붕당에 대한 설명으로 옳은 것은?

2016년 지방직 9급

기해년의 일은 생각할수록 망극합니다. 그때 저들이 효종대왕을 서자처럼 여겨 대왕대비의 상복을 기년복(1년 상복)으로 낮추어 입도록 하자고 청했으니, 지금이라도 잘못된 일은 바로 잡아야 하지 않겠습니까?

① 인조반정으로 몰락하였다.
② 기사환국으로 다시 집권하였다.
③ 경신환국을 통해 정국을 주도하였다.
④ 정제두 등이 양명학을 본격적으로 수용하였다.

□□□

0476 (가), (나) 집단에 대한 설명으로 가장 옳은 것은?

2024년 법원직 9급

> 효종의 사망과 관련하여 인조의 계비 자의대비의 복제(服制)가 쟁점이 되었다. __(가)__ 은/는 효종이 적장자가 아니라는 근거를 들어 왕과 사대부에게 같은 예가 적용되어야 한다는 입장을 내세웠다. 반면 __(나)__ 은/는 왕에게는 일반 사대부와 다른 예가 적용되어야 한다고 주장하였다.

① (가) - 인조반정으로 몰락하였다.
② (가) - 경신환국으로 정권을 장악하였다.
③ (나) - 노론과 소론으로 분화되었다.
④ (나) - 송시열을 중심으로 세력을 확대하였다.

□□□

0477 밑줄 친 '신'이 속한 붕당에 대한 설명으로 가장 옳은 것은?

2023년 법원직 9급

> 소현세자가 일찍 세상을 뜨고 효종이 인조의 제2장자로서 종묘를 이었으니, 대왕대비께서 효종을 위하여 3년의 상복을 입어야 할 것은 예제로 보아 의심할 것이 없는데, 지금 그 기간을 줄여 1년으로 했습니다. 대체로 3년의 상복은 장자를 위하여 입는데 그가 할아버지, 아버지의 정통을 이을 사람이기 때문입니다. 지금 효종으로 말하면 대왕대비에게는 이미 적자이고, 또 왕위에 올라 존엄한 몸인데, 그의 복제에서는 3년 상복을 입을 수 없는 자와 동등하게 되었으니, 어디에 근거를 둔 것인지 신(臣)은 모르겠습니다.

① 노론과 소론으로 분열되었다.
② 기사환국을 통해 재집권하였다.
③ 인목 대비의 폐위를 주장하였다.
④ 성혼의 학파를 중심으로 형성되었다.

문항	번호				틀린 이유
0472	①	②	③	④	
0473	①	②	③	④	
0474	①	②	③	④	
0475	①	②	③	④	
0476	①	②	③	④	
0477	①	②	③	④	

해설

0472 ③ (다) 시기인 현종 때 효종의 왕위 계승에 대한 정통성과 관련하여 두 차례의 예송 논쟁이 발생하였다.

오답노트 ① 현량과가 실시된 것은 중종 즉위 이후의 일로, (나) 시기에 속한다. ② 무오사화와 갑자사화가 일어난 것은 연산군 때의 일로, (가) 시기에 속한다. ④ 신해통공은 정조 때 발표된 것으로, (라) 이후의 일이다.

0473 (나) 조선 성종은 훈구 세력 및 공신들을 견제하기 위해 지방 출신의 사림 세력인 김종직과 그 문인들을 등용하였다. (다) 연산군 때부터 조선 명종 때까지 일어난 사화에 대한 설명이다. (가) 선조 때 정여립 모반 사건, 정철의 건저의 사건을 계기로 동인이 강경파인 북인과 온건파인 남인으로 나뉘게 되었다. (라) 17세기 숙종 이후 환국의 발생으로 특정 붕당이 정권을 독점하는 일당 전제화의 추세가 대두하였다. 이에 따라 공론보다 개인이나 가문의 이익을 우선시하면서 붕당 정치가 변질되었다.

0474 제시된 자료는 1차 예송 논쟁(기해예송) 당시 남인인 허목이 올린 상소의 내용이다. ⓙ 숙종 때의 희빈 장씨가 낳은 왕자를 세자로 책봉하는 것에 반대하던 서인이 몰락하고, 남인이 재집권하였다(기사환국). ⓒ 정조는 영조 때 세력을 키웠던 척신과 환관 등을 제거하고, 그동안 권력에서 배제되었던 남인과 소론 계열을 중용하였다.

오답노트 ⓛ 서인에 대한 설명이다. ⓔ 서인에는 이이와 성혼의 문인들이 가담하였다.

0475 제시된 자료는 조선 현종 때 갑인예송(1674)에서 남인이 주장한 내용이다. ② 조선 후기 숙종이 희빈 장씨가 낳은 왕자 윤을 세자로 책봉하는 과정에서 이를 반대하던 서인을 대거 숙청하는 기사환국이 일어났다(1689). 이 과정에서 서인은 몰락하고 남인이 재집권하게 되었다.

오답노트 ① 북인에 대한 설명이다. ③ 서인에 대한 설명이다. ④ 정제두 등 일부 소론 학자들에 의해 양명학이 본격적으로 수용되었다.

0476 제시된 자료는 조선 현종 때 예송 논쟁 당시 서인과 남인의 주장이다. (가)에는 서인이, (나)에는 남인이 들어가야 적절하다. ② 조선 숙종 때 일어난 경신환국 당시, 서인은 남인을 역모로 몰아 정권을 장악하였다.

오답노트 ① 북인에 대한 설명이다. 서인은 인조반정으로 권력을 잡았다. ③ 서인에 대한 설명이다. ④ 서인(노론)에 대한 설명이다.

0477 제시된 자료는 1차 예송 논쟁인 기해예송 때 남인인 허목이 주장한 내용이다. ② 숙종 때의 기사환국에 따라 서인(노론)이 몰락하고 남인이 재집권하였다.

오답노트 ① 서인, ③ 북인에 대한 설명이다. ④ 이이와 성혼의 문인들이 주로 가담하여 형성된 붕당은 서인이다.

Answer 0472 ③ 0473 ② 0474 ② 0475 ② 0476 ② 0477 ②

□□□

0478 다음 자료는 예송의 전개 과정을 정리한 것이다. (가), (나) 세력에 대한 설명으로 가장 옳은 것은?

2017년 법원직 9급

유사 2018년 교육행정직 9급 / 2011년 지방직 9급

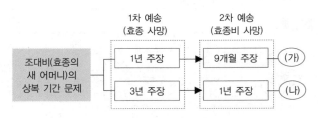

① (가)는 명과 후금 사이에서 중립 외교를 폈다.
② (가)는 숙종 때 노론과 소론으로 분화되었다.
③ (나)의 주장은 1차, 2차 예송에서 모두 채택되었다.
④ 이 논쟁 직후 (나)에 의해 사화가 발생하여 정국이 혼란해졌다.

□□□

0479 조선 후기 예송에 대한 설명으로 옳지 않은 것은?

2014년 지방직 9급

① 갑인예송에서 남인은 조대비가 9개월복의 상복을 입어야 한다고 주장하였다.
② 기해예송은 서인의 주장대로 조대비가 효종을 위해 1년복을 입는 것으로 결정되었다.
③ 기해예송은 효종이 사망하자 조대비가 상복을 3년복으로 입을 것인가, 1년복으로 입을 것인가를 둘러싸고 일어났다.
④ 갑인예송은 효종비가 사망하자 조대비가 상복을 1년복으로 입을 것인가, 9개월복으로 입을 것인가를 둘러싸고 일어났다.

조선의 대외 관계와 양 난의 극복

대표유형

□□□

0480 조선 전기 일본과 관계된 주요 사건이다. (가)~(라) 각 시기에 있었던 사건으로 옳지 않은 것은? 2016년 서울시 9급

	1392		1419		1510		1592	
		(가)		(나)		(다)		(라)
	조선 건국		쓰시마 토벌		3포 왜란		임진왜란	

① (가) - 부산포, 제포, 염포 등 3포를 개항하였다.
② (나) - 계해약조를 체결하여 쓰시마 주의 제한적 무역을 허락하였다.
③ (다) - 왜선이 침입하여 을묘왜변을 일으켰다.
④ (라) - 조선은 포로의 송환 교섭을 위해 일본에 사신을 파견하였다.

□□□

0481 (가)와 (나) 사이에 있었던 사실로 가장 옳은 것은?

2024년 법원직 9급

> (가) 명군 도독 이여송이 대병력의 관군을 거느리고 곧바로 평양성 밖에 다다라 제장에게 부서를 나누어 본성을 포위하였습니다. … 조선의 장군들이 군사를 거느리고 가서 매복하고 함께 대로로 나아가니 왜적들은 사방으로 도망가다가 복병의 요격을 입었습니다.
>
> (나) 화의가 나라를 망친 것은 어제 오늘의 일이 아니고 옛날부터 그러하였으나 오늘날처럼 심한 적은 없었습니다. 명은 우리나라에는 부모의 나라이고 노적은 우리나라에는 부모의 원수입니다. … 어찌 차마 이런 시기에 다시 화의를 제창할 수 있겠습니까?

① 강홍립이 이끄는 조선군은 후금에 항복하였다.
② 신립 장군은 충주에서 일본군에게 패배하였다.
③ 인조는 삼전도에 나가 굴욕적인 항복을 하였다.
④ 조선은 왜구의 약탈을 근절하고자 대마도를 정벌하였다.

□□□
0482 조선 전기 대외 관계에 대한 설명으로 옳지 않은 것은?

2019년 지방직 7급

유사 2019년 서울시 9급(상) / 2012년 지방직 9급 / 2012년 경찰간부 / 2011년 경북 교행 / 2010년 서울시 9급

① 유구와 교류하여 불경·유교 경전·범종 등을 전해 주었다.

② 대마도주와 계해약조를 맺어 제한된 범위 내에서 교역을 허락하였다.

③ 태조 때 명으로부터 1년에 세 차례 이상의 정례적 사신 파견을 요청받았다.

④ 여진이나 일본과는 교린 관계를 유지하였고, 토벌과 회유의 양면 정책을 추진하였다.

□□□
0483 세종 재위 기간에 있었던 사실만을 모두 고른 것은?

2017년 지방직 7급

┌───┐
│ ㉠ 왜구의 소굴인 쓰시마 섬을 정벌하였다.   │
│ ㉡ 삼포에 대한 조선 정부의 통제가 강화되자, 삼포왜란이   │
│   일어났다.   │
│ ㉢ 김종서를 함경도 관찰사로 임명하여 두만강 유역에 6진   │
│   을 개척하였다.   │
│ ㉣ 압록강 방면에 여진족의 침입이 잦아지자, 최윤덕을 파   │
│   견하여 그들을 토벌하였다.   │
│ ㉤ 쓰시마 도주(島主)와 계해약조를 맺어 연간 50척의 세견 │
│   선을 파견할 수 있게 하였다.   │
└───┘

① ㉠, ㉡

② ㉠, ㉢, ㉣

③ ㉠, ㉢, ㉣, ㉤

④ ㉡, ㉢, ㉣, ㉤

문항		번호			틀린 이유
0478	①	②	③	④	
0479	①	②	③	④	
0480	①	②	③	④	
0481	①	②	③	④	
0482	①	②	③	④	
0483	①	②	③	④	

해설

0478 (가)는 서인이 주장한 내용이고, (나)는 남인이 주장한 내용이다. ② 서인은 숙종 때 일어난 경신환국을 계기로 강경파인 노론과 온건파인 소론으로 나뉘었다.

오답노트 ① 북인에 대한 설명이다. ③ 1차 예송에서는 서인의 주장이, 2차 예송에서는 남인의 주장이 채택되었다. ④ 사화는 예송 논쟁 이전인 연산군·중종·명종 때 발생하였다.

0479 효종 사후 인조의 계비였던 자의 대비 조씨의 복상 기간을 놓고 일어난 기해예송(1차 예송, 1659)에서 서인은 1년을, 남인은 3년을 주장하였는데, 왕권과 신권의 보편성을 주장하던 서인의 1년복이 채택되었다. 효종비 사후 또다시 조씨의 복상 기간을 놓고 갑인예송(2차 예송, 1674)이 일어났는데, 서인은 9개월을, 남인은 1년을 주장하였다. 이때는 왕사부동례를 주장한 남인의 1년복이 채택되었다. ① 갑인예송에서 남인은 1년복을 주장하였다.

0480 ① 3포 개항은 세종 때인 1426년의 일로, (나) 시기에 해당된다.

오답노트 ② 계해약조는 세종 때인 1443년에 체결되었다. ③ 을묘왜변은 명종 때인 1555년에 발발한 사건으로, 이를 계기로 비변사가 상설 기구로 개편되었다. ④ 임진왜란 이후 조선 정부는 전쟁 때 잡혀간 사람들을 데려오기 위해 사명대사를 파견하여 일본과 강화하고 조선인 포로를 데려왔다.

0481 (가)는 임진왜란 시기인 1593년 1월 조·명 연합군의 평양성 탈환과 관련된 내용이고, (나)는 인조 때인 1636년 병자호란 무렵에 윤집이 올린 상소문으로, 주전론을 주장하고 있다. ① 17세기 광해군(1608~1623) 때의 일이다. 광해군 때 명나라의 요청으로 강홍립이 이끄는 조선군을 보냈으나, 후금에게 항복하였다.

오답노트 ② 임진왜란 발발 초기인 1592년 4월의 일이다. ③ 병자호란 때인 1637년 1월 인조는 삼전도에서 청나라 황제인 태종에게 항복하였다(삼전도의 굴욕). ④ 조선 전기인 15세기 세종 때의 일이다.

0482 ③ 1년에 3차례가 아니라 3년에 1차례이다. 조선은 태조 때부터 명나라에 1년에 3차례에 달하는 사신단을 파견했는데, 그 횟수가 너무 잦다고 판단한 명나라는 3년에 1차례만 파견할 것을 명하였다.

오답노트 ① 조선은 동남아시아의 유구와 교류하면서 불경·유교 경전 등 선진 문물들을 전파하였다. ② 세종 때 대마도주와 계해약조를 맺어 제한된 범위 내에서의 교역을 허락하였다. ④ 조선 전기에는 여진이나 일본을 상대로 교린과 회유라는 두 가지 원칙을 양면으로 적용하면서 외교를 전개하였다.

0483 ㉠ 세종 때 일본에 대한 강경책으로 이종무를 파견하여 쓰시마섬을 정벌하였다. ㉢ 세종 때 여진족에 대한 강경책으로 김종서를 함경도 관찰사로 임명하여 6진을 개척하였다. ㉣ 세종 때 압록강 방면에 여진족의 침입이 잦아지자, 최윤덕을 파견하여 그들을 토벌하였다. ㉤ 세종 때인 1443년 쓰시마 도주(島主)와 계해약조를 맺어 연간 50척의 세견선을 파견할 수 있게 하였다.

오답노트 ㉡ 삼포왜란은 중종 시기인 1510년에 발발하였다.

Answer 0478 ② 0479 ① 0480 ① 0481 ① 0482 ③ 0483 ③

□□□

0484 다음 사건을 발생한 순서대로 바르게 나열한 것은?

2018년 지방직 9급

유사 2021년 경찰 1차 / 2020년 경찰간부 / 2018년 경찰 1차

㉠ 이순신이 명량에서 일본 수군을 격파하였다.
㉡ 의주로 피난했던 국왕 일행이 한성으로 돌아왔다.
㉢ 권율이 행주산성에서 일본군의 공격을 격파하였다.
㉣ 원균이 이끄는 조선 수군이 칠천량에서 크게 패배하였다.

① ㉡ - ㉢ - ㉠ - ㉣
② ㉡ - ㉢ - ㉣ - ㉠
③ ㉢ - ㉡ - ㉠ - ㉣
④ ㉢ - ㉡ - ㉣ - ㉠

□□□

0485 밑줄 친 '곽재우'에 대한 설명으로 옳지 않은 것은?

2023년 지방직 9급

여러 도에서 의병이 일어났다. … (중략) … 도내의 거족(巨族)으로 명망 있는 사람과 유생 등이 조정의 명을 받들어 의(義)를 부르짖고 일어나니 소문을 들은 자들은 격동하여 원근에서 이에 응모하였다. … (중략) … 호남의 고경명・김천일, 영남의 <u>곽재우</u>・정인홍, 호서의 조헌이 가장 먼저 일어났다.
— 『선조수정실록』

① 홍의장군이라 칭하였다.
② 의령을 거점으로 봉기하였다.
③ 행주산성에서 일본군을 크게 무찔렀다.
④ 익숙한 지리를 활용한 기습 작전으로 일본군에 타격을 주었다.

□□□

0486 자료를 통해 알 수 있는 전쟁의 영향으로 가장 옳은 것은?

2022년 법원직 9급

건주(建州)의 여진족이 왜적을 무찌르는 데 2만 명의 병력을 지원하겠다고 하자, 명군 장수 형군문이 허락하려 하였다. 그러나 명 사신 양포정은 만약 이를 허락한다면 명과 조선의 병력, 조선의 산천 형세를 여진족이 알게 될 수 있다고 하여 거절하였다.

① 4군 6진이 개척되었다.
② 일본의 도자기 문화가 발달하였다.
③ 부산포, 제포, 염포에 왜관이 설치되었다.
④ 황룡사 9층 목탑 등 문화재가 소실되었다.

□□□

0487 다음 자료에 나타난 상황과 관련 있는 사건은?

2019년 지방직 9급

유사 2019년 경찰 2차

경성에는 종묘, 사직, 궁궐과 나머지 관청들이 또한 하나도 남아 있는 것이 없으며, 사대부의 집과 민가들도 종루 이북은 모두 불탔고 이남만 다소 남은 것이 있으며, 백골이 수북이 쌓여서 비록 치우고자 해도 다 치울 수 없다. 경성의 수많은 백성들이 도륙을 당했고 남은 이들도 겨우 목숨만 붙어 있다. 굶어 죽은 시체가 길에 가득하고 진제장(賑濟場)에 나아가 얻어먹는 자가 수천 명이며 매일 죽는 자가 60~70명 이상이다.
— 성혼, 『우계집』

① 병자호란
② 임진왜란
③ 삼포왜란
④ 이괄의 난

☐☐☐
0488 임진왜란의 전개 과정에 대한 설명으로 옳지 않은 것은?

2017년 지방직 9급

① 휴전 협상이 진행되는 동안 조선은 훈련도감을 설치해 군대의 편제를 바꾸었다.

② 조선군은 명나라 지원군과 연합하여 일본군에게 빼앗긴 평양성을 탈환하였다.

③ 전세가 불리해지고 도요토미 히데요시가 죽자 일본군이 철수함으로써 전란이 끝났다.

④ 첨사 정발은 부산포에서, 도순변사 신립은 상주에서 일본군과 맞서 싸웠지만 패배하였다.

☐☐☐
0489 임진왜란 때의 주요 전투를 벌어진 순서대로 바르게 나열한 것은?

2016년 국가직 9급
유사 2014년 경찰간부

┌─────────────────────────────────────┐
│ ㉠ 권율 장군이 행주산성에서 왜군을 크게 무찔렀다.   │
│ ㉡ 조선과 명나라 군대가 합세하여 평양성을 탈환하였다. │
│ ㉢ 진주 목사 김시민이 왜의 대군을 맞아 격전 끝에 진주성 │
│   을 지켜냈다.   │
│ ㉣ 이순신 장군이 한산도 앞바다에서 왜의 수군을 격퇴하 │
│   고 제해권을 장악하였다.   │
└─────────────────────────────────────┘

① ㉠ - ㉡ - ㉢ - ㉣
② ㉠ - ㉢ - ㉡ - ㉣
③ ㉣ - ㉡ - ㉢ - ㉠
④ ㉣ - ㉢ - ㉡ - ㉠

문항	번호				틀린 이유
0484	①	②	③	④	
0485	①	②	③	④	
0486	①	②	③	④	
0487	①	②	③	④	
0488	①	②	③	④	
0489	①	②	③	④	

해설

0484 ㉢ 행주 대첩은 1593년 2월에 벌어졌다. ㉠ 행주 대첩의 결과로 일본군은 한성에서 철수하였고 이에 따라 1593년 10월 국왕 일행이 한성으로 돌아왔다. ㉣ 칠천량 해전은 정유재란의 발발 이후인 1597년 7월에 일어난 전투이다. ㉡ 명량 대첩은 1597년 9월에 일어났다.

0485 곽재우는 임진왜란 때 활동한 의병장이다. ③ 권율에 대한 설명이다. 행주산성에서 권율은 왜군을 크게 무찔렀다.

오답노트 ① 곽재우는 홍의(紅衣) 장군으로 불렸으며, 의령과 합천 등 여러 고을을 수복하여 왜군의 호남 진출 저지에 기여하였다. ② 곽재우는 임진왜란 당시 경상도 의령에서 의병을 일으켰다. ④ 곽재우를 비롯한 의병들은 익숙한 지형을 이용한 전술을 구사하여 적은 병력으로도 승리를 거둘 수 있었다.

0486 임진왜란 당시, 여진족이 2만 명의 병력을 지원하겠다고 하였다. 그러나 명나라는 만약 이를 허락한다면 명과 조선의 병력, 조선의 산천 형세를 여진족이 파악할 것을 우려하여 거절하였다. ② 임진왜란 때 일본은 조선에서 활자·그림·서적 등을 약탈했으며, 성리학자와 인쇄공·도자기 기술자 등을 포로로 잡아갔다. 특히 이삼평을 비롯한 도자기 기술자들은 일본에 끌려가 일본 도자기의 발달에 결정적으로 기여하였다.

오답노트 ①,③ 조선 세종 때의 일이다. ④ 고려 시대인 몽골 침입 때의 일이다.

0487 제시된 자료는 성혼이 임진왜란 때의 피해 사실을 기록한 내용이다. 임진왜란 때 경복궁을 비롯한 궁궐과 관청들이 불탔으며 많은 수의 인명 피해 등이 있었다.

0488 ④ 첨사 정발은 부산포에서 일본군과 맞서 싸워 패하였지만 상주에서 일본군과 맞서 싸운 인물은 이일이다. 신립은 충주 탄금대에서 일본군과 대치하였다.

오답노트 ① 휴전 협상이 진행되었던 중에 조선 조정에서는 훈련도감을 설치하고 속오법을 실시하는 등 군제를 개편하였다. ② 조·명 연합군은 1593년 1월에 평양성을 탈환하였다. ③ 1597년 정유재란을 일으킨 일본은 직산 전투, 명량 대첩 등으로 전세가 불리해지고, 도요토미 히데요시가 죽자 군대를 철수함으로써 전쟁이 종결되었다.

0489 ㉣ 1592년 7월 전라도 좌수사 이순신이 학익진법을 이용하여 적선 100여 척을 격파하였다(한산도 대첩). ㉢ 1592년 10월 왜군의 진주성 공격에 대항하여 진주 목사 김시민 휘하의 군민이 필사적으로 싸워 승리하였다(1차 진주성 전투, 진주 대첩). ㉡ 1593년 1월 조·명 연합군은 평양성을 탈환하였다. ㉠ 1593년 2월 행주산성에서 고립되었던 권율이 왜군과의 격전에서 크게 승리하였다(행주 대첩).

Answer 0484 ④ 0485 ③ 0486 ② 0487 ② 0488 ④ 0489 ④

PART 04

□□□

0490 다음 전투가 벌어졌던 시기의 상황으로 가장 적절한 것은?

2016년 법원직 9급

유사 2017년 기상직 9급

○○○이(가) 진도에 도착해 보니 남아 있는 배가 10여 척에 불과하였다. …(중략)… 적장 마다시가 200여 척의 배를 거느리고 서해로 가려다 진도 벽파정 아래에서 ○○○과(와) 마주치게 된 것이다. 12척의 배에 대포를 실은 ○○○은(는) 조류의 흐름을 이용하기로 하였다. 물의 흐름을 이용해 공격에 나서자 그 많은 적도 당하질 못하고 도망치기 시작하였다.

－『징비록』

① 조선 수군이 쓰시마를 정벌하였다.
② 일본군의 재침으로 정유재란이 일어났다.
③ 외적의 침입으로 국왕이 남한산성에 피신하였다.
④ 조선과 명의 연합군이 평양성 전투에서 승리하였다.

0491 (가), (나) 사이의 시기에 있었던 사실로 가장 옳은 것은?

2015년 법원직 9급

유사 2014년 법원직 9급 / 2010년 지방직 7급

(가) 적선이 바다를 덮어오니 부산 첨사 정발은 마침 절영도에서 사냥을 하다가, 조공하러 오는 왜라 여기고 대비하지 않았는데 미처 진에 돌아오기도 전에 적이 이미 성에 올랐다. 이튿날 동래부가 함락되고 부사 송상현이 죽었다.

(나) 정주 목사 김진이 아뢰기를, "금나라 군대가 이미 선천·정주의 중간에 육박하였으니 장차 얼마 후에 안주에 도착할 것입니다." 하였다. 임금께서 묻기를, "이들이 명나라 장수 모문룡을 잡아가려고 온 것인가, 아니면 전적으로 우리나라를 침략하기 위하여 온 것인가?" 하니, 장만이 아뢰기를, "들건대 홍태시라는 자가 매번 우리나라를 침략하고자 했다고 합니다." 하였다.

① 임시 기구로 비변사를 설치하였다.
② 사화가 일어나 사림이 피해를 입었다.
③ 탕평파를 중심으로 정국이 운영되었다.
④ 광해군의 정책에 반발하여 반정이 일어났다.

□□□

0492 다음 사건 이후에 있었던 사실로 옳은 것은?

2024년 국가직 9급

홍서봉 등이 한(汗)의 글을 받아 되돌아왔는데, 그 글에, "대청국의 황제는 조선의 관리와 백성들에게 알린다. 짐이 이번에 정벌하러 온 것은 원래 죽이기를 좋아하고 얻기를 탐해서가 아니다. 본래는 늘 서로 화친하려고 했는데, 그대 나라의 군신이 먼저 불화의 단서를 야기시켰다."라고 하였다.

① 삼전도비가 세워졌다.
② 이괄이 난을 일으켰다.
③ 인조가 강화도로 피난하였다.
④ 정봉수가 용골산성에서 항전하였다.

□□□

0493 다음 인조반정 이후 17세기에 발생한 사실을 순서대로 나열한 것은?

2018년 경찰 1차

유사 2012년 경찰간부 / 2012년 경찰 3차 / 2011년 경찰(정보통신)

㉠ 삼학사(三學士)가 심양에 끌려가 죽임을 당하였다.
㉡ 이괄이 평안북도에서 반란을 일으켜 서울까지 점령하는 사태가 벌어졌다.
㉢ 후금의 태종은 광해군을 위하여 보복한다는 명분을 내걸고 정묘호란을 일으켰다.
㉣ 후금이 국호를 청(淸)이라 고치고 조선에 대하여 군신(君臣)의 관계를 맺을 것을 요구해 왔다.

① ㉠－㉡－㉢－㉣
② ㉡－㉢－㉣－㉠
③ ㉢－㉠－㉡－㉣
④ ㉣－㉢－㉡－㉠

□□□
0494 (가) 시기에 있었던 사실로 옳지 않은 것은?

2023년 지방직 9급

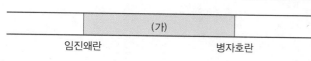

① 인조반정이 발생하였다.
② 영창대군이 사망하였다.
③ 강홍립이 후금에 항복하였다.
④ 청에 인질로 끌려갔던 봉림 대군이 귀국하였다.

□□□
0495 다음 상소 이후에 나타난 사실로 옳지 않은 것은?

2017년 국가직 9급(하)

유사 2018년 경찰간부 / 2017년 경찰 1차 / 2016년 교행직 9급 / 2016년 경찰간부 /
2015년 법원직 9급 / 2011년 법원직 9급 / 2010년 지방직 7급

> 윤집(尹集)이 상소하기를 "화의가 나라를 망친 것은 어제오늘의 일이 아니고 옛날부터 그러하였으나 오늘날처럼 심한 적은 없었습니다. 명나라는 우리나라에 있어서 부모의 나라이고 노적은 우리나라에 있어서 부모의 원수입니다. …(중략)… 지난날 성명께서 크게 분발하시어 의리에 의거하여 화의를 물리치고 중외에 포고하고 명나라에 알리시니, 온 동토(東土) 수천리가 모두 크게 기뻐하여 서로 고하기를 '우리가 오랑캐가 됨을 면하였다.'고 하였습니다."
> － 『인조실록』

① 소현세자는 청에서 서양의 문물에 관심을 가지고, 천문 관련 서적 등을 가져왔다.
② 조선은 청과 굴욕적인 형제의 맹약을 맺었다.
③ 조선은 복수설치(復讐雪恥)를 과제로 삼았다.
④ 숭정처사(崇禎處士), 대명거사(大明居士)로 자처하며 출사를 거부하는 인물이 있었다.

문항	번호				틀린 이유
0490	①	②	③	④	
0491	①	②	③	④	
0492	①	②	③	④	
0493	①	②	③	④	
0494	①	②	③	④	
0495	①	②	③	④	

해설

0490 제시된 자료는 1597년 9월 명량 대첩에 대한 내용이다. ② 1596년 명과 일본 사이의 휴전 회담이 결렬되면서 이듬해 1월부터 일본군의 재침입이 시작되었는데, 이를 '정유재란'이라고 부른다.

오답노트 ① 세종 때이다. ③ 인조 때이다. ④ 평양성 전투(1593. 1.)에 대한 설명이다.

0491 (가)는 1592년 4월에 발발한 부산진 전투에 대한 내용이고, (나)는 1627년에 일어난 정묘호란의 발발에 대한 내용이다. ④ 1623년 서인이 주도한 반정으로 능양군(인조)이 옹립되고 광해군이 폐위되었다.

오답노트 ① 16세기 중종 때의 일이다. ② 4대 사화는 15세기 말~16세기 중반까지 발생하였다. ③ 조선 후기인 영조 때의 일이다.

0492 제시된 자료는 병자호란 당시 청나라 태종이 인조에게 항복을 권유하는 내용이다. ① 병자호란 때인 1637년 1월 인조는 청나라 태종에게 삼배구고두(三拜九叩頭)의 예를 취하며 항복했으며, 이후 이 자리에 삼전도비가 건립되었다. 삼전도비의 원래 이름은 '삼전도 청태종 공덕비'로, 비문의 내용은 청의 요구에 따라 작성되었다.

오답노트 ② 이괄의 난은 병자호란 이전인 1624년의 일로, 인조 즉위 다음 해에 일어났다. ③ 인조가 강화도로 피난한 것은 정묘호란 때인 1627년의 일이다. ④ 정묘호란 때 철산 용골산성에서 정봉수가 후금의 군대에 맞서 싸웠다.

0493 © 이괄의 난은 1624년에 발생했다. © 정묘호란은 1627년에 발생했다. @ 1636년 후금은 국호를 청으로 바꾸고 군신의 관계를 요구하였다. 그러나 조선이 이를 거부하자 청이 대군을 이끌고 침입하여 병자호란이 발발하였다. ㉠ 삼학사(三學士)란 척화파 중에서도 강경론자들이었던 윤집, 홍익한, 오달제의 3명을 가리키는 표현이다. 이들은 병자호란이 끝난 이후 왕세자들과 함께 청나라에 끌려가 죽임을 당했다.

0494 임진왜란은 선조 때인 1592년에 발발했으며, 병자호란은 인조 때인 1636년에 일어났다. ④ 병자호란의 결과, 청과 군신 관계를 맺고 소현세자와 봉림대군 등이 인질로 끌려갔다. 이후 봉림대군(효종)은 1644년에 청나라 심양에서 조선으로 돌아왔다.

오답노트 ① 1623년 서인이 주도한 인조반정으로 광해군은 폐위되고, 인조(능양군)가 옹립되었다. ② 광해군 때인 1613년 광해군의 이복동생인 영창대군이 죽임을 당하였다(계축옥사). ③ 광해군 때의 일이다. ③ 광해군 때 조·명 연합군이 후금에게 패하자, 강홍립은 항복하였다.

0495 제시된 자료는 병자호란(1636) 당시 윤집이 주장한 주전론의 내용이다. ② 정묘호란(1627) 때 후금과 조선은 화의를 통해 형제의 맹약을 맺었다.

오답노트 ① 병자호란 이후, 청에 인질로 잡혀온 소현세자는 청의 문물뿐만 아니라 아담 샬을 통해 서양 문물도 적극적으로 수용하였다. ③ 병자호란 이후 오랑캐에게 당한 수치를 씻고 복수하자는 복수설치 의식이 대두되어, 이를 과제로 삼고 해결하기 위해 북벌 운동이 전개되었다. ④ 숭정처사·대명거사란 명나라 멸망 이후 관직 출사를 거부하고 속세와 인연을 끊으면서 청나라와의 굴욕 외교를 비판했던 인물들을 가리킨다.

Answer 0490 ② 0491 ④ 0492 ① 0493 ② 0494 ④ 0495 ②

CHAPTER 02 근세의 경제와 사회

TOP 01 / **10회 출제** | 향촌 사회의 조직과 운영

2015	2016	2017	2018	2019	2020	2021	2022	2023	2024
• 국가 9	• 경찰	• 국가 9(2)		• 국가 9			• 지방 9		
• 교행 9		• 지방 9					• 법원 9		
		• 경찰							

TOP 02 / **6회 출제** | 토지 제도

2015	2016	2017	2018	2019	2020	2021	2022	2023	2024
• 국가 9	• 경찰		• 경찰	• 서울 9(상)			• 법원 9		
• 사복 9									

TOP 03 / **2회 출제** | 경제 정책 / 수취 체제

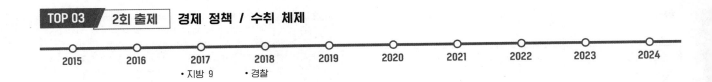

2015	2016	2017	2018	2019	2020	2021	2022	2023	2024
		• 지방 9	• 경찰						

경제 정책과 경제 구조

0496 밑줄 친 제도에 대한 설명으로 옳은 것은?

2017년 지방직 9급

유사 2014년 법원직 9급 / 2009년 법원직 9급

> 국왕이 말했다. "나는 일찍부터 이 제도를 시행해 여러 해의 평균을 파악하고 답험(踏驗)의 폐단을 영원히 없애려고 해 왔다. 신하들부터 백성까지 두루 물어보니 반대하는 사람은 적고 찬성하는 사람이 많았으므로 백성의 뜻도 알 수 있다."

① 토지 소유자에게 수확량의 10분의 1을 조세로 징수하였다.
② 토지 소유자에게 1결당 미곡 12두를 조세로 징수하였다.
③ 풍흉에 상관없이 1결당 4~6두를 조세로 징수하였다.
④ 토지의 비옥도에 따라 조세를 차등 징수하였다.

0497 조선 시대 수취 체제에 대한 설명으로 가장 적절하지 않은 것은?

2018년 경찰 2차

유사 2017년 국가직 7급 / 2010년 국가직 7급 / 2010년 법원직 9급

① 공법은 토지 결수에 따라 지방의 토산물을 거두는 수취 제도였다.
② 전세는 과전법에 있어서 수확량의 10분의 1로 되어 있었으나, 세종 때에는 토지 비옥도와 풍흉의 정도에 따라 전분 6등법과 연분 9등법을 실시하여 차등 있게 부과하였다.
③ 국가는 재정의 토대가 되는 수취 체제를 운영하기 위해 토지 대장인 양안과 인구 대장인 호적을 작성하였다. 이는 전세, 역 등을 백성에게 부과하는 근거가 되었다.
④ 역에는 교대로 번상해야 하는 군역과 1년에 일정한 기간 노동에 종사해야 하는 요역이 있었다.

해설

0496 밑줄 친 제도는 세종 때 시행한 공법(貢法)이다. ④ 공법에서는 토지의 비옥도에 따라 기본 수세 단위인 결(結)의 실제 면적을 토지 등급마다 다르게 하여 조세를 차등 징수하였다.

오답노트 ① 공법 실시 이전의 조세 제도에 대한 설명이다. ② 대동법에 대한 설명이다. ③ 영정법에 대한 설명이다.

0497 ① 공법은 토산물을 거두는 수취 제도가 아니라 토지에 대한 조세 수취 제도이다.

오답노트 ② 세종 때 실시된 공법에 의해서 토지 비옥도에 따라 전분 6등법을, 풍흉의 정도에 따라 연분 9등법을 적용하여 차등 있게 조세를 부과하였다. ③ 국가는 세금을 거두기 위해 토지 대장인 양안과 인구 대장인 호적을 작성하여 조세·공납·역을 부과하기 위한 근거로 삼았다. ④ 역(役)에는 군역과 요역이 있었다. 군역은 군사 활동과 농업을 교대로 병행했으며, 요역은 『경국대전』에 따라 8결당 장정 1명씩을 동원하여 1년에 6일 징발되었다.

PART 04

Answer 0496 ④ 0497 ①

0498 다음 자료와 관련된 전세 제도에 대한 설명으로 옳은 것을 〈보기〉에서 모두 고른 것은?

2011년 지방직 7급

유사 2013년 경찰간부

모든 토지는 6등급으로 나누었다. 20년마다 토지를 다시 측량하여 양안(토지 대장)을 만들어 호조와 해당 도, 고을에 갖추어 둔다. 1등전의 척(尺, 자)은 주척으로 4척 7촌 7분이며, 6등전의 척은 9척 5촌 5분이다. …(중략)… 항상 경작하는 토지를 정전(正田)이라 하고, 경작하다 때로 휴경하는 토지를 속전(續田)이라 부른다. 정전으로 기록되었더라도 토질이 좋지 못하여 곡식이 잘 되지 않는 토지라든지, 속전으로 기록되어도 토질이 비옥하여 소출이 많은 경우에는 수령이 이를 보고하여 다음에 개정한다. ─『경국대전』

〔 보기 〕

㉠ 전세는 풍흉에 따라 6등급으로 나누어 부과하였다.
㉡ 1등전의 1결과 6등전의 1결은 그 생산량이 같았다.
㉢ 조세 액수를 1결당 최고 20두에서 최하 4두를 내도록 하였다.
㉣ 토지를 측량할 때 등급에 따라서 사용하는 척이 달랐다.

① ㉠, ㉡
② ㉡, ㉢
③ ㉠, ㉡, ㉣
④ ㉡, ㉢, ㉣

0499 (가)~(라) 제도를 시행된 순서대로 바르게 나열한 것은?

2022년 법원직 9급

(가) 그 사람의 성품과 행동의 선악, 공로의 크고 작음을 참작하여 역분전을 차등있게 주었다.
(나) 문무의 백관으로부터 부병(府兵)과 한인(閑人)에 이르기까지 과(科)에 따라 받지 않은 자가 없었으며, 또한 과에 따라 땔나무를 베어낼 땅도 지급하였다.
(다) 경기는 사방의 근본이니 마땅히 과전을 설치하여 사대부를 우대한다. 무릇 경성에 거주하여 왕실을 시위(侍衛)하는 자는 직위의 고하에 따라 과전을 받는다.
(라) 경상도·전라도·충청도는 상등, 경기도·강원도·황해도 3도는 중등, 함길도·평안도는 하등으로 삼으며 …… 각 도의 등급과 토지 품질의 등급으로써 수세하는 수량을 정한다.

① (가) ─ (나) ─ (다) ─ (라)
② (가) ─ (나) ─ (라) ─ (다)
③ (나) ─ (가) ─ (다) ─ (라)
④ (나) ─ (다) ─ (라) ─ (가)

대표 유형

☐☐☐

0500 다음 토지 제도에 대한 설명으로 옳은 것은?

2013년 지방직 9급

유사 2018년 서울시 7급 / 2017년 지방직 7급 / 2015년 서울시 7급 /
2011년 경북 교행 / 2008년 지방직 7급 / 2007년 서울시 9급 /
2007년 법원직 9급

> 경기는 사방의 근본이니 마땅히 과전을 설치하여 사대부를 우대한다. 무릇 경성에 거주하여 왕실을 시위(侍衛)하는 자는 직위의 고하에 따라 과전을 받는다. 토지를 받은 자가 죽은 후, 그의 아내가 자식이 있고 수신하는 자는 남편의 과전을 모두 물려받고, 자식이 없이 수신하는 자의 경우는 반을 물려받는다. 부모가 모두 사망하고 그 자손이 유약한 자는 휼양전으로 아버지의 과전을 전부 물려받고, 20세가 되면 본인의 과에 따라 받는다.
> — 『고려사』

① 과전을 지급함으로써 조선 개국 세력의 경제적 기반이 되었다.

② 관리가 되었으면서도 관직을 받지 못한 사람들에게 한인전을 지급하였다.

③ 관직이나 직역을 담당하는 사람들에게 농지와 땔감을 채취하는 시지를 주었다.

④ 공로가 많은 사람들에게 인품을 기준으로 역분전을 차등 지급하였다.

☐☐☐

0501 (가)~(라)를 실시된 순서대로 바르게 나열한 것은?

2020년 법원직 9급

> (가) 신문왕 때 녹읍이 폐지되었다.
> (나) 신문왕 때 관료전이 지급되었다.
> (다) 공양왕 때 과전법이 실시되었다.
> (라) 경종 때 시정 전시과를 실시하였다.

① (가) - (나) - (라) - (다)

② (나) - (가) - (라) - (다)

③ (다) - (라) - (나) - (가)

④ (라) - (가) - (나) - (다)

문항	번호				틀린 이유
0498	①	②	③	④	
0499	①	②	③	④	
0500	①	②	③	④	
0501	①	②	③	④	

해설

0498 제시된 자료는 조선 세종 때의 공법에 대한 내용이다. 공법은 조세 제도를 좀 더 체계적으로 운영하기 위하여 토지 비옥도와 풍흉의 정도에 따라 조세 액수를 결정한 제도이다. ㉡,㉢ 전분 6등법은 토지의 비옥도에 따라 전국의 논밭을 여섯 등급으로 나눈 것이다. 1등전의 1결과 6등전의 1결의 생산량은 같았는데, 토지를 측량할 때 토지의 등급에 따라 길이가 다른 자를 사용하여 기본 수세 단위인 결의 실제 면적을 토지 등급마다 다르게 하였기 때문이다(수등이척법). ㉢ 연분 9등법이란 농작의 풍흉을 9등급으로 나누어 지역 단위로 세를 거둔 법으로, 최고 20두에서 최저 4두로 하였다.

오답노트 ㉠ 풍흉에 따라 9등급으로 나누어 부과하였다(연분 9등법).

0499 (가) 고려 태조 때 역분전을 지급했는데, 이는 후삼국 통일 과정에서 공로를 세운 사람들에게 공훈에 대한 대가로 준 논공행상적 성격의 토지였다. (나) 전시과 제도와 관련된 내용으로, 경종 때 처음 만들어다. (다) 고려 공양왕 때 제정한 과전법에 대한 설명이다. (라) 조선 세종 때 제정한 공법과 관련된 내용이다.

0500 제시된 자료는 고려 말인 1391년에 시행된 과전법과 관련된 내용이다. ① 과전법은 신진 사대부의 경제적 기반을 마련하기 위한 것으로, 관리를 18등급으로 나누어 경기의 토지를 대상으로 관리에게 전지를 지급하였다.

오답노트 ② 전시과 제도에 대한 설명이다. ③ 과전법에서는 곡물을 수취하는 전지만 지급하고 시지는 지급하지 않았다. ④ 고려 태조 때의 일이다.

0501 (나) 신문왕 때인 687년에 관료전을 관리들에게 차등 있게 지급하였다. (가) 신문왕 때인 689년 녹읍을 폐지하였다. (라) 시정 전시과는 고려 경종 때인 976년에 실시되었다. (다) 고려 말 공양왕 때인 1391년 과전법을 실시하였다.

Answer 0498 ④ 0499 ① 0500 ① 0501 ②

PART 04

0502 과전법과 그 변화에 대한 설명으로 옳지 않은 것은?

2015년 국가직 9급

유사 2019년 서울시 9급(상) / 2016년 지방직 7급 / 2016년 경찰 1차 /
2013년 법원직 9급 / 2013년 기상직 9급 / 2012년 지방직 9·7급

① 수신전, 휼양전을 죽은 관료의 가족에게 지급하였다.

② 공음전을 5품 이상의 관료에게 주어 세습을 허용하였다.

③ 세조 대에 직전법으로 바꾸어 현직 관리에게만 수조권을 지급하였다.

④ 성종 대에는 관수 관급제를 실시하여 전주의 직접 수조를 지양하였다.

고난도

0503 고려와 조선의 토지 제도에 대한 설명으로 옳지 않은 것은?

2014년 사회복지직 9급

유사 2015년 사회복지직 9급 / 2013년 지방직 7급 / 2011년 지방직 9급 /
2010년 지방직 7급

① 고려는 국초에 역분전을 지급하였고, 경종 때 처음으로 전시과 제도를 시행하였다.

② 전시과 체제 하의 민전은 사유지이지만, 수조권의 귀속을 기준으로 하면 공전인 경우도 있다.

③ 과전법에서는 문무 관료들에게 경기 지방의 토지에 한해서 과전의 수조권을 지급하였고, 군인들에게는 군전을 지급하였다.

④ 과전법에서는 토지 수확량의 1/10을 기준으로 1결마다 30말을 거두었으나, 답험손실법을 적용하여 손실에 비례하여 공제해 주도록 하였다.

양반과 평민의 경제 활동

대표 유형

0504 밑줄 친 '이 역서'가 편찬된 시기의 농업에 대한 설명으로 옳은 것은?

2014년 사회복지직 9급

> 왕께서 학자들에게 명하여 선명력과 수시력 등 여러 역법의 차이를 비교하여 교정하도록 하였다. 또한 정인지, 정흠지, 정초 등에게 명하여 『태음통궤』와 『태양통궤』 등 중국 역서를 연구하여 우리 실정에 맞는 <u>이 역서</u>를 편찬하도록 하였다.

① 밭농사에 2년 3작의 윤작법이 시작되었다.

② 벼와 보리의 이모작이 전국적으로 확대되었다.

③ 철제 농기구가 점차 보급되고 우경이 시작되었다.

④ 농업 기술을 발달시키기 위해 『농사직설』이 간행되었다.

0505 다음 사건이 일어난 시기에 볼 수 있는 모습으로 가장 옳은 것은?

2023년 법원직 9급

> 전제상정소에서 다음과 같이 논의하였다. "우리나라는 지질의 고척(膏塉)이 남쪽과 북쪽이 같지 아니합니다. 하지만 그 전품(田品)의 분등(分等)을 8도를 통한 표준으로 계산하지 않고 있습니다. 다만 1도(道)로써 나누었기 때문에 납세의 경중(輕重)이 다릅니다. 부익부 빈익빈이 심해지니 옳지 못한 일입니다. 여러 도의 전품을 통고(通考)하여 6등급으로 나눈다면 전품이 바로잡힐 것이며 조세도 고르게 될 것입니다." 임금은 이를 그대로 따랐다.

① 3포 왜란으로 입은 피해를 걱정하는 어부

② 벽란도에서 송나라 선원과 흥정하는 상인

③ 『농가집성』의 내용을 읽으며 공부하는 농부

④ 불법적인 상행위를 감시하는 경시서 관리

□□□
0506 밑줄 친 '농서'가 편찬된 왕 대의 경제 생활로 옳은 것은?

2016년 국가직 7급

> 각 지역의 풍토가 달라 곡식을 심고 가꾸는 법이 옛글과 다 같을 수 없습니다. 이에 여러 도의 감사들이 주현의 늙은 농부를 방문하여 실제 농사 경험을 들었습니다. 저희 정초 등은 이를 참고하여 농서를 편찬하였습니다.

① 칠패 시장에서 어물을 판매하였다.
② 녹비법을 활용하여 지력을 회복하였다.
③ 고구마 · 감자를 구황 작물로 활용하였다.
④ 시전에서 남초를 거래하였다.

□□□
0507 다음 민요에서 보이는 경제 활동에 대한 조선 전기의 모습을 설명한 것으로 옳지 않은 것은?

2013년 국가직 9급

유사 2017년 경찰간부 / 2012년 기상직 9급 / 2009년 지방직 9급 / 2008년 국가직 9급

> 짚신에 감발차고 패랭이 쓰고
> 꽁무니에 짚신 차고 이고 지고
> 이 장 저 장 뛰어가서
> 장돌뱅이들 동무들 만나 반기며
> 이 소식 저 소식 묻고 듣고
> 목소리 높여 고래고래 지르며
> …(중략)…
> 손잡고 인사하고 돌아서네
> 다음 날 저 장에서 다시 보세

① 15세기 후반 이후 장시는 점차 확대되었다.
② 보부상은 장시에서 수산물, 수공업 제품 등을 판매하였다.
③ 정부가 조선통보를 유통시킴으로써 동전 화폐 유통이 활발해졌다.
④ 농업 생산력의 발달에 힘입어 지방에서 장시가 증가하였다.

문항	번호				틀린 이유
0502	①	②	③	④	
0503	①	②	③	④	
0504	①	②	③	④	
0505	①	②	③	④	
0506	①	②	③	④	
0507	①	②	③	④	

해설

0502 ② 5품 이상의 관료에게 공음전을 주어 세습을 허용하도록 한 것은 고려 시대의 일이다.

오답노트 ① 과전법에서 과전은 죽거나 반역을 하면 국가에 반환하도록 하였다. 그러나 죽은 관료 가족들의 생계유지를 위하여 토지 중 일부를 수신전, 휼양전 등으로 다시 지급하여 세습이 가능하도록 하였다. ③ 세조는 불법적으로 과전이 세습되고 신진 관료에게 분급할 토지가 부족해지자 직전법으로 바꾸어 현직 관리에게만 수조권을 지급하였다. ④ 과전을 지급받은 전주가 세금을 과도하게 거두는 일이 잦아지자 성종은 관수 관급제를 실시하여 지방 관청에서 그해의 생산량을 조사하여 거두고, 관리에게 나누어 주었다.

0503 ③ 과전법 체제에서는 군인에게 군전을 지급한 것이 아니라, 지방에 거주하는 한량관에게 군전을 지급하였다.

오답노트 ① 고려 태조 때 역분전을 지급하였고, 경종 때 처음으로 전시과 제도를 시행하였다. ② 전시과 체제하에서 민전은 사유지이지만, 수조권을 기준으로 공전인 경우도, 사전인 경우도 있었다. ④ 답험손실법은 과전법 실시 이후부터 세종 때 공법이 제정될 때까지 시행된 것으로, 전세를 수확량의 1/10(1결당 30두)로 정하고 농사의 작황에 따라 손실을 조사한 뒤 그 손실에 비례하여 전세를 감면한 것이다.

0504 제시된 자료의 '이 역서'는 세종 때 만들어진 『칠정산』이다. ④ 세종 때 삼남 지역의 발전된 농법을 전국적으로 보급하기 위해 『농사직설』을 간행하였다. 중국의 농서와 농법을 참고하고 조선의 노농(老農)들의 실제 경험담을 반영한 『농사직설』은 권농관의 지침서가 되었다.

오답노트 ① 고려 시대, ② 조선 후기, ③ 삼국 시대에 대한 설명이다.

0505 제시된 자료는 『세종실록』의 기록으로, 15세기 세종 때 공법 제정과 관련된 내용이다. ④ 고려와 조선 전기에는 경시서를 두어 불법적인 상행위를 통제하였다. 경시서는 조선 세조 때 평시서로 개칭되었다.

오답노트 ① 삼포왜란은 16세기 중종 때의 일이다. ② 고려 시대의 경제 모습에 대한 설명이다. ③ 『농가집성』은 조선 후기인 17세기 효종 때 신속이 편찬한 농서이다.

0506 밑줄 친 '농서'는 조선 전기 세종 때 편찬된 『농사직설』이다. ② 고려 시대부터 꾸준히 발달한 시비법은 풀을 태우거나 갈아엎는 녹비법에서 더 나아가 녹비에 동물의 분뇨를 섞어 사용하는 퇴비법이 등장할 정도로 발달하였다. 이에 조선 전기에 이르러서는 휴경지가 사라져 매년 농사를 짓는 것이 가능해졌다.

오답노트 ① 칠패 시장은 조선 후기 남대문에 있었던 시장으로 사상(私商)이 활동했던 주요 지역 중 하나이다. ③ 고구마는 18세기 영조 때, 감자는 19세기에 조선에 전래되었다. ④ 담배는 조선 시대에 '남(령)초', '연다', '연초' 등으로 불리었다. 담배는 임진왜란 때 일본으로부터 전해진 것으로 알려져 있다.

0507 제시된 자료는 장시에서 행상들의 활동을 묘사한 것이다. ③ 조선 세종 때 조선통보를 발행하였으나 유통은 부진하였다. 동전 화폐의 유통이 활발해진 것은 조선 후기의 일이다.

오답노트 ①,④ 15세기에 등장한 장시는 농업 생산력의 발달에 힘입어 16세기 중엽에 전국적으로 확대되었고, 18세기에는 1000여 개소에 이르렀다. ② 보부상은 장시에서 농산물, 수공업 제품, 수산물, 약재 등을 판매하여 유통시켰다.

Answer 0502 ② 0503 ③ 0504 ④ 0505 ④ 0506 ② 0507 ③

□□□
0508 (가), (나)의 밑줄 친 '이들'에 대한 설명으로 옳지 않은 것은?

2011년 지방직(사회복지직 특채) 9급

> (가) 정부는 종로에 상가를 만들어 이들로 하여금 독점 영업을 하게 하고 세금을 거두었다.
> (나) 정부는 이들을 공장안에 등록시켜 서울과 지방의 각급 관청에 소속하게 하고 관청에 필요한 물품을 제조하게 하였다.

① (가)는 왕실이나 관청에 물품을 공급해야 한다.
② (가)는 16세기 중엽 전국적으로 확대되었다.
③ (나)는 부역으로 동원되어 물품을 만들었다.
④ (가), (나)의 활동은 정부의 통제를 받고 있었다.

양반 관료 사회와 사회 정책

□□□
0509 밑줄 친 '이들'에 해당하는 것은?

2022년 지방직 9급

> 이들의 과거 응시와 벼슬을 제한한 것은 우리나라의 옛 법이 아니다. 그런데 『경국대전』을 편찬한 뒤부터 이들을 금고(禁錮)하였으니, 아직 백 년이 채 되지 않았다. 또한 다른 나라에 이러한 법이 있다는 말은 듣지 못했다. 경대부(卿大夫)의 자식인데 오직 어머니가 첩이라는 이유만으로 대대로 이들의 벼슬길을 막아, 비록 훌륭한 재주와 쓸만한 자질이 있어도 이를 발휘할 수 없게 하였으니, 참으로 안타깝다.

① 향리   ② 노비
③ 서얼   ④ 백정

□□□
0510 〈보기〉의 (갑)은 조선 시대 신분층에 대한 설명이다. (갑)에 대한 내용으로 가장 옳지 않은 것은?

2018년 서울시 7급(상)

─[보기]─
무릇 (갑)의 매매는 관청에 신고해야 하며 사사로이 몰래 사고 팔았을 때는 관청에서 (갑)과 그 대가로 받은 물건을 모두 몰수한다. 나이 16세 이상 50세 이하는 값이 저화 4천 장이고, 15세 이하 50세 이상은 3천 장이다. ─『경국대전』

① 재산으로 취급되어 매매나 상속의 대상이 되었다.
② 부모 모두가 (갑)일 경우에만 그 자녀도 (갑) 신분이 되었다.
③ 주인과 떨어져 독립된 생활을 하며 신공(身貢)을 바치기도 했다.
④ 국가에 소속된 경우 관청의 잡무 처리와 물품 제작에 참여했다.

□□□
0511 다음 직업을 가진 사람들에 대한 설명으로 옳은 것을 〈보기〉에서 고른 것은?

2017년 기상직 9급

> 수군, 조례, 나장, 일수, 봉수군, 역졸, 조졸

─[보기]─
㉠ 사람들이 기피하는 천한 역을 담당하였다.
㉡ 법제상 양인에 속해 있었다.
㉢ 매매・상속・증여의 대상이 되는 비자유민이었다.
㉣ 수령의 행정 실무를 보좌하는 역할을 담당하였다.

① ㉠, ㉡   ② ㉠, ㉢
③ ㉡, ㉢   ④ ㉡, ㉣

□□□
0512 조선 시대 사회 제도와 법률에 대한 설명으로 가장 적절하지 않은 것은?

2018년 경찰 3차

유사 2012년 지방직 9급

① 소송은 원칙적으로 신분에 관계없이 제기할 수 있었다.

② 동일한 범죄에 대해서는 신분에 관계없이 동일한 처벌이 따랐다.

③ 유교에서 중요시하는 삼강오륜을 어긴 것을 강상죄라 하여 중대 범죄로 취급하였다.

④ 민간인 사이에 다툼이 있거나 범죄가 발생하면 『경국대전』과 명의 형법 규정인 『대명률』을 적용하였다.

향촌 사회의 조직과 운영

대표
유형

□□□
0513 밑줄 친 '이 기구'에 대한 설명으로 가장 옳지 않은 것은?

2022년 법원직 9급

- 앞서 이 기구의 사람들이 향중(鄕中)에서 권위를 남용하여 불의한 짓을 행하니, 그 폐단이 많았습니다. 그래서 선왕께서 폐지하였던 것입니다. 간사한 아전을 견제하고 풍속을 바로잡는 것은 수령이 해야 할 일인데, 만약 모두 이 기구에 위임한다면 수령은 할 일이 없지 않겠습니까?

- 전하께서 다시 이 기구를 세우고 좌수와 별감을 두도록 하였는데, 나이가 많고 덕망이 높은 자를 추대하여 좌수로 일컫고, 그 다음으로 별감이라 하려 한 고을을 규찰하고 관리하게 되었다.

           — 『성종실록』

① 경재소를 통해 중앙의 통제를 받았다.

② 향촌 사회의 풍속을 교화하는 데 기여하였다.

③ 수령을 보좌하고 향리를 감찰하는 역할을 하였다.

④ 전통적 공동 조직에 유교 윤리를 가미하여 만들었다.

문항	번호				틀린 이유
0508	①	②	③	④	
0509	①	②	③	④	
0510	①	②	③	④	
0511	①	②	③	④	
0512	①	②	③	④	
0513	①	②	③	④	

해설

0508 (가) 시전 상인, (나) 관청 수공업자이다. ② 16세기 중엽에 전국적으로 확대된 것은 장시이다.

오답노트 ① 시전 상인은 관허 상인으로 왕실이나 관청에 관수품을 공급하는 대신에 특정 상품에 대한 판매 독점권을 부여받았다. ③ 관청 수공업자들은 부역을 통해 매년 일정 기간 책임량을 할당받아 물품을 생산하였다. ④ 시전 상인은 관허 상인으로 경시서의 통제를 받았고, 관청 수공업자 역시 공장안에 등록되어 국가의 통제를 받았다.

0509 제시된 자료는 어숙권의 『패관잡기』의 내용이다. 서얼의 정치적 진출을 제한한 서얼금고법에 대해 비판하고 있다. 따라서 밑줄 친 '이들'은 서얼을 일컫는다. 양반의 첩에게서 태어난 서얼은 양반 정실의 자녀보다 차별을 받았다. 이들은 문과에 응시하는 것이 금지되었고, 관직 진출에도 제한이 있어 정3품까지만 승진할 수 있었다.

0510 제시된 자료의 (갑)은 매매의 대상이 되고 있는 것을 통해 노비임을 알 수 있다. ② 조선 시대의 노비는 초기에는 부모 중 한 명만 노비여도 자녀가 노비가 되는 일천즉천의 원칙을 적용받았다. 이후 영조 때 어머니의 신분을 따르도록 하는 노비종모법이 확정되었다. 부모 모두가 노비여야 자식도 노비가 되도록 하는 법은 시행된 적이 없다.

오답노트 ① 노비는 재산으로 취급되어 매매·상속 등의 대상이 되었다. ③ 사노비 중 외거 노비에 대한 설명이다. ④ 국가에 소속된 공노비에 대한 설명이다.

0511 제시된 자료는 조선 시대의 신량역천(칠반천역)이다. ㉠ 수군, 조례(관청의 잡역 담당), 나장(형사 업무 담당), 일수(지방 고을 잡역), 봉수군(봉수 업무), 역졸(역에 근무), 조졸(조운 업무)은 사람들이 기피하는 힘든 일로 천역에 해당하였다. ㉡ 신량역천은 법제상 양인에 속하였다.

오답노트 ㉢ 천민인 노비에 대한 설명이다. ㉣ 향리에 대한 설명이다.

0512 ② 조선은 신분제 사회로, 각종 법률과 제도로 양반의 신분적 특권을 제도화했기 때문에 동일한 범죄라 하더라도 신분에 따라 처벌의 경중이 달랐다.

오답노트 ① 재판에 불만이 있을 때에는 사건의 내용에 따라 다른 관청이나 상부 관청에 소송을 제기할 수도 있었다. 또한, 『경국대전』에 따르면 소송을 제기할 때 신분의 제약을 따로 규정하지는 않았다. ③ 조선 시대에는 삼강오륜과 같은 유교 윤리를 어길 시에는 강상죄라 하여 무겁게 처벌하였다. ④ 조선 시대에는 『경국대전』과 『대명률』 등의 법전에 의해 형벌과 민사에 관한 사항을 적용하였다.

0513 밑줄 친 '이 기구'는 조선의 유향소이다. 유향소는 지방의 유향품관들이 조직한 향촌 자치 기구로, 수령을 보좌하고 향리를 규찰하는 역할을 하였다. ④ 향약에 대한 설명으로, 유향소와는 관련이 없다.

오답노트 ① 경재소는 중앙 정부가 현직 관료로 하여금 연고지의 유향소를 통제하게 하는 제도로서, 중앙과 지방의 연락 업무를 맡았다. 임진왜란 이후 1603년(선조 36)에 폐지되었다. ②,③ 유향소에 대한 설명이다.

Answer 0508 ② 0509 ③ 0510 ② 0511 ① 0512 ② 0513 ④

PART 04

0514 다음 제도를 시행한 목적에 해당하는 것만을 〈보기〉에서 모두 고른 것은? 2017년 국가직 9급

> • 무릇 민호(民戶)는 그 이웃과 더불어 모으되, 가족 숫자의 다과(多寡)와 재산의 빈부에 관계없이 다섯 집마다 한 통(統)을 만들고, 통 안에 한 사람을 골라서 통수(統帥)로 삼아 통 안의 일을 맡게 한다.
> • 1리(里)마다 5통 이상에서 10통까지는 소리(小里)를 삼고, …(중략)… 리(里) 안에서 또 이정(里正)을 임명한다.
> — 『비변사등록』

> ─[보기]─
> ㉠ 농민들의 도망과 이탈 방지
> ㉡ 부세와 군역의 안정적인 확보
> ㉢ 재지사족 중심의 향촌 자치 활성화
> ㉣ 향권을 둘러싼 구향과 신향 간의 향전 억제

① ㉠, ㉡
② ㉠, ㉣
③ ㉡, ㉢
④ ㉢, ㉣

0515 다음은 향촌 사회의 어떤 조직과 그 운영에 대한 것이다. 이에 관한 설명으로 옳은 것은? 2013년 서울시 9급 변형

유사 2020년 경찰간부 / 2015년 지방직 7급 / 2013년 국가직 9급

> 가입하기를 원하는 자에게는 반드시 먼저 규약문을 보여 몇 달 동안 실행할 수 있는가를 스스로 헤아려 본 뒤에 가입하기를 청하게 한다. …(중략)… 사람을 시켜 약정(約正)에게 바치면 약정은 여러 사람에게 물어서 좋다고 한 다음에야 글로 답하고, 다음 모임에 참여하게 한다.

① 군현마다 하나씩 설립되었으며, 중앙에서 교수를 파견하였다.
② 초등 교육을 담당하였으며, 선비와 평민 자제를 교육하였다.
③ 불교 신앙 조직이자 동계 조직으로 어려울 때 서로 돕는 역할을 하였다.
④ 풍속 교화, 향촌 사회의 질서 유지를 담당하여 사림의 지위 강화에 기여하였다.

0516 조선 전기(15~16세기) 사림의 향촌을 주도하기 위한 동향으로 옳지 않은 것은? 2015년 국가직 9급

유사 2016년 경찰 1차 / 2014년 경찰 2차 / 2013년 경찰간부 / 2010년 지방직 7급 / 2008년 지방직 9급

① 도덕과 의례의 기본 서적인 『소학』을 보급하였다.
② 향사례(鄕射禮), 향음주례(鄕飮酒禮)의 실시를 주장하였다.
③ 향회를 통해서 자신들의 결속을 다지고, 향촌을 교화하였다.
④ 촌락 단위의 동약을 실시하고, 문중 중심으로 서원과 사우를 많이 세웠다.

대표 유형

0517 (가) 교육 기관에 대한 설명으로 옳은 것은?

2019년 국가직 9급
유사 2015년 교육행정직 9급

> 주세붕이 비로소 (가) 을/를 창건할 적에 세상에서 자못 의심했으나, 그의 뜻은 더욱 독실해져 무리들의 비웃음을 무릅쓰고 비방을 극복하여 전례 없던 장한 일을 이루었습니다. …(중략)… 최충, 우탁, 정몽주, 길재, 김종직, 김굉필 같은 이가 살던 곳에 (가) 을/를 건립하게 될 것입니다.
> — 『퇴계집』

① 지방의 군현에 있던 유일한 관학이다.
② 선비와 평민의 자제에게 천자문 등을 가르쳤다.
③ 성적 우수자는 문과의 초시를 면제해 주었다.
④ 학문 연구와 선현의 제사를 위해 설립된 사설 교육 기관이다.

□□□
0518 다음 족보가 편찬된 시기의 사회상으로 가장 적절한 것은?

2017년 국가직 9급(하)

유사 2016년 기상직 9급 / 2014년 사회복지직 9급

> 우리나라는 자고로 종법이 없고 보첩(譜牒)도 없어서 비록 거가대족(巨家大族)이라도 가승(家乘)이 전혀 없어서 겨우 몇 대를 전할 뿐이므로 고조나 증조의 이름도 호(號)도 기억하지 못하는 이가 있다. ─『안동 권씨 성화보』 서문

① 윤회봉사·외손봉사 등이 행해졌다.
② 아들을 먼저 기록하고 딸을 그 다음에 기록하였다.
③ 자손이 없으면 무후(無後)라 하고 양자를 널리 맞아들였다.
④ 남자는 대개 결혼 후에 바로 친가에서 거주하였다.

□□□
0519 다음에서 설명하고 있는 조선 시대 호적에 대한 내용으로 적절한 것을 〈보기〉에서 모두 고른 것은?

2020년 경찰 1차

유사 2008년 국가직 7급

> 국가는 재정의 토대가 되는 수취 체제를 운영하기 위해 토지 대장인 양안과 인구 대장인 호적을 작성하였다. 이를 근거로 전세, 공납, 역을 백성에게 부과하였다.

─[보기]─
> ㉠ 호적은 3년에 한 번씩 관청에서 호주의 신고를 받아 작성하였다.
> ㉡ 호적에 관료였던 양반은 관직과 품계를 기록하고 관직에 몸담지 않은 양반은 유학이라고 기록하였다.
> ㉢ 호적에는 호의 소재지, 호주의 직역과 성명, 호주와 처의 연령, 본관과 4조(부, 조부, 증조부, 외조부) 등을 적었다.
> ㉣ 호적에 평민은 보병이나 기병 등 군역을 기록하였으며, 노비는 이름을 기록하였다.

① ㉠
② ㉠, ㉡
③ ㉠, ㉡, ㉢
④ ㉠, ㉡, ㉢, ㉣

문항	번호				틀린 이유
0514	①	②	③	④	
0515	①	②	③	④	
0516	①	②	③	④	
0517	①	②	③	④	
0518	①	②	③	④	
0519	①	②	③	④	

해설

0514 제시된 자료는 조선 정부의 지방민 통제책에 대한 내용이다. ㉠,㉡ 조선 정부는 오가작통제, 면리제 등을 실시하여 농민의 거주지 이탈 등을 방지하고 아울러 세금 수취의 편의를 꾀하고자 하였다.

오답노트 ㉢ 유향소, 향약 등 향촌 자치 기구와 관련된 내용이다. ㉣ 조선 후기, 수령은 구향과 신향 간의 향전을 이용해 관권을 강화시키고자 하였다.

0515 제시된 자료는 「해주 향약 입약 범례문」이다. ④ 향약은 향촌 사회의 질서 유지와 함께 치안까지 담당하는 등 향촌의 자치 기능을 맡았다. 또 규율을 어길 시에는 향촌 사회에서 추방할 수 있는 통제 조직으로서의 성격도 있었다.

오답노트 ① 향교, ② 서당, ③ 향도에 대한 설명이다.

0516 ④ 조선 후기에 대한 설명이다. 조선 후기에는 양반의 권위가 약해져서 이를 강화하기 위해 동약을 실시하고 문중을 중심으로 서원, 사우를 많이 세웠다.

오답노트 ① 사림은 『소학』을 학문과 처신의 기본으로 삼았으며 향촌 사회에 보급하였다. ② 사림은 향사례와 향음주례를 향교와 서원 등지에서 실시하였다. ③ 사림은 향회를 통해서 자신들의 결속을 다지고 향촌을 교화하였다.

0517 제시된 자료의 (가) 교육 기관은 서원으로, 주세붕이 경북 영주에 세운 백운동 서원이 최초의 서원이다. ④ 서원은 학문 연구 및 선현들에게 제사를 지낼 목적으로 지방에 설립된 사설 교육 기관이다.

오답노트 ① 향교에 대한 설명이다. ② 서당 등에 대한 설명이다. ③ 성균관에 대한 설명이다. 성균관에서 시험을 치러서 성적이 우수한 자들은 문과의 초시를 면제해 주었다.

0518 제시된 자료인 『안동 권씨 성화보』는 조선 전기인 성종 때 편찬된 현존하는 가장 오래된 족보이다. ① 고려~조선 전기에는 모든 자식들이 돌아가면서 제사를 지내는 윤회봉사, 딸들의 자식이 제사를 모시는 외손봉사 등이 보편적으로 실시되었다.

오답노트 ② 조선 후기의 일이다. ③ 조선 후기에는 자손이 없으면 무후라고 하고 양자를 들이는 것이 일반화되었다. ④ 조선 후기에는 친영 제도가 정착되어 혼인 후에 곧바로 남자 집에서 생활하는 경우는 많아졌다.

0519 ㉠ 조선 시대의 호적은 원칙적으로 3년마다 수정 사항을 반영하여 작성하였다. ㉡ 조선 시대의 호적에는 관료인 양반은 관직, 품계를 기록하고 관직에 몸담지 않은 양반은 유학(幼學)이라고 기재하였다. ㉢ 조선 시대의 호적에는 기본적으로 호 소재지, 호주 직분, 호주 성명, 호주와 아내 나이, 본관, 아버지·할아버지·증조할아버지·외할아버지, 그리고 같이 사는 자녀 등을 기록하였다. ㉣ 조선 시대의 호적은 신분의 판별, 가계의 파악, 군역 징발, 요역 차출 등을 위해서 작성된 것이기 때문에 군역과 요역을 담당하던 평민은 군역 사항을 기록하였다. 또한, 노비의 경우 호적에 이름, 나이, 부모의 이름과 신분, 아내의 이름, 도망 여부 등까지 기재하였다.

Answer 0514 ① 0515 ④ 0516 ④ 0517 ④ 0518 ① 0519 ④

□□□

0520 우리나라 족보에 대한 설명으로 옳지 않은 것은?

2017년 지방직 9급

① 조선 시대에는 족보가 배우자를 구하거나 붕당을 구별하는 데 중요한 자료로 활용되기도 하였다.

② 현존하는 가장 오래된 족보는 성종 7년에 간행된 『문화류씨가정보』이다.

③ 조선 초기의 족보는 친손과 외손을 구별하지 않고 모두 수록하였다.

④ 조선 후기에 부유한 농민들은 족보를 사거나 위조하기도 하였다.

□□□

0521 다음에서 서술하고 있는 인물에 대한 설명으로 옳은 것은?

2014년 지방직 9급

> 이 인물을 중심으로 한 도적 무리는 조선 전기 도적 가운데 그 세력이 가장 컸으며, 명종 14년부터 명종 17년까지 주로 활동하였다. 이들이 거점으로 삼았던 지역은 백정들이 많이 사는 지역과 공물이 운송되며 사신들의 왕래가 빈번하여 농민들의 부담이 무거웠던 역촌(驛村) 지대 및 주변에 갈대밭이 많은 곳 등이었다. 이들은 이러한 곳을 거점으로 약탈, 살인, 방화를 서슴지 않았다.

① 광대 출신으로 승려 세력과 함께 봉기하여 서울로 들어가려고 하였다.

② 허균이 이 인물을 주인공으로 하여 정치의 부패상을 비판한 소설을 썼다.

③ 황해도를 중심으로 경기, 강원, 평안, 함경도 주변 지역에서 활동하였다.

④ 대동계라는 비밀 결사를 조직하여 새 왕조를 세우려는 역성혁명을 꿈꾸었다.

문항	번호				틀린 이유
0520	①	②	③	④	
0521	①	②	③	④	

해설

0520 ② 현존하는 가장 오래된 족보는 15세기 성종 7년에 간행된 『안동 권씨 성화보』이다. 『문화류씨가정보』는 16세기 중종 18년에 간행된 족보이다.

오답노트 ① 족보는 가문의 내력을 기록한 것으로 혼인 상대자를 구하거나 붕당을 구별하는 데 중요한 자료로 활용되었다. ③ 조선 전기의 족보에서는 친손은 물론 딸과 그 자녀(외손)를 모두 기록하였다. ④ 조선 후기에 부유한 농민들은 족보를 사거나 위조하는 등 불법적 행위를 통해 양반이 되기도 하였다.

0521 제시된 자료는 임꺽정의 난에 대해 서술하고 있다. ③ 조선의 3대 도적 중 한 사람인 임꺽정은 황해도를 중심으로 경기, 강원, 평안, 함경도 주변 지역에서 활동하며 의적 행각을 벌였다.

오답노트 ① 장길산에 대한 설명이다. 장길산은 광대 출신으로 숙종 때 서얼, 승려 세력과 함께 봉기하여 거사를 도모하려고 하였다. ② 허균은 「홍길동전」을 저술하여 정치의 부패상을 비판하였다. ④ 정여립에 대한 설명이다. 정여립은 선조 때 대동계를 조직하고, 역성혁명을 꿈꾸었다. 그러나 계획이 탄로나 자결하였는데, 이로 인해 많은 동인이 피해를 입었다(기축옥사).

Answer   0520 ②   0521 ③

CHAPTER
03 근세의 문화

TOP 01 / 13회 출제 성리학의 발달

2015	2016	2017	2018	2019	2020	2021	2022	2023	2024
• 법원 9	• 국가 9	• 지방 9	• 국가 9		• 법원 9	• 소방	• 지방 9		
• 경찰	• 경찰	• 서울 9	• 서울 9		• 소방 9				
		• 교행 9							

TOP 02 / 6회 출제 과학 기술

2015	2016	2017	2018	2019	2020	2021	2022	2023	2024
• 경찰	• 지방 9	• 법원 9		• 지방 9				• 지방 9	
	• 법원 9								

TOP 03 / 4회 출제 문학과 예술

2015	2016	2017	2018	2019	2020	2021	2022	2023	2024
• 국가 9					• 국가 9				
• 경찰(2)									

민족 문화의 융성

□□□

0522 다음 역사서에 대한 설명으로 가장 적절한 것은?

2014년 경찰 1차

유사 2015년 국가직 7급 / 2015년 경찰 3차

일찍이 세조께서, "우리 동방에는 비록 여러 역사서가 있으나 장편으로 되어 귀감으로 삼을 만한 것이 없다."라고 말씀하시고, 관리들에게 명하여 편찬하게 하셨지만 제대로 이루어지지 못하였습니다. 주상께서 그 뜻을 이어받아 서거정 등에게 편찬을 명하였습니다. …(중략)… 이 책을 지음에 명분과 인륜을 중시하고 절의를 숭상하여, 난신을 성토하고 간사한 자를 비난하는 것을 더욱 엄격히 하였습니다.

① 고조선부터 고려 말까지 역사를 정리하였다.
② 세가, 지, 열전 등으로 구성되었다.
③ 고대사 연구의 시야를 만주 지방까지 확대하여 한반도 중심의 협소한 사관을 극복하는 데 힘썼다.
④ 중국 및 일본의 자료를 참고하여 민족사 인식의 폭을 넓히는 데 이바지하였다.

□□□

0523 조선 시대의 통치 기록에 대한 설명으로 옳지 않은 것은?

2016년 지방직 7급

유사 2019년 지방직 7급 / 2013년 경찰간부

① 역대 국왕의 언행을 본보기로 삼기 위해 태종 때부터 『국조보감』을 편찬하였다.
② 춘추관은 관청별 업무 일지인 여러 관청의 등록(謄錄)을 모아 시정기를 정기적으로 편찬하였다.
③ 조선 초기부터 왕실 관련 행사나 국가적인 행사에 관한 기록이나 장면을 모은 의궤를 만들었다.
④ 승정원의 주서(注書)는 왕과 신하 간에 오고 간 문서와 국왕의 일과를 매일 기록하여 『승정원일기』를 작성하였다.

□□□

0524 ㉠~㉣에 대한 설명으로 가장 적절한 것은?

2017년 국가직 7급(하)

(㉠)에 소속된 주서는 왕과 신하 간에 오고 간 문서와 국왕의 일과를 매일 기록하여 (㉡)을/를 작성하였다. 왕이 바뀌면 전왕의 통치 기록인 사초, 시정기, 조보 등을 합하여 (㉢)을/를 편찬하여 4부를 만들고 한성에는 (㉣)에 보관하였다.

① ㉠ - 의정의 합좌 기관으로 백관과 서무를 총괄하였다.
② ㉡ - 실록 편찬의 기본 자료였으며, 세계 기록 유산이다.
③ ㉢ - 임진왜란 이후 전주, 성주, 충주에 지은 사고에 각기 보관하였다.
④ ㉣ - 국왕의 교서를 제찬하고 외교 사무를 관장하였다.

□□□

0525 『조선왕조실록』에 대한 서술로 옳지 않은 것은?

2013년 지방직 7급

유사 2018년 경찰간부 / 2012년 경찰간부

① 고려 시대의 왕 대별 실록을 편찬하는 전통이 조선 시대에 계속되었다.
② 사초와 각 관청의 문서들을 종합하여 실록청에서 시정기(時政記)를 만들었다.
③ 실록 편찬의 공정성을 확보하기 위하여 왕이 죽은 후에 실록을 편찬하는 것이 관례였다.
④ 국왕과 신하가 정사를 논의한 발언과 행동을 사관(史官)이 기록하였는데 이를 사초(史草)라고 불렀다.

□□□
0526 밑줄 친 '자료'에 대한 설명으로 옳은 것을 〈보기〉에서 모두 고르면?

2009년 국가직 7급

본 자료는 조선 시대 중앙 각 부, 육조, 각 원, 각 사, 각 아문과 지방 관청 등 기관에서 접수한 문서를 등사한 책으로, 각 관아의 소관 업무나 관아 간에 문서의 전달 및 업무의 시행 과정 등을 잘 파악할 수 있다. 각 사 등록, 비변사 등록, 종묘 등록이 현존하며, 각 도감(都監)에서도 의궤를 만들 때 기초 자료로 사용하고자 기록하였다.

─〔보기〕─
㉠ 현존하는 자료는 임진왜란 이후의 것이다.
㉡ 국가적인 행사가 있을 때 관청을 두어 작성하였다.
㉢ 행사나 업무에 관한 일체의 과정을 날짜에 따라 기록하였다.
㉣ 어람용을 별도로 제작하였고 행사 자체의 의식 절차 등을 알 수 있다.

① ㉠, ㉡　　　　　　② ㉡, ㉢
③ ㉢, ㉣　　　　　　④ ㉠, ㉣

□□□
0527 밑줄 친 '이것'에 대한 설명으로 옳지 않은 것은?

2019년 서울시 9급[상]

유사 2016년 국가직 7급 / 2012년 지방직 9급 / 2008년 지방직 7급

이것은 조선 시대 법령의 기본이 된 법전이다. 조선 건국 초의 법전인 『경제육전』의 원전과 속전, 그리고 그 뒤의 법령을 종합하여 만든 통치의 기본이 되는 통일 법전이다. …(중략)… 편제와 내용은 『경제육전』과 같이 6분 방식에 따랐고, 각 전마다 필요한 항목으로 분류하여 균정하였다.

① 성종 때 완성되었다.
② 조준이 편찬을 주도하였다.
③ 이·호·예·병·형·공전으로 나뉘어 정리되었다.
④ 세조 때 만세불변의 법전을 만들기 위해 편찬을 시작하였다.

문항	번호				틀린 이유
0522	①	②	③	④	
0523	①	②	③	④	
0524	①	②	③	④	
0525	①	②	③	④	
0526	①	②	③	④	
0527	①	②	③	④	

해설

0522 세조 때 편찬하기 시작하였으며(성종 때 완성), 서거정 등이 중심이 되어 편찬하였다는 내용 등을 볼 때 『동국통감』임을 알 수 있다. ① 『동국통감』은 단군 조선부터 고려 말까지의 역사를 정리한 편년체 사서이다.

오답노트 ② 세가, 지, 열전 등으로 구성된 것은 기전체 사서로, 대표적으로 『고려사』 등이 있다. ③ 조선 후기에 유득공이 지은 『발해고』와 이종휘가 지은 『동사(東史)』에 대한 설명이다. ④ 한치윤의 『해동역사』에 대한 설명이다.

0523 ① 『국조보감』은 조선 태조 이후 역대 국왕의 훌륭한 언행을 후대 왕이 본보기로 삼기 위한 역사서로, 세조 때부터 편찬하였다.

오답노트 ② 시정기는 정부 각 기관에서 보고한 문서(등록) 등을 춘추관에서 연, 월, 일순으로 정리하여 작성하였다. ③ 의궤는 조선 시대에 왕실이나 국가 주요 행사의 내용을 그림과 글로 정리한 기록이다. ④ 승정원의 7품 관리인 주서는 왕과 신하 간에 오고 간 문서와 국왕의 일과를 매일 기록하였는데, 이들이 기록한 일기를 정리하여 『승정원일기』를 작성하였다.

0524 ㉠ 승정원, ㉡ 『승정원일기』, ㉢ 『조선왕조실록』, ㉣ 춘추관이다. ② 『승정원일기』는 실록 편찬의 기본 자료로 사용되었다. 또한 2001년에 유네스코 세계 기록 유산에 지정되었다.

오답노트 ① 의정부에 대한 설명이다. ③ 『조선왕조실록』은 임진왜란 이후에는 정족산·춘추관·오대산 사고 등 5대 사고에 보관하였다. ④ 국왕의 교서를 제찬한 것은 예문관이고, 외교 사무를 관장한 것은 승문원이다.

0525 ② 시정기는 실록청이 아니라 춘추관에서 편찬하였다.

오답노트 ① 실록의 편찬은 고려 시대에도 있었으며, 조선 시대에는 『태조실록』부터 『철종실록』까지 역대 왕의 실록이 편찬되었다. ③ 실록은 왕이 죽은 후 다음 국왕 대에 편찬하였다. ④ 사관이 조정의 행사와 회의에 참여하여 매일의 국정 운영, 국왕과 신하들의 언행 등을 기록한 자료를 사초라고 하였다.

0526 밑줄 친 '자료'는 등록이다. ㉡ 등록과 의궤는 국가적인 행사가 있을 때 관청을 두어 작성하였다. ㉢ 등록은 행사나 업무에 관한 일체의 과정을 날짜별로 기록하였다. 이를 통해 각 관아의 소관 업무나 관아 간 문서의 전달 및 업무의 시행 과정 등을 잘 파악할 수 있다.

오답노트 ㉠,㉣ 의궤에 대한 설명이다. 의궤는 조선 시대에 왕실이나 국가의 주요 행사의 내용을 정리한 기록으로, 조선 시대에는 건국 초기부터 의궤가 제작되었으나 임진왜란으로 모두 소실되었기 때문에 현존하는 의궤는 모두 임진왜란 이후의 것들이다. 의궤는 대체로 5~8부 정도가 제작되었는데, 임금의 열람을 위하여 화려하게 만드는 어람용(御覽用) 1부를 별도로 만들고 나머지는 관련 관서 및 사고에 나누어 보관하도록 하였다.

0527 제시된 자료의 밑줄 친 '이것'은 조선의 기본 법전인 『경국대전』이다. ② 조준이 편찬한 법전은 『경제육전』으로, 조선 태조 때의 일이다.

오답노트 ① 『경국대전』은 성종 때 완성되었다. ③ 『경국대전』은 이전, 호전, 예전, 병전, 형전, 공전의 6전으로 구성되었다. ④ 세조 때 만세불변의 법전을 만들기 위해 『경국대전』의 편찬 사업을 시작했으나 완성하지는 못하였다.

Answer 0522 ① 0523 ① 0524 ② 0525 ② 0526 ② 0527 ②

PART 04

0528 밑줄 친 '이 지도'에 대한 설명으로 옳지 않은 것은?

2018년 국가직 9급

유사 2018년 서울시 7급(상) / 2013년 서울시 7급 / 2007년 국가직 7급

> 1402년 제작된 이 지도는 조선 학자들에 의해 제작된 세계 지도이다. 권근의 글에 의하면 중국에서 수입한 '성교광피도'와 '혼일강리도'를 기초로 하고, 우리나라와 일본의 지도를 합해서 제작하였다고 한다.

① 유럽과 아프리카 대륙까지 묘사하였다.
② 중국이 세계의 중심이라는 중화사상이 반영되었다.
③ 이 지도의 작성에는 이슬람 지도학의 영향이 있었다.
④ 우리나라에 해당하는 부분은 백리척을 사용하여 과학화에 기여하였다.

0529 ㉠～㉣에 대한 설명으로 옳은 것을 〈보기〉에서 고른 것은?

2010년 국가직 7급

> 조선 태종 때에는 세계 지도인 ㉠혼일강리역대국도지도를 만들었다. 이 지도의 필사본이 일본에 현존하고 있는데, 지금 남아 있는 세계 지도 중에 동양에서는 가장 오래된 것이다. 세조 때에는 양성지 등이 동국지도를 완성하였다. 16세기에도 많은 지도가 만들어졌는데, 그 중에서 ㉡조선방역지도가 현존하고 있다. 조선 후기에는 정밀하고 과학적인 지도가 많이 제작되었다. 정상기는 ㉢동국지도를 만들었고, 김정호의 ㉣대동여지도는 산맥, 하천, 포구, 도로망의 표시가 정밀하고, 목판으로 인쇄되었다.

〔보기〕
(가) ㉠은 원나라의 세계 지도를 바탕으로 한반도와 일본 지도를 추가한 것이다.
(나) ㉡은 만주와 대마도를 포함하고 있어 당시 영토 의식을 엿볼 수 있다.
(다) ㉢은 거리를 알 수 있도록 10리마다 눈금이 표시되어 있다.
(라) ㉣은 100리를 1척으로 정하여 지도를 제작함으로써 정확한 지도를 만들 수 있었다.

① (가), (나)
② (나), (다)
③ (다), (라)
④ (가), (라)

0530 다음 서적을 편찬된 시기순으로 바르게 나열한 것은?

고난도

2019년 지방직 9급

유사 2011년 국가직 7급

> ㉠ 『의방유취』   ㉡ 『동의보감』
> ㉢ 『향약구급방』   ㉣ 『향약집성방』

① ㉠－㉡－㉢－㉣
② ㉠－㉢－㉡－㉣
③ ㉢－㉠－㉣－㉡
④ ㉢－㉣－㉠－㉡

0531 다음 자료에 해당하는 서적으로 옳은 것은?

2022년 소방직

> 〈농서 소개〉
> • 1492년(성종 23)에 간행
> • 곡물 이름을 이두와 한글로 표기
> • 저자가 직접 농사를 지어 보고 저술
> • 당시 경기도 지역의 관행 농법을 정리

① 『구황촬요』
② 『금양잡록』
③ 『농사직설』
④ 『농상집요』

문항	번호				틀린 이유
0528	①	②	③	④	
0529	①	②	③	④	
0530	①	②	③	④	
0531	①	②	③	④	
0532	①	②	③	④	
0533	①	②	③	④	

대표유형

□□□

0532 밑줄 친 '왕'의 재위 기간에 편찬된 서적으로 옳은 것은?

2024년 국가직 9급

- 왕은 집현전을 계승한 홍문관을 설치하고 중단되었던 경연을 다시 열었다.
- 왕은 훈구 세력을 견제하기 위해 사림 세력을 등용하였다.

① 대전통편
② 동사강목
③ 동국여지승람
④ 훈민정음운해

□□□

0533 밑줄 친 '성상(聖上)' 대에 편찬된 서적에 대한 설명으로 옳은 것은?

2019년 국가직 9급

유사 2020년 경찰 1차 / 2015년 경찰 2차 / 2010년 국가직 9급

세조가 신하들에게 말씀하시기를, "법의 과목(科目)이 너무 번잡하고 앞뒤가 맞지 않았기 때문에 상세히 살펴 다듬어 자손만대의 성법(成法)을 만들고자 한다."라고 하셨다. 『형전(刑典)』과 『호전(戶典)』은 이미 반포되어 시행하고 있으나 나머지 네 법전은 미처 교정을 마치지 못했다. 이에 성상(聖上)께서 세조의 뜻을 받들어 여섯 권의 법전을 완성하게 하여 중외에 반포하셨다.

① 『동국병감』은 고조선에서 고려 말까지의 전쟁을 정리한 병서이다.
② 『동몽선습』은 중국과 우리나라의 역사를 담은 아동 교육서이다.
③ 『삼강행실도』는 모범적인 효자·충신·열녀를 다룬 윤리서이다.
④ 『국조오례의』는 국가의 여러 행사에 필요한 의례를 정비한 의례서이다.

해설

0528 제시된 자료의 밑줄 친 '이 지도'는 조선 태종 때 편찬된 '혼일강리역대국도지도'이다. ④ 백리척이 최초로 사용된 지도는 조선 후기에 편찬된 정상기의 '동국지도'이다.

오답노트 ① '혼일강리역대국도지도'에는 아메리카 대륙을 제외한 유럽·아프리카·중국·일본·우리나라의 지도가 그려져 있다. ②,③ '혼일강리역대국도지도'는 아라비아의 영향을 받은 원나라의 세계 지도를 바탕으로 편찬되었다. 따라서 이 지도에는 이슬람 지도학의 영향과 중화사상이 모두 반영되어 있다.

0529 (가) '혼일강리역대국도지도'는 1402년 권근, 이회 등이 만든 세계 지도로, 지도 하단에 권근이 쓴 발문에 의하면 이택민의 '성교광피도'와 청준의 '혼일강리도'를 중국에서 들여와 이 지도에 우리나라와 일본을 추가하여 새로 편집한 지도이다. (나) '조선방역지도'는 16세기 명종 때 제작된 지도로, 만주와 대마도를 우리 영토로 명기하고 있는 점으로 보아 조선 초기의 영토 의식을 엿볼 수 있다.

오답노트 (다) '대동여지도' 등에 대한 설명이다. (라) 정상기의 '동국지도' 등에 대한 설명이다.

0530 ⓒ 『향약구급방』은 현존하는 우리나라 최고(最古)의 의학 서적으로, 고려 고종 때인 1236년에 간행되었다. ⓔ 『향약집성방』은 세종 15년인 1433년에 편찬된 의학 서적이다. ⓗ 『의방유취』는 세종의 명으로 편찬된 동양 최대의 의학 백과사전으로, 세종 27년인 1445년에 편찬되었다. ⓛ 『동의보감』은 17세기 광해군 때 허준에 의해 편찬된 의학 서적이다.

0531 제시된 자료는 성종 때 간행된 농서인 『금양잡록』에 대해 설명하고 있다. ② 『금양잡록』은 성종 때 강희맹이 저술한 농서이다. 금양(시흥)을 중심으로 경기 지방의 농사법을 정리하고, 81종의 곡식 재배법을 자세히 설명하였다.

0532 제시된 자료는 조선 성종 때 추진된 정책들을 나열한 것이다. ③ 조선 성종 때 편찬된 서적으로는 『국조오례의』, 『동국여지승람』, 『동국통감』, 『동문선』 등이 있다.

오답노트 ① 『대전통편』은 정조 때 편찬된 법전이다. ② 『동사강목』은 정조 때인 1788년에 안정복이 저술한 역사서이다. ④ 『훈민정음운해』는 영조 때 신경준이 편찬한 책이다.

0533 밑줄 친 '성상'은 조선 성종이다. 성종 때 『경국대전』을 완성하여 반포하였다. ④ 『국조오례의』는 국가의 여러 행사[오례(五禮)]에 필요한 의례를 정비하여 성종 때 편찬된 의례서이다.

오답노트 ① 『동국병감』은 문종 때 김종서의 주도하에 편찬된 병서로, 고조선에서 고려 말까지의 전쟁사를 정리하였다. ② 『동몽선습』은 중종 때 박세무가 저술한 책으로 천자문을 익히고 난 후의 학동들이 배우는 초등 역사 교재이다. ③ 『삼강행실도』는 세종 때 설순에게 명하여 편찬한 책으로, 모범이 될 만한 충신, 효자, 열녀 등의 행적을 그림으로 그리고 설명을 붙였다.

Answer 0528 ④ 0529 ① 0530 ④ 0531 ② 0532 ③ 0533 ④

□□□
0534 조선 전기 문화에 대한 설명으로 옳은 것은?

2020년 국가직 9급

① 『어우야담』을 비롯한 야담·잡기류가 성행하였다.
② 유서(類書)로 불리는 백과사전이 널리 편찬되었다.
③ 『동문선』이 편찬되어 우리 문학의 독자성을 강조하였다.
④ 중인층을 중심으로 시사가 결성되어 문학 활동을 벌였다.

□□□
0535 조선 전기에 편찬된 서적으로 가장 옳지 않은 것은?

2018년 서울시 9급
유사 2012년 경찰 3차

① 『본조편년강목』 　　② 『의방유취』
③ 『삼국사절요』 　　④ 『농사직설』

□□□
0536 다음은 조선 시대 편찬·간행된 책들에 대한 설명이다. 이를 시기순으로 나열한 것은?

2018년 경찰 3차
유사 2017년 경찰 1차

┌─────────────────────────────────┐
│ ㉠ 고려의 역사를 자주적 입장에서 정리한 『고려사절요』를 │
│　 편찬하였다. │
│ ㉡ 지리서의 편찬이 추진되어 『신찬팔도지리지』를 편찬하 │
│　 였다. │
│ ㉢ 고조선부터 고려 말까지의 역사를 정리한 『동국통감』을 │
│　 간행하였다. │
│ ㉣ 각 군현의 위치와 역사, 면적, 인구, 특산물 등 상세한 정 │
│　 보를 담은 『신증동국여지승람』을 완성하였다. │
└─────────────────────────────────┘

① ㉠ - ㉡ - ㉢ - ㉣ 　　② ㉠ - ㉡ - ㉣ - ㉢
③ ㉡ - ㉠ - ㉢ - ㉣ 　　④ ㉡ - ㉠ - ㉣ - ㉢

□□□
0537 밑줄 친 '왕'이 재위하던 시기에 편찬되지 않은 것은?

2017년 국가직 9급(하)
유사 2017년 경찰 2차 / 2015년 교행직 9급

┌─────────────────────────────────┐
│ 지금 우리 왕께서도 밝은 가르침을 계승하시고 다스리는 도 │
│ 리를 도모하시어 더욱 백성들의 일에 뜻을 두셨다. 여러 지 │
│ 방의 풍토가 같지 않아 심고 가꾸는 방법이 지방에 따라서 │
│ 차이가 있기 때문에 옛 글의 내용과 모두 같을 수가 없었다. │
│ 이에 각도의 감사들에게 명령하시어, 주·현의 노농(老農) │
│ 을 방문하여 그 땅에서 몸소 시험한 결과를 자세히 듣게 하 │
│ 시었다. 또 신 정초(鄭招)에게 명하시어 말의 순서를 보충케 │
│ 하시고, 신 종부소윤 변효문(卞孝文) 등이 검토해 살피고 참 │
│ 고하게 하여, 그 중복된 것은 버리고 절실하고 중요한 것은 │
│ 취해서 한 편의 책을 만들었다. │
└─────────────────────────────────┘

① 『의방유취』 　　② 『향약채취월령』
③ 『향약집성방』 　　④ 『향약제생집성방』

0538 우리나라 농서에 대한 설명으로 옳은 것은?

2015년 국가직 9급

유사 2020년 경찰간부 / 2016년 교육행정직 9급

① 『농가집성』은 고려 말 이암이 원에서 들여온 것이다.
② 『농사직설』은 정초 등이 왕명을 받아 편찬한 것이다.
③ 『산림경제』는 박세당이 과수, 축산 등을 소개한 것이다.
④ 『과농소초』는 홍만선이 화초 재배법에 대해 저술한 것이다.

0539 밑줄 친 '이 농서'가 편찬된 시기의 문화에 대한 설명으로 옳은 것은?

2014년 국가직 9급

『농상집요』는 중국 화북 지방의 농사 경험을 정리한 것으로서 기후와 토질이 다른 조선에는 도움이 될 수 없었다. 이에 농사 경험이 풍부한 각 도의 농민들에게 물어서 조선의 실정에 맞는 농법을 소개한 이 농서가 편찬되었다.

① 현실 세계와 이상 세계를 표현한 「몽유도원도」가 그려졌다.
② 선종의 입장에서 교종을 통합한 조계종이 성립되었다.
③ 윤휴는 주자의 사상과 다른 모습을 보여 사문난적으로 몰렸다.
④ 진경산수화와 풍속화가 유행하였다.

문항	번호				틀린 이유
0534	①	②	③	④	
0535	①	②	③	④	
0536	①	②	③	④	
0537	①	②	③	④	
0538	①	②	③	④	
0539	①	②	③	④	

해설

0534 ③ 15세기 성종 때 서거정, 노사신 등이 왕명으로 『동문선』을 편찬하였다. 이 책은 삼국 시대부터 조선 초기까지의 역대 시(詩)·부(賦)·사(辭)·문(文)을 정리한 것으로 자주적 의식을 보여 준다.
오답노트 ① 조선 후기에는 유몽인의 『어우야담』 등을 비롯한 야담·잡기류가 성행하였다. ② 조선 후기에는 실학이 발달하고 문화 인식의 폭이 넓어짐에 따라 백과사전류의 저서가 많이 편찬되었다. ④ 조선 후기에 서얼과 중인들은 인왕산, 삼청동, 청계천, 광교 등 일원에 많은 시사를 결성하여 문학 활동을 전개하면서 자신들의 위상을 높여갔다(위항 문학).

0535 ① 『본조편년강목』은 충숙왕 때 고려 왕조의 역사를 민지가 정리하여 편찬한 역사서이다.
오답노트 ② 『의방유취』는 세종 때 편찬된 의학 관련 백과사전이다. ③ 『삼국사절요』는 성종 때 노사신과 서거정 등이 편찬한 단군부터 삼국까지의 멸망을 다룬 편년체 역사서이다. ④ 『농사직설』은 세종 때 정초 등이 왕명으로 편찬한 우리의 전통적인 농업 기술을 최초로 정리한 농서이다.

0536 ㉡ 『신찬팔도지리지』는 세종 때 제작되었다. ㉠ 『고려사절요』는 문종 때 김종서 등이 편찬한 편년체 사서이다. ㉢ 『동국통감』은 성종 때 서거정 등이 고조선~고려 말까지의 역사를 정리한 편년체 통사이다. ㉣ 『신증동국여지승람』은 중종 때 편찬되었다.

0537 제시된 자료는 세종 때 편찬된 『농사직설』에 대한 내용이다. ④ 『향약제생집성방』은 조선 태조 때 향약의 의료 지식들을 모아서 편찬한 의서이다.
오답노트 ① 『의방유취』, ② 『향약채취월령』, ③ 『향약집성방』은 세종 때 편찬된 의서들이다.

0538 ② 『농사직설』은 조선 세종 때의 문신인 정초, 변효문 등이 왕명에 의해 편찬한 농서이다. 이 책은 삼남 지역의 발전된 농법을 전국적으로 보급하기 위해 중국의 농서와 농법을 참고하고 조선의 노농(老農)들의 실제 경험담을 반영하여 저술하였다.
오답노트 ① 고려 말 이암이 원에서 들여온 것은 『농상집요』이다. 『농가집성』은 효종 때 신속이 저술한 농서로, 벼농사 중심의 수전 농법을 소개하였다. ③ 『산림경제』의 저자는 홍만선이다. 박세당은 『색경』을 저술하여 채소, 과수, 원예 등의 농업 기술을 소개하였다. ④ 『과농소초』의 저자는 박지원이다.

0539 제시된 자료의 농서는 세종 11년에 간행된 『농사직설』에 대한 것이다. ① 『몽유도원도』는 세종 때 안평 대군이 꿈에서 본 무릉도원을 화원 출신인 안견이 그린 작품이다.
오답노트 ② 조계종은 고려 시대에 성립된 불교 종파이다. ③ 윤휴가 사문난적으로 몰린 것은 숙종 때이다. ④ 진경산수화와 풍속화는 조선 후기에 유행한 화풍이다.

Answer 0534 ③ 0535 ① 0536 ③ 0537 ④ 0538 ② 0539 ①

0540 다음은 조선 전기에 편찬된 책 서문의 일부이다. 이 책과 같은 왕 대에 편찬된 책은?

2014년 지방직 7급
유사 2016년 교육행정직 9급

> 우리 동방의 문(文)은 송(宋)과 원(元)의 문도 아니고 한(漢) 과 당(唐)의 문도 아니며 바로 우리나라의 문입니다. 마땅히 중국 역대의 문과 나란히 천지의 사이에 행하게 하여야 합 니다. …(중략)… 우리 동방의 문은 삼국 시대에서 비롯하여 고려에서 번성하였고 아조(我朝)에 와서 극(極)에 이르렀습 니다. 천지기운의 성쇠와 관계된 것을 또한 알 수 있습니다.

① 『국조오례의』   ② 『고려사절요』
③ 『조선경국전』   ④ 『의방유취』

0541 밑줄 친 '국왕'의 재위 기간에 있었던 일로 옳은 것은?

2018년 국가직 9급
유사 2013년 경찰 2차 / 2010년 서울시 9급

> 지금 국왕께서 풍속을 바꾸려는 데에 뜻이 있으므로 신은 지극하신 뜻을 받들어 완악한 풍속을 고치고자 합니다. … (중략)… 이륜행실(二倫行實)로 말하면 신이 전에 승지가 되었을 때에 간행할 것을 청했습니다. 삼강이 중한 것은 아 무리 어리석은 부부라도 모두 알고 있으나, 붕우·형제의 이륜에 이르러서는 평범한 사람들이 제대로 모르는 경우가 있습니다.

① 주세붕이 백운동 서원을 세웠다.
② 김시습이 『금오신화』를 저술하였다.
③ 『국조오례의』가 편찬되고 『동국여지승람』이 만들어졌다.
④ 문화와 제도를 유교식으로 갖추기 위해 집현전을 창설하 였다.

0542 조선 시대 도성 한양에 대한 설명으로 옳지 않은 것은?

2017년 지방직 9급

① 경복궁 근정전의 이름은 정도전이 지었다.
② 경복궁의 동쪽에 사직이, 서쪽에 종묘가 각각 배치되었다.
③ 유교 사상인 인·의·예·지 덕목을 담아 도성 4대문의 이름을 지었다.
④ 도성 밖 10리 안에는 개인의 무덤을 쓰거나 벌채를 하지 못하도록 규제하였다.

0543 다음 도시에 대한 설명으로 옳지 않은 것은?

2020년 지방직 7급

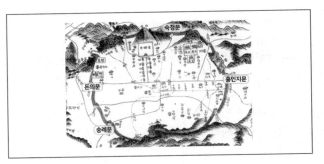

① 고려 문종 때에 남경(南京)으로 승격되었다.
② 종루(鐘樓), 이현, 칠패 등에서 상업 활동이 이루어졌다.
③ 정도전은 궁궐 전각(殿閣)과 도성 성문 등의 이름을 지었다.
④ 성곽은 거중기 등을 이용하여 약 2년 만에 완성되었다.

□□□

0544 다음 글에서 설명하고 있는 문화유산은?

2020년 지방직 9급

이곳은 원래 성종의 형인 월산대군(月山大君)의 집이 있던 곳으로, 선조가 임진왜란 뒤 임시 거처로 사용하면서 정릉동 행궁으로 불리었고, 광해군 때는 경운궁이라 하였다. 아관 파천 후 고종이 이곳에 머물렀다. 주요 건물로는 중화전, 함녕전, 석조전 등이 있다.

① 경복궁　　　　　　② 경희궁
③ 창덕궁　　　　　　④ 덕수궁

□□□

0545 다음은 조선 시대의 한양을 설명한 것이다. (가)~(라)에 각각 들어갈 단어를 순서대로 나열한 것은?

2016년 서울시 7급
유사 2017년 경찰간부

한양은 통치의 중심 공간인 ＿(가)＿ 을 ＿(나)＿ 아래에 남향으로 짓고 그 좌우에 종묘와 사직을 건설하였다. ＿(다)＿ 은 안산에 해당한다. 도성에는 네 개의 대문이 건설되었는데 동은 흥인지문, 서는 ＿(라)＿, 남은 숭례문, 북은 숙정문이다.

	(가)	(나)	(다)	(라)
①	경복궁	인왕산	남산	소의문
②	경복궁	백악산	남산	돈의문
③	창덕궁	인왕산	낙산	소의문
④	창덕궁	백악산	낙산	돈의문

문항	번호				틀린 이유
0540	①	②	③	④	
0541	①	②	③	④	
0542	①	②	③	④	
0543	①	②	③	④	
0544	①	②	③	④	
0545	①	②	③	④	

해설

0540 제시된 자료는 『동문선』의 서문이다. 『동문선』은 성종 때 서거정, 노사신 등이 왕명으로 편찬한 책이며, 삼국 시대부터 조선 초기까지의 시(詩), 부(賦), 사(辭), 문(文) 등을 수록하였다. ① 성종 때 국가의 여러 의례를 정비한 『국조오례의』가 편찬되었다.

오답노트 ② 고려의 역사를 정리한 『고려사』와 『고려사절요』는 문종 때 완성되었다. ③ 『조선경국전』은 정도전이 지은 것으로 태조 때 완성되었다. ④ 『의방유취』는 세종 때 편찬된 동양 최대의 의학 백과사전이다.

0541 제시된 자료는 『중종실록』의 기록으로, 김안국이 풍속을 교화할 서책과 의약에 관한 서책을 개간하여 널리 반포하기를 청하는 상소이다. 이에 따라 『이륜행실도』 등이 편찬되었다. ① 중종 때 풍기군수 주세붕에 의해 백운동 서원이 최초로 설립되었다.

오답노트 ② 『금오신화』는 세조 때 김시습이 지은 소설이다. ③ 『국조오례의』와 『동국여지승람』은 성종 때 편찬되었다. ④ 조선 세종 때 궁 안에 집현전을 설치하고, 왕실 학문 기관으로 육성하여 유교 정치를 실현하고자 하였다.

0542 ② 조선은 옛날부터 전해오는 도성 양식에 따라 경복궁의 좌측(동쪽)에 종묘를, 우측(서쪽)에 사직을 두었다.

오답노트 ① 정도전은 한양 도성을 설계하면서 경복궁 근정전을 비롯한 궁궐의 전당과 도성의 성문 그리고 52방의 이름을 지었다. ③ 조선은 한양의 백성들이 유교의 덕목인 '인의예지신'을 받들도록 하는 마음으로 동대문을 흥인지문, 서대문은 돈의문, 남대문은 숭례문, 북대문을 숙정문이라 하고, 중앙에 있는 종루는 보신각이라 하였다. ④ 조선은 한양 도성 밖 10리를 성저십리(城底十里)라 하여 개인이 무덤을 쓰거나 벌채를 하지 못하도록 규제하였다.

0543 제시된 지도는 조선의 수도인 한양이다. ④ 수원 화성에 대한 설명이다.

오답노트 ① 고려 문종 때 한양을 남경으로 승격시켜 개경, 서경과 함께 3경이라 하였다. ② 조선 후기 한양의 종루나 이현(동대문), 칠패(남대문) 등에서 사상들이 상행위를 하였다. ③ 정도전이 한양에 건설된 궁궐 전당과 도성 성문 등의 이름을 지었다.

0544 제시된 자료는 경운궁(덕수궁)에 대해 설명하고 있다. ④ 경운궁은 덕수궁의 옛 이름으로, 덕수궁의 명칭은 순종이 즉위 후 고종이 거처하는 궁궐 이름을 '덕수(德壽)'라고 올린 것에서 유래하였다. 왕위에서 물러난 고종의 덕과 장수를 비는 뜻이 담겨 있다.

오답노트 ① 경복궁은 조선 태조 때 한양에 도성을 건설하면서 처음 만든 궁궐로, 임진왜란 때 화재로 소실되었다가 19세기 흥선 대원군에 의해 중건되었다. ② 경덕궁은 경희궁의 옛 이름으로, 광해군 때 건설되었다. 경복궁이 중건되기 전까지 조선 후기의 이궁(離宮) 역할을 담당하였으며, 영조 때 경희궁으로 명칭이 바뀌었다. ③ 창덕궁은 조선 태종 때 새로 건설된 궁궐로, 정궁인 경복궁 동쪽에 이궁으로 조성되었다. 이후 조선 후기에는 경복궁을 대신하여 정궁의 역할을 하였다.

0545 ② 경복궁은 조선 시대의 정궁으로 통치의 중심 공간이었다. 경복궁은 백악산(북악산) 아래에 자리 잡고 있으며, 그 앞에는 안산(案山, 풍수지리에서 집터의 맞은편에 있는 산)인 남산이 있다. 도성의 서쪽에는 돈의문이 건설되었다.

오답노트 인왕산은 경복궁의 서쪽, 낙산은 경복궁의 동쪽에 있는데, 백악산과 남산과 더불어 풍수지리상 한양의 4대산에 해당한다. 소의문은 한양의 4소문 중 하나이다. 한양의 4소문으로는 창의문, 혜화문, 광희문, 서소문이 있다.

Answer 0540 ① 0541 ① 0542 ② 0543 ④ 0544 ④ 0545 ②

0546 밑줄 친 '왕'의 재위 기간에 있었던 사실로 옳지 않은 것은?

2016년 지방직 9급

유사 2016년 경찰 2차 / 2015년 서울시 7급 / 2013년 지방직 9급 / 2013년 서울시 9급

> 왕이 이순지, 김담 등에게 명하여 중국의 선명력, 수시력 등의 역법을 참조하여 새로운 역법을 만들게 하였다. 이 역법은 내편과 외편으로 구성되었다. 내편은 수시력의 원리와 방법을 해설한 것이며, 외편은 회회력(이슬람력)을 해설, 편찬한 것이다.

① 천체 관측 기구인 혼의, 간의 등을 제작하였다.
② 경기 지역의 농사 경험을 토대로 『금양잡록』을 편찬하였다.
③ 경자자(庚子字), 갑인자(甲寅字) 등 금속 활자를 주조하였다.
④ 우리 풍토에 맞는 약재와 치료법을 정리한 『향약집성방』을 편찬하였다.

0547 조선 세종 대에 있었던 사실로 옳지 않은 것은?

2023년 지방직 9급

① 갑인자를 주조하였다.
② 화통도감을 설치하였다.
③ 역법서인 『칠정산』을 편찬하였다.
④ 간의를 만들어 천체를 관측하였다.

0548 (가)~(라) 시기에 있었던 사실로 옳은 것만을 <보기>에서 고른 것은?

2021년 경찰 1차

	(가)	(나)	(다)	(라)	
세종 즉위		문종 즉위	성종 즉위	중종 즉위	명종 즉위

[보기]
㉠ (가) - 계미자 주조
㉡ (나) - 『고려사절요』 편찬
㉢ (다) - 도첩제 폐지
㉣ (라) - 소수 서원 사액

① ㉠, ㉡
② ㉠, ㉣
③ ㉡, ㉢
④ ㉢, ㉣

0549 조선 전기 과학 기술에 대한 설명으로 옳지 않은 것은?

2014년 지방직 7급

유사 2020년 경찰간부 / 2015년 지방직 7급 / 2015년 경찰 1차 / 2014년 서울시 9·7급 / 2007년 국가직 7급

① 세종 대 경복궁에 간의대(簡儀臺)를 축조하고 간의를 설치하여 천문 관측을 하였다.
② 태조 대 고구려의 천문도를 바탕으로 천상열차분야지도(天象列次分野之圖)를 돌에 새겼다.
③ 세종 대 장영실 등이 물시계인 자격루(自擊漏)와 해시계인 앙부일구(仰釜日晷) 등을 제작하였다.
④ 태종 대 토지 측량 기구인 인지의(印地儀)와 규형(窺衡)을 제작하였다.

□□□
0550 〈보기〉에서 조선 전기 건축물을 모두 고른 것은?

2018년 서울시 9급(상)
유사 2012년 국가직 7급

┌─[보기]─────────────────────
│ ㉠ 무위사 극락전　　　㉡ 법주사 팔상전
│ ㉢ 금산사 미륵전　　　㉣ 해인사 장경판전
└──────────────────────────

① ㉠, ㉣　　　　　　　② ㉡, ㉣

③ ㉢, ㉣　　　　　　　④ ㉠, ㉢

□□□
고난도
0551 ㉠~㉣에 대한 설명으로 옳은 것은? 2015년 국가직 7급

일제 강점기 조선 총독부는 수많은 우리 문화재를 훼손하였는데 남산도 예외가 아니었다. ㉠ 장충단을 공원화하고 그 동쪽에다 이토 히로부미를 기념하는 박문사를 세웠다. 거기에는 ㉡ 경복궁을 훼손하여 여러 부속 건물을 가져다 놓았고, ㉢ 원구단에 있던 석고전을 종각으로 변조하였으며, ㉣ 경희궁의 정문인 흥화문을 헐어서 정문으로 삼았다.

① ㉠ - 숙종 때 명나라 신종을 제사하려고 지은 사당이었다.
② ㉡ - 세종 때 만든 보루각과 간의대가 있었다.
③ ㉢ - 을미사변 때 죽은 이경직과 홍계훈 등 충신·열사의 넋을 기리는 재단이었다.
④ ㉣ - 역대 임금의 초상을 봉안하던 선원전이 있었다.

문항	번호				틀린 이유
0546	①	②	③	④	
0547	①	②	③	④	
0548	①	②	③	④	
0549	①	②	③	④	
0550	①	②	③	④	
0551	①	②	③	④	

해설

0546 제시된 자료는 조선 세종 때 만든 『칠정산』에 대한 설명이다. ② 『금양잡록』은 조선 성종 때 강희맹이 저술하였다.

오답노트 ① 세종 때 천체의 운행과 그 위치를 측정하던 천문 관측기구인 혼의를 제작하였고, 경복궁 경회루 북쪽에 간의대를 설치하여 천문 관측기구인 간의를 설치하였다. ③ 조선 세종 때 갑인자와 경자자 등의 금속 활자를 주조하였다. ④ 조선 세종 때 우리 풍토에 알맞은 약재와 치료 방법을 개발·정리한 『향약집성방』을 편찬하였다.

0547 ② 고려 우왕 때 최무선이 화통도감을 설치하여 화포를 개발하였다.

오답노트 ① 세종 때 금속 활자인 갑인자 등을 주조하였다. ③ 세종 때 『칠정산』이라는 새로운 역법을 만들었다. 우리나라 역사상 최초로 한양을 기준으로 천체 운동을 계산했으며, 중국과 아라비아의 역법을 참고로 한 것이다. ④ 세종 때 경복궁 경회루 북쪽에 간의(간의대)라는 천문대를 설치하였다.

0548 ㉡ 『고려사절요』는 문종 때인 1452년에 김종서 등이 편찬한 편년체 역사서이다. ㉢ 성종 때 도첩제를 폐지하여 출가를 금지하였다.

오답노트 ㉠ 계미자를 주조한 것은 세종 때가 아니라 태종 때의 일이다. ㉣ 백운동 서원이 소수 서원으로 사액을 받은 것은 조선 명종 때의 일이다.

0549 ④ 태종이 아니라 세조 때의 일이다. 세조 때 원근을 측량하는 인지의와 토지의 고저를 측정하는 규형이 제작되어 토지 측량과 지도 제작에 활용되었다.

오답노트 ① 세종 때 경복궁 경회루 북쪽에 돌로 축대를 쌓고 그 위에 간의를 올려놓은 간의대라는 천문대를 설치하였다. ② 태조 때 고구려의 천문도를 바탕으로 천상열차분야지도를 돌에 새겼다. ③ 세종 때 장영실 등이 자격루(물시계)와 앙부일구(해시계) 등을 제작하였다.

0550 ㉠ 무위사 극락전, ㉣ 해인사 장경판전은 조선 전기에 지어진 대표적인 건축물이다.

오답노트 ㉡ 법주사 팔상전, ㉢ 금산사 미륵전, 화엄사 각황전은 조선 후기인 17세기에 건립된 대표적인 건축물이다.

0551 ② 세종은 경복궁 경회루의 남쪽 부근에 보루각을 설치하여 물시계인 자격루를 두었고, 경회루의 북쪽에 간의대라는 천문대를 설치하였다.

오답노트 ① 대보단에 대한 설명이다. 장충단은 임오군란과 을미사변 때 죽은 장병의 넋을 기리기 위해 만든 제단이다. ③ 장충단에 대한 설명이다. ④ 선원전은 경희궁이 아니라 창덕궁에 있었다.

Answer 0546 ② 0547 ② 0548 ③ 0549 ④ 0550 ① 0551 ②

□□□
0552 조선 시대의 예술에 대한 설명으로 옳은 것은?

2010년 지방직 7급

유사 2013년 서울시 9급 / 2012년 경찰간부 / 2011년 경찰(정보통신) / 2010년 지방직 7급

① 공예는 생활용품이나 문방구 등에서 특색 있는 발달을 보였다.
② 분청사기와 백자가 많이 만들어졌는데 후기로 갈수록 분청사기가 주류를 이루었다.
③ 궁궐, 관아, 성문, 학교 건축이 발달했던 고려 시대와 대조적으로 사원 건축이 발달하였다.
④ 양반들은 장인들이 하는 일이라 하여 서예를 기피하였으나 그림은 필수적 교양으로 여겼다.

성리학의 발달과 불교

대표
유형

□□□
0553 밑줄 친 '그'에 대한 설명으로 가장 옳은 것은?

2020년 법원직 9급

> 그의 사상은 사림이 구체제를 비판하고 훈척과 투쟁하던 시기를 바탕으로 하고 있다. 또한 왕 스스로가 인격과 학식을 수양하기 위해 부단히 노력해야 한다는 점을 강조하였다. 그의 사상이 일본에 전파되면서 일본에서는 그를 '동방의 주자'라고 부르기도 하였다.

① 기호학파를 형성하였다.
② 강화학파를 형성하였다.
③ 『성학집요』를 저술하였다.
④ 『성학십도』를 저술하였다.

대표
유형

□□□
0554 다음 글을 쓴 인물에 대한 설명으로 옳은 것은?

2014년 지방직 9급

> 이제 이 도(圖)와 해설을 만들어 겨우 열 폭밖에 되지 않는 종이에 풀어 놓았습니다만, 이것을 생각하고 익혀서 평소에 조용히 혼자 계실 때에 공부하소서. 도(道)가 이룩되고 성인이 되는 요체와 근본을 바로잡아 나라를 다스리는 근원이 모두 여기에 갖추어져 있사오니, 오직 전하께서는 이에 유의하시어 여러 번 반복하여 공부하소서.

① 일본의 성리학 발전에 크게 영향을 끼쳤다.
② 방납의 폐단을 개선하기 위해 수미법을 주장하였다.
③ 노장 사상을 포용하고 학문의 실천성을 강조하였다.
④ 성리학을 중심에 두면서도 양명학의 심성론을 인정하였다.

□□□
0555 밑줄 친 '이 사람'에 대한 설명으로 옳은 것은?

2017년 서울시 7급

유사 2018년 서울시 9급

> 이 사람은 1501년에 출생하여 1572년에 타계한 경상우도를 대표하는 유학자이다. 그의 학문 사상 지표는 경(敬)과 의(義)이다. 마음이 밝은 것을 '경(敬)'이라 하고 밖으로 과단성 있는 것을 '의(義)'라고 하였다. 이러한 그의 주장은 바로 '경'으로써 마음을 곧게 하여 수양하는 기본으로 삼고 '의'로써 외부 생활을 처리하여 나간다는 생활 철학을 표방한 것이었다.

① 문인들이 주로 북인이 되었다.
② 이황과 사단칠정 논쟁을 벌였다.
③ 『동호문답』, 『만언봉사』 등을 저술하였다.
④ 일본의 성리학 발전에 큰 영향을 끼쳤다.

□□□
0556 밑줄 친 '이 사람'에 대한 설명으로 옳은 것은?

2016년 국가직 9급

> 이 사람은 34세에 문과에 급제하여 관직 생활을 시작하였지만 곧 모친상을 당하여 3년간 상복을 입었다. 삼년상이 끝나고 관직에 복귀하였으나 을사사화 등으로 조정이 어지러워지자 이내 관직 생활의 뜻을 접고, 1546년 40대 중반의 나이에 향리로 퇴거하여 학문 연구에 전념하였다. 이후 경상도 풍기군수로 있으면서 주세붕이 창설한 백운동 서원에 대한 사액을 청원하여 실현을 보게 되었으니, 이것이 조선 왕조 최초의 사액 서원인 '소수 서원'이다.

① 서리망국론을 부르짖으며 당시 서리의 폐단을 강력하게 비판하였다.
② 아홉 차례의 과거 시험에 모두 장원하여 구도장원공이라는 별칭을 얻었다.
③ 주희의 성리설을 받아들였으며, 이기철학에서 이(理)의 절대성을 주장하였다.
④ 우주 자연은 기(氣)로 구성되어 있으며, 기는 영원불멸하면서 생명을 낳는다고 보았다.

문항	번호				틀린 이유
0552	①	②	③	④	
0553	①	②	③	④	
0554	①	②	③	④	
0555	①	②	③	④	
0556	①	②	③	④	

해설

0552 ① 조선의 공예는 실용과 검소를 중요시하여 왕실이나 선비들의 생활용품이나 문방구 등도 이전에 비해 한층 검소해졌다. 또한 주로 나무와 같은 비교적 평범한 재료가 공예품의 재료로 이용되었다.

오답노트 ② 고려 말에 나타난 분청사기는 조선 초기에 유행하였으나, 16세기부터 세련된 백자가 본격적으로 생산되면서 그 생산이 줄어들었다. ③ 문장이 뒤바뀌었다. 조선 초기에는 사원 위주의 고려 건축과는 달리, 궁궐, 관아, 성문, 학교 등이 건축의 중심이 되었다. ④ 서예는 양반이라면 누구나 터득해야 할 필수 교양이었기 때문에 기피 대상이 아니었다.

0553 제시된 자료의 밑줄 친 '그'는 조선의 성리학자인 이황을 일컫는다. ④ 이황은 『성학십도』를 저술하여 군주 스스로가 성학을 따를 것을 제시하였다.

오답노트 ① 이이의 학통은 조헌, 김장생 등으로 이어져서 기호학파를 형성하였다. ② 정제두에 대한 설명이다. ③ 이이는 『성학집요』를 통해 현명한 신하가 성학을 군주에게 가르쳐 그 기질을 변화시켜야 한다고 주장하였다.

0554 제시된 자료는 이황이 선조에게 바친 『성학십도』로, 군주의 수기와 치인의 실천을 소극적으로 권유한 것이다. ① 이황의 사상은 일본 성리학의 발전에 큰 영향을 미쳤다.

오답노트 ② 이이·유성룡 등은 방납의 폐단을 개선하기 위해 공물을 쌀로 거두자는 수미법을 주장하였다. ③ 노장 사상에 포용적이었던 조식은 학문의 실천성을 특히 강조하였고, 경(敬)과 의(義)를 근본으로 삼았다. ④ 이황은 『전습록변』에서 양명학을 이단으로 간주하였다.

0555 밑줄 친 '이 사람'은 조식이다. ① 서경덕과 조식의 문인들을 중심으로 북인이 형성되었다.

오답노트 ② 기대승, ③ 이이, ④ 이황에 대한 설명이다.

0556 밑줄 친 '이 사람'은 이황이다. ③ 이황은 주희의 성리설을 받아들였으며, 이존기비와 이기호발설을 주장하며 기에 대한 이의 우위를 분명히 하였다.

오답노트 ① 서리망국론은 조식이 주장하였다. ② '구도장원공'은 이이의 별칭이다. ④ 서경덕 등 주기론적 입장에 있는 학자들의 견해로 이황과는 관련이 없다.

Answer 0552 ① 0553 ④ 0554 ① 0555 ① 0556 ③

□□□

0557 다음은 사단칠정에 대한 어느 유학자의 견해이다. 〈보기〉에서 이 유학자에 대한 설명으로 옳은 것을 모두 고른 것은?

2015년 국가직 7급

유사 2018년 서울시 7급(상) / 2013년 경찰 2차

> • 사단의 발은 순리이므로 선하지 않음이 없고, 칠정의 발은 이기를 겸하였기 때문에 선악이 있다.
> • 사단은 이가 발함에 기가 따른 것이고, 칠정은 기가 발함에 이가 탄 것이다(理乘之). － 『논사단칠정서』

┌─ 보기 ┐

> ㉠ 이는 무형(無形)하지만 기는 유형하므로 이통기국(理通氣局)이라 주장하였다.
> ㉡ 간략한 해석을 곁들인 10개의 도형으로 성리학의 핵심 내용을 집성하여 왕에게 바쳤다.
> ㉢ 형이하의 현실 세계를 기의 능동성으로 파악하여 경세적으로는 경장(更張)을 강조하였다.
> ㉣ 도덕적 행위의 근거로서 인간의 심성을 중시하고 근본적이며 이상주의적인 성격이 강하였다.

① ㉠, ㉢   ② ㉠, ㉣

③ ㉡, ㉢   ④ ㉡, ㉣

대표 유형

□□□

0558 밑줄 친 '저'에 대한 설명으로 옳은 것은?

2022년 지방직 9급

> 올해 초가을에 비로소 저는 책을 완성하여 그 이름을 『성학집요』라고 하였습니다. 이 책에는 임금이 공부해야 할 내용과 방법, 정치하는 방법, 덕을 쌓아 실천하는 방법과 백성을 새롭게 하는 방법이 실려 있습니다. 또한 작은 것을 미루어 큰 것을 알게 하고 이것을 미루어 저것을 밝혔으니, 천하의 이치가 여기에서 벗어나지 않을 것입니다. 따라서 이것은 저의 글이 아니라 성현의 글이옵니다.

① 예안향약을 만들었다.
② 『동호문답』을 저술하였다.
③ 백운동 서원을 건립하였다.
④ 왕자의 난 때 죽임을 당했다.

□□□

0559 다음 건축물과 관련 있는 학자에 대한 설명으로 옳은 것은?

2020년 소방직 9급

▲ 오죽헌   ▲ 자운 서원

① 『주자서절요』를 저술하였다.
② 양명학을 수용하여 강화학파를 형성하였다.
③ 주자의 학설을 비판하여 사문난적으로 몰렸다.
④ 이(理)는 두루 통하고 기(氣)는 국한된다고 하였다.

□□□

0560 〈보기〉의 인물 ㉠에 대한 설명으로 가장 옳은 것은?

2019년 서울시 7급(상)

유사 2010년 지방직 7급

┌─ 보기 ┐

> 명나라 사신 왕경민이 "항상 기자가 동쪽으로 온 사적에 대해 알 수 없는 것이 한스럽다. 조선에 기록된 것이 있으면 보고 싶다."라고 하니, ▢㉠▢이(가) 전에 본인이 저술한 『기자실기』를 주었다.

① 백운동 서원에 소수 서원이라는 편액을 하사받도록 하였다.
② 『성학집요』와 『격몽요결』 등을 집필하였다.
③ 유성룡, 김성일, 장현광 등 주로 영남 학자들에게 그의 학설이 계승되었다.
④ 일평생 처사로 지내며 독창적인 유기 철학을 수립하였다.

0561 밑줄 친 '이 책'의 저자에 대한 설명으로 옳은 것은?

2017년 서울시 9급

유사 2017년 서울시 사복직 9급 / 2017년 교행직 9급

> 이 책은 왕과 사대부를 위해 왕도 정치의 규범을 체계화한 것으로 통설, 수기, 정가, 위정, 성현도통 등으로 구성되어 있다. 이 책은 성리학의 정치 이론서인 『대학연의』를 보완함으로써 조선의 사상계에 널리 영향을 미쳤다.

① 경과 의를 근본으로 하는 실천적 성리학풍을 강조하였다.
② 기대승과 8차례 편지를 통해 4단과 7정에 대한 논쟁을 벌였다.
③ 이보다 기를 중심으로 세계를 이해하고 노장사상에 개방적이었다.
④ 사림이 추구하는 왕도 정치가 기자에서 시작되었다는 평가를 담은 『기자실기』를 저술하였다.

0562 다음의 사상적 태도를 취하는 학파에 대한 설명으로 가장 적절한 것은?

2008년 국가직 9급

> 이(理)와 기(氣)는 논리적으로 구분할 수 있지만 현실적으로 분리시킬 수 있는 것은 아니며, 모든 사물에 있어 이는 기의 주재 역할을 하고 기는 이의 재료가 된다는 점에서 양자는 불리(不離)의 관계에 있다. …(중략)… 일물(一物)이 아닌 까닭에 일이면서 이요, 이물(二物)이 아닌 까닭에 이이면서 일이다.

① 도덕적 신념과 그것의 실천을 강조한 동인(東人)들이 주도하였다.
② 임진왜란 이후 일본에 전해져 근세 일본 유학 형성에 영향을 끼쳤다.
③ 앎이 있으면 행함이 있다는 지행합일(知行合一)의 실천성을 중시하였다.
④ 관념적 도덕 세계와 경험적 현실 세계를 함께 존중하는 철학 체계를 수립하였다.

문항	번호				틀린 이유
0557	①	②	③	④	
0558	①	②	③	④	
0559	①	②	③	④	
0560	①	②	③	④	
0561	①	②	③	④	
0562	①	②	③	④	

해설

0557 제시된 자료의 주장은 이황의 견해이다. ⓒ 이황은 성리학의 요체를 도표와 곁들여 설명한 『성학십도』를 저술하여 선조에게 바쳤다. ⓔ 이황의 학풍은 도덕적 행위의 근거로서 인간의 심성을 중시하고, 근본적이며 이상주의적인 성격이 강하였다.

오답노트 ㉠ 만물의 보편성(이)과 특수성(기)을 모두 강조한 이통기국론을 주장한 유학자는 이이이다. ⓒ 이이는 변법경장을 강조하여 경제가 안정되어야 도덕이 피어날 수 있다고 주장하였다.

0558 제시된 자료는 이이가 저술한 『성학집요』와 관련된 내용이다. ② 이이는 『동호문답』을 저술하여 당대의 현실 문제를 문답식으로 논하였다.

오답노트 ① 이황에 대한 설명이다. 이황은 예안향약을 만들었고, 이이는 해주향약과 서원향약을 만들어 보급하였다. ③ 주세붕에 대한 설명이다. ④ 정도전, 남은 등에 대한 설명이다.

0559 오죽헌은 이이가 태어난 곳으로, 신사임당의 친정인 강릉에 있다. 그리고 경기도 파주에 위치한 자운 서원은 이이의 학문과 덕행을 추모하기 위해 세운 것으로 이이를 제사지낸다. 따라서 오죽헌, 자운 서원과 관련 있는 학자는 율곡 이이이다. ④ 이이가 주장한 이통기국론에 대한 설명이다. 이이는 이(理)는 사물이 두루 통하는 보편성이고 기(氣)는 사물의 성질을 제한하는 특수성이라고 주장하였다.

오답노트 ① 이황, ② 정제두, ③ 박세당, 윤휴 등에 대한 설명이다.

0560 ㉠은 『기자실기』를 저술한 이이이다. ② 이이는 『성학집요』를 저술하여 왕에게 바쳤으며, 처음 글을 배우는 이들을 위한 입문 교재로 『격몽요결』을 저술하였다.

오답노트 ①,③ 이황, ④ 서경덕에 대한 설명이다.

0561 밑줄 친 '이 책'은 이이의 『성학집요』이다. 『성학집요』는 대학의 본뜻에 의거하여 성현의 말씀을 인용하고 설명한 책으로, 통설(通說), 수기(修己), 정가(正家), 위정(爲政), 성현도통(聖賢道統)으로 구성되어 있다. ④ 『기자실기』는 이이가 편찬한 존화주의적 성격의 사서로, 사림에서 중시하는 기자를 공자와 같은 성인으로 추앙하였다.

오답노트 ① 조식, ② 이황, ③ 서경덕에 대한 설명이다.

0562 제시된 자료는 율곡 이이가 주장한 일원론적 이기이원론의 내용이다. ④ 이이는 이황에 비하여 상대적으로 기의 역할을 강조하여 현실적이며 개혁적인 성격을 가지고 있었다.

오답노트 ①,② 이황의 성리학에 관한 설명이다. ③ 양명학에 관한 설명이다.

Answer 0557 ④ 0558 ② 0559 ④ 0560 ② 0561 ④ 0562 ④

대표
유형

□□□

0563 (가)와 (나)의 인물에 대한 설명으로 옳은 것은?

2013년 지방직 9급

유사 2020년 경찰간부 / 2015년 법원직 9급 / 2013년 서울시 9급 /
2013년 기상직 9급 / 2009년 법원직 9급

> (가) 주자의 이론에 조선의 현실을 반영하여 나름대로의 체
> 계를 세우고자 하였다. 그의 사상은 도덕적 행위의 근
> 거로서 인간 심성을 중시하고, 근본적이며 이상주의적
> 인 성격이 강하였다. 대표적인 저서로 『성학십도』가
> 있다.
> (나) 현실적이며 개혁적인 성격을 가지고 있었다. 그는 『성
> 학집요』 등을 저술하여 16세기 조선 사회의 모순을 극
> 복하는 방안으로 통치 체제의 정비와 수취 제도의 개
> 혁 등 다양한 개혁 방안을 제시하였다.

① (가)의 사상은 일본 성리학 발전에 영향을 끼쳤다.
② (가)는 도학의 입문서인 『격몽요결』을 저술하였다.
③ (나)는 왕에게 주청하여 소수 서원이라는 편액을 하사받
았다.
④ (나)는 향촌 사회의 도덕적 질서를 안정시키기 위해 예안
향약을 만들었다.

□□□

고난도

0564 조선 성리학의 학설이나 동향을 시기순으로 바르게 나열한 것은?

2018년 국가직 9급

> ㉠ 현실 세계를 구성하는 기를 중시하여 경장(更張)을 주장
> 하였다.
> ㉡ 우주를 무한하고 영원한 기로 보는 태허(太虛)설을 제기
> 하였다.
> ㉢ 정지운의 「천명도」 해석을 둘러싸고 사단칠정 논쟁이
> 시작되었다.
> ㉣ 향약 보급 운동과 함께 일상에서의 실천 윤리가 담긴 『소
> 학』을 중시하였다.

① ㉡ - ㉠ - ㉣ - ㉢   ② ㉡ - ㉣ - ㉠ - ㉢
③ ㉣ - ㉡ - ㉢ - ㉠   ④ ㉣ - ㉢ - ㉡ - ㉠

□□□

0565 조선 시대 성리학에 대한 설명으로 가장 적절한 것은?

2015년 경찰 1차

유사 2016년 경찰 1차 / 2012년 서울시 9급 / 2012년 기상직 9급

① 서경덕은 기(氣)보다는 이(理)를 중심으로 세계를 이해하고
불교와 노장 사상에 대해서 개방적인 태도를 지녔다.
② 이황은 『성학집요』를 저술하여 군주 스스로가 성학을
따를 것을 제시하였다.
③ 이이는 『주자서절요』, 『동호문답』을 저술하여 16세기 조선
사회의 모순을 극복하는 방안으로 통치 체제의 정비와
수취 제도의 개혁 등 다양한 개혁 방안을 제시하였다.
④ 이언적은 기(氣)보다는 이(理)를 중심으로 자신의 이론을
전개하여 후대에 큰 영향을 끼쳤다.

대표
유형

□□□

0566 세계 유산으로 등재된 것이 아닌 것은? (2019년 12월 31일 기준)

2020년 지방직 9급

① 종묘   ② 화성
③ 한양 도성   ④ 남한산성

□□□

0567 2018년 현재까지 유네스코에서 제정한 한국의 세계 기록 유산이 아닌 기록물은?

2018년 서울시 7급[상]

① 왕의 비서실인 승정원에서 일지 형식으로 쓴 기록

② 박지원이 청나라를 다녀온 후에 기록한 기행문

③ 조선 시대 유학자들의 저작물을 간행하기 위해 판각한 책판

④ 조선 왕실 주요 행사를 기록하고 필요한 경우 그림을 넣은 책

□□□

0568 유네스코 '세계 기록 유산'에 등재된 것만을 모두 고른 것은?

2017년 국가직 7급

유사 2015년 지방직 7급 / 2015년 서울시 9급 / 2012년 경찰간부

ㄱ. 『일성록』
ㄴ. 『난중일기』
ㄷ. 『비변사등록』
ㄹ. 『승정원일기』
ㅁ. 한국의 유교 책판

---

① ㄱ, ㄴ

② ㄱ, ㄴ, ㄹ

③ ㄱ, ㄴ, ㄹ, ㅁ

④ ㄱ, ㄴ, ㄷ, ㄹ, ㅁ

문항	번호				틀린 이유
0563	①	②	③	④	
0564	①	②	③	④	
0565	①	②	③	④	
0566	①	②	③	④	
0567	①	②	③	④	
0568	①	②	③	④	

해설

0563 (가)는 이황, (나)는 이이에 대한 내용이다. ① 이황의 사상은 조선뿐만 아니라 왜란 이후 일본 성리학 발전에 큰 영향을 끼쳤다.

오답노트 ② 이이는 『격몽요결』을 저술하여 학문을 시작하는 아동과 청소년들의 학문하는 태도를 논하였다. ③ 중종 대에 풍기군수 주세붕이 우리나라 최초로 백운동 서원을 세웠는데, 명종 때 이황이 사액을 받아 소수 서원이 되었다. ④ 향약은 중종 대의 사림인 조광조가 최초로 실시한 이후 점차 확대되었는데, 이황의 예안향약, 이이의 해주향약과 서원향약 등이 유명하다.

0564 ㄱ. 향약의 보급과 『소학』 중시는 조광조를 비롯한 사림에 대한 설명으로, 중종 즉위 초(16세기 초)의 일이다. ㄴ. 서경덕의 유기 철학에 대한 설명이다. 서경덕은 중종 말기(1544)에 발표한 '태허(太虛)설'에서 우주 공간은 비어있으면서도 비어있지 않고 영원불멸한 무한의 존재라고 보았는데, 이때 그 우주를 구성하는 존재가 기(氣)라고 주장했다. ㄷ. 이황과 기대승의 사단칠정 논쟁이 시작된 것은 명종 때인 1559년부터이다. ㄹ. 16세기 중반 이후, 사화와 정여립의 난 등으로 나라가 어려워지자 이이는 나라의 정신과 문화를 다시 바로잡아서 국가를 재정비하자는 경장(更張)론을 주장했는데, 이를 위해서는 현실 세계를 구성하는 기(氣)가 중요하다고 보았다. 선조 때 이이는 저서 『성학집요』 등에서 이러한 내용을 주장하였다.

0565 ④ 이언적은 기(氣)보다는 이(理)를 중심으로 자신의 이론을 전개하여 후대에 큰 영향을 끼쳤다.

오답노트 ① 서경덕은 이와 기를 일원적으로 보는 기일원론의 선구자로, 이(理)보다는 기(氣)를 중심으로 세계를 이해하고, 불교와 노장사상에 대해 개방적인 태도를 지녔다. ② 이황은 성리학의 요체를 도표와 곁들여 설명한 『성학십도』를 저술하였다. 『성학집요』는 이이의 저서이다. ③ 『주자서절요』는 이황의 저서이다.

0566 ③ 문화재청은 한양 도성을 유네스코 세계 문화유산으로 등재하려고 노력했으나 보류되어, 등재에 실패하였다.

오답노트 ① 종묘는 1995년 유네스코 세계 문화유산으로 등재되었다. ② 수원 화성이 유네스코 세계 문화 유산으로 등재된 것은 1997년의 일이다. ④ 남한산성은 2014년 유네스코 세계 문화유산으로 등재되었다.

0567 ② 박지원의 『열하일기』는 유네스코 세계 기록 유산으로 등재되지 않았다.

오답노트 2018년까지 등재된 한국의 유네스코 세계 기록 유산으로는 훈민정음, 『조선왕조실록』, 『직지심체요절』, 『승정원일기』, 조선왕조의궤, 고려대장경판 및 제경판, 『동의보감』, 『일성록』, 5·18 민주화 운동 기록물, 『난중일기』, 새마을 운동 기록물, KBS 특별 생방송 '이산가족을 찾습니다.' 기록물, 한국의 유교 책판, 국채 보상 운동 기록물, 조선 통신사에 대한 기록물, 조선 왕실 어보와 어책이 있다. ① 『승정원일기』, ③ 한국의 유교 책판, ④ 조선왕조의궤에 대한 설명이다.

0568 ㄱ. 『일성록』은 2011년, ㄴ. 『난중일기』는 2013년, ㄹ. 『승정원일기』는 2001년, ㅁ. 한국의 유교 책판은 2015년에 유네스코 세계 기록 유산에 등재되었다.

오답노트 ㄷ. 『비변사등록』은 유네스코 세계 기록 유산에 등재되지 않았다.

Answer 0563 ① 0564 ③ 0565 ④ 0566 ③ 0567 ② 0568 ③

□□□

0569 다음 중 유네스코에 등재된 우리나라의 세계 문화 유산은 모두 몇 개인가?

2012년 경찰 1차

㉠ 석굴암
㉡ 종묘
㉢ 해인사 장경판전
㉣ 수원 화성
㉤ 경복궁
㉥ 경주 역사 유적 지구

① 3개   ② 4개

③ 5개   ④ 6개

문항	번호				틀린 이유
0569	①	②	③	④	

해설

0569 유네스코에서 지정한 우리나라의 세계 문화유산은 현재 총 16개이다[석굴암과 불국사, 해인사 장경판전, 종묘(1995), 창덕궁, 수원 화성(1997), 경주 역사 유적 지구, 고인돌 유적지(2000), 제주 화산섬과 용암 동굴(2007), 조선 왕릉(2009), 안동 하회 마을과 경주 양동 마을(2010), 남한산성(2014), 백제 역사 유적 지구(2015), 산사·한국의 산지 승원(2018), 한국의 서원(2019), 한국의 갯벌(2021), 가야 고분군(2023)].

오답노트 경복궁은 서울특별시 종로구에 있는 조선 시대의 정궁(正宮)으로, 유네스코 세계 문화유산으로 등재되지 않았다.

Answer   0569 ③

Part

05

근대 태동기의 발전

노범석 한국사
기출문제 1100제

CHAPTER 01 근대 태동기의 정치

TOP 01 | 22회 출제 | 탕평 정치

2015	2016	2017	2018	2019	2020	2021	2022	2023	2024
• 국가 9	• 지방 9	• 경찰	• 국가 9	• 국가 9	• 법원 9	• 지방 9	• 국가 9		• 법원 9
• 경찰	• 경찰	• 교행 9		• 법원 9	• 경찰(2)		• 지방 9		
• 교행 9	• 사복 9			• 경찰(2)	• 소방 9		• 법원 9		

TOP 02 | 12회 출제 | 통치 체제의 개편

2015	2016	2017	2018	2019	2020	2021	2022	2023	2024
• 경찰	• 법원 9	• 지방 9	• 지방 9	• 경찰		• 소방	• 서울 9		• 국가 9
			• 서울 9[상]						
			• 서울 9						
			• 법원 9						
			• 경찰						

TOP 03 | 5회 출제 | 붕당 정치의 변질과 환국

2015	2016	2017	2018	2019	2020	2021	2022	2023	2024
	• 경찰		• 경찰		• 지방 9	• 법원 9	• 소방		

통치 체제의 개편

□□□

0570 다음 관청에 대한 설명으로 옳지 않은 것은?

2020년 국가직 7급

> 중앙과 지방의 군국 기무를 모두 관장한다. …(중략)… 도제조(都提調)는 현임과 전임 의정이 겸임한다. 제조는 정수가 없으며, 왕에게 아뢰어 차출하되 이조·호조·예조·병조·형조의 판서, 훈련도감과 어영청의 대장, 개성·강화의 유수(留守), 대제학이 예겸(例兼)한다. 4명은 유사당상(有司堂上)이라 부르고 부제조가 있으면 예겸하게 한다. 8명은 팔도구관당상(八道句管堂上)을 겸임한다.
> ─『속대전』

① 삼포왜란 중에 상설화되었다.

② 흥선 대원군 집권 시기에 사실상 폐지되었다.

③ 본래 외적의 침입에 대비한 임시 기구였다.

④ 임진왜란을 계기로 군사 및 정무 전반을 관할하였다.

□□□

0571 밑줄 친 '이 기구'에 대한 설명으로 옳은 것은?

2019년 경찰 1차

유사 2022년 서울시 9급 / 2021년 소방직 / 2018년 서울시 9급 / 2016년 법원직 9급 / 2014년 경찰 1차 / 2013년 경찰 1차 / 2006년 법원직 9급

> 김익희가 상소하여 말하기를, "요즘 이 기구가 큰일이건 작은 일이건 모두 취급합니다. 의정부는 한갓 겉이름만 지니고 육조는 할 일을 모두 빼앗기고 말았습니다. 이름은 '변방을 담당하는 것'이라고 하면서 과거에 대한 판정이나 비빈 간택까지도 모두 여기서 합니다."라고 하였다.

① 왜구의 침입에 대비하여 16세기 초 상설 기구로 설치되었다.

② 안동 김씨와 풍양 조씨 등에 의한 세도 정치 시기에 기능이 크게 약화되었다.

③ 흥선 대원군 때 완전히 폐지되었다.

④ 의정부를 견제하고 왕권을 강화하는 역할을 하였다.

문항	번호				틀린 이유
0570	①	②	③	④	
0571	①	②	③	④	

해설

0570 제시된 자료는 비변사의 구성원에 관련된 내용이다. ① 비변사는 삼포왜란 때 설치되었으며, 명종 때 을묘왜변을 계기로 상설 기구로 운영되기 시작하였다.

오답노트 ② 비변사는 흥선 대원군 집권기에 사실상 폐지되었다. ③ 비변사는 여진족과 왜구의 침략에 대비하기 위해 임시 회의 기구로 설치되었다. ④ 비변사는 임진왜란을 거치면서 군사 문제뿐 아니라 외교·재정·사회·인사 문제 등 거의 모든 정무를 담당하였다.

0571 제시된 자료는 비변사의 기능 강화에 대해 비판하는 내용으로, 밑줄 친 '이 기구'는 비변사이다. ③ 비변사는 흥선 대원군 때 사실상 폐지되었다.

오답노트 ① 비변사는 16세기 초 상설 기구가 아니라 임시 회의 기구로 설치되었다. 이후 16세기 중엽 명종 때 을묘왜변을 계기로 비변사가 상설 기구로 운영되기 시작하였다. ② 세도 정치 시기에 비변사의 기능은 한층 더 강화되었다. ④ 비변사의 기능 강화로 의정부와 6조 중심의 행정 체계는 유명무실화되었고, 왕권은 약화되었다.

Answer 0570 ① 0571 ③

대표유형

□□□

0572 다음 군사 조직에 대한 설명으로 가장 옳은 것은?

2018년 법원직 9급

> 국왕의 행차가 서울로 돌아왔으나, …(중략)… 이때에 임금께서 도감을 설치하여 군사를 훈련시키라고 명하시고 나를 그 책임자로 삼으시므로, …(중략)… 얼마 안 되어 수천 명을 얻어 조총 쏘는 법과 창, 칼 쓰는 기술을 가르치게 하였다. 또 당번을 정하여 궁중을 숙직하게 하고, 국왕의 행차가 있을 때 이들로써 호위하게 하니 민심이 점차 안정되었다.
>
> — 『서애집』

① 갑사와 정군으로 구성되었다.
② 포수, 사수, 살수로 조직되었다.
③ 제승방략 체제에 맞는 군사 조직이었다.
④ 신분 구분 없이 노비에서 양반까지 편성되었다.

□□□

0573 (가)~(라)를 시기순으로 바르게 나열한 것은?

2024년 국가직 9급

> (가) 13도 창의군이 결성되었다.
> (나) 지방군은 10정으로 조직하였다.
> (다) 친위 부대인 장용영을 설치하였다.
> (라) 중앙군은 2군 6위제로 운영하였다.

① (나) → (라) → (가) → (다)
② (나) → (라) → (다) → (가)
③ (라) → (나) → (가) → (다)
④ (라) → (나) → (다) → (가)

□□□

0574 밑줄 친 '대의(大義)'를 이루기 위해 효종이 한 일로 옳은 것은?

2018년 지방직 9급

유사 2018년 지방직 7급 / 2017년 국가직 7급

> 병자년 일이 완연히 어제와 같은데, 날은 저물고 갈 길은 멀다고 하셨던 성조의 하교를 생각하니 나도 모르게 눈물이 솟는구나. 사람들은 그것을 점점 당연한 일처럼 잊어가고 있고 대의(大義)에 대한 관심도 점점 희미해져 북녘 오랑캐를 가죽과 비단으로 섬겼던 일을 부끄럽게 생각지 않고 있으니 그것을 생각한다면 그 아니 가슴 아픈 일인가.
>
> — 『조선왕조실록』

① 남한산성을 복구하고 어영청을 확대하였다.
② 훈련별대를 정초군과 통합하여 금위영을 발족시켰다.
③ 명과 후금 사이에서 실리를 추구하는 중립 외교 정책을 펼쳤다.
④ 호위청, 총융청, 수어청 등의 부대를 창설하여 국방력을 강화하였다.

□□□

0575 〈보기〉의 조선 시대의 국방 정책을 시간 순으로 바르게 나열한 것은?

2018년 서울시 9급

[보기]

> ㉠ 서울 주변의 4유수부가 서울을 엄호하는 체제를 구축하였다.
> ㉡ 금위영을 발족시켜 5군영 제도가 성립되었다.
> ㉢ 하멜이 가져온 조총 기술을 도입하여 서양식 무기를 제조하였다.
> ㉣ 수도 방어 체계를 강화하고 「수성윤음」을 반포하였다.

① ㉠ - ㉡ - ㉢ - ㉣   ② ㉡ - ㉣ - ㉠ - ㉢
③ ㉢ - ㉡ - ㉣ - ㉠   ④ ㉣ - ㉢ - ㉠ - ㉡

□□□

0576 군사 제도가 실시된 시기순으로 바르게 나열한 것은?

2017년 지방직 9급

유사 2008년 지방직 7급

	중앙	지방
㉠	9서당	10정
㉡	5위	진관 체제
㉢	5군영	속오군
㉣	2군과 6위	주현군과 주진군

① ㉠ - ㉡ - ㉢ - ㉣   ② ㉠ - ㉣ - ㉡ - ㉢

③ ㉡ - ㉠ - ㉢ - ㉣   ④ ㉡ - ㉣ - ㉠ - ㉢

□□□

0577 다음 군사 기구에 대한 설명으로 옳은 것은?

2010년 서울시 9급 변형

유사 2012년 국가직 7급

가. 임진왜란 때 왜군의 조총에 대항하기 위해서 설치되었다.
나. 포수, 사수, 살수의 삼수병으로 편제되었다.

① 후금과 항쟁 과정에서 폐지되었다.
② 지방 방어 체제의 강화를 위해 설치되었다.
③ 양반에서부터 노비에 이르기까지 편제되었다.
④ 장기간 근무를 하고 일정한 급료를 받는 상비군이었다.

문항	번호				틀린 이유
0572	①	②	③	④	
0573	①	②	③	④	
0574	①	②	③	④	
0575	①	②	③	④	
0576	①	②	③	④	
0577	①	②	③	④	

해설

0572 제시된 자료의 군사 조직은 훈련도감에 대한 설명이다. ② 훈련도감은 포수·사수·살수의 삼수병으로 편제되었다.

오답노트 ① 조선 전기의 중앙군인 5위에 대한 설명이다. ③ 훈련도감은 중앙군이었기 때문에 지방의 방위 체제인 제승방략 체제와는 관련이 없다. ④ 속오군에 대한 설명이다.

0573 (나) 통일 신라 때의 지방군 제도에 대한 설명이다. (라) 2군 6위는 고려의 중앙군이다. (다) 조선 후기인 정조 때의 일이다. (가) 근대 시기인 순종 재위 기간의 일이다. 정미의병 때 1만여 명의 의병들은 총대장에 이인영, 군사장에 허위를 추대하고 13도 창의군을 결성하였다.

0574 제시된 자료의 밑줄 친 '대의'는 북벌을 뜻한다. ① 효종은 북벌을 위해 남한산성을 복구하고 인조 때 설치된 어영청의 규모를 2만여 명까지 확대하였다.

오답노트 ② 숙종 때 병조 산하의 정초군과 훈련도감의 별대가 통합되어 금위영이 설치되었다. ③ 광해군, ④ 인조에 대한 설명이다.

0575 ㉢ 하멜에 의해 조총 기술을 도입한 것은 효종 때의 사실이다. ㉡ 금위영이 설치된 것은 숙종 때의 사실이다. ㉣ 「수성윤음」을 반포한 것은 영조 때의 사실이다. ㉠ 정조 때 수원에 유수부가 설치되면서 강화·개성·광주(경기)·수원의 4유수부 체제가 완성되었다.

0576 ㉠ 9서당 10정은 통일 신라 시대의 군사 제도이다. ㉣ 고려는 중앙에는 2군 6위를, 지방에는 주현군과 주진군을 두었다. ㉡ 조선 전기에는 중앙군으로 5위를 두었으며, 지방의 기본 방어 체제로는 진관 체제를 실시하였다. ㉢ 조선 후기에 들어와 중앙군으로는 5군영, 지방군으로는 속오군이 편성되었다.

0577 제시된 자료는 훈련도감에 대해 설명하고 있다. ④ 훈련도감은 장기간 복무하면서 일정한 급료를 받는 상비군이었다.

오답노트 ① 훈련도감을 비롯한 5군영은 1881년에 무위영과 장어영으로 통합되었다. ② 훈련도감은 지방이 아니라 수도인 한양 도성을 방어하는 역할을 담당했다. ③ 속오군에 대한 설명이다.

Answer   0572 ②   0573 ②   0574 ①   0575 ③   0576 ②   0577 ④

붕당 정치의 변질과 탕평 정치

□□□

0578 (가)와 (나) 사이의 시기에 있었던 일로 옳은 것은?

2020년 지방직 9급
유사 2018년 경찰 2차

> (가) 남인들이 대거 관직에서 쫓겨나고 허적과 윤휴 등이
> 처형되었다.
> (나) 인현왕후가 복위되고 노론과 소론이 정계에 복귀하였다.

① 송시열과 김수항 등이 처형당하였다.
② 서인과 남인이 두 차례에 걸쳐 예송을 전개하였다.
③ 서인 정치에 한계를 느낀 정여립이 모반을 일으켰다.
④ 청의 요구에 따라 조총 부대를 영고탑으로 파견하였다.

□□□

0579 (가)와 (나) 사이의 시기에 있었던 사실로 옳은 것은?

2022년 소방직

> (가) 허적과 허견의 사가(私家)의 부가 왕실보다 많은 것은
> 백성의 피땀을 뽑아낸 물건이 아닌 것이 없으며, 복선군
> 이남은 집 재물이 허적과 허견보다 많으니, 지금 적몰
> 한 뒤에는 모두 백성을 구호해 주는 비용으로 돌리면
> 어찌 조정의 아름다운 뜻이 아니겠습니까.
> (나) 송시열은 산림의 영수로서 나라의 형세가 고단하고 약
> 하여 인심이 물결처럼 험난한 때에 감히 송의 철종을
> 끌어대어 오늘날 원자의 명호를 정한 것이 너무 이르
> 다고 하였으니, 이런 것을 그대로 두면 무도한 무리들
> 이 장차 연달아 일어날 것이니 당연히 멀리 내쫓아야
> 할 것이다.

① 서인이 정국을 주도하였다.
② 정여립 모반 사건이 발생하였다.
③ 노론이 연잉군의 세제 책봉을 주장하였다.
④ 자의대비의 복상 문제로 붕당 간 대립이 발생하였다.

□□□

0580 (가), (나)에 대한 설명으로 옳은 것을 〈보기〉에서
모두 고른 것은?

2021년 법원직 9급

> 숙종 때에 이르러 여러 차례 [(가)]이/가 발생하면서 붕
> 당 간의 대립은 더욱 격화되었다. 숙종은 집권 붕당이 바뀔
> 때마다 상대 당의 인사들을 정계에서 축출하였다. 숙종 말
> 년에 노론과 소론은 왕위 계승을 놓고 대립하였을 뿐만 아
> 니라 왕권을 위협하기까지 하였다. 이후 연이어 즉위한 영조
> 와 정조는 붕당 정치의 폐해를 줄이기 위해 [(나)]을/를
> 시행하였다.

〔 보기 〕
ㄱ. (가)에 들어갈 용어는 예송이다.
ㄴ. (나)에 들어갈 용어는 탕평책이다.
ㄷ. (가)의 과정에서 송시열이 죽임을 당하였다.
ㄹ. (나)의 정책을 펴기 위해 5군영을 설치하였다.

① ㄱ, ㄴ   ② ㄱ, ㄷ
③ ㄴ, ㄷ   ④ ㄴ, ㄹ

□□□

0581 〈보기〉의 조치를 시행한 국왕에 대한 설명으로 가장
옳은 것은?

2018년 서울시 7급
유사 2018년 서울시 7급[상]

〔 보기 〕
• 노산대군의 시호를 올리고 (중략) 묘호를 단종이라 하였다.
• 임금이 친히 명나라 신종 황제를 제사하였다.
• 충무공 이순신의 사우(祠宇)에 '현충'이라는 호를 내렸다.

① 왕권 강화를 위해 수시로 환국을 단행하였다.
② 수원에 새로운 성곽 도시인 화성을 건설하였다.
③ 명의 요청을 수용하여 중국에 원병을 파견하였다.
④ 백성들의 군역 부담 완화를 위해 균역법을 시행했다.

□□□

0582 다음은 조선 후기 붕당 정치의 전개 과정에서 일어난 사건들이다. 이 가운데 남인이 집권하는 계기가 된 사건들만을 모두 고른 것은?

2014년 지방직 7급

유사 2012년 경찰 2차 / 2009년 기상직 9급

㉠ 1차 예송 논쟁	㉡ 2차 예송 논쟁
㉢ 경신환국	㉣ 기사환국
㉤ 갑술환국	㉥ 이인좌의 난

① ㉠, ㉤

② ㉡, ㉣

③ ㉠, ㉢, ㉤

④ ㉡, ㉣, ㉥

대표 유형

□□□

0583 다음 정책을 시행한 왕에 대한 설명으로 옳은 것은?

2016년 지방직 9급

유사 2020년 소방직 9급

• 『속대전』을 편찬하여 법령을 정비하였다.
• 사형수에 대한 삼복법(三覆法)을 엄격하게 시행하였다.
• 신문고 제도를 부활시켜 백성들의 억울함을 풀어주고자 하였다.

① 신해통공을 단행해 상업 활동의 자유를 확대하였다.
② 삼정이정청을 설치해 농민의 불만을 해결하려 하였다.
③ 붕당의 폐단을 제거하기 위해 서원을 대폭 정리하였다.
④ 환곡제를 면민이 공동출자하여 운영하는 사창제로 전환하였다.

문항	번호				틀린 이유
0578	①	②	③	④	
0579	①	②	③	④	
0580	①	②	③	④	
0581	①	②	③	④	
0582	①	②	③	④	
0583	①	②	③	④	

해설

0578 (가)는 1680년 경신환국 때의 일이고, (나)는 1694년 갑술환국 때의 일이다. ① 1689년 숙종 때 세자 책봉 문제가 계기가 되어 기사환국이 일어났다. 이때 송시열과 김수항 등 노론의 핵심 인물들이 처형당하였다.

오답노트 ② 두 차례에 걸쳐 예송 논쟁이 일어난 것은 현종 때의 일이다. ③ 선조 때의 일이다. 선조 때 정여립은 대동계라는 비밀 결사를 조직하고 역성혁명을 도모하다 사전에 발각되어 진안 죽도에서 자살하였다. ④ 효종 때의 나선 정벌에 대한 설명이다. 청의 요청으로 효종 때 변급, 신유를 필두로 하여 두 차례에 걸쳐 수백 명의 조총 부대를 영고탑(지금의 지린성) 일대에 파병하였다.

0579 (가)는 숙종 때 일어난 경신환국(1680)과 관련된 내용이고, (나)는 숙종 때 일어난 기사환국(1689)에 대한 내용이다. ① 경신환국 이후 서인이 남인을 역모로 몰아 대거 축출하고 정권을 장악하였다.

오답노트 ② 선조 때의 일이다. ③ 경종 때의 일이다. ④ 현종 재위 기간에 발생한 예송 논쟁에 대한 설명이다.

0580 제시된 자료에서 (가)는 환국이고, (나)는 탕평책이다. ㉡ (나)에 들어갈 용어는 탕평책이다. 영조와 정조는 탕평책을 본격적으로 실시하여 붕당 사이의 심한 대립을 막고 균형을 유지하고자 하였다. ㉢ 숙종 때 일어난 기사환국의 결과, 세자 책봉에 반대하던 송시열이 죽임을 당하였다.

오답노트 ㉠ (가)에 들어갈 용어는 환국이다. 예송은 현종 때 상복 입는 기간을 문제로 하여 일어난 서인과 남인 간의 정치적인 다툼이었다. ㉣ 5군영의 설치와 탕평책의 전개는 관련이 없다. 오히려 주로 서인 측이 5군영을 장악하여 왕권을 견제하고, 정권을 계속 유지하고자 하였다.

0581 제시된 자료의 조치들은 모두 숙종 때 시행되었다. ① 숙종은 강력해진 붕당의 권력을 견제하고 왕권을 강화시키기 위한 조치로 환국을 여러 차례 단행하였다.

오답노트 ② 정조, ③ 광해군, ④ 영조에 대한 설명이다.

0582 ㉡ 2차 예송(갑인예송) 때는 남인의 1년설이 받아들여져 남인이 득세하게 되었다. ㉣ 숙종이 희빈 장씨가 낳은 왕자를 세자로 책봉하는 과정에서 이를 반대하던 서인은 몰락하고 남인이 재집권하였다. 이 과정에서 노론의 송시열과 김수항 등이 처형당하였다(기사환국).

오답노트 ㉠,㉢,㉤ 서인이 집권하는 계기가 된 사건들이다. ㉥ 영조 때 일부 소론과 남인이 이인좌의 난을 일으켰으나 진압되었다. 따라서 남인이 집권하는 계기가 된 사건으로 적절하지 않다.

0583 제시된 정책들은 영조 때 실시되었다. ③ 영조는 붕당을 약화시키기 위해서 공론의 주재자로 인식되던 산림의 존재를 인정하지 않았으며, 그들의 본거지인 서원을 대폭 정리하였다.

오답노트 ① 정조가 실시한 정책이다. ② 삼정이정청은 철종 때 설치되었다. ④ 흥선 대원군이 실시한 정책의 내용이다.

Answer 0578 ① 0579 ① 0580 ③ 0581 ① 0582 ② 0583 ③

PART 05

□□□
0584 밑줄 친 '나'가 국왕으로 재위하던 기간에 있었던 일은?

2022년 지방직 9급

> 팔순 동안 내가 한 일을 만약 나 자신에게 묻는다면 첫째는 탕평책인데, 스스로 '탕평'이란 두 글자가 부끄럽다. 둘째는 균역법인데, 그 효과가 승려에게까지 미쳤다. 셋째는 청계천 준설인데, 만세에 이어질 업적이다. …(하략)…
>
> ─ 『어제문업(御製問業)』

① 장용영이 창설되었다.
② 나선 정벌이 단행되었다.
③ 홍경래의 난이 발생하였다.
④ 『동국문헌비고』가 편찬되었다.

□□□
0586 다음은 조선의 어느 왕에 대한 시책문이다. 이 왕의 재위 기간에 있었던 일로 가장 적절한 것은?

2016년 경찰 1차

유사 2018년 서울시 7급 / 2013년 경찰간부 / 2012년 법원직 9급

> 적전(籍田)을 가는 쟁기를 잡으시니 근본을 중시하는 거동이 아름답고, 혹독한 형벌을 없애라는 명을 내리시니 살리기를 좋아하는 덕이 성대하였다. …(중략)… 정포(丁布)를 고루 줄이신 은혜로 말하면 천명을 받아 백성을 보전할 기회에 크게 부합되었거니와 위를 덜어 아래를 더하며 어염세(魚鹽稅)도 아울러 감면되고, 여자・남자가 기뻐하여 양잠・농경이 각각 제자리를 얻었습니다.

① 『속대전』을 편찬하여 법전 체계를 정리하였다.
② 신진 인물이나 중・하급 관리 중에서 유능한 인사를 재교육하는 초계문신 제도를 시행하였다.
③ 김육, 김상범의 노력으로 청나라를 통해 시헌력을 도입하였다.
④ 홍문관을 두어 관원 모두에게 경영관을 겸하게 함으로써 집현전을 계승하였다.

□□□
0585 밑줄 친 '그'에 대한 설명으로 옳은 것을 〈보기〉에서 모두 고른 것은?

2020년 법원직 9급

유사 2019년 서울시 9급

> 그는 균역법을 시행하여 백성들에게 큰 부담이 되었던 군역 부담을 줄여주었고, 형벌 제도를 개선하여 가혹한 형벌을 금지하였다.

┌ 보기 ┐
ㄱ. 청계천 정비   ㄴ. 『속대전』 편찬
ㄷ. 『탁지지』 편찬   ㄹ. 초계문신제 실시
└─────────────┘

① ㄱ, ㄴ   ② ㄱ, ㄷ
③ ㄴ, ㄷ   ④ ㄴ, ㄹ

□□□
0587 밑줄 친 '왕'의 업적으로 옳은 것은?

2016년 사회복지직 9급

유사 2020년 경찰 1차 / 2015년 국가직 9급 / 2014년 서울시 7급 / 2014년 법원직 9급 / 2013년 서울시 9급 / 2010년 법원직 9급

> 경연에서 신하들이 "붕당(朋黨)이 나누어지는 것은 전랑(銓郎)으로부터 비롯되었으므로 그 권한을 없애야 합니다."라고 하였다. 왕도 역시 이를 인정하여 이조 낭관(郎官)과 한림(翰林)들이 자신의 후임을 자천(自薦)하는 제도를 폐지하도록 명하였다. 그 결과 이조 전랑의 인사 권한이 축소되었다.

① 『속대전』, 『속오례의』 등을 편찬하였다.
② 주자소를 설치하고 계미자를 주조하였다.
③ 초계문신제를 시행하여 관리들을 재교육하였다.
④ 호포제를 실시하여 양반들에게도 군포를 징수하였다.

□□□
0588 다음 비문(碑文)을 세운 조선 후기 왕(王)의 활동에 대한 설명 중 가장 적절하지 않은 것은?

2013년 경찰 1차

유사 2013년 국가직 9급 / 2012년 경찰 3차 / 2009년 국가직 9급 / 2007년 국가직 7급

> 두루 하면서 무리 짓지 않는 것이 곧 군자의 공심이고
> (周而不比 乃君子之公心)
> 무리 짓고 두루 하지 않는 것은 바로 소인의 사심이다.
> (比而不周 寔小人之私心)

① 전국적인 지리지와 지도의 편찬을 활발하게 추진하여 『여지도서』, 동국여지도 등이 간행되었다.

② 당파의 옳고 그름을 명백히 가리는 적극적인 준론 탕평(峻論蕩平) 정책을 추진하였다.

③ 양역의 군포를 1필로 통일하는 균역법을 시행하였고, 「수성윤음」을 반포하여 수도 방어 체제를 개편하였다.

④ 국가의 문물 제도를 시의에 맞게 재정비하려는 목적으로 『속대전』, 『속오례의』, 『속병장도설』 등 많은 편찬 사업을 이룩하였다.

대표
유형

□□□
0589 밑줄 친 '왕'의 재위 기간에 있었던 사실로 옳은 것은?

2021년 지방직 9급

> 왕은 노론과 소론, 남인을 두루 등용하였으며 젊은 관료들을 재교육하기 위해 초계문신제를 시행하였다. 또 서얼 출신의 유능한 인사를 규장각 검서관으로 등용하였다.

① 동학이 창시되었다.

② 『대전회통』이 편찬되었다.

③ 신해통공이 시행되었다.

④ 홍경래의 난이 발생하였다.

문항	번호				틀린 이유
0584	①	②	③	④	
0585	①	②	③	④	
0586	①	②	③	④	
0587	①	②	③	④	
0588	①	②	③	④	
0589	①	②	③	④	

해설

0584 제시된 자료는 영조가 자신의 업적을 6가지로 정리하여 발표한 『어제문업』의 내용이다. 탕평, 균역법, 청계천 준설 등을 통해 해당 자료의 국왕이 영조임을 알 수 있다. ④ 『동국문헌비고』는 영조 때 왕명으로 편찬된 최초의 관찬 한국학 백과사전이다.

오답노트 ① 정조의 업적이다. ② 효종 때의 일이다. ③ 순조 때의 일이다.

0585 제시된 자료는 영조 때 실시된 정책에 대해 설명하고 있다. ㉠ 영조 때 서울 시민의 자발적인 협조를 얻어 청계천을 준설하여 도시를 재정비하였다. ㉡ 영조 때 『속대전』을 편찬하여 법전 체계를 정비하였다.

오답노트 ㉢ 정조 때 『탁지지』를 편찬하여 호조(재정 업무를 담당한 중앙 관청)의 모든 사례를 정리하였다. ㉣ 초계문신제는 정조 때 실시한 정책이다.

0586 제시된 자료는 영조 대왕 시책문이다. ① 영조 때 『속대전』을 편찬하여 법전 체계를 정비하였다.

오답노트 ② 정조 때의 일이다. ③ 효종 때이다. ④ 조선 성종 때이다.

0587 제시된 자료의 밑줄 친 '왕'은 영조이다. ① 영조 때 『속대전』을 편찬하여 법전 체계를 정비했으며, 『속오례의』를 편찬하여 기존의 『국조오례의』를 수정 및 증보하였다.

오답노트 ② 태종, ③ 정조에 대한 설명이다. ④ 흥선 대원군 집권기에 추진된 정책이다.

0588 제시된 비문은 조선 영조 대 제작된 '탕평비'의 일부이다. ② 정조에 대한 설명이다. 정조는 각 당파의 의견을 수렴하여 시비를 명백히 가리는 준론 탕평을 통해 국정을 운영하였다.

오답노트 ①,③,④ 영조 때의 역사적 사실들에 대한 설명이다.

0589 제시된 자료는 조선 후기 정조의 업적들을 설명하고 있다. ③ 정조 때 육의전을 제외한 시전 상인의 금난전권을 폐지하는 통공 정책(1791)을 실시하였다(신해통공).

오답노트 ① 동학은 철종 때인 1860년에 경주 출신인 최제우가 창시하였다. ② 『대전회통』은 흥선 대원군 때 편찬되었다. ④ 홍경래의 난은 순조 때 발생하였다.

Answer 0584 ④ 0585 ① 0586 ① 0587 ① 0588 ② 0589 ③

□□□
0590 밑줄 친 '국왕'에 대한 설명으로 가장 옳지 않은 것은?

2024년 법원직 9급

> 국왕은 현륭원(顯隆園)을 수원에 봉안하고 1년에 한 번씩 참배할 준비를 하였다. 옛 규례에는 한강을 건널 때 용배[龍舟]를 사용하였으나, 그 방법이 불편한 점이 많다 하여 배다리의 제도로 개정하고 묘당으로 하여금 그 세목을 만들어 올리게 하였다. 그러나 뜻에 맞지 않았기에 국왕은 주교지남(舟橋指南)을 편찬하였다.

① 탕평비를 세웠다.
② 장용영을 설치하였다.
③ 무예도보통지를 간행하였다.
④ 초계문신 제도를 시행하였다.

□□□
0591 다음 ㉠~㉢의 인물들이 행한 일로 가장 적절한 것은?

2020년 경찰 2차

> "아! ㉠ 은/는 ㉡ 의 아들이다. ㉢ 께서 종통(宗統)의 중요함을 위하여 나에게 효장세자(孝章世子)를 이어받도록 명하신 것이다. 아! 전일에 ㉢ 께 올린 글에서 '근본을 둘로 하지 않는 것(不貳本)'에 관한 나의 뜻을 볼 수 있을 것이다. … 이미 이런 분부를 내리고 나서 괴귀(怪鬼)와 같은 나쁜 무리들이 이를 빙자하여 추숭(追崇)하자는 의논을 한다면 ㉢ 께서 유언하신 분부가 있으니, 마땅히 해당 형률로 논죄하고 ㉡ 의 영령(英靈)께도 고하겠다."

① ㉠은/는 금난전권을 폐지하였다.
② ㉡은/는 『동국문헌비고』와 『속대전』 등을 편찬하였다.
③ ㉢은/는 수원 화성을 건설하였다.
④ ㉠와/과 ㉡은/는 탕평책을 실시하였다.

□□□
0592 밑줄 친 왕의 재위 시기에 있었던 사실로 가장 옳은 것은?

2019년 법원직 9급

유사 2018년 지방직 7급 / 2015년 경찰 3차 / 2011년 지방직 9급

> 왕은 서얼과 노비에 대한 차별을 완화하였으며, 민생의 안정과 문화 부흥에도 힘썼다. 또, 전통 문화를 계승하면서 중국과 서양의 과학 기술을 받아들였다. …(중략)… 그밖에, 외교 문서를 정리한 『동문휘고』, 병법서인 『무예도보통지』 등을 편찬하여 문물 제도를 재정비하였다.

① 북벌 운동이 전개되었다.
② 산림의 존재를 부정했다.
③ 3사의 관리 추천권을 없앴다.
④ 수령이 향약을 주관하여 권한이 강화되었다.

□□□
0593 다음과 같이 주장한 인물에 대한 설명으로 옳은 것은?

2018년 국가직 9급

유사 2019년 경찰 2차 / 2014년 국가직 9급 / 2007년 서울시 9급 / 2006년 국가직 7급

> 달은 하나이나 냇물의 갈래는 만 개가 된다. …(중략)… 나는 그 냇물이 세상 사람들이라는 것을 안다. 빛을 받아 비추어서 드러나는 것은 사람들의 상이다. 달이라는 것은 태극이요, 태극은 나이다.

① 『해동농서』를 편찬하도록 하였다.
② 갑인예송에서 왕권을 강조하며 기년복을 주장하였다.
③ 이순신에게 현충이라는 시호를 내리고 강감찬 사당을 건립하였다.
④ 민간의 광산 개발 참여를 허용하는 설점수세제를 처음 실시하였다.

0594 밑줄 친 '왕'이 실시한 정책으로 옳은 것은?

2017년 교육행정직 9급

유사 2019년 경찰 1차 / 2015년 경찰간부 / 2008년 국가직 7급 / 2007년 법원직 9급

> 채제공이 아뢰기를, "평시서로 하여금 30년 이내에 신설된 시전을 모두 혁파하게 하십시오. 형조와 한성부에 분부하여 육의전 이외에는 금난전권을 행사하지 못하게 하십시오."라고 하니, 왕이 허락하였다.

① 어영청을 설치하여 북벌을 준비하였다.
② 『속대전』을 편찬하여 법률을 정비하였다.
③ 관료를 재교육하는 초계문신제를 실시하였다.
④ 삼정의 문란을 시정하고자 삼정이정청을 설치하였다.

0595 다음 정책을 시행한 왕에 대한 설명으로 옳은 것은?

2015년 교육행정직 9급

유사 2009년 국가직 9급

> • 국왕의 호위를 전담하기 위해 군대를 새로 설치하였다. 그 군대의 규모를 계속 확대하여 도성을 중심으로 한 내영과 화성을 중심으로 한 외영으로 정비하였다.
> • 창덕궁 후원에 왕실 도서관을 세우고 직제학, 직각, 대교 등의 관원을 두었다.

① 『대전회통』을 편찬하였다.
② 통공 정책을 시행하였다.
③ 삼정이정청을 설치하였다.
④ 삼군부의 기능을 부활시켰다.

문항	번호				틀린 이유
0590	①	②	③	④	
0591	①	②	③	④	
0592	①	②	③	④	
0593	①	②	③	④	
0594	①	②	③	④	
0595	①	②	③	④	

해설

0590 제시된 자료의 밑줄 친 '국왕'은 조선 후기의 정조를 일컫는다. 정조는 아버지 사도 세자의 묘를 수원으로 옮기고 현륭원이라고 하였다. 이후 정조는 수원에 자주 행차했는데 한강을 건널 때 배다리를 이용하였다(배다리를 운영하는 방법을 제시한 『주교지남』이 편찬되기도 하였다). ① 영조는 탕평책을 널리 알리기 위하여 성균관에 붕당 간의 다툼을 금하는 탕평비를 세웠다.

오답노트 ② 정조는 친위 부대인 장용영을 설치하였다. ③ 정조 때『무예도보통지』가 편찬되었다. ④ 정조는 초계문신 제도를 시행하여 젊은 관리들 중에서 유능한 자를 선발하여 일정기간 동안 규장각에서 재교육하였다.

0591 제시된 자료는 정조가 즉위한 후 문밖에서 대신들을 소견하고 사도 세자에 관한 명을 내린 것으로, ㉠은 과인(=정조), ㉡은 사도 세자, ㉢은 선대왕(=영조)을 일컫는다. ① 정조는 육의전을 제외한 시전상인의 금난전권을 폐지하는 통공 정책을 실시하였다.

오답노트 ② 영조 때의 편찬 사업에 대한 설명이다. ③ 정조의 업적이다. ④ 탕평책을 실시한 왕은 영조와 정조이다.

0592 제시된 자료는 조선 후기 정조 때 추진된 정책들을 설명하고 있다. ④ 정조는 수령이 군현 단위의 향약을 직접 주관하게 하여 지방 사림의 영향력을 축소하고, 수령의 권한을 강화하고자 하였다.

오답노트 ① 북벌 운동은 효종 때와 숙종 때 추진되었다. ② 영조는 산림의 존재를 인정하지 않았으며, 그들의 본거지인 서원을 대폭 정리하였다. 정조는 영조와는 달리 산림의 역할을 어느 정도 인정하는 온건책을 펼쳤다. ③ 이조전랑이 가지고 있던 삼사 등 청요직 당하관을 추천할 수 있는 권리인 통청권은 영조 때 폐지되었다.

0593 제시된 자료는 정조의 개인 문집인 『홍재전서』에 기록된 내용이다. ① 서호수의 『해동농서』는 정조 때 왕명으로 편찬되었다.

오답노트 ② 갑인예송은 현종 때의 일로, 기년복을 주장한 세력은 남인이다. ③ 숙종 때 이순신 사당에 현충이라는 호를 내리고, 의주에 강감찬 사당을 건립하여 국민의 애국심을 고취시켰다. ④ 17세기 효종 때의 일이다.

0594 제시된 자료의 밑줄 친 '왕'은 조선의 정조이다. ③ 정조는 초계문신제를 시행하여 신진 인물이나 중하급 당하관 관리 중에서 유능한 인사를 재교육시켰다.

오답노트 ① 어영청이 처음 설치된 것은 인조 때의 일이고, 북벌을 준비한 것은 효종·숙종 때의 일이다. ② 영조, ④ 철종 때의 일이다.

0595 정조는 친위 부대인 장용영을 설치하여 왕권을 뒷받침하는 군사적 기반을 마련하였다. 장용영은 그 규모가 계속 확대되어 도성 중심의 내영과 수원 성곽 중심의 외영으로 편제되었다. 또한 창덕궁 안에 규장각을 설치하여 왕실 도서관의 기능을 담당하게 하였다. 이후 규장각의 기능은 더욱 확대되어 비서실, 문한 기능까지 담당하였다. ② 정조는 육의전을 제외한 시전 상인의 금난전권을 폐지하는 통공 정책을 실시하여 재정 수입을 늘리고, 상공업을 진흥시키고자 하였다.

오답노트 ①,④ 흥선 대원군이 실시한 정책이다. ③ 철종 재위 기간에 임술 농민 봉기가 발생하자 이에 대한 대책을 강구하기 위하여 삼정이정청이 설치되었다.

Answer 0590 ① 0591 ① 0592 ④ 0593 ① 0594 ③ 0595 ②

0596 밑줄 친 '국왕'의 정책으로 옳지 않은 것은?

2012년 국가직 9급

유사 2019년 국가직 7급 / 2017년 경찰간부 / 2015년 서울시 7급

국왕께서 왕위에 즉위한 첫 해에 맨 먼저 도서 집성 5천여 권을 연경의 시장에서 사오고, 또 옛날 홍문관에 간직했던 책과 강화부 행궁에 소장했던 책과 명에서 보내온 책들을 모았다. …(중략)… 창덕궁 안 규장각 서남쪽에 열고관을 건립하여 중국본을 저장하고, 북쪽에는 국내본을 저장하니, 총 3만 권 이상이 되었다.

① 통치 규범을 재정리하기 위하여 『대전통편』을 편찬하였다.
② 당파와 관계없이 인물을 등용하는 완론 탕평을 실시하였다.
③ 당하관 관료의 재교육을 위해 초계문신 제도를 시행하였다.
④ 왕권을 강화하기 위해 장용영이라는 친위 부대를 창설하였다.

0597 밑줄 친 '상(上)'의 재위 시에 있었던 일로 옳은 것은?

2012년 지방직 9급

유사 2010년 국가직 7급

이 책이 완성되었다. …(중략)… 곤봉 등 6가지 기예는 척계광의 『기효신서』에 나왔는데 …(중략)… 장헌 세자가 정사를 대리하던 중 기묘년에 명하여 죽장창 등 12가지 기예를 더 넣어 도해(圖解)로 엮어 새로 신보를 만들었고, 상(上)이 즉위하자 명하여 기창 등 4가지 기예를 더 넣고 또 격구, 마상재를 덧붙여 모두 24가지 기예가 되었는데, 검서관 이덕무·박제가에게 명하여 …(중략)… 주해를 붙이게 했다.

① 민(民)의 상언과 격쟁의 기회를 늘려주었다.
② 『대전회통』을 편찬하여 통치 체제를 재정리하였다.
③ 군역의 부담을 줄이기 위해 균역법을 시행하였다.
④ 5군영 대신 무위영과 장어영 등 2영을 설치하였다.

0598 (가)~(라) 국왕 대에 있었던 사실로 옳지 않은 것은?

2022년 국가직 9급

조선 시대 국가를 운영하는 핵심 법전인 『경국대전』은 세조 대에 그 편찬이 시작되어 [(가)] 대에 완성되었다. 이후 여러 차례의 전쟁으로 혼란에 빠진 국가 체제를 수습하고 새로운 정치 사회적 변화에 대응하기 위해 법전 정비가 필요하게 되었다. 이에 따라 [(나)] 대에 『속대전』을 편찬하였으며, [(다)] 대에 『대전통편』을, 그리고 [(라)] 대에는 『대전회통』을 편찬하였다.

① (가) - 홍문관을 두어 집현전을 계승하였다.
② (나) - 서원을 붕당의 근거지로 인식하여 대폭 정리하였다.
③ (다) - 사도 세자의 무덤을 옮기고 화성을 축조하였다.
④ (라) - 삼정의 문란을 바로잡기 위해 삼정이정청을 설치했다.

0599 (가), (나) 국왕에 대한 설명으로 가장 옳은 것은?

2022년 법원직 9급

• [(가)]은/는 붕당의 이익을 대변하던 이조 전랑의 후임자 천거권과 3사 관리 선발 관행을 혁파하고, 탕평 의지를 내세우기 위해 성균관 앞에 탕평비를 세웠다.
• [(나)]은/는 초계문신제를 실시하여 개혁 세력을 육성하였으며, 통공 정책을 실시하여 육의전을 제외한 시전의 금난전권을 폐지하였다.

① (가) - 장용영을 설치하여 군사권을 장악하였다.
② (가) - 조선과 청의 국경을 정하는 백두산 정계비를 세웠다.
③ (나) - 『대전통편』을 편찬하여 법령을 정비하였다.
④ (나) - 삼정의 문란을 개혁하기 위해 삼정이정청을 설치하였다.

□□□
0600 조선 시대 각 왕에 대한 설명으로 가장 적절하지 않은 것은?

2017년 경찰 1차

유사 2014년 서울시 9급 / 2012년 지방직 9급 / 2012년 서울시 9급 / 2009년 지방직 7급

> ㉠ 인사 관리를 통하여 세력 균형을 유지하려는 탕평론을 제시하였으나, 명목상의 탕평에 그쳤다.
> ㉡ 각 붕당의 주장이 옳은지 그른지를 명백히 가리는 적극적인 탕평책을 추진하였다.
> ㉢ 왕과 신하 사이의 의리를 바로 세워야 한다며, 붕당을 없애자는 논리에 동의하는 탕평파를 중심으로 정국을 운영하였다.

① ㉠은 상황에 따라 한 당파를 일거에 내몰고 상대 당파에게 정권을 모두 위임하는 편당적인 인사 관리로 일관하여 환국이 일어나는 빌미를 제공하기도 하였다.

② ㉡은 친위 부대인 장용영을 설치하여 왕권을 뒷받침하는 군사적 기반을 갖추었다.

③ ㉡은 초계문신 제도를 실시하고, 규장각을 정치 기구로 육성하였다.

④ ㉢은 서얼과 노비에 대한 차별을 완화하였으며, 상공업을 진흥시키기 위하여 자유로운 상업 행위를 허락하는 통공 정책을 시행하였다.

문항	번호				틀린 이유
0596	①	②	③	④	
0597	①	②	③	④	
0598	①	②	③	④	
0599	①	②	③	④	
0600	①	②	③	④	

해설

0596 제시된 자료는 정조 때 청나라의 관찬 백과사전인 『고금도서집성』을 들여온 내용을 서술한 것이다. ② 완론 탕평을 실시한 것은 영조이다.

오답노트 ① 정조 때 『속대전』 이후 통치 체제를 재정비한 『대전통편』을 편찬하였다. ③,④ 정조가 추진한 정책들이다.

0597 제시된 자료는 정조 때 편찬된 『무예도보통지』의 편찬 과정에 대한 내용으로, 밑줄 친 '상(上)'은 정조를 일컫는다. ① 상언이란 국왕에게 민의를 직접 호소하는 것을 말하며, 격쟁이란 백성들이 궁궐에 난입하거나 국왕이 대궐 밖을 나올 때 징이나 꽹과리 등을 쳐서 국왕의 이목을 집중시킨 다음 억울함을 직접 호소하는 수단이다. 영조와 정조는 이러한 상언과 격쟁을 통해 백성들의 의견을 정치에 반영하였다.

오답노트 ② 『대전회통』을 편찬한 것은 흥선 대원군이다. ③ 균역법을 시행한 왕은 영조이다. ④ 5군영이 2영(무위영·장어영)으로 축소된 것은 고종 때인 1881년의 일이다.

0598 제시된 자료는 조선 시대에 편찬된 법전들에 대해 서술하고 있다. 『경국대전』은 성종 때 완성되었으며, 이후 영조 때 『속대전』이 편찬되었다. 또한 정조 때 『대전통편』이, 고종(흥선 대원군 집권기) 때 『대전회통』이 편찬되었다. ④ 고종이 아니라 철종 때의 일이다. 철종 때 삼정이정청을 설치하고 삼정의 문란에 대한 대책을 강구하였다.

오답노트 ① 성종 때 홍문관을 설치하여 학문 연구와 더불어 정책을 토론하고 심의하는 역할을 맡겼다. ② 영조는 붕당의 배후 세력으로 인식되던 산림의 존재를 인정하지 않았으며, 그들의 본거지인 서원을 대폭 정리하였다. ③ 정조는 수원으로 사도 세자의 묘를 옮기고 '현륭원'이라 하였으며, 현륭원 북쪽 팔달산 밑에 새로운 성곽 도시로 '화성'을 세웠다.

0599 제시된 자료에서 (가)는 영조를, (나)는 정조를 일컫는다. ③ 정조 때 『대전통편』을 편찬하여 『속대전』 이후의 법령들을 재정비하였다.

오답노트 ① 정조의 업적이다. ② 숙종 때의 일이다. ④ 철종 때의 일이다.

0600 제시된 자료의 ㉠은 숙종, ㉡은 정조, ㉢은 영조이다. ④ 영조가 아니라 정조가 실시한 정책들이다. 정조는 육의전을 제외한 시전 상인의 금난전권을 폐지하는 통공 정책을 실시했으며, 서얼과 노비에 대한 차별을 완화하였다.

오답노트 ① 숙종 때의 정치 상황에 대한 설명이다. ②,③ 정조가 실시한 정책들에 대한 설명이다.

Answer 0596 ② 0597 ① 0598 ④ 0599 ③ 0600 ④

세도 정치와 조선 후기 대외 관계

대표 유형

□□□

0601 다음 사건이 있었던 시기에 대한 설명으로 가장 옳은 것은?

2024년 법원직 9급

유사 2018년 경찰간부 / 2010년 서울시 9급

> 평서 대원수는 급히 격문을 띄우노니 관서 지역의 부로자제와 공사천민은 모두 이 격문을 들으라. … 조정에서는 관서 지역을 썩은 흙과 같이 버렸다. 심지어 권세 있는 집의 노비들도 서토 사람만 보면 반드시 '평안도 놈'이라고 말한다. 어찌 억울하고 원통하지 않은 자 있겠는가. … 이제 격문을 띄워 먼저 여러 고을의 군후에게 알리노니, 절대로 동요하지 말고 성문을 활짝 열어 우리 군대를 맞으라.

① 왕실과 혼인을 맺은 일부 가문이 정권을 장악하였다.
② 유득공 등 서얼들을 규장각 검서관으로 임용하였다.
③ 대동법을 처음 실시하여 공납을 토지 기준으로 걷었다.
④ 육의전을 제외한 시전 상인들의 금난전권을 철폐하였다.

대표 유형

□□□

0602 다음 연표에서 (가)~(라) 시기의 정치적 상황으로 옳은 것은?

2016년 사회복지직 9급

	1776	1800	1834	1849	1863
		(가)	(나)	(다)	(라)	
	정조 즉위	순조 즉위	헌종 즉위	철종 즉위	고종 즉위

① (가) – 홍경래의 난이 일어나 평안도 청천강 이북 지역을 장악하였다.
② (나) – 이인좌는 소론·남인 세력을 규합하여 난을 일으켰다.
③ (다) – 천주교 신자를 박해하는 과정에서 황사영 백서 사건이 일어났다.
④ (라) – 농민들의 불만을 무마하기 위해 삼정이정청을 설치하였다.

□□□

0603 (가), (나)의 현실 인식을 가진 세력에 대한 설명으로 옳지 않은 것은?

2021년 경찰 1차

> (가) 오늘날에 시세를 헤아리지 않고 경솔히 오랑캐와 관계를 끊다가 원수는 갚지 못하고 패배에 먼저 이르게 된다면, 또한 선왕께서 수치를 참고 몸을 굽혀 종사를 연장한 본의가 아닙니다. 삼가 원하건대 전하께서는 마음을 굳게 정하시기를 '이 오랑캐는 임금과 아버지의 큰 원수이니, 맹세코 차마 한 하늘 밑에 살 수 없다.'고 하시어 원한을 축적하십시오.
>
> (나) 우리를 저들과 비교해 본다면 진실로 한 치의 나은 점도 없다. 그럼에도 단지 머리를 깎지 않고 상투를 튼 것만 가지고 스스로 천하에 제일이라고 하면서 지금은 옛날의 중국이 아니라고 말한다. 그 산천은 비린내 노린내 천지라고 나무라고, 그 인민은 개나 양이라고 욕을 하고, 그 언어는 오랑캐 말이라고 모함하면서, 중국 고유의 훌륭한 법과 아름다운 제도마저 배척해 버리고 만다.

① (가) – 명 황제의 제사를 지내기도 하였다.
② (가) – 북벌에 필요한 군사력을 강화하고자 하였다.
③ (나) – 화이론에 따라 국제 문제를 해결하고자 하였다.
④ (나) – 청의 중국 지배 현실을 인정해야 한다고 주장하였다.

□□□

0604 다음 지도 속 동그라미로 표시한 지역의 역사 문화를 홍보하기 위한 기획서를 작성하고자 한다. 이 기획서의 제목으로 옳지 않은 것은?

2020년 지방직 7급

① 지눌, 이곳에서 꿈꾼 고려 불교의 개혁
② 병자호란, 그 쓰라린 패배의 현장
③ 철종, 국왕이 될 줄 몰랐던 시골 소년의 이야기
④ 의궤, 프랑스에서 다시 찾은 조선의 문화재

□□□
0605 (가)~(라) 시기에 있었던 역사적 사실로 적절하지 않은 것은?

2016년 경찰 2차

유사 2018년 서울시 9급 / 2017년 서울시 7급 / 2012년 경찰 2차 / 2008년 지방직 9급

(가)	(나)	(다)	(라)

광해군 즉위 · 인조반정 · 정묘호란 · 경신환국 · 이인좌의 난

① (가) – 명나라의 요청으로 강홍립을 도원수로 삼아 약 1만 3천 명의 원병을 파견하였다.
② (나) – 공로 평가에 불만을 품은 이괄이 난을 일으켰다.
③ (다) – 청과 국경을 확정하고 백두산에 정계비를 세웠다.
④ (라) – 안용복이 일본에 가서 울릉도와 우산도가 우리 영토임을 확인받았다.

□□□
0606 다음 글을 남긴 국왕의 재위 기간에 일어난 사실로 옳은 것은?

2014년 국가직 9급

보잘 것 없는 나, 소자가 어린 나이로 어렵고 큰 유업을 계승하여 지금 12년이나 되었다. 그러나 나는 덕이 부족하여 위로는 천명(天命)을 두려워하지 못하고 아래로는 민심에 답하지 못하였으므로, 밤낮으로 잊지 못하고 근심하며 두렵게 여기면서 혹시라도 선대왕께서 물려주신 소중한 유업이 잘못되지 않을까 걱정하였다. 그런데 지난번 가산(嘉山)의 토적(土賊)이 변란을 일으켜 청천강 이북의 수많은 생명이 도탄에 빠지고 어육(魚肉)이 되었으니 나의 죄이다.
－『비변사등록』

① 최제우가 동학을 창도하였다.
② 공노비 6만 6천여 명을 양인으로 해방시켰다.
③ 미국 상선 제너럴 셔먼호가 격침되었다.
④ 삼정 문제를 해결하기 위해 삼정이정청을 설치하였다.

문항	번호				틀린 이유
0601	①	②	③	④	
0602	①	②	③	④	
0603	①	②	③	④	
0604	①	②	③	④	
0605	①	②	③	④	
0606	①	②	③	④	

해설

0601 제시된 자료는 세도 정치 시기인 순조 때 발발한 홍경래의 난과 관련된 내용이다. ① 정조의 뒤를 이어 순조가 어린 나이에 즉위하면서 왕실과 혼인 관계를 맺은 몇몇 가문이 권력을 독점하였다. 이것을 세도 정치라고 하는데, 순조·헌종·철종의 3대 60여 년 동안 이어졌다.
오답노트 ② 정조 때의 인재 등용에 대한 설명이다. ③ 광해군 때 대동법을 처음 실시하였다. ④ 정조 때의 통공 정책에 대한 설명이다.

0602 ④ 철종 재위 기간인 1862년에 임술 농민 봉기가 일어나 전국으로 확산되었다. 이에 따라 민란의 수습책을 모색한 조선 정부는 삼정이정청을 설치하여 삼정 문란에 대한 대책을 강구하고자 하였다.
오답노트 ① 홍경래의 난은 순조 재위 기간인 1811년에 발생했으므로 (나) 시기에 속한다. ② 이인좌의 난은 영조 재위 기간인 1728년에 발생한 사건으로, (가) 이전에 속한다. ③ 황사영 백서 사건과 관련된 천주교 박해는 순조 재위 기간에 일어난 신유박해(1801)로 (나) 시기에 속한다.

0603 (가)는 효종 때 송시열이 제출한 '기축봉사'의 내용으로, 여기서 그는 북벌론을 주장하고 있다. (나)는 박지원이 저술한 논설로, 북학론을 주장하고 있다. ③ 화이론에 따라 국제 문제를 해결하고자 한 세력은 송시열을 비롯한 북벌을 주장한 세력들이다.
오답노트 ① 북벌론을 주장한 송시열의 유지에 따라 충북 괴산에 만동묘를 세워 명나라 신종과 의종을 제사지냈다. ② 북벌론에 따라 군사력을 증가시키고, 국방을 강화하며 청에 대한 북벌을 준비하였다. ④ 북학론을 주장한 세력들은 청나라의 중국 지배 현실을 인정하고, 청나라의 발달된 기술과 문물을 적극 수용하자고 주장하였다.

0604 제시된 지도의 표시된 지역은 강화도를 지칭한다. ① 지눌은 강화도가 아니라 전라도 순천의 송광사를 중심으로 수선사 결사를 전개하였다.
오답노트 ② 17세기 인조 때 병자호란 발발 당시, 청나라 군대의 빠른 남진으로 강화도까지 함락되었다. ③ 조선 후기의 국왕인 철종은 강화도에서 농사를 짓고 살다가 갑자기 왕이 되었기 때문에, '강화 도령'이라고 불렸다. ④ 1866년 병인양요 때, 프랑스 군대는 외규장각에서 의궤 등 조선의 귀중한 문화재를 약탈해 갔다. 이렇게 약탈당한 의궤는 2011년부터 대여 형식으로 돌려받았다.

0605 광해군 즉위는 1608년, 인조반정은 1623년, 정묘호란은 인조(1627), 경신환국은 숙종(1680), 이인좌의 난은 영조(1728) 때 일어났다. ③ 경신환국 이후인 1712년에 백두산 정계비를 세웠는데, 이는 (라) 시기에 속한다.
오답노트 ① 광해군은 강홍립을 도원수로 삼아 명을 지원하되 적극적으로 나서지 말라고 명령하면서 1만 3천여 명의 군대를 명나라의 원병으로 보냈다. ② 인조반정에 참여한 이괄은 1등 공신으로 임명되지 못한 것에 불만을 품고 1624년에 난을 일으켰으나 진압되었다. ④ 안용복은 숙종 때인 1693년과 1696년에 일본에 건너가 울릉도와 독도가 조선의 영토임을 확인받고 돌아왔다.

0606 제시된 자료는 순조 때인 1811년에 발생한 홍경래의 난을 묘사한 것이다. ② 순조 때에 일부 공노비를 제외한 중앙 관서의 노비 6만 6천여 명을 해방시켰다.
오답노트 ① 최제우가 동학을 창도한 해는 철종 때인 1860년이다. ③ 고종 때인 1866년의 일이다. ④ 철종 때인 1862년 임술 농민 봉기가 일어나자, 민란 수습을 위해 삼정이정청을 설치하였다.

Answer 0601 ① 0602 ④ 0603 ③ 0604 ① 0605 ③ 0606 ②

CHAPTER 02 근대 태동기의 경제와 사회

TOP 01 / 17회 출제 **상품 화폐 경제의 발달**

TOP 01 / 17회 출제 **수취 체제의 개편**

TOP 03 / 16회 출제 **사회 구조의 변동과 사회 변혁의 움직임**

수취 체제의 개편

□□□
0607 (가) 시기에 볼 수 있는 장면으로 적절한 것은?

2014년 지방직 9급

	(가)	
이인좌의 난		규장각 설치

① 당백전으로 물건을 사는 농민
② 금난전권 폐지를 반기는 상인
③ 전(錢)으로 결작을 납부하는 지주
④ 경기도에 대동법 실시를 명하는 국왕

□□□
0608 (가)~(라)를 시기 순으로 바르게 나열한 것은?

2024년 지방직 9급

> (가) 지주에게 결작이라 하여 토지 1결당 미곡 2두씩을 부담시켰다.
> (나) 전세를 풍흉에 관계없이 토지 1결당 미곡 4~6두로 고정시켰다.
> (다) 조세는 토지 1결당 수확량 300두의 10분의 1 수취를 원칙으로 삼았다.
> (라) 조세를 토지 비옥도와 풍흉의 정도에 따라 1결당 최고 20두에서 최하 4두로 하였다.

① (다) → (라) → (가) → (나)
② (다) → (라) → (나) → (가)
③ (라) → (다) → (가) → (나)
④ (라) → (다) → (나) → (가)

문항	번호				틀린 이유
0607	①	②	③	④	
0608	①	②	③	④	

해설

0607 이인좌의 난은 1728년(영조 4)에 발생한 사건이며, 정조는 즉위한 해인 1776년에 규장각을 궐내에 설치할 것을 명하였다. ③ 1750년에 영조가 균역법을 실시함에 따라 부족한 재정을 보충하기 위해서 결작, 선무군관포, 잡세 등을 거두었다.

오답노트 ① 당백전이 사용된 것은 흥선 대원군 집권기 때의 일이다. ② 금난전권이 폐지된 것은 정조 즉위 이후인 1791년부터의 일이다. ④ 광해군 때의 일이다.

0608 (다) 조선 초기의 전세는 토지 1결(수확량 300두)당 수확량의 1/10인 약 30두를 거두었다. (라) 조선 세종 때 제정된 공법의 내용이다. (나) 조선 인조 때 제정된 영정법의 내용이다. (가) 조선 영조 때 균역법에 따라 감소된 재정을 보충하기 위해 지주에게 결작을 거두었다.

Answer 0607 ③ 0608 ②

고난도

0609 19세기 부세 제도인 도결(都結)에 대한 설명으로 옳은 것을 모두 고른 것은? 2017년 국가직 9급(하)
유사 2007년 국가직 7급

> ⊙ 군역, 환곡, 잡역 중 일부 또는 전부를 토지에 부과하여 화폐로 징수하였다.
> ⊙ 노비 신공과 결세는 그해의 작황을 참작하여 중앙에서 일방적으로 도별 총액을 할당하였다.
> ⊙ 양전하는 자(尺)를 통일하였고, 전세율을 1결당 4말~6말로 고정시켰다.
> ⊙ 제도적으로는 신분에 따른 부세의 차별이 거의 남지 않게 되었음을 의미한다.
> ⊙ 수령과 아전이 횡령한 관곡을 민의 토지에 부세로 부과하는 수단이 되었다.

① ⓛ, ⓒ, ⓔ
② ⓒ, ⓔ, ⓜ
③ ⓛ, ⓒ, ⓜ
④ ⊙, ⓔ, ⓜ

0610 다음은 조선 시대의 조세 제도에 관한 자료이다. ⊙~ⓒ에 대한 설명으로 가장 적절한 것은? 2015년 경찰 3차
유사 2015년 교육행정직 9급 / 2014년 경찰 1차 / 2012년 경찰 1차 / 2011년 경찰

> ⊙ 처음 삼남 지방은 정해진 결수로 조세 대장에 기록하되 …(중략)… 나머지 5도는 모두 하지하(下之下)로 정하여 징수하였다. 이후 경기·삼남·해서·관동 모두 1결에 4두를 징수하였다.
> ⓒ 소출이 10분이면 상상년(上上年)으로 정해 1결당 20두, …(중략)… 2분이면 하하년(下下年)으로 4두씩 거두며 1분이면 면세하였다.
> ⓒ 농부의 둘째 손가락으로 열 번을 재어 상전척(上田尺)으로 삼고, …(중략)… 1결에서 조(租)는 모두 30두씩 거두는 것을 정수로 하였다.

① ⊙ 제도 하에서는 토지의 비옥도와 풍흉의 정도에 따라 전분 6등법, 연분 9등법으로 나누고, 조세 액수를 1결당 최고 20두에서 최하 4두를 내도록 하였다.
② ⊙ 제도 하에서는 전세의 비율이 이전보다 다소 낮아졌으나, 대다수의 농민에게는 크게 도움이 되지 못했고, 오히려 부담이 더 늘어났다.
③ ⓒ 제도에서 조세는 수확량의 10분의 1을 내는데, 1결의 최대 생산량을 300두로 정하고, 매년 풍흉을 조사하여 그 수확량에 따라 납부액을 조정하였다.
④ ⓒ의 시행으로 감소된 재정은 지주에게 결작이라고 하여 토지 1결당 미곡 2두를 부담시켜 충당하였다.

0611 조선 후기 수취 제도인 (가)~(다)에 대하여 바르게 설명한 것은? 2010년 법원직 9급
유사 2007년 서울시 9급

> (가) 1년에 2필의 군포를 납부하던 농민 장정들에게 1년에 군포 1필만 부담하게 하였다.
> (나) 농민 집집마다 부과하여 토산물을 징수하였던 공물 납부 방식을 토지의 면적에 따라 쌀, 삼베나 무명, 동전 등으로 납부하게 하였다.
> (다) 농토의 비옥도와 그 해의 풍흉에 따라서 전세를 납부하던 연분 9등법을 따르지 않고 풍년이건 흉년이건 관계없이 인조 때 전세를 토지 1결 단위로 고정시켰다.

① (가)에 의해 양반과 농민의 군역 부담이 균등해지게 되었다.
② (가)의 실시로 인한 재정 부족분은 결작(토지 1결당 4두)을 통해 채웠다.
③ (나)는 방납의 폐단을 시정하기 위해 광해군 때 처음 시행하였다.
④ (다)는 영정법으로 토지 1결당 미곡 2두로 전세율을 인하했다.

대표 유형

0612 (가)에 대한 설명으로 옳지 않은 것은? 2023년 국가직 9급
유사 2020년 경찰간부 / 2018년 법원직 9급 / 2017년 경찰 2차 / 2016년 기상직 9급

> 임진왜란 이후에 우의정 유성룡도 역시 미곡을 거두는 것이 편리하다고 주장하였으나, 일이 성취되지 못하였다. 1608년에 이르러 좌의정 이원익의 건의로 (가) 을/를 비로소 시행하여, 민결(民結)에서 미곡을 거두어 서울로 옮기게 하였다. ─ 『만기요람』

① 장시의 확대에 기여하였다.
② 지주에게 결작을 부과하였다.
③ 공납의 폐단을 막기 위해 실시하였다.
④ 공인에게 비용을 지급하고 필요 물품을 조달하였다.

□□□

0613 밑줄 친 '이 법'에 대한 설명으로 옳지 않은 것은?

2016년 국가직 9급

유사 2015년 지방직 9급 / 2015년 서울시 9급 / 2014년 서울시 7급 / 2009년 법원직 9급

현물로 바칠 벌꿀 한 말의 값은 본래 목면 3필이지만, 모리
배들은 이를 먼저 대납하고 4필 이상을 거두어 갑니다. 이
런 폐단을 없애기 위해 이 법을 시행하면 부유한 양반 지
주가 원망하고 시행하지 않으면 가난한 농민이 원망한다는
데, 농민의 원망이 훨씬 더 큽니다. 경기와 강원에서 이미
시행하고 있으니 충청과 호남 지역에도 하루빨리 시행해야
합니다.

① 토지 결수를 과세 기준으로 삼았다.
② 인조 때 처음으로 경기도에서 시행하였다.
③ 이 법이 시행된 후에도 왕실에 대한 진상은 계속되었다.
④ 이 법을 시행하면서 관할 관청으로 선혜청을 설치하였다.

문항	번호				틀린 이유
0609	①	②	③	④	
0610	①	②	③	④	
0611	①	②	③	④	
0612	①	②	③	④	
0613	①	②	③	④	

해설

0609 ㉠ 도결이란 군역이나 환곡, 잡역과 같은 각종 세액들을 토지에 부과해
서 세금을 매긴 방식을 의미하는데, 총액(도결가)을 매겨 화폐로 징수하였다. ㉣
기존에는 세금을 매길 때 사람이나 가호를 기준으로 하여 신분에 따라 부세의
차별을 두었지만, 도결 이후 세금을 매기는 방식이 토지를 기준으로 바뀌면서
토지를 가지고 있다면 누구나 세금을 내야 하기 때문에 신분에 따른 부세의 차
별은 제도적으로는 거의 철폐되었다고 할 수 있다. ㉢ 도결은 토지에 모든 세금
을 부과하는 방식이었는데, 그 과정에서 서리가 횡령하고 개인적으로 사용한
공금이나 군포까지 전부 다 부세로 부과하게 되면서 온갖 비리의 중심으로 떠올
랐다.

오답노트 ㉡ 비총제에 대한 설명이다. ㉢ 양전하는 자를 통일한 것은 효종 때
시행된 양척동일법에 대한 설명이고, 전세율을 1결당 4~6말로 고정시킨 것은
인조 때 시행된 영정법에 대한 설명이다.

0610 제시된 자료의 ㉠은 영정법, ㉡은 공법, ㉢은 과전법의 조세 규정에 대
한 내용이다. ② 인조 때 전세를 토지 1결당 미곡 4두로 고정시키는 영정법이
실시되어 전세의 비율이 이전보다 다소 낮아졌다. 그러나 농민의 대다수가 전세
를 내지 않는 소작농이었기 때문에 도움이 되지 못하였고, 전세를 납부할 때 드
는 여러 명목의 수수료, 운송비 등이 농민에게 부과되면서 오히려 농민들의 경
제적 부담이 증가하였다.

오답노트 ① 공법에 대한 설명이다. ③ 공법이 제정되기 이전의 조세 제도에 대
한 설명이다. ④ 균역법에 대한 내용이다.

0611 (가)는 균역법, (나)는 대동법, (다)는 영정법을 말한다. ③ 대동법은 방납
의 폐단을 시정하기 위해 광해군 때 처음으로 경기도 지역에 한해서 시행하였다.

오답노트 ① 균역법의 시행으로 농민의 군역 부담은 줄어들었지만, 양반에게
군역을 지운 것은 아니므로 양반과 농민의 군역이 균등해졌다고 할 수 없다.
② 결작은 균역법 시행으로 부족해진 재정 보충을 위해 토지 1결당 2두를 부과
한 것이다. ④ 영정법은 토지 1결당 4두로 전세를 고정시킨 것이다.

0612 제시된 자료는 대동법 실시와 관련된 내용이다. ② 균역법과 관련된 내
용이다. 균역법의 실시에 따라 감소된 재정을 보충하기 위해 지주에게 결작이라
고 하여 토지 1결당 미곡 2두를 추가로 부담시켰다.

오답노트 ① 대동법의 실시에 따라 농민은 대동세를 내기 위하여 토산물을 시
장에 내다 팔아 쌀, 베, 동전을 마련하였다. 이에 따라 유통 경제가 활성화되어
장시의 확대에도 기여하였다. ③ 대동법에 대한 설명이다. ④ 대동법이 실시되
면서 공인이 등장하였다. 이들은 관청에서 비용(공가)을 미리 받아 필요한 물품
을 납부하였다.

0613 제시된 자료는 『효종실록』의 기록으로, 밑줄 친 '이 법'은 대동법이다.
② 대동법은 광해군 때 경기도에서 시범적으로 시행하였다. 이후 인조 때 강원
도까지 실시되었다.

오답노트 ① 대동법의 실시로 기존에 호세로 징수하던 공물을 토지 결수에 따
라 토지 소유자에게 부과하게 되었다. ③ 대동법의 시행으로 상공은 없어졌지
만, 진상이나 별공은 계속 유지되었다. ④ 대동법을 관할하는 기관으로 선혜청
이 신설되었다.

Answer 0609 ④ 0610 ② 0611 ③ 0612 ② 0613 ②

□□□
0614 〈보기〉와 같은 폐단을 해결하기 위해 실시한 제도에 대한 설명으로 가장 옳지 않은 것은?

2019년 서울시 9급

유사 2013년 지방직 9급 / 2013년 경찰 1차 / 2012년 법원직 9급 / 2011년 국가직 9급

─[보기]─

각 고을에서 공물을 상납하려 할 때 각 관청의 사주인들이 여러 가지로 농간을 부려 좋은 것도 불합격 처리를 하기 때문에 바칠 수가 없게 되었습니다. 이리하여 사주인은 자기가 갖고 있는 물품으로 관청에 대신 내고 그 고을 농민들에게는 자기가 낸 물건 값을 턱없이 높게 쳐서 열 배의 이득을 취하니, 이것은 백성의 피와 땀을 짜내는 것입니다.

─『선조실록』

① 광해군 시기에 실시하였다.
② 토지 결수를 기준으로 1결당 쌀 12두를 납부하게 하였다.
③ 왕실과 관청에서 필요한 수요품을 구해 납품하는 덕대가 등장하였다.
④ 물품 구매와 상품 수요가 증가하면서 상품 화폐 경제가 한층 발전하였다.

□□□
0615 다음은 (가) 제도의 시행에 관한 자료이다. (가) 제도에 대한 설명으로 옳은 것은?

2017년 교육행정직 9급

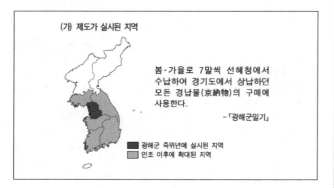

(가) 제도가 실시된 지역

봄·가을로 7말씩 선혜청에서 수납하여 경기도에서 상납하던 모든 경납물(京納物)의 구매에 사용한다.
- 『광해군일기』

■ 광해군 즉위년에 실시된 지역
□ 인조 이후에 확대된 지역

① 지주에게 결작을 부과하였다.
② 상공을 현물 대신 쌀로 수세하였다.
③ 토질에 따라 6등급으로 나누어 수세하였다.
④ 풍흉에 관계없이 1결당 4두~6두를 부과하였다.

□□□
0616 다음 대화에 나타난 수취 제도에 대한 설명으로 옳은 것은?

2016년 지방직 9급

• 갑: 호(戶)에 부과하던 공물을 토지에 부과하게 되면서 땅이 많은 대가(大家)와 거족(巨族)이 불만을 가져 원망을 하고 있으니 가뜩이나 어려운 시기에 심히 걱정스럽군.
• 을: 부자는 토지 소유에 비례하여 많은 액수의 세금을 한꺼번에 내기 어렵다고 불평하지만, 수확과 노동력이 많은 부자가 가난한 사람도 여태껏 그럭저럭 납부해온 것을 왜 못 내겠소?

① 광해군 때 경기도에서 처음으로 실시되었다.
② 농민의 군포 부담을 1년에 1필로 줄여 주었다.
③ 지주에게 토지 1결당 2두의 결작미를 징수하였다.
④ 농민 부담을 낮추기 위해 전세를 토지 1결당 미곡 4두로 고정하였다.

대표
유형

□□□
0617 밑줄 친 '방법'에 대한 설명으로 가장 옳은 것은?

2024년 법원직 9급

유사 2016년 교육행정직 9급 / 2014년 국가직 7급 / 2012년 지방직 9급

남편은 세상을 떴으나 뱃속에 아기가 있었지요. …… 포대기에 쌓인 갓난아기 장정으로 군적에 올려서 문이 닳도록 찾아와 군포를 바치라고 독촉하고 어제는 아기를 업고 관가에 점호를 받으러 갔다오. …… 점호라고 받고 돌아오니 아기는 이미 죽어 있었지요.

이 시에서 나타낸 조세 제도를 감면한 뒤 발생한 재정 부족 문제를 해결한 방법은 무엇일까요?

① 관료전을 지급하고 녹읍을 폐지하였다.
② 풍흉에 관계 없이 일정하게 조세를 거두었다.
③ 부유한 양민에게 선무군관포를 내게 하였다.
④ 토지 소유자에게 공납을 쌀·동전 등으로 내게 하였다.

문항	번호				틀린 이유
0614	①	②	③	④	
0615	①	②	③	④	
0616	①	②	③	④	
0617	①	②	③	④	
0618	①	②	③	④	
0619	①	②	③	④	

대표유형

□□□

0618 (가), (나)와 관련된 제도에 대해 적절하게 설명한 것은?

2011년 법원직 9급
유사 2007년 법원직 9급

(가) "토지 1결마다 2번에 걸쳐 8두씩 거두어 본청에 수납하고, 본청은 그때의 물가 시세를 보아 쌀로써 공인에게 지급하여 수시로 물건을 납부하게 하소서."라고 하니, 임금(광해군)이 이에 따랐다.

(나) 감면한 것을 계산하면 모두 50여만 필에 이른다. 돈으로 계산하면 1백여만 냥이다. 아문과 군대의 비용을 줄인 것이 50여만 냥이다. 부족한 부분은 어세, 염세, 선세와 선무군관에게 받은 것, 은여결에서 받아들이는 것으로 충당하였는데, 모두 합하면 십수만 냥이다.

① (가) - 전세를 정액화하였다.
② (가) - 공인의 활동으로 상품 화폐 경제가 한층 발전하였다.
③ (나) - 공납을 전세화한 것이다.
④ (나) - 양반과 노비도 군포를 납부하게 되었다.

□□□

0619 (가), (나)와 관련하여 새로이 시행된 수취 제도에 대한 설명으로 가장 옳은 것은?

2016년 법원직 9급

(가) 지금 호조에서 한 나라의 살림을 맡아 보면서도 어느 지방의 어떤 물건의 대납인지, 또 대납의 이익이 얼마나 되는지도 살피지 않은 채 모두 부상들에게 허가하여 이 일을 맡기고 있습니다. 세금도 정해진 것보다 지나치게 많이 거두는 경우가 많습니다.

(나) 마침내 연분 9등법을 파하였다. 삼남 지방은 각 등급으로 결수를 정해 조안에 기록하였다. 영남은 상지하(上之下)까지만 있게 하고, 호남과 호서 지방은 중지중(中之中)까지만 있게 하였다.

① (가) - 담당 기관으로 사창을 설치하였다.
② (가) - 가구에 부과하던 공납을 전세화했다.
③ (나) - 결작으로 부족한 세수를 보충하였다.
④ (나) - 광해군 때 경기도에서 처음 실시되었다.

해설

0614 제시된 자료는 공납의 폐단에 대해 설명하고 있다. 이러한 공납의 폐단을 해결하기 위해 대동법이 시행되었다. ③ 덕대가 아니라 공인에 대한 설명이다. 덕대는 조선 후기 광산 경영을 담당하던 이들을 가리키는 말이다.

오답노트 ① 대동법은 광해군 때 처음으로 실시되었다. ② 대동법 체제하에서는 토지 결수를 기준으로 1결당 쌀 12두를 납부하도록 하였다. ④ 대동법의 실시로 인하여 공인들의 물품 구매 및 이에 따른 상품 수요의 증가로 상품 화폐 경제가 발전하였다.

0615 (가) 제도는 대동법이다. ② 대동법의 실시에 따라 집집마다 현물로 징수하던 공물을 토지의 결수에 따라 쌀, 무명, 동전 등으로 납부하게 하였다.

오답노트 ① 균역법과 관련된 내용이다. ③ 세종 때 실시된 공법에 대한 설명이다. ④ 영정법에 대한 설명이다.

0616 제시된 자료의 '호에 부과하던 공물을 토지에 부과하~'라는 내용을 통해 해당 수취 제도가 대동법임을 알 수 있다. ① 광해군 때 이원익 등의 주장에 따라 대동법을 경기도에서 처음으로 실시하였다.

오답노트 ② 균역법에 대한 설명이다. ③ 균역법의 실시로 감소된 재정을 보완하기 위해 지주에게 결작이라고 하여 토지 1결당 미곡 2두를 추가로 부담시켰다. ④ 인조 때 시행한 영정법에 대한 설명이다.

0617 제시된 자료는 백골징포, 황구첨정, 인징, 족징 등 군역의 폐단에 대한 내용으로, 이를 해결하기 위해 영조는 균역법을 실시하였다. ③ 균역법의 실시에 따라 군포가 2필에서 1필로 감소되었다. 이로 인한 재정 부족 문제를 해결하기 위해 일부 양인 상류층에게 선무군관이라는 칭호를 주고 1년에 군포 1필을 납부하게 하였다.

오답노트 ① 고대 신문왕 때 실시한 정책들이다. ② 조선 인조 때 실시된 영정법에 대한 설명이다. ④ 조선 광해군 때 실시한 대동법에 대한 설명이다.

0618 (가)는 대동법, (나)는 균역법을 말한다. ② 대동법이 실시되면서 공인이라는 어용 상인이 등장하여 관청에서 공가를 미리 받아 물품을 납부하였는데, 이로 인해 전체 유통 경제가 활성화되었다.

오답노트 ① 영정법에 대한 설명이다. ③ 대동법에 대한 설명이다. ④ 균역법은 군포를 2필 납부하던 것을 1필로 줄인 것으로, 양반과 노비는 여전히 군포를 납부하지 않았다.

0619 (가)는 방납의 폐단, (나)는 연분 9등법의 폐지에 대한 내용이다. (가)를 해결하기 위해 조선 정부는 대동법을 실시하였으며, (나)를 통해 영정법을 실시하였다. ② 대동법의 실시로 집집마다 징수하던 공물 납부 방식을 토지의 결수에 따라 쌀·삼베·무명·동전 등으로 납부하게 되었다.

오답노트 ① 사창제는 환곡제의 폐단을 해결하기 위해 나온 제도이다. ③ 결작은 균역법 실시로 인한 국가 재정 부족분을 보충하기 위해 시행한 제도이다. ④ 대동법에 대한 설명이다.

Answer 0614 ③ 0615 ② 0616 ① 0617 ③ 0618 ② 0619 ②

PART 05

0620 (가), (나) 주장에 따라 시행된 제도에 대한 설명으로 옳지 않은 것은?

2013년 법원직 9급

> (가) 8도 군포는 수량이 90만 필(疋)에 지나지 않는데, 절반인 45만 필의 돈을 내어놓고 군포 1필을 감해 준다면, 2필을 바치던 무리들이 반드시 힘을 펼 수 있을 것입니다.
>
> (나) 호역(戶役)으로써 군역(軍役)을 대신하고 …(중략)… 호수(戶數)에 따라 귀천(貴賤)과 존비(尊卑)를 물론하고 일체로 부역(賦役)을 균평하게 한다면 내는 자는 심히 가볍고 거두는 자도 손실이 없을 것입니다.

① (가)는 방납의 폐단을 해결하기 위한 방책이었다.
② (나)는 성리학적 명분론을 바탕으로 양반의 반발이 심하였다.
③ (가)는 영조, (나)는 흥선 대원군 때 법제화되었다.
④ (가), (나) 모두 과세 대상이 확대되는 계기가 되었다.

상품 화폐 경제의 발달

0621 밑줄 친 '이 농법'에 대한 설명으로 옳은 것만을 모두 고르면?

2021년 국가직 9급

유사 2018년 법원직 9급 / 2017년 경기북부 여경 / 2014년 서울시 7급 / 2013년 서울시 9급 / 2009년 국가직 7급 / 2007년 국가직 9급

> 대개 이 농법을 귀중하게 여기는 이유는 다음과 같다. 두 땅의 힘으로 하나의 모를 서로 기르는 것이고, … 옛 흙을 떠나 새 흙으로 가서 고갱이를 씻어 내어 더러운 것을 제거하는 것이다. 무릇 벼를 심는 논에는 물을 끌어들일 수 있는 하천이나 물을 댈 수 있는 저수지가 꼭 필요하다. 이러한 것이 없다면 볏논이 아니다.
> ─ 『임원경제지』

> ㉠ 세종 때 편찬된 『농사직설』에도 등장한다.
> ㉡ 고랑에 작물을 심도록 하였다.
> ㉢ 『경국대전』의 수령 칠사 항목에서도 강조되었다.
> ㉣ 직파법보다 풀 뽑는 노동력을 절약할 수 있었다.

① ㉠, ㉡
② ㉠, ㉣
③ ㉡, ㉢
④ ㉢, ㉣

0622 다음의 자료에 보이는 시기의 경제 상황에 대한 설명으로 옳지 않은 것은?

2017년 국가직 9급

유사 2019년 지방직 7급 / 2017년 지방직 7급 / 2017년 서울시 9급 / 2015년 국가직·지방직 7급 / 2013년 서울시 7급 / 2011년 지방직 9급 / 2010년 법원직 9급

> 황해도 관찰사의 보고에 따르면, 수안군에는 본래 금광이 다섯 곳이 있었다. 올해 여름에 새로 39개소의 금혈을 뚫었는데, 550여 명의 광꾼들이 모여들었다. 도내의 무뢰배들이 농사를 짓지 않고 다투어 모여들 뿐만 아니라 다른 지방에서 이익을 좇는 무리들도 소문을 듣고 몰려온다. …(중략)… 금점을 설치한 지 이미 여러 해가 된 곳에는 촌락이 즐비하고 상인들이 물품을 유통시켜 큰 도회지를 이루고 있다.

① 개간을 장려하기 위해 사패전을 부농층에 분급하였다.
② 일부 지방에서 도조법으로 지대를 납부하였다.
③ 면화, 담배 등 상품 작물을 재배하였다.
④ 밭농사에서는 견종법이 보급되었다.

0623 시기별 대외 교류에 관한 설명으로 옳지 않은 것은?

2021년 국가직 9급

유사 2016년 국가직 7급 / 2015년 사회복지직 9급 / 2015년 경찰 2차 / 2011년 국가직 7급

① 백제 : 노리사치계가 일본에 불경과 불상을 전하였다.
② 통일 신라 : 장보고가 청해진을 설치하여 해상권을 장악하였다.
③ 고려 : 예성강 하구의 벽란도가 국제항으로 번성하였다.
④ 조선 : 명과의 교류에서 중강개시와 책문후시가 전개되었다.

□□□

0624 자료에 해당하는 시기의 경제 상황에 대한 설명으로 가장 옳은 것은?

2021년 법원직 9급
유사 2012년 국가직 9급

"내 조금 시험해 볼 일이 있어 그대에게 만 금(萬金)을 빌리러 왔소." 하였다. 변씨는 "그러시오." 하고 곧 만 금을 내주었다. … 대추, 밤, 감, 배, 석류, 귤, 유자 등의 과실을 모두 두 배 값으로 사서 저장하였다. 허생이 과실을 몽땅 사들이자 온 나라가 잔치나 제사를 치르지 못하게 되었다. 그런지 얼마 아니 되어서 두 배 값을 받은 장사꾼들이 도리어 열 배의 값을 치렀다.

① 지대 납부 방식이 타조법으로 바뀌었다.
② 상품 작물 재배가 늘면서 쌀에 대한 수요가 줄었다.
③ 상인 자본이 장인에게 돈을 대는 선대제가 성행하였다.
④ 정부에서 덕대를 직접 고용해 광산 개발을 주도하였다.

□□□

0625 밑줄 친 ㉠~㉣과 관련된 임란 이후 경제에 대한 설명으로 옳지 않은 것은?

2019년 국가직 9급

• ㉠서울 안팎과 번화한 큰 도시에 파·마늘·배추·오이 밭 따위는 10묘의 땅에서 얻은 수확이 돈 수만을 헤아리게 된다. 서도 지방의 ㉡담배 밭, 북도 지방의 삼밭, 한산의 모시밭, 전주의 생강 밭, 강진의 ㉢고구마 밭, 황주의 지황 밭에서의 수확은 모두 상상등전(上上等田)의 논에서 나는 수확보다 그 이익이 10배에 이른다.
• 작은 보습으로 이랑에다 고랑을 내는데, 너비 1척, 깊이 1척이다. 이렇게 한 이랑, 즉 1묘 마다 고랑 3개와 두둑 3개를 만들면, 두둑의 높이와 너비는 고랑의 깊이와 너비와 같아진다. 그 뒤 ㉣고랑에 거름 재를 두껍게 펴고, 구멍 뚫린 박에 조를 담고서 파종한다.

① ㉠ - 신해통공을 반포하여 육의전의 금난전권을 폐지하였다.
② ㉡ - 인삼과 더불어 대표적인 상업 작물로 재배되었다.
③ ㉢ - 『감저보』, 『감저신보』에서 재배법을 기술하였다.
④ ㉣ - 밭농사에서 농업 생산력의 발전을 가져온 농법이었다.

문항	번호				틀린 이유
0620	①	②	③	④	
0621	①	②	③	④	
0622	①	②	③	④	
0623	①	②	③	④	
0624	①	②	③	④	
0625	①	②	③	④	

해설

0620 (가)는 균역법, (나)는 호포법에 대한 내용이다. ① 대동법에 대한 설명이다.

오답노트 ② 호포법은 양반층에게도 군역의 의무를 지게 하는 것으로 양반불역의 원칙에 어긋나기 때문에 양반의 반발이 심하였다. ③ 균역법은 영조 때 제정되었으며, 호포법은 흥선 대원군 집권기에 제정되어 실시되었다. ④ 균역법과 호포법에 대한 설명이다. 균역법을 통해 토지 소유자에게 결작을, 양인 상층에게 선무군관포를 납부하게 하였다. 호포법을 통해 양반도 과세 대상이 되었다.

0621 제시된 자료의 밑줄 친 '이 농법'은 이앙법을 일컫는다. ㉠ 세종 때 편찬된 『농사직설』은 실제 농민들의 경험을 바탕으로 시비법, 이앙법(모내기법) 등의 농법을 소개하였다. ㉣ 이앙법은 직파법보다 잡초를 제거하는 노동력을 줄일 수 있었다.

오답노트 ㉡ 견종법에 대한 설명이다. 조선 후기에 밭고랑에 곡식을 심는 이른바 견종법이 보급되었다. ㉢ 이앙법은 수령 칠사의 항목에 없는 내용이다. 수령 칠사의 내용은 농상성(農桑盛, 농상을 성하게 함)·호구증(戶口增, 호구를 늘림)·학교흥(學校興, 학교를 일으킴)·군정수(軍政修, 군정을 바르게 함)·부역균(賦役均, 부역을 균등하게 함)·사송간(詞訟簡, 소송을 간명하게 함)·간활식(奸猾息, 교활하고 간사한 버릇을 그치게 함)이다.

0622 제시된 자료는 조선 후기 광산 개발을 다루고 있다. ① 사패전은 고려 후기에 농지 개간의 장려를 위해 지배층에게 지급한 토지이다. 사패전은 소유권과 수조권(면세)을 함께 가지고 있는 토지였는데, 지배층은 사패전을 빙자하여 토지를 겸병하였다.

오답노트 ② 18세기 말경부터 일부 지방에서 정액세인 도조법이 유행하였다. ③ 조선 후기에는 상품 유통이 활발해지면서 쌀, 인삼, 담배, 채소 등을 재배하는 상업적 농업이 발달하였다. ④ 조선 후기에는 밭고랑에 곡식을 심는 이른바 견종법이 보급되어 생산력이 증대되었고 노동력도 절감할 수 있었다.

0623 ④ 명나라가 아니라 청나라와의 대외 교류에 대한 설명이다. 17세기 중엽부터 청과의 무역이 활발해지면서, 국경 지대를 중심으로 공적으로 허용된 무역인 개시와 사적 무역인 후시가 이루어졌다.

오답노트 ① 6세기 성왕 때 노리사치계가 일본에 불경과 불상을 전하였다. ② 통일 신라 때 장보고가 청해진을 설치하여 남해와 황해의 해상 무역권을 장악하였다. ③ 고려 시대 때 예성강 어귀의 벽란도가 국제 무역항으로 번성하였다.

0624 제시된 자료는 박지원이 저술한 「허생전」의 내용으로, 조선 후기의 독점 상인인 도고의 행적을 묘사하고 있다. 따라서 자료에 해당하는 시기는 조선 후기이다. ③ 조선 후기에는 상인에게 자금과 원료를 미리 받아 제품을 생산하는 선대제가 성행하였다.

오답노트 ① 조선 후기에도 이전 시기와 마찬가지로 지대를 납부할 때 타조법이 관행으로 적용되었다. ② 조선 후기 쌀의 상품화가 활발하여 시장에서 쌀에 대한 수요가 늘어나자 밭을 논으로 바꾸는 농민이 증가하였다. ④ 경영 전문가인 덕대는 정부가 고용한 인물이 아니라, 상인 물주에게 고용된 인물이다. 조선 후기에는 주로 정부가 아니라 민간에서 광산을 경영하였다.

0625 ① 육의전을 제외한 일반 시전이 소유하고 있던 금난전권을 폐지하였다.

오답노트 ② 담배는 인삼 등과 더불어 조선 후기의 대표적인 상업 작물로 재배되었다. ③ 조선 후기에 고구마 재배법을 깊이 연구하여 『감저보』, 『감저신보』, 『종저보』 등이 저술되었다. ④ 조선 후기에 들어와 밭고랑에 곡식을 심는 이른바 견종법이 보급되어 생산력이 증대되었고, 노동력도 절감할 수 있었다.

Answer 0620 ① 0621 ② 0622 ① 0623 ④ 0624 ③ 0625 ①

□□□
0626 다음 상황이 전개되던 시기에 볼 수 있는 모습으로 옳은 것은?

2018년 교행직 9급

유사 2017년 법원직 9급 / 2014년 법원직 9급

> 사행이 책문을 출입할 때 의주 상인과 개성 상인 등이 은 (銀), 삼(蔘)을 몰래 가지고 인부나 마필 속에 섞어 들어 물종을 팔아 이익을 꾀하였다. 되돌아올 때는 걸음을 일부러 늦추어 사신을 먼저 책문으로 나가게 하여 거리낄 것이 없게 한 뒤에 저희 마음대로 매매하고 돌아오는데 이것을 책문 후시라고 한다.
> ─ 『만기요람』

① 직전법 실시에 반발하는 관리
② 주자소에서 계미자를 주조하는 장인
③ 전민변정도감 설치 소식에 기뻐하는 노비
④ 공가를 받아 물품을 구입해 관청에 납부하는 공인

□□□
0627 조선 후기 활동한 사상(私商)과 그에 대한 설명으로 가장 적절하지 않은 것은?

2017년 경기북부 여경

① 송상 ─ 개성을 근거지로 하여 상행위를 하였으며, 전국에 송방이라는 지점을 설치하였는데 주로 인삼을 재배·판매하였다.
② 경강상인 ─ 선상(선박을 이용한 상행위)을 하였으며, 주로 서남 연해안을 오가며 미곡·소금·어물 등의 운송과 판매를 장악하여 부를 축적하였다.
③ 만상 ─ 의주를 근거지로 활동하였으며, 주로 대청 무역을 담당하였다.
④ 유상 ─ 동래를 근거지로 하여 활동하였다. 주로 대일 무역을 담당하였으며, 인삼·무명·쌀 등을 수출하고, 은·구리·황·후추 등을 수입하였다.

□□□
0628 다음의 자료에 보이는 시기의 경제 동향에 대한 설명으로 옳지 않은 것은?

2015년 국가직 9급

유사 2019년 법원직 9급 / 2015년 법원직 9급 / 2012년 사회복지직 9급 / 2008년 지방직 9급

> 배에 물건을 싣고 오가면서 장사하는 장사꾼은 반드시 강과 바다가 이어지는 곳에서 이득을 얻는다. 전라도 나주의 영산포, 영광의 법성포, 흥덕의 사진포, 전주의 사탄 등은 비록 작은 강이나 모두 바닷물이 통하므로 장삿배가 모인다. … (중략)… 그리하여 큰 배와 작은 배가 밤낮으로 포구에 줄을 서고 있다.
> ─ 『비변사등록』

① 강경, 원산 등이 상업 중심지로 성장하였다.
② 선상은 선박을 이용해서 각 지방의 물품을 거래하였다.
③ 객주와 여각은 상품의 매매를 중개하고, 숙박, 금융 등의 영업도 하였다.
④ 상업 활동이 활발해지면서 삼한통보 등의 동전을 만들어 유통하였다.

□□□
0629 조선 후기의 동전 유통 실태에 대한 설명으로 옳지 않은 것은?

2013년 지방직 9급

유사 2014년 지방직 7급 / 2012년 국가직 7급 / 2009년 국가직 9급

① 숙종 대, 동전이 전국적으로 유통되었다.
② 18세기 전반, 동전 공급 부족으로 전황이 발생하였다.
③ 18세기 후반, 동전으로 세금이나 소작료를 납부하는 비중이 증가하였다.
④ 19세기 전반, 군사비 지출을 보완하기 위하여 당백전을 주조하였다.

□□□
0630 다음 자료의 내용과 같은 시기에 일어난 경제 상황으로 옳지 않은 것은?

2011년 지방직 7급

유사 2013년 국가직 7급 / 2010년 지방직 7급 / 2008년 지방직 7급

> 농민이 밭에 심는 것은 곡물만이 아니다. 모시, 오이, 배추, 도라지 등의 농사도 잘 지으면 그 이익이 헤아릴 수 없이 크다. 도회지 주변에는 파밭, 마늘밭, 배추밭, 오이밭 등이 많다. 특히 서도 지방의 담배밭, 북도의 삼밭, 한산의 모시밭, 전주의 생강밭, 강진의 고구마밭 등의 수확은 모두 상상 등전의 논에서 나는 수확보다 그 이익이 10배에 이른다.
>
> ─『경세유표』

① 민간 수공업자는 자금과 원료를 미리 받아 제품을 생산하는 선대제가 성행하였다.
② 농민의 경제력 향상으로 지주 전호제가 유명무실해졌다.
③ 청과의 무역으로 은의 수요가 늘면서 은광의 개발이 활기를 띠었다.
④ 상품 화폐 경제가 발달하면서 신용 화폐가 점차 보급되었다.

□□□
0631 조선 시대 상업의 추이에 대한 설명으로 옳은 것을 모두 고른 것은?

2010년 국가직 7급

유사 2009년 지방직 7급

> ㉠ 15세기에 한양의 운종가에 시전이 세워지면서 시전 상인들에게 사상을 단속하는 금난전권이 부여되었다.
> ㉡ 조선 후기에 장시가 전국적으로 확대되었고, 그 시기에 활동했던 보부상은 국가로부터 행상 허가를 받아야 했다.
> ㉢ 순조 때 일어난 서울의 쌀폭동은 경강상인이 도성 안의 미전 상인을 움직일 정도로 성장했음을 보여 주는 사건이었다.

① ㉠
② ㉠, ㉡
③ ㉡, ㉢
④ ㉢

문항	번호				틀린 이유
0626	①	②	③	④	
0627	①	②	③	④	
0628	①	②	③	④	
0629	①	②	③	④	
0630	①	②	③	④	
0631	①	②	③	④	

해설

0626 제시된 자료의 책문 후시란 조선과 청나라 사이에 행해진 사무역으로, 조선 후기의 경제 상황에 대한 내용임을 알 수 있다. ④ 조선 후기, 대동법의 실시로 지정된 공인들에게 공가를 미리 지급하고 필요한 물품을 납품받았다.

오답노트 ① 직전법은 조선 전기인 세조 때 실시되었다. ② 조선 태종 때 주자소를 설치하고, 구리로 계미자를 주조하였다. ③ 전민변정도감은 원 간섭기에 여러 번 설치와 폐지를 반복했던 관청이다.

0627 ④ 유상은 평양을 기반으로 활동한 상인이다. 동래를 근거지로 활동했으며, 주로 대일 무역에 관여한 사상(私商)은 내상이다.

오답노트 ① 송상은 개성을 기반으로 활동했으며, 전국에 송방이라는 지점을 차려놓고 인삼을 직접 재배・판매하였다. ② 경강상인은 선박의 건조 등 생산 분야에까지 진출했으며, 한강을 이용해 미곡, 소금, 어물 등을 경기도와 충청도 일대에 판매하며 성장하였다. ③ 만상은 의주를 중심으로 대청 무역 활동을 하였다.

0628 제시된 자료는 18세기 조선 후기의 경제 상황을 설명하고 있다. ④ 삼한통보는 고려 숙종 때 만들어진 동전으로, 널리 유통되지는 못했다.

오답노트 ① 18세기에 이르러 강경, 원산 등이 상업의 중심지로 성장하였다. ② 조선 후기에 들어와 포구 중심의 상권이 발달하였는데, 선상은 선박을 이용해서 각 지방의 물품을 구입해 와 포구에서 처분하였다. ③ 객주나 여각은 각 지방의 선상이 물화를 싣고 포구에 들어오면 그 상품의 매매를 중개하고, 부수적으로 운송, 보관, 숙박, 금융 등의 영업도 하였다.

0629 ④ 당백전은 흥선 대원군이 경복궁의 중건 비용 마련과 국방 정책의 강화를 위하여 발행한 고액 화폐인데, 흥선 대원군의 집권은 1863년이므로 시기상 맞지 않다.

오답노트 ① 상평통보는 조선 인조 때 처음 주조되었으나 주조와 유통이 활발히 이루어지지 못하다가 조선 숙종 때인 1678년 상평통보를 법화로 삼은 것을 계기로 전국적으로 유통되었다. ② 동전이 재산 축적의 수단이 되면서 동전 보급이 부족해져 18세기 전반기에 전황 현상(동전이 제대로 유통되지 않아 동전이 부족한 현상)이 발생하였다. ③ 18세기 후반부터는 세금과 소작료를 동전으로 대납하는 비중이 점차 늘어났다.

0630 제시된 자료는 상품 작물의 재배가 확대되던 조선 후기의 상황이다. ② 조선 후기에는 지주 전호제가 더욱 확산되었다.

오답노트 ①,③,④ 조선 후기 경제 상황에 대한 설명이다.

0631 ㉢ 경강상인들은 막대한 자본을 이용하여 경강 일대에 집결하는 미곡을 매점하여 서울의 미곡가(米穀價)를 올리고 고가에 판매함으로써 폭리를 취하였다. 그러한 미곡 매점(買占)이 빈번해지자 마침내 수요층의 강한 반발을 불러일으켰다. 1833년(순조 33) 서울에서 일어났던 대규모의 쌀폭동은 경강상인의 미곡 매점에 대한 수요층 반발의 대표적인 경우로서, 당시 서울 시내의 거의 모든 곡물전이 피해를 입었다.

오답노트 ㉠ 금난전권은 조선 후기(17세기 초엽으로 추정) 육의전과 시전 상인에게 부여한 권리로, 난전(사상) 행위를 금지할 수 있었다. ㉡ 장시는 조선 전기인 16세기 중엽에 이르러 전국적으로 확대되었다.

Answer 0626 ④ 0627 ④ 0628 ④ 0629 ④ 0630 ② 0631 ④

PART 05

신분제의 동요와 향촌 질서의 변화

□□□

0632 (가), (나) 신분층에 대한 설명으로 옳지 않은 것은?

2020년 국가직 9급

> 오래도록 막혀 있으면 반드시 터놓아야 하고, 원한은 쌓이면 반드시 풀어야 하는 것이 하늘의 이치다. ⬚(가)⬚와/과 ⬚(나)⬚에게 벼슬길이 막히게 된 것은 우리나라의 편벽된 일로 이제 몇백 년이 되었다. ⬚(가)⬚은/는 다행히 조정의 큰 성덕을 입어 문관은 승문원, 무관은 선전관에 임명되고 있다. 그런데도 우리들 ⬚(나)⬚은/는 홀로 이 은혜를 함께 입지 못하니 어찌 탄식조차 없겠는가?

① (가)의 신분 상승 운동은 (나)에게 자극을 주었다.
② (가)는 수차례에 걸친 집단 상소를 통해 관직 진출의 제한을 없애 줄 것을 요구하였다.
③ (나)에 해당하는 인물로는 정조 때 규장각 검서관으로 등용된 유득공, 박제가, 이덕무 등이 있다.
④ (나)는 주로 기술직에 종사하며 축적한 재산과 탄탄한 실무 경력을 바탕으로 신분 상승을 추구하였다.

□□□

0633 밑줄 친 '우리'에 해당하는 계층의 활동으로 옳은 것은?

2015년 국가직 9급

유사 2012년 지방직 9급 / 2009년 국가직 9급 / 2009년 지방직 7급

> 아! 우리는 본시 모두 사대부였는데 혹은 의(醫)에 들어가고 혹은 역(譯)에 들어가 7, 8대 또는 10여 대를 대대로 전하니 …(중략)… 문장과 덕(德)은 비록 사대부에 비길 수 없으나, 명공(名公)과 거실(居室) 외에 우리보다 나은 자는 없다.

① 집단으로 상소하여 청요직(淸要職) 허통(許通)을 요구하였다.
② 형평사를 창립하고, 평등한 대우를 요구하는 형평 운동을 펼쳤다.
③ 관권과 결탁하고 향회를 장악하여, 향촌 사회에서 영향력을 키우려 하였다.
④ 유향소를 복립하여 향리를 감찰하고 향촌 사회의 풍속을 바로 잡으려 하였다.

□□□

0634 〈표〉와 같은 변화가 나타나게 된 원인에 대한 탐구 활동으로 옳은 것을 〈보기〉에서 모두 고른 것은?

2020년 법원직 9급

유사 2018년 교육행정직 9급 / 2017년 기상직 9급 / 2012년 국가직 9급

(단위: %)

시기	양반 호	상민 호	노비 호	합계
1729년	26.29	59.78	13.93	100
1765년	40.98	57.01	2.01	100
1804년	53.47	45.61	0.92	100
1867년	65.48	33.96	0.56	100

[보기]

㉠ 납속의 혜택에 대하여 조사해본다.
㉡ 공명첩을 구입한 사람들의 신분을 조사해본다.
㉢ 선무군관포의 부과 대상에 대하여 조사해본다.
㉣ 서원 숫자의 변화를 조사해본다.

① ㉠, ㉡   ② ㉠, ㉢
③ ㉡, ㉢   ④ ㉡, ㉣

□□□
0635 다음 상소가 작성되었던 시기에 볼 수 있었던 모습으로 가장 옳은 것은?

2020년 법원직 9급

> 작위의 높고 낮음은 조정에서만 써야 할 것이고 적자와 서자의 구별은 한 집안에서만 통용되어야 할 것입니다. …(중략)… 공사천 신분이었다가 면천된 이들은 벼슬을 받기도 하고 아전이었다가 관직을 받은 이들은 높은 자리에 오르기도 하는데 저희들은 한번 낮아진 신분이 대대로 후손에게 이어져 영구히 서족이 되어 훌륭한 임금이 다스리는 세상임에도 그저 버려진 사람들이 되어 있습니다.

① 외래 문화 수용에 선구적 역할을 한 역관
② 포구에서 상품 매매를 중개하며 성장한 덕대
③ 왕의 명령으로 혼일강리역대국도지도를 제작하는 관리
④ 대규모 통청 운동으로 중앙 관직 진출이 허락된 기술직 중인

대표 유형

□□□
0636 다음 사실이 있었던 시기의 향촌 사회에 대한 설명으로 옳지 않은 것은?

2020년 국가직 9급

유사 2018년 경찰 3차 / 2018년 법원직 9급 / 2015년 지방직 9급 / 2015년 사회복지직 9급 / 2013년 지방직 9급

> 황해도 봉산 사람 이극천이 향전(鄕戰) 때문에 투서하여 그와 알력이 있는 사람들을 무고하였는데, 내용이 감히 말할 수 없는 문제에 저촉되었다.

① 향전의 전개 속에서 수령의 권한이 강화되었다.
② 신향층은 수령과 그를 보좌하는 향리층과 결탁하였다.
③ 수령은 경재소와 유향소를 연결하여 지방 통치를 강화하였다.
④ 재지사족은 동계와 동약을 통해 향촌 사회에 대한 영향력을 유지하려 하였다.

문항	번호				틀린 이유
0632	①	②	③	④	
0633	①	②	③	④	
0634	①	②	③	④	
0635	①	②	③	④	
0636	①	②	③	④	

해설

0632 제시된 자료는 중인의 통청 운동과 관련된 내용으로 (가)는 서얼, (나)는 중인을 일컫는다. ③ 정조 때 규장각 검서관으로 등용된 유득공, 박제가, 이덕무 등은 모두 서얼 출신이다.

오답노트 ① 서얼의 통청 운동에 자극을 받아 중인들도 1850년대에 대대적인 연합 상소 운동(소청 운동)을 벌였다. ② 서얼은 여러 차례의 집단 상소 운동을 벌여 청요직으로 진출하는 것을 허용해 달라고 요구하였다. ④ 중인들은 주로 기술직에 종사하며 축적한 재산과 탄탄한 실무 경력을 바탕으로 신분 상승을 추구하였다.

0633 밑줄 친 '우리'는 중인을 일컫는다. ① 서얼 허통에 자극을 받은 중인들은 1850년대에 대대적인 연합 상소 운동(소청 운동)을 벌였으나, 그 세력이 미미하여 청요직 허통이 실패로 돌아갔다.

오답노트 ② 백정들은 1923년에 조선 형평사를 창립하여 백정에 대한 사회적 차별 철폐를 요구하는 형평 운동을 전개하였다. ③ 경제력을 갖춘 부농층은 수령을 중심으로 한 관권과 결탁하고 향회를 장악하여 향촌 사회에서 영향력을 키우고자 하였다. ④ 지방의 사족들은 유향소를 조직하여 수령을 보좌하고 향리를 규찰하며 향촌 사회의 풍속을 바로잡고자 하였다.

0634 제시된 자료의 표를 통해 조선 후기에 양반의 수는 더욱 늘어나고, 상민과 노비의 수는 갈수록 줄어들었음을 알 수 있다. 이를 통해 조선 후기, 양반층의 분화와 사회·경제적 변화로 인해 신분 변동이 활발했다는 것을 짐작할 수 있다. ㉠,㉡ 전란으로 재정적 타격을 받은 정부가 납속책을 실시하고 공명첩을 발급하자, 서얼과 부농층은 이를 이용하여 신분을 상승할 수 있었다.

오답노트 ㉢ 선무군관포는 균역법 시행으로 부족해진 재정을 보충하고자 실시된 정책으로, 신분 상승과는 관련이 없다. ㉣ 서원의 숫자 변화는 양반들의 향촌 사회에서의 권위와 관련이 있다.

0635 제시된 자료는 조선 후기, 서얼의 청요직 허통 요구와 관련된 내용이다. ① 역관들은 청과의 외교 업무에 종사하면서 서학을 비롯한 외래 문화 수용에 있어서 선구적 역할을 수행하였다.

오답노트 ② 객주나 여각 등에 대한 설명이다. 덕대는 조선 후기의 광산 경영자이다. ③ 혼일강리역대국도지도는 조선 전기인 태종 때 제작되었다. ④ 조선 후기에 중인들도 통청 운동을 전개했지만, 그 세력이 미미하여 청요직 허통에는 실패하였다.

0636 제시된 자료는 조선 후기의 향전과 관련된 내용이다. ③ 경재소가 운영된 것은 조선 전기의 일이다. 조선 전기 경재소와 유향소를 연결하여 지방 통치를 원활하게 하고자 한 것은 수령이 아니라 조선 정부이다.

오답노트 ① 조선 후기 향전의 발생으로 수령과 향리의 권한이 강해지는 결과를 가져왔다. ② 조선 후기 경제력을 갖춘 부농층(신향층)은 수령과 그를 보좌하는 향리 세력과 결탁하여 향안(鄕案)에 이름을 올렸다. ④ 조선 후기 재지사족은 군현 단위로 농민을 지배하기 어렵게 되자, 촌락 단위의 동약과 동계를 실시하였다.

Answer 0632 ③ 0633 ① 0634 ① 0635 ① 0636 ③

PART 05

0637 밑줄 친 ㉠, ㉡에 관한 설명으로 적절하지 않은 것은?

2017년 국가직 7급[하]

유사 2010년 국가직 9급 / 2009년 서울시 9급

• 사대부가 수백 년 동안 관직에서 막혀 있어도 존부(尊富)를 잃지 않는 까닭은 집집마다 각기 한 조상을 떠받들고 넓은 농지를 점하여 종족이 흩어져 살지 않으므로 그 ㉠풍습이 견고하게 유지되고 근본이 뽑히지 않았기 때문이다. ― 『여유당전서』

• 퇴계 이황이 영남 예안에 역동사(易東祠)를 창건하고 ㉡족보를 손수 필사하여 그곳에 보관하였다. …(중략)… 산이 있으면 물이 있는 것이니 백파(百派)가 순류하여 끝내 한 곳에 모이는 것인데 이는 종합(宗合)의 뜻이다. ― 『단양 우씨 족보서』

① ㉠ ― 친영이 일반화되었다.
② ㉠ ― 이성불양의 관념으로 양자 제도가 확산되었다.
③ ㉡ ― 동성 마을의 감소를 초래하였다.
④ ㉡ ― 적서 차별과 가족 간의 위계를 중시하였다.

0638 다음 자료와 같은 현상이 나타난 시기의 사회 모습에 대한 설명으로 옳지 않은 것은?

2016년 국가직 9급

유사 2016년 지방직 9급 / 2012년 국가직 9급 / 2012년 지방직 9급 /
2012년 경찰 1차 / 2010년 서울시 9급 / 2010년 법원직 9급

근래 세상의 도리가 점점 썩어가서 돈 있고 힘 있는 백성들이 갖은 방법으로 군역을 회피하고 있다. 간사한 아전과 한통속이 되어 뇌물을 쓰고 호적을 위조하여 유학(幼學)이라 칭하면서 면역하거나 다른 고을로 옮겨 가서 스스로 양반 행세를 하기도 한다. 호적이 밝지 못하고 명분의 문란함이 지금보다 심한 적이 없다. ― 『일성록』

① 사족들이 형성한 동족 마을이 증가하였다.
② 향회가 수령의 부세 자문 기구로 변질되었다.
③ 유향소를 통제하기 위하여 경재소가 설치되었다.
④ 부농층이 관권과 결탁하여 향임직에 진출하였다.

0639 다음 자료가 풍자하는 시대의 향촌 양반의 활동으로 볼 수 없는 것은?

2007년 법원직 9급

양반: 나는 사대부의 자손인데.
선비: 아니, 나는 팔대부의 자손인데.
양반: 팔대부는 또 뭐야.
선비: 아니, 양반이라는 게 팔대부도 몰라? 팔대부는 사대부의 갑절이지 뭐.
…(중략)…
양반: 첫째, 지식이 있어야지. 나는 사서삼경을 다 읽었네.
선비: 뭣이, 사서삼경? 나는 팔서육경도 읽었네.
양반: 도대체 팔서육경이 뭐냐.
초랭이: 나도 아는 육경, 그걸 몰라? 팔만대장경, 중의 바라경, 봉사 안경, 처녀 월경, 약국 길경(도라지), 머슴 새경(품삯). ― 하회 탈춤 대사

① 촌락 단위의 동약을 시행하였다.
② 문중을 중심으로 서원을 많이 세웠다.
③ 가문에 이름 있는 선조나 훌륭한 인물을 모셔 제사지내는 곳인 사우를 많이 세웠다.
④ 수령을 중심으로 한 관권과 결탁하여 향안에 이름을 올리고 정부의 부세 제도 운영에 적극 참여하였다.

사회 변혁의 움직임

0640 다음 자료에 나타난 사상에 대한 설명으로 옳은 것은?

2020년 국가직 9급

사람이 곧 하늘이라. 그러므로 사람은 평등하며 차별이 없나니, 사람이 마음대로 귀천을 나눔은 하늘을 거스르는 것이다. 우리 도인은 차별을 없애고 선사의 뜻을 받들어 생활하기를 바라노라.

① 이 사상에 대해 순조 즉위 이후 대탄압이 가해졌다.
② 이 사상을 바탕으로 『동경대전』과 『용담유사』가 편찬되었다.
③ 이 사상을 근거로 몰락한 양반의 지휘 아래 평안도에서 난이 일어났다.
④ 이 사상을 근거로 단성에서 시작된 농민 봉기는 진주로 이어졌다.

0641 (가)~(다) 사건을 일어난 순서대로 옳게 나열한 것은?

2024년 법원직 9급

(가) 황사영 백서 사건이 일어났다.
(나) 이승훈이 최창현·홍낙민 등과 함께 서소문 밖에서 참수되었다.
(다) 윤지충과 권상연을 사형에 처하고, 진산군(珍山郡)은 현(縣)으로 강등하라는 명이 내려졌다.

① (가) - (나) - (다)
② (나) - (가) - (다)
③ (다) - (가) - (나)
④ (다) - (나) - (가)

☐☐☐   고난도

0642 〈보기〉의 천주교 전파 상황을 순서대로 바르게 나열한 것은?

2022년 서울시 9급

[보기]

㉠ 이승훈이 북경에서 서양 신부에게 영세를 받고 돌아왔다.
㉡ 윤지충이 모친상 때 신주를 불사르고 천주교 의식을 행하였다.
㉢ 이수광이 『지봉유설』에서 마테오 리치의 『천주실의』를 소개하였다.
㉣ 황사영이 북경에 있는 프랑스인 주교에게 군대를 동원하여 조선에서 신앙과 포교의 자유를 보장받을 수 있도록 청하는 서신을 보내려다 발각되었다.

① ㉠ - ㉡ - ㉣ - ㉢
② ㉠ - ㉢ - ㉣ - ㉡
③ ㉢ - ㉠ - ㉡ - ㉣
④ ㉢ - ㉡ - ㉠ - ㉣

문항	번호				틀린 이유
0637	①	②	③	④	
0638	①	②	③	④	
0639	①	②	③	④	
0640	①	②	③	④	
0641	①	②	③	④	
0642	①	②	③	④	

해설

0637 밑줄 친 '㉠ 풍습'은 조선 후기의 풍습을, '㉡ 족보'는 조선 시대의 족보를 일컫는다. ③ 족보는 가문의 내력을 기록한 것으로, 안으로는 종족 내부의 결속을 다지고 밖으로는 다른 집안이나 하급 신분에 대해 우월 의식을 가지게 하였다. 사족들은 족보를 통해 족적 결합을 강화하였고, 이에 따라 전국적으로 동성 마을이 많이 만들어졌다.

오답노트 ① 조선 후기에는 친영 제도가 정착되었다. ② 조선 후기에는 이성불양(성이 다른 자는 양자로 삼지 않음)의 관념이 확산되어 아들이 없는 집안에서는 외손봉사를 거부하고, 양자를 들이는 것이 일반화되었다. ④ 족보를 통해 가족 간의 위계 질서를 파악하고, 적자와 서자의 자손을 구별할 수 있게 되었다.

0638 제시된 자료에서는 조선 후기 신분제의 동요상을 보여 주고 있다. ③ 경재소는 조선 전기에 설치된 기구이다.

오답노트 ① 조선 후기 재지사족들은 족적 결합을 강화하여 자신들의 지위를 지켜나가고자 하였는데, 이에 따라 전국적으로 동성 마을이 많이 만들어졌다. ② 조선 후기의 향회는 수령이 세금을 부과할 때 의견을 물어보는 자문 기구로 변하였다. ④ 부농층은 향임직에 진출하거나 기존 향촌 세력과 타협하면서 상당한 지위를 확보해갔다. 이 과정에서 부농층은 관권과 결탁하여 향촌 사회에서는 수령을 중심으로 한 관권이 강화되었다.

0639 조선 후기에는 서민 문화의 발달에 따라 탈춤이 유행하였다. ④ 향촌 양반(재지사족)이 아니라 부농층에 대한 설명이다.

오답노트 ①,②,③ 조선 후기에 수령권과 향리와 부농층의 성장으로 기존 향촌 양반(재지사족)의 지위가 위태로워졌다. 이에 사족들은 자신들의 지위를 유지하기 위해 촌락 단위의 동약을 시행하거나, 서원과 사우를 설립하였다.

0640 제시된 자료는 동학의 주요 교리인 인내천에 대한 내용이다. ②『동경대전』은 한문으로 쓰인 동학의 경전이고, 『용담유사』는 대중들이 동학의 교리를 쉽게 이해할 수 있도록 한글로 쓰인 포교 가사집이다.

오답노트 ① 천주교에 대한 설명이다. ③ 동학은 철종 때 창시되었고, 홍경래의 난은 동학이 창시되기 이전인 순조 때 일어났다. ④ 철종 때 일어난 임술 농민 봉기에 대한 설명으로, 동학과는 관련이 없다.

0641 (다) 정조 때 일어난 신해박해에 대한 설명이다. 천주교도인 윤지충이 신주를 불태우고, 천주교 의식에 따라 모친상을 치룬 것이 문제가 되어 윤지충과 권상연을 사형에 처하였다. (나) 순조 때 일어난 신유박해 때 이승훈이 최창현, 홍낙민 등과 함께 사형을 당하였다. (가) 신유박해가 일어나자, 천주교도인 황사영이 중국에 있는 프랑스 선교사에게 도움을 요청하려다 발각되었다(황사영 백서 사건).

0642 ㉢ 이수광은 광해군 때 편찬한 『지봉유설』에서 이탈리아 신부 마테오 리치가 지은 『천주실의』를 소개하였다. ㉠ 북경에서 서양 신부에게 영세를 받은 이승훈이 귀국했는데, 이는 정조 재위 기간인 1784년의 일이다. ㉡ 정조 때인 1791년에 일어난 신해박해에 대한 설명이다. 천주교인이던 진산의 윤지충은 모친상을 당하였을 때 신주를 모시지 않고 제사를 드리지 않는 등 천주교 의식에 따라 모친상을 치렀다. 이것이 문제가 되어 윤지충과 권상연이 처형당하였다(신해박해). ㉣ 순조 때 대규모 천주교 박해 사건인 신유박해가 일어나자, 천주교인 황사영은 북경의 프랑스 선교사에게 도움을 요청하려다 발각되었다(황사영 백서 사건).

Answer

0637 ③   0638 ③   0639 ④   0640 ②   0641 ④   0642 ③

0643 조선 후기 서학과 관련한 설명으로 옳지 않은 것은?

2019년 지방직 9급

유사 2017년 경찰간부 / 2016년 서울시 9급

① 이승훈이 북경에서 영세를 받았다.
② 윤지충 사건을 계기로 하여 기해박해가 일어났다.
③ 안정복이 천주교를 비판하는 『천학문답』을 저술하였다.
④ 최초의 한국인 신부 김대건이 귀국하여 포교 중 순교하였다.

0644 조선 후기 천주교와 관련된 설명으로 옳지 않은 것은?

2014년 국가직 9급

① 기해사옥 때 흑산도로 유배를 간 정약전은 그 지역의 어류를 조사한 『자산어보』를 서술하였다.
② 안정복은 성리학의 입장에서 천주교를 비판하는 『천학문답』을 저술하였다.
③ 1791년 윤지충은 어머니 상(喪)에 유교 의식을 거부하여 신주를 없애고 제사를 지내 권상연과 함께 처형을 당하였다.
④ 신유사옥 때 황사영은 군대를 동원하여 조선에서 신앙의 자유를 보장받게 해달라는 서신을 북경에 있는 주교에게 보내려다가 발각되었다.

0645 조선 후기의 종교를 나타낸 것이다. (가), (나) 종교에 관한 설명으로 옳지 않은 것은?

2009년 법원직 9급

유사 2013년 법원직 9급

> • 죽은 사람 앞에 술과 음식을 차려 놓는 것은 [(가)]에서 금하는 일입니다. 살아 있을 동안에도 영혼은 술과 밥을 받아먹을 수 없는데, 하물며 죽은 뒤에 영혼이 어찌하겠습니까? …(중략)… 자식 된 도리로 어찌 허위와 가식의 예(禮)로써 이미 죽은 부모를 섬기겠습니까?
> — 『상재상서』
>
> • 사람이 곧 하늘이라. 그러므로 사람은 평등하며 차별이 없나니 사람이 마음대로 귀천을 나눔은 하늘을 거스르는 것이다. 우리 [(나)]는 차별을 없애고 선사의 뜻을 받들어 생활하기를 바라노라.

① (가) – 17세기 프랑스 신부에 의하여 우리나라에 서학으로 처음 소개되었다.
② (가) – 정조 때에는 비교적 관대하였으나, 순조가 즉위한 직후 대(大) 탄압이 가해졌다.
③ (나) – 주문과 부적 등 민간 신앙의 요소들을 결합하여 민중적 성격을 지녔다.
④ (나) – 『동경대전』과 『용담유사』를 펴내어 교리를 정리하였다.

대표유형

0646 다음 사건에 대한 설명으로 옳은 것은?

2020년 국가직 7급

유사 2021년 소방직

> 진주민 수만 명이 머리에 흰 수건을 두르고 손에는 나무 몽둥이를 들고 무리를 지어 진주 읍내에 모여 서리들의 가옥 수십 호를 불사르고 부수어서, 그 움직임이 결코 가볍지 않았다. 우병사가 해산시키려고 장시에 나갔다. 그때 흰 수건을 두른 백성들이 그를 빙 둘러싸고 백성의 재물을 횡령한 조목, 그리고 아전들이 세금을 포탈하고 강제로 징수한 일들을 여러 번 문책하였다. 그 능멸하고 핍박함이 조금도 거리낌이 없었다.

① 신유박해를 시작하게 된 계기가 되었다.
② 이필제가 난을 주도하였다.
③ 전봉준 등이 사발통문을 보내 봉기를 호소하였다.
④ 삼정이정청을 설치하게 된 배경이 되었다.

□□□

0647 (가), (나)에 대한 설명으로 옳지 않은 것은?

2014년 국가직 7급

유사 2012년 지방직 7급·9급 / 2011년 지방직 9급

(가) 어른과 아이(父老子弟)와 공사천민(公私賤民)은 모두 이 격문을 들어라. 무릇 관서는 기자와 단군 시조의 옛 터로, 훌륭한 인물이 넘친다. …(중략)… 그러나 조정에서 서토(西土)를 버림이 분토(糞土)나 다름없이 한다.

(나) 금번 난민이 소동을 일으킨 것은 오로지 전 우병사 백낙신이 탐욕을 부려서 수탈하였기 때문입니다. 병영에서 포탈한 환곡과 전세 6만 냥을 집집마다 배정하여 억지로 받으려 하였습니다.

① (가) - 금광 경영이나 인삼 무역으로 자금을 마련하였다.
② (나) - 노비 문서의 소각과 탐관오리의 엄징을 요구하였다.
③ (가) - 세도 정권과 특권 어용상인에 대한 불만을 표출하였다.
④ (나) - 조정은 삼정이정청을 설치하여 세제 개혁을 약속하였다.

문항	번호				틀린 이유
0643	①	②	③	④	
0644	①	②	③	④	
0645	①	②	③	④	
0646	①	②	③	④	
0647	①	②	③	④	

해설

0643 ② 조선 정조 때 제사 대신 천주교 의식에 따라 모친상을 치른 윤지충 사건을 계기로 신해박해가 일어났다. 기해박해는 조선 헌종 때의 일이다.

오답노트 ① 조선 후기에 이승훈이 베이징에서 서양인 신부에게 영세를 받고 돌아왔다. ③ 조선 후기에 안정복은 성리학 입장에서 천주교를 비판하는 『천학고』, 『천학문답』 등을 저술하였다. ④ 김대건은 우리나라 최초의 신부로, 귀국하여 고향인 충청도 당진 지역을 중심으로 포교에 힘쓰다가 병오박해 때 체포·처형되었다.

0644 ① 순조 원년인 1801년 신유사옥(신유박해) 때 흑산도로 유배를 간 정약전은 유배지의 어류를 조사하여 『자산어보』를 저술하였다. 기해사옥(기해박해)은 헌종 때 있었던 천주교 박해이다.

오답노트 ② 안정복은 많은 저술 활동을 하였는데 남인 학자들이 서학에 경도되는 것을 보고 『천학문답』을 지어 천주교를 비판하는 내용을 담았다. ③ 정조 때인 1791년 윤지충의 행동을 문제 삼아 처형한 사건을 '진산 사건'이라 한다. ④ 신유사옥(신유박해) 당시 황사영은 군대를 동원하여 조선에서 신앙의 자유를 보장받게 해달라는 서신을 북경에 있는 주교에게 보내려다가 발각되었다.

0645 (가)는 천주교(서학), (나)는 동학을 가리킨다. ① 천주교는 17세기 북경을 방문한 사신들에 의해 '서학'이라는 학문의 형태로 소개되었다.

오답노트 ② 정조 대에는 천주교에 대해 비교적 관대하였으나 순조가 즉위하고 정순왕후의 수렴청정과 함께 노론 벽파가 집권하면서, 남인 제거를 위한 천주교 탄압이 시작되었다(신유박해, 1801). ③ 동학은 유·불·선 및 천주교의 중심 교리를 참조하였으며, 민간 신앙적인 요소들도 결합되어 형성되었다. ④ 『동경대전』은 한자로 쓰인 동학 경전이며, 『용담유사』는 한글로 쓰인 동학 가사집으로, 2대 교주인 최시형이 경전을 간행하여 교리를 정리하였다.

0646 제시된 자료는 철종 때 일어난 임술 농민 봉기(진주 민란)와 관련된 내용이다. ④ 임술 농민 봉기가 일어나자 정부는 삼정이정청을 설치하고 민란을 수습하고자 하였다.

오답노트 ① 신유박해는 순조 때 일어난 사건으로, 임술 농민 봉기와 관련 없다. ② 동학 교도인 이필제가 난을 일으킨 것은 흥선 대원군 집권 시기의 일이다. ③ 고종 때 일어난 고부 민란에 대한 설명이다.

0647 (가)는 홍경래의 난(1811)이고, (나)는 임술 농민 봉기(1862)에 대한 내용이다. ② 제1차 동학 농민 운동 당시 농민군이 제시한 폐정 개혁안의 내용이다.

오답노트 ① 홍경래의 난은 몰락 양반과 신흥 상공업 세력이 주도하였는데, 신흥 상공업 세력은 군자금을 제공하였다. ③ 순조 연간에 세도 정권은 서울 특권 상인의 이권을 보호하기 위해 평안도민의 상공업 활동을 억압하였는데, 이것은 홍경래의 난이 일어나게 된 경제적 원인이 되었다. ④ 임술 농민 봉기가 일어나자 정부는 삼정의 문란을 해결하기 위해 삼정이정청을 설치하였다.

Answer 0643 ② 0644 ① 0645 ① 0646 ④ 0647 ②

□□□
0648 (가)~(라)의 사건을 시기 순으로 바르게 나열한 것은?

2024년 지방직 9급

> (가) 남쪽 지방에서 반란군이 봉기하였다. 가장 심한 자들은 운문을 거점으로 한 김사미와 초전의 효심이었다. 이들은 유랑민을 불러 모아 주현을 습격하여 노략질하였다.
>
> (나) 진주의 난민들이 소동을 일으킨 것은 오로지 전 우병사 백낙신이 탐욕을 부려 수탈하였기 때문입니다. … 이에 민심이 들끓고 노여움이 일제히 폭발해서 전에 듣지 못하던 변란으로 나타난 것입니다.
>
> (다) 여러 주·군에서 공물과 조세를 보내지 않아 나라의 씀씀이가 궁핍하게 되었으므로 왕이 사자를 보내 독촉하였다. 이로 인해 도적들이 곳곳에서 벌떼처럼 일어났다. 원종과 애노 등이 사벌주를 근거지로 반란을 일으켰다.
>
> (라) 평서 대원수는 급히 격문을 띄우노라. … 조정에서는 서쪽 땅을 더러운 흙처럼 버렸다. 심지어 권세 있는 집의 노비들도 서쪽 사람을 보면 반드시 평안도 놈이라 일컫는다. 서쪽 땅에 있는 자로서 어찌 억울하고 원통하지 않겠는가.

① (가) → (다) → (나) → (라)
② (가) → (다) → (라) → (나)
③ (다) → (가) → (나) → (라)
④ (다) → (가) → (라) → (나)

□□□
고난도
0649 조선 후기 평안도에 대한 설명으로 옳지 않은 것은?

2017년 지방직 9급(하)
유사 2010년 지방직 7급 / 2007년 법원직 9급

① 중국과 무역량이 증가하면서 의주, 평양, 정주 등지의 상인들이 많은 부를 축적하였다.
② 영·정조 대에 들어서 문과 합격자 중 평안도 출신자의 비중이 높아졌다.
③ 두 차례의 호란 직후 사회가 불안정해져 인구가 급감하였다.
④ 평안도 사람들은 서북인이라 하여 차별을 받았다.

□□□
0650 (가)와 (나) 사건 사이에 있었던 사실로 옳은 것은?

2016년 국가직 7급

> (가) 평서 대원수는 급히 격문을 띄우노니 관서의 부로자제와 공·사천민은 모두 이 격문을 들으라. …(중략)… 조정에서 관서를 버림이 분토와 다름없다. 심지어 권세가의 노비도 서토의 사람을 보면 반드시 '평한(平漢)'이라고 말한다.
>
> (나) 백성들이 소동을 일으킨 것은 우병사 백낙신이 탐욕을 부려 침학하였기 때문입니다. 환포와 도결 6만 냥을 가호(家戶)에 배정하여 백징(白徵)하였으므로 백성들이 봉기했던 것입니다.

① 정약용이 유배 중 『목민심서』를 저술하였다.
② 흥선 대원군이 경복궁을 중건하였다.
③ 이승훈이 사행 중 천주교 세례를 받고 돌아왔다.
④ 양헌수가 정족산성에서 프랑스군을 격퇴하였다.

□□□
0651 (가)에 들어갈 내용으로 가장 적절한 것은?

2016년 법원직 9급
유사 2012년 경찰간부 / 2010년 지방직 7급 / 2007년 법원직 9급

> 백낙신의 폭정을 견디다 못한 진주 백성 수만 명이 무리를 지어 서리들의 가옥 수십 호를 불사르고 부수며, 아전들을 둘러싸고 백성의 재물을 횡령한 일, 환곡을 포탈하거나 강제로 징수한 일들을 면전에서 문책하였다.

⇩

(가)

⇩

> 철종이 후사 없이 사망하면서 고종이 어린 나이에 즉위하였다. 그러자 고종의 아버지인 흥선 대원군이 실권을 잡았다. 대원군은 삼정의 문란을 진정시키기 위한 각종 정책을 폈다.

① 삼정이정청을 설치하고 수취 제도 개혁을 강구하였다.
② 군정의 문란을 해결하기 위하여 호포제가 실시되었다.
③ 농민들이 집강소를 설치하고 폐정 개혁을 추진하였다.
④ 홍경래를 중심으로 한 세력이 청천강 이북을 점령하였다.

문항	번호				틀린 이유
0648	①	②	③	④	
0649	①	②	③	④	
0650	①	②	③	④	
0651	①	②	③	④	

해설

0648 (다) 신라 하대인 진성여왕 때 일어난 원종과 애노의 난에 대한 내용이다. (가) 고려 명종(이의민 집권 시기) 때 일어난 김사미와 효심의 난에 대한 내용이다. (라) 조선 후기인 순조 때 발발한 홍경래의 난에 대한 내용이다. (나) 조선 후기인 철종 때 일어난 임술 농민 봉기에 대한 내용이다.

0649 ③ 평안도는 지리의 특성상 임진왜란의 피해를 별로 입지 않았으며, 호란 직후에는 오히려 요동 지역에서 인구가 유입되는 현상이 발생했다. 그래서 두 차례의 호란 직후 전국적으로 인구 감소가 있었지만, 예외적으로 평안도 지역은 인구가 꾸준히 증가하는 추세를 보였다.

오답노트 ① 평안도 지역의 유상이나 의주의 만상 등은 조선 후기에 중국과의 무역을 주도하면서 많은 부를 축적하였다. ② 영·정조 대에 평안도 출신 문과 합격자의 비율은 조선 8도에서 가장 높았다. 이러한 추이는 지역 감정을 고려한 정치적 의도로 여겨진다. ④ 평안도 사람들은 서북인(서토인, 관서인)이라 불리면서 차별 대우를 받는 경우가 많았다.

0650 (가)는 순조 때 홍경래의 난(1811), (나)는 철종 때 임술 농민 봉기(1862)의 격문이다. ① 정약용은 강진 유배지에서 『목민심서』를 완성했는데, 이는 순조 재위 기간인 1818년의 일이다.

오답노트 ② (나) 이후(1865~1868)에 실시되었다. ③ 이승훈은 (가) 이전인 정조 때 활약한 인물이다. ④ (나) 이후인 병인양요(1866)에 대한 설명이다.

0651 (가)는 철종 때의 임술 농민 봉기(1862), (나)는 고종 즉위(1863)·흥선 대원군 집권 시기(1863~1873)이다. ① 임술 농민 봉기가 전국으로 확산되자 정부는 안핵사 박규수의 상소로 삼정이정청을 설치하고 삼정의 문란에 대한 대책을 강구하기 위하여 삼정이정절목을 발표하였다.

오답노트 ② 호포제 실시는 고종 즉위 후 흥선 대원군이 실시한 개혁 정책이다. ③ 고종 재위 기간인 1894년에 일어난 1차 동학 농민 운동에 대한 설명이다. ④ 홍경래의 난(1811)에 대한 설명으로 순조 때의 사건이다.

M.E.M.O

PART 05

Answer 0648 ④ 0649 ③ 0650 ① 0651 ①

CHAPTER 03 근대 태동기의 문화

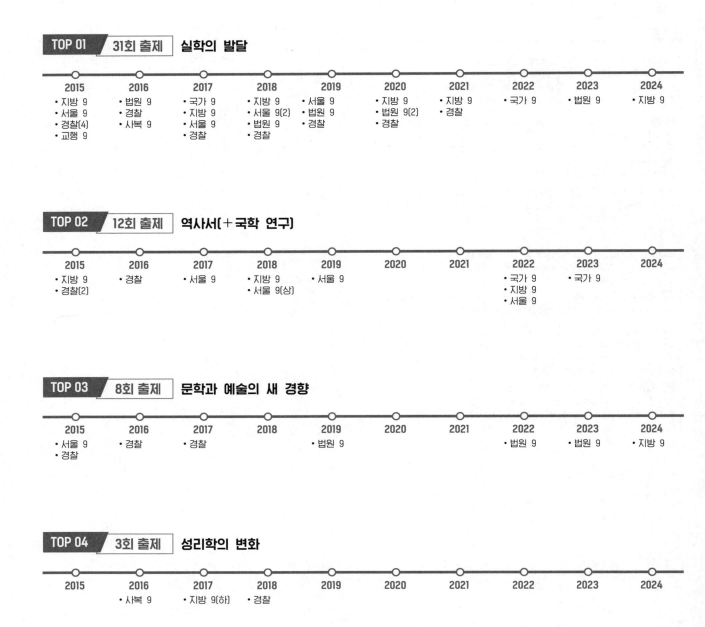

TOP 01 | 31회 출제 | **실학의 발달**

2015	2016	2017	2018	2019	2020	2021	2022	2023	2024
• 지방 9	• 법원 9	• 국가 9	• 지방 9	• 서울 9	• 지방 9	• 지방 9	• 국가 9	• 법원 9	• 지방 9
• 서울 9	• 경찰	• 지방 9	• 서울 9(2)	• 법원 9	• 법원 9(2)	• 경찰			
• 경찰(4)	• 사복 9	• 서울 9	• 법원 9	• 경찰	• 경찰				
• 교행 9		• 경찰	• 경찰						

TOP 02 | 12회 출제 | **역사서(＋국학 연구)**

2015	2016	2017	2018	2019	2020	2021	2022	2023	2024
• 지방 9	• 경찰	• 서울 9	• 지방 9	• 서울 9			• 국가 9	• 국가 9	
• 경찰(2)			• 서울 9(상)				• 지방 9		
							• 서울 9		

TOP 03 | 8회 출제 | **문학과 예술의 새 경향**

2015	2016	2017	2018	2019	2020	2021	2022	2023	2024
• 서울 9	• 경찰	• 경찰		• 법원 9			• 법원 9	• 법원 9	• 지방 9
• 경찰									

TOP 04 | 3회 출제 | **성리학의 변화**

2015	2016	2017	2018	2019	2020	2021	2022	2023	2024
	• 사복 9	• 지방 9(하)	• 경찰						

성리학의 변화

대표
유형

□□□

0652 조선 후기의 사상 동향에 대한 설명으로 옳은 것만
을 모두 고른 것은?

2017년 지방직 9급(하)

유사 2014년 국가직 9급 / 2012년 경찰 1차 / 2011년 지방직 9급

㉠ 서울 부근의 일부 남인 학자는 천주교를 수용하였다.
㉡ 정조는 기존의 문체에 얽매이지 않는 신문체를 장려하
  였다.
㉢ 복상 기간에 대한 견해차로 인해 예송(禮訟)이 전개되
  었다.
㉣ 노론과 남인 간에 인성(人性)·물성(物性) 논쟁이 전개
  되었다.

① ㉠, ㉡   ② ㉠, ㉢
③ ㉡, ㉣   ④ ㉢, ㉣

□□□

0653 조선 후기 호락(湖洛) 논쟁에 대한 설명으로 옳지
않은 것은?

2013년 국가직 9급

유사 2018년 경찰 1차 / 2008년 법원직 9급 / 2007년 국가직 9급

① 18세기 중엽 노론 내부에 주기설과 주리설의 분파가 생
  겨 일어났다.
② 호론은 인성과 물성이 다르다고 보는 인물성이론을 내세
  웠다.
③ 낙론은 인성과 물성이 같다는 인물성동론을 주장하였다.
④ 호론은 북학파의 과학 기술 존중과 이용후생 사상으로
  이어졌다.

문항	번호				틀린 이유
0652	①	②	③	④	
0653	①	②	③	④	

해설

0652 ㉠ 18세기 남인 계열의 일부 학자들은 천주교를 신앙으로 받아들이게
되었다. ㉢ 조선 후기에 남인과 서인 사이에서 예송 논쟁이 전개되었다.

오답노트 ㉡ 정조는 신문체를 배척하고 기존의 문체로 환원하는 문풍 개혁 정
책인 문체반정을 실시했다. ㉣ 인성·물성에 대한 논쟁(호락논쟁)은 노론 내부
에서 전개된 것이다.

0653 18세기에 노론 내부에서 인간과 사물의 본성이 같은가 다른가를 놓고
호락논쟁이 벌어졌다. 호론은 인물과 사물의 본성은 다르다는 인물성이론을, 낙
론은 인물과 사물의 본성은 같다는 인물성동론을 주장하였다. ④ 호론이 아니라
낙론이다.

오답노트 ① 18세기 중엽 노론 내부에서 분파가 생겨났는데, 상대적으로 기를
중시하는 입장과 상대적으로 이를 중시하는 입장으로 나뉘어졌다(16세기 이기
논쟁과 구별해야 됨). 호론은 기(氣)의 차별성을 강조하였고, 낙론은 이(理)의 보
편성을 강조하였다. ② 호론, ③ 낙론에 대한 설명이다.

Answer 0652 ② 0653 ④

□□□
0654 다음과 같은 주장에 대한 설명으로 가장 적절한 것은?

2013년 국가직 7급

> 만물이 생기고 나면 바르고 통(通)한 기운을 받은 것이 사람이 되고, 편벽되고 막힌 기운을 받은 것이 물건이 된다. 물건은 편벽되고 막힌 기운을 받았기 때문에, 이(理)의 전체를 받지 못한 것은 아니지만 기질을 따라 본성 역시 편벽되고 막히게 된다. …(중략)… 사람만은 바르고 통한 기운을 받았기 때문에 마음이 가장 영묘하여 건순과 오상의 덕을 모두 갖추었으니, 그 지극한 것을 확충하면 천지에 참여하여 만물을 화육하는 것을 돕는 것도 모두 우리 인간이 할 수 있는 일이다. 이는 사람과 물건의 다른 점이다.

① 최한기에 의해 서양의 경험 철학과 연결되어 개화사상의 철학적 기반이 되었다.
② 이(理)의 중요성을 강조하여 과학 기술과 이용후생을 강조하는 북학의 배경이 되었다.
③ 화이론에 따라 중화와 오랑캐를 본질적으로 구별되는 존재로 보려는 배타적 입장이 깔려 있었다.
④ 정권에서 소외된 소론파와 왕실의 종친 그리고 서얼 출신 인사들 사이에서 가학으로 이어졌다.

□□□
0655 양명학에 대한 설명으로 옳은 것만을 모두 고르면?

2019년 국가직 7급
유사 2011년 지방직 7급

> ㉠ 명종 대에 처음 전래되어 이황에 의해 이단으로 비판받았다.
> ㉡ 수용 초기 양명학자들은 성리학을 배척하여 양립할 수 없었다.
> ㉢ 박은식의 유교구신론과 정인보의 조선학 운동에 큰 영향을 끼쳤다.
> ㉣ 정권에서 소외된 소론과 왕가의 종친 그리고 서얼 출신 인사들 사이에서 가학(家學)으로 이어지면서 퍼졌다.

① ㉠, ㉡　　　　　　　② ㉠, ㉣
③ ㉡, ㉢　　　　　　　④ ㉢, ㉣

□□□　　　　　　　　　　　　　　　　　　　**고난도**
0656 다음과 같이 주장한 학자에 대한 설명으로 옳은 것은?

2017년 국가직 7급
유사 2017년 경찰간부

> 나의 학문은 안에서만 구할 뿐이고 밖에서는 구하지 않는다. …(중략)… 그런데 오늘날 주자를 말하는 자들로 말하면, 주자를 배우는 것이 아니라 다만 주자를 빌리는 것이요, 주자를 빌릴 뿐만 아니라 곧 주자를 부회해서 자기들의 뜻을 성취하려 하고 주자를 끼고 위엄을 지어 자기들의 사욕을 달성하려 할 뿐이다.

① 양지와 양능의 본체성을 근거로 지행합일을 긍정하였다.
② 교조화된 주자학을 비판하다가 사문난적으로 몰리어 죽음을 당하였다.
③ 서인의 영수로서 왕과 사족·서민은 예가 같아야 한다고 주장하였다.
④ 유교 문명 이외에도 유럽·회교·불교 문명권을 소개하여 시야를 넓혀 주었다.

실학의 발달

□□□
0657 〈보기〉의 토지 개혁안을 주장한 조선 후기 실학자를 옳게 짝지은 것은?

2019년 서울시 9급

[보기]

㉠ 지금 농사를 하고자 하는 사람은 토지를 얻고, 농사를 하지 않는 사람은 토지를 얻지 못하도록 한다. 즉 여전(閭田)의 법을 시행하면 나의 뜻을 이룰 수 있을 것이다. …(중략)… 무릇 1여의 토지는 1여의 사람들로 하여금 공동으로 경작하게 하고, 내 땅 네 땅의 구분 없이 오직 여장의 명령만을 따른다. 가을이 되면 무릇 오곡의 수확물을 모두 여장의 집으로 보내어 그 식량을 분배한다. 먼저 국가에 바치는 공세를 제하고, 다음으로 여장의 녹봉을 제하며, 그 나머지를 날마다 일한 것을 기록한 장부에 의거하여 여민들에게 분배한다.

㉡ 국가는 마땅히 한 집의 재산을 헤아려 전(田) 몇 부(負)를 한정하여 1호(戶)의 영업전(永業田)을 삼기를 당나라의 조제(租制)처럼 해야 한다. 그렇다고 해서 많이 소유한 자의 것을 줄이거나 빼앗지 않고, 모자라게 소유한 자라고 해서 더 주지 않는다. 돈이 있어 사고자 하는 자는 비록 천백 결(結)이라도 모두 허가하고, 토지가 많아 팔고자 하는 자도 단지 영업전 몇 부 이외에는 역시 허가한다.

	㉠	㉡
①	정약용	이익
②	박지원	유형원
③	정약용	유형원
④	이익	박지원

문항	번호				틀린 이유
0654	①	②	③	④	
0655	①	②	③	④	
0656	①	②	③	④	
0657	①	②	③	④	

해설

0654 제시된 자료는 호락논쟁에서 호론의 주장이다. ③ 호론은 우리 문화에 대한 자부심을 바탕으로 청이나 서양에 대해서 배타적인 입장을 취했다.

오답노트 ① 우주 간에는 오직 '기'만이 있음을 강조한 유기론에 대한 설명이다. 호론은 기의 차별성을 강조한 것으로, 사람과 짐승을 구별하면서 이를 화이론과 연결시켰다. 이후 위정척사 사상으로 계승되었다. ② 낙론에 대한 설명이다. ④ 양명학을 연구한 강화학파에 대한 설명이다.

0655 ㉢ 양명학은 조선 후기에 연구된 이후 구한말과 일제 강점기에 박은식과 정인보 등에게 계승되어 이들의 사상에 영향을 끼쳤다. ㉣ 양명학은 주로 정권에서 소외된 소론 및 종친 등의 특정 가문을 중심으로 연구되는 가학(家學)의 형태로 전래되었다.

오답노트 ㉠ 양명학은 16세기 조선 중종 때 처음으로 전래되었다. ㉡ 양명학의 수용 초기, 일부 성리학자들 중에서 양명학을 부분적으로 받아들이거나 양명학을 추가로 연구하는 사람들이 나타나기 시작하였다.

0656 제시된 자료는 정제두의 『존언』에 나오는 내용이다. ① 정제두는 양명학을 체계적으로 연구하여 강화학파를 성립시킨 학자이다. 양명학에서는 인간의 타고난 천리인 양지(良志)와 타고난 능력인 양능(良能)은 서로 분리되거나 선후가 있지 않으며, 앎은 행함을 통해서 성립한다는 지행합일설을 강조하였다.

오답노트 ② 윤휴, 박세당 등에 대한 설명이다. ③ 송시열에 대한 설명이다. ④ 이수광에 대한 설명이다. 이수광은 『지봉유설』에서 아시아와 유럽을 포함한 50여 국의 지리·풍속·물산 등을 소개하여 세계에 대한 시야를 넓혀주었다.

0657 ㉠의 토지 개혁안을 주장한 학자는 정약용이다. 정약용은 토지를 여(閭) 단위로 공동 소유·공동 경작해서 노동량에 따라 분배하자는 여전론을 주장하였다. ㉡의 토지 개혁안을 주장한 학자는 이익이다. 이익은 영업전이라는 것을 매 호마다 지급하고, 영업전에 대해서는 매매를 금지하고 그 이상의 토지에 대해서는 매매를 허용하도록 하자고 주장하였다.

Answer 0654 ③ 0655 ④ 0656 ① 0657 ①

PART 05

□□□

0658 다음 ⊙과 ⓒ에 대한 설명으로 가장 적절한 것은?

2019년 경찰 2차

⊙ 국가에서 한 집의 재산을 올바로 측량하고 농토 및 부(負)를 한정하여 한 집의 영업전으로 만들어 주되 당나라 제도처럼 운영한다. 농토가 많은 사람은 빼앗지 않고, 모자라는 사람에게도 더 주지 않으며 …(중략)… 농토가 많아서 팔려고 하는 사람에게도 영업전 몇 부를 제외하고는 역시 허락한다.

ⓒ 진정 한제(限制)를 만들어서 모년 모월 이후 이 한제 이상으로 많은 자는 더 이상 사들이지 못하게 하고, 법령 공포 이전에 사들인 것은 비록 산천을 경계로 할 정도로 광점하더라도 불문에 붙인다. …(중략)… 법령 공포 후에 한제를 넘어서 가점(加占)하는 자는 백성들이 적발하면 백성에게 주고, 관에서 적발하면 몰수한다.

① ⊙은 『곽우록』의 내용으로 조선 후기 상품 작물 경작의 현실을 반영하여 토지 소유의 상한선을 제시하였다.
② ⊙은 한 마을 사람들이 토지를 공동 경작한 후 균등하게 분배한다는 토지 개혁론과 관계가 있다.
③ ⓒ의 저자는 영농 방법의 혁신, 상업적 농업의 장려, 수리 시설의 확충 등을 통한 농업 생산력 향상에 관심을 기울였다.
④ ⓒ은 관리, 선비, 농민 등에게 차등을 두어 토지를 분배하자는 토지 개혁론의 일부이다.

□□□

0659 (가) 정책에 대한 설명으로 옳은 것은?

2018년 법원직 9급

유사 2012년 경찰 3차 / 2009년 지방직 7급

중농학파인 유형원은 토지 개혁을 주장하였는데, 『반계수록』에서 자영농을 육성하는 방법으로 ___(가)___ 을/를 주장하였다.

① 영업전을 설정하여 최소한의 농민 생활을 보장하고자 하였다.
② 신분 차별 없이 모든 사람에게 균등한 토지 분배를 강조하였다.
③ 관리, 선비, 농민 등에게 차등을 두어 토지를 분배할 것을 주장하였다.
④ 한 마을을 단위로 토지를 공동 소유하고 공동 경작할 것을 강조하였다.

**대표
유형**

□□□

0660 다음 주장을 펼친 인물에 대한 설명으로 가장 옳은 것은?

2023년 법원직 9급

유사 2019년 법원직 9급 / 2018년 서울시 9급

국가는 마땅히 한 집의 생활에 맞추어 재산을 계산해서 토지 몇 부(負)를 1호의 영업전으로 한다. 땅이 많은 자는 빼앗아 줄이지 않고 미치지 못하는 자도 더 주지 않으며, 돈이 있어 사고자 하는 자는 비록 천백 결이라도 허락하여 주고, 땅이 많아서 팔고자 하는 자는 다만 영업전 몇 부 이외에는 허락하여 준다.

① 한국사의 독자적인 정통론을 체계화하였다.
② 『목민심서』와 『경세유표』 등의 저술을 남겼다.
③ 나라를 좀먹는 여섯 가지의 폐단을 지적하였다.
④ 신분에 따라 차등있게 토지를 분배하는 균전론을 내세웠다.

□□□
0661 밑줄 친 '그'에 대한 설명으로 옳은 것은?

2015년 교육행정직 9급
유사 2013년 경찰 1차 / 2010년 법원직 9급

> 그는 농촌 경제를 안정시키기 위하여 농가마다 생계에 꼭 필요한 영업전을 갖게 하고 그 이외의 토지는 매매를 허락하여 점진적으로 토지 균등을 이루게 하자는 한전론을 주장하였다.

① 『동사강목』을 저술하여 한국사의 독자적 정통론을 체계화하였다.

② 『북학의』를 저술하여 청의 문물을 적극적으로 수용하자고 주장하였다.

③ 실학을 집대성하여 『목민심서』, 『경세유표』 등 500여 권의 저술을 남겼다.

④ 노비 제도, 양반 문벌 제도, 사치와 미신 숭배, 게으름 등의 시정을 주장하였다.

□□□
0662 다음 주장을 한 조선 후기 실학자에 대한 설명으로 옳지 않은 것은?

2010년 국가직 7급

> 농사를 힘쓰지 않은 자 중에 그 좀이 여섯 종류가 있는데, 장사꾼은 그 중에 들어가지 않는다. 첫째가 노비요, 둘째가 과거요, 셋째가 벌열이요, 넷째가 기교요, 다섯째가 승니요, 여섯째가 게으름뱅이들이다. 저 장사꾼은 본래 사민(四民)의 하나로서 그래도 통화의 이익을 가져온다. 소금·철물·포백 같은 종류는 장사가 아니면 운반할 수 없지만, 여섯 종류의 해로움은 도둑보다도 더하다.

① 유통 경제의 발전을 통해 농촌 경제를 활성화시키고자 하였다.

② 자영농 육성을 위한 토지 제도 개혁론으로 한전론을 주장하였다.

③ 역사에서 고금의 흥망이 시세(時勢)에 따라 이루어진다고 파악하였다.

④ 관직은 적은데 과거에 응시한 사람이 많은 데서 붕당이 생긴다고 보았다.

문항	번호				틀린 이유
0658	①	②	③	④	
0659	①	②	③	④	
0660	①	②	③	④	
0661	①	②	③	④	
0662	①	②	③	④	

해설

0658 제시된 ㉠은 이익의 토지 개혁론인 한전론의 내용으로, 토지 소유의 하한선을 주장하였다. ㉡은 박지원의 토지 개혁론인 한전론의 내용으로, 토지 소유의 상한선을 주장하였다. ③ 박지원은 저서인 『과농소초』에서 영농 방법의 혁신, 상업적 농업의 장려, 수리 시설의 확충 등과 같은 경영과 기술적 측면의 개선을 통해 농업 생산력의 향상을 꾀하고자 하였다.

오답노트 ① 이익은 저서인 『곽우록』에서 한전론을 주장했으며, 토지 소유의 상한선이 아니라 하한선을 제시하였다. ② 정약용이 주장한 토지 개혁론인 여전론에 대한 설명이다. ④ 유형원이 주장한 토지 개혁론인 균전론에 대한 설명이다.

0659 유형원은 저서 『반계수록』에서 토지 개혁을 위해 균전론을 주장했다. ③ 유형원이 주장한 균전론이란 관리·선비·농민들에게 토지를 신분마다 차등을 두어 분배하되, 각 신분별로는 동등하게 분배하는 것을 의미한다. 그는 이렇게 토지를 분배하여 자영농을 육성할 것을 주장하였다.

오답노트 ① 이익의 한전론에 대한 설명이다. ② 유형원은 신분마다 차별을 두고 토지를 분배할 것을 주장하였다. ④ 정약용의 여전론에 대한 설명이다.

0660 제시된 자료는 이익이 주장한 '한전론'의 내용이다. ③ 이익의 6종론에 대한 설명이다. 이익은 나라를 좀먹는 여섯 가지 악폐로 노비 제도·과거 제도·양반 문벌·기교(사치와 미신)·승려·게으름을 들었다.

오답노트 ① 안정복은 단군 – 기자 – 마한 – 삼국(삼국 무통) – 통일 신라로 이어지는 우리나라의 독자적 정통론을 세워 이를 체계화하였다. ② 정약용에 대한 설명이다. ④ 유형원의 균전론에 대한 설명이다. 유형원은 『반계수록』에서 사농공상의 신분에 따라 차등있게 토지를 분배하여 자영농을 육성할 것을 주장하였다.

0661 제시된 자료의 밑줄 친 '그'는 이익이다. 이익은 농촌 경제를 안정시키는 방법으로, 생계를 유지하는데 필요한 규모의 토지를 영업전으로 정한 다음, 법으로 영업전의 매매를 금지하고 나머지 토지만 매매를 허용하여 점진적으로 토지 균등을 이루자는 한전론을 주장하였다. ④ 이익은 나라를 좀먹는 여섯 가지 악폐로 노비 제도, 과거 제도, 양반 문벌, 기교, 승려, 게으름을 들었다(6종론).

오답노트 ① 안정복, ② 박제가, ③ 정약용에 대한 설명이다.

0662 제시된 자료는 이익이 지적한 '나라의 6좀'에 관한 내용이다. ① 이익은 농업 중심의 개혁론을 내세운 경세치용 학파(중농학파)의 인물이다. 유통 경제의 발전을 통해 농촌 경제를 활성화시키고자 한 것은 상공업 중심의 개혁을 주장한 이용후생 학파(중상학파)이다.

오답노트 ② 이익은 토지 개혁론으로 한전론을 주장하였다. ③ 이익은 역사를 움직이는 힘을 '시세(時勢, 시대의 추세)', '행불행(幸不幸, 운수 또는 우연성)', '시비(是非, 도덕)'의 순서로 봄으로써 도덕 중심 사관을 비판하였다. ④ 이익은 붕당이 선비들의 먹이 다툼에서 생겼다고 보고, 이를 극복하기 위해서는 선비들도 농사를 지어 생리(生理, 생활하는 길)를 가질 것 등을 주장하였다.

Answer 0658 ③　0659 ③　0660 ③　0661 ④　0662 ①

대표유형

□□□

0663 다음 글을 쓴 사람에 대한 설명으로 옳은 것은?

2017년 지방직 9급

유사 2018년 기상직 9급 / 2017년 국회사무처 9급 / 2015년 지방직 7급

> 오늘날 백성을 다스리는 자는 백성에게서 걷어들이는 데만 급급하고 백성을 부양하는 방법은 알지 못한다. …(중략)… '심서(心書)'라고 이름 붙인 까닭은 무엇인가? 백성을 다스릴 마음은 있지만 몸소 실행할 수 없기 때문에 그렇게 이름 붙인 것이다.

① 조선 시대의 역사를 서술한 『열조통기』를 편찬하였다.
② 홍역 관련 의서를 종합해 『마과회통』을 저술하였다.
③ 『농가집성』을 펴내 이앙법 보급에 공헌하였다.
④ 우리나라에서 처음으로 지전설을 주장하였다.

대표유형

□□□

0664 다음을 주장한 실학자의 활동으로 옳은 것은?

2015년 국가직 7급

유사 2020년 법원직 9급 / 2017년 서울시 사복직 9급 / 2012년 지방직 7급 / 2012년 경찰 2차

> 무릇 1여(閭)의 토지는 여민이 함께 농사하고 경계를 나누지 않는다. 여장은 매일 개개인의 노동량을 장부에 기록하여 두었다가 가을이 되면 수확물을 여장의 집에 가져온 다음에 분배한다. 이때 국가에 바칠 세와 여장의 봉급을 제하며, 그 나머지를 가지고 노동 일수에 따라 여민(閭民)에게 분배하도록 한다.

① 박제가와 함께 종두법을 연구하고 실험하였다.
② 이익의 역사 의식을 계승하여 『동사강목』을 저술하였다.
③ 지구가 우주의 중심이 아니라는 무한우주론을 내놓았다.
④ 『북학의』를 저술하여 청의 문물을 적극 수용하자고 하였다.

□□□

0665 ㉠~㉢에 들어갈 책의 이름이 옳은 것은?

2017년 지방직 7급

> • (㉠)에서는 주례에 나타난 주나라 제도를 모범으로 하여 중앙과 지방의 정치 제도를 개혁할 것을 제안했다.
> • (㉡)는 수령들이 백성을 수탈하는 도적으로 변한 현실을 바로잡기 위해 백성을 기르는 목민관으로서 지켜야 할 규범을 제시한 일종의 수신 교과서이다.
> • (㉢)는 백성들이 억울한 벌을 받지 않도록 형법을 신중하게 집행하기 위해 지은 책이다.

	㉠	㉡	㉢
①	『경세유표』	『목민심서』	『흠흠신서』
②	『목민심서』	『경세유표』	『흠흠신서』
③	『흠흠신서』	『목민심서』	『경세유표』
④	『경세유표』	『흠흠신서』	『목민심서』

대표유형

□□□

0666 다음과 같이 주장한 조선 후기의 실학자에 대한 설명으로 옳은 것은?

2017년 국가직 9급

유사 2019년 기상직 9급 / 2017년 경찰간부 / 2013년 경찰 2차

> 천체가 운행하는 것이나 지구가 자전하는 것은 그 세가 동일하니, 분리해서 설명할 필요가 없다. 생각건대 9만 리의 둘레를 한 바퀴 도는 데 이처럼 빠르며, 저 별들과 지구와의 거리는 겨우 반경(半徑)밖에 되지 않는데도 오히려 몇 천만 억의 별들이 있는지 알 수가 없다. 하물며 은하계 밖에도 또 다른 별들이 있지 않겠는가!

① 『우서』에서 상업적 경영을 통해 농업 생산성을 높여야 한다고 주장하였다.
② 『반계수록』에서 신분에 따라 토지를 차등 있게 재분배하자고 주장하였다.
③ 『임하경륜』에서 성인 남자에게 2결의 토지를 나누어 주자고 주장하였다.
④ 『북학의』에서 소비를 권장하여 생산을 촉진하자고 주장하였다.

□□□
0667 다음과 같은 내용을 주장한 실학자에 대한 설명으로 옳은 것은?
2014년 국가직 9급
유사 2011년 경북 교행 / 2010년 국가직 7급 / 2010년 법원직 9급

중국은 서양과 180도 정도 차이가 난다. 중국인은 중국을 중심으로 삼고 서양을 변두리로 삼으며, 서양인은 서양을 중심으로 삼고 중국을 변두리로 삼는다. 그러나 실제는 하늘을 이고 땅을 밟는 사람은 땅에 따라서 모두 그러한 것이니 중심도 변두리도 없이 모두가 중심이다.

① 『동국지리지』를 저술하여 역사지리 연구의 단서를 열어 놓았다.
② 『임하경륜』을 통해서 성인 남자들에게 2결의 토지를 나누어 줄것을 주장하였다.
③ 『동사』에서 조선의 자연 환경과 풍속, 인성의 독자성을 강조하였다.
④ 동국지도를 만들어 지도 제작의 과학화에 기여하였다.

대표 유형
□□□
0668 밑줄 친 '그'의 저술로 옳은 것은?
2020년 지방직 9급
유사 2018년 서울시 7급(상) / 2013년 서울시 7급

서울의 노론 집안에서 태어난 그는 『양반전』을 지어 양반 사회의 허위를 고발하였다. 그는 또한 한전론을 주장하였으며, 상공업 진흥에도 관심을 기울여 수레와 선박의 이용 등에 대해서도 주목하였다.

① 『북학의』　　　② 『과농소초』
③ 『의산문답』　　④ 『지봉유설』

문항	번호				틀린 이유
0663	①	②	③	④	
0664	①	②	③	④	
0665	①	②	③	④	
0666	①	②	③	④	
0667	①	②	③	④	
0668	①	②	③	④	

해설

0663 제시된 자료는 정약용이 저술한 『목민심서』이다. ② 정약용은 마진(홍역)에 대한 연구를 진전시키고, 이 분야의 의서를 종합하여 『마과회통』을 편찬하였다.

오답노트 ① 안정복은 편년체 역사서인 『열조통기』를 저술하여 조선 왕조의 역사를 각 왕별로 편찬하였다. ③ 신속에 대한 설명이다. ④ 숙종 때 김석문은 우리나라에서 처음으로 지구가 1년에 366회씩 자전한다고 주장하였다.

0664 제시된 자료는 정약용의 여전론에 대한 설명이다. 여전론은 토지를 여(閭, 마을) 단위로 공동 소유·공동 경작하고 노동량에 따른 분배를 하는 것으로, 사적 토지 소유를 부정하는 일종의 공동 농장 제도이다. 또한 이것을 군사 조직으로도 활용할 수 있다고 하였다. ① 정약용은 마진(홍역)에 대한 연구를 진전시키고 이 분야의 의서를 종합하여 『마과회통』을 편찬하였으며, 박제가와 함께 종두법을 연구하여 실험하기도 하였다.

오답노트 ② 안정복, ③ 홍대용, ④ 박제가에 대한 설명이다.

0665 ㉠ 『경세유표』는 중앙 정치 제도의 폐해를 지적하고, 주나라 제도를 모범으로 정치 제도를 개혁할 것을 건의한 책이다. ㉡ 『목민심서』는 지방 행정의 개혁에 대해 기술한 것으로, 목민관의 치민(治民)에 관한 도리를 논한 책이다. ㉢ 『흠흠신서』는 정약용이 쓴 형법서로 우리나라 최초의 율학 연구서이며, 살인 사건을 해결하는데 필요한 실무 지침서라 할 수 있다.

0666 제시된 자료는 홍대용의 지전설에 대한 설명이다. 중상주의 실학자인 홍대용은 『의산문답』에서 지전설을 받아들이고 무한우주론을 주장하였다. ③ 홍대용은 『임하경륜』에서 놀고먹는 선비들이 생산 활동에 종사하고, 성인 남자들에게 2결의 토지를 나누어 줄 것과 병농 일치의 군대 조직을 제안하였다.

오답노트 ① 유수원, ② 유형원, ④ 박제가에 대한 설명이다.

0667 홍대용은 지전설을 받아들이고, 무한우주론을 주장하였으며, 중국 중심의 세계관을 비판하였다. ② 홍대용은 『임하경륜』에서 놀고먹는 선비들이 생산 활동에 종사하고, 성인 남자들에게 2결의 토지를 나누어 줄 것과 병농 일치의 군대 조직을 제안하였다.

오답노트 ① 한백겸, ③ 허목, ④ 정상기에 대한 내용이다.

0668 제시된 자료는 박지원의 활동에 대한 설명이다. ② 박지원은 『과농소초』를 저술하여 영농 방법의 혁신, 상업적 농업의 장려, 농기구의 개량 등을 강조하였다.

오답노트 ① 『북학의』는 박제가의 저서이다. ③ 『의산문답』은 홍대용이 저술하였다. ④ 이수광은 『지봉유설』을 저술하였다.

Answer 0663 ② 0664 ① 0665 ① 0666 ③ 0667 ② 0668 ②

0669 다음 주장을 한 실학자가 쓴 책은? 2022년 국가직 9급

유사 2016년 국회사무처 9급

토지를 겸병하는 자라고 해서 어찌 진정으로 빈민을 못살게 굴고 나라의 정치를 해치려고 했겠습니까? 근본을 다스리고자 하는 자라면 역시 부호를 심하게 책망할 것이 아니라 관련 법제가 세워지지 않은 것을 걱정해야 할 것입니다. … (중략)… 진실로 토지의 소유를 제한하는 법령을 세워, "어느 해 어느 달 이후로는 제한된 면적을 초과해 소유한 자는 더는 토지를 점하지 못한다. 이 법령이 시행되기 이전부터 소유한 것에 대해서는 아무리 광대한 면적이라 해도 불문에 부친다. 자손에게 분급해 주는 것은 허락한다. 만약에 사실대로 고하지 않고 숨기거나 법령을 공포한 이후에 제한을 넘어 더 점한 자는 백성이 적발하면 백성에게 주고, 관(官)에서 적발하면 몰수한다."라고 하면, 수십 년이 못 가서 전국의 토지 소유는 균등하게 될 것입니다.

① 『반계수록』　　② 『성호사설』
③ 『열하일기』　　④ 『목민심서』

0670 〈보기〉의 ⊙과 ⓒ에 들어갈 인물에 대한 설명으로 가장 옳은 것은? 2019년 서울시 7급(상)

[보기]

조선 후기에 과학 및 기술 분야에서 많은 저술 활동이 이루어졌다. ⊙ 은(는) 『과농소초』를 집필하여 농업 기술 발달에 기여하였고, ⓒ 은(는) 『마과회통』을 저술하여 의학 분야 발달에 기여하였다.

① ⊙은(는) 천주교도를 탄압한 신유사옥 때 유배형에 처해졌다.
② ⓒ은(는) 여전제 실시를 주장하였다.
③ ⊙은(는) 서얼 출신으로 상공업 육성과 청과의 통상 무역 등을 주장하였다.
④ ⓒ은(는) 『반계수록』을 집필해 토지 재분배의 필요성을 주장하였다.

0671 다음과 같이 양반 사회를 비판한 실학자에 대한 설명으로 옳지 않은 것은? 2013년 국가직 7급

유사 2020년 경찰 2차 / 2016년 지방직 7급

양반이란 사족(士族)을 높여서 일컫는 말이다. 정선(旌善) 고을에 어떤 양반이 살고 있었는데, 어질고 책 읽기를 좋아하였다. 고을 군수가 부임할 적마다 방문하여 인사하였는데, 살림이 무척 가난하였다. 그래서 관가에서 내주는 환자(還子)를 타서 먹었는데 결국 큰 빚을 졌다. 그러자 마을 부자가 양반의 위세를 부러워해서 양반을 사겠노라 권유하니 그 양반은 기뻐하며 승낙하였다.

① 『한민명전의』에서 한전법을 주장하였다.
② 『호질』을 통해 양반의 위선을 풍자하였다.
③ 『과농소초』를 통해 농기구의 개량을 주장하였다.
④ 『중용주해』에서 주자 학설 중심의 성리학을 비판하였다.

0672 다음과 같이 주장한 인물에 대한 설명으로 옳은 것은? 2024년 지방직 9급

이용할 줄 모르니 생산할 줄 모르고, 생산할 줄 모르니 백성은 나날이 궁핍해지는 것이다. 비유하건대, 대체로 재물은 우물과 같다. 퍼내면 가득 차고, 버려두면 말라 버린다. 그러므로 비단을 입지 않아서 나라에 비단 짜는 사람이 없게 되면, 여공이 쇠퇴한다. 쭈그러진 그릇을 싫어하지 않고 기교를 숭상하지 않아서 공장이 숙련되지 못하면 기예가 망하게 된다.

① 청과의 통상과 수레의 이용을 주장하였다.
② 양명학을 연구하여 강화학파를 형성하였다.
③ 토지의 매매를 제한하는 한전론을 주장하였다.
④ 지전설을 주장하여 중국 중심의 세계관을 비판하였다.

0673 (가), (나)에 들어갈 이름을 바르게 연결한 것은?

2021년 지방직 9급

[(가)]은/는『북학의』를 저술하여 청의 선진 기술을 적극적으로 수용할 것과 상공업 육성 등을 역설하였다. 한편, [(나)]은/는 중국 및 일본의 방대한 자료를 참고하여『해동역사』를 편찬함으로써, 한·중·일 간의 문화 교류를 잘 보여주었다.

	(가)	(나)
①	박지원	한치윤
②	박지원	안정복
③	박제가	한치윤
④	박제가	안정복

0674 다음 주장을 펼친 인물에 대한 설명으로 옳은 것은?

2021년 경찰 1차
유사 2020년 법원직 9급

지금 우리나라 안에는 구슬을 캐는 집이 없고 시장에 산호 따위의 보배가 없다. 또 금과 은을 가지고 가게에 들어가도 떡을 살 수가 없는 형편이다. … 이것은 물건을 이용하는 방법을 모르기 때문이다. 이용할 줄 모르고, 생산할 줄 모르니 백성은 나날이 궁핍해지는 것이다. 대저 재물은 우물과 같다. 퍼 쓸수록 자꾸 가득 차고 이용하지 않으면 말라 버린다. 그러므로 비단을 입지 않아 나라 안에 비단 짜는 사람이 없다.

① 『열하일기』를 저술하였다.
② 규장각 검서관으로 활동하였다.
③ 대동법의 확대 실시에 기여하였다.
④ 토지 소유에서 한전론을 주장하였다.

문항	번호				틀린 이유
0669	①	②	③	④	
0670	①	②	③	④	
0671	①	②	③	④	
0672	①	②	③	④	
0673	①	②	③	④	
0674	①	②	③	④	

해설

0669 제시된 자료는 박지원의 한전론이다. 박지원은 한전론을 주장하면서 토지 소유의 상한선을 설정하고 농업 생산력을 높이는 데 관심을 기울였다. ③ 박지원은『열하일기』를 써서 청 문물을 소개하고, 자신의 사회·문화·역사에 대한 소신을 피력하였다.

오답노트 ①『반계수록』은 유형원의 저서이다. ②『성호사설』은 이익이 저술한 책이다. ④『목민심서』는 정약용의 저서이다.

0670 ㉠은『과농소초』를 저술한 박지원이고, ㉡은『마과회통』을 저술한 정약용이다. ② 정약용은 토지의 공동 소유·공동 경작을 주요 내용으로 하는 여전론을 주장했다.

오답노트 ① 정약용, ③ 박제가, ④ 유형원에 대한 설명이다.

0671 제시된 자료는 조선 후기 실학자인 박지원의 한문 소설『양반전』이다. ④ 박세당·윤휴 등 여러 학자들이『중용주해』를 저술하여 주자의 해석을 비판하였다. 하지만 박지원은『중용주해』를 저술한 적이 없다.

오답노트 ①『한민명전의』에서 박지원은 토지 소유의 상한선을 설정할 것을 주장하였다. ②『호질』역시 박지원의 한문 소설로, 양반 계급의 위선을 비판하였다. ③『과농소초』에서 박지원은 영농 방법의 혁신, 상업적 농업의 장려, 수리 시설의 확충 등을 통한 농업 생산력 강화를 강조하였다.

0672 제시된 자료는 박제가가 주장한 소비론의 내용이다. ① 박제가는 청과의 통상 강화, 수레와 선박의 이용 등을 강조하였다.

오답노트 ② 정제두에 대한 설명이다. ③ 토지의 매매를 제한하자는 한전론을 주장한 학자는 이익(하한선)과 박지원(상한선) 등이 있다. ④ 홍대용 등에 대한 설명이다.

0673 ③ 박제가는 청에 다녀온 후『북학의』를 저술하여 청의 문물을 적극적으로 수용할 것을 주장하였다. 또한 그는 상공업의 발달, 청과의 통상 강화, 수레와 선박의 이용 등을 역설하였다. 한치윤은 500여 종의 다양한 외국 자료(중국, 일본 등)를 인용하여『해동역사』를 편찬하였다.

0674 제시된 자료는 박제가의 '소비론'의 내용이다. ② 박제가는 서얼 출신으로 정조 때 규장각 검서관으로 활약하였다.

오답노트 ① 박지원에 대한 설명이다. ③ 대동법의 확대 실시를 주장한 인물로는 김육 등이 있다. ④ 토지 개혁론으로 한전론을 주장한 인물로는 이익, 박지원 등이 있다.

Answer 0669 ③ 0670 ② 0671 ④ 0672 ① 0673 ③ 0674 ②

0675 다음과 같이 주장한 실학자에 대한 설명으로 옳은 것은?

2017년 국가직 7급(하)

유사 2018년 경찰 2차 / 2016년 사회복지직 9급 / 2013년 지방직 9급 / 2013년 기상직 9급

재물은 대체로 샘과 같다. 퍼내면 차고, 버려두면 말라 버린다. 그러므로 비단옷을 입지 않아서 나라에 비단 짜는 사람이 없게 되면 여공이 쇠퇴하며, 찌그러진 그릇을 싫어하지 않고 기교를 숭상하지 않아서 공장(工匠)이 기술을 익히지 않게 되면 기예가 사라지게 되고, 농사가 황폐해져서 그 법을 잊었으므로, 사민이 모두 곤궁하여 서로 구제할 수 없게 된다.

① 『의산문답』에서 중국이 세계의 중심이라는 생각을 비판하였다.
② 서양 선교사를 초빙하여 서양의 과학·기술을 배우자고 제안하였다.
③ 신분별로 차등을 둔 토지 재분배로 자영농을 안정시킬 것을 주장하였다.
④ 중국과 일본에 있는 우리나라 관련 기록을 참조하여 『해동역사』를 저술하였다.

고난도
0676 다음에서 설명하는 인물의 저술로 옳은 것은?

2018년 지방직 9급

• 종래의 조선 농학과 박물학을 집대성하였다.
• 전국 주요 지역에 국가 시범 농장인 둔전을 설치하여 혁신적 농법과 경영 방법으로 수익을 올려서 국가 재정을 보충할 것을 제안했다.

① 『색경』　　　　　② 『산림경제』
③ 『과농소초』　　　④ 『임원경제지』

0677 다음 저서에 대한 설명으로 옳지 않은 것은?

2017년 서울시 사복직 9급

가. 『산림경제』　　　나. 『색경』
다. 『과농소초』　　　라. 『농가집성』

① 가 - 홍만선의 저술로 농업, 임업, 축산업, 식품 가공 등을 망라하였다.
② 나 - 박세당의 저술로 과수, 축산, 기후 등에 중점을 두었다.
③ 다 - 정약용의 저술로 농업 기술과 농업 정책에 관하여 논하였다.
④ 라 - 신속의 저술로 이앙법을 언급하였다.

0678 다음 사실을 시기순으로 바르게 나열한 것은?

2022년 법원직 9급

(가) 강희맹이 경기 지역의 농사 경험을 토대로 『금양잡록』을 편찬하였다.
(나) 신속이 벼농사 중심의 수전 농법을 소개한 『농가집성』을 편찬하였다.
(다) 이암이 중국 화북 지역의 농사법을 반영한 『농상집요』를 도입하였다.
(라) 정초, 변효문 등이 왕명에 의해 우리나라 풍토에 맞는 농법을 정리한 『농사직설』을 편찬하였다.

① (가) - (다) - (나) - (라)
② (나) - (다) - (라) - (가)
③ (다) - (라) - (가) - (나)
④ (다) - (라) - (나) - (가)

0679 역사서에 대한 설명으로 옳은 것만을 모두 고르면?

2022년 지방직 9급

ㄱ 김부식의 『삼국사기』에는 단군 신화가 수록되어 있다.
ㄴ 이규보의 『동명왕편』은 고구려 계승 의식을 강조하였다.
ㄷ 안정복의 『동사강목』은 기사본말체로 역사를 서술하였다.
ㄹ 유득공의 『발해고』에는 남북국이라는 용어가 사용되었다.

① ㄱ, ㄴ
② ㄱ, ㄷ
③ ㄴ, ㄹ
④ ㄷ, ㄹ

0680 다음과 같은 특징을 가진 조선 후기 역사서는?

2018년 지방직 9급

• 단군으로부터 고려에 이르기까지의 우리 역사를 치밀한 고증에 입각하여 엮은 통사이다.
• 마한을 중시하고 삼국을 무통(無統)으로 보는 입장에서 우리 역사를 체계화하였다.

① 허목의 『동사』
② 유계의 『여사제강』
③ 한치윤의 『해동역사』
④ 안정복의 『동사강목』

문항	번호				틀린 이유
0675	①	②	③	④	
0676	①	②	③	④	
0677	①	②	③	④	
0678	①	②	③	④	
0679	①	②	③	④	
0680	①	②	③	④	

해설

0675 제시된 자료는 박제가가 『북학의』에서 주장한 소비론에 대한 내용이다. ② 박제가는 중국에 와서 활동하고 있던 서양 선교사들을 직접 초빙하여 그들로부터 서양 선진 기술을 배우자고 주장하였다.

오답노트 ① 홍대용에 대한 설명이다. ③ 유형원은 신분에 따라 차등있게 토지를 재분배하자는 균전론을 통해 자영농을 육성하자고 주장하였다. ④ 『해동역사』는 한치윤이 저술한 역사서이다.

0676 제시된 자료에서 설명하고 있는 인물은 조선 후기 실학자인 서유구이다. 서유구는 토지 개혁론으로 둔전제를 주장했으며, 조선 농학과 박물학을 집대성하였다. ④ 서유구는 농업과 농촌 생활에 필요한 것을 종합하여 『임원경제지』라는 농촌 생활 백과사전을 편찬하였다.

오답노트 ① 『색경』은 박세당의 저서이다. ② 『산림경제』는 홍만선이 저술하였다. ③ 『과농소초』는 박지원이 저술하였다.

0677 ③ 『과농소초』는 박지원의 저서로, 영농 방법의 혁신·상업적 농업의 장려·농기구의 개량·관개 시설의 확충 등과 같은 경영과 기술적 측면의 개선을 통해서 농업 생산력을 높이자고 주장하였다.

오답노트 ① 『산림경제』는 홍만선, ② 『색경』은 박세당의 저술로, 채소·과수·원예·양잠·축산 등 상업적 농업 기술을 소개하고 있다. ④ 『농가집성』은 효종 때 신속의 저술로 벼농사 중심의 수전 농법을 소개하고, 이앙법의 보급에 공헌하였다.

0678 (다) 고려 후기에 이암이 중국의 농서인 『농상집요』를 소개하였다. (라) 조선 전기인 세종 때의 일이다. (가) 『금양잡록』은 조선 전기인 성종 때 강희맹이 저술한 농서로, 금양(시흥)을 중심으로 경기 지방의 농사법을 자세히 설명하고 있다. (나) 조선 후기인 효종 때 신속은 『농가집성』을 편찬하여 벼농사 중심의 수전 농법을 소개하였다.

0679 ㄴ 이규보의 『동명왕편』은 동명왕의 건국 신화를 5언시체로 재구성한 일종의 영웅 서사시로서, 고구려 계승 의식을 강조하였다. ㄹ 유득공은 『발해고』에서 신라와 발해를 병립시켜 남북국이라는 용어를 사용하였다.

오답노트 ㄱ 『삼국사기』는 상고사를 평가 절하하여 고조선의 존재를 알면서도 기록하지 않았다. 따라서 단군 신화 역시 수록되지 않았다. ㄷ 『동사강목』은 편년체와 강목체의 서술 방식을 따랐다. 기사본말체 역사서로는 이긍익의 『연려실기술』 등이 있다.

0680 제시된 역사서는 안정복이 지은 『동사강목』이다. ④ 『동사강목』은 고조선부터 고려까지의 통사를 담은 역사서로, 안정복은 여기서 '단군 – 기자 – 마한 – 삼국(무통) – 신라'로 이어지는 삼한 정통론을 주장했다.

오답노트 ① 허목의 『동사』는 단군에서 고대사까지의 내용을 다루고 있다. ② 유계의 『여사제강』은 고려 시대의 역사만을 서술한 역사서로, 고려가 북방 민족에게 강력히 항전한 사실을 강조하였다. ③ 한치윤의 『해동역사』는 500여 종의 외국 사서를 참고하여 고조선에서 고려까지의 역사를 기전체 형식으로 쓴 사서이다.

Answer 0675 ② 0676 ④ 0677 ③ 0678 ③ 0679 ③ 0680 ④

□□□
0681 (가), (나)에 대한 설명으로 옳은 것은?

2022년 국가직 9급
유사 2018년 서울시 7급

> (가) 역사서의 저자는 다음과 같은 글을 지어 왕에게 바쳤다. "성상 전하께서 옛 사서를 널리 열람하시고, '지금의 학사대부는 모두 오경과 제자의 책과 진한(秦漢) 역대의 사서에는 널리 통하여 상세히 말하는 이는 있으나, 도리어 우리나라의 사실에 대하여서는 망연하고 그 시말(始末)을 알지 못하니 심히 통탄할 일이다. 하물며 신라·고구려·백제가 나라를 세우고 정립하여 능히 예의로써 중국과 통교한 까닭으로 범엽의 『한서』나 송기의 『당서』에는 모두 열전이 있으나 국내는 상세하고 국외는 소략하게 써서 자세히 실리지 않았다. (중략) 일관된 역사를 완성하고 만대에 물려주어 해와 별처럼 빛나게 해야 하겠다.'라고 하셨다."
>
> (나) 역사서에는 다음과 같은 서문이 실려 있다. "부여씨와 고씨가 망한 다음에 김씨의 신라가 남에 있고, 대씨의 발해가 북에 있으니 이것이 남북국이다. 여기에는 마땅히 남북국사가 있어야 할 터인데, 고려가 그것을 편찬하지 않은 것은 잘못이다."

① (가)는 동명왕의 업적을 칭송한 영웅 서사시이다.
② (가)는 불교를 중심으로 고대 설화를 수록하였다.
③ (나)는 만주 지역까지 우리 역사의 범위를 확장하였다.
④ (나)는 고조선부터 고려에 이르는 역사를 체계적으로 정리하였다.

□□□
0682 〈보기〉의 내용 중 옳은 것을 모두 고른 것은?

2022년 서울시 9급

[보기]
> ㉠ 정상기는 최초로 백 리를 한 자로 축소한 「동국여지도」를 만들어 우리나라의 지도 제작 수준을 한 단계 높였다.
> ㉡ 국어에 대한 연구도 활발하여 신경준의 『고금석림』과 유희의 『언문지』가 나왔다.
> ㉢ 유득공은 『동사강목』을 지어 고조선부터 고려 말까지의 우리 역사를 체계적으로 정리하였다.
> ㉣ 이중환의 『택리지』는 각 지역의 경제 생활까지 포함하여 집필되었다.
> ㉤ 허준의 『동의보감』은 우리나라뿐 아니라 중국 및 일본의 의학 발전에 큰 영향을 끼쳤는데, 예방 의학에 중점을 둔 것이다.

① ㉠, ㉡   ② ㉡, ㉤
③ ㉢, ㉣   ④ ㉣, ㉤

□□□
고난도
0683 〈보기〉의 백과사전(유서)을 편찬한 순서대로 바르게 나열한 것은?

2018년 서울시 9급(상)
유사 2015년 서울시 7급 / 2010년 서울시 7급

[보기]
> ㉠ 『대동운부군옥』   ㉡ 『지봉유설』
> ㉢ 『성호사설』   ㉣ 『오주연문장전산고』

① ㉠ − ㉡ − ㉢ − ㉣   ② ㉡ − ㉢ − ㉣ − ㉠
③ ㉠ − ㉢ − ㉡ − ㉣   ④ ㉠ − ㉣ − ㉢ − ㉡

0684 조선 후기 역사서에 나타나는 정통론에 대한 설명으로 옳지 않은 것은?

2017년 국가직 7급

유사 2017년 경기북부 여경 / 2011년 경찰

① 임상덕의 『동사회강』에서는 마한을 정통으로 인정하지 않고 삼국을 무통으로 보았다.

② 안정복의 『동사강목』에서는 삼국을 무통으로 하고 단군 – 기자 – 마한 – 통일 신라를 정통으로 하였다.

③ 홍만종의 『동국역대총목』에서는 단군을 배제하고 기자 – 마한 – 통일 신라의 흐름을 정통으로 규정하였다.

④ 홍여하의 『동국통감제강』에서는 기자의 전통이 마한을 거쳐 신라로 이어졌다고 하여 기자 – 마한 – 신라를 정통 국가로 내세웠다.

0685 조선 후기에 전개된 국학 연구에 대한 설명으로 옳지 않은 것은?

2017년 서울시 9급

① 유희는 『언문지』를 지어 우리말의 음운을 연구하였다.

② 이의봉은 『고금석림』을 편찬하여 우리의 어휘를 정리하였다.

③ 한치윤은 『기언』을 지어 토지 제도의 개혁을 주장하였다.

④ 이종휘는 『동사』를 지어 고구려사에 대한 관심을 고조시켰다.

문항	번호				틀린 이유
0681	①	②	③	④	
0682	①	②	③	④	
0683	①	②	③	④	
0684	①	②	③	④	
0685	①	②	③	④	

해설

0681 제시된 자료에서 (가)는 『삼국사기』의 서문이고, (나)는 『발해고』의 서문 내용이다. ③ 유득공은 『발해고』에서 발해 역사를 우리의 역사로 본격적으로 다루었다. 고대사 연구의 시야를 만주 지방으로 확대시킴으로써 반도 중심의 협소한 사관을 극복하는 데 힘쓴 것이다.

오답노트 ① 이규보의 『동명왕편』에 대한 설명이다. ② 일연이 저술한 『삼국유사』 등에 대한 설명이다. 『삼국사기』는 설화와 같이 신이한 기록과 불교적 세계관에 입각한 생활상 등은 다루지 않았다. ④ 『발해고』는 발해의 역사를 다룬 책이다.

0682 ② 이중환은 우리나라의 지리적인 환경과 각 지역의 경제 생활과 인물·풍속을 자세히 조사하여 『택리지』를 저술하였다. ⑩ 17세기 초에 허준은 『동의보감』을 저술하여 의학 발전에 큰 공헌을 하였다. 이 책은 도교의 영향을 받아 예방 의학에 중점을 두고 있으며, 우리나라뿐만 아니라 중국과 일본에서도 간행되어 큰 영향을 미쳤다.

오답노트 ㉠ 정상기의 『동국지도』에 대한 설명이다. 『동국여지도』는 신경준이 영조 때 왕명으로 편찬한 지도이다. ㉢ 조선 후기, 국어에 대한 연구가 활발하여 신경준의 『훈민정음운해』와 유희의 『언문지』 등의 책들이 편찬되었다. 『고금석림』은 이의봉이 저술한 책으로, 우리나라의 방언과 해외의 언어들을 정리한 것이다. ㉣ 『동사강목』은 안정복이 저술하였다. 유득공이 저술한 역사서는 『발해고』이다.

0683 ㉠ 『대동운부군옥』은 16세기 말 선조 때 학자 권문해가 저술한 어휘 백과사전이다. ㉡ 17세기 초 광해군 때 이수광은 『지봉유설』을 저술하여 중국과 우리나라의 문화 전통을 폭넓게 정리하였다. ㉢ 18세기 숙종~영조 때 활동한 이익은 『성호사설』을 저술하여 우리나라와 중국의 문화를 폭넓게 소개하였다. ㉣ 19세기 이규경은 『오주연문장전산고』를 저술하여 사상, 역사, 농업, 상공업 등 여러 가지 항목을 기술하였다.

0684 ③ 홍만종의 『동국역대총목』은 단군 조선을 정통의 시작으로 삼은 단군 정통론을 제시하였다. 이후 이익과 안정복에게 영향을 주었다.

오답노트 ① 임상덕의 『동사회강』은 기존의 정통론보다 더욱 엄격하게 정통을 구분하였는데, 기자 조선과 마한을 정통으로 인정하지 않았으며 삼국 시대를 무통(無統)의 시대로 보았다. 임상덕의 삼국 무통론은 안정복의 『동사강목』에 계승되었다. ② 안정복의 『동사강목』은 홍여하로부터 시작된 정통론 논의를 정리하여 우리나라의 독자적 정통론을 체계화하였다. 그는 조선의 정통성이 단군 – 기자 – 마한으로 이어진다고 보았으며, 삼국 시대를 무통으로 본 대신 통일 신라 이후 왕조를 정통으로 보았다. ④ 홍여하의 『동국통감제강』은 기자 – 마한 – 신라를 정통으로 하는 정통론을 최초로 내세웠다.

0685 ③ 『기언』은 한치윤이 아니라 허목이 저술하였다. 한치윤은 중국과 일본의 역사책까지 참고하여 『해동역사』를 저술하였다.

오답노트 ① 유희는 『언문지』를 지어 훈민정음의 음운을 연구하였다. ② 이의봉은 『고금석림』을 편찬하여 우리나라의 방언과 몽골어·만주어·일본어 등 해외 언어를 정리하였다. ④ 이종휘는 기전체 역사서인 『동사(東史)』에서 고구려의 전통을 강조하였다.

Answer 0681 ③ 0682 ④ 0683 ① 0684 ③ 0685 ③

PART 05

0686 조선 시대의 국학 연구에 대한 설명으로 가장 적절하지 않은 것은?

2016년 경찰 1차

유사 2017년 경기북부 여경 / 2015년 경찰 1·2차 / 2012년 경찰 1·2차 / 2011년 국가직 7급 / 2011년 경찰 / 2010년 서울시 7급

① 유득공은 『발해고』를 저술하여 발해사 연구를 심화하였다.
② 안정복은 『동사강목』을 저술하여 조선 시대의 정치와 문화를 야사를 중심으로 정리하였다.
③ 김정희는 『금석과안록』을 지어 북한산비가 진흥왕 순수비임을 밝혔다.
④ 한치윤은 500여 종의 중국 및 일본의 자료를 참고하여 기전체 형식의 『해동역사』를 저술하였다.

0687 다음은 조선 후기 집필된 역사서의 일부이다. 이 책에 대한 설명으로 옳은 것은?

2015년 지방직 9급

유사 2011년 지방직 9급

> 삼국사에서 신라를 으뜸으로 한 것은 신라가 가장 먼저 건국했고, 뒤에 고구려와 백제를 통합하였으며, 또 고려는 신라를 계승하였으므로 편찬한 것이 모두 신라의 남은 문적(門籍)을 근거로 했기 때문이다. …(중략)… 고구려의 강대하고 현저함은 백제에 비할 바가 아니며, 신라가 차지한 땅은 남쪽의 일부에 불과할 뿐이다. 그러므로 김씨는 신라사에 쓰여진 고구려 땅을 근거로 했을 뿐이다.

① 우리 역사의 독자적 정통론을 세워 이를 체계화하였다.
② 단군 - 부여 - 고구려의 흐름에 중점을 두어 만주 수복을 희구하였다.
③ 중국 및 일본의 자료를 망라한 기전체 사서로 민족사 인식의 폭을 넓혔다.
④ 여러 영역을 항목별로 나눈 백과사전적 서술로 문화 인식의 폭을 확대하였다.

0688 (가)~(다)에서 설명하고 있는 조선 시대 역사서와 역사가를 바르게 나열한 것은?

2011년 지방직 7급

유사 2010년 법원직 9급 / 2008년 국가직 7급

> (가) 고조선에서 고려에 걸친 통사로서 외기·삼국기·신라기·고려기로 구성되어 있는데, 당시 정계에 진출한 사림 계열의 역사 인식이 반영된 결과 사론이 대폭적으로 첨가되었다.
> (나) 중국과 일본의 문헌을 광범위하게 참작한 유서(類書)적 성격의 사서로서 기전체 형식을 취하고 있지만, 열전은 없고 세기·지·고(考)로 구성되어 있다.
> (다) 역사를 움직이는 힘을 '시세(時勢)', '행불행(幸不幸)', '시비(是非)'의 순서로 봄으로써 도덕 중심 사관을 비판하였다.

	(가)	(나)	(다)
①	『동국통감』	『해동역사』	이익
②	『동사강목』	『연려실기술』	허목
③	『동국통감』	『연려실기술』	이익
④	『동사강목』	『해동역사』	허목

대표 유형

0689 〈보기〉의 지리서를 편찬된 순서대로 바르게 나열한 것은?

2019년 서울시 7급[상]

[보기]
㉠ 『아방강역고』 ㉡ 『동국여지승람』
㉢ 『신찬팔도지리지』 ㉣ 『동국지리지』

① ㉠ - ㉣ - ㉡ - ㉢
② ㉡ - ㉢ - ㉣ - ㉠
③ ㉢ - ㉡ - ㉣ - ㉠
④ ㉣ - ㉡ - ㉠ - ㉢

□□□
0690 조선 시대 지도와 천문도에 대한 설명으로 옳지 않은 것은?
2023년 국가직 9급

① 대동여지도는 거리를 알 수 있도록 10리마다 눈금을 표시하였다.

② 혼일강리역대국도지도는 중국에서 들여온 곤여만국전도를 참고하였다.

③ 천상열차분야지도는 하늘을 여러 구역으로 나누고 별자리를 표시한 그림이다.

④ 동국지도는 정상기가 실제 거리 100리를 1척으로 줄인 백리척을 적용하여 제작하였다.

□□□
고난도
0691 조선 후기 지도 편찬에 대한 설명으로 가장 옳지 않은 것은?
2019년 서울시 9급

① 김정호는 대동여지도를 편찬하기 이전에 이미 청구도 등을 제작하였다.

② 정상기는 백리척을 이용하여 동국지도를 제작하였다.

③ 모눈종이를 이용한 정밀한 지도도 제작되었다.

④ 대동여지도가 완성되자 나라의 기밀을 누설시킬 우려가 있다고 하여 판목은 압수 소각되었다.

문항	번호				틀린 이유
0686	①	②	③	④	
0687	①	②	③	④	
0688	①	②	③	④	
0689	①	②	③	④	
0690	①	②	③	④	
0691	①	②	③	④	

해설

0686 ② 안정복은 『동사강목』을 저술하여 고조선에서 고려 공양왕까지의 역사를 다루었다.

오답노트 ① 유득공은 『발해고』에서 민족사 측면에서 신라와 발해를 병립시켜 남북국 시대를 처음으로 제안하였다. ③ 김정희는 『금석과안록』을 지어 북한산비가 진흥왕 순수비임을 밝혔다. ④ 한치윤은 500여 종의 중국 및 일본 등 외국 자료를 인용하여 기전체 형식의 사서인 『해동역사』를 저술하였다.

0687 제시된 자료는 안정복이 저술한 『동사강목』의 일부 내용이다. ① 안정복의 『동사강목』에서는 단군 – 기자 – 마한 – 삼국(무통) – 통일 신라로 이어지는 우리 역사의 독자적 정통론을 세워 이를 체계화하였다.

오답노트 ② 이종휘는 『동사』에서 '단군 – 부여 – 고구려'의 흐름에 중점을 두면서 '기자 – 마한'의 흐름이 고구려에 계승되는 것으로 체계화하였다. ③ 『동사강목』은 편년체로 기술하면서, 그 안에 강목체의 서술 방식을 따른 역사서이다. 해당 선지는 한치윤의 『해동역사』에 대한 내용이다. ④ 조선 후기 백과사전식 저술로는 이수광의 『지봉유설』, 이익의 『성호사설』, 이덕무의 『청장관전서』, 서유구의 『임원경제지』, 이규경의 『오주연문장전산고』가 있다.

0688 (가) 『동국통감』은 조선 성종 때 서거정 등에 의해 편찬된 사서로, 고조선부터 고려까지의 역사를 담고 있다. 서술 방식은 시간 순서대로 삼국기·신라기·고려기·외기 순으로 되어 있다(편년체). (나) 『해동역사』는 조선 후기 한치윤이 지은 한국통사이다. 체제는 정사체인 기전체를 따랐으나 표를 생략하였고, 객관적인 찬술을 위하여 550여 종의 인용서를 동원하였다. 편찬 방법은 고대에서 고려까지의 왕조를 '세기'로 삼고, '지'와 '전기'를 덧붙였다. 전기는 '인물고'라고 하였다. (다) 이익은 역사를 움직이는 힘을 '시세(時勢, 시대의 추세)', '행불행(幸不幸, 운수 또는 우연성)', '시비(是非, 도덕)'의 순서로 봄으로써 도덕 중심 사관을 비판하였다.

0689 ⓒ 『신찬팔도지리지』는 세종 때 편찬된 지리지이다. ⓛ 『동국여지승람』은 조선 성종 때 편찬된 지리지이다. ⓔ 『동국지리지』는 광해군 때 한백겸이 편찬한 역사 지리서이다. ⓐ 『아방강역고』는 순조 때 정약용이 편찬한 역사 지리서이다.

0690 ② 곤여만국전도가 전래된 것은 혼일강리역대국도지도가 제작된 이후의 일이다. 혼일강리역대국도지도는 15세기 조선 태종 때 제작된 지도이고, 곤여만국전도를 우리나라에 처음 들여온 것은 17세기 광해군 때인 1603년 명나라 사신으로 갔던 이광정 등에 의해서이다.

오답노트 ① 김정호가 만든 대동여지도는 거리를 알 수 있도록 10리마다 눈금을 표시하였다. ③ 태조 때 고구려의 천문도를 바탕으로 천상열차분야지도를 돌에 새겼는데, 천문 현상을 12분야로 나누어 차례로 늘어놓았다. ④ 정상기가 만든 동국지도는 최초로 100리척(축척)을 사용하여 제작한 지도이다.

0691 ④ 김정호의 대동여지도는 목판으로 판각해서 대량 인쇄되어 널리 보급되었다. 한편, 일제 강점기 때 대동여지도와 관련하여 흥선 대원군이 이 지도의 중요성을 모르고 판목본을 소각시켜 버렸다는 판목 소각설이 제기되었으나, 이후 판목본이 발견되면서 이 설은 날조임이 밝혀졌다.

오답노트 ① 청구도는 1834년 순조 때, 대동여지도는 1861년 철종 때 제작되었다. ② 영조 때 정상기는 최초로 백리척을 사용하여 동국지도를 제작하였다. ③ 조선 후기에는 과학 기술의 발달로 모눈종이와 비슷한 '방안지'라는 종이를 사용하여 지도를 제작하기도 하였다.

Answer 0686 ② 0687 ① 0688 ① 0689 ③ 0690 ② 0691 ④

과학 기술의 발달과 문화의 새 경향

□□□
0692 조선 후기 과학 문화에 대한 설명으로 옳지 않은 것은?

2012년 국가직 9급

① 유클리드 기하학을 중국어로 번역한 기하원본이 도입되기도 하였다.
② 지석영은 서양 의학의 성과를 토대로 서구의 종두법을 최초로 소개하였다.
③ 곤여만국전도 같은 세계 지도가 전해짐으로써 보다 과학적이고 정밀한 지리학의 지식을 가지게 되었다.
④ 서호수는 우리 고유의 농학을 중심에 두고 중국 농학을 선별적으로 수용하여 한국 농학의 새로운 체계화를 시도하였다.

□□□
0693 조선 후기의 과학 기술에 대한 서술로 가장 적절하지 않은 것은?

2017년 경찰 2차
유사 2019년 경찰 2차 / 2012년 경찰간부 / 2008년 지방직 7급

① 박연은 훈련도감에 소속되어 서양식 대포의 제조법과 조종법을 가르쳤다.
② 김석문은 저서 『역학도해』를 통해 지전설을 주장하였다.
③ 홍대용은 코페르니쿠스의 지구 자전과 공전을 설명한 『지구전요』를 저술하였고, 뉴턴의 만유인력설과 같은 서양의 과학을 소개한 『명남루총서』를 저술하기도 하였다.
④ 정약용은 요하네스 테렌츠의 『기기도설』을 참고하여 거중기를 제작하였다.

□□□
0694 〈보기〉의 의서(醫書)를 편찬된 순서대로 바르게 나열한 것은?

2019년 서울시 9급

[보기]
㉠ 『동의보감(東醫寶鑑)』
㉡ 『마과회통(痲科會通)』
㉢ 『의방유취(醫方類聚)』
㉣ 『향약구급방(鄕藥救急方)』

① ㉠ - ㉡ - ㉢ - ㉣   ② ㉢ - ㉣ - ㉡ - ㉠
③ ㉣ - ㉢ - ㉠ - ㉡   ④ ㉣ - ㉢ - ㉡ - ㉠

□□□   고난도
0695 다음 해외 견문 기록을 시기순으로 바르게 나열한 것은?

2018년 국가직 9급

㉠ 『표해록』   ㉡ 『열하일기』
㉢ 『서유견문』   ㉣ 『해동제국기』

① ㉠ - ㉡ - ㉣ - ㉢   ② ㉠ - ㉣ - ㉢ - ㉡
③ ㉣ - ㉠ - ㉡ - ㉢   ④ ㉣ - ㉢ - ㉠ - ㉡

□□□
0696 다음 의학 이론을 담고 있는 서적은?

2011년 국가직 9급

사람의 체질을 태양인 · 태음인 · 소양인 · 소음인으로 구분
하여 치료하는 체질 의학 이론으로, 오늘날까지도 한의학계
에서 통용되고 있다.

① 『동의보감』　　　　② 『방약합편』
③ 『마과회통』　　　　④ 『동의수세보원』

□□□
고난도
0697 (가), (나)에 해당하는 건축물을 옳게 짝지은 것은?

2024년 지방직 9급

　(가)　은 고려 시대 건축물이며 배흘림 기둥과 주심포 양
식으로 단아하면서도 세련된 아름다움을 담고 있다.
　(나)　은 우리나라에 남아 있는 조선 시대 건축물 중 유
일한 5층 목탑이다.

	(가)	(나)
①	영주 부석사 무량수전	김제 금산사 미륵전
②	영주 부석사 무량수전	보은 법주사 팔상전
③	합천 해인사 장경판전	김제 금산사 미륵전
④	합천 해인사 장경판전	보은 법주사 팔상전

문항	번호				틀린 이유
0692	①	②	③	④	
0693	①	②	③	④	
0694	①	②	③	④	
0695	①	②	③	④	
0696	①	②	③	④	
0697	①	②	③	④	

해설

0692 ② 정약용은 제너의 종두법을 처음으로 소개하였고, 박제가 등과 더불
어 종두법을 연구 · 실험하였다.

오답노트 ① 조선 후기에는 마테오 리치가 유클리드 기하학을 중국어로 번역한
『기하원본』이 도입되었다. ③ 조선 후기에는 마테오 리치가 만든 곤여만국전도
와 같은 세계 지도가 전해짐으로써 종래보다 과학적이고 정밀한 지식을 가지게
되었고, 지도 제작에서도 더 정확한 지도가 만들어졌다. 이를 통하여 조선인의
세계관이 확대될 수 있었다. ④ 서호수는 『해동농서』를 통해 우리나라 농학의
전통 위에서 우리나라의 자연 조건을 반영하고 중국의 농업 기술까지도 수용하
여 전제, 수리, 농기에 관한 문제들을 포함하는 새로운 농학의 체계화를 시도하
였다.

0693 ③ 『지구전요』와 『명남루총서』는 둘 다 최한기와 관련된 저서이다. 『지
구전요』는 자전 공전설이 코페르니쿠스의 것임을 밝힌 책이고, 『명남루총서』는
최한기의 저서를 모두 모아 후대에 편찬한 책이다.

오답노트 ① 인조 때 표류해 온 네덜란드인 박연(벨테브레)은 훈련도감에 소속
되어 서양식 대포의 제조법과 조종법을 가르쳐 주었다. ② 김석문은 『역학도해』
를 통해 지전설을 주장하여 우주관을 크게 전환시켰다. ④ 정약용은 테렌츠의
『기기도설』을 참고하여 거중기를 만들었는데, 이는 수원 화성을 쌓을 때에 사용
되었다.

0694 ② 『향약구급방』은 고려 최우 집권기인 1236년(고종 재위 기간)에 편찬
되었다. ② 『의방유취』는 조선 전기 세종 때 편찬된 의학 백과사전이다. ③ 『동
의보감』은 17세기 광해군 때 허준이 편찬한 의학 서적이다. ⑥ 『마과회통』은 18세
기 정조 때 정약용이 편찬한 홍역 치료 서적이다.

0695 ② 『해동제국기』는 성종 때인 1471년에 신숙주가 일본의 지세와 국정,
외교 관계 등을 기록한 책이다. ③ 『표해록』은 성종 때인 1488년에 최부가 중국
으로 표류했던 기록을 담아 편찬한 책이다. ⑥ 『열하일기』는 정조 재위 기간인
1780년에 박지원이 청나라에 다녀온 후 편찬한 책이다. ⑥ 『서유견문』은 유길
준이 미국 유학 경험을 바탕으로 1895년에 편찬한 책이다.

0696 ④ 제시된 자료는 이제마의 『동의수세보원』으로, 사람의 체질을 태양
인 · 태음인 · 소양인 · 소음인으로 나누고 같은 병이라도 체질에 맞게 약을 써야
함을 강조하였다.

오답노트 ① 『동의보감』은 허준이 우리의 전통 한의학을 체계적으로 정리한 의
서이다. 우리나라뿐만 아니라 중국과 일본에까지 간행되어 뛰어난 의서로 인정
받았다. ② 『방약합편』은 고종 대에 황필수가 저술한 의서이다. 종래에 사용되
어 오던 많은 처방들을 상 · 중 · 하 3단으로 나누어 의학 지식을 일목요연하게
이해할 수 있도록 하였다. ③ 『마과회통』은 정조 22년에 정약용이 저술한 의서
로, 마진(홍역)에 대한 연구를 진전시키고 이 분야의 의서를 종합하였다. 또한
천연두 치료 및 예방법을 강조하면서 제너의 종두법을 처음 소개하기도 하였다.

0697 ② (가)는 영주 부석사 무량수전이다. 영주 부석사 무량수전은 배흘림
기둥과 팔작지붕, 주심포 양식을 갖춘 고려 후기의 목조 건축물이다. (나)는 보
은 법주사 팔상전이다. 보은 법주사 팔상전은 17세기의 건축물로서, 우리나라에
서 유일한 목조 5층탑이다.

Answer　0692 ②　0693 ③　0694 ③　0695 ③　0696 ④　0697 ②

0698 다음 주장이 제기된 시기의 문화적 특징으로 옳은 것을 〈보기〉에서 모두 고른 것은?
2023년 법원직 9급
유사 2016년 사회복지직 9급 / 2012년 경북 교행

폐를 끼치는 것으로는 담배만한 것이 없습니다. 추위를 막지도 못하고 요깃거리도 못 되면서 심는 땅은 반드시 기름져야 하고 흙을 덮고 김매는 수고는 대단히 많이 드니 어찌 낭비가 아니겠습니까? 그리고 장사치들이 왕래하며 팔고 있어 이에 쓰는 돈이 적지 않습니다. 조정에서 전황(錢荒)에 대해 걱정하고 있는데, 그 근원을 따져 보면 여기에서 비롯된 것이 아니라고는 장담할 수 없습니다. 만약 담배 재배를 철저히 금한다면 곡물을 산출하는 땅이 더욱 늘어나고 농사에 힘쓰는 백성들이 더욱 많아질 것입니다.

┌─[보기]─
│ ㉠ 문화 인식의 폭이 확대되어 백과사전류의 저서가 편찬되었다.
│ ㉡ 격식에 구애받지 않고 감정을 표현하는 사설시조가 유행하였다.
│ ㉢ 주자소가 설치되어 계미자를 비롯한 다양한 활자를 주조하였다.

① ㉠
② ㉠, ㉡
③ ㉡
④ ㉡, ㉢

0699 (가)~(라)를 제작된 시기의 순서대로 바르게 나열한 것은?
2020년 법원직 9급

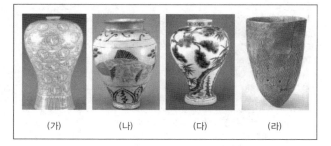
(가)　　(나)　　(다)　　(라)

① (라) ― (가) ― (다) ― (나)
② (라) ― (나) ― (다) ― (가)
③ (라) ― (다) ― (가) ― (나)
④ (라) ― (가) ― (나) ― (다)

0700 밑줄 친 '이 시기'에 관한 다음 설명 중 가장 옳지 않은 것은?
2019년 법원직 9급
유사 2015년 경찰간부 / 2009년 지방직 7급

▲ 청화 백자
까치호랑이문 항아리

이 시기에는 형태가 단순하고 꾸밈이 거의 없는 것이 특색인 백자가 유행하였고, 흰 바탕에 푸른 색깔로 그림을 그린 청화 백자도 많이 만들어졌다. 특히, 청화 백자는 문방구, 생활용품 등의 용도로 많이 제작되었다.

① 판소리, 잡가, 가면극이 유행하였다.
② 위선적인 양반의 생활을 풍자하는 「양반전」, 「허생전」 등의 한문 소설이 유행하였다.
③ 서얼이나 노비 출신의 문인들이 등장하였고, 황진이와 같은 여류 작가들도 활동하였다.
④ 김제 금산사 미륵전, 보은 법주사 팔상전, 논산 쌍계사 등이 이 시기를 대표하는 불교 건축물이다.

□□□
0701 아래는 18세기 미술의 걸작이라는 평가를 받고 있는 「인왕제색도」이다. 이 그림을 그린 화가에 대한 설명으로 옳은 것은?

2014년 경찰 2차

유사 2015년 경찰 3차 / 2007년 국가직 세무직 9급

① 서양화 기법을 수용하여 남녀 사이의 애정을 감각적이고 해학적으로 묘사하였다.
② 산수화, 기록화, 신선도 등을 많이 그렸지만, 정감 어린 풍속화를 그린 것으로 유명하다.
③ 우리나라의 고유한 자연을 사실적으로 표현하려는 진경 산수화를 즐겨 그렸다.
④ 고금의 필법을 연구하여 굳센 기운과 다양한 조형성을 갖춘 글씨체를 창안하였다.

□□□
0702 조선 후기 미술계에 대한 설명으로 옳지 않은 것은?

2011년 지방직[사회복지직 특채] 9급

유사 2017년 기상직 9급 / 2016년 경찰 2차 / 2013년 경찰간부 / 2009년 지방직 7급

① 김정희는 우리의 정서와 개성을 추구하는 단아한 글씨의 동국진체를 완성하였다.
② 강세황은 서양화 기법을 반영하여 사물을 실감나게 표현 하였다.
③ 신윤복은 도시인의 풍류 생활과 부녀자의 풍속을 해학적 으로 표현하였다.
④ 정선은 바위산을 선으로 묘사하고, 흙산을 묵으로 묘사 하는 기법을 활용하였다.

문항	번호				틀린 이유
0698	①	②	③	④	
0699	①	②	③	④	
0700	①	②	③	④	
0701	①	②	③	④	
0702	①	②	③	④	

해설

0698 제시된 자료는 조선 후기의 상품 화폐 작물 재배와 관련된 내용이다. ㉠ 조선 후기에는 문화 인식의 폭이 넓어짐에 따라 백과사전류의 저서가 많이 편찬 되었다. ㉡ 조선 후기에는 격식에 구애됨이 없이 감정을 구체적으로 표현할 수 있는 사설시조가 유행하였다. 이를 통하여 남녀 간의 사랑이나 현실에 대한 비판을 거침없이 표현하였다.
오답노트 ㉢ 주자소 설치, 계미자 주조 등은 조선 전기인 태종 때의 일이다.

0699 (라)는 빗살무늬 토기로, 신석기 시대의 대표적인 토기이다. (가)는 상감 청자로, 고려 시대인 12세기 중엽부터 만들기 시작하여 13세기 중엽까지 유행하 였다. (나)는 분청사기로, 고려 말에 등장하여 15세기 조선 전기에 유행하였다. (다)는 청화백자로, 조선 후기에 제작·유행하였다.

0700 밑줄 친 '이 시기'는 조선 후기이다. ③ 16세기에 들어와 문학의 저변이 확대되어 서얼이나 노비 출신의 문인들이 등장하였고, 황진이·허난설헌 등의 여류 문인들도 활동하였다.
오답노트 ① 조선 후기에는 판소리, 잡가, 가면극 등이 유행하였다. ② 조선 후 기에 박지원은 「양반전」, 「허생전」 등 한문 소설을 써서 양반 사회의 허구성을 비판하였다. ④ 김제 금산사 미륵전·보은 법주사 팔상전은 17세기, 논산 쌍계 사는 18세기를 대표하는 사원 건축물이다.

0701 ③ 「인왕제색도」는 겸재 정선의 작품이다. 정선은 진경산수화의 대표적인 화가로서, 우리의 고유한 자연을 독창적인 화법을 통해 사실적으로 표현하였다.
오답노트 ① 강세황은 서양화의 기법인 원근법을 수용하여 사물을 실감나게 표 현하였다. 남녀 사이의 애정을 감각적이고 해학적으로 묘사한 화가로는 신윤복 등이 있다. ② 풍속화의 대표적인 화가로는 김홍도, 신윤복 등이 있다. ④ 김정 희는 고금의 필법을 두루 연구하여 굳센 기운과 다양한 조형성을 가진 추사체를 창안하였다.

0702 ① 동국진체는 이광사에 의하여 완성되었다. 김정희는 고금의 필법을 두루 연구하여 굳센 기운과 다양한 조형성을 가진 추사체를 창안하였다.
오답노트 ② 강세황은 서양화 기법을 반영하여 사물을 더욱 실감나게 표현하였다.
③ 신윤복은 주로 양반들과 부녀자들의 생활과 유흥, 남녀 사이의 애정을 감각 적이고 해학적으로 묘사하였다. ④ 정선은 그가 그린 「인왕제색도」, 「금강전도」, 「압구정도」에서 바위산을 선으로 묘사하고, 흙산은 묵으로 묘사하는 기법으로 산수화의 새로운 경지를 이룩했다.

Answer 0698 ② 0699 ④ 0700 ③ 0701 ③ 0702 ①

PART 05

0703 조선 시대의 미술 작품에 대한 설명이다. 바르게 연결한 것은?

2010년 국가직 9급

• 창덕궁과 창경궁의 전모를 그려낸 ⃞ ㉠ ⃞는 기록화로서의 정확성과 정밀성이 뛰어날 뿐 아니라 배경 산수의 묘사가 극히 예술적이다.

• 강희안의 ⃞ ㉡ ⃞는 무념무상에 빠진 선비의 모습을 그린 작품으로 간결하고 과감한 필치로 인물의 내면 세계를 느낄 수 있게 표현하였다.

• 노비 출신으로 화원에 발탁된 이상좌의 ⃞ ㉢ ⃞는 바위 틈에 뿌리를 박고 모진 비바람을 이겨내고 있는 나무를 통하여 강인한 정신과 굳센 기개를 표현하였다.

	㉠	㉡	㉢
①	동궐도	송하보월도	금강전도
②	동궐도	고사관수도	송하보월도
③	서궐도	송하보월도	금강전도
④	서궐도	고사관수도	송하보월도

대표유형

고난도

0704 조선 시대 의궤에 대한 설명으로 옳지 않은 것은?

2017년 지방직 9급(하)

① 『가례도감의궤』는 임진왜란 이후부터 편찬되기 시작하였다.

② 『조선왕조의궤』는 유네스코 세계 기록 유산으로 등재되었다.

③ 정조 때 화성 행차 일정, 참가자 명단, 행차 그림 등을 수록한 의궤가 편찬되었다.

④ 『가례도감의궤』의 말미에 그려진 반차도에는 당시 왕실 혼례의 행렬 모습이 담겨 있다.

0705 조선 시대 의궤에 대한 설명으로 옳지 않은 것은?

2014년 지방직 9급

유사 2014년 경찰 1차 / 2008년 지방직 9급

① 왕실의 행사에 사용된 도구, 복식 등을 그림으로 남겨 놓았다.

② 이두와 차자(借字) 및 우리의 고유한 한자어(漢字語) 연구에도 귀중한 자료이다.

③ 왕실 혼례와 장례, 궁중의 잔치, 국왕의 행차 등 국가의 중요한 행사를 기록하였다.

④ 프랑스 국립 도서관에는 신미양요 때 프랑스군이 약탈해 간 어람용 의궤가 소장되어 있다.

문항	번호				틀린 이유
0703	①	②	③	④	
0704	①	②	③	④	
0705	①	②	③	④	

해설

0703 ㉠「동궐도」는 조선 후기의 그림으로 창덕궁과 창경궁의 전모를 그려낸 작품이다. 서양화의 기법이 한층 적극적으로 도입되어 정확성과 정밀성 및 배경 묘사가 뛰어난 것이 특징이다. ㉡「고사관수도」는 15세기에 문인 화가인 강희안이 그린 그림이다. ㉢「송하보월도」는 16세기에 이상좌가 그린 그림이다.

오답노트 「서궐도」는 경희궁의 모습을 대형 화폭으로 담아낸 것이다. 「금강전도」는 정선이 그린 진경산수화이다.

0704 ①『가례도감의궤』란 조선 시대 왕실의 결혼식을 그림으로 남긴 책이다. 현재 『가례도감의궤』는 1627년 인조 때 소현 세자부터 1906년 순종의 모습까지만 남아 있지만, 기록에 따르면 『가례도감의궤』는 조선 전기부터 편찬되었다.

오답노트 ②『조선왕조의궤』는 2007년에 유네스코 세계 기록 유산에 등재되었다. ③ 정조 때 화성의 행차 일정이나 참가자 명단 등을 수록한 의궤를 편찬하였다. ④『가례도감의궤』의 마지막 부분에는 반차도라고 불리는 행사의 행렬을 그려 넣었다.

0705 ④ 병인양요(1866) 때 강화도를 침입한 프랑스군은 강화도의 외규장각을 약탈하여 의궤 등 우리 문화재를 약탈해갔다. 이때 약탈된 의궤들은 2011년부터 5년마다 갱신 대여하는 형식으로 반환되었다.

오답노트 ① 의궤는 반차도 등 각종 도식을 통해 당시의 복제·의물(儀物) 등 제도 및 풍속적 자료들을 많이 포함하고 있다. ② 의궤는 이두(吏讀)·차자(借字)와 각종 제도어(制度語) 및 한국 한자어(韓國漢字語)를 많이 사용하고 있어 이 방면의 연구에 필요한 자료를 제공하기도 한다. ③ 의궤는 조선 시대 왕실의 주요 행사, 즉 결혼식, 장례식, 연회, 사신 영접 등뿐 아니라, 건축물·왕릉의 조성과 왕실 문화 활동 등에 대해 그림으로 남긴 것으로, 왕실의 생활상을 시각적으로 이해할 수 있는 귀중한 자료이다.

M.E.M.O

PART 05

Answer 0703 ② 0704 ① 0705 ④

근대 사회의 발전

CHAPTER 01 근대 사회의 정치

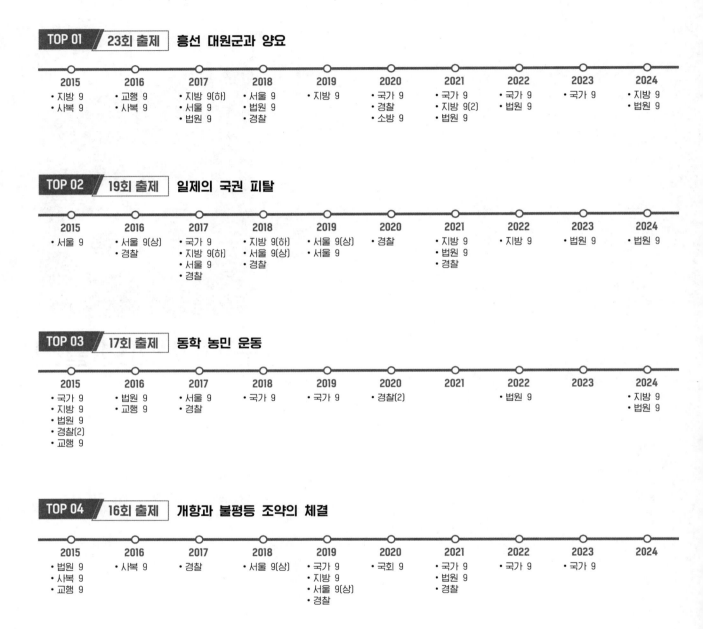

TOP 01 | 23회 출제 | 흥선 대원군과 양요

2015	2016	2017	2018	2019	2020	2021	2022	2023	2024
• 지방 9	• 교행 9	• 지방 9(하)	• 서울 9	• 지방 9	• 국가 9	• 국가 9	• 국가 9	• 국가 9	• 지방 9
• 사복 9	• 사복 9	• 서울 9	• 법원 9		• 경찰	• 지방 9(2)	• 법원 9		• 법원 9
		• 법원 9	• 경찰		• 소방 9	• 법원 9			

TOP 02 | 19회 출제 | 일제의 국권 피탈

2015	2016	2017	2018	2019	2020	2021	2022	2023	2024
• 서울 9	• 서울 9(상)	• 국가 9	• 지방 9(하)	• 서울 9(상)	• 경찰	• 지방 9	• 지방 9	• 법원 9	• 법원 9
• 경찰		• 지방 9(하)	• 서울 9(상)	• 서울 9		• 법원 9			
		• 서울 9	• 경찰			• 경찰			
		• 경찰							

TOP 03 | 17회 출제 | 동학 농민 운동

2015	2016	2017	2018	2019	2020	2021	2022	2023	2024
• 국가 9	• 법원 9	• 서울 9	• 국가 9	• 국가 9	• 경찰(2)		• 법원 9		• 지방 9
• 지방 9	• 교행 9	• 경찰							• 법원 9
• 법원 9									
• 경찰(2)									
• 교행 9									

TOP 04 | 16회 출제 | 개항과 불평등 조약의 체결

2015	2016	2017	2018	2019	2020	2021	2022	2023	2024
• 법원 9	• 사복 9	• 경찰	• 서울 9(상)	• 국가 9	• 국회 9	• 국가 9	• 국가 9	• 국가 9	
• 사복 9				• 지방 9		• 법원 9			
• 교행 9				• 서울 9(상)		• 경찰			
				• 경찰					

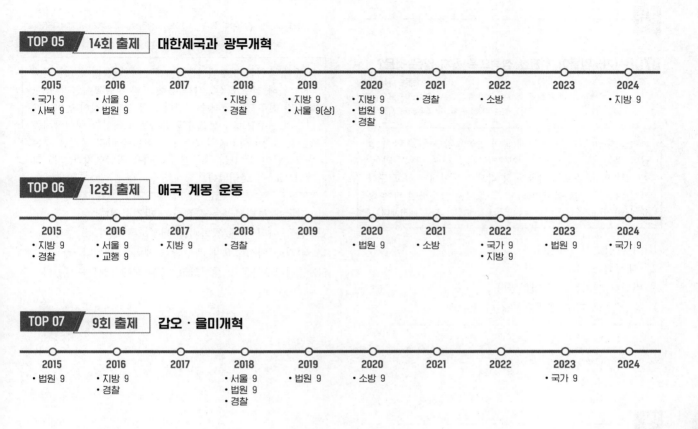

TOP 05 / 14회 출제 **대한제국과 광무개혁**

2015	2016	2017	2018	2019	2020	2021	2022	2023	2024
• 국가 9 • 사복 9	• 서울 9 • 법원 9		• 지방 9 • 경찰	• 지방 9 • 서울 9(상)	• 지방 9 • 법원 9 • 경찰	• 경찰	• 소방		• 지방 9

TOP 06 / 12회 출제 **애국 계몽 운동**

2015	2016	2017	2018	2019	2020	2021	2022	2023	2024
• 지방 9 • 경찰	• 서울 9 • 교행 9	• 지방 9	• 경찰		• 법원 9	• 소방	• 국가 9 • 지방 9	• 법원 9	• 국가 9

TOP 07 / 9회 출제 **갑오 · 을미개혁**

2015	2016	2017	2018	2019	2020	2021	2022	2023	2024
• 법원 9	• 지방 9 • 경찰		• 서울 9 • 법원 9 • 경찰	• 법원 9	• 소방 9			• 국가 9	

TOP 08 / 8회 출제 **항일 의병 운동**

2015	2016	2017	2018	2019	2020	2021	2022	2023	2024
• 국가 9 • 경찰		• 국가 9	• 서울 9(상) • 경찰		• 소방 9	• 법원 9		• 법원 9	

PART 06

흥선 대원군의 개혁 정책

0706 (가) 인물이 추진한 정책으로 옳지 않은 것은?

2023년 국가직 9급

유사 2021년 법원직 9급 / 2020년 경찰간부 / 2017년 서울시 9급 / 2013년 경찰 1차 / 2012년 지방직 7급

선비들 수만 명이 대궐 앞에 모여 만동묘와 서원을 다시 설립할 것을 청하니, (가)이/가 크게 노하여 한성부의 조례(皂隷)와 병졸로 하여금 한강 밖으로 몰아내게 하고 드디어 천여 곳의 서원을 철폐하고 그 토지를 몰수하여 관에 속하게 하였다. ―『대한계년사』

① 사창제를 실시하였다.
② 『대전회통』을 편찬하였다.
③ 비변사의 기능을 강화하였다.
④ 통상 수교 거부 정책을 추진하였다.

0707 밑줄 친 '그'에 대한 설명으로 옳은 것은?

2021년 국가직 9급
유사 2017년 국가직 9급(하)

군역에 뽑힌 장정에게 군포를 거두었는데, 그 폐단이 많아서 백성들이 뼈를 깎는 원한을 가졌다. 그런데 사족들은 한평생 한가하게 놀며 신역(身役)이 없었다. … 그러나 유속(流俗)에 끌려 이행되지 못하였으나 갑자년 초에 그가 강력히 나서서 귀천이 동일하게 장정 한 사람마다 세납전(歲納錢) 2민(緡)을 바치게 하니, 이를 동포전(洞布錢)이라고 하였다. ―『매천야록』

① 만동묘 건립을 주도하였다.
② 군국기무처 총재를 역임하였다.
③ 통리기무아문을 폐지하고 5군영을 부활하였다.
④ 탕평 정치를 정리한 『만기요람』을 편찬하였다.

0708 밑줄 친 '그'에 대한 설명으로 옳은 것은?

2022년 국가직 9급

유사 2017년 경기북부 여경 / 2016년 지방직 7급 / 2015년 사회복지직 9급 / 2012년 서울시 9급

고종이 즉위한 직후에 실권을 장악한 그는 러시아를 견제하기 위해 천주교 선교사를 통해 프랑스와 교섭하려 했다. 하지만 천주교를 금지해야 한다는 유생의 주장이 높아지자 다수의 천주교도와 선교사를 잡아들여 처형한 병인박해를 일으켰다. 이후 고종의 친정이 시작됨에 따라 물러난 그는 임오군란이 일어났을 때 잠시 권력을 장악했지만, 청군의 개입으로 곧 물러났다.

① 미국에 보빙사라는 사절단을 파견하였다.
② 전국 여러 곳에 척화비를 세우도록 했다.
③ 국경을 획정하고자 백두산 정계비를 세웠다.
④ 통리기무아문을 설치하고 그 아래에 12사를 두었다.

0709 (가) 인물에 대한 설명으로 옳은 것은?

2021년 지방직 9급

철종이 죽고 고종이 어린 나이로 왕이 되자, 고종의 아버지인 (가)이/가 실권을 장악하였다. (가)은/는 임진왜란 때 불탄 후 방치되어 있던 경복궁을 중건하였다. 이때 원납전이라는 기부금을 징수하는 일이 벌어졌으며 당백전이라는 화폐도 발행되었다.

① 대한국 국제를 만들어 공포하였다.
② 서원을 대폭 줄이는 정책을 추진하였다.
③ 우정총국 개국 축하연을 이용해 정변을 일으켰다.
④ 황쭌셴의 『조선책략』을 가져와 널리 유포하였다.

□□□
0710 다음 사건이 일어난 왕의 재위 기간에 있었던 사실로 옳은 것은?

2020년 국가직 9급

> 그들 조선군은 비상한 용기를 가지고 응전하면서 성벽에 올라 미군에게 돌을 던졌다. 창칼로 상대하는데 창칼이 없는 병사들은 맨손으로 흙을 쥐어 적군 눈에 뿌렸다. 모든 것을 각오하고 한 걸음 한 걸음 다가드는 적군에게 죽기로 싸우다 마침내 총에 맞아 죽거나 물에 빠져 죽었다.

① 군포에 대한 양반들의 면세 특권이 폐지되었다.
② 금난전권을 제한하려는 통공 정책이 시작되었다.
③ 결작세가 신설되면서 지주들의 부담이 증가하였다.
④ 영정법이 제정되어 복잡한 전세 방식이 일원화되었다.

□□□
0711 밑줄 친 '이때' 재위한 국왕 대에 있었던 사실로 옳은 것은?

2019년 지방직 9급

유사 2020년 소방직 9급 / 2018년 경찰 1차 / 2010년 서울시 9급 / 2006년 국가직 9급

> 이때 거두어들인 돈을 '스스로 내는 돈'이라는 뜻에서 원납전이라 하였다. 그런데 백성들은 입을 삐죽거리면서 '원납전 즉 원망하며 바친 돈이다.'라고 하였다. ―『매천야록』

① 「세한도」가 제작되었다.
② 삼정이정청이 설치되었다.
③ 삼군부가 부활되고 삼수병이 강화되었다.
④ 비변사 당상들이 중요한 권력을 장악하였다.

문항	번호				틀린 이유
0706	①	②	③	④	
0707	①	②	③	④	
0708	①	②	③	④	
0709	①	②	③	④	
0710	①	②	③	④	
0711	①	②	③	④	

해설

0706 제시된 자료는 흥선 대원군이 실시한 서원 철폐 정책과 관련된 내용이다. ③ 흥선 대원군은 세도 정치의 핵심 기구인 비변사를 축소·격하시켜 사실상 폐지시켰다.

오답노트 ① 흥선 대원군 때 고리대로 변질된 환곡의 문란을 개선하기 위해 사창제를 실시하였다. ② 흥선 대원군 때 『대전회통』, 『육전조례』 등의 법전을 편찬하였다. ④ 흥선 대원군은 서양과의 통상 수교를 반대하는 정책을 펼쳤다.

0707 밑줄 친 '그'는 흥선 대원군이다. ③ 임오군란 때 재집권한 흥선 대원군은 통리기무아문을 폐지하고, 5군영을 복구하였다.

오답노트 ① 숙종 때 송시열의 유지에 따라 충북 괴산에 만동묘를 세워 명나라 신종과 의종을 제사지냈다. 흥선 대원군 때는 오히려 노론의 정신적 지주 역할을 한 만동묘를 폐지하였다. ② 군국기무처의 총재를 역임한 인물은 김홍집이다. ④ 『만기요람』은 순조 때 서영보·심상규 등이 왕명을 받아 편찬한 책으로, 재정과 군정의 내역을 정리한 것이다.

0708 제시된 자료는 흥선 대원군에 대해 설명하고 있다. ② 신미양요 이후, 흥선 대원군은 전국 각지에 척화비를 건립하여 통상 수교 거부 의지를 밝혔다.

오답노트 ① 미국에 보빙사를 파견한 것은 1883년의 일로, 흥선 대원군이 하야한 이후인 고종 친정 시기이다. ③ 조선 후기인 숙종 때의 일이다. ④ 통리기무아문을 설치한 것은 흥선 대원군이 하야한 이후인 1880년 고종 친정 시기이다.

0709 제시된 자료의 (가) 인물은 흥선 대원군이다. 철종이 후사 없이 세상을 떠나자 흥선 대원군의 둘째 아들이 왕(고종)으로 즉위하였다. 이에 따라 흥선 대원군이 권력의 실세로 등장했으며, 1863년부터 1873년까지를 흥선 대원군의 집권기라고 한다. ② 흥선 대원군은 47개의 사액 서원만 남기고, 노론의 정신적 지주인 만동묘를 비롯한 폐단이 큰 서원들을 철폐하였다.

오답노트 ① 고종은 1899년 대한국 국제를 공포하였다. ③ 김옥균 등 급진 개화파가 주도한 1884년의 갑신정변에 대한 설명이다. ④ 1880년 제2차 수신사로 일본에 파견된 김홍집은 귀국할 때 청의 외교관인 황쭌셴이 조선의 외교 정책을 논한 『조선책략』을 가져와 이를 국왕에게 바쳤다.

0710 제시된 자료는 1871년 신미양요에 대한 내용으로, 이 시기는 고종이 집권하고 있었다. ① 고종 때 흥선 대원군의 주도하에 군포를 개인이 아닌 호(집) 단위로 부과하여 평민에게만 받아오던 군포를 동포(洞布) 또는 호포(戶布)로 바꾸어 양반에게도 1필씩 징수하였다. 이에 따라 군포에 대한 양반의 면세 특권이 사라졌다.

오답노트 ② 조선 후기인 정조 때 재정 수입을 늘리고 상공업을 진흥시키기 위하여 육의전을 제외한 시전 상인의 금난전권을 폐지하는 통공 정책을 실시하였다. ③ 영조 때 균역법의 시행으로 감소된 재정을 보충하기 위해 결작세를 신설하여 지주에게 토지 1결당 미곡 2두를 추가로 부담시켰다. ④ 영정법은 인조 때 제정되었다.

0711 밑줄 친 '이때'는 흥선 대원군 집권기로, 이 시기 재위한 국왕은 고종이다. ③ 흥선 대원군 때 삼군부를 부활하여 군사의 최고 기관으로 삼았다. 또한 국방의 강화를 위해 훈련도감 소속의 삼수병(포수·사수·살수)을 강화하였다.

오답노트 ① 김정희가 「세한도」를 그린 것은 조선 후기 헌종 때의 일이다. ② 철종 때의 일이다. ④ 비변사 당상들이 권력을 장악한 것은 조선 후기의 정치 상황이다. 흥선 대원군 집권기에는 비변사를 축소·격하시켜 사실상 폐지시켰다.

Answer   0706 ③   0707 ③   0708 ②   0709 ②   0710 ①   0711 ③

대표유형

□□□

0712 (가) 시기에 있었던 사실로 옳은 것은?

2021년 지방직 9급

유사 2018년 서울시 9급 / 2018년 법원직 9급 / 2016년 사회복지직 9급

> 평양의 관민이 제너럴 셔먼호를 불태웠다.
>
> ⬇
>
> (가)
>
> ⬇
>
> 미군이 광성보를 공격해 점령하였다.

① 고종이 홍범 14조를 발표하였다.
② 일본의 운요호가 초지진을 포격하였다.
③ 오페르트가 남연군의 묘 도굴을 시도하였다.
④ 차별 대우에 불만을 품은 군인이 임오군란을 일으켰다.

□□□

0713 병인양요에 대한 설명으로 옳지 않은 것은?

2024년 지방직 9급

① 프랑스 함대가 강화부를 점령하였다.
② 외규장각이 소실되었고 의궤 등을 약탈당했다.
③ 어재연이 강화도 광성보 전투에서 전사하였다.
④ 프랑스 선교사와 천주교도가 처형당한 것이 원인이 되었다.

□□□

0714 (가)~(라) 사건이 일어난 순서대로 바르게 나열된 것은?

2024년 법원직 9급

> (가) 삼가 말하건대 남의 무덤을 파는 것은 예의가 없는 행동에 가깝지만 무력을 동원하여 백성들을 도탄 속에 빠뜨리는 것보다 낫기 때문에 하는 수 없이 그렇게 하였습니다.
> (나) 정족산성 수성장 양헌수가 … 우리 군사들이 좌우에 매복했다가 일제히 총탄을 퍼부었습니다. 저들은 죽은 자가 6명이고 아군은 죽은 자가 1명입니다.
> (다) 흉악한 적들을 무찌르다가 수많은 총알을 고슴도치의 털처럼 맞아서 순직하였으니 … 죽은 진무중군 어재연에게 특별히 병조 판서와 지삼군부사의 관직을 내리노라.
> (라) 일본국 인민이 조선국의 각 항구에서 머무르는 동안 죄를 범한 것이 조선국 인민과 관계되는 사건일 때에는 모두 일본국 관원이 심판한다.

① (가) - (나) - (다) - (라)
② (가) - (다) - (라) - (나)
③ (나) - (가) - (다) - (라)
④ (나) - (다) - (라) - (가)

□□□

0715 (가)~(라)를 일어난 순서대로 바르게 나열한 것은?

2022년 법원직 9급

유사 2015년 경찰 3차 / 2013년 지방직 7급 / 2011년 서울시 9급 / 2011년 경북 교행 / 2008년 국가직 7급

> (가) 운요호가 강화도의 초지진을 포격하고 군대를 영종도에 상륙시켜 살인과 약탈을 자행하였다.
> (나) 독일 상인 오페르트가 덕산군에 상륙하여 남연군의 무덤을 도굴하다가 실패하고 돌아갔다.
> (다) 미군이 강화도의 초지진을 함락하고 광성보를 공격하였다.
> (라) 프랑스군이 강화도의 주요 시설을 불태우고 외규장각 도서를 약탈하였다.

① (가) - (나) - (라) - (다)
② (나) - (라) - (가) - (다)
③ (다) - (나) - (가) - (라)
④ (라) - (나) - (다) - (가)

0716 다음 사건에 대한 설명으로 옳은 것은?

2017년 지방직 9급(하)
유사 2016년 교육행정직 9급 / 2005년 국가직 9급

> 미군이 제너럴 셔먼호 사건을 구실로 광성보를 침공하였다. 어재연이 이끄는 조선군은 격렬히 항전했지만, 미군에 패하고 말았다. 그러나 조선 정부는 굴복하지 않았고, 결국 미군은 물러갔다.

① 『조선책략』에 대한 반발로 발생한 사건이었다.
② 전국 여러 곳에 척화비가 세워지는 계기가 되었다.
③ 오페르트가 남연군 묘 도굴 사건을 일으킨 원인이 되었다.
④ 이 사건 당시 정족산성에서 양헌수 부대가 승리를 거두었다.

0717 다음 설명과 관련된 사건으로 옳은 것은?

2015년 지방직 9급
유사 2017년 법원직 9급 / 2012년 기상직 9급 / 2011년 경찰(정보통신)

> 1975년 서지학자 박병선 박사는 이곳 도서관에서 조선 시대 도서가 보관되어 있음을 발견하고 목록을 정리하여 그 존재를 알렸다. 그 후 1990년대 초 한국 정부가 반환을 공식 요청하기에 이르렀다. 그 결과 2011년에 '5년마다 갱신이 가능한 대여 방식'으로 반환되었다.

① 어재연이 광성보에서 결사 항전하였다.
② 제너럴 셔먼호 사건을 빌미로 일어났다.
③ 프랑스가 강화도 외규장각 도서를 약탈하였다.
④ 조선이 처음으로 서양 국가와 외교 관계를 맺었다.

문항	번호				틀린 이유
0712	①	②	③	④	
0713	①	②	③	④	
0714	①	②	③	④	
0715	①	②	③	④	
0716	①	②	③	④	
0717	①	②	③	④	

해설

0712 제너럴 셔먼호 사건은 1866년의 일이고, 미군이 강화도를 공격한 신미양요는 1871년의 일이다. ③ 1868년 미국의 사주를 받은 독일 상인 오페르트 등은 흥선 대원군의 아버지인 남연군의 묘를 도굴하려 하였으나 충청도 덕산 주민들의 저항으로 실패하였다.

오답노트 ① 고종이 홍범 14조를 발표한 것은 1894년 12월의 일이다. ② 1875년 운요호 사건에 대한 설명이다. ④ 임오군란은 1882년에 일어났다.

0713 ③ 1871년 신미양요 때의 일이다. 신미양요 때 미군이 침략하자, 강화도 광성보에서 어재연이 이끄는 부대가 항전하였다. 그러나 전력의 열세로 광성보는 함락되고 어재연은 전사하였다.

오답노트 ① 1866년 병인양요 때 프랑스 함대는 한강을 봉쇄하고 강화부를 점령하였다. ② 병인양요의 결과에 대한 설명이다. ④ 병인양요는 프랑스 선교사를 처형한 병인박해가 원인이 되어 일어났다.

0714 (나)는 1866년 병인양요와 관련된 내용이다. (가)는 1868년 오페르트 도굴 사건에 대한 내용이다. (다)는 1871년 신미양요와 관련된 내용이다. (라)는 1876년에 체결된 강화도 조약에 규정된 내용이다.

0715 (라) 1866년 병인양요의 결과에 대한 설명이다. (나) 1868년 오페르트 도굴 사건에 대한 설명이다. (다) 1871년 신미양요 때의 일이다. (가) 1875년 운요호 사건에 대한 설명이다. 이 사건이 계기가 되어 다음해 일본과 강화도 조약을 체결하였다.

0716 제시된 자료는 1871년 신미양요에 대해 설명하고 있다. ② 신미양요 이후 대원군은 전국 각지에 척화비를 건립하였다.

오답노트 ① 『조선책략』이 조선에 유입된 것은 신미양요 이후인 1880년의 일이다. ③ 신미양요의 원인이 된 사건은 1866년의 제너럴 셔먼호 사건이다. ④ 1866년 병인양요 때의 일이다.

0717 제시된 자료는 병인양요 때 약탈당한 외규장각 도서 반환과 관련된 내용이다. 따라서 다음 설명과 관련된 사건은 1866년의 병인양요이다. ③ 병인양요 당시 프랑스 군대는 강화도에서 퇴각하면서 외규장각의 서적들과 의궤, 은괴 등을 약탈해갔다.

오답노트 ①,② 1871년에 발생한 신미양요에 대한 설명이다. ④ 조선은 1882년에 미국과 조·미 수호 통상 조약을 체결하였는데, 이것은 서양과 맺은 최초의 조약이었다.

Answer 0712 ③ 0713 ③ 0714 ③ 0715 ④ 0716 ② 0717 ③

개항과 불평등 조약의 체결

**대표
유형**

☐☐☐

0718 (가), (나) 조약 사이의 시기에 있었던 사실로 옳은 것은?

2023년 국가직 9급

> (가) 제10관 일본국 인민이 조선국 지정의 각 항구에 머무
> 는 동안에 죄를 범한 것이 조선국 인민에 관계
> 되는 사건일 때에는 일본국 관원이 재판한다.
> (나) 제4관 중국 상인이 조선의 양화진 및 한성에 영업소
> 를 개설할 경우를 제외하고, 각종 화물을 내륙
> 으로 운반하여 상점을 차리고 파는 것을 허가
> 하지 않는다. 단, 내륙행상이 필요한 경우 지방
> 관의 허가서를 받아야 한다.

① 개항장에서는 일본 화폐가 통용되었다.
② 러시아가 압록강 유역의 산림 채벌권을 획득하였다.
③ 황국 중앙 총상회가 조직되어 상권 수호 운동을 전개하
였다.
④ 함경도의 방곡령에 불복하여 일본 상인이 손해 배상을
요구하였다.

**대표
유형**

☐☐☐

0719 밑줄 친 '조약'에 대한 설명으로 옳지 않은 것은?

2021년 국가직 9급

> 1905년 8월 4일 오후 3시, 우리가 앉아있는 곳은 새거모어힐
> 의 대기실. 루스벨트의 저택이다. 새거모어힐은 루스벨트의
> 여름용 대통령 관저로 3층짜리 저택이다. … 대통령과 마주
> 하자 나는 말했다. "감사합니다. 각하. 저는 대한 제국 황제
> 의 친필 밀서를 품고 지난 2월에 헤이 장관을 만난 사람입니
> 다. 그 밀서에서 우리 황제는 1882년에 맺은 조약의 거중 조
> 정 조항에 따른 귀국의 지원을 간곡히 부탁했습니다."

① 영사 재판권이 인정되었다.
② 임오군란을 계기로 체결되었다.
③ 최혜국 대우 조항이 포함되었다.
④ 『조선책략』의 영향을 받았다.

**대표
유형**

☐☐☐

0720 (가), (나)가 설명하는 조약을 옳게 짝지은 것은?

2019년 국가직 9급

> (가) 강화도 조약에 이어 몇 달 뒤 체결되었다. 양곡의 무제
> 한 유출을 가능하게 한 규정과 일본 정부에 소속된 선
> 박은 항세를 납부하지 않는다는 규정이 들어 있었다.
> (나) 김홍집이 일본에서 황준헌의 『조선책략』을 가져 오면
> 서 그 내용의 영향으로 체결되었으며, 청의 적극적인
> 알선이 있었다. 거중 조정 조항과 최혜국 대우의 규정
> 이 포함되어 있었다.

	(가)	(나)
①	조·일 무역 규칙	조·미 수호 통상 조약
②	조·일 무역 규칙	조·러 수호 통상 조약
③	조·일 수호 조규 부록	조·미 수호 통상 조약
④	조·일 수호 조규 부록	조·러 수호 통상 조약

**대표
유형**

☐☐☐

0721 (가), (나)는 조선이 외국과 맺은 조약이다. 이와 관련한 설명 중 옳은 것은?

2014년 지방직 9급

유사 2020년 국회직 9급 / 2019년 경찰 2차 / 2018년 서울시 9급(상) /
2017년 경찰 1차

> (가) • 조선국은 자주국으로 일본국과 평등한 권리를 보유
> 한다.
> • 경기, 충청, 전라, 경상, 함경 5도 연해 중에서 통상
> 하기 편리한 항구 두 곳을 택하여 지정한다.
> (나) 이 수륙 무역 장정은 중국이 속방(屬邦)을 우대하는
> 뜻에서 상정한 것이고, 각 대등 국가 간의 일체 동등한
> 혜택을 받는 예와는 다르다.

① (가)는 운요호 사건 이후 체결된 것이다.
② (가)에는 일본 상인의 내지 통상권에 대한 허가가 규정
되어 있다.
③ (나)는 갑신정변 이후 체결된 것이다.
④ (나)에는 천주교의 포교권 인정이 규정되어 있다.

0722 (가) 시기에 있었던 일로 옳은 것은? 2022년 국가직 9급

(가)
신미양요   갑오개혁

① 을사늑약 체결
② 정미의병 발생
③ 오페르트 도굴 미수 사건
④ 조·미 수호 통상 조약 체결

0723 (ㄱ), (ㄴ) 조약이 체결된 시기로 옳은 것은?

2021년 법원직 9급

(ㄱ) 제7관 일본국 인민은 본국의 현행 여러 화폐를 사용해 조선국 인민이 소유한 물품과 교환할 수 있다. 조선국 인민은 그 교환한 일본국의 여러 화폐로 일본국에서 생산한 여러 가지 화물을 구매할 수 있다.

(ㄴ) 제6칙 이후 조선국 항구에 거주하는 일본 인민은 양미와 잡곡을 수출입할 수 있다.

	(가)		(나)		(다)		(라)	
1866 병인양요		1871 신미양요		1875 운요호 사건		1880 원산 개항		1883 인천 개항

① (가)
② (나)
③ (다)
④ (라)

문항	번호				틀린 이유
0718	①	②	③	④	
0719	①	②	③	④	
0720	①	②	③	④	
0721	①	②	③	④	
0722	①	②	③	④	
0723	①	②	③	④	

해설

0718 (가)는 1876년 2월에 체결된 강화도 조약(조·일 수호 조규)에 규정된 내용이고, (나)는 1882년에 체결된 조·청 상민 수륙 무역 장정의 내용이다. ① 1876년 8월에 체결된 조·일 수호 조규 부록에 따라 개항장에서의 일본 화폐의 유통이 허용되었다.

오답노트 ② 1896년 2월 아관 파천 직후, 러시아는 압록강 유역의 산림 채벌권을 획득하였다. ③ 황국 중앙 총회가 조직된 것은 1898년의 일이다. ④ 1889년 함경도 관찰사 조병식이 방곡령을 선포하자, 이에 불복한 일본 상인들이 손해 배상을 요구하였다.

0719 밑줄 친 '조약'은 1882년에 미국과 체결한 조·미 수호 통상을 일컫는다. ② 조·미 수호 통상 조약은 임오군란 발발 이전인 1882년 4월에 체결된 조약이다.

오답노트 ① 조·미 수호 통상 조약은 영사 재판에 의한 치외 법권을 인정하였다. ③ 조·미 수호 통상 조약은 최혜국 대우 조항이 최초로 포함된 조약이다. ④ 『조선책략』의 유포로 연미론이 확산되어 조·미 수호 통상 조약이 체결되는데 영향을 미쳤다.

0720 (가)는 조·일 무역 규칙(조·일 통상 장정)이다. 조·일 통상 장정은 양곡의 무제한 유출과 무항세 규정을 포함한 불평등 조약이었다. (나)는 조·미 수호 통상 조약이다. 조·미 수호 통상 조약은 1882년에 체결되었고 거중 조정 조항을 포함하고 있었으며, 청나라 이홍장의 알선으로 체결되었다.

0721 (가)는 강화도 조약(1876)의 내용이고, (나)는 조·청 상민 수륙 무역 장정(1882)의 내용이다. ① 일본은 1875년 운요호 사건을 일으킨 뒤 이를 빌미로 우리나라와 강화도 조약을 체결하였다.

오답노트 ② 1882년에 체결된 조·일 수호 조규 속약에 따라 간행이정이 50리로 확대되었다(2년 후에는 100리로 확대). 이후 조·일 통상 장정(1883)에서 최혜국 대우를 얻음으로써 완전한 내지 통상이 가능해졌다. ③ 조·청 상민 수륙 무역 장정은 임오군란 이후 청의 영향력이 확대되는 상황 속에서 체결되었다. ④ 1886년에 체결된 조·불 수호 통상 조약에 따라 천주교의 포교권이 인정되었다.

0722 신미양요는 1871년에 일어났고, 갑오개혁은 1894년부터 추진되었다. ④ 조·미 수호 통상 조약이 체결된 것은 1882년의 일이다.

오답노트 ① 을사늑약이 체결된 것은 1905년의 일이다. ② 정미의병이 발생한 것은 1907년의 일이다. ③ 오페르트 도굴 미수 사건이 일어난 것은 1868년의 일이다.

0723 (ㄱ)은 1876년 8월에 체결된 조·일 수호 조규 부록에 규정된 내용이고, (ㄴ)은 1876년 8월에 체결된 조·일 무역 규칙(조·일 통상 장정)에 규정된 내용이다. 둘 다 (다) 시기에 체결되었다.

Answer 0718 ① 0719 ② 0720 ① 0721 ① 0722 ④ 0723 ③

☐☐☐

0724 조약 (가), (나) 사이 시기의 경제 상황으로 옳은 것은?

2019년 지방직 9급

(가)	(나)
• 조선국 항구에 머무르는 일본은 쌀과 잡곡을 수출·수입할 수 있다. • 일본국 정부에 소속된 모든 선박은 항세(港稅)를 납부하지 않는다.	• 입항하거나 출항하는 각 화물이 세관을 통과할 때에는 세칙에 따라 관세를 납부해야 한다. • 조선 정부가 쌀 수출을 금지하고자 할 때에는 반드시 먼저 1개월 전에 지방관이 일본 영사관에게 통고해야 한다.

① 메가타 재정 고문이 화폐 정리 사업을 시도하였다.
② 혜상공국의 폐지 등을 주장한 정변이 발생하였다.
③ 양화진에 청국인 상점을 허용하는 조약이 체결되었다.
④ 함경도 방곡령 사건으로 일본과 외교적 마찰이 일어났다.

☐☐☐

0725 다음 ㉠에 대한 설명으로 옳은 것은? 2017년 국가직 7급

〔보기〕

미국은 제너럴 셔먼호 사건을 구실로 통상을 요구해 왔다. 이어 군함을 이끌고 강화도를 침략하였다. 조선군의 결사 항전과 정부의 통상 거부로 미군은 결국 퇴각했다. 그러나 개항 이후 조선 정부도 수교의 필요성을 인식하고 전권대관 신헌 등을 통해 미국과 ㉠ 을(를) 체결하였다.

① 조선과 영국의 통상 조약 체결 이후 맺어졌다.
② 양곡의 무제한 유출, 무관세, 무항세 조항이 포함되었다.
③ 러시아를 견제하기 위한 일본의 적극적인 알선과 중재로 체결되었다.
④ 다른 나라의 압박을 받으면 거중 조정한다는 내용의 조항이 들어 있었다.

☐☐☐

0726 개항기 체결된 통상 협약에 대한 설명으로 옳지 않은 것은?

2016년 국가직 9급

① 조·일 통상 장정(1876) – 곡물 유출을 막는 방곡령 규정이 합의되었다.
② 조·청 수륙 무역 장정(1882) – 서울에서 청국 상인의 개점이 허용되었다.
③ 개정 조·일 통상 장정(1883) – 일본과 수출입하는 물품에 일정 세율이 부과되었다.
④ 한·청 통상 조약(1899) – 대한 제국 황제와 청 황제가 대등한 위치에서 조약을 체결하였다.

☐☐☐

0727 다음 내용이 담긴 조약의 명칭으로 옳은 것은?

2015년 교육행정직 9급

유사 2009년 국가직 7급 / 2006년 충북 9급

제37관 만약 조선국이 가뭄, 홍수, 전쟁 등의 일로 인해 국내에 식량이 결핍될 것을 염려해 잠시 미곡 수출을 금지하려면, 반드시 먼저 1개월을 기약해 지방관이 일본 영사관에게 알려 항구에 있는 일본 상민이 준수하는 데 편리하게 한다.

제42관 …(중략)… 현재 혹은 장래에 조선 정부가 어떤 권리와 특전 및 혜택을 다른 나라 관민에게 베풀면 일본국 관민 또한 즉시 일체 균점한다.

① 한성 조약
② 제물포 조약
③ 조·일 통상 장정
④ 조·일 수호 조규

□□□
0728 다음은 1876년 개항 이후 우리나라가 외국과 맺은 조약의 내용이다. 시기순으로 바르게 나열한 것은?

2010년 국가직 9급

> ○ 조선과 미국 두 나라 중 한 나라가 다른 나라의 핍박을 받을 경우 분쟁을 해결하도록 주선한다.
> ○ 일본국 국민은 본국에서 사용되는 화폐로 조선국 국민의 물자와 마음대로 교환할 수 있다.
> ○ 영국 군함은 개항장 이외에 조선 국내 어디서나 정박할 수 있고 선원을 상륙할 수 있게 한다.
> ○ 일본 공사관에 군인 약간을 두어 경비하게 하고 그 비용을 조선국이 부담한다.

① ○ - ○ - ○ - ○   ② ○ - ○ - ○ - ○
③ ○ - ○ - ○ - ○   ④ ○ - ○ - ○ - ○

위정척사와 개화

대표 유형

□□□
0729 다음 주장을 펼친 인물에 대한 설명으로 옳은 것은?

2020년 국가직 7급

유사 2014년 국가직 7급 / 2012년 국가직 9급 / 2009년 국가직 7급 / 2008년 지방직 7급

> 일단 강화를 맺고 나면 저 적들의 욕심은 물화를 교역하는 데 있습니다. 저들의 물화는 모두 지나치게 사치하고 기이한 노리개이고 손으로 만든 것이어서 그 양이 무궁합니다. …(중략)… 저들은 비록 왜인이라고 하나 실은 양적입니다. 강화가 한번 이루어지면 사학의 서적과 천주의 초상화가 교역하는 속에서 들어올 것입니다.

① 『조선책략』을 입수하여 국내에 소개하였다.
② 임병찬과 함께 독립 의군부를 조직하려고 하였다.
③ 서원 철폐 조치 등에 반대하면서 흥선 대원군을 탄핵하였다.
④ 일제의 침략상을 고발한 『한국독립운동지혈사』를 저술하였다.

문항	번호				틀린 이유
0724	①	②	③	④	
0725	①	②	③	④	
0726	①	②	③	④	
0727	①	②	③	④	
0728	①	②	③	④	
0729	①	②	③	④	

해설

0724 (가)는 1876년에 체결된 조·일 무역 규칙이며, (나)는 1883년에 체결된 개정 조·일 통상 장정이다. ③ 조·청 상민 수륙 무역 장정에 대한 설명으로, 1882년에 체결되었다.

오답노트 ① 화폐 정리 사업이 추진된 것은 1905년의 일이다. ② 1884년에 일어난 갑신정변에 대한 설명이다. ④ 함경도 방곡령 사건은 1889년에 일어난 것으로, 일본과의 외교 마찰로 확대되었다.

0725 제시된 자료의 ○은 1882년에 체결된 조·미 수호 통상 조약이다. ④ 조·미 수호 통상 조약 제1조에는 "만약 타국이 어떤 불공평하고 경멸하는 일을 일으켰을 때에는 일단 확인하고 서로 도와주며, 중간에서 잘 조정하여 두터운 우의를 보여 준다."라고 하여 양국 간의 거중 조정 조항이 들어 있다.

오답노트 ① 조·영 수호 통상 조약은 조·미 수호 통상 조약 체결 이후인 1883년에 체결되었다. ② 조·일 무역 규칙에 대한 설명이다. ③ 일본이 아니라 청이다. 청은 러시아와 일본 세력을 견제하고 조선에 대한 종주권을 국제적으로 승인받기 위해 조선과 미국의 조약 체결을 적극적으로 알선하였다.

0726 ① 방곡령 규정이 합의된 개정 조·일 통상 장정은 1876년이 아니라 1883년에 체결되었다. 1876년에 체결된 조·일 무역 규칙(조·일 통상 장정)에서는 양곡의 무제한 유출을 규정하였고 방곡령 선포권을 박탈하였다.

오답노트 ② 조·청 상민 수륙 무역 장정에서 청국 상인들에게 내지 통상권 및 거주, 여행, 영업 등의 자유를 인정함에 따라 청국 상인들이 본격적으로 조선에 진출할 수 있었다. ③ 개정 조·일 통상 장정에서는 관세의 자주권이 일부 회복되었다. ④ 대한 제국은 1899년에 청과 양국 황제 명의로 한·청 통상 조약을 체결하여 국제적으로 대등한 관계가 되었다.

0727 제시된 자료는 1883년의 개정 조·일 통상 장정에 대한 내용이다. 1883년의 개정 조·일 통상 장정에는 방곡령 선포권의 회복, 일본에 최혜국 대우 규정, 관세 자주권의 일부 회복 등의 내용이 규정되어 있다.

0728 ○ 조·일 수호 조규 부록(1876. 8. 강화도 조약의 부속 조약) 제7관에 의하면 "일본국 국민은 본국에서 사용되는 화폐로 조선국 국민이 보유하고 있는 물자와 마음대로 교환할 수 있다."고 하였다. ○ 조·미 수호 통상 조약(1882. 4.)의 거중 조정에 대한 내용이다. ② 임오군란 이후 체결된 제물포 조약(1882. 7.)의 내용이다. ○ 조·영 수호 조약에 규정된 내용으로, 이 조약은 영국 측에서 조약의 결함을 제시하면서 비준을 유보하다 수정을 가하여 1883년 11월에 조인하였다.

0729 제시된 자료는 최익현이 주장한 '5불가소'의 내용이다. ③ 양반들은 군포 징수, 서원 철폐로 인해 흥선 대원군에게 반발하였다. 이런 상황에서 이항로의 제자 최익현이 흥선 대원군을 탄핵하는 상소를 올리자, 흥선 대원군은 정계에서 은퇴하였다.

오답노트 ① 제2차 수신사로서 일본에 다녀온 김홍집이 『조선책략』을 들여와 유포하였다. ② 독립 의군부는 최익현이 죽은 뒤인 1912년에 조직된 단체이다. 최익현은 을사의병 때 의병을 일으켰다가 대마도에 유폐되었는데 그곳에서 단식하다가 1906년 순국하였다. ④ 박은식의 저서이다.

Answer   0724 ③   0725 ④   0726 ①   0727 ③   0728 ④   0729 ③

0730 위정척사 운동을 다음 표와 같이 정리할 때, (가)~(라)에 들어갈 인물과 활동 내용이 맞는 것은?
2015년 법원직 9급

유사 2019년 서울시 9급 / 2013년 기상직 9급 / 2007년 서울시 9급

1860년대		1870년대		1880년대		1890년대
(가)	→	(나)	→	(다)	→	(라)
통상 반대 운동		개항 반대 운동		개화 반대 운동		항일 의병 운동

① (가): 최익현 – 일본의 세력 확대에 맞서 척화주전론을 주장하였다.
② (나): 이항로 – 미국 및 러시아와의 수교를 모두 반대하는 상소를 올렸다.
③ (다): 이만손 – 『조선책략』의 유포에 반대하고 영남 만인소를 올렸다.
④ (라): 신돌석 – 평민 의병장으로서 일월산을 근거로 유격전을 펼쳤다.

0731 다음과 같은 주장을 한 인물은?
2023년 지방직 9급

일단 강화를 맺고 나면 저 적들의 욕심은 물화를 교역하는 데 있습니다. …(중략)… 저들이 비록 왜인이라고 하나 실은 양적(洋賊)입니다. 강화의 일이 한번 이루어지면 사학(邪學)의 서적과 천주의 상(像)이 교역하는 가운데 섞여 들어갈 것입니다.

① 박규수   ② 최익현
③ 김홍집   ④ 김윤식

0732 다음 자료에 대한 설명으로 옳은 것은?
2024년 국가직 9급

조선이라는 땅덩어리는 실로 아시아의 요충을 차지하고 있어 그 형세가 반드시 다툼을 불러올 것이다. 조선이 위태로우면 중동(中東)의 형세도 위급해진다. 따라서 러시아가 강토를 공략하려 한다면 반드시 조선이 첫 번째 대상이 될 것이다. …(중략)… 러시아를 막을 수 있는 조선의 책략은 무엇인가? 오직 중국과 친하며, 일본과 맺고, 미국과 연합함으로써 자강을 도모하는 길뿐이다.

① 강화도 조약 체결 이전 조선에 널리 퍼졌다.
② 흥선 대원군이 척화비를 세우는 계기가 되었다.
③ 이만손 등 영남 유생들의 반발을 불러일으켰다.
④ 청에 영선사로 파견된 김윤식에 의해 소개되었다.

0733 (가)에 대한 다음 설명 중 가장 옳은 것은?
2020년 법원직 9급

조선 땅은 실로 아시아의 요충을 차지하고 있어 열강들이 서로 차지하려고 할 것이다. 조선이 위태로우면 중국도 위급해진다. (가) 이/가 영토를 넓히고자 한다면 반드시 조선이 첫 번째 대상이 될 것이다. …… 그렇다면 오늘날 조선이 세워야 할 책략으로 (가) 을/를 막는 것보다 더 급한 일이 없다. (가) 을/를 막는 책략은 무엇인가? 중국과 친하고, 일본과 맺고, 미국과 이어짐으로서 자강을 도모할 뿐이다.

① (가)는 남해의 전략적 요충지인 거문도를 불법 점령하였다.
② (가)는 자국인 신부의 처형을 구실로 강화도를 침략하였다.
③ (가)의 공사관으로 을미사변 이후 신변의 위협을 느낀 고종이 피신하였다.
④ (가)와 조선은 서양 국가 중에 최초로 조약을 체결하였다.

□□□
0734 다음 자료가 조선 조정에 소개된 이후에 일어난 사건으로 옳지 않은 것은?

2017년 지방직 9급

유사 2018년 계리직 9급 / 2006년 법원직 9급

> 러시아를 막을 수 있는 조선의 책략은 무엇인가? 중국과 친하고[親中] 일본과 맺고[結日] 미국과 연합해[聯美] 자강을 도모하는 길 뿐이다.

① 육영공원(育英公院)을 설립해 서양의 새 학문을 교육했다.
② 임오군란이 일어나고 제물포 조약이 체결되어 일본에 배상금을 지불하였다.
③ 개화파가 우정총국 개국 축하연을 이용해 정변을 일으켜 정권을 장악하였다.
④ 최익현은 일본과 통상을 반대하는 '오불가소(五不可疏)'를 올렸다.

문항	번호				틀린 이유
0730	①	②	③	④	
0731	①	②	③	④	
0732	①	②	③	④	
0733	①	②	③	④	
0734	①	②	③	④	

해설

0730 ③ 1880년대에 김홍집이 들여온 『조선책략』이 유포되자, 이만손 등은 『조선책략』의 유포에 반대하고 영남 만인소를 올렸다.

오답노트 ① 최익현은 1870년대에 왜양일체론을 내세워 개항에 반대하였다. ② 이항로는 1860년대에 통상 반대 운동을 전개하였다. ④ 신돌석은 을사의병 때 등장하였다.

0731 제시된 자료는 최익현이 주장한 '5불가소'의 내용이다. 강화도 조약이 체결되기 직전, 최익현은 왜양일체론을 내세운 '5불가소'를 올려 일본과의 수교·통상을 반대하였다.

0732 제시된 자료는 『조선책략』의 내용이다. ③ 『조선책략』의 유포는 이만손 등 유생들의 반발을 불러일으켰다. 이만손 등은 '영남 만인소'를 올려 『조선책략』의 내용에 대해 비판하였다.

오답노트 ① 『조선책략』은 강화도 조약 체결 이후인 1880년에 들어왔기 때문에 적절치 못하다. ② 1860년대 병인양요와 신미양요에 대한 설명이다. ④ 1880년 제2차 수신사로 일본에 파견된 김홍집이 『조선책략』을 가져와 고종에게 바쳤다.

0733 제시된 자료는 『조선책략』에 기록된 내용으로, (가)에 들어갈 나라는 러시아이다. ③ 을미사변 이후에 자신의 신변에 대해 위협을 느끼고 있었던 고종은 이완용, 이범진 등의 친러파 대신들의 협조를 얻어 1896년 2월 정동의 러시아 공사관으로 피신하였다(아관 파천).

오답노트 ① 거문도를 점령한 나라는 영국이다. ② 자국인 신부의 처형 사실을 접한 프랑스는 극동 함대를 보내 강화도를 공격하였다(병인양요). ④ 미국에 대한 설명이다.

0734 제시된 자료는 황쭌셴의 『조선책략』이다. 『조선책략』은 1880년 2차 수신사로 일본에 갔던 김홍집이 가지고 들어오면서 조선 조정에 소개되었다. ④ 1870년대에 전개된 최익현의 개항 반대 운동에 대한 설명이다.

오답노트 ① 육영공원은 1886년에 설립되었다. ② 1882년에 일어난 사건이다. ③ 1884년에 일어난 갑신정변에 대한 설명이다.

Answer 0730 ③ 0731 ② 0732 ③ 0733 ③ 0734 ④

PART 06

□□□
0735 ㉠~㉣에 들어갈 나라에 대한 설명으로 옳은 것만을 〈보기〉에서 모두 고른 것은? 2013년 지방직 7급

유사 2019년 국가직 7급 / 2017년 교행직 9급 / 2015년 법원직 9급 / 2011년 경북 교행 / 2007년 법원직 9급

(㉠)은(는) 우리가 신하로서 섬기는 나라로, 신의를 지켜 속방이 되어 온 지 2백년이 되었습니다. 이제 무엇을 더 친할 것이 있겠습니까? …(중략)… (㉡)은(는) 우리에게 매여 있던 나라입니다. 3포 왜란이나 임진왜란 때의 숙원이 아직 풀리지 않고 있는데, 만일 그들이 우리가 허술한 것을 알고 공격하면 장차 이를 어떻게 막겠습니까? …(중략)… (㉢)은(는) 우리가 본래 모르던 나라입니다. 돌연히 타인의 권유로 불러 들였다가 그들이 우리의 허점을 보고 어려운 청을 강요하면 장차 이에 어떻게 대응할 것입니까? …(중략)… (㉣)은(는) 본래 우리와는 싫어하고 미워할 처지에 있지 않은 나라입니다. 공연히 타인의 말만 믿고 틈이 생기면 우리의 체통이 손상되게 됩니다. 또, 이를 빌미로 저들이 군사로 침략해 온다면 장차 이를 어떻게 막을 것입니까?

 ─ 이만손 외 만인소, 『일성록』, 1881

─[보기]─
(ㄱ) 보빙사는 ㉠에서 근대 산업과 문물을 시찰하였다.
(ㄴ) 조사 시찰단은 ㉡에서 근대 산업 시설과 공장을 둘러보았다.
(ㄷ) 영선사 김윤식이 이끄는 유학생 일행은 ㉢에서 무기 제조법과 근대적 군사 훈련법을 배웠다.
(ㄹ) 영국은 ㉣의 남하를 견제한다는 구실로 불법으로 거문도를 점령하였다.

① (ㄱ), (ㄴ) ② (ㄱ), (ㄷ)
③ (ㄴ), (ㄹ) ④ (ㄷ), (ㄹ)

□□□
0736 다음 자료에 나타난 사상에 대한 설명으로 옳은 것은? 2020년 국가직 9급

유사 2016년 국가직 7급 / 2012년 지방직 7급 / 2012년 기상직 9급 / 2008년 법원직 9급

군신, 부자, 부부, 붕우, 장유의 윤리는 인간의 본성에 부여된 것으로서 천지를 통하는 만고불변의 이치이고, 위에 존재하는 것으로서 도(道)가 됩니다. 이에 대해 배, 수레, 군사, 농사, 기계가 국민에게 편리하고 나라에 이롭게 하는 것은 외형적인 것으로서 기(器)가 됩니다. 신이 변혁을 꾀하고자 하는 것은 기(器)이지 도(道)가 아닙니다.

① 왜양일체론(倭洋一體論)을 주장하였다.
② 근대 문물 수용의 사상적 기반이 되었다.
③ 갑신정변 주도 세력의 견해를 대변하였다.
④ 우등한 사회가 열등한 사회를 지배하는 것이 당연하다고 보았다.

대표 유형

□□□
0737 (가) 시기에 있었던 일로 옳은 것은? 2020년 지방직 9급

유사 2018년 국가직 7급

┌─────────────────────────┐
│ 강화도 조약을 체결하였다.   │
└─────────────────────────┘
          ⇩
┌─────────────────────────┐
│   (가)   │
└─────────────────────────┘
          ⇩
┌─────────────────────────┐
│ 청에 영선사를 파견하였다.   │
└─────────────────────────┘

① 군국기무처를 두고 여러 건의 개혁안을 처리하였다.
② 개화 정책을 추진할 기구로 통리기무아문을 설치하였다.
③ 국정 개혁의 기본 방향을 담은 홍범 14조를 공포하였다.
④ 구본신참의 개혁 원칙을 정하고 대한국 국제를 선포하였다.

□□□

0738 (가)~(다) 국가에 대한 설명으로 가장 옳은 것은?

2024년 법원직 9급

유사 2012년 지방직 9급

> 조선은 김기수와 김홍집을 수신사로 (가) 에 파견하였다. (나) 에는 김윤식을 영선사로 삼아 무기 제조 기술 등을 배우는 유학생을 보냈다. 또한 조선은 민영익 등을 보빙사로 (다) 에 파견하였다.

① (가) - 흥선 대원군을 자국으로 납치하였다.
② (나) - 조선과 강화도 조약을 맺었다.
③ (다) - 거문도를 불법 점령하였다.
④ (가)와 (나) - 텐진 조약을 체결하였다.

□□□

0739 다음 군대가 창설된 시기를 연표에서 옳게 고른 것은?

2022년 법원직 9급

> 개항 후 국방을 강화하고 근대화하기 위하여 윤웅렬이 중심이 되어 5군영으로부터 80명을 선발하여 별기군을 창설하였다. 또한 서울의 일본 공사관에 근무하는 공병 소위 호리모토를 교관으로 초빙하였다.

(가)	(나)	(다)	(라)	
통리기무아문 설치	기기창 설치	군국기무처 설치	원수부 설치	통감부 설치

① (가)
② (나)
③ (다)
④ (라)

문항	번호				틀린 이유
0735	①	②	③	④	
0736	①	②	③	④	
0737	①	②	③	④	
0738	①	②	③	④	
0739	①	②	③	④	

해설

0735 제시된 자료는 『조선책략』의 유포에 대항하여 이만손 등의 유생들이 올린 영남 만인소이다. ㉠은 청, ㉡은 일본, ㉢은 미국, ㉣은 러시아이다. (ㄴ) 조사 시찰단은 개화 정책의 일환으로 일본의 근대적인 발전상을 보고자 1881년에 파견되었다. (ㄹ) 영국은 러시아의 남하를 견제하고자 1885년부터 1887년까지 조선의 거문도를 점령하였다.

오답노트 (ㄱ) 보빙사는 1883년에 미국에 파견되었다. (ㄷ) 영선사는 1881년에 청에 파견한 사절단으로 무기 제조법, 신식 화약 등을 배우고 돌아왔다. 이후 기기창 창설(1883)의 계기가 되었다.

0736 제시된 자료는 윤선학의 개화를 주장하는 상소문으로, 여기에서 나타난 사상은 '동도서기론(東道西器論)'이다. ② 김홍집, 어윤중, 김윤식 등이 중심이 된 온건 개화파는 '동도서기론'을 사상적 기반으로 삼아 근대 문물을 수용할 것을 주장하였다.

오답노트 ① '왜양일체론'은 위정척사 운동을 주도한 최익현이 주장한 논리이다. ③ 갑신정변을 주도한 세력은 온건 개화파가 아니라 김옥균 등 급진 개화파이다. 이들은 문명 개화론에 입각하여 서양 과학과 기술뿐만 아니라 사상과 제도까지 적극적으로 받아들이자고 주장하였다. ④ 사회진화론에 대한 설명이다. 사회진화론은 다윈의 생물학적 진화론을 인간 사회와 국제 관계에 적용한 이론으로, 약육강식과 적자생존의 국제 사회에서 제국주의 열강의 약소국 지배를 정당화하는 논리로 이용되었다.

0737 강화도 조약은 1876년에 체결되었고, 청나라에 영선사를 파견한 것은 1881년의 일이다. ② 조선 정부는 1880년 '통리기무아문'이라는 새로운 기구를 두고 그 아래에 12사를 설치하여 외교, 군사, 산업 등 여러 분야의 업무를 담당하게 하였다.

오답노트 ① 군국기무처가 설치된 것은 1차 갑오개혁 때인 1894년 6월의 일이다. ③ 고종은 1894년 12월에 2차 갑오개혁의 개혁 방향을 담은 홍범 14조를 반포하였다. ④ 대한국 국제가 발표된 것은 대한제국 시기인 1899년의 일이다.

0738 제시된 자료는 근대 개항기 때 해외에 파견된 시찰단에 대해 서술한 것으로, (가)는 일본, (나)는 청나라, (다)는 미국을 일컫는다. ④ 갑신정변 이후인 1885년 청나라와 일본은 텐진 조약을 체결하였다.

오답노트 ① 청나라에 대한 설명이다. 임오군란을 진압한 청나라는 흥선 대원군을 군란의 책임자로 하여 청나라 텐진으로 압송해 갔다. ② 조선과 강화도 조약을 체결한 국가는 일본이다. ③ 영국은 러시아의 남하를 견제하여 조선의 거문도를 불법으로 점령하였다(1885~1887).

0739 통리기무아문 설치는 1880년, 기기창 설치는 1883년, 군국기무처 설치는 1894년, 원수부 설치는 1899년, 통감부 설치는 1906년의 일이다. 별기군은 1881년 통리기무아문의 개화 정책에 따라 설치된 신식 군대로, (가) 시기에 속한다.

PART 06

Answer 0735 ③ 0736 ② 0737 ② 0738 ④ 0739 ①

0740 강화도 조약 이후 외국에 파견된 시찰단 ㉠~㉣를 파견 순서대로 바르게 나열한 것은? 2016년 서울시 7급

유사 2017년 서울시 사복직 9급

㉠ 박정양 등의 조사시찰단
㉡ 김홍집 등의 2차 수신사
㉢ 민영익 등의 보빙사
㉣ 김윤식 등의 영선사

① ㉡ - ㉠ - ㉢ - ㉣
② ㉡ - ㉠ - ㉣ - ㉢
③ ㉡ - ㉣ - ㉠ - ㉢
④ ㉡ - ㉢ - ㉣ - ㉠

임오군란과 갑신정변

대표유형

0741 (가)에 들어갈 말로 옳은 것은? 2024년 국가직 9급

정부의 개화 정책이 추진되면서 구식 군인과 도시 하층민이 반발하였다. 제대로 봉급을 받지 못한 구식 군인들이 난을 일으키고 도시 하층민이 여기에 합세하였으나 청군에 의해 진압되었다. 이후 청은 조선에 군대를 주둔시키고 조선의 내정에 개입하였다. 또 _____(가)_____을 체결하여 조선이 청의 속방임을 명문화하고 청 상인의 내륙 진출을 인정받았다.

① 한성 조약
② 톈진 조약
③ 제물포 조약
④ 조·청 상민 수륙 무역 장정

0742 다음 사건의 결과로 옳은 것은? 2018년 교행직 9급

유사 2015년 국가직 7급 / 2008년 국가직 9급 / 2007년 세무직 9급

대원군에게 군국사무를 처리하라는 명이 내려지자 대원군은 궐내에서 거처하며 기무아문과 무위·장어 2영을 폐지하고 5영의 군제를 복구하라는 명령을 내려 군량을 지급하도록 하였다. 그리고 난병(亂兵)은 물러가라는 명을 내렸다. …(중략)… 이때 별안간 마건충 등은 호통을 치면서 대원군을 포박하여 교자(轎子) 안으로 밀어 넣어 그 교자를 들고 후문으로 나가 마산포로 가서 배를 타고 훌쩍 떠나버렸다.

— 『매천야록』

① 청에 영선사가 파견되었다.
② 외규장각의 도서가 약탈당하였다.
③ 스티븐스가 외교 고문에 임명되었다.
④ 조·청 상민 수륙 무역 장정이 체결되었다.

0743 다음 사건에 대한 설명으로 옳은 것은?

2016년 지방직 9급

유사 2007년 법원직 9급

임오년 서울의 영군(營軍)들이 큰 소란을 피웠다. 갑술년 이후 대내의 경비가 불법으로 지출되고 호조와 선혜청의 창고도 고갈되어 서울의 관리들은 봉급을 못 받았으며, 5영의 병사들도 가끔 결식을 하여 급기야 5영을 2영으로 줄이고 노병과 약졸들을 쫓아냈는데, 내쫓긴 사람들은 발붙일 곳이 없으므로 그들은 난을 일으키려 했다.

① 군대 해산에 반발한 군인들은 의병 부대에 합류하였다.
② 보국안민, 제폭구민의 대의를 위해 봉기할 것을 호소하였다.
③ 정부의 개화 정책에 반대하는 서울의 하층민들도 참여하였다.
④ 충의를 위해 역적을 토벌한다는 명분을 내걸고 유생들이 주동하였다.

0744 빈칸에 들어갈 내용으로 옳은 것을 〈보기〉에서 고른 것은?

2016년 법원직 9급

유사 2018년 경찰 3차 / 2013년 지방직 7급 / 2012년 법원직 9급

○○○○

1. 배경
   - 민씨 정부의 개화 정책에 대한 반발
   - 별기군에 대한 우대 정책
2. 경과
   - 무기고 파괴, 민씨 정권 고관 살해
   - 흥선 대원군 집권
   - 청군 개입해 난 진압
3. 결과: _____

〔 보기 〕

㉠ 일본이 공사관 경비병을 주둔시켰다.
㉡ 김홍집이 수신사로 일본에 파견되었다.
㉢ 조·청 상민 수륙 무역 장정이 체결되었다.
㉣ 5군영이 2영으로 통합되고 통리기무아문이 신설되었다.

① ㉠, ㉢   ② ㉠, ㉣
③ ㉡, ㉢   ④ ㉡, ㉣

0745 〈보기〉에서 역사적 사건을 시간순으로 바르게 나열한 것은?

2022년 서울시 9급

〔 보기 〕

㉠ 임오군란   ㉡ 강화도 조약
㉢ 갑신정변   ㉣ 텐진 조약

① ㉠ - ㉡ - ㉢ - ㉣   ② ㉠ - ㉣ - ㉡ - ㉢
③ ㉡ - ㉠ - ㉢ - ㉣   ④ ㉡ - ㉢ - ㉠ - ㉣

문항	번호				틀린 이유
0740	①	②	③	④	
0741	①	②	③	④	
0742	①	②	③	④	
0743	①	②	③	④	
0744	①	②	③	④	
0745	①	②	③	④	

해설

0740 ㉡ 1880년 조선 정부는 일본에 김홍집 일행을 2차 수신사로 파견하였다. ㉠ 조선 정부는 1881년 4월에 조사 시찰단을 일본에 파견하였다. ㉣ 조선 정부는 1881년 9월에 김윤식을 영선사로 삼아 학생과 기술자들을 청나라에 파견하였다. ㉢ 조선 정부는 1883년 민영익을 전권 대사로 삼아 미국에 보빙사를 파견하였다.

0741 제시된 자료는 1882년 임오군란에 대한 내용이다. ④ 임오군란의 결과, 조선은 청나라와 조·청 상민 수륙 무역 장정을 체결하였다.

오답노트 ① 한성 조약은 갑신정변의 결과 일본과 체결한 조약이다. ② 텐진 조약은 갑신정변 이후인 1885년 청나라와 일본이 체결한 조약이다. ③ 제물포 조약은 임오군란 이후 일본과 체결한 조약이다.

0742 제시된 자료에서 설명하고 있는 사건은 1882년의 임오군란이다. ④ 임오군란의 결과, 조·청 상민 수륙 무역 장정이 체결되어 청국 상인들이 내륙으로 진출할 수 있게 되었다.

오답노트 ① 임오군란 이전인 1881년의 일이다. ② 1866년 병인양요 때의 일이다. ③ 임오군란의 결과, 외교 고문으로 파견된 사람은 묄렌도르프이다. 외교 고문으로 미국인 스티븐스가 부임된 것은 1904년 1차 한·일 협약 체결 이후의 일이다.

0743 제시된 자료는 임오군란에 대한 설명이다. ③ 도봉소 사건 이후 정부의 개화 정책에 반대하는 서울의 하층민까지 폭동에 가담하면서 임오군란의 규모는 걷잡을 수 없이 커졌다.

오답노트 ① 1907년 정미의병에 대한 설명이다. ② 보국안민, 제폭구민은 동학 농민 운동의 구호이다. ④ 1895년 을미의병 등에 대한 설명이다.

0744 제시된 자료는 임오군란의 배경과 경과, 그리고 결과에 대해서 다루고 있다. ㉠ 임오군란의 결과 조선과 일본이 체결한 제물포 조약에 따라 일본은 공사관에 경비병을 주둔시킬 수 있게 되었다. ㉢ 임오군란을 진압한 청은 조선과 조·청 상민 수륙 무역 장정을 체결하여 청이 조선의 종주국임을 명문화하고, 청국 상인에 대한 경제적 이권을 규정하였다.

오답노트 ㉡ 김홍집이 수신사로 파견된 것은 1880년의 일이다(2차 수신사). 임오군란의 결과 3차 수신사로 박영효와 김옥균이 파견되었다. ㉣ 통리기무아문이 신설된 것은 1880년의 일이고, 5군영이 무위영·장어영의 2영으로 통합된 것은 1881년의 일이다.

0745 ㉡ 강화도 조약이 체결된 것은 1876년의 일이다. ㉠ 임오군란은 1882년에 일어났다. ㉢ 갑신정변이 일어난 것은 1884년의 일이다. ㉣ 텐진 조약은 1885년에 체결되었다.

PART 06

Answer 0740 ② 0741 ④ 0742 ④ 0743 ③ 0744 ① 0745 ③

0746 다음 사건에 대한 설명으로 옳은 것은? 2021년 소방직

> 이날 밤 우정국에서 낙성연을 열었는데 총판 홍영식이 주관
> 하였다. 연회가 끝나갈 무렵 담장 밖에 불길이 일어나는 것
> 이 보였다. 이때 민영익도 우영사로서 연회에 참가하였다가
> 불을 끄기 위해 먼저 일어나 문 밖으로 나갔다. 밖에 흉도
> 여러 명이 휘두른 칼을 맞받아치다가 민영익이 칼에 맞아
> 당상 위로 돌아와 쓰러졌다. … 왕이 경우궁으로 거처를 옮
> 기자 각 비빈과 동궁도 황급히 따라갔다. … 깊은 밤, 일본
> 공사가 군대를 이끌고 와 호위하였다. ─『고종실록』

① 한성 조약 체결의 계기가 되었다.
② 보국안민, 제폭구민을 기치로 내걸었다.
③ 최익현 등의 유생들에 의해 주도되었다.
④ 구식 군인에 대한 차별 대우가 발단이 되었다.

0747 밑줄 친 '사건'에 대한 설명으로 옳은 것은?

2016년 국가직 9급
유사 2012년 경찰 1차

> 4~5명의 개화당이 <u>사건</u>을 일으켜서 나라를 위태롭게 한 다
> 음 청나라 사람의 억압과 능멸이 대단하였다. …(중략)… 종
> 전에는 개화가 이롭다고 말하면 그다지 싫어하지 않았으나
> 이 <u>사건</u> 이후 조야(朝野) 모두 '개화당은 충의를 모르고 외
> 인과 연결하여 매국배종(賣國背宗)하였다.'고 하였다.
> ─『윤치호일기』

① 정동구락부 세력이 주도하였다.
② 일본군과 함께 경복궁을 침범하였다.
③ 차관 도입을 위한 수신사 파견의 계기가 되었다.
④ 일본 공사관이 불타고 일본군이 청군에 패퇴하였다.

0748 (가), (나) 조약 체결 사이에 있었던 사실로 옳은 것은? 고난도

2021년 경찰 1차

> (가) 제1조 지금으로부터 20일 이내에 조선국은 흉도들을
> 잡고 그 수괴를 엄히 징계한다.
> 　제5조 일본 공사관에 약간의 군사를 두어 경비하게 한다.
> (나) 제1조 조선국은 국서를 일본국에 보내 사의를 표명한다.
> 　제4조 일본 공관을 새로운 곳으로 옮겨 신축하는 것은
> 마땅히 조선국에서 기지와 방옥을 교부해 공관
> 및 영사관으로 사용할 수 있도록 한다. 수축 중
> 건에는 조선국이 다시 2만 원을 지불해 공사비
> 를 충당한다.

① 통리기무아문이 철폐되었다.
② 묄렌도르프가 고문으로 파견되었다.
③ 청과 일본 사이에 톈진 조약이 체결되었다.
④ 부들러가 조선의 영세 중립 선언을 권고하였다.

0749 다음 정강을 발표했던 사건의 결과로 옳은 것은?

2018년 지방직 7급
유사 2018년 서울시 7급 / 2015년 서울시 9급 / 2015년 법원직 9급 / 2014년 서울시 9급 / 2013년 법원직 9급 / 2011년 국가직 7급

> 1. 흥선 대원군을 빨리 귀국시키고 종래 청에 대해 행하던
> 조공의 허례를 폐지한다.
> 2. 문벌을 폐지하고 인민 평등권을 제정하여 능력에 따라
> 관리를 임명한다.
> 3. 지조법을 개혁하여 관리의 부정을 막고 백성을 보호하
> 며 재정을 넉넉히 한다.
> 　…(중략)…
> 12. 모든 재정은 호조에서 관할한다.
> 13. 대신과 참찬은 의정부에 모여 정령을 의결하고 반포한다.
> 　…(후략)…

① 청의 내정 간섭이 강화되었다.
② 박문국과 전환국이 설립되었다.
③ 개혁 추진 기관으로 통리기무아문이 설치되었다.
④ 일본은 배상금 지급 등을 내용으로 하는 제물포 조약의
체결을 강요하였다.

□□□
0750 다음의 자료와 관련된 조약에 해당하는 것은?

2017년 서울시 사복직 9급

1. 청·일 양국 군대는 4개월 이내에 조선에서 동시 철병할 것
2. 청·일 양국은 조선 국왕의 군대를 교련하여 자위할 수 있게 하되, 외국 무관 1인 내지 여러 명을 채용하고 두 나라의 무관은 조선에 파견하지 않을 것
3. 장차 조선에서 변란이나 중대사로 두 나라 중 한 나라가 출병할 필요가 있을 때는 먼저 문서로 조회하고 사건이 진정된 뒤에는 즉시 병력을 전부 철수하여 잔류시키지 않을 것

① 한성 조약
② 제물포 조약
③ 시모노세키 조약
④ 텐진 조약

문항	번호				틀린 이유
0746	①	②	③	④	
0747	①	②	③	④	
0748	①	②	③	④	
0749	①	②	③	④	
0750	①	②	③	④	

해설

0746 제시된 자료는 1884년에 일어난 갑신정변의 과정을 설명하고 있다. ① 갑신정변의 결과, 조선은 일본의 강요로 배상금 지불과 공사관 신축비 부담을 내용으로 하는 한성 조약을 체결하였다.

오답노트 ② 1차 동학 농민 운동 당시 주장한 내용이다. ③ 위정척사 운동에 대한 설명이다. ④ 임오군란에 대한 설명이다.

0747 밑줄 친 '사건'은 1884년에 발생한 갑신정변이다. ④ 김옥균, 박영효 등 급진적 개화 세력은 일본의 군사적 지원을 받아 갑신정변을 일으켰는데, 청나라 군대의 개입으로 3일 만에 진압되었다. 이때 일본 공사관이 불타고 일본군은 청군에 패퇴하였다.

오답노트 ① 정동구락부 세력은 1894년 갑오개혁 이후에 형성된 사교 모임으로, 주로 독립 협회의 구성원으로 참여하였다. ② 경복궁이 아니라 창덕궁이다. 갑신정변 당시 급진 개화 세력은 일본군과 함께 창덕궁을 침범하였다. ③ 1882년 임오군란 진압 직후에 박영효와 김옥균이 사죄의 의미로 일본에 3차 수신사로 파견되었다.

0748 (가)는 1882년 임오군란 진압 직후인 7월 일본과 체결한 제물포 조약의 내용이고, (나)는 1884년 갑신정변 진압 직후 일본과 체결한 한성 조약의 내용이다. ② 1882년 11월 청나라 이홍장의 추천에 따라 조선 정부는 묄렌도르프를 고문으로 임명하였다.

오답노트 ① 통리기무아문은 임오군란 중에 잠시 집권한 흥선 대원군에 의해 철폐되었다. ③ 텐진 조약은 1885년에 체결되었다. ④ 부들러는 1885년 조선이 독자적으로 영세 중립국을 선언할 것을 제안하였다.

0749 제시된 자료는 갑신정변(1884) 당시 급진 개화파가 발표한 14개조 정강이다. ① 갑신정변 때 민씨 정권의 요청으로 청군이 개입하여 정변을 진압하였다. 이후 청의 내정 간섭이 강화되고 개화 세력은 위축되었다.

오답노트 ② 갑신정변 발발 이전인 1883년의 일이다. ③ 갑신정변 발발 이전인 1880년의 일이다. ④ 제물포 조약은 임오군란 직후에 일본과 체결한 조약(1882. 7.)으로, 갑신정변 발발 이전이다.

0750 제시된 자료는 텐진 조약의 내용이다. ④ 텐진 조약을 통해 청·일 양국 군대는 조선에서 동시 철수하고, 일본은 청국과 동등하게 조선에 대한 파병권을 획득하였다.

오답노트 ① 한성 조약은 갑신정변의 결과 일본이 조선과 체결한 조약으로, 배상금 지불과 공사관 신축비 부담 등을 내용으로 하고 있다. ② 제물포 조약은 임오군란의 결과 일본이 조선과 체결한 조약으로, 공사관 신축비 등 손해 배상금을 지불하고, 일본 공사관의 경비병 주둔을 인정하는 등의 내용을 담고 있다. ③ 시모노세키 조약은 청·일 전쟁의 결과 일본과 청이 맺은 조약으로, 이를 통해 일본은 청으로부터 조선에 대한 종주권 포기·요동반도와 타이완 할양·배상금 2억 냥 지급·통상의 특권 부여 등을 약속받았다.

Answer 0746 ① 0747 ④ 0748 ② 0749 ① 0750 ④

PART 06

□□□

0751 갑신정변 이후 국내외 정세로 옳지 않은 것은?

2017년 국가직 9급

① 독일 부영사 부들러는 조선의 영세 중립국화를 건의하였다.
② 러시아의 남하 정책에 대응하여 영국 함대가 거문도를 불법 점령하였다.
③ 조·청 상민 수륙 무역 장정을 체결하여 청나라 상인에게 통상 특혜를 허용하였다.
④ 청·일 양국 군대가 조선에서 철수하는 것 등을 내용으로 하는 톈진 조약이 체결되었다.

□□□

0752 (가), (나) 사이에 있었던 사실로 옳지 않은 것은?

2024년 지방직 9급

유사 2022년 소방직

(가) 조선은 오랫동안 제후국으로서 중국에 대해 정해진 전례가 있다는 것은 다시 의논할 여지가 없다. … 이번에 제정한 수륙 무역 장정은 중국이 속방을 우대하는 뜻이니만큼, 다른 조약 체결국들이 모두 똑같은 이익을 균점하도록 하는 데 있지 않다.

(나) 제1조 청국은 조선국이 완전무결한 독립 자주국임을 확인한다. 아울러 조선의 청에 대한 공물 헌납 등은 장래에 완전히 폐지한다.
　　제4조 청국은 군비 배상금으로 은 2억 냥을 일본국에 지불할 것을 약정한다.

① 영국이 거문도를 점령하였다.
② 한·청 통상 조약이 체결되었다.
③ 김옥균 등이 갑신정변을 일으켰다.
④ 청과 일본 사이에 전쟁이 발발하였다.

□□□

0753 다음 내용을 주장한 인물에 대한 설명으로 가장 적절한 것은?

2020년 경찰 1차

유사 2016년 기상직 7급 / 2015년 교행직 9급 / 2013년 법원직 9급 / 2006년 국가직 9급

우리나라가 아시아의 인후에 처해 있는 지리적 위치는 유럽의 벨기에와 같고, 중국에 조공하던 처지는 터키에 조공하던 불가리아와 같다. 그런데 불가리아가 중립 조약을 체결한 것은 유럽 여러 대국들이 러시아를 막으려는 계책에서 나온 것이었고, 벨기에가 중립 조약을 체결한 것은 유럽의 여러 대국들이 자국을 보전하려는 계책에서 나온 것이었다. 대저 우리나라가 아시아의 중립국이 된다면 러시아를 방어하는 큰 기틀이 될 것이고, 또한 아시아의 여러 대국들이 서로 보전하는 정략도 될 것이다. 오직 중립만이 우리나라를 지키는 방책인데, 우리 스스로가 제창할 수도 없으니 중국에 청하여 처리해야 할 것이다. 중국이 맹주가 되어 영국, 프랑스, 일본, 러시아 같은 아시아에 관계있는 여러 나라들과 화합하고 우리나라를 참석시켜 같이 중립 조약을 체결토록 해야 될 것이다. 이것은 비단 우리나라만을 위한 것이 아니라 중국의 이익도 될 것이고, 여러 나라가 서로 보전하는 계책도 될 것이니 무엇이 괴로워서 하지 않겠는가.

① 1881년에 조사 시찰단으로 일본에 다녀왔고, 1884년에 우정총국이 설립되자 우정국 총판에 임명되었다.
② 1882년 수신사로 일본에 다녀왔고, 일제 강점기에는 일제로부터 후작을 받고 중추원 고문에 임명되었다.
③ 갑신정변 이후 일본을 거쳐 미국에 망명하였고, 1894년에 귀국하여 제2차 김홍집 내각의 법부대신이 되었다.
④ 1894년 제1차 갑오개혁 당시 군국기무처의 회의원으로 참여하였고, 후에 국어 문법서인 『조선문전』을 저술하였다.

동학 농민 운동의 전개

대표유형

□□□

0754 (가)의 체결 이후에 일어난 사실로 옳은 것은?

2019년 국가직 9급

유사 2016년 교육행정직 9급 / 2013년 국가직 7급 / 2007년 국가직 9급

> 청군과 일본군의 개입으로 사태가 악화되자 농민군은 폐정 개혁을 제시하며 정부와 [(가)]을/를 맺었다. 이에 따라 농민군은 해산하였다.

① 농민군이 황토현에서 감영군을 격파하였다.
② 고부군수 조병갑이 만석보를 쌓아 수세를 강제로 거두었다.
③ 안핵사 이용태가 농민을 동학도로 몰아 처벌하였다.
④ 남접군과 북접군이 논산에서 합류하여 연합군을 형성하였다.

대표유형

□□□

0755 (가) 시기에 해당되는 사실로 옳은 것은?

2018년 국가직 9급

유사 2020년 경찰 1차 / 2015년 교육행정직 9급

> 방금 안핵사 이용태의 보고에 따르면 "죄인들이 대다수 도망치는 바람에 조사하지 못하였다."라고 하였다.
> — 『승정원일기』
>
> ⇩
>
> (가)
>
> ⇩
>
> 전봉준은 금구 원평에 앉아 (전라) 우도에 호령하였으며, 김개남은 남원성에 앉아 좌도를 통솔하였다. — 『갑오약력』

① 논산에서 남·북접의 동학군이 집결하였다.
② 우금치 전투에서 동학군이 일본군과 격전을 벌였다.
③ 동학교도가 궁궐 앞에서 교조 신원을 주장하는 집회를 열었다.
④ 백산에서 전봉준이 보국안민을 위해 궐기하라는 통문을 보냈다.

문항	번호				틀린 이유
0751	①	②	③	④	
0752	①	②	③	④	
0753	①	②	③	④	
0754	①	②	③	④	
0755	①	②	③	④	

해설

0751 ③ 조·청 상민 수륙 무역 장정이 체결된 것은 갑신정변 이전인 1882년의 일이다.

오답노트 ① 갑신정변 이후, 조선 주재 독일 영사 부들러는 스위스식 영세 중립화안을 건의하였다. ② 영국이 러시아의 남하를 견제하기 위해 거문도를 점령한 것은 갑신정변 이후인 1885~1887년의 일이다. ④ 갑신정변 진압 이후인 1885년에 청과 일본 사이에서 톈진 조약이 체결되어, 청군과 일본군은 조선에서 동시 철수하고 일본은 청과 동등하게 조선에 대한 파병권을 획득하였다.

0752 (가)는 1882년 임오군란 진압 이후에 체결된 조·청 상민 수륙 무역 장정의 내용이고, (나)는 1895년 청·일 전쟁이 일본의 승리로 끝나면서 체결된 시모노세키 조약의 내용이다. ② 1899년 대한제국은 청나라와 한·청 통상 조약을 체결하였다. 양국 황제 명의로 조약을 체결하여 국제적으로 대등한 관계가 되었다.

오답노트 ① 영국은 1885년부터 1887년까지 거문도를 점령하였다. ③ 1884년의 일이다. ④ 청·일 전쟁이 발발한 것은 1894년 6월의 일이다.

0753 제시된 자료는 유길준의 중립화론이다. ④ 유길준은 1차 갑오개혁 당시 군국기무처 의회 의원으로 참여하였다. 또한 국어 문법서인 『조선문전』을 저술하였다.

오답노트 ① 홍영식은 1881년에 조사 시찰단의 수행원으로서 일본에 다녀왔으며, 1884년에 우정총국이 설립되자 우정국 총판에 임명되었다. ② 박영효는 1882년 임오군란을 수습하기 위해 수신사로서 일본을 방문했으며, 일제 강점기에는 일제로부터 후작 작위를 받고 중추원 고문에 임명되는 등 친일의 길을 걸었다. ③ 서광범에 대한 설명이다.

0754 (가)는 1894년 5월에 동학 농민군과 관군이 체결한 전주 화약이다. ④ 동학 농민군의 2차 봉기에 대한 설명으로, 1894년 9월에 재봉기하여 10월에 논산에서 남·북접 연합군을 형성하였다.

오답노트 ① 황토현 전투는 1차 농민 봉기 당시인 1894년 4월에 발발하였다. ② 조병갑의 만석보 수탈 등으로 인하여 1894년 1월 고부 농민 봉기가 발발하였다. ③ 안핵사 이용태는 1894년 1월에 일어난 고부 농민 봉기의 진상 조사를 위해 파견되었는데, 이후 농민을 동학도로 몰아 탄압하였다(3월).

0755 고부 민란 이후 진상 조사를 위해 안핵사 이용태가 파견된 것은 1894년 3월 초의 일이다. ⇨ (가) ⇨ 1894년 5월 초, 전주 화약 체결 이후의 일이다. ④ 안핵사 이용태가 모든 책임을 동학 농민군에게 돌리자 1894년 3월 농민군이 봉기하였고, 3월 중순에 전봉준이 백산에서 『보국안민 창의문』을 발표하여 봉기에 참여할 것을 독려하였다.

오답노트 ① 2차 동학 농민 운동 때인 1894년 10월의 일이다. ② 2차 동학 농민 운동 때인 1894년 11월의 일이다. ③ 1893년 2월의 서울 복합 상소에 대한 내용이다. 동학 대표 40여 명이 경복궁 앞에 엎드려 왕에게 억울하게 처형된 최제우의 누명을 벗겨줄 것을 요청하였다.

Answer 0751 ③ 0752 ② 0753 ④ 0754 ④ 0755 ④

PART 06

0756 다음은 동학 농민 운동과 관련된 연표이다. (가)~(라) 시기에 있었던 사실로 옳은 것은?

2015년 국가직 9급
유사 2016년 법원직 9급

(가)	(나)	(다)	(라)
최제우의 동학 창시	삼례 집회 (교조 신원 운동)	고부 관아 습격	전주성 점령	우금치 전투

① (가) – 황토현 전투
② (나) – 청·일 전쟁의 발발
③ (다) – 남·북접군의 논산 집결
④ (라) – 일본군의 경복궁 점령

0757 다음 결의 사항을 실현하기 위해 일어난 사건에 대한 설명으로 옳은 것은?

2024년 지방직 9급

1. 고부성을 격파하고 군수 조병갑의 목을 베어 매달 것
1. 군기창과 화약고를 점령할 것
1. 군수에게 아첨하여 백성을 침탈한 탐욕스러운 아전을 쳐서 징벌할 것
1. 전주 감영을 함락하고 서울로 곧바로 향할 것

① 혜상공국 폐지 등의 정강을 발표하였다.
② 집강소를 설치하고 폐정 개혁을 시도하였다.
③ 별기군에 비해 차별을 받던 구식 군인들이 일으켰다.
④ 13도 창의군을 조직하고 서울 진공 작전을 추진하였다.

0758 (가)~(다)를 일어난 순서대로 가장 옳게 나열한 것은?

2024년 법원직 9급

(가) 전라도 각지에 집강소가 설치되었다.
(나) 고부에서 만석보가 허물어졌다.
(다) 청과 일본이 시모노세키 조약을 체결하였다.

① (가) – (나) – (다)   ② (가) – (다) – (나)
③ (나) – (다) – (가)   ④ (나) – (가) – (다)

0759 (가), (나) 격문이 발표된 사이의 시기에 있었던 사실로 옳은 것을 〈보기〉에서 모두 고른 것은?

2022년 법원직 9급
유사 2017년 국가직 7급 / 2014년 경찰 2차

(가) 우리가 의로운 깃발을 들어 이곳에 이름은 그 뜻이 결코 다른 데 있지 아니하고 창생을 도탄 속에서 건지고 국가를 반석 위에 두고자 함이다. 안으로는 양반과 탐학한 관리의 목을 베고 밖으로 횡포한 강적의 무리를 내몰고자 함이다.

(나) 일본 오랑캐가 분란을 야기하고 군대를 출동하여 우리 임금님을 핍박하고 우리 백성들을 뒤흔들어 놓았으니 어찌 차마 말할 수 있겠습니까. …… 지금 조정의 대신들은 망령되이 자신의 몸만 보전하고자 위로는 임금님을 협박하고 아래로는 백성들을 속이며 일본 오랑캐와 내통하여 삼남 백성들의 원망을 샀습니다.

[보기]
㉠ 조선 정부가 개혁 기구인 교정청을 설치하였다.
㉡ 동학 농민군과 관군이 전주 화약을 체결하였다.
㉢ 조선 정부가 조병갑을 파면하고 박원명을 고부 군수로 임명하였다.
㉣ 동학교도들이 전라도 삼례에서 교조 신원을 요구하는 집회를 벌였다.

① ㉠, ㉡   ② ㉠, ㉣
③ ㉡, ㉢   ④ ㉢, ㉣

□□□
0760 〈보기 1〉의 밑줄 친 부분에 대한 서술로 옳은 것을 〈보기 2〉에서 모두 고르면?

2019년 서울시 7급(상)

유사 2017년 서울시 9급 / 2012년 법원직 9급 / 2005년 국가직 9급

[보기1]

심문자 : 작년(1894) 3월 고부 등지에서 무슨 사연으로 민중을 크게 모았는가?

전봉준 : 그때 고부 군수(조병갑)의 수탈이 심하여 의거하였다.

심문자 : 흩어져 돌아간 후에는 무슨 일로 ㉠ 군대를 봉기하였느냐?

전봉준 : 고부 민란 조사 책임자 이용태가 내려와 의거 참가자 대다수가 일반 농민이었음에도 모두를 동학도로 통칭하고, 그 집을 불태우며 체포하고 살육을 행했기 때문에 다시 일어났다.

심문자 : ㉡ 전주 화약 이후 ㉢ 다시 군대를 일으킨 이유가 무엇이냐?

전봉준 : ㉣ 일본이 개화를 구실로 군대를 동원하여 왕궁을 공격하고 임금을 놀라게 했으니, 의병을 일으켜 일본과 싸워 그 책임을 묻고자 함이다.

— 『전봉준 공초』(발췌요약)

[보기2]

ㄱ. ㉠ : 반봉건의 기치를 높이 들고 남·북접이 연합하여 봉기하였다.

ㄴ. ㉡ : 정부와 정치를 개혁할 것을 합의하였다.

ㄷ. ㉢ : 공주 우금치에서 우세한 화력으로 무장한 일본군과 정부군에게 패하고 말았다.

ㄹ. ㉣ : 명성황후를 무참히 살해하는 을미사변을 일으켰다.

① ㄱ, ㄹ
② ㄴ, ㄷ
③ ㄱ, ㄷ, ㄹ
④ ㄱ, ㄴ, ㄷ, ㄹ

문항	번호				틀린 이유
0756	①	②	③	④	
0757	①	②	③	④	
0758	①	②	③	④	
0759	①	②	③	④	
0760	①	②	③	④	

해설

0756 최제우의 동학 창시는 1860년, 삼례 집회는 1892년 11월, 고부 관아 습격은 1894년 1월, 전주성 점령은 1894년 4월, 우금치 전투는 1894년 11월의 일이다. ④ 일본군은 1894년 6월에 경복궁을 점령하였다.

오답노트 ① 황토현 전투는 1894년 4월로 (다) 시기에 해당한다. ② 청·일 전쟁은 1894년 6월에 발발하였으므로 (라) 시기에 해당한다. ③ 남접과 북접은 1894년 10월에 논산에 집결하였다. 따라서 (라) 시기에 해당한다.

0757 제시된 자료는 전봉준 등이 만든 사발통문의 내용으로, 전봉준은 농민군을 이끌고 고부 관아를 습격하였다(고부 민란). 이후 고부 민란을 시작으로 동학 농민 운동이 전개되었다. ② 동학 농민군은 전라도에 집강소라는 민정 자치 기관을 설치하였다. 집강소는 행정과 치안을 담당하면서, 폐정 개혁안의 내용을 실천하려고 하였다.

오답노트 ① 1884년 갑신정변 때 김옥균 등 급진 개화파가 발표한 14개조 개혁 정강에 대한 설명이다. ③ 1882년 임오군란에 대한 설명이다. ④ 1907년부터 전개된 정미의병 때의 일이다.

0758 (나) 1894년 1월 고부 민란 때의 일이다. (가) 1894년 5월 전주 화약 체결 이후, 전라도 각지에 집강소가 설치되어 행정과 치안을 담당하면서 탐관오리 처벌 등 폐정 개혁안의 내용을 실천하고자 하였다. (다) 1895년 청·일 전쟁이 일본의 승리로 끝난 뒤, 청과 일본은 시모노세키 조약을 체결하였다.

0759 (가)는 1차 동학 농민 운동 때인 1894년 3월에 발표한 보국안민 창의문의 내용이고, (나)는 2차 동학 농민 운동 때인 1894년 10월에 발표한 격문의 내용이다. ㉠ 조선 정부는 1894년 6월 교정청을 세워 개혁에 착수하였다. ㉡ 정부와 동학 농민군이 휴전 교섭을 벌인 결과 1894년 5월에 전주 화약이 체결되었다.

오답노트 ㉢ 1894년 1월 고부 민란이 일어나자, 정부는 수습을 위해 고부 군수를 박원명으로 교체하였다. ㉣ 삼례 집회는 1892년 11월의 일이다.

0760 제시된 자료는 동학 농민 운동을 일으켰던 전봉준 심문과 관련된 내용이다. ㄴ. 동학 농민군은 1894년 5월에 조선 정부와 전주 화약을 체결하여 정치 개혁을 위한 폐정 개혁안 12개조를 제시하였고 전라도 일대에 집강소를 설치하여 자치 개혁에 나섰다. ㄷ. 일본이 경복궁을 침범하고 청·일 전쟁을 일으키자 동학 농민군은 2차 농민 봉기를 일으켰으나 1894년 11월에 벌어진 공주 우금치 전투에서 대패하고 말았다.

오답노트 ㄱ. 해당 내용은 1차 농민 봉기를 지칭한다. 남·북접의 연합은 2차 농민 봉기에 해당되는 설명이다. ㄹ. 밑줄 친 내용은 일본군이 1894년 6월에 경복궁을 점령한 것에 대한 설명이다. 을미사변은 1895년에 일어났다.

PART 06

Answer 0756 ④ 0757 ② 0758 ④ 0759 ① 0760 ②

0761 동학 농민 운동에 관한 설명으로 옳지 않은 것은?

2015년 지방직 9급

유사 2020년 경찰간부 / 2017년 경찰 1차 / 2014년 국가직 7급

① 전주 화약 이후 조선 정부는 청·일 군대의 철수를 요청하였다.
② 조선 정부는 농민들의 요구에 대응하여 삼정이정청을 설치하였다.
③ 청·일 전쟁 발발 직후에도 전라도 지역을 중심으로 집강소가 운영되었다.
④ 일본군이 경복궁을 점령한 후 전라도와 충청도 지역의 농민군이 연합하였다.

0762 다음에 제시된 역사적 사건들을 시간 순서대로 바르게 나열한 것은?

2015년 경찰 2차

유사 2015년 지방직 7급 / 2012년 경찰간부 / 2012년 경북 교행

㉠ 우금치 전투	㉡ 전주 화약
㉢ 황룡촌 전투	㉣ 교정청 설치
㉤ 군국기무처 설치	

① ㉡ - ㉢ - ㉠ - ㉤ - ㉣
② ㉢ - ㉡ - ㉣ - ㉤ - ㉠
③ ㉢ - ㉡ - ㉣ - ㉠ - ㉤
④ ㉡ - ㉢ - ㉣ - ㉤ - ㉠

0763 다음 자료와 관련된 역사적 사건에 대한 설명 중 가장 적절하지 않은 것은?

2014년 경찰 1차

유사 2020년 경찰 2차 / 2016년 지방직 7급 / 2015년 서울시 7급 / 2015년 법원직 9급 / 2015년 경찰 1차 / 2014년 법원직 9급 / 2011년 국가직 7급 / 2011년 지방직 9급

- 탐관오리는 그 죄상을 조사하여 엄징한다.
- 노비 문서는 모두 소각한다.
- 칠반천인(七班賤人)의 대우를 개선하고, 백정이 쓰는 평량갓을 없앤다.
- 관리 채용에는 지벌을 타파하고 인재를 등용한다.
- 토지는 평균 분작한다.

① 고부 농민 봉기는 조병갑의 학정에 항거한 사건이며, 정부는 안핵사 이용태를 파견하여 동학교도를 색출하고 탄압하였다.
② 청이 조선 정부의 요청으로 파병하자, 일본은 임오군란 때 맺은 톈진(천진) 조약을 구실로 파병하였다.
③ 농민군은 전주 화약의 체결로 전라도 일대에 집강소를 설치하여 치안과 행정을 담당하였다.
④ 남접과 북접의 농민군은 우금치 전투에서 패배하였고, 보은 전투에서 대패한 후 해산하였다.

갑오개혁과 을미개혁

대표
유형

0764 밑줄 친 '이 내각'의 재정 개혁안으로 옳은 것은?

2017년 국가직 7급

이 내각의 개혁 정책은 초정부적 비상 기구인 군국기무처를 중심으로 추진되었다. 당시 군국기무처에는 박정양, 유길준 등의 개화 인사들이 참여하여 개혁 정책을 결정하였다.

① 모든 재정은 호조에서 통할하도록 한다.
② 국가 재정을 탁지아문의 관할로 일원화시키도록 한다.
③ 궁내부 산하의 내장원에서 광산, 홍삼 사업 등의 재정을 관할하도록 한다.
④ 국가 재정은 탁지부에서 전관하고, 예산과 결산을 국민에게 공표하도록 한다.

대표유형

□□□

0765 다음 기구에서 추진한 개혁 내용으로 옳은 것은?

2013년 국가직 9급

총재 1명, 부총재 1명 그리고 16명에서 20명 사이의 회의원으로 구성되었다. 이 밖에 2명 정도의 서기관이 있어서 활동을 도왔고, 또 회의원 중 3명이 기초 위원으로 선정되어 의안의 작성을 책임졌다. 총재는 영의정 김홍집이 겸임하고 부총재는 내아문 독판으로 회의원인 박정양이 겸임하였다.

① 은 본위 화폐 제도를 실시하였다.
② 의정부와 삼군부의 기능을 회복하였다.
③ 양전 사업을 실시하여 지계를 발급하였다.
④ 재판소를 설치하여 사법권과 행정권을 분리시켰다.

□□□

0766 다음 내용이 포함된 개혁에 대한 설명으로 옳지 않은 것은?

2016년 지방직 9급
유사 2008년 국가직 9급

• 공·사 노비 제도를 모두 폐지하고, 인신 매매를 금지한다.
• 연좌법을 폐지하여 죄인 자신 외에는 처벌하지 않는다.
• 과부의 재혼은 귀천을 막론하고 그 자유에 맡긴다.

① 중국 연호의 사용을 폐지하였다.
② 독립 협회 활동의 영향을 받았다.
③ 군국기무처의 주도 하에 추진되었다.
④ 동학 농민 운동의 요구를 일부 수용하였다.

대표 유형

□□□

0767 다음 밑줄 친 '개혁'의 내용으로 옳은 것을 〈보기〉에서 고른 것은?

2019년 법원직 9급

유사 2018년 국가직 7급 / 2018년 지방직 7급

청·일 전쟁에서 승기를 잡은 일본은 조선의 내정에 적극 간섭하기 시작하였다. 흥선 대원군을 물러나게 하고 군국 기무처를 폐지하였으며, 김홍집·박영효 연립 내각을 구성하고 개혁을 단행하였다.

┌─〔 보기 〕─
│ ㉠ 과거제를 폐지하였다.
│ ㉡ 재판소를 설치하였다.
│ ㉢ 8도를 23부로 개편하였다.
│ ㉣ 친위대, 진위대를 설치하였다.

① ㉠, ㉡   ② ㉠, ㉣
③ ㉡, ㉢   ④ ㉢, ㉣

□□□

0768 밑줄 친 '14개 조목'에 해당하는 것만을 모두 고르면?

2023년 국가직 9급

이제부터는 다른 나라를 의지하지 않으며 융성하도록 나라의 발걸음을 넓히고 백성의 복리를 증진하여 자주독립의 터전을 공고하게 할 것입니다. …(중략)… 이에 저 소자는 14개 조목의 홍범(洪範)을 하늘에 계신 우리 조종의 신령 앞에 맹세하노니, 우러러 조종이 남긴 업적을 잘 이어서 감히 어기지 않을 것입니다.

┌─
│ ㉠ 탁지아문에서 조세 부과
│ ㉡ 왕실과 국정 사무의 분리
│ ㉢ 지계 발급을 위한 지계아문 설치
│ ㉣ 대한 천일 은행 등 금융 기관 설립

① ㉠, ㉡   ② ㉠, ㉣
③ ㉡, ㉢   ④ ㉢, ㉣

□□□

0769 다음 약력에 해당하는 인물은?

2016년 서울시 9급

• 1872년 철종의 딸 영혜 옹주와 결혼
• 1884년 갑신정변에 참여함. 실패 후 일본 망명
• 1894년 내무대신에 임명됨. 다음해 일본 망명
• 1910년 국권 피탈 이후 일본의 작위를 받고 동아일보사 초대 사장, 중추원 의장·부의장, 일본 귀족원 의원 등 역임

① 박영효   ② 윤치호
③ 김옥균   ④ 김홍집

□□□

0770 다음은 홍범 14조의 조항 일부이다. 이 발표에 따라 추진된 것만을 〈보기〉에서 모두 고른 것은?

2014년 지방직 7급

유사 2020년 소방직 9급 / 2019년 경찰간부 / 2018년 법원직 9급 / 2018년 경찰 2차 / 2010년 법원직 9급

• 청에 의존하는 생각을 버리고, 자주독립의 기초를 세운다.
• 종실, 외척의 정치 간섭을 용납하지 않는다.
• 조세의 징수와 경비 지출은 모두 탁지아문의 관할에 속한다.
• 문벌을 가리지 않고 인재 등용의 길을 넓힌다.

┌─〔 보기 〕─
│ ㉠ 재판소를 설치하여 사법권을 행정부로부터 독립시켰다.
│ ㉡ 지방의 군현제를 폐지하고 전국을 23부로 나누었다.
│ ㉢ 은 본위 제도와 조세 금납화를 실시하였다.
│ ㉣ 지방의 영세 상인인 보부상을 지원하기 위하여 상무사를 조직하여 상업 특권을 부여하였다.

① ㉠, ㉡, ㉢   ② ㉡, ㉢
③ ㉠, ㉡   ④ ㉡, ㉢, ㉣

□□□
0771 다음 칙령에 의해 성립된 내각에서 추진했던 개혁으로 옳은 것은?

2012년 법원직 9급

유사 2011년 국가직 9급

제1호 내가 재가한 공문 식제(式制)를 반포하게 하고 종전의 공문 반포 규례는 오늘부터 폐지하며 승선원, 공사청도 아울러 없애도록 한다.

제3호 내가 동지날에 백관들을 거느리고 태묘(太廟)에 나아가 우리나라가 독립하고 모든 제도를 이정(釐正)한 사유를 고하고, 다음 날에는 태사(太社)에 나아가겠다.

제4호 박영효를 내무대신으로, 서광범을 법무대신으로 … (중략)… 삼도록 하라고 명하였다.

이상은 총리대신 김홍집, 외무대신 김윤식, 탁지대신 어윤중, 학무대신 박정양이 칙령을 받았다.

① 과거 제도를 폐지하였다.
② 전국을 23부로 재편하였다.
③ 재정을 탁지아문으로 일원화시켰다.
④ 서울에 친위대, 지방에 진위대를 설치하였다.

대표
유형

□□□
0772 다음 법령을 만든 개화파 내각의 개혁으로 옳은 것을 〈보기〉에서 모두 고르면?

2014년 국가직 7급

유사 2011년 경찰

제1조 소학교는 아동의 신체 발달에 맞추어 인민 교육의 기초와 생활상 필요한 보통 지식과 기능을 가르치는 것을 목적으로 한다.

제2조 소학교는 관립 소학교·공립 소학교·사립 소학교 등의 3종이며, 관립 소학교는 정부 설립, 공립 소학교는 부(府) 혹은 군(郡) 설립, 사립 소학교는 사립 학교 설립과 관계된 것을 말한다. — 소학교령

[보기]
㉠ 건양이라는 연호를 제정하였다.
㉡ 조·일 무역 규칙을 개정하였다.
㉢ 서울에 친위대를, 지방에 진위대를 두었다.
㉣ 단발령을 폐지하고 의정부를 다시 설치하였다.

① ㉠, ㉡
② ㉠, ㉢
③ ㉡, ㉣
④ ㉢, ㉣

문항	번호				틀린 이유
0767	①	②	③	④	
0768	①	②	③	④	
0769	①	②	③	④	
0770	①	②	③	④	
0771	①	②	③	④	
0772	①	②	③	④	

해설

0767 제시된 자료의 밑줄 친 '개혁'은 2차 갑오개혁을 일컫는다. ㉡ 2차 갑오개혁에 따라 1심 재판소로 지방 재판소와 개항장 재판소, 2심 재판소로 순회 재판소와 고등 재판소 등을 설치하여 사법권을 행정권에서 분리하였다. ㉢ 2차 갑오개혁 때 8도를 23부로 개편하고 부·목·군·현의 행정 구역 명칭을 군으로 통일하여 337군을 두었다.

오답노트 ㉠ 1차 갑오개혁, ㉣ 을미개혁 때의 일이다.

0768 제시된 자료는 1894년 12월 고종이 문무백관을 거느리고 종묘에 나가 바친 독립서고문의 내용으로, 밑줄 친 '14개 조목'은 독립서고문과 함께 반포한 홍범 14조를 일컫는다. ㉠ 홍범 14조에 따르면 '조세의 징수와 경비 지출은 모두 탁지아문에서 관할한다.'라고 하였다. ㉡ 홍범 14조에서는 왕실 사무와 국정 사무의 분리를 규정하였다.

오답노트 ㉢ 지계아문이 설치된 것은 대한 제국 시기인 1901년의 일이다. ㉣ 대한 천일 은행이 설립된 것은 대한 제국 시기인 1899년의 일이다.

0769 제시된 약력에 해당하는 인물은 박영효이다. 박영효는 철종의 부마로, 1884년 갑신정변에 참여하였다가 실패 후 일본에 망명하였다. 이후 제2차 갑오개혁 때 참여하였다가 이듬해 일본으로 다시 망명하였다. 1907년 다시 귀국한 이후로는 친일의 길을 걸었으며, 국권 피탈 이후 일제의 작위를 받고 여러 직책을 역임하였다가 1939년에 사망하였다.

0770 홍범 14조는 고종이 1894년 12월에 반포한 것으로 2차 갑오개혁의 방향을 담은 것이다. 따라서 2차 갑오개혁의 내용을 고르면 된다. ㉠ 2차 갑오개혁 때 사법권이 행정권과 분리되어 개항장 재판소, 순회 재판소 등이 설치되었다. ㉡ 2차 갑오개혁 때 기존의 군현제를 폐지하고 전국을 23부로 개편하였다. 그리고 부 밑에는 군과 면을 두었다.

오답노트 ㉢ 1차 갑오개혁 때 신식 화폐 장정을 통해 은 본위제를 채택하고, 조세 금납화를 실시하였다. ㉣ 대한제국 시기에 보부상을 지원하기 위하여 상무사를 조직하였다.

0771 제시된 자료는 『고종실록』에 기록된 '칙령 제1호에서 제8호까지 보고하다.'의 내용으로, 2차 갑오개혁에 대한 내용이다. 2차 갑오개혁은 박영효와 서광범 등이 참여하였으며, 독립서고문('태묘에 나아가 우리나라가 독립하고 모든 제도를 이정한 사유를 고하고')의 내용을 통해 자주 독립의 뜻을 표명하였다. ② 2차 갑오개혁 때 지방 행정 제도를 전국 8도에서 23부 337군으로 개편하였다.

오답노트 ①,③ 과거제의 폐지와 재정을 탁지아문으로 일원화시킨 조치는 1차 갑오개혁 때 이루어졌다. ④ 친위대와 진위대의 편성은 을미개혁 당시 군제 개혁의 내용이다.

0772 제시된 소학교령은 을미개혁 때인 1895년 9월에 공포되었다. ㉠ 을미개혁 때 '개국'이라는 연호를 폐지하고 '건양'이라는 연호를 사용하였다. ㉢ 을미개혁 때 훈련대를 해산하고 중앙군으로 친위대를, 지방군으로 진위대를 설치하였다.

오답노트 ㉡ 1876년에 제정된 조·일 무역 규칙(조·일 통상 장정)은 1883년에 개정되었다. ㉣ 을미개혁 때 제정된 단발령은 아관파천 이후 폐지되었다. 의정부는 2차 갑오개혁 때 내각으로 개편되면서 폐지되었으나, 아관파천 이후인 1896년 9월에 내각을 의정부로 개칭함에 따라 일시 부활되었다.

Answer 0767 ③ 0768 ① 0769 ① 0770 ③ 0771 ② 0772 ②

PART 06

0773 〈보기〉의 사건을 시간순으로 바르게 나열한 것은?

2018년 서울시 9급

─[보기]─
ㄱ 아관 파천　　　　ㄴ 전주 화약 체결
ㄷ 홍범 14조 발표　　ㄹ 군국기무처 설치

① ㄱ－ㄷ－ㄴ－ㄹ　　② ㄴ－ㄹ－ㄷ－ㄱ
③ ㄷ－ㄱ－ㄹ－ㄴ　　④ ㄹ－ㄴ－ㄱ－ㄷ

독립 협회와 대한 제국

대표유형

0774 (가) 단체에 대한 설명으로 옳은 것은?

2022년 국가직 9급

유사 2021년 소방직 9급 / 2013년 법원직 9급 / 2011년 법원직 9급

아관파천 이후 러시아의 영향력이 강화되고 열강의 이권 침탈이 가속화되었다. 이러한 가운데 서재필 등은 (가) 을/를 만들었다. (가) 은/는 고종에게 자주독립을 굳건히 하고 내정 개혁을 단행하라는 내용이 담긴 상소문을 제출하였으며, 만민 공동회를 개최하여 외국의 간섭과 일부 관리의 부정부패를 비판하였다.

① 교육 입국 조서를 작성해 공포하였다.
② 영은문이 있던 자리 부근에 독립문을 세웠다.
③ 개혁의 기본 강령인 홍범 14조를 발표하였다.
④ 일본에 진 빚을 갚자는 국채 보상 운동을 일으켰다.

대표유형

0775 다음 건의문이 결의된 이후에 일어난 사실로 옳은 것은?

2017년 국가직 9급

유사 2014년 법원직 9급 / 2013년 경찰 1차·2차 / 2009년 법원직 9급

1. 외국인에게 의지하지 말고, 관·민이 힘을 합하여 전제 황권을 견고하게 할 것
2. 외국과의 이권에 관한 조약은 각 대신과 중추원 의장이 합동 날인하여 시행할 것
3. 국가 재정은 탁지부에서 전관하고, 예산과 결산을 국민에게 공포할 것
4. 중대 범죄를 공판하되, 피고의 인권을 존중할 것
5. 칙임관을 임명할 때에는 정부의 자문을 받아 다수의 의견에 따를 것
6. 정해진 규정을 실천할 것

① 서재필을 중심으로 민중 계몽을 위한 독립신문이 창간되었다.
② 고종이 러시아 공사관으로 거처를 옮기게 되었다.
③ 황제권 강화 작업의 일환으로 원수부가 설치되었다.
④ 군국기무처를 중심으로 개혁이 추진되었다.

□□□

0776 밑줄 친 '이 단체'의 활동으로 옳은 것을 〈보기〉에서 모두 고른 것은?

2023년 법원직 9급

> 정부의 지원을 받아 설립된 이 단체는 고종에게 아래의 문서를 재가 받았어요.

> 1. 외국인에게 의지하지 말고 관민이 합심하여 황제권을 공고히 할 것
> 2. 외국과의 이권에 관한 계약과 조약은 해당 부처의 대신과 중추원 의장이 함께 날인하여 시행할 것
> ......

─[보기]─

ⓐ 구국 운동 상소문을 지었다.
ⓑ 고종 강제 퇴위 반대 운동에 앞장섰다.
ⓒ 일제의 황무지 개간권 요구에 반대하였다.
ⓓ 러시아의 내정 간섭과 이권 요구에 반대하였다.

① ⓐ, ⓑ
② ⓐ, ⓓ
③ ⓑ, ⓒ
④ ⓒ, ⓓ

□□□

0777 (가) 시기에 있었던 사실로 옳은 것은?

2022년 지방직 9급

을미사변
⇩
(가)
⇩
러·일 전쟁

① 독립문이 건립되었다.
② 통감부가 설치되었다.
③ 동양 척식 주식회사가 설립되었다.
④ 임진왜란 때 소실된 경복궁이 중건되었다.

문항	번호				틀린 이유
0773	①	②	③	④	
0774	①	②	③	④	
0775	①	②	③	④	
0776	①	②	③	④	
0777	①	②	③	④	

해설

0773 ⓑ 전주 화약은 1894년 5월에 체결되었다. ⓓ 군국기무처는 1차 갑오개혁을 주도한 기관으로, 1894년 6월에 설치되었다. ⓒ 홍범 14조는 1894년 12월에 발표되었다. ⓐ 아관파천은 1896년 2월의 일이다.

0774 제시된 자료는 독립협회의 활동에 대한 내용이다. ② 독립협회는 국민들의 성금을 모아 청에 대한 사대의 상징인 영은문(조선을 방문한 중국 사신을 맞이하던 문)을 허물고, 그 자리에 독립문을 세웠다.

오답노트 ① 교육 입국 조서는 고종이 1895년에 공포한 것으로, 독립협회와는 관련이 없다. ③ 홍범 14조는 고종이 1894년 12월에 발표한 것으로, 독립협회와는 관련 없다. ④ 국채 보상 운동은 독립협회가 해체된 이후인 1907년에 전개되었다.

0775 제시된 자료는 1898년 독립협회가 관민 공동회를 개최하여 결의한 '헌의 6조'의 내용이다. ③ 고종은 1899년에 대한국 국제를 반포하여 군대 통수권 등을 황제의 권한으로 규정하였고, 이에 따라 원수부를 설치하여 황제가 군권을 장악하고자 하였다.

오답노트 ① 독립신문이 창간된 것은 1896년의 일이다. ② 아관파천에 대한 설명으로, 1896년 2월의 일이다. ④ 군국기무처를 중심으로 개혁이 추진된 것은 1894년 1차 갑오개혁 때의 일이다.

0776 제시된 자료의 밑줄 친 '이 단체'는 독립협회를 일컫는다. ⓐ 독립협회는 고종에게 자주독립을 굳건히 하고 내정 개혁을 단행하라는 내용이 담긴 구국 선언 상소문을 올렸다. ⓓ 독립협회는 러시아의 각종 이권 요구에 반대하였다. 이에 따라 러시아의 절영도 조차 요구를 철회시켰으며, 한·러 은행을 폐쇄시켰다.

오답노트 ⓑ 대한자강회 등에 대한 설명이다. ⓒ 보안회에 대한 설명이다.

0777 을미사변은 1895년에 일어난 사건이고, 러·일 전쟁은 1904년에 발발하였다. 따라서 (가) 시기는 1895년~1904년까지이다. ① 독립협회는 국민들의 성금을 모아 청에 대한 사대의 상징인 영은문을 허물고 그 자리에 독립문을 세웠는데, 1897년에 완공되었다.

오답노트 ② 통감부가 설치된 것은 1906년의 일이다. ③ 동양 척식 주식회사는 1908년에 설립되었다. ④ 경복궁이 중건된 것은 흥선 대원군 집권기(1863~1873) 때의 일로, 을미사변 이전이다.

PART 06

Answer 0773 ② 0774 ② 0775 ③ 0776 ② 0777 ①

0778 다음과 같은 주제로 토론회를 개최한 단체에 대한 설명으로 옳은 것은? 2020년 지방직 9급

일자	주제
1897. 8. 29.	조선에 급선무는 인민의 교육
1897. 9. 5.	도로 수정하는 것이 위생에 제일 방책
⋮	⋮
1897. 12. 26.	인민의 귀로 듣고 눈으로 보는 것을 개명케 하려면 우리나라 신문지며 다른 나라 신문지들을 널리 반포하는 것이 제일 긴요함.

① 헌정 연구회의 활동을 계승하여 월보를 간행하고 지회를 설치하였다.
② 국민 계몽을 위해 회보를 발간하고 만민 공동회 등 대규모 집회를 열었다.
③ 보부상 중심의 단체로 황권 강화를 통한 부국강병을 행동 지침으로 삼았다.
④ 일본이 황무지 개간을 구실로 토지를 약탈하려 하자 대중적 반대 운동을 벌였다.

0779 ㉠ 단체에 대한 설명으로 옳은 것은? 2019년 지방직 7급

┌─────────────────────────────────┐
│　　　㉠　은/는 만민 공동회를 개최하여 외국 열강의 내정 │
│ 간섭을 비판하였다. 또 정부 관리들까지 참석한 관민 공동 │
│ 회를 열어 국정 개혁에 관한 내용을 논의하였다. 이를 통해 │
│ 각부대신과 중추원 의장이 합동으로 서명 날인하지 않은 조 │
│ 약을 시행하지 말 것, 전국 재정을 탁지부로 하여금 관리하 │
│ 게 하고 예산과 결산에 관한 사항을 인민에게 공표할 것 등 │
│ 의 요구가 담긴 헌의 6조를 채택하였다. │
└─────────────────────────────────┘

① 국정의 기본 강령인 홍범 14조를 발표하였다.
② 러시아가 절영도 조차를 요구하자 이에 반대하였다.
③ 경제적 자주권을 지키기 위해 국채 보상 운동을 일으켰다.
④ 황해도 일대에 방곡령을 내려 외국에 곡물을 유출하지 못하게 하였다.

0780 다음은 근대 변혁 운동 과정에서 발표된 개혁안 중 일부이다. 이를 시기순으로 바르게 나열한 것은? 2016년 경찰 1차

유사 2020년 법원직 9급 / 2017년 국회사무처 9급

┌─────────────────────────────────┐
│ ㉠ 조세의 징수와 경비 지출은 모두 탁지아문에서 관할한다. │
│ ㉡ 지조법을 개정하여 관리의 부정을 막고 백성을 구제하며 │
│ 　 국가 재정을 충실케 한다. │
│ ㉢ 국가 재정은 탁지부가 전관하고 예산과 결산을 인민에게 │
│ 　 공포할 것 │
│ ㉣ 무명잡세는 일체 거두지 않는다. │
└─────────────────────────────────┘

① ㉠ - ㉢ - ㉡ - ㉣　　　　② ㉠ - ㉢ - ㉣ - ㉡
③ ㉡ - ㉣ - ㉠ - ㉢　　　　④ ㉡ - ㉣ - ㉢ - ㉠

0781 밑줄 친 회원들이 소속된 단체의 개혁 활동으로 옳은 것은? 2012년 법원직 9급

유사 2012년 경찰 1차 / 2010년 지방직 7·9급

┌─────────────────────────────────┐
│ 회원 김정현이 급히 배재 학당으로 가서 교사 이승만 및 학 │
│ 도 40~50인과 함께 경무청 앞에 갔고 다른 회원들은 백목 │
│ 전 도가(都家)*에 모여 윤시병을 만민 공동회 회장으로 삼 │
│ 아 경무청 앞으로 갔다. 이때 인민들이 다투어 모인 자가 수 │
│ 천인이었다. │
│ 　　　　　　　　　　　　　　　　　　　 － 『대한계년사』 │
│ *도가: 상인들이 모여 의논하는 집 │
└─────────────────────────────────┘

① 해외 독립군 기지 건설 운동을 벌였다.
② 헌의 6조를 결의하고 국왕에게 건의하였다.
③ 을사조약 체결을 비판하는 사설을 발표하였다.
④ 일본의 황무지 개간권 요구 거부 운동을 벌였다.

문항		번호			틀린 이유
0778	①	②	③	④	
0779	①	②	③	④	
0780	①	②	③	④	
0781	①	②	③	④	
0782	①	②	③	④	
0783	①	②	③	④	

대표유형

☐☐☐

0782 다음 법령이 반포된 시기는?

2024년 지방직 9급

제1조　대한국은 세계 만국에 공인된 자주 독립한 제국이다.

제2조　대한 제국의 정치는 이전으로부터 500년이 내려왔고 이후로도 만세에 걸쳐 변치 않을 전제 정치이다.

제3조　대한국 대황제는 무한한 군권을 향유하니 공법에서 말한바 자립 정체이다.

제4조　대한국 신민이 대황제가 향유하는 군권을 침해할 행위가 있으면 신민의 도리를 잃은 자로 인정할 것이다.

	(가)	(나)	(다)	(라)	
	갑신정변 발생	갑오개혁 실시	독립협회 해산	러·일 전쟁 발발	을사늑약 체결

① (가)　　　　　　　　② (나)

③ (다)　　　　　　　　④ (라)

대표유형

☐☐☐

0783 대한제국 시기에 추진된 정책으로 옳지 않은 것은?

2019년 지방직 9급

유사 2017년 서울시 7급 / 2014년 서울시 7급 / 2013년 지방직 9급 / 2012년 서울시 9급 / 2011년 지방직 9급 / 2007년 지방직 세무직 9급

① 시위대와 진위대를 증강하였다.

② 독립신문의 창간을 지원하였다.

③ 화폐 제도의 개혁과 중앙은행의 창립을 추진하였다.

④ 황실 재정을 담당하는 내장원의 기능을 확대하였다.

해설

0778 제시된 자료는 독립협회에서 진행한 토론회의 내용으로, 1897년의 시기를 통해 독립협회임을 짐작할 수 있다. ② 독립협회는 기관으로 '대조선 독립협회 회보'를 간행했으며, 대규모 민중 대회인 만민 공동회를 열었다.

오답노트 ① 대한 자강회는 헌정 연구회를 모체로 하여 창립된 단체로, 전국 각지에 33개의 지회를 설치하고 월보를 간행하였다. ③ 황국 협회에 대한 설명이다. ④ 1904년 보안회는 일제의 황무지 개간 요구 철회를 주장하며 가두 집회를 열고 일제의 침략적 요구를 규탄하였다.

0779 ㉠ 단체는 독립협회이다. ② 독립협회는 러시아가 절영도 조차를 시도하자 이를 격렬히 반대하였다.

오답노트 ① 홍범 14조는 2차 갑오개혁 때 발표되었으므로, 독립협회와는 무관하다. ③ 국채 보상 운동은 1907년에 일어났고, 독립협회는 그 이전인 1898년에 이미 해산되었다. ④ 방곡령과 독립협회는 관련이 없다.

0780 ㉡ 1884년 갑신정변의 14개조 정강의 내용이다. ㉣ 1894년 5월에 동학 농민군이 제시한 폐정 개혁안의 내용이다. ㉠ 1894년 12월에 발표된 홍범 14조의 내용이다. ㉢ 1898년 독립협회가 관민 공동회를 개최하여 결의한 헌의 6조의 내용이다.

0781 제시된 자료는 만민 공동회에 대한 내용으로, 밑줄 친 회원이 소속된 단체는 독립협회이다. ② 독립협회는 관민 공동회에서 헌의 6조를 결의하고 고종에게 건의하였다.

오답노트 ① 해외 독립군 기지 건설 운동을 벌인 단체는 신민회이다. ③ 을사조약 체결에 반발하여 장지연은 『시일야방성대곡』을 작성하여 황성신문 등에 실었다. ④ 일본의 황무지 개간권 요구 거부 운동을 벌인 단체는 보안회이다.

0782 제시된 자료는 1899년에 발표된 대한국국제의 내용이다. 갑신정변은 1884년에 일어났으며, 갑오개혁이 실시된 것은 1894년부터이다. 또한 독립협회가 해산된 것은 1898년, 러·일 전쟁의 발발은 1904년, 을사늑약의 체결은 1905년의 일이다. ③ 대한국국제의 발표 시기는 독립협회 해산과 러·일 전쟁 발발 사이에 속하는 (다)에 들어가야 한다.

0783 ② 독립신문 창간은 대한제국 성립(1897. 10.) 이전인 1896년 4월의 일이다.

오답노트 ① 대한제국은 서울의 시위대와 지방의 진위대를 개편·증강하였다. ③ 대한제국은 중앙은행 조례와 금 본위 개정 화폐 조례를 발표하여 중앙은행을 마련하고 금 본위제를 실시하고자 하였다. 그러나 재정 부족 등을 이유로 성공하지 못하였다. ④ 대한제국은 황실 재정을 담당하는 내장원의 기능을 확대하였다. 이에 따라 기존의 탁지부 혹은 농상공부에서 관리하던 광산, 홍삼, 푸줏간, 철도, 각종 수리 사업 등의 수입을 황제 직속 궁내부 산하의 내장원으로 이관하였다.

Answer 　0778 ②　0779 ②　0780 ③　0781 ②　0782 ③　0783 ②

□□□
0784 (가) 시기의 역사적 사실로 옳지 않은 것은?

2022년 소방직

유사 2018년 경찰 1차 / 2017년 경찰 1차 / 2016년 법원직 9급 / 2014년 서울시 9급 / 2007년 국가직 9급

어려운 때를 만났으나, 하늘이 도와 위기를 모면하고 안정되었으며 독립의 터전을 세우고 자주의 권리를 행사하게 되었다. 이에 여러 신하들과 백성들이 글을 올려 황제의 칭호를 올리라고 제의하였다. 여러 차례 사양하다가 끝내 사양할 수 없어서 하늘과 땅에 제사를 지내고 황제의 자리에 올라 국호를 ___(가)___(으)로 정하였다. — 『승정원일기』

① 대한국 국제를 반포하였다.
② 토지 소유자에게 지계를 발급하였다.
③ 근대식 교육 기관인 육영공원을 설립하였다.
④ 청과 대등한 입장에서 통상 조약을 체결하였다.

□□□
0785 자료에 나타난 정부의 정책에 대한 설명으로 옳지 않은 것은?

2020년 국가직 7급

유사 2017년 국가직 7급(하)

종래의 양전처럼 농지의 비척(肥瘠)이나 가옥의 규모를 조사하는 것에만 그치지 않고, 전국 토지 일체에 대한 조사를 목표로 지질과 산림·천택, 수풀과 해변, 도로에 이르기까지 광범위하게 조사하였다. 나아가 전국 토지의 정확한 규모와 소재를 파악하는 한편 소유권을 확인해 주기 위해 지계(地契)를 발행하는 사업을 함께 전개하였다.

① 양지아문에서 양전 사업을 착수하였다.
② 조사한 토지의 지적도와 토지 대장을 작성하였다.
③ 지계아문에서 지계 발급 사무를 맡았다.
④ 러·일 전쟁 발발 직후 일본의 간섭으로 중단되었다.

□□□
0786 대한제국 정부가 시행한 정책으로 옳은 것은?

2018년 지방직 9급

유사 2019년 지방직 7급 / 2011년 서울시 9급 / 2009년 서울시 9급

① 별기군을 폐지하고 5군영을 복구하였다.
② 양전 사업을 시행하고자 양지아문을 설치하였다.
③ 통리기무아문을 설치하여 개화 정책을 추진하였다.
④ 화폐 제도를 은 본위제로 개혁하고자 신식 화폐 발행 장정을 공포하였다.

□□□
0787 이 법령과 관련된 사업에 대한 설명으로 옳은 것은?

2009년 국가직 7급

제2조 전답·산림·천택·가옥을 매매·양도하는 경우 관계(官契)를 반납한다.
제3조 소유주가 관계를 받지 않거나, 저당 잡힐 때 관허가 없으면 모두 몰수한다.
제4조 대한제국 인민 외 소유주가 될 권리가 없고, 외국인에게 명의를 빌려주거나 사사로이 매매·저당·양도할 경우 법에 따라 처벌한다. — 순창군훈령총등

① 양지아문에서 지권(地券)을 발급하였다.
② 신고주의에 의한 양전(量田)을 추구하였다.
③ 전국의 군현을 대상으로 양전을 완료하였다.
④ 러·일 전쟁으로 인하여 지권 발급을 중단하였다.

대표
유형

□□□

0788 다음은 근대 개혁 방안에 관한 자료이다. 이를 시기 순으로 바르게 나열한 것은?

2014년 지방직 9급

⊙ 내시부를 없애고 그 가운데서 재능 있는 자가 있으면 뽑아 쓴다.
ⓛ 왕실 사무와 국정 사무를 모름지기 나누어 서로 뒤섞지 아니한다.
ⓒ 대한국 대황제는 육해군을 통솔하고 편제를 정하며 계엄과 해엄을 명한다.
ⓔ 재정은 모두 탁지부에서 전담하여 맡고, 예산과 결산은 인민에게 공포한다.

① ⊙ – ⓛ – ⓒ – ⓔ
② ⊙ – ⓛ – ⓔ – ⓒ
③ ⓛ – ⊙ – ⓒ – ⓔ
④ ⓛ – ⊙ – ⓔ – ⓒ

□□□

0789 (가), (나) 시기에 볼 수 있는 모습으로 가장 적절한 것은?

2015년 법원직 9급

| 일본 공사가 주동이 되어 명성 황후를 시해하였다. | →(가) | 고종이 러시아 공사관으로 처소를 옮겼다. | →(나) | 환구단에서 황제 즉위식을 거행하였다. |

① (가) – 홍범 14조를 반포하는 임금
② (가) – 전차 안에서 제국신문을 읽고 있는 학생
③ (나) – 단발령 철회를 논의하는 관리들
④ (나) – 만민 공동회에서 상권 수호 구호를 외치는 상인

문항		번호			틀린 이유
0784	①	②	③	④	
0785	①	②	③	④	
0786	①	②	③	④	
0787	①	②	③	④	
0788	①	②	③	④	
0789	①	②	③	④	

해설

0784 제시된 자료는 1897년 고종이 황제 즉위식을 치르고 국호를 '대한'으로 정한 것과 관련된 내용이다. 따라서 대한제국 시기(1897~1910)의 역사적 사실을 고르는 문제이다. ③ 육영공원이 설립된 것은 대한제국 성립 이전인 1886년의 일이다.

오답노트 ① 대한제국은 1899년에 대한국 국제를 반포하였다. ② 대한제국은 1901년 지계아문을 설치하고 지계를 발급하기 시작하였다. ④ 대한제국은 1899년에 한·청 통상 조약을 체결하여 국제적으로 청나라와 대등한 관계가 되었다.

0785 제시된 자료는 대한제국 때 실시한 양전 지계 사업에 대한 내용이다. ② 일제가 실시한 토지 조사 사업에 대한 설명이다. 지적도는 전국 토지를 대상으로 측량한 세부적인 지도로, 토지 조사 사업(1910~1918) 당시 조사부와 함께 제작된 도면이다.

오답노트 ① 대한제국은 1898년 양지아문을 설치하고 미국인 측량사를 초빙하여 두 차례에 걸쳐 양전 사업을 실시하였다. ③ 대한제국은 토지 소유권을 법적으로 인정해주는 지계 발급을 위해 1901년 지계아문을 설치하였다. ④ 양전 지계 사업은 러·일 전쟁 중 일본의 압력으로 중단되어 전국적으로 확대되지 못하였다.

0786 ② 대한제국은 양전 사업을 위해 1898년 양지아문을 설치했다.

오답노트 ① 임오군란 때 재집권한 흥선대원군이 추진한 정책에 대한 설명이다. ③ 1880년에 추진된 개화 정책에 대한 설명이다. ④ 제1차 갑오개혁에 대한 설명이다.

0787 제시된 자료는 대한제국이 실시한 양전 지계 사업에 대한 내용이다. ④ 양전 지계 사업은 러·일 전쟁이 발발하자 중단되었다.

오답노트 ① 지권의 발급은 지계아문에서 이루어졌다. ② 일제 강점기인 1910년대에 추진된 토지 조사 사업에 대한 설명이다. ③ 양전 사업은 전국 331개 군 중 124개 군에서 실시하였다.

0788 ⊙ 갑신정변(1884)을 일으킨 급진 개화파가 주장한 14개조 정강 중 일부이다. ⓛ 1894년 12월에 발표된 홍범 14조 중 일부이다. ⓔ 1898년에 독립 협회가 관민 공동회에서 결의한 헌의 6조 중 일부이다. ⓒ 1899년에 제정된 대한국 국제 중 일부이다.

0789 (가) 시기는 을미사변(1895. 8.)부터 아관파천(1896. 2.)까지이고, (나) 시기는 아관파천부터 황제 즉위식(1897. 10.)까지이다. ③ 아관파천 이후 단발령을 비롯한 을미개혁 때 추진된 정책들이 철회·중단되었다.

오답노트 ① 고종은 제2차 갑오개혁을 적극적으로 추진하기 위해서 1894년 12월에 홍범 14조를 반포하였다. ② 전차가 처음으로 운행된 시기는 1899년이고, 제국신문이 발행된 시기는 1898~1910년의 일이다. ④ 독립협회가 중심이 되어 만민 공동회를 개최한 시기는 1898년의 일이다.

Answer　0784 ③　0785 ②　0786 ②　0787 ④　0788 ②　0789 ③

PART 06

일제의 침략과 국권의 피탈

대표유형

□□□

0790 (가)~(다)에 대한 설명으로 가장 옳지 않은 것은?

2024년 법원직 9급

유사 2016년 서울시 9급 / 2012년 경찰 2차 / 2011년 법원직 9급

(가) 대한 정부는 일본 정부가 추천한 일본인 1명을 재정 고문으로 삼아 대한 정부에 용빙하여 재무에 관한 사항은 일체 그의 의견을 물어서 시행해야 한다.

(나) 한국 정부는 금후 일본국 정부의 중개를 거치지 않고서는 국제적 성질을 가진 어떠한 조약이나 약속을 하지 않을 것을 약속한다.

(다) 러시아는 일본이 한국에서 정치상 군사상 및 경제상의 특수한 이익을 갖는다는 것을 승인하고 일본 정부가 한국에서 필요하다고 인정하는 지도, 보호 및 감리의 조치에 대해 방해하거나 간섭하지 않을 것을 약속한다.

① (가) 조약 체결로 메가타는 화폐 정리 사업을 실시하였다.
② (나) 조약 체결로 청과 일본 간의 간도 협약이 체결되었다.
③ (다) 조약 이후 일본은 독도를 불법 점령하였다.
④ (가) − (다) − (나) 순서로 조약이 체결되었다.

대표유형

□□□

0791 다음과 같은 내용이 담긴 조약에 대한 설명으로 옳은 것은?

2021년 지방직 9급

일본 정부는 그 대표자로 한국 황제 밑에 1명의 통감을 두되, 통감은 전적으로 외교에 관한 사항을 관리하기 위하여 경성에 주재하고 친히 한국 황제를 만날 수 있는 권리를 가진다. 또한, 일본 정부는 한국의 개항장 및 일본 정부가 필요하다고 인정하는 지역에 이사관을 설치할 권리를 가지며, 이사관은 통감의 지휘 하에 종래 재(在) 한국 일본 영사에게 속하였던 모든 권리를 집행한다.

① 조선 총독부를 설치한다는 조항이 포함되어 있다.
② 헤이그 특사 사건 직후 일제의 강요로 체결되었다.
③ 방곡령 시행 전에 미리 통보해야 한다는 합의가 실려 있다.
④ 일본의 중재 없이 국제적 성격을 가진 조약을 체결할 수 없다는 내용이 담겨 있다.

□□□

0792 ㉠ 이후에 일어난 사건으로 가장 옳은 것은?

2023년 법원직 9급

대한제국 대황제는 대프랑스 대통령에게 글을 보냅니다. 일본은 우리나라에 ㉠불의한 일을 자행하였습니다. 다음은 그에 대한 증거입니다. 첫째, 우리 정무대신이 조인하였다고 운운하는 것은 정당하지 않으며 위협을 받아 강제로 이루어진 것입니다. 둘째, 저는 조인을 허가한 적이 없습니다. 셋째, 정부 회의 운운하나 국법에 의거하지 않고 회의를 한 것이며 일본인들이 강제로 가둔 채 회의한 것입니다. 상황이 그런즉 이른바 조약이 성립되었다고 일컫는 것은 공법을 위배한 것이므로 의당 무효입니다. 당당한 독립국이 이러한 일로 국체가 손상당하였으므로 원컨대 대통령께서는 즉시 공사관을 이전처럼 우리나라에 다시 설치해 주시기를 바랍니다.

① 포츠머스 조약이 체결되었다.
② 이사청에 관리가 파견되었다.
③ 러시아가 용암포를 점령하고 조차를 요구하였다.
④ 제1차 한·일 협약(한·일 외국인 고문 용빙에 관한 협정서)이 조인되었다.

□□□

0793 다음의 상황이 전개된 시기를 연표에서 옳게 고른 것은?

2021년 법원직 9급

유사 2018년 서울시 9급(상)

일본은 러시아의 발틱 함대를 격파하고 승기를 잡았지만, 전쟁 비용이 거의 바닥이 나고 있었다. 러시아도 국민의 봉기로 혼란에 빠져들고 있었다. 이에 양국은 한국에서 일본의 정치·군사·경제 등에 관한 특수 권익을 인정하는 내용의 포츠머스 조약을 체결하였다.

	(가)	(나)	(다)	(라)	
임오군란		거문도 사건	갑오개혁	대한제국 설립	국권 강탈

① (가)   ② (나)
③ (다)   ④ (라)

□□□
0794 통감부 지배 시기에 시행된 정책으로 옳지 않은 것은? `고난도`

2020년 국가직 7급

① 백동화 및 엽전을 신화폐로 교환하는 화폐 정리 사업을 개시하였다.

② 내장원이 가졌던 홍삼 전매와 역둔토 수입을 국고로 귀속시켰다.

③ 일본 농민의 이주와 토지 수탈을 지원하고자 동양 척식 주식회사를 설립하였다.

④ 토지 가옥 증명 규칙을 제정하여 매매·저당 등의 법적 기초를 마련하였다.

□□□
0795 다음은 어떤 문서의 일부이다. 이 문서와 관련된 설명으로 가장 적절한 것은?

2017년 경찰 2차
`유사` 2020년 경찰 1차 / 2013년 경찰 2차

> 제1조 한·일 양국 사이에 항구적이고 변함없는 친교를 유지하고 동양 평화를 확립하기 위하여 대한제국 정부는 대일본 제국 정부를 확고하게 믿고 시정 개선에 관한 충고를 받아들인다.
> 제4조 …(중략)… 대일본 제국 정부는 전항의 목적을 성취하기 위하여 군사 전략상 필요한 지점을 상황에 따라 차지하여 이용할 수 있다.

① 러·일 전쟁의 원활한 수행을 위해, 일본이 대한제국의 국외 중립 선언을 무시하고 체결하였다.

② 체결의 부당함을 알리고자 장지연은 황성신문에 「시일야 방성대곡」을 게재하였다.

③ 대한제국의 사법권을 빼앗고 감옥 사무를 일본 정부에 위탁하도록 하였다.

④ 서재필이 독립신문을 창간하는 배경이 되었다.

문항	번호				틀린 이유
0790	①	②	③	④	
0791	①	②	③	④	
0792	①	②	③	④	
0793	①	②	③	④	
0794	①	②	③	④	
0795	①	②	③	④	

해설

0790 (가)는 1904년에 체결된 1차 한·일 협약의 내용이고, (나)는 1905년 11월에 체결된 을사늑약의 내용이다. (다)는 러·일 전쟁이 끝난 뒤, 1905년 9월에 체결된 포츠머스 강화 조약의 내용이다. ③ 일본이 독도를 불법 점령한 것은 러·일 전쟁 도중인 1904년의 일이다.

`오답노트` ① 1차 한·일 협약에 따라 재정 고문으로 부임한 메가타는 1905년에 화폐 정리 사업을 실시하였다. ② 을사늑약의 체결로 대한제국의 외교권이 박탈되었다. 이는 1909년 일본이 간도 협약을 체결하는 근거가 되었다. ④ 제시된 조약들은 (가) - (다) - (나) 순서대로 체결되었다.

0791 제시된 자료는 1905년에 체결된 을사늑약의 내용이다. ④ 1905년에 체결된 을사늑약 중에서 외교권 박탈에 대한 설명이다. 을사늑약에 따르면 '한국 정부는 금후 일본국 정부의 중개를 거치지 않고서는 국제적 성질을 가진 어떠한 조약이나 약속을 하지 않을 것을 약속한다.'라고 규정되어 있다.

`오답노트` ① 1910년에 체결된 한·일 병합 조약에 관한 설명이다. ② 1907년 한·일 신협약(정미 7조약)에 대한 설명이다. 헤이그 특사 파견은 1907년의 일로, 을사늑약 체결 이후이다. ③ 1883년 조·일 통상 장정 개정에 대한 설명이다. 조·일 통상 장정 개정에는 방곡령 실시 1개월 전에 일본 측에 미리 통고해야 한다는 규정이 있었다.

0792 제시된 자료의 ㉠은 1905년 11월에 체결된 을사늑약을 일컫는다. ② 을사늑약을 체결한 일제는 1905년 12월 통감부 및 이사청(이사관) 관제를 공포하였다. 이에 따라 일본은 지방에 이사청(이사관)을 설치하여 일본인의 활동과 이익을 보장하였다.

`오답노트` ① 포츠머스 조약은 을사늑약 체결 이전인 1905년 9월의 일이다. ③ 을사늑약 체결 이전인 1903년 러시아는 압록강 지역의 삼림 채벌권을 보호한다는 구실로 용암포를 점령하였다. ④ 을사늑약 체결 이전인 1904년 8월의 일이다.

0793 임오군란은 1882년, 거문도 사건은 1885~1887년, 갑오개혁은 1894~1895년, 대한제국 설립은 1897년, 국권 강탈은 1910년의 일이다. ④ 러·일 전쟁에서 승기를 잡은 일본이 러시아와 포츠머스 조약을 체결한 것은 1905년 9월의 일이다. 이는 (라) 시기에 속한다.

0794 통감부는 1906년에 설치되어 1910년 한·일 합병 직전까지 존속하였다. ① 화폐 정리 사업은 통감부 설치 이전인 1905년에 실시되었다.

`오답노트` ② 통감부의 재정 관리 정책에 대한 설명이다. 통감부는 기존에 내장원이 관리하던 홍삼 전매, 역둔토 수입 등을 국고로 귀속시켰다. ③ 통감부는 1908년 동양 척식 주식회사를 설립하여 일본인의 토지 투자와 농업 이민을 적극 후원하였다. ④ 통감부는 1906년 토지 가옥 증명 규칙을 제정하여 외국인의 부동산 소유·매매 등의 법적 기초를 마련하였다.

0795 제시된 자료는 1904년 2월에 체결된 한·일 의정서의 내용이다. ① 러·일 전쟁 직전, 대한제국 정부는 국외 중립을 선언하여 전쟁에 말려들지 않고자 하였다. 그러나 일본은 전쟁이 시작되자 대한제국의 국외 중립 선언을 무시하고 한·일 의정서의 체결을 강요하였다.

`오답노트` ② 1905년에 체결된 을사늑약에 대한 설명이다. ③ 1909년에 체결된 기유각서에 대한 설명이다. ④ 독립신문이 창간된 것은 1896년의 일로, 시기상 맞지 않다.

Answer 0790 ③ 0791 ④ 0792 ② 0793 ④ 0794 ① 0795 ①

PART 06

대표유형

□□□

0796 밑줄 친 '이 협약'에 대한 설명으로 옳은 것은?

2018년 지방직 9급

> 일제는 군대를 증강해 강압적 분위기를 조성한 다음 친일 내각과 <u>이 협약</u>을 체결했다. <u>이 협약</u>을 체결할 때, 일제는 대한제국 군대의 해산을 요구해 관철시켰다. 이때 해산된 군인의 상당수는 일본군과 격전을 벌인 후 의병 부대에 합류하였다.

① 고종이 헤이그에 특사를 파견하는 계기가 되었다.

② 최익현이 의병 운동을 처음 시작한 원인이 되었다.

③ 재정 고문 메가타가 화폐 정리 사업을 실시하는 근거가 되었다.

④ 통감이 추천하는 일본인을 한국 관리에 임명한다는 내용을 담고 있다.

□□□

0797 〈보기〉의 협약 이후 일어난 사실로 가장 옳지 않은 것은?

2019년 서울시 9급

유사 2017년 서울시 9급 / 2016년 법원직 9급

─[보기]─

> 제1조 한국 정부는 시정 개선에 관하여 통감의 지도를 받는다.
> 제2조 한국의 법령 제정 및 중요한 행정상의 처분은 미리 통감의 승인을 거친다.
> 제4조 한국 고등 관리의 임면은 통감의 동의로써 이를 시행한다.
> 제5조 한국 정부는 통감이 추천하는 일본인을 한국 관리에 임명한다.

① 각 부의 차관에 일본인이 임명되어 이른바 차관 정치가 시작되었다.

② 대한제국 군대가 해산되었다.

③ 사법권과 경찰권을 빼앗겼다.

④ 만국 평화 회의에 이상설 등이 파견되었다.

대표유형

□□□

0798 국권이 침탈되기까지의 과정을 시기순으로 바르게 나열한 것은?

2017년 국가직 9급

유사 2019년 서울시 9급(상) / 2018년 경찰 3차 / 2017년 경기북부 여경 / 2016년 경찰 1차 / 2015년 서울시 7급

> ㉠ 헤이그 특사 파견을 문제 삼아 고종 황제를 강제로 퇴위시켰다.
> ㉡ 일본인 메가타를 재정 고문으로, 미국인 스티븐스를 외교 고문으로 임명하도록 하였다.
> ㉢ 대한제국의 사법권을 빼앗고 감옥 사무를 장악하였다.
> ㉣ 통감이 추천한 일본인을 대한제국의 관리로 임명하도록 하였다.

① ㉠ - ㉡ - ㉢ - ㉣

② ㉡ - ㉠ - ㉣ - ㉢

③ ㉡ - ㉢ - ㉠ - ㉣

④ ㉣ - ㉡ - ㉠ - ㉢

□□□

0799 〈보기〉의 (가)와 (나) 조약 체결 사이에 일어난 사건으로 가장 옳지 않은 것은?

2019년 서울시 7급

유사 2018년 기상직 9급

─[보기]─

> (가) 한국 정부는 시정 개선에 관하여 통감의 지도를 받을 것
> (나) 한국 황제 폐하는 한국 전부에 관한 모든 통치권을 완전 또는 영구히 일본 황제에게 양여한다.

① 사립학교령이 공포되었다.

② 안중근이 이토 히로부미를 저격했다.

③ 재정 고문 메가타가 화폐 정리에 나섰다.

④ 한국 군대를 해산하는 조칙이 발표되었다.

0800 (가), (나) 시기에 있었던 사실에 대한 설명으로 옳은 것은?

2017년 지방직 9급(하)

(가)	(나)
러·일 전쟁 발발	고종 강제 퇴위	대동단결 선언 발표

① (가) - 독립협회가 개최한 관민 공동회에서 헌의 6조가 결의되었다.

② (가) - 독도를 울릉군 관할로 한다는 내용의 대한제국 칙령 제41호가 공포되었다.

③ (나) - 일제가 105인 사건을 일으켜 윤치호 등을 체포하였다.

④ (나) - 일본인 메가타가 재정 고문으로 부임하여 화폐 정리 사업을 시작하였다.

0801 다음 〈보기〉의 사건들을 발생 순서대로 옳게 나열한 것은?

2015년 서울시 9급
유사 2011년 국가직 7급 / 2008년 법원직 9급

[보기]

㉠ 일본은 러시아로부터 한국에 대한 지도 보호 및 감독의 권리를 인정받았다.

㉡ 미국은 한국에서 일본의 보호권 확립을, 일본은 미국의 필리핀 지배를 인정받았다.

㉢ 일본은 한국의 외교권을 박탈하고, 통감부를 설치하였다.

㉣ 영국은 한국에서 일본의 특수 이익을, 일본은 영국의 인도 지배를 서로 승인하였다.

① ㉠ - ㉡ - ㉢ - ㉣
② ㉡ - ㉣ - ㉠ - ㉢
③ ㉢ - ㉠ - ㉡ - ㉣
④ ㉣ - ㉡ - ㉠ - ㉢

문항	번호				틀린 이유
0796	①	②	③	④	
0797	①	②	③	④	
0798	①	②	③	④	
0799	①	②	③	④	
0800	①	②	③	④	
0801	①	②	③	④	

해설

0796 밑줄 친 '이 협약'은 1907년에 체결된 한·일 신협약(정미 7조약)을 일컫는다. ④ 정미 7조약을 통해서 통감이 추천하는 일본인을 한국 관리로 임명할 것을 규정하여 대한제국의 내정 장악을 더욱 강화했다.

오답노트 ①,② 1905년에 체결된 제2차 한·일 협약(을사조약)에 대한 설명이다. ③ 메가타가 화폐 정리 사업을 실시한 것은 정미조약 체결 이전인 1905년의 일이다.

0797 제시된 자료의 협약은 1907년 7월에 체결된 한·일 신협약(정미 7조약)이다. ④ 고종은 을사조약 체결의 부당성을 알리기 위해 1907년에 헤이그에서 열린 만국 평화 회의에 이상설 등 특사들을 파견하였다. 하지만 이것이 일본에 의해 발각되면서 1907년 고종은 강제로 퇴위당하고 순종이 즉위했으며, 이후 일본은 조선과 한·일 신협약을 강제로 체결하였다.

오답노트 ① 한·일 신협약의 내용에 따라 각 부의 차관에 일본인이 임명되면서 차관 정치가 시작되었다. ② 한·일 신협약 체결 이후 부수 각서에 의해서 대한제국의 군대가 해산되었다. ③ 일제는 1909년 기유각서를 통해서 조선의 사법권을 빼앗았고, 1910년 6월에는 경찰권도 가져갔다.

0798 ㉡ 제1차 한·일 협약(1904. 8.), ㉠ 고종의 강제 퇴위(1907. 7. 20.), ㉣ 정미 7조약(1907. 7. 24.), ㉢ 기유각서(1909. 7.)

0799 (가)는 1907년에 체결된 한·일 신협약이고, (나)는 1910년에 체결된 한·일 병합 조약이다. ③ 메가타가 주도한 화폐 정리 사업은 1905년에 전개되었다.

오답노트 ① 사립학교령은 1908년에 공포되었다. ② 안중근의 이토 히로부미 저격은 1909년의 일이다. ④ 1907년 한·일 신협약 체결 이후 곧바로 부속 조약으로 군대 해산 조칙이 발표되었다.

0800 러·일 전쟁이 발발한 것은 1904년 2월, 고종이 강제 퇴위된 것은 1907년, 대동단결 선언이 발표된 것은 1917년의 일이다. ③ 105인 사건은 1911년에 일어났다.

오답노트 ① 헌의 6조가 결의된 것은 1898년의 일이다. ② 대한제국 칙령 제41호가 발표된 것은 1900년으로, (나) 시기에 속한다. ④ 재정 고문으로 부임한 메가타가 화폐 정리 사업을 실시한 것은 1905년의 일로, (가) 시기에 속한다.

0801 ㉡ 가쓰라-태프트 밀약(1905. 7.), ㉣ 제2차 영·일 동맹(1905. 8.), ㉠ 포츠머스 강화 조약(1905. 9.), ㉢ 을사조약(1905. 11.)에 대한 설명이다.

PART 06

Answer 0796 ④ 0797 ④ 0798 ② 0799 ③ 0800 ③ 0801 ②

항일 의병과 애국 계몽 운동

□□□
0802 (가), (나) 시기 사이에 있었던 사실만을 〈보기〉에서 모두 고른 것은?

2023년 법원직 9급

(가) 수신사 김홍집이 가져와 유포한 황준헌의 사사로운 책자를 보노라면, … 러시아·미국·일본은 같은 오랑캐입니다. …	(나) 이미 국모의 원수를 생각하며 이를 갈았는데, … 이에 감히 먼저 의병을 일으키고서 마침내 이 뜻을 세상에 포고하노라. …

─[보기]─
㉠ 관민 공동회가 개최되었다.
㉡ 교육 입국 조서가 반포되었다.
㉢ 영국이 거문도를 불법 점령하였다.
㉣ 나철이 대종교를 창시하였다.

① ㉠, ㉡ 　　② ㉠, ㉣
③ ㉡, ㉢ 　　④ ㉢, ㉣

□□□
0803 을미의병에 대한 설명으로 옳은 것은?

2015년 지방직 7급
유사 2018년 경찰간부 / 2011년 경북 교행

① 평민 의병장인 신돌석이 등장하여 활약하였다.
② 13도 창의군을 결성하여 서울 진공 작전을 펼쳤다.
③ 아관 파천 이후 고종의 해산 조칙을 계기로 대부분 해산하였다.
④ 일제의 강요로 군대가 해산되자 그에 반발하여 일어났다.

□□□
0804 다음 자료와 관련된 단체의 설명으로 옳지 않은 것은?

2017년 지방직 7급
유사 2015년 경찰간부

• 시장에 외국 상인의 출입을 엄금할 것
• 다른 나라에 철도 부설권을 허용하지 말 것
• 시급히 방곡령을 실시하고 구민법을 채용할 것
• 금광의 채굴을 금지하고 인민의 방책을 꾀할 것

① 정치적·경제적 각성을 촉진하고, 단결을 공고히 함을 강령으로 삼아 투쟁하였다.
② 1900년 전후 충청과 경기, 낙동강 동쪽의 경상도 등지에서 활동하였다.
③ 가난한 사람을 살려내는 무리라는 뜻으로 「홍길동전」에서 이름을 따왔다.
④ 을사늑(조)약 이후에 이들 가운데 일부는 의병 운동에 참여하였다.

대표
유형
□□□
0805 다음과 같이 주장한 인물에 대한 설명으로 옳은 것만을 〈보기〉에서 모두 고르면?

2018년 국가직 7급
유사 2010년 국가직 7급

오호라. 작년 10월에 저들이 한 행위는 만고에 일찍이 없던 일로서, 한 조각의 종이에 강제로 조인하게 하여 5백 년 전해 오던 종묘사직이 마침내 하룻밤 사이에 망했으니 …(중략)… 우리 의병 군사의 올바름을 믿고, 적의 강대함을 두려워하지 말자. 이에 격문을 돌리니 다 함께 일어나라.

─[보기]─
㉠ 의병을 이끌고 홍주성을 점령하였다.
㉡ 대마도(쓰시마)로 압송된 후 순국하였다.
㉢ 왜양일체론을 주장하며 개항에 반대하였다.
㉣ 13도 창의군을 이끌고 서울 진공 작전을 지휘하였다.

① ㉠, ㉡ 　　② ㉠, ㉣
③ ㉡, ㉢ 　　④ ㉢, ㉣

□□□
0806 다음의 논설을 작성한 인물에 대한 설명으로 옳은 것은?

2024년 국가직 9급

> 이 날을 목 놓아 우노라[是日也放聲大哭]. …(중략)… 천하 만사가 예측하기 어려운 것도 많지만, 천만 뜻밖에 5개조가 어떻게 제출되었는가. 이 조건은 비단 우리 한국뿐 아니라 동양 삼국이 분열할 조짐을 점차 만들어 낼 것이니 이토[伊藤] 후작의 본의는 어디에 있는가?

① 『한성순보』를 창간하였다.
② 『한국통사』를 저술하였다.
③ 『독사신론』을 발표하였다.
④ 『황성신문』의 주필을 역임하였다.

□□□
0807 다음 자료 내용이 시행되기 전에 있었던 사실에 대한 설명으로 옳은 것은?

2017년 국가직 9급(하)

유사 2018년 서울시 7급(상) / 2017년 지방직 7급 / 2015년 경찰 2차 / 2012년 법원직 9급

> 제1조 일본국 정부는 동경의 외무성을 경유하여 금후 한국의 외국과의 관계 및 사무를 감리, 지휘할 수 있고, 일본국의 외교 대표자와 영사는 외국에 있는 한국의 신민 및 이익을 보호할 수 있다.

① 의병 부대들은 간도와 연해주로 이동하여 의병 기지를 건설하였다.
② 명성황후 시해 사건과 단발령으로 의병 운동이 확산되었다.
③ 유생과 전직 관료, 평민 출신 등 다양한 계층에서 의병을 일으켰다.
④ 유생 출신의 의병장을 중심으로 13도 연합 의병 부대가 결성되었다.

문항		번호			틀린 이유
0802	①	②	③	④	
0803	①	②	③	④	
0804	①	②	③	④	
0805	①	②	③	④	
0806	①	②	③	④	
0807	①	②	③	④	

해설

0802 (가)는 1881년 이만손 등의 유생들이 올린 영남 만인소의 내용이고, (나)는 1895년 12월 을미의병을 일으킨 유인석이 발표한 격고 팔도 열읍(8도의 여러 읍에 고하는 격문)의 내용이다. ⓒ 고종은 1895년 2월 교육 입국 조서를 반포하여 교육의 중요성을 널리 알렸다. ⓒ 러시아가 한반도에 영향력을 점차 강화하려 하자, 이를 견제하기 위해 영국이 거문도를 1885년부터 1887년까지 불법 점령하였다.

오답노트 ⊙ 독립 협회와 정부 대신들이 함께 참여한 관민 공동회는 1898년에 개최되었다. ⓔ 1909년에 나철, 오기호 등이 창시한 단군교는 일제의 탄압에 대처하기 위해 1910년에 대종교로 그 이름을 바꾸었다.

0803 ③ 을미의병은 명성 황후가 시해된 사건인 을미사변과 단발령을 계기로 발생하였으나, 아관 파천으로 친일 정권이 붕괴되고 단발령 등이 철회되면서 의병 봉기의 가장 큰 원인이 소멸되었다. 여기에 국왕의 해산 권고 조치(효유조칙)가 내려지면서 을미의병은 종식되었다.

오답노트 ① 을사의병에 대한 설명이다. ②,④ 정미의병에 대한 설명이다. 1907년 한·일 신협약(정미 7조약) 체결 이후 일본은 대한 제국의 군대를 해산시켰는데, 이에 해산 군인들이 반발하여 의병에 합류하였다. 같은 해 12월 경기도 양주에 집결한 1만여 명의 의병들은 13도 창의군을 결성하여 서울 진공 작전을 펼쳤다.

0804 제시된 자료는 활빈당의 행동 강령인 대한 사민 논설 13조목의 내용이다. ① 신간회의 강령에 대한 내용이다.

오답노트 ② 활빈당은 1900년 전후 경기·충청·경상·전라도 등지에서 반침략·반봉건의 기치를 내건 투쟁을 전개하였다. ③ 활빈당은 '가난한 사람을 살려내는 무리'라는 뜻으로, 허균의 『홍길동전』에서 이름을 따온 것이다. ④ 활빈당은 1905년 을사조약이 체결되자 일부는 활빈 활동을 하고, 대부분은 전국 곳곳에서 벌어지는 의병 운동에 참여하였다.

0805 제시된 자료는 을사조약 체결 이후 최익현이 의병을 일으키면서 작성한 격문의 내용이다. ⓒ 최익현은 정부 진위대와의 전투에서 동포와 싸울 수 없다며 스스로 부대를 해산하고 포로가 되었다. 이후 대마도에 유폐되었는데 그곳에서 단식하다가 순국하였다. ⓒ 최익현은 강화도 조약이 체결되기 직전, 왜양일체론을 내세워 개항에 반대하는 '5불가소'를 올렸다.

오답노트 ⊙ 민종식에 대한 설명이다. 최익현은 전북 태인에서 거병하여 순창으로 진출하였다. ⓔ 이인영, 허위 등에 대한 설명이다.

0806 제시된 자료는 장지연이 발표한 '시일야방성대곡'의 내용으로, 을사늑약 체결의 부당함을 규탄하고 있다. ④ 장지연은 『황성신문』의 주필로 활동하였다.

오답노트 ① 『한성순보』는 박영효가 책임자로 있었던 박문국에서 간행한 관보이다. ② 박은식, ③ 신채호에 대한 설명이다.

0807 제시된 자료는 1905년 강제로 체결된 을사늑약(을사조약)의 일부이다. ② 을사늑약 체결 이전에 일어난 을미의병에 대한 설명이다.

오답노트 ① 1909년 남한 대토벌 이후 의병 부대들은 국내에서 활동이 힘들어져서 간도와 연해주 등 국외로 이동하였다. ③ 을사조약 발표 이후에 전개된 을사의병에 대한 설명이다. ④ 1907년에 전개된 정미의병에 대한 설명이다.

Answer 0802 ③ 0803 ③ 0804 ① 0805 ③ 0806 ④ 0807 ②

□□□
0808 ⊙, ⓒ에 관한 설명으로 옳지 않은 것은?

2015년 국가직 7급

판 사: ⊙ 은/는 힘이 없는 조선이 망하지 않도록 일본이 보호하자는 조약이지 않은가? 그러니 초대 통감을 죽인다고 ⓒ 이/가 폐지되겠는가?
안중근: ⊙ 은/는 우리 황제를 협박해 강제로 체결된 것이며, 그 늑약으로 ⓒ 이/가 설치된 이후 우리 백성들이 더 많이 학살되고 있다.

① ⊙에 반발하여 민종식, 최익현 등이 의병을 일으켰다.
② ⊙에 대하여 장지연은 논설 「시일야방성대곡」으로 비판하였다.
③ ⓒ의 설치는 보안회가 결성되는 계기가 되었다.
④ ⓒ을 통하여 대한 제국의 외교권을 강탈하였다.

□□□
0809 다음 조칙이 발표된 이후의 상황에 대한 설명으로 옳은 것만을 〈보기〉에서 모두 고른 것은?

2017년 국가직 9급
유사 2017년 교육행정직 9급 / 2011년 지방직 9급

〈관보〉 호외
짐이 생각건대 쓸데없는 비용을 절약하여 이용후생에 응용함이 급무라. 현재 군대는 용병으로서 상하의 일치와 국가 안전을 지키는 방위에 부족한지라. 훗날 징병법을 발표하여 공고한 병력을 구비할 때까지 황실 시위에 필요한 자를 빼고 모두 일시에 해산하노라.

┌ 보기 ┐
⊙ 신돌석과 같은 평민 출신의 의병장이 처음으로 등장하였다.
ⓒ 단발령의 실시로 위정척사 사상에 바탕을 둔 의병 운동이 시작되었다.
ⓒ 연합 의병 부대인 13도 창의군이 결성되어 서울 진공 작전을 계획하였다.
ⓔ 일본군의 남한 대토벌 작전으로 의병 부대의 근거지가 초토화되었다.

① ⊙, ⓒ
② ⊙, ⓔ
③ ⓒ, ⓒ
④ ⓒ, ⓔ

□□□
0810 자료의 의병에 대한 설명으로 옳은 것을 〈보기〉에서 모두 고른 것은?

2021년 법원직 9급
유사 2013년 법원직 9급 / 2012년 지방직 7급

군사장은 미리 군비를 신속히 정돈하여 철통과 같이 함에 한 방울의 물도 샐 틈이 없는지라. 이에 전군에 명령을 전하여 일제히 진군을 재촉하여 동대문 밖으로 진격할 때, 대군은 긴 뱀의 형세로 천천히 전진하게 하고, … 3백 명을 인솔하고 선두에 서서 동대문 밖 삼십 리 되는 곳에 나아가 전군이 모이기를 기다려 일거에 서울로 공격하여 들어가기로 계획하더니, 전군이 모이는 시기가 어긋나고 일본군이 갑자기 진격해 오는지라. 여러 시간을 격렬히 사격하다가 후원군이 이르지 않아 할 수 없이 퇴진하였다.

┌ 보기 ┐
⊙ 고종이 해산 권고 조칙을 내리자 대부분 해산하였다.
ⓒ 13도 창의군을 결성하여 서울 진공 작전을 시도하였다.
ⓒ 각국 영사관에 교전 단체로 인정해 줄 것을 요구하였다.
ⓔ 의병 잔여 세력이 활빈당 등의 무장 결사를 조직하였다.

① ⊙, ⓒ
② ⊙, ⓔ
③ ⓒ, ⓒ
④ ⓒ, ⓔ

□□□
0811 다음 두 사건이 일어난 이후의 사실로 옳은 것만을 〈보기〉에서 모두 고른 것은?

2015년 국가직 9급
유사 2014년 경찰 2차

• 고종 황제의 강제 퇴위
• 일제에 의한 군대 해산

┌ 보기 ┐
⊙ 안중근이 만주 하얼빈에서 이토 히로부미를 사살하였다.
ⓒ 민영환이 일제에 대한 저항을 강력하게 표현한 유서를 남기고 자결하였다.
ⓒ 장지연이 민족 의식을 고취하는 「시일야방성대곡」을 황성신문에 발표하였다.
ⓔ 이인영을 총대장으로 하는 13도 연합 의병 부대(창의군)가 서울 진공 작전을 시도하였다.

① ⊙, ⓒ
② ⊙, ⓔ
③ ⓒ, ⓒ
④ ⓒ, ⓔ

0812 밑줄 친 '나'에 대한 설명으로 옳은 것만을 모두 고르면?

2022년 지방직 9급

> 오늘날 사람은 모두 법에 의하여 생활하고 있는데 실제로 사람을 죽인 자가 벌을 받지 않고 생존할 도리는 없는 것이다. …(중략)… 나는 한국의 의병이며 지금 적군의 포로가 되어 와있으므로 마땅히 만국공법에 의해 처단되어야 할 것으로 생각한다.

─[보기]─
㉠ 일본에서 순국하였다.
㉡ 한인 애국단 소속이었다.
㉢ 『동양평화론』을 집필하였다.
㉣ 연해주에서 의병 투쟁을 전개하였다.

① ㉠, ㉡   ② ㉠, ㉣
③ ㉡, ㉢   ④ ㉢, ㉣

0813 (가), (나) 자료에 나타난 사건 사이에 있었던 사실로 옳지 않은 것은?

2020년 소방직 9급

> (가) 우리 국모의 원수를 생각하며 이미 이를 갈았는데, 참혹한 일이 더하여 우리 부모에게서 받은 머리털을 풀 베듯이 베어 버리니 이 무슨 변고란 말인가.
> (나) 군사장 허위는 미리 군비를 신속히 정돈하여 철통과 같이 함에 한 방울의 물도 샐 틈이 없는지라. 이에 전군에 전령하여 일제히 진군을 재촉하여 동대문 밖으로 진격하였다.

① 외교권이 박탈되고 통감부가 설치되었다.
② 고종이 강제로 퇴위되고 군대가 해산되었다.
③ 안중근이 하얼빈에서 이토 히로부미를 저격하였다.
④ 헤이그에 이상설, 이준, 이위종을 특사로 파견하였다.

문항	번호				틀린 이유
0808	①	②	③	④	
0809	①	②	③	④	
0810	①	②	③	④	
0811	①	②	③	④	
0812	①	②	③	④	
0813					

해설

0808 ㉠은 1905년에 체결된 을사조약(을사늑약), ㉡은 1906년에 설치된 통감부이다. ③ 보안회는 통감부가 설치되기 이전인 1904년에 조직되었다.
오답노트 ① 최익현, 민종식 등은 을사조약의 폐기와 친일 정권의 타도를 주장하면서 의병을 일으켰다. ② 장지연은 「시일야방성대곡」을 발표하여 을사조약을 격렬하게 규탄하였다. ④ 일제는 을사조약을 통해 조선에 통감을 두어 외교에 관한 사항을 관리하도록 규정하였다.

0809 제시된 자료는 1907년 대한제국의 군대 해산을 명하는 관보이다. 이에 시위대 대대장 박승환이 자결하였고, 이를 계기로 해산된 군인들이 의병에 합류함에 따라 의병의 전력이 강화되었다. ㉢ 1907년 12월에 13도 창의군이 결성되어 다음해 1월에 서울 진공 작전을 시도하였다. ㉣ 1909년 일본군은 의병들을 진압하기 위해 촌락과 가옥을 닥치는 대로 방화하는 등의 남한 대토벌 작전을 전개하였다.
오답노트 ㉠ 1905년 이후 전개된 을사의병에 대한 설명이다. ㉡ 1895년 을미사변과 단발령 시행에 반발하여 일어난 을미의병에 대한 설명이다.

0810 제시된 자료는 정미의병 때 추진된 서울 진공 작전에 대한 내용이다. ㉡ 정미의병 때 서울 진공 작전을 실시하기 위해 총대장에 이인영, 군사장에 허위를 추대하고 13도 창의군을 결성하였다. ㉢ 정미의병 때 서울에 주재하는 각국 영사관에 '국제법상의 합법적 교전 단체로 승인해 줄 것'을 요청하는 서한을 발송하였다.
오답노트 ㉠ 을미의병에 대한 설명이다. ㉣ 의병의 잔여 세력이 무장 조직인 활빈당을 결성한 것은 정미의병 발발 이전인 1900년의 일이다.

0811 고종 황제의 강제 퇴위와 일제에 의한 군대 해산은 1907년에 일어났다. ㉠ 연해주에서 이범윤과 함께 항일전을 전개하던 안중근은 1909년에 하얼빈 역에서 이토 히로부미를 저격하였다. ㉣ 정미의병(1907) 때 경기도 양주에 집결한 1만여 명의 의병들은 총대장에 이인영, 군사장에 허위를 추대하고 13도 창의군을 결성하였으며, 이듬해인 1908년 1월에 서울 진공 작전을 시도하였다.
오답노트 ㉡,㉢ 을사조약이 체결되자 민영환은 고종과 국민에게 보내는 유서를 남기고 자결하였으며(1905), 황성신문의 주필 장지연은 「시일야방성대곡」을 발표(1905)하여 을사조약을 격렬하게 규탄하였다.

0812 제시된 자료는 하얼빈 역에서 이토 히로부미를 저격한 후 체포된 안중근이 재판을 받을 때 남긴 법정 진술의 내용이다. ㉢ 안중근은 이토 히로부미 처단 후, 사형 언도를 받고 감옥 안에서 『동양평화론』을 집필하였다. 그러나 결국 완성하지 못한 채 사형당하였다. ㉣ 안중근은 연해주에서 이범윤과 함께 의병 투쟁을 전개하였다.
오답노트 ㉠ 안중근은 뤼순 감옥에서 옥고를 치르다가 1910년 3월 32세의 나이로 순국하였다. 일본에서 순국한 인물로는 최익현, 이봉창, 윤봉길 등이 있다. ㉡ 한인 애국단은 안중근 사망 이후인 1931년에 조직되었다. 한인 애국단 소속의 인물로는 이봉창, 윤봉길 등이 있다.

0813 (가)는 1895년 을미의병 때 유인석이 발표한 「8도의 여러 읍에 고하는 격문」의 내용이다. (나)는 1908년에 전개된 서울 진공 작전과 관련된 내용이다. ③ 안중근은 1909년 하얼빈 역에서 한국 침략의 선봉장이었던 이토 히로부미를 저격하였다.
오답노트 ① 통감부가 설치된 것은 1906년의 일이다. ② 고종이 강제로 퇴위되고, 군대가 해산된 것은 1907년의 일이다. ④ 고종은 1907년 이준·이위종·이상설을 헤이그에 특사로 파견하여 을사조약 체결의 부당함을 밝히려 하였으나 실패하였다.

Answer 0808 ③ 0809 ④ 0810 ③ 0811 ② 0812 ④ 0813 ③

0814 다음은 항일 의병에 대한 설명이다. 이를 일어난 순서대로 바르게 나열한 것은?

2018년 경찰 2차
유사 2020년 국가직 7급

> ㉠ 그들은 국모 시해와 단발령에 반발하여 일어났다.
> ㉡ 평민 출신 의병장인 신돌석이 항일 의병 활동을 시작했다.
> ㉢ 일본군의 남한 대토벌 작전 이후 많은 의병들은 간도와 연해주 등으로 근거지를 옮겨 일제에 항전을 계속했다.
> ㉣ 한·일 신협약으로 해산된 군인들이 의병에 합류하기 시작했다.

① ㉠ - ㉡ - ㉢ - ㉣　　② ㉠ - ㉡ - ㉣ - ㉢
③ ㉠ - ㉣ - ㉡ - ㉢　　④ ㉠ - ㉣ - ㉢ - ㉡

0815 (가) 재위 기간에 있었던 사실이 아닌 것은?

2020년 지방직 7급

> [(가)] 황제가 영원히 가시던 길에 엎드려 크게 통곡하던 우리는 …(중략)… 우리 민족의 새로운 기백과 책동이 발발하기를 간절히 기대하는 바이다.
> – 동아일보, 1926년 6월 12일

① 일본은 동양 척식 주식회사를 설립하였다.
② 일본이 간도를 청에 귀속하는 협약을 체결하였다.
③ 유생 의병장 중심으로 13도 창의군을 결성하였다.
④ 대한제국의 외교권을 박탈하고 통감부를 설치하였다.

0816 (가)에 대한 설명으로 가장 옳은 것은?

2020년 법원직 9급
유사 2018년 계리직 9급 / 2016년 서울시 7급 / 2011년 서울시 9급

> [(가)]의 목적은 한국의 부패한 사상과 습관을 혁신하여 국민을 유신케 하며, 쇠퇴한 발육과 산업을 개량하여 사업을 유신케 하며, 유신한 국민이 통일 연합하여 유신한 자유 문명국을 성립케 한다고 말하는 것으로서, 그 깊은 뜻은 열국 보호 하에 공화정체의 독립국으로 함에 목적이 있다고 함.
> – 일본 헌병대 기밀 보고(1908)

① 해외 독립운동 기지 건설에 앞장섰다.
② 고종이 퇴위당하자 의병 투쟁에 앞장섰다.
③ 입헌 군주제 수립을 목표로 활동하였다.
④ 5적 암살단을 조직하였다.

0817 다음 취지서를 발표한 단체의 활동에 대한 설명으로 옳은 것은?

2015년 지방직 9급
유사 2018년 경찰 1차 / 2006년 경남 9급

> 무릇 나라의 독립은 오직 자강(自彊)의 여하에 달려 있는 것이다. …(중략)… 그러나 자강의 방도를 강구하려 할 것 같으면 다른 곳에 있지 않고 교육을 진작하고 산업을 일으키는 데 있으니 무릇 교육이 일어나지 않으면 민지(敏智)가 열리지 않고 산업이 일어나지 않으면 국부가 증가하지 못하는 것이다. 교육과 산업의 발달이 곧 자강의 방도임을 알 수 있는 것이다.

① 만민 공동회를 개최하여 러시아의 침략 정책을 강력하게 규탄하였다.
② 고종의 강제 퇴위 반대 운동을 전개하다가 일본의 탄압으로 해산되었다.
③ 방직, 고무, 메리야스 공장을 육성하여 경제 자립을 이루자는 운동을 전개하였다.
④ 일본의 황무지 개간에 대한 대중적인 반대 운동을 일으켜 이를 철회시키는 데 성공하였다.

□□□
0818 다음에서 설명하고 있는 독립운동 단체와 관련이 없는 것은?

2013년 법원직 9급
유사 2016년 교행직 9급 / 2014년 지방직 9급

- 이 단체의 중심인물은 안창호, 양기탁, 신채호 등이다.
- 서북 지방의 기독교인들이 다수 참가한 항일 비밀 결사 조직이다.
- 공화 정체의 근대 국가 수립을 목적으로 했다.
- 일제가 날조한 105인 사건으로 국내 조직이 해체되었다.

① 국내의 요인 암살, 식민 통치 기관 파괴 활동을 전개하였다.
② 자기 회사·태극 서관을 설립하여 민족 산업 육성에 노력하였다.
③ 대성 학교와 오산 학교를 세워 민족 교육을 실시하였다.
④ 이회영 형제의 헌신으로 남만주에 독립운동 기지를 건설하였다.

□□□
0819 (가), (나)에 대한 설명으로 옳지 않은 것은?

2011년 법원직 9급
유사 2010년 지방직 7급

(가) 헌정 연구회를 모체로 설립된 단체로 독립을 위해 '자강(自强)'을 주장하였다. 자강의 방법으로는 교육을 진작하고 산업을 일으켜 흥하게 하는 것이라 강조하였으며, 전국 각지에 지회를 설치하고 월보의 간행과 강연회를 개최하였다.

(나) 안창호, 양기탁 등이 중심이 되어 회원 800여 명이 참여하여 결성된 단체로 평양에 대성 학교와 정주에 오산 학교를 세워 민족 교육을 실시하였다. 또한 평양에 자기 회사를 운영하여 민족 자본 육성에도 힘썼다.

① (가) - 정미 7조약 체결에 반대하는 투쟁을 전개하였다.
② (가) - 일제의 통감부 설치를 반대하기 위해 설립되었다.
③ (나) - 공화 정체의 근대 국민 국가 건설을 위해 노력하였다.
④ (나) - 국내에서 전개된 계몽 운동의 한계를 극복하는 데 기여하였다.

문항	번호				틀린 이유
0814	①	②	③	④	
0815	①	②	③	④	
0816	①	②	③	④	
0817	①	②	③	④	
0818	①	②	③	④	
0819	①	②	③	④	

해설

0814 ㉠ 1895년부터 전개된 을미의병에 대한 설명이다. 을미의병은 명성황후가 시해된 사건인 을미사변과 단발령을 계기로 일어났다. ㉡ 1905년부터 전개된 을사의병 때의 일이다. ㉣ 1907년 한·일 신협약이 체결되었고, 일제는 한·일 신협약의 부수 각서에 의해 대한 제국의 군대를 해산하였다. 이후 해산된 군인들은 의병에 합류하였다. ㉢ 1909년 일본의 남한 대토벌 작전을 계기로 의병 활동은 크게 위축되었다. 그러나 많은 의병들은 간도와 연해주로 이동하여 일본에 대한 항전을 계속하였다.

0815 (가)에 들어갈 황제는 순종이며, 순종의 재위 기간은 1907년부터 1910년까지이다. ④ 1905년 을사조약의 체결로 대한 제국의 외교권이 박탈당했으며, 1906년 통감부가 설치되어 외교 업무 등을 담당하였다.

오답노트 ① 1908년의 일이다. ② 1909년에 체결된 간도 협약에 대한 설명이다. ③ 1907년 12월에 13도 창의군을 결성하였다.

0816 제시된 자료는 1908년 일본 헌병대에서 신민회에 대해 조사한 내용이다. '공화정체의 독립국으로~' 등의 내용을 통해 해당 단체가 신민회임을 짐작할 수 있다. ① 국권 피탈 직전 신민회는 국외 무장 투쟁 노선을 채택하여 장기적인 독립운동을 계획하였다. 이에 따라 만주 등지에 독립운동 기지를 건설하였다.

오답노트 ② 정미의병에 대한 설명이다. ③ 헌정 연구회에 대한 설명이다. 신민회는 공화정체의 국민 국가 건설을 목표로 활동하였다. ④ 5적 암살단은 나철, 오기호 등이 친일 인사들을 습격할 목적으로 조직한 단체로, 신민회와는 관련이 없다.

0817 제시된 자료는 「대한 자강회 설립 취지문」이다. ② 대한 자강회는 고종 황제의 강제 퇴위와 정미조약 체결을 반대하는 운동을 주도하다가 1907년 보안법에 의해 강제 해산당하였다.

오답노트 ① 독립협회, ③ 일제 강점기의 실력 양성 운동, ④ 보안회에 대한 설명이다.

0818 제시된 자료에서 설명하고 있는 단체는 신민회이다. ① 의열단에 대한 설명이다.

오답노트 ②,③ 신민회는 자기 회사와 태극 서관을 설립하였으며, 민족 교육을 위해 대성 학교·오산 학교를 세웠다. ④ 신민회는 남만주의 삼원보에 신흥 강습소를 설립하는 등 무장 독립 항쟁의 기반을 마련하였다.

0819 (가)는 대한 자강회, (나)는 신민회에 대한 설명이다. ② 일제의 통감부 설치는 1905년에 체결된 을사조약에 의해 1906년 2월에 이루어졌으며, 대한 자강회는 그 이후인 1906년 4월에 조직되었으므로 적절하지 못한 설명이다.

오답노트 ① 대한 자강회는 일본이 고종을 강제로 퇴위시키고 한·일 신협약(정미 7조약)을 체결하자, 이에 반대하는 투쟁을 전개하다 1907년 8월에 보안법에 의해 강제로 해산되었다. ③ 신민회는 국권 회복과 공화정 체제의 근대 국민 국가 건설을 지향한 비밀 조직이었다. ④ 신민회는 애국 계몽 운동과 무장 투쟁을 연계하여 간도와 연해주에 독립군 기지를 건설하였는데, 이를 통해 경제·문화적 실력 양성에만 주력한 기존 애국 계몽 운동의 한계를 극복하고자 하였다.

Answer 0814 ② 0815 ④ 0816 ① 0817 ② 0818 ① 0819 ②

PART 06

간도와 독도

대표유형

□□□

0820 독도가 대한민국의 영토임을 알 수 있는 자료로 옳은 것만을 모두 고르면? 2020년 국가직 9급

> ㉠ 일본의 은주시청합기(1667년)
> ㉡ 일본의 삼국접양지도(1785년)
> ㉢ 일본의 태정관 지령문(1877년)
> ㉣ 일본의 시마네현 고시(1905년)

① ㉠, ㉡, ㉢   ② ㉠, ㉡, ㉣
③ ㉠, ㉢, ㉣   ④ ㉡, ㉢, ㉣

대표유형

□□□

0821 다음의 비문에 관한 설명으로 옳지 않은 것은?

2017년 서울시 사복직 9급

유사 2018년 경찰간부 / 2012년 경찰 3차 / 2008년 법원직 9급

> 오라총관 목극등은 국경을 조사하라는 교지를 받들어 이곳에 이르러 살펴보고 서쪽은 압록강으로 하고 동쪽은 토문강으로 경계를 정해 강이 갈라지는 고개 위에 비석을 세워 기록하노라.

① 조선과 청의 대표는 현지 답사를 생략한 채 비를 세웠다.
② 토문강의 위치는 간도 귀속 문제와도 관련이 되었다.
③ 국경 지역 조선인의 산삼 채취나 사냥이 비 건립의 한 배경이었다.
④ 조선 숙종 대 세워진 비석의 비문 내용이다.

□□□

0822 독도가 우리나라 영토임을 입증하는 근거로만 옳게 짝지어진 것은? 2017년 국가직 9급

① 이범윤의 보고문 – 은주시청합기
② 대한제국 칙령 제41호 – 삼국접양지도
③ 미쓰야 협정 – 시마네현 고시 제40호
④ 조선국교제시말내탐서 – 어윤중의 서북경략사 임명장

□□□

0823 ㉠에 대한 설명으로 옳지 않은 것은? 2017년 지방직 7급

유사 2015년 사회복지직 9급 / 2012년 기상직 9급

> **칙령 제41호**
> 제1조 울릉도를 울도라 개칭하여 강원도에 부속하고, 도감을 군수로 개정하여 관제 중에 편입하고, 군의 등급은 5등으로 한다.
> 제2조 군청 위치는 태하동으로 정하고, 구역은 울릉전도(鬱陵全島)와 죽도, 　㉠　을/를 관할한다.

① 『세종실록지리지』에는 강원도 울진현 소속으로 구분하고, 우산으로 표기하였다.
② 숙종 때 안용복은 일본에 건너가 울릉도와 더불어 조선의 영토임을 확인받았고, 당시 일본에서는 송도(松島)로 기록하였다.
③ 일본 정부는 1870년대에 조선의 영토임을 인정했으면서도, 1905년 국제법상 무주지(無主地)라는 명목으로 일본 영토에 편입시켰다.
④ 1952년 UN군 사령부와 협의하에 이승만 정부는 인접 해양의 주권에 관한 대통령 선언을 발표하여 한국의 영토로 확인하였고, 당시 일본은 이를 묵인하였다.

□□□
0824 울릉도와 독도에 관한 다음 설명 중 가장 적절하지 않은 것은?
2012년 경찰 2차

유사 2020년 경찰간부 / 2013년 지방직 7급 / 2011년 경북 교행 / 2011년 경찰 / 2010년 국가직 7급 / 2009년 국가직 9급

① 팔도총도는 울릉도와 독도를 별개의 섬으로 하여 그림으로 그려 놓은 최초의 지도가 되었다.

② 『세종실록지리지』, 『동국여지승람』 등의 문헌에 의하면 울릉도와 함께 경상도 울진현에 소속되어 있다.

③ 조선 숙종 때 안용복은 울릉도에 출몰하는 일본 어민을 쫓아내고 일본에 건너가 독도가 조선의 영토임을 확인받았다.

④ 19세기 말 조선 정부에서는 적극적으로 울릉도 경영에 나서 주민의 이주를 장려하였다.

문항	번호				틀린 이유
0820	①	②	③	④	
0821	①	②	③	④	
0822	①	②	③	④	
0823	①	②	③	④	
0824	①	②	③	④	

해설

0820 ㉠ 은주시청합기는 독도에 대해 언급하고 있는 일본의 기록으로 당시 일본인들이 독도가 그들의 영토가 아닌 것으로 인식하고 있었음을 증명하고 있다. ㉡ 삼국접양지도는 일본인이 그린 지도로, 울릉도와 독도를 조선의 영토 색인 노란색으로 색칠하였고, '조선의 것'으로 명시하였다. ㉢ 1876년 일본에서 지적 조사를 할 때 '울릉도 외 한 섬'을 시마네 현 지적도에 올릴 것인지 문의하였다. 일본 내무성은 조사 결과 '울릉도 외 한 섬'은 일본과 관계없다고 결론지었으나, 사안이 중대하다고 판단되어 최고 정무 기관인 태정관에 재차 문의하였다. 이에 태정관은 '울릉도 외 한 섬'은 자국의 영토가 아님을 명시하라는 지시를 내렸는데, 이것이 태정관 지령문(1877)이다.

오답노트 ㉣ 일본은 1905년 '독도가 주인 없는 땅이므로 일본 시마네 현 소속의 도서로 편입시킨다'는 내용의 시마네 현 고시 제40호를 발표하였다. 이는 일본이 독도 영유권을 주장하는 문헌 근거로써, 독도가 대한민국의 영토임을 알 수 있는 자료로 적절치 못하다.

0821 제시된 자료는 조선 숙종 때 건립된 백두산 정계비와 관련된 내용이다. ① 백두산 정계비는 조선과 청의 두 나라 대표가 백두산 일대를 현지 답사하여 그 국경을 확정한 내용을 적은 비석이다.

오답노트 ② 백두산 정계비에 기록된 토문강은 청에서는 두만강으로, 조선에서는 송화강의 지류로 해석하고 있는데, 어떻게 해석하느냐에 따라 간도 지역의 영유권에 영향을 미친다. ③ 청은 그들의 본거지였던 만주 지방을 성역화 하였는데, 조선 사람의 일부가 두만강을 건너 인삼을 캐거나 사냥을 하는 경우가 있었기 때문에 청과의 국경 분쟁이 일어났다. 백두산 정계비는 이를 배경으로 하여 건립되었다. ④ 백두산 정계비는 숙종 때인 1712년에 건립된 비석이다.

0822 ② 대한제국은 칙령 제41호를 반포하여 울릉도를 울도로 개칭하고 울도 군수의 관할 구역을 울릉도와 석도로 규정하여 울릉도와 독도의 영유를 근대법적으로 재확인하였다. 삼국접양지도는 일본에서 그려진 지도로, 울릉도와 독도를 조선의 영토 색인 노란색으로 색칠하였고, '조선의 것'으로 명시하였다.

0823 ㉠에 들어갈 지명은 석도(독도)이다. ④ 1952년 이승만 정부는 UN군 사령부와 협의하여 '인접 해양의 주권에 관한 대통령 선언'을 발표하여 독도가 한국의 영토임을 분명히 하였으나, 일본은 이를 부정하였다.

오답노트 ① 『세종실록지리지』에서는 독도를 강원도 울진현 소속으로 기록하고 있다. ② 숙종 때 안용복은 울릉도에 출몰하는 일본 어민들을 쫓아내고 일본에 건너가 울릉도와 독도가 조선의 영토임을 확인받고 돌아왔다. 이때 안용복이 가져간 조선팔도지도를 일본 관리가 문서로 옮겨 적었는데, 독도를 송도라고 기록하였다. ③ 일본 정부는 1870년대 조선국제시말내탐서, 태정관 지령문 등을 통해서 독도가 조선의 영토임을 인정하고 있다. 그러나 1905년 시마네현 고시 제40호를 통해 독도가 주인 없는 땅이므로 일본 시마네현 소속의 도서로 편입시킨다고 하였다.

0824 ② 『세종실록지리지』 등의 문헌에서는 울릉도와 독도를 경상도 울진현이 아니라 강원도 울진현 소속으로 기록하고 있다.

오답노트 ① 팔도총도는 15세기 조선 전체를 그린 작자 미상의 지도로, 최초로 독도가 지도에 표기되었다. ③ 숙종 때 안용복은 울릉도에 출몰하는 일본 어민들을 쫓아내고 일본에 건너가 울릉도와 독도가 조선의 영토임을 확인받고 돌아왔다. ④ 19세기 말에 조선 정부에서는 적극적인 울릉도 경영에 나서 주민의 이주를 장려하고 울릉도에 군을 설치하여 관리를 파견하고 독도까지 관할하게 하였다.

Answer 0820 ① 0821 ① 0822 ② 0823 ④ 0824 ②

PART 06

CHAPTER 02 근대의 경제, 사회, 문화

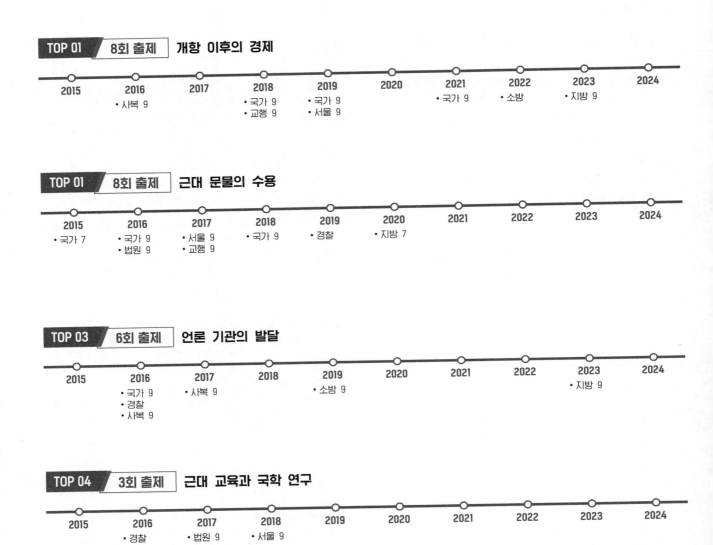

TOP 01 / 8회 출제 | 개항 이후의 경제

2015	2016	2017	2018	2019	2020	2021	2022	2023	2024
	• 사복 9		• 국가 9 • 교행 9	• 국가 9 • 서울 9		• 국가 9	• 소방	• 지방 9	

TOP 01 / 8회 출제 | 근대 문물의 수용

2015	2016	2017	2018	2019	2020	2021	2022	2023	2024
• 국가 7	• 국가 9 • 법원 9	• 서울 9 • 교행 9	• 국가 9	• 경찰	• 지방 7				

TOP 03 / 6회 출제 | 언론 기관의 발달

2015	2016	2017	2018	2019	2020	2021	2022	2023	2024
	• 국가 9 • 경찰 • 사복 9	• 사복 9		• 소방 9				• 지방 9	

TOP 04 / 3회 출제 | 근대 교육과 국학 연구

2015	2016	2017	2018	2019	2020	2021	2022	2023	2024
	• 경찰	• 법원 9	• 서울 9						

열강의 경제 침탈

대표유형

☐☐☐

0825 개항기 무역에 대한 설명으로 옳지 않은 것은?

2021년 국가직 9급

① 개항장에서 조선인 객주가 중개 활동을 하였다.

② 조·청 무역 장정으로 청국에서의 수입액이 일본을 앞질렀다.

③ 일본 상인은 면제품을 팔고, 쇠가죽·쌀·콩 등을 구입하였다.

④ 조·일 통상 장정의 개정으로 곡물 수출이 금지되기도 하였다.

대표유형

☐☐☐

0826 (가), (나) 시기에 있었던 사실로 옳은 것은?

2019년 국가직 9급

유사 2012년 지방직 9급 / 2007년 인천시 9급

(가)	(나)
을미사변 발발	을사조약 강제 체결	13도 창의군 서울 진공 작전 전개

① (가) - 시전 상인을 중심으로 황국 중앙 총상회가 조직되었다.

② (가) - 신민회는 일제가 날조한 105인 사건으로 와해되었다.

③ (나) - 함경도 관찰사 조병식이 곡물 수출을 막는 방곡령을 내렸다.

④ (나) - 일제의 황무지 개간권 요구를 반대하기 위해 보안회가 창설되었다.

문항	번호				틀린 이유
0825	①	②	③	④	
0826	①	②	③	④	

해설

0825 ② 조·청 상민 수륙 무역 장정으로 청나라에서의 수입액이 꾸준히 증가한 것은 맞지만, 수입액이 일본을 앞지른 적은 없었다.

오답노트 ① 개항 직후인 1870년대에 외국 상인의 활동 범위가 개항장에서 10리 이내로 제한(거류지 무역)되었기 때문에, 객주 등 조선 상인을 매개로 중개 무역을 하였다. ③ 일본 상인들은 주로 영국에서 수입한 면제품을 조선에 팔고, 쇠가죽·쌀·콩 등을 싼값에 구입하였다. ④ 조선은 1883년 일본과 조·일 통상 장정을 개정하여 곡물 수출을 금지할 수 있는 조항(방곡령)을 추가하였다.

0826 을미사변의 발발은 1895년, 을사조약이 강제로 체결된 것은 1905년, 13도 창의군이 서울 진공 작전을 전개한 것은 1908년의 일이다. ① 서울의 시전 상인들을 중심으로 황국 중앙 총상회가 조직된 것은 1898년의 일로, (가) 시기에 속한다.

오답노트 ② 1911년의 일이다. ③ 함경도 관찰사인 조병식이 방곡령을 내린 것은 1889년의 일이다. ④ 보안회가 조직된 것은 1904년의 일로, (가) 시기에 속한다.

Answer 0825 ② 0826 ①

0827 〈보기〉의 (가) 국가에 대한 설명으로 가장 옳은 것은?

2019년 서울시 9급

┌ 보기 ┐

정부는 [(가)] 공사의 서울 부임에 답례할 겸 서구의 근대 문물을 시찰하기 위해 1883년 [(가)]에 보빙사를 파견하였다. 보빙사의 구성원은 민영익, 홍영식, 서광범 등 11명이었다.

└─────┘

① 삼국 간섭에 참여하였다.
② 용암포를 강제 점령하고 조차를 요구하였다.
③ 거문도를 불법으로 점령하였다.
④ 운산 금광 채굴권을 차지하였다.

0828 〈보기〉는 개항 이후 경제 상황이다. 시간 순으로 바르게 나열한 것은?

2018년 서울시 7급

┌ 보기 ┐

㉠ 청 상인들이 내지 통상권을 획득하였다.
㉡ 일본인 재정 고문이 화폐 정리 사업을 추진하였다.
㉢ 대한 천일 은행이 고종의 적극적인 지원 하에 설립되었다.
㉣ 일본 상인들이 개항장 중심의 거류지 무역을 시작하였다.

└─────┘

① ㉠ - ㉡ - ㉢ - ㉣
② ㉠ - ㉢ - ㉡ - ㉣
③ ㉣ - ㉠ - ㉢ - ㉡
④ ㉣ - ㉠ - ㉡ - ㉢

대표 유형

0829 다음 자료에 해당하는 정책에 대한 설명으로 옳지 않은 것은?

2022년 소방직
유사 2019년 국가직 7급

┌─────┐

제1조 구 백동화 교환에 관한 사무는 금고로 처리하게 하여 탁지부 대신이 이를 감독한다.
제2조 교환을 위해 제출한 구 백동화는 모두 화폐 감정인이 감정하도록 한다. 화폐 감정인은 탁지부 대신이 임명한다.
제3조 구 백동화의 품질, 무게, 무늬, 형체가 정식 화폐 기준을 충족할 경우, 1개당 금 2전 5리로 새로운 화폐와 교환한다. …(중략)… 단, 형태나 품질이 조악한 백동화는 매수하지 않는다.

└─────┘

① 한국 상업 자본에 큰 타격을 주었다.
② 재정 고문 메가타의 주도로 시행되었다.
③ 전환국에서 새로운 화폐를 발행하게 되었다.
④ 일본 제일 은행이 한국의 중앙은행 지위를 확보하게 되었다.

고난도

0830 다음의 경제 조치에 대한 설명으로 옳지 않은 것은?

2013년 국가직 9급

┌─────┐

제1조 구 백동화 교환에 관한 사무는 금고로 처리케 하여 탁지부 대신이 이를 감독함.
제3조 구 백동화의 품위(品位)·양목(量目)·인상(印象)·형체(形體)가 정화(正貨)에 준할 수 있는 것은 매 2개에 대하여 금 2전 5푼의 가격으로 새 화폐로 교환함이 가함.

└─────┘

① 한국 상인들이 경제적으로 큰 타격을 받았다.
② 일본 제일 은행이 중앙은행의 역할을 하게 되었다.
③ 액면가대로 바꾸어 주는 화폐 교환 방식을 따랐다.
④ 구 백동화 남발에 따른 물가 상승이 이 조치에 영향을 끼쳤다.

경제적 구국 운동

□□□

0831 다음과 같은 취지로 전개된 운동에 대한 설명으로 옳은 것은?

2023년 지방직 9급

지금 우리들은 정신을 새로이 하고 충의를 떨칠 때이니, 국채 1,300만 원은 우리 대한제국의 존망에 직결된 것입니다. 이것을 갚으면 나라가 보존되고 이것을 갚지 못하면 나라가 망할 것은 필연적인 사실이나, 지금 국고에서는 도저히 갚을 능력이 없으며, 만일 나라에서 갚지 못한다면 그때는 이미 삼천리 강토는 내 나라 내 민족의 소유가 못 될 것입니다.
　　　　　　　　　　　　　　　　　　　－ 대한매일신보

① 조선 형평사를 조직하였다.
② 조선 물산 장려회를 조직하였다.
③ 신사 참배 거부 운동을 전개하였다.
④ 1907년 대구에서 시작되어 전국으로 확산되었다.

□□□

0832 다음의 경제적 구국 운동에 대한 설명으로 옳은 것은?

2016년 사회복지직 9급
유사 2020년 경찰간부

남자는 담배를 끊고 부녀자들은 비녀·가락지 등을 팔아서 민족 언론 기관에 다양한 액수의 돈을 보내며 호응했다. 이는 정부가 일본으로부터 빌린 차관 1,300만 원이라는 액수를 상환하여 경제적 독립을 이룩하기 위한 것이었다.

① 보안회가 주도하였다.
② 총독부의 탄압과 방해로 실패하였다.
③ 대구에서 시작되어 전국적으로 확대되었다.
④ '내 살림 내 것으로', '조선 사람 조선 것' 등의 표어를 내걸었다.

문항	번호				틀린 이유
0827	①	②	③	④	
0828	①	②	③	④	
0829	①	②	③	④	
0830	①	②	③	④	
0831	①	②	③	④	
0832	①	②	③	④	

해설

0827 보빙사 파견이라는 표현을 통해서 (가) 국가가 미국임을 알 수 있다. ④ 미국은 운산 금광 채굴권 등을 획득하였다.

오답노트 ① 러시아·프랑스·독일, ② 러시아, ③ 영국에 대한 설명이다.

0828 ② 일본 상인들은 1876년에 체결된 강화도 조약과 그 부속 조약들에 규정된 영사 재판권, 일본 화폐 사용권, 무관세 등의 불평등한 조항들을 이용하여 거류지 무역을 시작하였다. ㉠ 임오군란 직후인 1882년에 체결된 조·청 상민 수륙 무역 장정을 통해 청 상인들은 서울 지역 내의 상점 개설, 내지 통상 등의 특권을 보장받았다. ㉢ 1899년에 대한 천일 은행이 고종의 적극적인 지원 아래 설립되었다. ㉡ 일본인 재정 고문인 메가타는 1905년 화폐 정리 사업을 추진하였다.

0829 제시된 자료는 1905년에 실시된 화폐 정리 사업과 관련된 내용이다. ③ 전환국은 1883년에 설치되어 1904년까지 화폐 주조를 담당하였다. 화폐 정리 사업 실시 직전인 1904년에 폐지된 것이다.

오답노트 ① 화폐 정리 사업의 결과, 국내의 중소 상공업자들은 큰 타격을 입었다. ② 제차 한·일 협약으로 부임한 일본인 재정 고문 메가타가 주도하여 화폐 정리 사업을 단행하였다. ④ 화폐 정리 사업에 따라 일본 제일 은행이 조선의 중앙 은행 지위를 확보하여 조선의 재정·화폐·금융 등을 지배하였다.

0830 제시된 자료는 화폐 정리 사업(1905)에 대한 내용이다. ③ 일제는 백동화의 액면가를 무시하고 백동화의 질에 따라 갑·을·병종으로 나누어 교환해 주었다.

오답노트 ① 일제는 종래에 국내 상인들이 주로 사용하였던 백동화를 신화폐로 교환할 때 가치를 절하시켜 바꾸어 주었기 때문에 국내의 중소 상공업자들은 큰 타격을 받았다. ② 일본은 일본 제일 은행권을 본위 화폐로 삼고, 새로운 보조 화폐를 발행하여 대한제국의 화폐 발행권을 빼앗았다. ④ 메가타는 대한제국의 재정이 문란한 이유로 정부의 백동화 남발을 지적하면서 화폐 정리 사업에 착수하였다.

0831 제시된 자료는 국채 보상 운동의 취지문이다. ④ 국채 보상 운동은 1907년 서상돈·김광제 등의 발의로 대구에서 시작되어 전국으로 확산되었다.

오답노트 ① 조선 형평사는 1923년에 조직된 단체로, 백정들의 평등한 대우를 요구하는 형평 운동을 전개하였다. ② 조선 물산 장려회는 1920년대 물산 장려 운동과 관련된 단체이다. ③ 신사 참배 강요는 1930년대 이후 민족 말살 통치 시기의 일로, 시기상 적절하지 못하다.

0832 제시된 자료는 1907년에 전개된 국채 보상 운동과 관련된 내용이다. ③ 국채 보상 운동은 대구에서 시작되어 전국으로 확대되었다.

오답노트 ① 국채 보상 운동은 국채 보상 기성회 등과 같은 단체들을 중심으로 전개되었다. 보안회는 1904년에 조직된 단체로, 일제의 황무지 개간권 요구를 철회하는 운동을 벌였다. ② 국채 보상 운동은 통감부의 탄압과 방해로 실패하였다. 총독부는 1910년 국권 피탈 이후에 설치되었으므로 시기상 맞지 않다. ④ 1920년대에 전개된 물산 장려 운동에 대한 설명이다.

Answer 0827 ④ 0828 ③ 0829 ③ 0830 ③ 0831 ④ 0832 ③

PART 06

0833 (가)~(라) 시기의 경제 상황으로 옳은 것은?

2018년 교행직 9급

	(가)	(나)	(다)	(라)	
1876년	1883년	1894년	1904년	1910년	

강화도 조약 체결 / 조·일 통상 장정 체결 / 청·일 전쟁 발발 / 러·일 전쟁 발발 / 국권 피탈

① (가) - 보안회가 일본의 황무지 개간권 요구를 철회시켰다.

② (나) - 황국 중앙 총상회가 상권 수호 운동을 전개하였다.

③ (다) - 동양 척식 주식회사가 대규모 농장을 경영하였다.

④ (라) - 경제 자립을 위한 국채 보상 운동이 전개되었다.

0835 다음은 대한 제국 시기에 설립된 어느 회사에 관한 내용이다. 밑줄 친 '이 회사'에 대한 설명으로 옳은 것은?

2018년 국가직 9급

> • 이 회사의 고금(股金, 주권)은 액면 50원씩이고, 총 1천만 원을 발행하고, 주당 불입금은 5년간 총 10회 5원씩 나눠서 낸다.
> • 이 회사는 국내 진황지 개간, 관개 사무와 산림천택(山林川澤), 식양채벌(殖養採伐) 등의 사무 이외에 금·은·동·철·석유 등의 각종 채굴 사무에 종사한다.

① 외국 상인과의 상권 경쟁을 위해 시전 상인이 만든 척식 회사였다.

② 황무지 개간권 요구에 대응하여 설립된 특허 회사였다.

③ 역둔토나 국유 미간지를 약탈하려는 국책 회사였다.

④ 종로의 백목전 상인이 주도가 된 직조 회사였다.

0834 다음 자료에서 나타난 민족 운동에 대한 설명으로 옳지 않은 것은?

2014년 국가직 7급

유사 2014년 경찰간부 / 2013년 경찰 2차 / 2012년 지방직 7급 / 2011년 경북 교행

> • 나라 빚 1,300만 원은 우리 대한의 존망에 관계한다. 갚으면 나라가 존재하고 갚지 못하면 나라가 망하는 것이 대세이다.
> – 취지문
> • 모집금 내역
> (단위 : 원)

도명	5월까지 모집금	6월 중 모집금	계
경성	62,735,080	109,200	62,844,280
경기도	13,916,087	4,412,312	18,328,399
충청북도	3,778,625	227,530	4,006,155
...	...	...	...
함경북도	977,400	207,000	1,184,400
합계	241,098,913	31,590,606	272,689,519

① 한·일 신협약에 따라 중지되었다.

② 서울에서는 국채 보상 기성회가 발족되었다.

③ 2,000만 조선인의 금연 및 금주 운동이 전개되었다.

④ 언론 기관인 대한매일신보와 황성신문이 지원하였다.

0836 밑줄 친 '이 단체'의 운동에 대한 설명으로 옳은 것은?

2014년 사회복지직 9급

유사 2013년 서울시 7급

> 이 단체는 본격적으로 자신을 수호하는 운동을 벌이기에 앞서 정부로부터의 허가 과정에서 유배에 처해진 회장의 유배 해제를 주장하는 강경한 상소를 올렸다. 정부의 반응이 소극적이자 이 단체는 독립 협회의 민권 운동을 적극 지원하는 것이 그들의 운동에 부합하는 것이라고 생각하였다. 그리하여 이 단체는 독립 협회가 사회 운동의 일환으로 전개한 노륙법과 연좌법의 부활 저지 운동에 적극 참가하였다.

① 대한매일신보, 만세보 등의 언론 기관이 참여하였다.

② 시전 상인들이 경제적 특권 회복을 요구하였다.

③ 대한자강회 등의 애국 계몽 운동 단체가 참여하였다.

④ 통감부는 양기탁을 횡령 혐의로 구속하는 등 탄압하였다.

사회 구조와 의식의 변화

□□□

0837 〈보기〉 내용의 발표에 대한 설명으로 가장 옳은 것은?

2022년 서울시 9급
유사 2020년 경찰간부

┌─[보기]─
│
│ 우리보다 먼저 문명개화한 나라들을 보면 남녀평등권이
│ 있는지라. 어려서부터 각각 학교에 다니며, 각종 학문을 다
│ 배워 이목을 넓히고, 장성한 후에 사나이와 부부의 의를 맺
│ 어 평생을 살더라도 그 사나이에게 조금도 압제를 받지 아
│ 니한다. 이처럼 대접을 받는 것은 다름 아니라 그 학문과 지
│ 식이 사나이 못지않은 까닭에 그 권리도 일반과 같으니 어
│ 찌 아름답지 아니하리오.
│
└─

① 평양의 양반 부인들이 발표하였다.
② 발표를 계기로 찬양회가 조직되었다.
③ 교육 입국 조서 발표의 배경이 되었다.
④ 이 발표에 따라 한성 사범 학교가 설치되었다.

□□□

0838 다음은 어느 신문 기사의 일부이다. 이 내용이 실린 시기로 가장 적절한 것은?

2017년 경찰 2차

┌──
│ "북촌의 어떤 여자 중에서 군자(君子) 수 삼 인이 개명(開
│ 明)에 뜻이 있어 여학교를 설시하라는 통문(通文)이 있기에
│ 놀랍고 신기하여 우리 논설을 삭제하고 다음에 기재한다."
└──

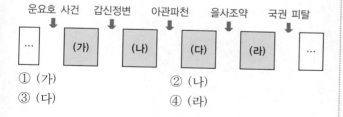

① (가)
② (나)
③ (다)
④ (라)

문항	번호				틀린 이유
0833	①	②	③	④	
0834	①	②	③	④	
0835	①	②	③	④	
0836	①	②	③	④	
0837	①	②	③	④	
0838	①	②	③	④	

해설

0833 ④ 국채 보상 운동은 (라) 시기인 1907년에 전개되었다.
오답노트 ① 보안회가 조직된 것은 러·일 전쟁 발발 이후인 1904년 7월의 일로, (라) 시기에 속한다. ② 황국 중앙 총상회는 (다) 시기인 1898년에 결성되어 상권 수호 운동을 전개하였다. ③ 동양 척식 주식회사가 설립된 것은 (라) 시기인 1908년의 일이다.

0834 제시된 자료는 1907년에 일어난 국채 보상 운동과 관련된 내용이다. ① 국채 보상 운동은 한·일 신협약에 따라 중지된 것이 아니라, 통감부의 탄압으로 중단되었다.
오답노트 ② 1907년 2월 대구에서 국채 보상 운동이 시작되자, 이에 자극을 받아 서울에서도 국채 보상 기성회가 조직되었다. ③ 국채 보상 운동에서는 국채를 갚기 위해 2000만 인민들이 금연, 금주를 통해 돈을 모으자고 주장하였다. ④ 국채 보상 운동이 시작되자 황성신문, 대한매일신보, 제국신문 등의 언론 기관이 적극적으로 후원하였다.

0835 제시된 자료는 1904년에 설립된 농광 회사에 대한 내용이다. ② 농광 회사는 일제의 황무지(또는 진황지) 개간권 요구에 대응하여 설립된 회사로, 정부의 허락을 받아 설립된 특허 회사이다.
오답노트 ① 황국 중앙 총상회, ③ 동양 척식 주식회사, ④ 종로 직조사에 대한 설명이다.

0836 밑줄 친 '이 단체'는 황국 중앙 총상회이다. 서울의 시전 상인들을 중심으로 1898년에 황국 중앙 총상회가 조직되었다. 이 단체는 외국 상인의 경제적 침투에 대항하여 시전 상인의 이익을 수호, 유지하기 위한 활동에 앞장섰다. 1898년 10월에 독립 협회와 함께 상권 수호 운동을 전개했으나 12월에 독립 협회와 함께 해산당했다. ② 시전 상인들이 조직하여 외국인의 내륙 상업 활동의 견제와 시전 상인의 경제적 특권 회복 등을 요구한 단체는 황국 중앙 총상회이다.
오답노트 ①,③,④ 국채 보상 운동(1907)에 대한 설명이다.

0837 제시된 자료는 1898년에 발표된 「여권통문」의 내용이다. ② 「여권통문」의 발표를 계기로 우리나라 최초의 여권 운동 단체인 찬양회가 조직되었다.
오답노트 ① 1898년 서울 북촌에 사는 양반층 부인들이 중심이 되어 「여권통문」을 발표하였다. ③ 교육 입국 조서는 1895년에 발표되었기 때문에 시기상 적절치 못하다. ④ 한성 사범 학교는 교육 입국 조서의 발표에 따라 설치된 학교이다.

0838 제시된 자료는 1898년 찬양회를 중심으로 발표된 「여권통문」의 내용이다. ③ 운요호 사건은 1875년, 갑신정변은 1884년, 아관파천은 1896년, 을사조약은 1905년, 국권 피탈은 1910년의 일이다. 따라서 「여권통문」 발표 시기는 (다) 시기에 속한다.

Answer 0833 ④ 0834 ① 0835 ② 0836 ② 0837 ② 0838 ③

언론의 발달과 근대 문물의 수용

0839 다음 각 시기의 사회 모습에 대한 설명으로 가장 옳은 것은?

2017년 법원직 9급

유사 2019년 경찰간부 / 2018년 기상직 9급 / 2017년 국회사무처 9급 / 2013년 경찰간부 / 2009년 법원직 9급

	1876	1882	1894	1897	1905	
	(가)	(나)	(다)	(라)		

강화도 조약   임오군란   갑오개혁   대한제국   을사늑약

① (가) - 박문국을 설치하여 한성순보를 발간하였다.
② (나) - 최초의 근대식 병원인 광혜원이 설립되었다.
③ (다) - 함경도 덕원 주민들이 원산 학사를 세웠다.
④ (라) - 영국이 불법적으로 거문도를 점령하였다.

0840 아관파천 기간에 사람들이 볼 수 있었던 사실로 적절한 것은?

고난도

2016년 지방직 7급

① 청량리행 전차를 운행하는 기사
② 한성순보를 배부하는 관리
③ 대한 천일 은행에서 근무하는 은행원
④ 백동화를 주조하는 주전관

0841 다음 사건 중 발생 연도가 다른 하나는?

2019년 경찰 1차

① 박문국이 설립되어 한성순보를 발간하기 시작하였다.
② 전환국이 설립되어 당오전(當五錢)을 발행하였다.
③ 우리나라 최초의 근대적 사립 학교인 원산 학사가 설립되었다.
④ 우리나라 최초의 철도인 경인선이 개통되었다.

0842 다음 각 문화재에 대한 설명으로 옳지 않은 것은?

2018년 지방직 9급

① 화엄사 각황전은 다층식 외형을 지녔다.
② 수덕사 대웅전은 주심포 양식의 건물이다.
③ 부석사 무량수전은 배흘림 기둥을 갖고 있다.
④ 덕수궁 석조전은 서양 고딕 양식의 건물이다.

0843 거문도 사건이 전개된 동안, 당시 사람들이 볼 수 있었던 모습은?

2017년 서울시 9급

① 당오전을 발행하는 기사
② 한성순보를 배포하는 공무원
③ 『서유견문』을 출간한 유길준
④ 일본과의 무관세 무역을 항의하는 동래 부민

0844 밑줄 친 '그해'에 볼 수 있었던 모습으로 가장 적절한 것은?

2017년 교육행정직 9급

> 그는 일본 군대가 대궐에 들어갔다는 말을 듣고, 일본군을 물리치고 그 거류민을 나라 밖으로 몰아낼 마음으로 다시 군사를 일으키고자 하였다. 전주 근처의 삼례역이 땅이 넓고 전라도의 요충지이기에, 그해 9월쯤 태인을 출발하여 원평을 지나 삼례역에 이르러 그곳을 기병하는 대도소로 삼았다.

① 전차를 타고 통학하는 학생
② 제중원에서 치료를 받는 환자
③ 독립신문 창간호를 인쇄하는 기사
④ 인천에서 기차를 타고 서울로 가는 상인

문항	번호				틀린 이유
0839	①	②	③	④	
0840	①	②	③	④	
0841	①	②	③	④	
0842	①	②	③	④	
0843	①	②	③	④	
0844	①	②	③	④	

해설

0839 ② 광혜원은 1885년에 설립되었다.

오답노트 ①,③,④ 모두 (나) 시기에 볼 수 있는 사회 모습이다. ① 박문국은 1883년에 설립되어 한성순보를 발간하였다. ③ 원산 학사는 1883년에 설립되었다. ④ 영국이 불법적으로 거문도를 점령한 것은 1885~1887년의 일이다.

0840 고종은 1896년 2월 러시아 공사관으로 피신하였고, 백성들과 대신들 사이에서 환궁 요구가 거세지자 1897년 경운궁으로 환궁하였다. ④ 백동화는 1892년에서 1904년까지 전환국에서 주조·유통하였다.

오답노트 ① 서대문과 청량리 사이를 운행하는 전차는 1899년부터 운행되었다. ② 한성순보는 1883년에 창간되어, 갑신정변(1884)의 발발로 폐간되었다. ③ 대한 천일 은행은 1899년에 설립된 민간 은행이다.

0841 ④ 우리나라 최초의 철도인 경인선이 개통된 것은 1899년의 일이다.

오답노트 ① 1883년 박문국이 설치되어 이곳에서 한성순보가 창간되었다. ② 1883년 전환국이 설립되어 당오전·백동화 등을 주조하기 시작하였다. ③ 1883년 최초의 근대적 사립 학교인 원산 학사를 설립하였다.

0842 ④ 덕수궁 석조전은 르네상스식 건축 양식의 건물이다. 고딕 양식의 건축물로는 명동 성당 등이 있다.

오답노트 ① 화엄사 각황전은 규모가 큰 다층 건물이다. ② 수덕사 대웅전은 주심포 양식으로 건축되었다. ③ 부석사 무량수전은 배흘림 기둥과 팔작지붕, 주심포 양식의 건축물이다.

0843 거문도 사건은 1885~1887년의 일이다. ① 조선 정부는 1883년부터 전환국을 설치하고 갑오개혁 때까지 당오전을 발행하였다.

오답노트 ② 한성순보는 1883년에 창간되었고, 1884년 갑신정변으로 박문국이 폐지됨에 따라 자동 폐간되었다. ③ 『서유견문』이 출간된 것은 1895년의 일이다. ④ 일본과의 무역에서 무관세 무역이 행해진 것은 1876년부터 1883년까지이다. 1883년 통상 장정 개정의 체결에 따라 일본과의 무역에서 관세 자주권 일부를 회복하였다.

0844 제시된 자료는 2차 동학 농민 운동에 대한 내용이다. 일본이 경복궁을 점령하고 청·일 전쟁을 일으키자, 1894년 9월 동학 농민군은 일본 세력을 몰아내기 위해 재봉기하였다. 따라서 밑줄 친 '그해'는 1894년을 일컫는다. ② 제중원은 1885년부터 1904년까지 운영되었다.

오답노트 ① 전차가 처음 운영된 것은 1899년의 일이다. ③ 독립신문은 1896년에 창간되었다. ④ 서울-인천을 운행하는 경인선이 처음 완공된 것은 1899년의 일이다.

Answer 0839 ② 0840 ④ 0841 ④ 0842 ④ 0843 ① 0844 ②

0845 다음 상황이 나타난 시기에 추진한 정부 정책으로 옳지 않은 것은?

2016년 국가직 9급

고난도

유사 2014년 경찰 2차 / 2013년 서울시 7급

외국 사람들이 조계지를 지키지 않고 도성의 좋은 곳에 있는 집은 후한 값으로 사고 터를 넓히니 잔폐(殘廢)한 인민의 거주지가 침범을 당한다. 또한 여러 해 동안 도로를 놓고 있기 때문에 집들이 줄어들었다. 탑동(塔洞) 등지에 집을 헐고 공원을 만든다 하니 …(중략)… 결국 집 없는 사람이 태반이 될 것이다.
－ 매일신문

① 경운궁을 정궁으로 삼았다.
② 한성 은행, 대한 천일 은행 등 민족계 은행을 지원하였다.
③ 중추원을 개조하여 우리 옛 법령과 풍속을 연구하였다.
④ 한성 전기 회사를 통하여 서울에 전차 노선을 개통하였다.

0846 다음 기사가 보도된 당시에 볼 수 있는 사회 모습으로 가장 적절한 것은?

2016년 법원직 9급

경인 철도 회사에서 어저께 개업식을 거행하는데, 인천에서 화륜거가 떠나 삼개 건너 영등포로 와서 내외국 빈객들을 수레에 영접하여 앉히고 오전 9시에 떠나 인천으로 향하는데, 화륜거 구르는 소리는 우레 같아 천지가 진동하고 기관거의 굴뚝연기는 반공에 솟아오르더라.
－ 독립신문(1***. 9. 19.)

① 진단 학회 창립을 준비하는 학자
② 한용운의 「님의 침묵」을 읽는 학생
③ 명동 성당에서 예배를 보는 천주교 신자
④ 국문 연구소에서 국문법을 연구하는 학자

0847 대한제국 시기에 볼 수 있는 장면으로 적절하지 않은 것은?

2015년 국가직 7급

① 전등이 켜진 경복궁
② 한성순보를 읽는 관리
③ 종로 일대를 달리는 전차
④ 광제원에서 치료받는 환자

0848 다음 두 건물의 완공 사이에 나타난 사실로 적절하지 않은 것은?

2012년 법원직 9급

고난도

▲ 명동 성당   ▲ 원각사

① 서울과 부산 간 철도가 개통되었다.
② 최초의 서양식 병원인 광혜원이 설립되었다.
③ 서대문에서 청량리 사이에 전차 운행이 시작되었다.
④ 최초의 중등 교육 기관인 한성 중학교가 설립되었다.

대표유형

□□□

0849 다음에서 설명하는 신문은?

2023년 지방직 9급

- 서재필이 정부 지원을 받아 창간하였다.
- 한글판을 발행하여 서양의 문물과 제도를 소개하였다.
- 영문판을 발행하여 국내 사정을 외국인에게도 전달하였다.

① 제국신문
② 독립신문
③ 한성순보
④ 황성신문

□□□

0850 (가) 신문에 대한 설명으로 옳은 것은?

2019년 소방직 9급

영국인 베델이 서울에 신문사를 창설하여 이를 [(가)] (이)라고 하고, 박은식을 주필로 맞이하였다. …(중략)… 각 신문사에서도 의병들을 폭도나 비류(匪類)로 칭하였지만 오직 [(가)]은/는 의병으로 칭하며, 그 논설도 조금도 굴하지 않고 일본인의 악행을 게재하여 들으면 들은 대로 모두 폭로하였다. 그러므로 사람들은 모두 그 신문을 구독하여 한때 그 신문은 품귀 상태에까지 이르렀고, 1년도 못되어 매일 간행되는 신문이 7천~8천 장이나 되었다.

— 『매천야록』

① 박문국에서 인쇄하였다.
② 국채 보상 운동을 지원하였다.
③ 우리나라 최초의 민간 신문이었다.
④ 대한민국 임시 정부의 기관지 역할을 하였다.

문항	번호				틀린 이유
0845	①	②	③	④	
0846	①	②	③	④	
0847	①	②	③	④	
0848	①	②	③	④	
0849	①	②	③	④	
0850	①	②	③	④	

해설

0845 매일신문은 1898년에 창간되었던 신문이다. 매일신문을 모르더라도 외국 사람들이 조계지를 넘어서 각종 경제적 이권 침탈을 하고 있는 내용으로 미루어 제시된 자료가 근대 개항기 시기임을 알 수 있다. ③ 중추원이 개편되어 조선의 옛 관습과 제도에 대한 조사 연구가 이루어지기 시작한 시기는 일제 강점기(1915)이다.

오답노트 ① 대한제국에서는 경운궁(덕수궁)을 정궁으로, 평양을 서경으로 높였다. ② 한성 은행, 대한 천일 은행 등 근대 개항기에 설립된 민족계 은행은 국고 출납 및 정부 재산의 관리 등을 맡으면서 대한제국 정부의 지원을 받았다. ④ 1890년대에 황실과 미국인 콜브란의 합자로 한성 전기 회사가 설립되었으며, 1899년에 서대문과 청량리 사이를 운행하는 전차가 처음 운행되었다.

0846 제시된 자료는 1899년 개통된 경인선 철도를 다루고 있다. ③ 명동 성당은 1898년에 완공되었다.

오답노트 ① 진단 학회는 1934년에 창립되었다. ② 한용운의 「님의 침묵」은 1925년에 발표되었다. ④ 국문 연구소는 1907년에 설립되었다.

0847 대한제국 시기는 1897년부터 1910년으로, 이 시기에 볼 수 없는 근대 문물을 골라야 한다. ② 한성순보는 수신사로 일본에 갔던 박영효의 건의로 설치된 박문국에서 발행된 신문으로 1883년 창간되었다. 그러나 갑신정변으로 박문국이 폐지되면서 자동 폐간되었는데, 1886년에 박문국이 다시 설치되면서 한성주보가 발간되었다. 이 또한 1888년에 박문국이 폐지되면서 자동 폐간되었다.

오답노트 ① 1887년 경복궁 건청궁 내에 처음으로 전등이 설치되었다. ③ 1899년 서대문과 청량리 사이를 운행하는 전차가 처음 운행되었다. ④ 광제원은 1900년 정부가 일반 백성의 진료를 위해 세운 국립 병원이다.

0848 명동 성당은 1898년, 원각사는 1908년에 완공되었다. ② 광혜원은 1885년 고종이 미국인 선교사이자 의사인 알렌의 건의를 받아들여 서울에 설립한 최초의 근대식 병원이다.

오답노트 ① 경부선은 1904년에 완공되었다. ③ 서대문에서 청량리 간 전차 운행은 1899년에 이루어졌다. ④ 한성 중학교의 설립은 1900년이다.

0849 제시된 자료는 서재필이 창간한 독립신문에 대해 서술한 것이다. ② 언론의 중요성을 인식한 정부의 지원으로 서재필은 1896년 4월에 독립신문을 창간하였다. 독립신문은 한글판과 영문판으로 각각 발행되었다. 한글판은 서양의 문물·제도를 국내에 소개했으며, 영문판을 통해 국내 사정을 외국인에게 알렸다.

0850 제시된 자료의 (가) 신문은 대한매일신보이다. ② 대한매일신보는 1907년에 국채 보상 운동이 일어나자, 이를 적극적으로 지원하였다.

오답노트 ① 박문국은 대한매일신보가 창간(1904)되기 이전에 폐지되었다. 박문국은 1884년 갑신정변 때 일시적으로 폐지되었다가 이듬해 다시 문을 열어 1888년까지 운영되었다. ③ 서재필 주도로 창간된 독립신문에 대한 설명이다. ④ 임시 정부의 기관지로 간행되었던 독립신문에 대한 설명이다.

Answer 0845 ③ 0846 ③ 0847 ② 0848 ② 0849 ② 0850 ②

□□□
0851 다음 지문이 가리키는 신문과 관련된 내용으로 옳은 것은?

2017년 서울시 사복직 9급

> 그러므로 우리 조정에서도 박문국을 설치하고 관리를 두어 외국의 기사를 폭넓게 번역하고 아울러 국내의 일까지 기재하여 국중에 알리는 동시에 열국에까지 널리 알리기로 하고, 이름을 旬報라 하며 …(후략)…

① 우리나라 최초의 신문으로 1883년 창간되었으며, 한문체로 발간된 관보의 성격을 띠었다.
② 최초로 국한문을 혼용하였고, 내용에 따라 한글 혹은 한문만을 쓰기도 하며 독자층을 넓혀 나가고자 하였다.
③ 한글판, 영문판을 따로 출간하여 대중 계몽을 통한 근대화를 촉진하고, 외국인에게 조선의 실정을 제대로 홍보하여 조선이 국제 사회에서 완전한 근대적 자주 독립 국가로 자리 매김하는 것을 목표로 하였다.
④ 국한문 혼용체를 사용한 일간지로 주로 유학자층의 계몽에 앞장섰다.

근대 문화의 형성

대표유형

□□□
0852 우리나라 근대 교육에 대한 설명으로 옳은 것만을 모두 고르면?

2018년 지방직 7급

유사 2018년 서울시 9급 / 2013년 경찰간부 / 2008년 국가직 9급

> ㉠ 함경도 덕원 주민들의 건의로 근대식 학교인 원산 학사가 설립되었다.
> ㉡ 선교사들이 들어와서 세운 기독교 계통의 학교에는 배재 학당과 이화 학당 등이 있었다.
> ㉢ 정부는 외국어 교육 기관으로 동문학을 설립하였다.
> ㉣ 교육 입국 조서가 반포되었고, 사범 학교와 외국어 학교의 관제가 제정되었다.

① ㉠
② ㉠, ㉡
③ ㉠, ㉡, ㉢
④ ㉠, ㉡, ㉢, ㉣

□□□
0853 다음 자료의 교육 기관에 대한 설명으로 가장 옳은 것은?

2017년 법원직 9급

> 문·무관, 유생 중에 어리고 총명한 자 40명을 뽑아 입학시키고 벙커와 길모어 등을 교사로 초빙하여 서양 문자를 가르쳤다. 문관으로는 김승규와 신대균 등 여러 명이 있고, 유사로는 이만재와 서상훈 등 여러 명이 있었다. 사색당파를 골고루 배정하여 당대 명문 집안에서 선발하였다.
>
> — 『매천야록』

① 관민이 합심하여 설립하였다.
② 경성 제국 대학으로 계승되었다.
③ 좌원과 우원의 두 반으로 편성되었다.
④ 근대식 사관 양성을 목적으로 하였다.

□□□
0854 다음 인물의 활동으로 옳은 것은?

2015년 법원직 9급
유사 2018년 경찰간부

> 1886년 우리나라에 왔다. 을사늑약 사건 후 고종의 밀서를 휴대하고 미국에 가서 국무장관과 대통령을 면담하려 했으나 실현하지 못하였다. 1906년 다시 내한하였으며, 고종에게 헤이그에서 열리는 제2차 만국 평화 회의에 밀사를 보내도록 건의하였다. 그는 이상설 등 헤이그 특사보다 먼저 도착하여 '회의시보'에 한국 대표단의 호소문을 싣게 하는 등 한국의 국권 회복을 위해 노력하였다.

① 대한매일신보의 발행인이었다.
② 육영 공원의 교사로 초빙되었다.
③ 광혜원의 설립에 깊이 관여하였다.
④ 우리나라 최초의 서양인 고문이었다.

□□□

0855 다음 글의 저자에 대한 설명으로 옳은 것은?

2018년 국가직 7급

국가의 역사는 민족의 소장성쇠(消長盛衰)의 상태를 서술할지라. 민족을 빼면 역사가 없으며 역사를 빼어 버리면 민족의 그 국가에 대한 관념이 크지 않을지니, 오호라 역사가의 책임이 그 역시 무거울진저 …(중략)… 만일 그렇지 않으면 이는 무정신의 역사이다. 무정신의 역사는 무정신의 민족을 낳으며, 무정신의 국가를 만들 것이니 어찌 두렵지 아니하리오.

① 이순신, 을지문덕 등 위인의 전기를 써 민족의식을 고취하였다.
② 한국의 독립운동 과정을 서술한 『한국독립운동지혈사』를 저술하였다.
③ 『5천년간 조선의 얼』이라는 글을 신문에 연재하여 민족 정신을 고취하였다.
④ 조선심을 강조하며 정약용 연구를 중심으로 한 조선학 운동을 전개하였다.

□□□

0856 다음 글을 쓴 인물에 대한 설명으로 옳은 것은?

2014년 지방직 9급
유사 2013년 서울시 9급

이른바 3대 문제는 무엇인가. 첫째는 유교계의 정신이 오로지 제왕측에 있고, 인민 사회에 보급할 정신이 부족함이오, 둘째는 여러 나라를 돌아다니면서 천하를 변혁하려 하는 정신을 강구하지 않고, 내가 동몽(童蒙)을 찾는 것이 아니라 동몽이 나를 찾는다는 생각을 간직함이오, 셋째는 우리 대한의 유가에서 쉽고 정확한 법문을 구하지 아니하고 질질 끌고 되어 가는대로 내버려 두는 공부만을 숭상함이다.

① 조선심의 개념을 중시하고 한글을 그 결정체로 보았다.
② 『5천년간 조선의 얼』이라는 글을 써서 민족 정신을 고취하였다.
③ 실천적인 새로운 유교 정신을 강조하는 유교구신론을 주장하였다.
④ 3·1 운동 때 민족 대표 33인의 한 사람이며, 일제의 사찰령에 반대하였다.

문항	번호				틀린 이유
0851	①	②	③	④	
0852	①	②	③	④	
0853	①	②	③	④	
0854	①	②	③	④	
0855	①	②	③	④	
0856	①	②	③	④	

해설

0851 제시된 자료는 박영효가 고종에게 신문 발행을 건의하는 내용이다. 고종은 이를 수용하여 박문국을 설치하고 한성순보를 창간하였다. ① 1883년에 창간된 한성순보는 우리나라 최초의 근대적 신문이다. 한성순보는 한문체로 작성되어 국민과 관리들에게 국내외 정세를 알려 개화의 필요성을 역설하는 관보적 성격을 띠었다.
오답노트 ② 한성주보, ③ 독립신문, ④ 황성신문에 대한 설명이다.

0852 ㉠ 원산 학사는 함경도 덕원 주민의 건의로 설립되었다. ㉡ 배재 학당은 선교사 아펜젤러가, 이화 학당은 선교사 스크랜턴이 각각 설립하였다. ㉢ 동문학은 통역관을 양성하기 위해 정부에서 세운 외국어 교육 기관이다. ㉣ 1895년에 교육 입국 조서가 반포되면서 사범 학교와 외국어 학교를 설립할 수 있는 관제들이 제정되었다.

0853 제시된 자료는 육영 공원(1886)에 대한 설명이다. ③ 육영 공원은 좌원과 우원으로 나눠 입학생을 받았다. 좌원은 문무 현직 관료 중에서 선발하였으며, 우원은 과거에 오르지 못한 양반 자제들 가운데서 선발하였다.
오답노트 ① 원산 학사(1883)에 대한 설명이다. ② 경성 제국 대학은 일본이 민립 대학 설립 운동에 대한 무마책으로 1924년에 세운 대학이다. 육영 공원과는 무관하다. ④ 연무 공원(1888)에 대한 설명이다.

0854 제시된 자료에서 설명하는 인물은 헐버트이다. ② 육영 공원은 1886년에 설립된 최초의 관립 학교로 헐버트, 길모어 등의 미국인 교사들을 초빙하였다.
오답노트 ① 영국인 베델, ③ 미국 선교사 알렌에 대한 설명이다. ④ 우리나라 최초의 서양인 고문은 묄렌도르프이다.

0855 제시된 자료는 신채호가 대한매일신보에 연재한 「독사신론」의 내용이다. ① 신채호는 『을지문덕전』, 『최도통전』, 『이순신전』 등 애국 명장에 대한 전기를 저술하여 애국심을 고취시키고자 하였다.
오답노트 ② 박은식, ③ 정인보, ④ 문일평에 대한 설명이다.

0856 제시된 자료는 서북 학회 월보에 실린 박은식의 유교구신론이다. ③ 박은식은 유교의 실천 윤리적 측면을 강조한 유교구신론을 제창하였다.
오답노트 ① 문일평, ② 정인보에 대한 설명이다. ④ 승려였던 한용운은 3·1 운동 당시 민족 대표 33인 중 한 명으로 독립 선언서를 보완한 공약 3장을 작성하기도 하였으며, 총독부에 사찰령 폐지를 요구하였다.

Answer 0851 ① 0852 ④ 0853 ③ 0854 ② 0855 ① 0856 ③

□□□

0857 다음 글의 내용이나 글쓴이와 관련한 설명으로 옳은 것은?

2007년 국가직 7급

유사 2010년 법원직 9급

내가 지금 각 학교 교과용의 역사를 보건대, 가치가 있는 역사는 거의 없다. 제1장을 펴보면 우리 민족이 중국 민족의 일부분인 듯하며, 제2장을 펴보면 우리 민족이 선비족의 일부인듯 하며, 끝까지 전편을 다 읽어보면 때로는 말갈족의 일부분인 듯하고, 때로는 몽고족의 일부분인 듯하고, 때로는 여진족의 일부분인 듯하고, 때로는 일본족의 일부분인 듯하다. 오호라, 과연 이 같을진대 우리 수만 리의 토지가 이들 남만북적의 수라장이며, 우리 4천여 년의 산업이 이들 조량모초의 경매물이라 할지니, 어찌 그렇다고 할 것인가. 즉, 고대의 불완전한 역사라도 이를 상세히 살피면, 동국 주족 단군 후예의 발달한 실제 자취가 뚜렷하거늘 무슨 까닭으로 우리 선조들을 헐뜯음이 이에 이르렀는가. …(후략)…

① 국가나 민족의 흥망은 민족 정신인 국혼에 달려 있다고 보았다.

② 묘청의 난을 조선 역사상 1천년래 제1대 사건이라고 높이 평가하였다.

③ 세계사의 보편성을 바탕으로 한국사의 발전 과정을 체계화하였다.

④ 『한국통사』, 『한국독립운동지혈사』 등을 저술하였다.

□□□

0858 다음 종교와 관련 있는 것을 〈보기〉에서 고른 것은?

2019년 법원직 9급

사람이 곧 하늘이라, 그러므로 사람은 평등하며 차별이 없나니, 사람이 마음대로 귀천을 나눔은 하늘을 거스르는 것이다. 우리 도인은 차별을 없애고 선사의 뜻을 받들어 생활하기를 바라노라.

┌ 보기 ┐

㉠ 중광단을 결성하였다.

㉡ 임술 농민 봉기를 주도했다.

㉢ 양반과 상민을 차별하지 않는다.

㉣ 잡지 『신여성』과 『어린이』를 발간하였다.

① ㉠, ㉡　　　② ㉠, ㉢

③ ㉡, ㉢　　　④ ㉢, ㉣

문항	번호				틀린 이유
0857	①	②	③	④	
0858	①	②	③	④	

해설

0857 제시된 자료인 『독사신론』은 1908년에 신채호가 썼다. ② 신채호는 『조선사 연구초』에서 묘청의 서경 천도 운동을 높이 평가하였다.

오답노트 ① 박은식의 『한국통사』에 언급된 내용이다. ③ 사회 경제 사학자인 백남운에 관한 설명이다. ④ 박은식의 저서이다.

0858 제시된 자료는 동학의 교주인 최시형이 주장한 내용이다. ㉢ 동학은 양반과 상민을 차별하지 않고, 여성과 어린이의 인격을 존중하는 사회를 추구하였다. ㉣ 동학교도인 이용구가 친일 단체인 일진회와 더불어 동학의 전통을 왜곡하자, 손병희는 이에 대항하여 1905년 천도교를 창설하여 동학을 계승하였다. 이후 일제 강점기에 천도교는 개벽, 신여성, 어린이, 학생 등의 잡지를 간행하여 민중의 자각과 근대 문물의 보급에 기여하였다.

오답노트 ㉠ 대종교에 대한 설명이다. ㉡ 동학은 임술 농민 봉기를 주도하지는 않았다.

Answer　0857 ② 0858 ④

Part

07

일제 강점기
(민족의 독립운동)

노범석 한국사
기출문제 1100제

CHAPTER

01 일제 강점기의 정치

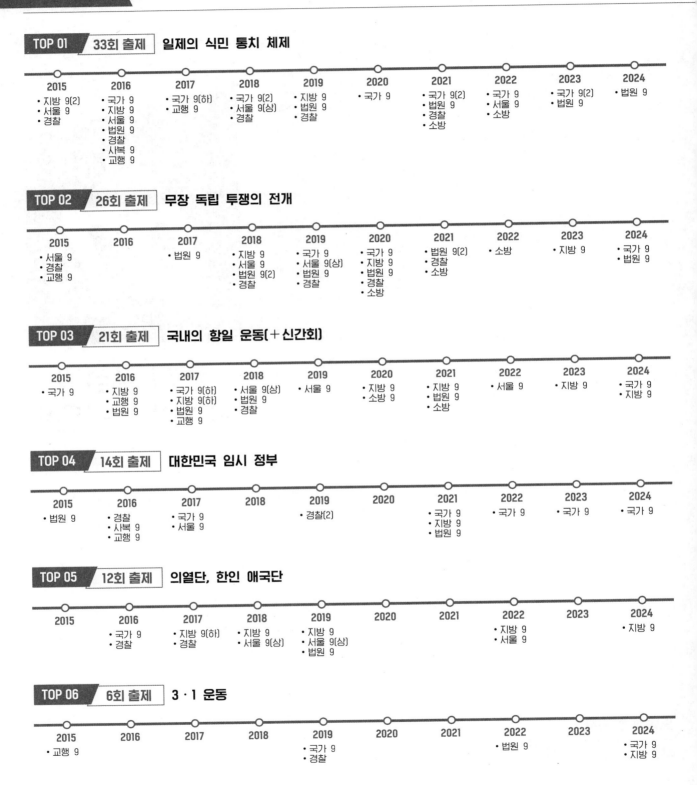

TOP 01 | 33회 출제 | 일제의 식민 통치 체제

2015	2016	2017	2018	2019	2020	2021	2022	2023	2024
• 지방 9(2) • 서울 9 • 경찰	• 국가 9 • 지방 9 • 서울 9 • 법원 9 • 경찰 • 사복 9 • 교행 9	• 국가 9(하) • 교행 9	• 국가 9(2) • 서울 9(상) • 경찰	• 지방 9 • 법원 9 • 경찰	• 국가 9	• 국가 9(2) • 법원 9 • 경찰 • 소방	• 국가 9 • 서울 9 • 소방	• 국가 9(2) • 법원 9	• 법원 9

TOP 02 | 26회 출제 | 무장 독립 투쟁의 전개

2015	2016	2017	2018	2019	2020	2021	2022	2023	2024
• 서울 9 • 경찰 • 교행 9		• 법원 9	• 지방 9 • 서울 9 • 법원 9(2) • 경찰	• 국가 9 • 서울 9(상) • 법원 9 • 경찰	• 국가 9 • 지방 9 • 법원 9 • 경찰 • 소방	• 법원 9(2) • 경찰 • 소방	• 소방	• 지방 9	• 국가 9 • 법원 9

TOP 03 | 21회 출제 | 국내의 항일 운동(+신간회)

2015	2016	2017	2018	2019	2020	2021	2022	2023	2024
• 국가 9	• 지방 9 • 교행 9 • 법원 9	• 국가 9(하) • 지방 9(하) • 법원 9 • 교행 9	• 서울 9(상) • 법원 9 • 경찰	• 서울 9	• 지방 9 • 소방 9	• 지방 9 • 법원 9 • 소방	• 서울 9	• 지방 9	• 국가 9 • 지방 9

TOP 04 | 14회 출제 | 대한민국 임시 정부

2015	2016	2017	2018	2019	2020	2021	2022	2023	2024
• 법원 9	• 경찰 • 사복 9 • 교행 9	• 국가 9 • 서울 9		• 경찰(2)		• 국가 9 • 지방 9 • 법원 9	• 국가 9	• 국가 9	• 국가 9

TOP 05 | 12회 출제 | 의열단, 한인 애국단

2015	2016	2017	2018	2019	2020	2021	2022	2023	2024
	• 국가 9 • 경찰	• 지방 9(하) • 경찰	• 지방 9 • 서울 9(상)	• 지방 9 • 서울 9(상) • 법원 9			• 지방 9 • 서울 9		• 지방 9

TOP 06 | 6회 출제 | 3 · 1 운동

2015	2016	2017	2018	2019	2020	2021	2022	2023	2024
• 교행 9				• 국가 9 • 경찰			• 법원 9		• 국가 9 • 지방 9

식민 통치 체제의 구축과 경제 수탈

□□□

0859 다음 법령이 시행된 시기에 있었던 사실로 옳은 것은?

2023년 국가직 9급

> 제1조 회사의 설립은 조선 총독의 허가를 받아야 한다.
> 제5조 회사가 본령이나 본령에 따라 나오는 명령과 허가
> 조건을 위반하거나 공공질서와 선량한 풍속에 반하
> 는 행위를 할 때 조선 총독은 사업의 정지, 지점의 폐
> 쇄, 또는 회사의 해산을 명할 수 있다.

① 산미 증식 계획이 폐지되었다.
② 국가 총동원법이 제정되었다.
③ 원료 확보를 위한 남면북양 정책이 추진되었다.
④ 보통학교 수업 연한을 4년으로 정한 조선 교육령이 공포
되었다.

대표 유형

□□□

0860 다음 법령에 따라 시행된 사업에 대한 설명으로 옳은
것은?

2021년 국가직 9급

유사 2019년 법원직 9급 / 2013년 서울시 9급 / 2013년 법원직 9급 /
2012년 경찰간부 / 2011년 국가직 7급 / 2011년 지방직 9급

> 제1조 토지의 조사 및 측량은 본령에 따른다.
> 제4조 토지 소유자는 조선 총독이 정한 기간 내에 주소, 성
> 명 또는 명칭 및 소유지의 소재, 지목, 자 번호, 사표,
> 등급, 지적, 결수를 임시 토지 조사국장에게 신고해
> 야 한다. 단 국유지는 보관 관청이 임시 토지 조사국
> 장에게 통지해야 한다.

① 농상공부를 주무 기관으로 하였다.
② 역둔토, 궁장토를 총독부 소유로 만들었다.
③ 토지 약탈을 위해 동양 척식 회사를 설립하였다.
④ 춘궁 퇴치, 농가 부채 근절을 목표로 내세웠다.

문항	번호				틀린 이유
0859	①	②	③	④	
0860	①	②	③	④	

해설

0859 제시된 자료는 1910년에 제정되어 1920년에 폐지된 회사령의 내용이다.
④ 일제는 1911년 제1차 조선 교육령을 발표하여 보통학교의 수업 연한을 4년으로 정하였다.

오답노트 ① 일제는 1920년부터 산미 증식 계획을 실시했으나, 1934년 일본의 농민들을 보호하기 위해 산미 증식 계획을 중단하였다. ② 국가 총동원법은 민족 말살 통치 시기인 1938년에 제정되었다. ③ 일제는 1930년대부터 공업 원료의 수탈을 목적으로 남면북양 정책을 추진하였다.

0860 제시된 자료는 1912년에 제정된 토지 조사령의 내용으로, 이 법령에 따라 1910년대 토지 조사 사업이 추진되었다. ② 토지 조사 사업에 따라 궁장토(대한제국 황실 소유지), 역둔토(관유지) 등 특정 소유자가 없는 토지는 신고주가 없어 국유지의 명목으로 총독부의 소유가 되었다.

오답노트 ① 토지 조사 사업의 주무 기관은 토지 조사국이다. 농상공부는 2차 갑오개혁 때 만들어졌으며, 1910년 한일 합방 때까지 존속한 관서이다. ③ 동양 척식 주식회사의 설립은 1908년의 일로, 토지 조사 사업 실시 이전이다. ④ 농촌 진흥 운동에 대한 설명이다.

Answer 0859 ④ 0860 ②

PART 07

□□□
0861 다음 법령이 시행되던 시기에 있었던 사실은?

2019년 국가직 7급

> 제1조 회사의 설립은 조선 총독의 허가를 받아야 한다.
> …(중략)…
> 제5조 회사가 본령이나 본령에 의거하여 발하는 명령과 허가 조건에 위반하거나 또는 공공질서와 선량한 풍속에 반하는 행위를 할 때, 조선 총독은 사업의 정지, 지점의 폐쇄 또는 회사의 해산을 명할 수 있다.

① 경성 제국 대학이 설립되었다.
② 경찰범 처벌 규칙이 제정되었다.
③ 학교에서 조선어 사용이 금지되었다.
④ 일본 상품에 대한 관세가 철폐되었다.

□□□
0862 다음 법령이 시행된 시기에 볼 수 있는 모습으로 옳은 것은?

2016년 지방직 9급
유사 2015년 서울시 7급 / 2011년 법원직 9급 / 2009년 법원직 9급

> 제1조 3개월 이하의 징역 또는 구류에 처하여야 할 자는 그 정상에 따라 태형에 처할 수 있다.
> 제6조 태형은 태로써 볼기를 치는 방법으로 집행한다.
> 제13조 본령은 조선인에 한하여 적용된다.

① 회사령 공포를 듣고 있는 상인
② 경의선 철도 개통식을 보는 학생
③ 동양 척식 주식회사의 설립식에 참석한 기자
④ 대한 광복군 정부의 군사 훈련에 참여한 청년

□□□
0863 다음 법령이 시행되던 시기의 모습으로 가장 옳은 것은?

2024년 법원직 9급

> 제1조 회사의 설립은 조선 총독의 허가를 받아야 한다.
> 제2조 조선 밖에서 설립된 회사가 한국에 본점 또는 지점을 설치하고자 하는 경우, 조선 총독의 허가를 받아야 한다.
> 제3조 조선 밖에서 설립되어 조선에서 사업을 운영하는 것을 목적으로 하는 회사가 그 사업을 경영하는 경우, 조선에 본점 또는 지점을 설립하여야 한다.

① 국민학교에 등교하는 학생의 모습
② 대한 광복회를 체포하려는 헌병 경찰의 모습
③ 치안 유지법에 의해 구금되는 독립운동가의 모습
④ 농촌 진흥 운동을 홍보하는 조선 총독부 직원의 모습

□□□
0864 다음 법령에 따라 추진된 사업이 실시되었던 시기의 모습으로 가장 옳은 것은?

2023년 법원직 9급

> 한국사!
> 1. 토지의 조사 및 측량은 이 영에 의한다.
> …(중략)…
> 4. 토지의 소유자는 조선 총독이 정하는 기간 내에 그 주소, 성명·명칭 및 소유지의 소재, 지목, 자번호, 사방의 경계표, 등급, 지적, 결수를 임시 토지 조사국장에게 신고하여야 한다. 다만, 국유지는 보관 관청에서 임시 토지 조사국장에게 통지하여야 한다. ……

① 국민부가 조선 혁명당을 결성하는 모습
② 러시아에 대한 광복군 정부가 조직되는 모습
③ 『신여성』, 『삼천리』 등의 잡지가 발행되는 모습
④ 연해주의 한국인이 중앙아시아로 강제 이주되는 모습

0865 (가) 시기에 있었던 사실로 옳은 것은?

2022년 국가직 9급

한국을 식민지로 삼은 일제는 헌병에게 경찰 업무를 부여한 헌병 경찰제를 시행했다. 헌병 경찰은 정식 재판 없이 한국인에게 벌금 등의 처벌을 가하거나 태형에 처할 수도 있었다. 한국인은 이처럼 강압적인 지배에 저항해 3·1 운동을 일으켰으며, 일제는 이를 계기로 지배 정책을 전환했다. 일제가 한국을 병합한 직후부터 3·1 운동이 벌어진 때까지를 (가) 시기라고 부른다.

① 토지 조사령이 공포되었다.
② 창씨개명 조치가 시행되었다.
③ 초등 교육 기관의 명칭이 국민학교로 변경되었다.
④ 전쟁 물자 동원을 내용으로 한 국가 총동원법이 적용되었다.

0866 다음 법령과 관련된 사업의 결과로 옳지 않은 것은?

2021년 소방직

유사 2016년 서울시 9급 / 2015년 경찰 3차

제 4 조 토지 소유자는 조선 총독이 정하는 기간 내에 주소, 성명, 명칭 및 소유지의 소재, … 결수를 임시 토지 조사국장에게 신고해야 한다.
제17조 임시 토지 조사국은 토지 대장 및 지적도를 작성하고, 토지의 조사 및 측량에 대해 사정으로 확정한 사항 또는 재결을 거친 사항을 이에 등록한다.
        – 조선 총독부, 『조선 총독부 관보』

① 조선 총독부의 지세 수입이 증가하였다.
② 소작인들이 경작권을 인정받지 못하였다.
③ 일본인 농업 이주민이 지주로 성장할 수 있었다.
④ 토지 소유권을 인정하는 증명서로 지계를 발급하였다.

문항	번호				틀린 이유
0861	①	②	③	④	
0862	①	②	③	④	
0863	①	②	③	④	
0864	①	②	③	④	
0865	①	②	③	④	
0866	①	②	③	④	

해설

0861 제시된 자료의 법령은 1910년에 제정된 회사령이다. 회사령은 1910년에 제정되어 1920년에 폐지되었다. ② 경찰범 처벌 규칙은 1912년에 제정되어 우리 민족의 일상생활까지 통제하였다.

오답노트 ① 경성 제국 대학은 1924년에 설립되었다. ③ 학교에서 조선어 사용의 금지는 1943년에 제정된 4차 조선 교육령 때 이루어졌다. ④ 일본 상품에 대한 관세 철폐는 1923년에 이루어졌다.

0862 제시된 자료는 조선 태형령으로 1912년에 제정되었다. ④ 대한 광복군 정부는 1914년에 블라디보스토크에 세워진 국외 정부로, 설립 이후 본격적으로 군사 훈련을 하는 등 독립을 준비하였다.

오답노트 ① 회사령은 조선 태형령 제정 이전인 1910년에 공포되었다. ② 경의선은 1906년에 개통되었다. ③ 동양 척식 주식회사는 1908년에 설립되었다.

0863 제시된 자료는 회사령의 내용이다. 이 법령은 1910년에 제정되어 1920년에 폐지되었다. 따라서 이 법령이 시행되던 시기는 1910년대 무단 통치 시기를 일컫는다. ② 1910년대 사회 모습에 대한 설명이다. 헌병 경찰은 1910년대 무단 통치 시기에 활동했으며, 대한 광복회는 1915년에 조직되었다.

오답노트 ① 국민학교가 등장한 것은 1941년 국민학교령 제정 이후의 일이다. ③ 치안 유지법은 문화 통치 시기인 1925년부터 적용되었다. ④ 농촌 진흥 운동은 1932년부터 1940년까지 추진되었다.

0864 제시된 자료는 1912년에 제정된 토지 조사령의 내용으로, 이 법령에 따라 1910년대 토지 조사 사업이 추진되었다. ② 1914년 러시아에서 대한 광복군 정부가 수립되었다.

오답노트 ① 3부 통합 운동에 따라 1929년 남만주 지역에서 국민부가 조직되었다. 곧이어 국민부 내에서 조선 혁명당(1929)을 편성하였다. ③ 1920년대 『삼천리』, 『신여성』 등과 같은 잡지가 발간되어 여성들은 이를 통해 필요한 정보를 얻을 수 있었다. ④ 소련 정부는 중·일 전쟁이 발발하자 연해주의 한인들을 중앙아시아로 강제 이주시켰다(1937).

0865 제시된 자료에서 '헌병 경찰제 시행', '태형' 등의 내용을 통해 1910년대 무단 통치 시기에 대해 설명한 것임을 알 수 있다. ① 일제는 무단 통치 시기인 1912년에 토지 조사령을 공포하여 토지 조사 사업을 추진하였다.

오답노트 ② 중·일 전쟁(1930년대) 이후인 민족 말살 통치 시기에 일제는 창씨개명을 실시(1940)하여 우리의 성과 이름을 일본식으로 바꾸도록 강요하였다. ③ 일제는 1941년 국민학교령을 제정하여 심상소학교의 명칭을 '황국 신민 학교'의 줄임말인 '국민학교'로 개칭하였다. ④ 일제는 민족 말살 통치 시기인 1938년에 국가 총동원법을 만들어 한반도의 인적·물적 자원을 약탈하였다.

0866 제시된 자료는 1912년에 제정된 토지 조사령의 내용으로, 일제가 1910년대에 추진한 토지 조사 사업과 관련된 법령이다. ④ 지계는 대한 제국 때 발급한 토지 증명서이다.

오답노트 ① 일제는 지세 부과 대상을 안정적으로 확보하기 위해 토지 조사 사업을 실시하였다. 따라서 이 결과 조선 총독부의 지세 수입이 크게 증가하였다. ② 토지 조사 사업에 따라 농민의 도지권, 입회권 등은 인정되지 않았고 지주의 소유권만 인정되었다. ③ 토지 조사 사업의 결과에 대한 설명이다.

Answer 0861 ② 0862 ④ 0863 ② 0864 ② 0865 ① 0866 ④

☐☐☐ 고난도

0867 (가) 기구가 존속한 시기의 사람들이 볼 수 있었던 사실로 적절한 것은?

2018년 국가직 9급
유사 2016년 교육행정직 9급

지주는 조선 총독이 정하는 기간 내에 [(가)] 혹은 그것의 출장소 직원에게 신고해야 한다. 만약 제출을 태만히 하거나 신고서를 제출하지 않을 시에는 당국에서 해당 토지에 대해 소유권의 유무 등을 조사하다가 소유자를 알지 못하는 경우에 지주가 없는 것으로 간주하여 국유지로 편입할 수 있다.

① 조선 청년 연합회에 출입하는 일본인 고문
② 신문에 연재 중인 소설 『무정』을 읽는 학생
③ 연초 전매 제도에 따라 조합에 수매되는 담배
④ 의열단에 가입하는 신흥 무관 학교 출신 청년

☐☐☐

0868 1910년대 일제의 지배 정책으로 옳지 않은 것은?

2017년 국가직 7급(하)
유사 2018년 경찰 1차 / 2016년 지방직 7급 / 2014년 경찰간부 / 2013년 서울시 7급

① 일본인 업자에 특혜를 준 연초 전매령을 공포하였다.
② 총독의 자문 기관인 중추원 관제를 공포하였다.
③ 계몽 운동을 주도한 황성신문을 폐간하였다.
④ 농공 은행을 조선 식산 은행으로 개편하였다.

☐☐☐ 고난도

0869 다음 법령에 대한 설명으로 옳은 것은?

2016년 국가직 9급
유사 2019년 경찰 2차

제17관 임시 토지 조사국은 토지 대장 및 지도를 작성하고, 토지의 조사 및 측량한 것을 사정하여 확정한 사항 또는 재결을 거친 사항을 이에 등록한다.

① 토지와 임야를 함께 조사하도록 하였다.
② 토지 등급은 물론 지적, 결수, 지목 등을 신고하도록 하였다.
③ 지역별 지가와 그것의 1.3%를 지세로 하는 과세 표준을 명시하였다.
④ 본 법령에 따라 토지 소유를 증명하는 토지 가옥 증명 규칙과 시행 세칙이 공포되었다.

대표
유형

☐☐☐ 고난도

0870 다음 법령이 실시된 기간에 있었던 사실로 옳은 것은?

2020년 국가직 9급
유사 2018년 서울시 9급 / 2013년 서울시 9급 / 2011년 법원직 9급

제1조 국체를 변혁 또는 사유 재산제를 부인할 목적으로 결사를 조직하거나 그 정을 알고 이에 가입하는 자는 10년 이하의 징역 또는 금고에 처함.
제2조 전조의 제1항의 목적으로 그 목적한 사항의 실행에 관하여 협의한 자는 7년 이하의 징역 또는 금고에 처함.

① 조선 태형령이 공포되었다.
② 경성 제국 대학이 설립되었다.
③ 물산 장려 운동이 시작되었다.
④ 학도 지원병 제도가 실시되었다.

0871 다음 법령이 시행되던 시기에 있었던 사실로 옳은 것은?

2021년 경찰 1차
유사 2010년 지방직 9 · 7급

> 제2조 국어를 상용하는 자의 보통 교육은 소학교령, 중학교령 및 고등 여학교령에 의한다.
>
> 제3조 국어를 상용하지 않는 자에게 보통 교육을 하는 학교는 보통학교, 고등 보통학교 및 여자 고등 보통학교로 한다.
>
> 제5조 보통학교의 수업 연한은 6년으로 한다. 단, 지역의 정황에 따라 5년 또는 4년으로 할 수 있다.

① 사립 학교령이 공포되었다.
② 조선어가 선택 과목이 되었다.
③ 경성 제국 대학이 설립되었다.
④ 소학교가 국민학교로 개칭되었다.

0872 밑줄 친 '새로운 정책'에 대한 설명으로 옳은 것은?

2017년 교육행정직 9급
유사 2018년 지방직 7급 / 2018년 기상직 9급 / 2016년 경찰 2차 / 2014년 국가직 7급

> 신임 총독은 전임 총독이 시행한 정책에 대신해 새로운 정책을 실시하였다고 말한다. …(중략)… 신임 총독의 정책 중에서 그나마 주목할 만한 것이 있다면 지방 제도를 개정해 일정 금액 이상의 세금을 내는 조선인들에게 선거권을 주고 부 협의회 선거를 처음으로 실시한 것 정도이다. 하지만 그것도 자문 기구에 불과하다.

① 여자 정신 근로령을 발표하였다.
② 동아일보, 조선일보의 발행을 허용하였다.
③ 초등 교육 기관의 명칭을 국민학교로 바꾸었다.
④ 식민 통치 비용을 확보하고자 토지 조사 사업에 착수하였다.

문항	번호				틀린 이유
0867	①	②	③	④	
0868	①	②	③	④	
0869	①	②	③	④	
0870	①	②	③	④	
0871	①	②	③	④	
0872	①	②	③	④	

해설

0867 (가)는 토지 조사국이다. 토지 조사국은 1910년부터 1918년까지 존속하여 토지 조사 사업을 추진하였다. ② 1917년 이광수는 최초의 장편 소설인 『무정』을 매일신보에 연재하였다.

오답노트 ① 조선 청년 연합회는 1920년 서울에서 조직된 단체이다. ③ 연초 전매제는 1921년에 실시되었다. ④ 의열단은 1919년 만주에서 조직되었다.

0868 ① 일제는 1921년에 연초 전매제를 실시하였다.

오답노트 ② 일제는 1910년 중추원 관제를 공포하여 친일 성향의 한국인들을 명예직에 다수 임명하였다. ③ 황성신문은 1910년에 폐간되었다. ④ 조선 총독부는 6개의 농공 은행을 강제 합병하여 1918년 조선 식산 은행을 설립하였다.

0869 제시된 자료는 1912년에 제정된 토지 조사령이다. ② 토지 조사령 제4조에 나오는 내용이다. 이에 따르면 토지 소유주는 조선 총독이 정하는 기간 내에 주소, 씨명, 명칭, 소유지의 소재, 지목, 자번호, 사표, 등급, 지적, 결수를 임시 토지 조사국장에게 신고해야 한다.

오답노트 ① 일제는 토지 조사 사업에서 임야를 함께 조사하지 않았다. ③ 일제는 1914년에 지세령을 제정하여 지역별 지가와 지세 등을 확정하였다. ④ 토지 가옥 증명 규칙은 외국인의 부동산 소유를 확대한 법령으로, 1906년에 제정되었다.

0870 제시된 자료는 1925년에 제정된 치안 유지법의 내용으로, 치안 유지법은 1925년부터 1945년까지 적용되었다. ④ 일제는 1943년 학도 지원병 제도를 실시하여 학생들까지 전쟁터로 내몰았다.

오답노트 ① 조선 태형령이 공포된 것은 1912년의 일이다. ② 경성 제국 대학이 설립된 것은 1924년의 일이다. ③ 1920년에 평양에서 조만식을 중심으로 조선 물산 장려회를 조직하면서 물산 장려 운동이 시작되었다.

0871 제시된 자료는 제2차 조선 교육령에 규정된 내용이다. 제2차 조선 교육령은 1922년에 제정되어 1938년 제3차 조선 교육령이 제정되기 전까지 적용되었다. ③ 일제는 1924년 최초의 대학 기관으로 경성 제국 대학을 설립하였다.

오답노트 ① 1908년 일제는 사립 학교령을 발표하여 사립 학교의 민족 교육을 탄압하였다. ② 1938년 제3차 조선 교육령에 따라 조선어를 수의 과목(선택 과목)으로 지정하였다. ④ 1941년 국민학교령에 따라 소학교의 명칭을 '황국 신민학교'의 줄임말인 '국민학교'로 개칭하였다.

0872 제시된 자료의 밑줄 친 '새로운 정책'은 1920년대 문화 통치 방침에 따라 실시된 정책들을 일컫는다. ② 일제는 1920년에 동아일보와 조선일보 같은 우리말 신문의 창간을 허용하였다.

오답노트 ① 여자 정신 근로령은 1944년에 실시되었다. ③ 1941년의 일이다. ④ 토지 조사 사업은 1910년대인 무단 통치 시기에 실시되었다.

Answer 0867 ② 0868 ① 0869 ② 0870 ④ 0871 ③ 0872 ②

0873 1920년대 산미 증식 계획에 대한 설명으로 옳은 것은?

2015년 지방직 9급

① 춘궁 퇴치·자력갱생 등을 내세웠다.
② 쌀·잡곡에 대한 배급 제도와 공출 제도가 실시되었다.
③ 소작농을 보호한다는 명목으로 소작 조정령을 발표하였다.
④ 공업화로 인한 일본의 식량 부족 문제를 해결하고자 실시하였다.

0874 다음 ㉠의 추진 결과 나타난 현상으로 옳지 않은 것은?

2015년 서울시 9급

유사 2018년 서울시 7급 / 2014년 서울시 9급 / 2013년 국가직 7급

> 일본은 1910년대 이후 자본주의 경제가 급속하게 발전하면서 농민들이 도시에 몰려 식량 조달에 큰 차질이 빚어졌다. 이를 해결하기 위해 [㉠]을 추진하였는데, 이는 토지 개량과 농사 개량을 통해 식량 생산을 대폭 늘려 일본으로 더 많은 쌀을 가져가고 우리나라 농민 생활도 안정시킨다는 목표로 추진되었다.

① 쌀 생산량의 증가보다 일본으로의 수출량 증가가 두드러졌다.
② 만주로부터 조, 수수, 콩 등의 잡곡 수입이 증가하였다.
③ 한국인의 1인당 연간 쌀 소비량이 이전보다 줄어들었다.
④ 많은 수의 소작농이 이를 통해 자작농으로 바뀌었다.

0875 〈보기〉의 법을 한국에 적용한 이후 일본이 벌인 일로 가장 옳지 않은 것은?

2022년 서울시 9급

[보기]
- 정부는 전시에 국가 총동원상 필요한 때는 정하는 바에 따라 제국 신민을 징용하여 총동원 업무에 종사하게 할 수 있다.
- 정부는 전시에 국가 총동원상 필요한 때는 칙령이 정하는 바에 따라 물자의 생산·수리·배급·양도 및 기타의 처분·사용·소비·소지 및 이동에 관해 필요한 명령을 내릴 수 있다.

① 학도 지원병제와 징병제를 시행하였다.
② 헌병 경찰 제도를 실시하였다.
③ 국민 징용령을 공포하였다.
④ 여자 근로 정신령을 만들었다.

0876 중·일 전쟁 이후 조선 총독부가 시행한 민족 말살 정책이 아닌 것은?

2021년 국가직 9급

유사 2017년 경찰간부 / 2014년 경찰 2차 / 2013년 경찰간부

① 아침마다 궁성 요배를 강요하였다.
② 일본에 충성하자는 황국 신민 서사를 암송하게 하였다.
③ 공업 자원의 확보를 위하여 남면북양 정책을 시행하였다.
④ 황국 신민 의식을 강화하고자 소학교를 국민학교로 개칭하였다.

대표 유형

☐☐☐

0877 다음 법령에 대한 설명으로 옳지 않은 것은?

2017년 국가직 9급(하)

> (가) 제5조 회사가 본령이나 본령에 의거하여 발하는 명령과 허가 조건에 위반하거나 공공질서와 선량한 풍속에 반하는 행위를 할 때 조선 총독은 사업의 정지와 금지, 지점의 폐쇄, 또는 회사의 해산을 명령할 수 있다.
> (나) 제1조 국가 총동원이란 전시에 국방 목적을 달성하기 위해 국가의 전력을 가장 유효하게 발휘하도록 인적 및 물적 자원을 운용하는 것이다.
> 　제4조 정부는 전시에 국가 총동원상 필요할 때에는 칙령이 정하는 바에 따라 제국 신민을 징용하여 총동원 업무에 종사하게 할 수 있다.

① (가) - 회사령이다.
② (가) - 1920년대에 폐지되었다.
③ (나) - 국가 총동원법이다.
④ (나) - 일제가 태평양 전쟁을 일으킨 이후 제정하였다.

☐☐☐

0878 (가) 시기에 볼 수 있었던 모습으로 옳지 않은 것은?

2023년 국가직 9급

만주 사변 발생	(가)	태평양 전쟁 발발

① 소학교에 등교하는 조선인 학생
② 황국 신민 서사를 암송하는 청년
③ 제국신문 기사를 작성하는 기자
④ 쌍성보에서 항전하는 한국 독립당 군인

문항	번호				틀린 이유
0873	①	②	③	④	
0874	①	②	③	④	
0875	①	②	③	④	
0876	①	②	③	④	
0877	①	②	③	④	
0878	①	②	③	④	

해설

0873 ④ 제1차 세계 대전을 계기로 일본에서 자본주의가 발전함에 따라 도시 인구, 노동자 수가 폭발적으로 증가하고, 쌀의 수요도 급증하였다. 이러한 자국의 식량 문제를 해결하기 위해 일제는 산미 증식 계획을 실시하였다.
오답노트 ① 1932~1940년에 추진된 농촌 진흥 운동에 대한 설명이다. ② 일제는 군량의 확보를 위해 1940년부터 미곡 공출제를 실시하고, 미곡 소비량을 규제하기 위해서 1939년에 식량 배급에 관한 법령을 만들어 식량 배급 제도를 실시하였다. ③ 일제는 1932년 소작 조정령을 발표하였다. 이는 소작인과 지주 사이에 분쟁이 발생했을 때 당국에 조정 신청을 하는 법령으로, 대규모의 소작 쟁의 발생을 억제하기 위함이 목적이며, 산미 증식 계획과는 무관하다.

0874 제시된 자료의 ㉠은 1920년부터 전개된 산미 증식 계획이다. ④ 산미 증식 계획의 결과 농민들이 과다한 수리 조합비, 비료 대금 등을 부담함에 따라, 토지를 상실하고 화전민이 되거나 국외로 이주하는 경우가 많아졌다. 따라서 많은 수의 소작농이 자작농으로 바뀐 것이 아니라 반대로 많은 자작농들이 소작농이나 도시 빈민 등으로 몰락하는 경우가 많아졌다.
오답노트 ①,②,③ 산미 증식 계획에 대한 설명이다. ① 증산은 계획대로 이루어지지 않았으나, 수탈은 계획대로 진행되어 많은 양의 쌀이 일본으로 수출되었다. ②,③ 쌀의 증산량보다 수탈량이 훨씬 많자, 한국 내 식량 사정은 극도로 악화되었다(한국인의 1인당 연간 쌀 소비량이 이전보다 감소). 일제는 한국의 부족한 식량을 보충하기 위해 만주에서 조, 콩 등 잡곡을 수입했다.

0875 제시된 자료는 일제가 1938년에 제정한 국가 총동원법의 내용이다. 이 법은 1938년 5월 5일부터 한국에 적용되었다. ② 1910년대 무단 통치 시기에 일제는 헌병 경찰 제도를 실시하여 현역 군인인 헌병이 경찰 업무까지 담당하게 하였다.
오답노트 ① 학도 지원병제는 1943년부터, 징병제는 1944년부터 시행되었다. ③ 일제는 1939년에 징용령을 공포하여 강제적인 노무 동원을 실시하였다. ④ 여자 근로 정신령은 1944년에 제정되어, 일제는 정신대라는 이름으로 여성들을 전쟁에 동원하였다.

0876 중·일 전쟁은 1937년에 발발하였다. ③ 남면북양 정책은 1931년 만주 사변 이후부터 추진된 정책이다. 일제는 한반도 남부에 면화 재배를, 북부에는 양 사육을 강요하여 공업 원료를 수탈하고자 하였다.
오답노트 ① 중·일 전쟁 이후 일제는 일왕이 있는 일본 궁성을 향해 절을 하는 궁성 요배를 강요하였다. ② 일제는 1937년에 황국 신민 서사를 만들어, 다음해부터 일본어로 외우도록 하였다. ④ 일제는 1941년 국민학교령을 제정하여 소학교를 국민학교로 개칭하였다.

0877 (가)는 1910년 제정된 회사령, (나)는 1938년 제정된 국가 총동원법에 대한 내용이다. ④ 태평양 전쟁은 1941년에 발발했기 때문에 시기상 맞지 않다.
오답노트 ① (가)는 회사령에 대한 설명이다. ② 회사령은 1920년에 폐지되었다. ③ (나)는 국가 총동원법에 규정된 내용이다.

0878 만주 사변 발발은 1931년의 일이고, 태평양 전쟁이 발발한 것은 1941년의 일이다. 따라서 (가) 시기는 1931년부터 1941년까지를 일컫는다. ③ 제국신문은 1898년에 창간되어 1910년에 폐간되었다.
오답노트 ① 일제는 1938년 제3차 조선 교육령에 따라 학교 명칭과 교육 과정을 일본과 동일하게 고쳤다. 이에 따라 소학교(심상소학교)에도 조선인 학생이 등교할 수 있었다. ② 일제는 1937년 일본 왕의 백성으로 충성을 다하겠다는 내용의 황국 신민 서사를 만들어 일본어로 외우도록 하였다. ④ 한국 독립당의 산하 부대인 한국 독립군이 쌍성보에서 일본군을 격파한 것은 1932년의 일이다.

Answer 　0873 ④ 0874 ④ 0875 ② 0876 ③ 0877 ④ 0878 ③

□□□
0879 (가)에 들어갈 법령이 제정된 이후의 사실로 가장 옳은 것은?

2021년 법원직 9급

(가)
제4조 제국 신민을 징용하여 총동원 업무에 종사하게 할 수 있다. 단 병역법의 적용을 방해하지 않는다.
제7조 노동 쟁의의 예방 혹은 해결에 관하여 필요한 명령을 내리거나 작업소의 폐쇄, 작업 혹은 노무의 중지 등 노동 쟁의에 관한 행위의 제한 혹은 금지를 행할 수 있다.
제8조 물자의 생산·수리·배급·양도 기타의 처분, 사용·소비·소지 및 이동에 관하여 필요한 명령을 내릴 수 있다.

① 중국 본토에서 중·일 전쟁이 발발하였다.
② 백남운이 『조선사회경제사』를 저술하였다.
③ 조선 사상범 예방 구금령이 제정·공포되었다.
④ 양세봉의 조선 혁명군이 영릉가 전투에서 승리하였다.

□□□
0880 밑줄 친 ㉠, ㉡에 대한 설명으로 옳은 것은?

2019년 지방직 9급

유사 2016년 사회복지직 9급 / 2013년 서울시 7급 / 2010년 법원직 9급

신고산이 우르르 함흥차 가는 소리에 ㉠지원병 보낸 어머니 가슴만 쥐어뜯고요 …(중략)… 신고산이 우르르 함흥차 가는 소리에 ㉡정신대 보낸 어머니 딸이 가엾어 울고요

① ㉠ - 학생들도 모집 대상이었다.
② ㉠ - 처음에는 징병제에 따라 동원되기 시작하였다.
③ ㉡ - 국민 징용령에 근거한 조직이었다.
④ ㉡ - 물자 공출 장려를 목표로 결성하였다.

□□□ 고난도
0881 다음의 법률에 근거하여 실시된 식민지 정책으로 옳지 않은 것은?

2018년 국가직 9급

제4조 정부는 전시에 국가 총동원상 필요하다고 인정될 때에는 칙령이 정하는 바에 따라서 제국 신민을 징용하여 총동원 업무에 종사하도록 할 수 있다.
제7조 정부는 칙령이 정하는 바에 따라 노동 쟁의의 예방 혹은 해결에 관한 명령, 작업소 폐쇄, 작업 혹은 노무의 중지 …(중략)… 등을 명할 수 있다.

① 국민 징용령을 공포하여 강제적인 노무 동원을 실시하였다.
② 금속류 회수령을 제정하여 주요 군수 물자를 공출하였다.
③ 육군 특별 지원병령을 제정하여 지원병을 선발하였다.
④ 물자 통제령을 공포하여 배급제를 확대하였다.

□□□
0882 소설에 묘사된 시기에 볼 수 있던 장면으로 가장 옳지 않은 것은?

2016년 법원직 9급

유사 2013년 지방직 9급 / 2012년 지방직 7급

김군과 그의 아버지는 경찰서에 가서 새로운 이름을 등록해야 했다. 새 이름은 귀에 설게 들렸다. '이와모토' 새 이름을 입에 담아 보았다. 우리의 새 이름, 나의 새 이름, '이와'─암석(岩), '모토'─토대(本), '이와모토'─岩本. '그래, 이게 우리의 다른 이름, 일본식 이름이야.' ── 재미 동포 리처드 김의 자전적 소설

① 국가 총동원법이 시행되었다.
② 학생들이 황국 신민 서사를 암송하였다.
③ 회사령이 제정되고 한국인의 회사 설립이 어려워졌다.
④ 국민 징용령을 근거로 한국인이 공장에 강제 동원되었다.

□□□
0883 다음 법이 공포된 이후 나타난 일제의 지배 정책에 대한 설명으로 옳지 않은 것은?

2015년 지방직 9급

유사 2014년 법원직 9급 / 2012년 경찰간부

제4조 정부는 전시에 국가 총동원상 필요할 때에는 칙령이 정하는 바에 따라 제국 신민을 징용하여 총동원 업무에 종사하게 할 수 있다.

① 마을에 애국반을 편성하여 일상생활을 통제하였다.
② 일본식 성과 이름으로 고치는 창씨개명을 시행하였다.
③ 여성에게 작업복인 몸뻬라는 바지의 착용을 강요하였다.
④ 토지 현황 파악을 위해 전국적으로 토지 소유권을 조사하였다.

□□□
0884 다음 법령의 시행기에 있었던 사실로 옳지 않은 것은?

2012년 법원직 9급

제2조 국어를 상용하는 자의 보통 교육은 소학교령, 중학교령 및 고등 여학교령에 의함.
제3조 국어를 상용치 아니하는 자의 보통 교육을 하는 학교는 보통학교, 고등 보통학교 및 여자 고등 보통학교로 함.
제5조 보통학교의 수업 연한은 6년으로 함. 보통학교에 입학하는 자는 연령 6년 이상의 자로 함.
제7조 고등 보통학교의 수업 연한은 5년으로 함. 고등 보통학교에 입학하는 자는 수업 연한 6년의 보통학교를 졸업한 자 또는 조선 총독이 정하는 바에 의하여 이와 동등 이상의 학력이 있다고 인정된 자로 함.

① 치안 유지법이 제정되었다.
② 경성 제국 대학이 설립되었다.
③ 조선어 학회 사건이 발생하였다.
④ 브나로드 운동과 문자 보급 운동이 전개되었다.

문항	번호				틀린 이유
0879	①	②	③	④	
0880	①	②	③	④	
0881	①	②	③	④	
0882	①	②	③	④	
0883	①	②	③	④	
0884	①	②	③	④	

해설

0879 제시된 자료는 1938년에 제정된 국가 총동원법의 내용이다. ③ 조선 사상범 예방 구금령이 제정·공포된 것은 국가 총동원법 제정 이후인 1941년의 일이다.

오답노트 ① 중·일 전쟁이 발발한 것은 1937년의 일이다. ② 백남운이 『조선 사회경제사』를 저술한 것은 1933년의 일이다. ④ 양세봉이 이끄는 조선 혁명군이 영릉가 전투에서 승리한 것은 1932년의 일이다.

0880 ① 일제는 1943년 학도 지원병 제도를 실시하여 학생들까지 전쟁터로 끌고 갔다.

오답노트 ② 일제는 처음에는 모집 형식으로, 나중에는 알선 형식으로 인력을 동원했으나 병력 부족이 심각해지자 1944년부터 징병제를 조선에 도입하였다. ③ 정신대는 1944년 여자 정신 근로령에 근거하여 조직되었다. ④ 정신대는 여성들을 전쟁에 동원한 제도이다.

0881 제시된 자료는 국가 총동원법의 내용이다. 국가 총동원법은 1938년 4월에 공포되고, 5월 5일부터 시행되었다. ③ 육군 특별 지원병제는 국가 총동원법 시행 이전인 1938년 2월에 공포된 법령으로, 일제의 침략 전쟁 확대에 따른 병력 부족을 해소할 목적으로 실시되었다.

오답노트 ①,②,④ 국가 총동원법은 구체적인 통제 방법을 명시하지 않았기 때문에 그 후 국민 징용령을 비롯한 각종 후속 법령을 잇따라 제정하여 필요에 따라 인원과 물자를 통제할 수 있었다. ① 일제는 1939년 국민 징용령을 실시하여 한국인을 전쟁을 위한 노동자로 끌고 갔다. ② 일제는 1941년 금속류 회수령을 공포하고 쇠붙이를 약탈하여 전쟁 무기를 만드는데 사용하였다. ④ 일제는 1941년 물자 통제령을 공포하여 배급제를 확대하였다.

0882 제시된 자료는 민족 말살 통치 시기에 시행된 '창씨개명'을 다루고 있다. ③ 회사령은 1910년에 제정되었고 1920년에 폐지되었다.

오답노트 ① 국가 총동원법은 1938년에 시행되었다. ② 1937년에 황국 신민 서사를 만들어 일본어로 외우도록 하였다. ④ 국민 징용령은 1939년에 실시되었다.

0883 제시된 자료는 일제가 1938년에 제정한 국가 총동원법이다. ④ 일제는 1910년대 토지 조사 사업을 전국적으로 추진하였다.

오답노트 ① 일제는 국가 총동원법 공포 직후에 국민 정신 총동원 조선 연맹을 조직하고, 그 아래에 10호 단위로 편성되는 애국반을 두고 한국인의 일상생활을 통제하였다. ② 일제는 1940년부터 창씨개명을 실시하여 우리의 성과 이름을 일본식으로 바꾸도록 강요하였다. ③ 1940년대 전시 체제로 전환됨에 따라 여자는 치마 대신 일본 농촌 여성의 작업복인 몸뻬라는 바지를 입어야 했다.

0884 제시된 자료는 제2차 조선 교육령이다. 제2차 조선 교육령은 1922년에 제정된 이래로 1938년 제3차 조선 교육령이 제정될 때까지 적용되었다. ③ 조선어 학회 사건은 1942년에 발생한 사건이다.

오답노트 ① 치안 유지법은 1925년에 제정되었다. ② 경성 제국 대학은 1924년에 설립되었다. ④ 브나로드 운동(동아일보)은 1931년에 시작되었으며, 문자 보급 운동(조선일보)은 1929년에 시작되었다. 두 활동 모두 1935년에 중단되었다.

Answer 0879 ③ 0880 ① 0881 ③ 0882 ③ 0883 ④ 0884 ③

PART 07

0885 일제의 식민지 정책을 시기순으로 바르게 나열한 것은?

2011년 국가직 9급

유사 2016년 국가직 7급 / 2014년 지방직 7급 / 2014년 경찰 1차 / 2013년 국가직 7급 / 2010년 지방직 7급

> ㉠ 농촌 경제의 안정화를 명분으로 농촌 진흥 운동을 전개하였다.
> ㉡ 학도 지원병 제도를 강행하여 학생들을 전쟁터로 내몰았다.
> ㉢ 회사령을 철폐하여 일본 자본이 조선에 자유롭게 유입될 수 있게 하였다.
> ㉣ 토지의 소유권과 가격에 대한 대대적인 조사를 진행하였다.

① ㉢ - ㉣ - ㉠ - ㉡
② ㉢ - ㉣ - ㉡ - ㉠
③ ㉣ - ㉢ - ㉠ - ㉡
④ ㉣ - ㉢ - ㉡ - ㉠

0886 다음과 같은 조선 교육령이 발표된 때와 가장 가까운 시기에 시행한 일제의 정책은?

2008년 법원직 9급

> 제1조 소학교는 국민 도덕의 함양과 보통의 지능을 갖게 함으로써 충량한 황국 신민을 육성하는 데 있다.
> 제13조 소학교의 교과목은 수신·국어(일어)·산술·국사·지리·이과·직업·도화이다. 조선어는 수의(隨意: 선택) 과목으로 한다.

① 토지 조사 사업을 실시하여 소작농들의 경작권을 박탈하였다.
② 관세 철폐령을 내려 일본 상품의 조선 진출의 길을 확대하였다.
③ 한국인의 전시 동원을 위한 국가 총동원령을 발표하였다.
④ 징병제를 실시하여 20만여 명의 조선 청년들을 징집하였다.

3·1 운동

대표유형

0887 다음 주장을 내세운 민족 운동은?

2024년 지방직 9급

유사 2020년 소방직 9급

> 1. 오늘날 우리의 이 행동은 정의와 인도 그리고 생존과 존엄함을 지키기 위한 민족적 요구에서 나온 것이니, 오직 자유로운 정신을 발휘할 것이며 결코 배타적 감정으로 치닫지 말라.
> 1. 마지막 한 사람까지 마지막 한순간까지 민족의 정당한 의사를 마음껏 발표하라.
> 1. 일체의 행동은 무엇보다 질서를 존중하며, 우리의 주장과 태도를 어디까지나 떳떳하고 정당하게 하라.

① 3·1 운동
② 6·10 만세 운동
③ 물산 장려 운동
④ 민립 대학 설립 운동

0888 다음 자료에 대한 설명으로 옳지 않은 것은?

고난도

2016년 기상직 7급

유사 2016년 경찰간부

> 융희 황제가 삼보(三寶: 토지·인민·정치)를 포기한 8월 29일은 즉 우리 동지가 삼보를 계승한 8월 29일이니, 그동안에 한 순간도 숨을 멈춘 적이 없음이라. 우리 동지는 완전한 상속자니 저 황제권 소멸의 때가 즉 민권 발생의 때요, 구한국 최후의 날은 즉 신한국 최초의 날이니 …(후략)…

① 3·1 운동 직후에 작성되었다.
② 임시 정부의 수립을 주장하였다.
③ 공화주의 사상이 표방되어 있다.
④ 신규식, 박은식, 신채호 등이 발표하였다.

대표유형

□□□

0889 자료에 나타난 민족 운동에 대한 설명으로 가장 옳은 것은?

2022년 법원직 9급
유사 2019년 기상직 9급

> 동대문 밖에서 다시 한 번 일대 시위 운동이 일어났다. 이 날은 태황제의 인산날이었으므로 망곡하러 모인 군중이 수십 만이었다. 인산례(因山禮)가 끝나고 융희제(순종)와 두 분의 친왕 이하 여러 관료와 궁속들이 돌아오다가 청량리에 이르렀다. 이때 곡소리와 만세 소리가 일시에 폭발하여 천지가 진동하였다.

① 신간회의 후원으로 확산되었다.
② 대한민국 임시 정부 수립에 영향을 주었다.
③ 준비 과정에서 천도교와 조선 공산당 등이 연대하였다.
④ 한국인 학생과 일본인 학생 사이의 충돌에서 비롯되었다.

□□□

0890 (가) 시기에 있었던 사실로 옳은 것은?

2024년 국가직 9급

	(가)	
제1차 조선 교육령 발표		제2차 조선 교육령 발표

① 경성 제국 대학이 설립되었다.
② 근대 교육 기관인 육영 공원이 설립되었다.
③ 일본에서 2·8 독립 선언서가 발표되었다.
④ 보안회의 주도로 일본의 황무지 개간권 반대 운동이 일어났다.

문항	번호				틀린 이유
0885	①	②	③	④	
0886	①	②	③	④	
0887	①	②	③	④	
0888	①	②	③	④	
0889	①	②	③	④	
0890	①	②	③	④	

해설

0885 ② 토지 조사 사업은 1910년부터 1918년까지 추진되었다. ⓒ 회사령은 1920년에 폐지되었다. ㉠ 농촌 진흥 운동은 1932년부터 1940년까지 실시하였다. ㉢ 일제는 1943년 학도 지원병 제도를 통해 학생들까지 전쟁에 동원하였다.

0886 제시된 자료는 1938년에 제정된 제3차 조선 교육령의 내용이다. 일본어 사용 강요와 황국 신민화 정책은 1930년대의 특징이다. ③ 국가 총동원령은 1938년에 발표되었다.

오답노트 ① 1910년대에 대한 설명이다. ② 1923년 일제는 조선과 일본 간의 관세를 철폐하였다. ④ 1944년의 일이다.

0887 제시된 자료는 3·1 독립 선언서(공약 3장)의 내용이다. ① 3·1 운동 당시, 최남선이 독립 선언서의 초고를 완성하였고, 한용운이 공약 3장을 추가하였다. 일원화, 대중화, 비폭력화의 원칙을 정하고 우리 민족의 강렬한 독립 의지를 전 세계에 알렸다.

0888 제시된 자료는 1917년에 발표된 대동단결 선언이다. ① 대동단결 선언은 3·1 운동 이전에 작성되었다.

오답노트 ② 대동단결 선언은 임시 정부의 수립을 목표로 작성 및 발표되었다. ③ 대동단결 선언에는 공화주의 사상을 표방하고 있으며, 이를 통해 공화주의와 복벽주의 논쟁의 종지부를 찍게 되었다. ④ 대동단결 선언은 신규식, 박은식, 신채호, 조소앙 등 14인이 발기하여 작성하였다.

0889 제시된 자료는 1919년 3·1 운동의 발발 과정을 서술하고 있다. ② 3·1 운동을 계기로 독립운동을 이끌어 갈 지도부의 필요성이 대두되었으며, 결과적으로 대한민국 임시 정부가 수립되었다.

오답노트 ① 3·1 운동은 신간회(1927) 결성 이전인 1919년에 발발했기 때문에 시기상 적절하지 않다. ③ 1926년 6·10 만세 운동에 대한 설명이다. ④ 1929년 광주 학생 항일 운동에 대한 설명이다.

0890 제1차 조선 교육령은 1911년에 발표되었고, 제2차 조선 교육령은 1922년에 발표되었다. ③ 최팔용 등 일본 유학생들을 중심으로 조직된 조선 청년 독립단은 1919년 도쿄에서 2·8 독립 선언서를 발표하였다. 이는 3·1 운동 발발에 직접적인 영향을 주었다.

오답노트 ① 경성 제국 대학이 설립된 것은 1924년의 일이다. ② 육영 공원은 근대 시기인 1886년에 설립되었다. ④ 1904년 보안회가 중심이 되어 일본의 황무지 개간권 반대 운동을 전개하였다.

Answer 0885 ③ 0886 ③ 0887 ① 0888 ① 0889 ② 0890 ③

0891 밑줄 친 ㉠ 이후에 일어난 사실로 옳지 않은 것은?

2019년 국가직 9급

유사 2009년 국가직 7급

> 상쾌한 아침의 나라라는 뜻을 지닌 조선은 일본의 총칼 아래 민족 정신을 무참하게 유린당했다. …(중략)… 조선 민족은 독립 항쟁을 줄기차게 계속하였다. 그 중에서도 중요한 것은 ㉠1919년의 독립 만세 운동이었다.
> – 네루, 『세계사 편력』

① 암태도 소작 쟁의가 일어났다.
② 정우회 선언이 발표되었다.
③ 임병찬이 독립 의군부를 조직하였다.
④ 조선 민립 대학 기성회가 창립되었다.

0892 밑줄 친 '시위'에 대한 설명으로 옳은 것은?

2015년 교육행정직 9급

유사 2014년 국가직 9급 / 2013년 법원직 9급

> 토요일 오후 서울에서 수천 명의 한인들이 집회를 열고 가두를 따라 시위를 벌였다. …(중략)… 시위자들은 독립 선언서를 배포하였고 길 옆 행인들을 향해 연설했다. 지방 각 도·군의 백성들도 오늘 서울로 올라와 전 황제의 국장을 지켜보았다. 헌병들이 이미 몇백 명을 연행했다고 한다.
> – 중국신보, 19○○년 ○월 ○일

① 광주에서 시작되어 전국으로 확산되었다.
② 조선 학생 과학 연구회를 중심으로 계획되었다.
③ 대한매일신보, 제국신문 등 언론의 지원을 받았다.
④ 도쿄에서 발표된 2·8 독립 선언에 자극을 받았다.

대한민국 임시 정부의 수립과 활동

0893 (가)~(라)는 대한민국 임시 정부와 관련한 사실이다. 이를 시기순으로 바르게 나열한 것은?

2024년 국가직 9급

> (가) 한인 애국단 창설
> (나) 한국 광복군 창설
> (다) 국민 대표 회의 개최
> (라) 주석·부주석제로 개헌

① (가) → (다) → (나) → (라)
② (가) → (라) → (다) → (나)
③ (다) → (가) → (나) → (라)
④ (다) → (나) → (가) → (라)

0894 다음과 같은 선포문을 발표하면서 성립한 정부의 정책으로 옳지 않은 것은?

2023년 국가직 9급

> 제1조 대한민국은 민주 공화제로 함.
> …(중략)…
> 민국 원년 3월 1일 우리 대한민족이 독립을 선언한 뒤 …(중략)… 이제 본 정부가 전 국민의 위임을 받아 조직되었으니 전 국민과 더불어 전심(專心)으로 힘을 모아 국토 광복의 대사명을 이룰 것을 선서한다.

① 독립 공채를 발행하였다.
② 기관지로 독립신문을 발간하였다.
③ 비밀 행정 조직인 연통부를 설치하였다.
④ 재정 확보를 위하여 전환국을 설립하였다.

□□□

0895 (가)에 대한 설명으로 옳은 것은?

2022년 국가직 9급

유사 2011년 지방직 9급 / 2011년 경북 교행 / 2008년 국가직 7급

> 3·1 운동 직후에 만들어진 (가) 은/는 연통제라는 비밀 행정 조직을 만들었으며, 국내 인사와의 연락과 이동을 위해 교통국을 두었다. 또 외교 선전물을 간행하여 일제 침략의 부당성을 널리 알리고자 하였다. 그러나 이러한 활동은 뚜렷한 성과를 내지 못하였다. 그러한 가운데 (가) 의 활동 방향을 두고 외교 운동 노선과 무장 투쟁 노선 사이에서 갈등이 빚어지기도 하였다.

① 외교 운동을 위해 미국에 구미 위원부를 설치하였다.
② 비밀 결사 운동을 추진하고자 독립 의군부를 만들었다.
③ 이인영, 허위 등을 중심으로 서울 진공 작전을 추진하였다.
④ 영국인 베델을 발행인으로 한 대한매일신보를 창간하였다.

□□□

0896 밑줄 친 '회의'에서 있었던 사실은?

2021년 국가직 9급

유사 2017년 국가직 7급

> 본 회의는 2천만 민중의 공정한 뜻에 바탕을 둔 국민적 대화합으로 최고의 권위를 가지고 국민의 완전한 통일을 공고하게 하며, 광복 대업의 근본 방침을 수립하여 우리 민족의 자유를 만회하며 독립을 완성하기를 기도하고 이에 선언하노라. … 본 대표 등은 국민이 위탁한 사명을 받들어 국민적 대단결에 힘쓰며 독립운동이 나아갈 방향을 확립하여 통일적 기관 아래에서 대업을 완성하고자 하노라.

① 대한민국 건국 강령이 상정되었다.
② 박은식이 임시 대통령으로 선출되었다.
③ 민족 유일당 운동 차원에서 조선 혁명당이 참가하였다.
④ 임시 정부를 대체할 새로운 조직을 만들자는 주장이 나왔다.

문항	번호				틀린 이유
0891	①	②	③	④	
0892	①	②	③	④	
0893	①	②	③	④	
0894	①	②	③	④	
0895	①	②	③	④	
0896	①	②	③	④	

해설

0891 제시된 자료의 밑줄 친 ㉠ 1919년의 독립 만세 운동은 1919년의 3·1 운동을 일컫는다. ③ 독립 의군부는 의병장으로 활동하였던 임병찬이 고종 황제의 비밀 지령을 받아 의병들을 규합하여 결성한 단체로, 1912년에 조직되었다.

오답노트 ① 1923년의 일이다. ② 1926년의 일이다. ④ 이상재, 이승훈, 윤치호, 김성수, 송진우 등이 조선 민립 대학 기성 준비회를 결성한 것은 1922년의 일이다.

0892 제시된 자료의 '독립 선언서를 배포~', '헌병들이~' 등의 내용을 통해 밑줄 친 시위는 1919년의 3·1 운동임을 짐작할 수 있다. ④ 3·1 운동은 윌슨의 민족 자결주의, 국외에서 발표된 독립 선언서들(중국-무오 독립 선언서, 일본 -2·8 독립 선언서) 등에 자극을 받았다.

오답노트 ① 1929년의 광주 학생 항일 운동, ② 1926년의 6·10 만세 운동에 대한 설명이다. ③ 대한매일신보와 제국신문은 1910년에 폐간되었다.

0893 (다) 임시 정부 내에서 독립운동의 노선을 둘러싼 갈등이 나타났다. 각계의 독립운동 지도자들은 이 국면을 타개하고자 1923년 상하이에서 국민 대표 회의를 열어 독립운동의 새로운 방향을 모색하고자 하였다. (가) 김구는 임시 정부의 침체를 극복하기 위해 1931년 상하이에서 한인 애국단을 창설하였다. (나) 충칭에 정착한 임시 정부는 1940년 한국 광복군을 조직하였다. (라) 임시 정부는 1944년 5차 개헌을 통해 주석·부주석제로 개편하였다.

0894 제시된 자료는 1919년에 발표된 대한민국 임시 헌장의 내용이다. ④ 화폐 주조 기관인 전환국이 설치된 것은 근대 시기인 1883년의 일이다.

오답노트 ① 임시 정부는 독립 공채를 발행하여 독립운동 자금을 충당하였다. ② 임시 정부는 임시 정부의 기관지로 독립신문을 간행하였다. ③ 임시 정부는 비밀 행정 조직인 연통제를 만들어 국내와 연락하였다.

0895 제시된 자료는 임시 정부의 활동에 대해 서술하고 있다. ① 임시 정부는 미국에 구미 위원부를 설치하여 한국의 독립 문제를 국제 사회에 널리 알리기 위한 외교 활동을 전개하였다.

오답노트 ② 독립 의군부는 임시 정부가 수립되기 이전인 1912년에 국내에서 결성된 단체이다. ③ 서울 진공 작전은 정미의병 때인 1908년에 추진되었다. ④ 대한매일신보가 창간된 것은 근대 시기인 1904년의 일이다.

0896 제시된 자료는 국민 대표 회의 선언문으로, 밑줄 친 '회의'는 1923년에 개최된 국민 대표 회의를 일컫는다. ④ 국민 대표 회의에서는 현 임시 정부를 해산하고 새로운 정부를 세우자는 창조파와, 현 임시 정부의 조직을 개편하여 존속시키자는 개조파로 양분되어 대립하였다.

오답노트 ① 대한민국 건국 강령이 발표된 것은 국민 대표 회의 개최 이후인 1941년의 일이다. ② 국민 대표 회의 개최 이후인 1925년의 일이다. ③ 국민 대표 회의와는 관련 없는 내용이다. 1935년 지청천의 조선 혁명당, 조소앙의 한국 독립당은 민족 혁명당 창당에 참여하였다.

Answer 0891 ③ 0892 ④ 0893 ③ 0894 ④ 0895 ① 0896 ④

PART 07

0897 (가) 단체의 활동에 대한 설명으로 옳은 것은?

2021년 지방직 9급

탑골 공원에 모인 수많은 학생과 시민이 독립 선언식을 거행하고 만세를 부르며 거리를 행진하였다. 이후 만세 시위는 전국으로 확산하였다. 이 운동을 계기로 독립운동가 사이에는 독립운동을 더욱 조직적으로 전개하자는 공감대가 형성되어 <u>(가)</u> 이/가 만들어졌다. <u>(가)</u> 은/는 구미 위원부를 설치하는 등 적극적으로 독립운동을 펼쳐 나갔다.

① 대동단결 선언을 발표하였다.
② 국내와의 연락을 위해 교통국을 두었다.
③ 독립군을 양성하기 위해 신흥 무관 학교를 설립하였다.
④ 「조선 혁명 선언」을 강령으로 삼아 의열 투쟁을 전개하였다.

0898 밑줄 친 ㉠~㉣에 대한 설명으로 옳은 것을 〈보기〉에서 모두 고른 것은?

2021년 법원직 9급

대한민국 임시 정부는 1921년을 고비로 ㉠<u>위기</u> 상태에 빠졌다. 임시 정부 내에서 ㉡<u>독립운동의 노선</u>을 둘러싼 갈등도 나타났다. 각계의 독립운동 지도자들은 이 국면을 타개하고자 국민 대표 회의를 열어 독립운동의 새로운 방향을 모색하였다. 하지만 임시 정부의 진로 문제를 놓고 ㉢<u>개조파</u>와 창조파가 대립하여 회의는 결렬되었다. 이후 ㉣<u>지도 체제</u>가 개편되었지만 대한민국 임시 정부는 한동안 침체 상태에 빠졌다.

─[보기]─
ㄱ. ㉠ - 교통국과 연통제 조직이 일제에 발각되었다.
ㄴ. ㉡ - 외교 활동에 대한 무장 투쟁론자의 비판이 거세졌다.
ㄷ. ㉢ - 주로 외교론을 비판하는 무장 투쟁론자들로 구성되었다.
ㄹ. ㉣ - 헌법을 고쳐 대통령 중심의 집단 지도 체제로 전환하였다.

① ㄱ, ㄴ   ② ㄱ, ㄹ
③ ㄴ, ㄷ   ④ ㄷ, ㄹ

0899 다음 대한민국 임시 정부에 대한 설명을 시기순으로 바르게 나열한 것은?

2017년 국가직 7급

㉠ 중국 국민당 정부를 따라 충칭으로 이동하였다.
㉡ 부주석제를 신설하여 김규식을 부주석으로 하였다.
㉢ 김원봉이 이끄는 조선 의용대를 한국 광복군에 편입하였다.
㉣ 조소앙의 삼균주의를 기초로 하는 대한민국 건국 강령을 발표하였다.

① ㉠ - ㉣ - ㉢ - ㉡   ② ㉡ - ㉠ - ㉣ - ㉢
③ ㉢ - ㉡ - ㉠ - ㉣   ④ ㉣ - ㉢ - ㉡ - ㉠

0900 (가)에 들어갈 내용으로 옳은 것은?

2017년 교육행정직 9급
유사 2016년 사회복지직 9급

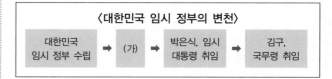

〈대한민국 임시 정부의 변천〉

| 대한민국 임시 정부 수립 | → | (가) | → | 박은식, 임시 대통령 취임 | → | 김구, 국무령 취임 |

① 한국 국민당 창당
② 국민 대표 회의 개최
③ 대한민국 건국 강령 발표
④ 한국 광복 운동 단체 연합회 결성

□□□
0901 다음은 국민 대표 회의를 둘러싼 여러 정치 세력의 주장이다. (가)~(다)에 대한 설명으로 가장 옳은 것은?

2012년 법원직 9급
유사 2006년 국가직 9급

정치 세력	주장
(가)	• 대한민국 임시 정부 개조 • 민족주의 실력 양성
(나)	• 새로운 대한민국 임시 정부 건설 • 무장 투쟁 강조
(다)	• 임시 정부 유지 • 국민 대표 회의 불참

① (가)-국민 대표 회의의 개최를 처음 요구하였다.
② (나)-이승만의 독립 청원서 제출을 비판하였다.
③ (다)-연해주 지역에서 활동하던 인물들을 중심으로 구성되었다.
④ (가), (나)-국무령 중심의 집단 지도 체제를 제기하였다.

국내의 항일 운동(+의열단, 한인애국단)

대표 유형

□□□
0902 밑줄 친 ㉠, ㉡에 대한 설명으로 옳은 것은?

2015년 국가직 9급
유사 2013년 경찰 2차

일제의 가혹한 탄압으로 독립운동은 큰 제약을 받게 되었다. 그러나 그러한 제약 속에서도 비밀 결사의 형태로 독립운동 단체가 결성되었다. ㉠독립 의군부와 ㉡대한 광복회는 모두 이러한 비밀 결사 단체였다.

① ㉠은 공화국의 건설을 목표로 하였다.
② ㉡은 고종의 비밀 지령을 받아 조직되었다.
③ ㉠과 ㉡은 모두 1910년대 국내에서 결성된 단체이다.
④ ㉠은 박상진을 중심으로, ㉡은 임병찬을 중심으로 한 조직이었다.

문항	번호				틀린 이유
0897	①	②	③	④	
0898	①	②	③	④	
0899	①	②	③	④	
0900	①	②	③	④	
0901	①	②	③	④	
0902	①	②	③	④	

해설

0897 제시된 자료는 3·1 운동에 대한 내용으로, (가) 단체는 임시 정부이다. 3·1 운동을 계기로 독립운동을 조직적으로 전개할 정부의 필요성에 대해 공감대가 형성되었다. 이에, 서울·연해주·상하이에 각각 정부가 조직되었고, 마침내 이들 정부를 통합하여 1919년 9월 상하이에 대한민국 임시 정부를 수립하였다. ② 임시 정부는 국내와의 연결을 위해 비밀 행정 조직망인 연통제와 교통국을 운영하였다.

오답노트 ① 임시 정부의 수립 이전인 1917년 상하이에서 신규식, 신채호, 조소앙 등이 대동단결 선언을 발표하였다. ③ 신흥 무관 학교는 이회영·이시영 등 신민회 회원들이 설립하였다. ④ 의열단에 대한 설명이다.

0898 ㄱ. 1921년 무렵, 일제의 집요한 감시와 탄압으로 연통제와 교통국의 조직이 철저하게 파괴되면서, 임시 정부는 자금난과 인력난을 겪는 등 위기상태에 빠졌다. ㄴ. 외교 활동의 성과가 없자 임시 정부 내에서는 무장 독립 투쟁론, 외교 독립론, 실력 양성론 등 독립운동의 방략을 둘러싸고 노선 갈등이 일어났다. 특히, 외교 활동에 대한 무장 독립 투쟁론자들의 비판이 거세게 일어났다.

오답노트 ㄷ. 창조파에 대한 설명이다. 개조파는 안창호, 박은식 등으로 민족주의 실력 양성을 강조하고, 임시 정부 개조를 주장하였다. ㄹ. 임시 정부는 1925년 지도 체제를 개편하여 대통령 중심제에서 국무령 중심의 내각 책임제로 바꾸었다.

0899 ㉠ 임시 정부는 중국 국민당 정부를 따라 이동하다가 1940년 충칭에 정착하였다. ㉢ 임시 정부는 1941년 삼균주의를 바탕으로 하는 대한민국 건국 강령을 발표하였다. ㉣ 1942년 김원봉이 이끄는 조선 의용대가 한국 광복군에 편입하였다. ㉡ 1944년 임시 정부는 5차 개헌을 통해 주석·부주석 체제로 개편하였다.

0900 대한민국 임시 정부는 1919년 9월에 수립되었고, 박은식이 임시 정부의 2대 대통령으로 선임된 것은 1925년의 일이다. 따라서 (가)는 1919년~1925년 사이의 일이다. ② 국민 대표 회의는 1923년에 개최되었다.

오답노트 ① 한국 국민당은 1935년에 창당되었다. ③ 대한민국 건국 강령은 1941년에 발표되었다. ④ 한국 광복 운동 단체 연합회는 1937년에 결성되었다.

0901 (가)는 개조파, (나)는 창조파, (다)는 현상 유지파이다. ② 신채호 등의 창조파는 이승만의 위임 통치안 제출을 비판하면서 국민 대표 회의 개최를 요구하였다.

오답노트 ① 창조파에 대한 설명이다. ③ 현상 유지파는 김구 등 상해 지역에서 활동하던 인물들을 중심으로 구성되었다. ④ 임시 정부는 국민 대표 회의 결렬 이후, 보다 많은 독립운동가의 참여를 유도하기 위하여 국무령 중심의 내각 책임제로 정치 체제를 바꾸었다. 그리고 개조파와 창조파에 속했던 인물들 중 많은 인원은 국민 대표 회의 결렬 이후 임시 정부를 이탈했기 때문에 해당 선지는 적절하지 않다.

0902 ③ 독립 의군부는 1912년에, 대한 광복회는 1915년에 국내에서 결성된 비밀 결사 단체이다.

오답노트 ① 독립 의군부는 조선 왕조의 회복을 추구하는 복벽주의를 표방하였다. ② 독립 의군부에 대한 설명이다. ④ 독립 의군부는 의병장으로 활동했던 임병찬을 중심으로, 대한 광복회는 박상진·김좌진 등을 중심으로 결성되었다.

Answer 0897 ② 0898 ① 0899 ① 0900 ② 0901 ② 0902 ③

0903 〈보기〉의 밑줄 친 '이 단체'에 대한 설명으로 가장 옳은 것은?

2022년 서울시 9급
유사 2018년 경찰 2차

─[보기]─

이 단체는 조선 국권 회복단의 박상진이 풍기 광복단과 제휴하여 조직하였다. 무력 투쟁을 통한 독립을 목표로 하였고, 군자금 모집, 독립군 양성, 무기 구입, 친일 부호 처단 등 활동을 계속하였다.

① 독립군 양성을 위한 신흥 강습소를 설치하였다.
② 블라디보스토크에 최초의 임시 정부를 수립하였다.
③ 무력 항쟁의 의지를 담은 대한 독립 선언서를 발표하였다.
④ 공화주의 이념에 따라 공화 정치를 실현하는 것을 목표로 하였다.

0904 다음 단체에 대한 설명으로 가장 옳은 것은?

2014년 법원직 9급
유사 2005년 경기도 9급

임병찬은 고종의 지시로 독립 의군부를 몰래 조직하였다. 그는 안으로 의롭고 용감한 사람들을 선발하여 기회를 보아 조선의 독립을 선언하고, 밖으로는 문명 열강의 도움을 받아 독립을 회복하려 하였다.

① 공화제를 지향하였다.
② 민족 자본의 육성을 강조하였다.
③ 의병 운동을 계승한 비밀 결사였다.
④ 의연금을 받아 군자금을 확보하였다.

0905 다음 민족 운동에 대한 설명으로 옳은 것은?

2016년 교육행정직 9급
유사 2017년 경찰간부

─〈시간대별 상황〉─

오전 8시 30분 : 종로 3가 단성사 앞에서 국장 행렬이 통과한 뒤 중앙고보생 30~40명이 만세를 부르며 격문 약 1,000여 장과 태극기 30여 장을 살포함.
오전 9시 30분 : 만세 시위를 주도하던 조선 학생 과학 연구회 간부 박두종이 현장에서 일경에 체포됨.
오후 1시 00분 : 훈련원 서쪽 일대에서 천세봉의 선창으로 만세 시위가 일어남.

① 중국 5 · 4 운동에 영향을 주었다.
② 신간회가 진상 조사단을 파견하였다.
③ 사회주의 세력과 학생들이 준비하였다.
④ 조선 청년 총동맹이 결성되는 계기가 되었다.

0906 밑줄 친 '이 운동'에 대한 설명으로 옳은 것은?

2019년 지방직 7급

1929년에 통학 열차를 이용하던 한 일본인 학생이 한국인 여학생을 희롱한 사건이 일어났다. 이에 분노한 한국인 학생은 일본인 학생에 맞서 싸웠다. 이때 일제 경찰은 일본인 학생만 두둔하고 나섰다. 광주의 학생들은 이에 대응해 시위를 벌였다. 일제의 차별 정책에 맞서 일어난 이 운동은 전국으로 퍼졌고 곳곳에서 동맹 휴학 투쟁이 연이어 벌어졌다.

① 진주에서 조선 형평사가 창설되는 결과로 이어졌다.
② 조선 민립 대학 설립 운동이 시작되는 배경이 되었다.
③ 신간회가 그 진상을 규명하고자 조사단을 현지에 파견하였다.
④ 비타협적 민족주의자들이 조선 민흥회를 만들게 된 계기가 되었다.

☐☐☐

0907 다음 격문과 관련이 깊은 역사적 사건에 대한 설명으로 가장 옳은 것은?

2021년 법원직 9급

유사 2017년 법원직 9급

> 검거자를 즉시 우리의 힘으로 구출하자.
> 교내에 경찰관 침입을 절대 반대하자.
> 조선인 본위의 교육 제도를 확립하자.
> 민족 문화와 사회과학 연구의 자유를 획득하자.
> 전국 학생 대표자 회의를 개최하라.

① 원산에서 일제 강점기 최대 규모의 노동 쟁의를 일으켰다.

② 전국으로 확대되어 이듬해까지 동맹 휴학 투쟁이 계속되었다.

③ 민족 산업의 보호와 육성을 위해 국산품 애용 등을 주장하였다.

④ 순종의 국장일에 학생들이 만세 시위를 벌이고 시민들이 가세하였다.

☐☐☐

0908 〈보기〉에서 일제 강점기의 사건을 발생한 순서대로 바르게 나열한 것은?

2019년 서울시 9급

┌─[보기]─────────────────┐
│ ㉠ 물산 장려 운동   ㉡ 3·1 운동 │
│ ㉢ 광주 학생 항일 운동   ㉣ 6·10 만세 운동 │
└──────────────────────────┘

① ㉠ – ㉡ – ㉢ – ㉣

② ㉠ – ㉢ – ㉡ – ㉣

③ ㉡ – ㉠ – ㉣ – ㉢

④ ㉡ – ㉣ – ㉢ – ㉠

문항		번호			틀린 이유
0903	①	②	③	④	
0904	①	②	③	④	
0905	①	②	③	④	
0906	①	②	③	④	
0907	①	②	③	④	
0908	①	②	③	④	

해설

0903 제시된 자료는 대한 광복회의 활동에 대해 서술하고 있다. ④ 대한 광복회는 공화주의의 건국 이념을 표방하였다.

오답노트 ① 남만주에서 1911년에 신흥 강습소가 설립되어 민족 교육과 군사 교육을 함께 실시하였다. 대한 광복회는 1915년에 조직되었기 때문에 시기상 적절치 못하다. ② 1914년에 조직된 대한 광복군 정부에 대한 설명이다. ③ 대한 독립 선언서(무오 독립 선언서)는 중국 길림에서 39명의 민족 지도자가 발표한 것으로, 무장 독립 투쟁 노선을 선언하였다.

0904 제시된 자료는 독립 의군부에 대해 설명하고 있다. ③ 독립 의군부는 비밀 결사의 형태로 조직되었으며, 의병들을 규합하여 결성된 단체이다.

오답노트 ① 독립 의군부는 복벽주의를 지향하였다. ② 독립 의군부는 민족 자본의 육성을 강조하지는 않았다. ④ 대한 광복회에 대한 설명이다.

0905 조선 학생 과학 연구회가 만세 시위를 주도했다는 점으로 미루어 제시된 자료가 1926년에 일어난 6·10 만세 운동의 전개 상황에 대한 내용임을 알 수 있다. ③ 6·10 만세 운동의 준비 과정에서 학생들과 사회주의 진영, 천도교 일부 세력들이 협력하였다.

오답노트 ① 3·1 운동에 대한 설명이다. ② 광주 학생 항일 운동에 대한 설명이다. ④ 조선 청년 총동맹은 1924년에 결성되었으므로 시기상 맞지 않다.

0906 밑줄 친 '이 운동'은 1929년에 광주에서 일어났던 광주 학생 항일 운동을 가리킨다. ③ 광주 학생 항일 운동이 일어나자 신간회는 조사단을 현지에 파견하였으며, 이를 전국적 항쟁으로 발전시키려는 계획을 세웠다.

오답노트 ① 형평사는 1923년에 설립되었으므로 시기상 맞지 않다. ② 조선 민립 대학 설립 운동은 1922년에 시작되었으므로 시기상 맞지 않다. ④ 조선 민흥회는 1926년에 설립된 단체이므로 시기상 맞지 않다.

0907 제시된 자료는 광주 학생 항일 운동 당시의 격문 내용이다. ② 1929년에 일어난 광주 학생 항일 운동은 전국적으로 확산됐으며, 이듬해 봄까지 동맹 휴학 투쟁 등이 계속되었다.

오답노트 ① 1929년 원산 노동자 총파업, ③ 1920년대에 전개된 물산 장려 운동, ④ 1926년 6·10 만세 운동에 대한 설명이다.

0908 ㉡ 3·1 운동은 1919년에 일어났다. ㉠ 물산 장려 운동은 1920년부터 시작되었다. ㉣ 6·10 만세 운동은 1926년에 전개되었다. ㉢ 광주 학생 항일 운동은 1929년에 발발하였다.

Answer 0903 ④ 0904 ③ 0905 ③ 0906 ③ 0907 ② 0908 ③

PART 07

0909 다음 주장이 발표된 시기로 옳은 것은?

2018년 법원직 9급

유사 2012년 국가직 9급 / 2008년 법원직 9급

> 지금의 조선 민족에게는 왜 정치적 생활이 없는가? …(중략)…
> 일본이 조선을 병합한 이래로 조선인에게는 모든 정치 활동
> 을 금지한 것이 첫째 원인이다. …(중략)… 지금까지 해온
> 정치적 운동은 모두 일본을 적대시하는 운동뿐이었다. 이런
> 종류의 정치 운동은 해외에서나 할 수 있는 일이고, 조선 내
> 에서는 허용되는 범위 내에서 일대 정치적 결사를 조직해야
> 한다는 것이 우리의 주장이다.   — 이광수, 동아일보

	(가)	(나)	(다)	(라)	
1912		1919	1923	1927	1929
조선 태형령 제정		3·1 운동 발생	민립 대학 설립 기성회 조직	신간회 설립	광주 학생 항일 운동 발생

① (가)   ② (나)

③ (다)   ④ (라)

대표 유형

0910 (가)와 (나) 사이의 시기에 있었던 사실로 옳은 것은?

2024년 국가직 9급

> (가) 순종의 인산일을 기하여 '동양 척식 주식회사를 철폐
> 하라!', '일본인 지주에게 소작료를 바치지 말자!' 등의
> 격문을 내건 운동이 일어났다.
> (나) 광주에서 한국인 학생과 일본인 학생 사이에 일어난
> 충돌을 계기로 학생들이 총궐기하는 운동이 일어났다.

① 신간회가 창설되었다.

② 진단 학회가 설립되었다.

③ 진주에서 조선 형평사가 창립되었다.

④ 대구에서 국채 보상 운동이 시작되었다.

대표 유형

0911 다음과 같은 강령을 발표한 단체의 활동으로 옳은 것은?

2023년 지방직 9급

> – 우리는 정치적, 경제적 각성을 촉진함
> – 우리는 단결을 공고히 함
> – 우리는 기회주의를 일체 부인함

① 조선 민립 대학 기성회를 창립하였다.

② 파리 강화 회의에 대표를 파견하였다.

③ 6·10 만세 운동을 사전에 계획하였다.

④ 광주 학생 항일 운동이 일어나자 조사단을 파견하였다.

0912 다음 창립 취지문을 발표한 단체에 대한 설명으로 옳은 것은?

2024년 지방직 9급

유사 2020년 지방직 9급 / 2013년 경찰 2차

> 우리 사회에서도 여성 운동이 제기된 것은 또한 이미 오래
> 되었다. 그러나 회고하여 보면 여성 운동은 거의 분산되어
> 있었다. 그것에는 통일된 조직이 없었고 통일된 목표와 정
> 신도 없었다. …(중략)… 우리가 실제로 우리 자체를 위해,
> 우리 사회를 위해 분투하려면 우선 조선 자매 전체의 역량
> 을 공고히 단결하여 운동을 전반적으로 전개하지 않으면 아
> 니 된다.

① 호주제 폐지 운동을 전개하였다.

② 여학교 설립을 주장하는 「여권통문」을 발표하였다.

③ 어린이날을 제정하고 잡지 『어린이』를 창간하였다.

④ 봉건적 인습 타파, 여성 노동자의 임금 차별 철폐 등을 주장했다.

□□□

0913 밑줄 친 '이 단체'에 대한 설명으로 옳은 것은?

2021년 지방직 9급

유사 2017년 서울시 사복직 9급 / 2017년 교육행정직 9급

> 1920년대 국내에서는 일본과 타협해 실익을 찾자는 자치 운동이 대두하였다. 비타협적인 민족주의자들은 이를 경계하면서 사회주의 세력과 연대하고자 하였다. 사회주의 세력도 정우회 선언을 발표해 비타협적 민족주의 세력과 제휴를 주장하였다. 그 결과 비타협적 민족주의 세력과 사회주의 세력은 1927년 2월에 이 단체를 창립하고 이상재를 회장으로 추대하였다.

① 조선 물산 장려회를 조직해 물산 장려 운동을 펼쳤다.

② 고등 교육 기관을 설립하기 위해 민립 대학 설립 운동을 시작하였다.

③ 문맹 퇴치와 미신 타파를 목적으로 브나로드 운동을 전개하였다.

④ 광주 학생 항일 운동의 진상을 조사하고 이를 알리는 대회를 개최하고자 하였다.

□□□

0914 (가) 단체로 옳은 것은?

2020년 지방직 9급

유사 2013년 경찰 2차

> **(가)** 발기 취지(發起趣旨)
>
> 인간 사회는 많은 불합리를 산출한 동시에 그 해결을 우리에게 요구하고 있다. 여성 문제는 그중의 하나이다. …… 과거의 조선 여성 운동은 분산되어 있었다. 그것에는 통일된 조직이 없었고 통일된 지도 정신도 없었고 통일된 항쟁이 없었다. …… 우리는 우선 조선 자매 전체의 역량을 공고히 단결하여 운동을 전반적으로 전개하지 아니하면 아니 된다.
> — 동아일보, 1927. 5. 11.

① 근우회   ② 신간회

③ 신민회   ④ 정우회

문항	번호				틀린 이유
0909	①	②	③	④	
0910	①	②	③	④	
0911	①	②	③	④	
0912	①	②	③	④	
0913	①	②	③	④	
0914	①	②	③	④	

해설

0909 ③ 제시된 자료는 1924년 이광수가 동아일보에 발표한 『민족적 경륜』의 내용으로, (다) 시기에 속한다. 1920년대 물산 장려 운동과 민립 대학 설립 운동 등의 실력 양성 운동들이 실패로 끝나자, 일제가 허락하는 범위 내에서라도 자치권을 획득해야 한다는 자치 운동이 등장했다.

0910 (가)는 1926년 6·10 만세 운동에 대한 내용이고, (나)는 1929년 광주 학생 항일 운동과 관련된 내용이다. ① 1927년 사회주의 계열과 비타협적 민족주의 계열이 연합하여 신간회가 조직되었다.

오답노트 ② 진단 학회는 1934년에 조직되었다. ③ 조선 형평사가 창립된 것은 1923년의 일이다. ④ 1907년 대구에서 국채 보상 운동이 시작되었다.

0911 제시된 자료는 신간회의 강령 내용이다. ④ 신간회는 광주 학생 항일 운동 당시 현지에 진상 조사단을 파견하고 진상 보고를 위한 민중 대회를 개최하려고 하였다.

오답노트 ① 민립 대학 설립 운동과 관련된 내용이다. 1923년 조선 민립 대학 기성회가 결성되어 민립 대학 설립 운동을 전개하였다. ② 신한 청년당(단)과 임시 정부에 대한 설명이다. ③ 6·10 만세 운동은 신간회 결성 이전인 1926년에 일어났다. 조선 공산당, 천도교 청년회, 그리고 학생 대표들은 6·10 만세 운동을 사전에 계획하였다.

0912 제시된 자료는 신간회의 자매 단체인 근우회의 창립 취지문이다. ④ 근우회는 남녀평등과 여성 교육의 확대, 여성 노동자의 권익 옹호(임금 차별 철폐 등), 봉건적 인습(구습) 타파를 주장하였다.

오답노트 ① 한국 여성 단체 연합은 1999년부터 호주제 폐지 운동을 전개하였다. ② 1898년 서울 북촌에 사는 양반층 부인들이 모여 여권통문을 발표하였다. 이를 계기로 최초의 여성 단체인 찬양회가 조직되었다. ③ 방정환을 중심으로 조직된 천도교 소년회의 활동에 대한 설명이다.

0913 제시된 자료의 밑줄 친 '이 단체'는 신간회이다. ④ 1929년에 광주 학생 항일 운동이 발생하자 조사단을 파견하고 민중 대회를 계획하였으나 사전에 발각되어 실패하였다. 이후 신간회의 지도부가 검거되었다.

오답노트 ① 물산 장려 운동에 대한 설명이다. 물산 장려 운동은 1920년 평양에서 조만식을 중심으로 조선 물산 장려회를 조직하면서 시작된 운동이다. 이후, 1923년 서울에서도 조선 물산 장려회가 조직되었으며, 전국 각지에 지부를 설치하였다. ② 민립 대학 설립 운동에 관한 내용이다. 민립 대학 설립 운동은 제2차 조선 교육령(1922)에 따라 대학 설립이 가능해지자 우리 민족의 힘으로 고등 교육 기관인 대학을 설립하려 했던 사건을 말한다. ③ 브나로드 운동은 동아일보가 1931년에 문맹 퇴치와 미신 타파를 목표로 전개한 운동이다. 이후 1935년 조선 총독부의 명령으로 중단되었다.

0914 제시된 자료는 근우회의 발기 취지문 내용이다. ① 1927년 신간회의 창립은 여성 운동계에도 적지 않은 영향을 끼쳐, 국내의 여성 단체들을 규합한 근우회가 창립되었다. 근우회는 창립 이념을 여성들의 공고한 단결과 지위 향상에 두고 남녀평등과 여성 교육의 확대 등을 주장하였다.

오답노트 ② 신간회는 비타협적 민족주의 세력이 사회주의 세력과 연대하여 1927년에 결성된 단체로, 여성 운동 단체는 아니다. ③ 신민회는 1907년에 조직된 단체이다. ④ 정우회는 1926년에 조선 공산당 계열이 조직한 단체이다.

Answer **0909** ③ **0910** ① **0911** ④ **0912** ④ **0913** ④ **0914** ①

PART 07

□□□
0915 〈보기〉는 1927년에 창립한 어느 단체의 강령이다. 이 단체에 대한 설명으로 가장 옳지 않은 것은?

2019년 서울시 9급(상)

유사 2019년 경찰간부 / 2017년 서울시 7급(상) / 2015년 지방직 7급 / 2013년 지방직 7급 / 2011년 서울시 9급

┌─[보기]─
1. 우리는 정치·경제적 각성을 촉구한다.
1. 우리는 단결을 공고히 한다.
1. 우리는 기회주의를 일체 부인한다.
└─

① 비타협적 민족주의 세력과 사회주의 세력이 연합하였다.
② 일제에 의해 조작된 소위 105인 사건으로 탄압을 받았다.
③ 전국에 140여 개소의 지회와 약 4만 명의 회원을 확보하였다.
④ 1929년에 광주 학생 운동이 일어나자 민중 대회의 개최를 계획했다.

□□□
0916 다음 선언으로 결성된 단체에 대한 설명으로 옳은 것은?

2017년 국가직 9급(하)

유사 2018년 기상직 9급 / 2012년 국가직 7급 / 2008년 지방직 7급 / 2007년 법원직 9급

민족주의적 세력에 대하여는 그 부르주아 민주주의적 성질을 분명히 인식함과 동시에 과정상의 동맹자적 성질도 충분히 승인하여, 그것이 타락하지 않는 한 적극적으로 제휴하여 대중의 이익을 위해서도 종래의 소극적인 태도를 버리고 싸워야 할 것이다.

① 조선인 본위의 교육 제도 실시를 주장하였고, 원산 노동자 총파업을 지원하였다.
② 민중의 직접 폭력 혁명으로 강도 일본을 무너뜨리는 목표를 설정하였다.
③ 언론을 통한 국민 계몽과 문맹 퇴치 운동, 민립 대학 설립 운동 등을 추진하였다.
④ 민족 자본의 육성을 위해 자급자족, 토산품 애용 등을 주장하며 물산 장려 운동을 벌였다.

□□□
0917 다음 강령을 채택한 단체에 대한 설명으로 옳은 것은?

2017년 지방직 9급(하)

유사 2021년 소방직 / 2016년 법원직 9급 / 2014년 국가직 7급 / 2013년 경찰 1차 / 2012년 경찰 1차

• 우리는 정치적 경제적 각성을 촉구함.
• 우리는 단결을 공고히 함.
• 우리는 기회주의를 일체 부인함.

① 조선 물산 장려회를 조직하였다.
② 한글 맞춤법 통일안을 제정하였다.
③ 암태도 소작 쟁의를 주도적으로 이끌었다.
④ 광주 학생 항일 운동의 진상 조사 활동을 펼쳤다.

대표 유형

□□□
0918 다음 선언문의 강령에 따라 활동한 단체에 대한 설명으로 옳은 것은?

2019년 지방직 9급

유사 2017년 서울시 사복직 9급 / 2016년 국가직 9급 / 2016년 경찰 1차 / 2015년 경찰간부

민중은 우리 혁명의 대본영(大本營)이다. 폭력은 우리 혁명의 유일한 무기이다. 우리는 민중 속으로 가서 민중과 손을 맞잡아 끊임없는 폭력 — 암살, 파괴, 폭동 — 으로써 강도 일본의 통치를 타도하고 우리 생활에 불합리한 일체의 제도를 개조하여 인류로써 인류를 압박하지 못하며, 사회로써 사회를 박탈하지 못하는 이상적 조선을 건설할지니라.

① 임시 정부 활동에 활기를 불어넣고자 결성하였다.
② 청산리 지역에서 일본군과 접전을 벌여 대승을 거두었다.
③ 한국 독립당, 조선 혁명당 등과 함께 민족 혁명당을 결성하였다.
④ 원산에서 일본인이 한국인 노동자를 구타한 사건을 계기로 총파업을 일으켰다.

□□□

0919 다음 글은 (가)의 부탁을 받고 (나)가 지은 것이다. (가)와 (나)에 대한 설명으로 옳은 것은?
2022년 지방직 9급

유사 2014년 경찰 2차 / 2013년 국가직 7급

> 우리는 '외교', '준비' 등의 미련한 꿈을 버리고 민중 직접 혁명의 수단을 취함을 선언하노라. 조선 민족의 생존을 유지하자면 강도 일본을 쫓아내야 하고, 강도 일본을 쫓아내려면 오직 혁명으로써만 가능하니, 혁명이 아니고는 강도 일본을 쫓아낼 방법이 없는 바이다.

① (가)는 조선 의용대를 결성하였고, (나)는 국혼을 강조하였다.
② (가)는 신흥 무관 학교를 세웠고, (나)는 형평사를 창립하였다.
③ (가)는 조선 건국 동맹을 조직하였고, (나)는 식민 사학의 한국사 정체성론을 반박하였다.
④ (가)는 황포 군관 학교에서 훈련받았고, (나)는 민족주의 역사 서술의 기본 틀을 제시하였다.

□□□

0920 〈보기〉의 밑줄 친 '이 조직'의 활동으로 가장 옳지 않은 것은?
2022년 서울시 9급

유사 2017년 지방직 9급(하)

> 김원봉이 이끈 <u>이 조직</u>은 1920년대에 국내와 상하이를 중심으로 활발한 의거 활동을 전개하였다.

① 독립 지사들에게 잔인한 고문을 일삼던 종로 경찰서에 폭탄을 던져 큰 피해를 주었다.
② 동양 척식 주식회사에 들어가 그 간부를 사살하고 경찰과 시가전을 벌이기도 하였다.
③ 상하이 훙커우 공원에서 열린 일본군의 상하이 점령 축하 기념식장에 폭탄을 던져 일본군을 살상하였다.
④ 일제 식민 지배의 중심 기관인 조선 총독부에 폭탄을 던졌다.

문항	번호				틀린 이유
0915	①	②	③	④	
0916	①	②	③	④	
0917	①	②	③	④	
0918	①	②	③	④	
0919	①	②	③	④	
0920	①	②	③	④	

해설

0915 제시된 자료는 신간회에서 발표한 강령이다. ② 신민회에 대한 설명이다.

오답노트 ① 신간회는 비타협적 민족주의 세력과 사회주의 세력이 연대하여 조직된 단체이다. ③ 신간회는 전국 각지에 조직을 확산시켜 140여 개의 지회를 구성했으며, 4만여 명의 회원을 확보하여 일제 치하 최대 규모의 합법적 민족 운동 단체로 성장하였다. ④ 신간회는 1929년 광주 학생 항일 운동이 발생하자 이 운동을 민족적·민중적 운동으로 확산시키기 위해 조사단을 파견하고 민중 대회를 계획하였다.

0916 제시된 자료는 1926년에 발표된 정우회 선언의 내용으로, 이 선언은 신간회 창립의 기폭제 역할을 하였다. ① 1927년에 결성된 신간회는 일체 학교 교육의 조선인 본위를 주장하였다. 그리고 원산 노동자 총파업(1929)이 장기화되자 원산 파업단에 격문을 발송하여 이를 지원하였다.

오답노트 ② 의열단에 대한 설명이다. ③ 민립 대학 설립 운동은 신간회와 관련이 없다. ④ 물산 장려 운동은 신간회와 관련이 없다.

0917 제시된 자료는 신간회의 강령이다. ④ 신간회는 1929년 광주 학생 항일 운동이 발생하자 이를 민족적·민중적 운동으로 확산시키기 위해 진상 조사단을 파견하고 민중 대회를 계획하였다.

오답노트 ① 조선 물산 장려회는 신간회 창립 이전인 1923년 조직된 단체로, 물산 장려 운동과 관련이 있다. ② 한글 맞춤법 통일안을 만든 단체는 조선어 학회이다. ③ 암태도 소작 쟁의는 신간회 창립 이전인 1923년에 일어난 것으로, 시기상 맞지 않다.

0918 제시된 자료는 「조선 혁명 선언」으로, 의열단의 행동 강령이었다. ③ 의열단이 중심이 되어 중국 관내의 여러 독립운동 단체들과 함께 민족 혁명당을 결성하였다. 지청천의 조선 혁명당, 조소앙의 한국 독립당 등이 여기에 참여하였다.

오답노트 ① 1931년에 결성된 한인 애국단에 대한 설명이다. ② 북로 군정서군·대한 독립군 등에 대한 설명이다. ④ 1929년 원산 총파업에 대한 설명으로, 의열단과는 관련이 없다.

0919 제시된 자료는 신채호의 「조선 혁명 선언」의 내용이다. (나) 신채호는 (가) 김원봉의 요청으로 「조선 혁명 선언」을 작성하여 의열단의 투쟁 노선과 행동 강령을 제시하였다. ④ 김원봉을 비롯한 일부 의열단원들은 무장 투쟁을 위한 군대 양성을 목적으로, 황포 군관 학교에 입교하여 훈련을 받았다. 또한, 신채호는 대한매일신보에 「독사신론」을 연재하여 일본의 식민 사관에 대항할 수 있는 민족주의 사학의 발판을 마련하였다.

오답노트 ① 김원봉의 주도 아래 조선 의용대가 결성된 것은 맞지만, '국혼'을 강조한 인물은 박은식이다. ② 신흥 무관 학교를 세운 사람은 이동녕·이회영 등이고, 형평사를 창립한 것은 백정 출신인 이학찬이다. ③ 조선 건국 동맹을 조직한 사람은 여운형이고, 식민 사학의 한국사 정체성론을 반박한 사람은 백남운 등이다.

0920 제시된 자료는 의열단의 활동에 대해 설명하고 있다. ③ 한인 애국단원인 윤봉길의 의거 활동에 대한 설명이다.

오답노트 ① 의열단원인 김상옥의 의거 활동에 대한 설명이다. ② 의열단원인 나석주는 동양 척식 주식회사와 철도 회사 및 식산 은행에 폭탄을 투척하였다. ④ 의열단원인 김익상은 조선 총독부에 폭탄을 투척하였다.

Answer 0915 ② 0916 ① 0917 ④ 0918 ③ 0919 ④ 0920 ③

0921 ㉠ 조직에 대한 설명으로 옳은 것은? 2018년 지방직 9급

1922년 3월, 중국 상하이에서 ㉠ 이/가 일본 육군 대장 타나카 기이치(田中義一)를 암살하고자 한 사건이 발생했다. 이때 체포된 독립운동가들은 일본 경찰에 인도되어 심문을 받게 되었는데, 그 심문 과정에서 ㉠ 에 속한 김익상이 1921년 9월 조선 총독부 건물에 폭탄을 던진 의거의 당사자라는 사실이 밝혀졌다.

① 공화주의를 주창하는 내용의 대동단결 선언을 작성해 발표하였다.
② 이 조직에 속한 이봉창이 일왕이 탄 마차 행렬에 폭탄을 던졌다.
③ 일부 구성원을 황푸 군관 학교에 보내 군사 훈련을 받도록 하였다.
④ 새로 부임하는 사이토 조선 총독에게 폭탄을 투척하는 의거를 일으켰다.

0922 다음 선언을 지침으로 삼았던 애국 단체의 활동에 대한 설명으로 옳은 것은? 2014년 지방직 9급

유사 2018년 서울시 9급 / 2017년 지방직 9급(하) / 2015년 국가직 7급 / 2013년 서울시 9급 / 2013년 법원직 9급 / 2011년 경북 교행

우리는 '외교', '준비' 등의 미련한 꿈을 버리고 민중 직접 혁명의 수단을 취함을 선언하노라. 조선 민족의 생존을 유지하자면 강도 일본을 내쫓을지며, 강도 일본을 내쫓을지면 오직 혁명으로써 할 뿐이니, 혁명이 아니고는 강도 일본을 내쫓을 방법이 없는 바이다.

① 이재명이 이완용을 습격해 중상을 입혔다.
② 나석주가 동양 척식 주식회사에 폭탄을 투척하였다.
③ 장인환이 샌프란시스코에서 외교 고문 스티븐스를 사살하였다.
④ 안중근이 만주 하얼빈 역에서 초대 통감이었던 이토 히로부미를 사살하였다.

0923 다음은 어느 인물에 대한 설명이다. '그'와 관련이 있는 활동으로 가장 적절한 것은? 2013년 경찰 2차
유사 2008년 법원직 9급

그는 경상도 밀양 출생으로 1919년 만주 길림에서 다른 12명의 동지와 함께 의열단을 결성하였다. 곧 의열단은 국내에 대규모로 폭탄을 들여와 일본 관공서를 폭파하려고 하였으며, 침략에 앞장선 일본 군인들에 대한 저격에 나섰다. 해방 후 남한 단독 정부 수립에 반대하여 월북한 후 요직을 맡았다가 연안파로 몰려 숙청을 당하였다.

① 북만주의 쌍성보 전투 등에서 일본군을 격퇴하였다.
② 한인 애국단을 조직하여 적극적인 의열 투쟁을 전개하였다.
③ 조선 민족 혁명당이 이끄는 조선 의용대의 일부가 한국 광복군에 합류하였다.
④ 삼균주의 이론을 주창, 대한민국 임시 정부의 기본 이념과 정책 노선으로 채택되었다.

대표 유형

0924 밑줄 친 '이 의거'를 일으킨 단체에 대한 설명으로 옳은 것은? 2024년 지방직 9급

김구는 상하이 각 신문사에 편지를 보내 자신이 이 의거의 주모자임을 스스로 밝혔다. 이 편지에서 김구는 윤봉길이 휴대한 폭탄 두 개는 자신이 특수 제작하여 직접 건넨 것이며, 일본 민간인을 포함하여 다른 나라 사람이 무고한 피해를 입지 않도록 신중을 기하라고 당부하였음을 강조하였다.

① 이봉창이 단원으로 활동하였다.
② 고종의 밀명을 받아 결성되었다.
③ 조선 혁명 선언을 활동 지침으로 삼았다.
④ 일제가 날조한 105인 사건으로 와해되었다.

□□□
0925 밑줄 친 '나'의 활동으로 옳은 것은? 2012년 법원직 9급

유사 2020년 국가직 7급 / 2014년 경찰간부 / 2012년 지방직 9급 / 2011년 국가직 9급

> 아침 일찍 프랑스 공무국에서 비밀리에 통지가 왔다. 과거 10년간 프랑스 관헌이 나를 보호하였으나, 이번에 나의 부하가 일왕에게 폭탄을 던진 것에 대해서는 일본의 체포 및 인도 요구를 거절할 수 없다는 것이다. 중국 국민당 기관지 국민일보는 "한국인이 일왕을 저격했으나 불행히도 맞지 않았다."라고 썼다.

① 유교구신론을 저술하였다.
② 한인 애국단을 결성하였다.
③ 「조선 혁명 선언」을 집필하였다.
④ 신한촌에서 대한 광복군 정부를 수립하였다.

무장 독립 전쟁의 전개

□□□
0926 1910년대에 있었던 사실로 옳은 것은?

2023년 지방직 9급

① 중국 화북 지방에서 조선 독립 동맹이 결성되었다.
② 만주에서 참의부, 정의부, 신민부 등 3부가 조직되었다.
③ 임병찬이 주도한 독립 의군부는 항일 운동을 전개하였다.
④ 조선 혁명군이 양세봉의 지휘 아래 영릉가에서 일본군을 격파하였다.

문항		번호			틀린 이유
0921	①	②	③	④	
0922	①	②	③	④	
0923	①	②	③	④	
0924	①	②	③	④	
0925	①	②	③	④	
0926	①	②	③	④	

해설

0921 ㉠ 조직은 의열단이다. ③ 의열단은 개별 의열 투쟁의 한계성을 느끼고 이후 1926년부터 황포 군관 학교에 일부 단원들을 입학시켜 조직적인 군대 양성을 위한 기반을 마련했다.

오답노트 ① 대동단결 선언은 1917년에 박은식, 신규식, 신채호, 조소앙 등이 공동으로 발기하여 작성한 선언문이다. ② 한인 애국단에 대한 설명이다. ④ 대한 노인단 소속인 강우규의 의거 활동에 대한 설명이다.

0922 제시된 자료는 신채호가 작성한 「조선 혁명 선언」(1923)이다. 의열단은 「조선 혁명 선언」을 활동 지침으로 삼았다. ② 의열단원인 나석주는 1926년에 동양 척식 주식회사와 식산 은행에 폭탄을 투척하였다.

오답노트 ① 이재명은 1909년에 이완용을 습격하여 중상을 입혔다. ③ 장인환은 대한 제국의 외교 고문으로 일제의 침략 전쟁을 선전하던 스티븐스를 1908년 샌프란시스코에서 사살하였다. ④ 안중근은 1909년 만주 하얼빈 역에서 침략의 원흉인 이토 히로부미를 사살하였다. 그리고 재판에 넘겨져 이듬해에 사형당하였다.

0923 김원봉은 1919년 만주 길림에서 의열단을 결성하였다. 따라서 밑줄 친 '그'는 김원봉이다. ③ 조선 의용대는 내부 갈등으로 일부는 화북으로 이동하여 조선 의용군이 되었고, 김원봉을 비롯한 남아있던 조선 의용대는 1942년 한국 광복군에 합류하였다.

오답노트 ① 지청천, ② 김구, ④ 조소앙에 대한 설명이다.

0924 제시된 자료는 1932년 윤봉길의 의거와 관련된 내용으로, 밑줄 친 '이 의거'를 일으킨 단체는 한인 애국단이다. ① 한인 애국단의 단원인 이봉창은 일본 도쿄에서 일왕이 탄 마차 행렬에 폭탄을 던졌으나 의거는 실패하였다.

오답노트 ② 고종의 밀명을 받아 조직된 단체로는 독립 의군부 등이 있다. ③ 의열단, ④ 신민회에 대한 설명이다.

0925 밑줄 친 '나'는 김구이다. 한인 애국단의 이봉창이 일왕에게 폭탄을 던진 의거가 실패한 것에 대해 중국의 신문들이 "한국인이 일왕을 저격했으나 불행히도 맞지 않았다."라고 표현하자 이에 격분한 일본군이 상하이 사변을 일으켰다. ② 김구는 1931년 만주 사변 직후 임시 정부의 침체를 극복하기 위해 한인 애국단을 조직하였다.

오답노트 ① 박은식, ③ 신채호, ④ 이상설, 이동휘에 대한 설명이다.

0926 ③ 독립 의군부는 1912년 의병장으로 활동하였던 임병찬이 고종 황제의 비밀 지령을 받아 의병들을 규합하여 결성한 단체이다.

오답노트 ① 조선 독립 동맹이 결성된 것은 1942년의 일이다. ② 1920년대 만주의 독립군은 재편성되어 참의부(1923), 정의부(1924), 신민부(1925)가 조직되었다. ④ 1930년대의 일이다. 1932년 양세봉의 조선 혁명군은 영릉가 전투에서 일본군을 크게 격파하였다.

Answer 0921 ③ 0922 ② 0923 ③ 0924 ① 0925 ② 0926 ③

PART 07

□□□
0927 밑줄 친 '그'의 활동으로 옳은 것은? 2020년 지방직 9급
유사 2019년 서울시 9급(상) / 2019년 소방직 9급

경술년(1910)에 여러 형제들이 모여서 같이 만주로 갈 준비를 하였다. …(중략)… 그(1867~1932)는 1만여 석의 재산과 가옥을 모두 팔고 큰집, 작은집이 함께 압록강을 건너 떠났다. 그는 만주에서 독립군 양성 기관인 신흥 강습소를 설립하였다.

① 조선어 학회 사건으로 옥고를 치렀다.
② 독립운동 단체인 경학사를 조직하였다.
③ 3·1 운동 민족 대표 33인 중 한 명이었다.
④ 삼균주의에 입각한 한국 국민당을 결성하였다.

□□□
0928 ㉠~㉣에 들어갈 단체로 옳은 것은? 2018년 지방직 7급

• 1911년 북간도로 거점을 옮긴 대종교는 (㉠)(이)라는 무장 독립 단체를 만들었다. 이 단체는 3·1 운동 이후 북로 군정서로 발전하였다.
• 러시아 연해주에서는 권업회를 기반으로 한 (㉡)이/가 수립되었다. 이 단체는 이상설과 이동휘를 중심으로 하여 독립전쟁을 준비하였다.
• 1915년 의병 계열과 애국 계몽 운동 계열의 비밀 결사들이 통합하여 결성된 (㉢)은/는 공화국 건설을 목표로 하였다. 그러나 군자금을 마련하던 중 경찰에게 조직이 드러나 해체되었다.
• 경상도 일대에서는 윤상태, 서상일, 이시영 등이 중심이 되어 (㉣)을/를 조직하였다. 이 단체는 3·1 운동이 일어나자 이에 적극 가담하여 각 지방의 만세 운동을 주도하였다.

	㉠	㉡	㉢	㉣
①	중광단	대한 광복회	대한 광복군 정부	조선 국권 회복단
②	조선 국권 회복단	중광단	대한 광복회	대한 광복군 정부
③	중광단	대한 광복군 정부	대한 광복회	조선 국권 회복단
④	대한 광복군 정부	중광단	조선 국권 회복단	대한 광복회

대표
유형
□□□
0929 밑줄 친 '이곳'에서 일어난 사실로 옳은 것을 〈보기〉에서 모두 고른 것은? 2017년 국가직 7급

이곳에서는 한인 집단 거주지인 신한촌이 형성되어 자치 기구와 학교가 만들어졌으며, 다양한 독립운동이 일어났다. 이곳에서 이상설 등은 성명회를 조직하여 독립운동을 벌였고, 이후 임시 정부의 성격을 가진 대한 국민 의회가 전로 한족회 중앙총회로부터 개편 조직되었다.

┌[보기]
㉠ 권업회라는 독립운동 단체가 조직되었다.
㉡ 독립군 양성을 위한 신흥 강습소가 설치되었다.
㉢ 대한 광복군 정부가 수립되어 독립운동을 벌였다.
㉣ 신규식, 박은식 등의 주도로 동제사가 조직되었다.

① ㉠, ㉡   ② ㉠, ㉢
③ ㉡, ㉣   ④ ㉢, ㉣

□□□
0930 다음 설명에 해당하는 인물에 대한 설명으로 옳은 것은? 2020년 지방직 7급
유사 2018년 법원직 9급

• 항일 민족 교육의 요람인 서전서숙을 설립하였다.
• 만국 평화 회의가 열린 헤이그에 특사로 파견되었다.

① 경학사를 조직하였다.
② 독립 의군부를 조직하였다.
③ 대한인 국민회를 조직하였다.
④ 대한 광복군 정부를 조직하였다.

0931 다음 인물의 활동으로 옳은 것은? 2018년 지방직 7급

> 1878 평남 강서군 출생
> 1898 독립 협회 활동
> 1899 점진 학교 설립
> 1907 신민회 조직
> 1923 국민 대표 회의 참여
> 1938 투옥 끝에 사망

① 흥사단을 조직하였다.
② 한인 애국단을 창단하였다.
③ 헤이그 특사로 파견되었다.
④ 대한매일신보에 『독사신론』을 연재하였다.

0932 〈보기〉의 그에 대한 설명으로 가장 옳지 않은 것은? 2018년 서울시 9급[상]

─[보기]─
> 그는 평안도 양덕 사람으로 …(중략)… 체격이 장대하고 지기가 왕성하였는데, 비록 글은 배우지 못하였으나 천성적인 의협심이 있어, 남을 돕는 일을 급무로 삼은 연유로 사람들이 많이 따랐다. 1907년 겨울에 차도선, 송상봉, 허근 등 여러 사람들과 의병을 일으켜 …(중략)… 전투를 벌였다.

① 산포수들을 모아 의병을 구성하였다.
② 주요 활동지는 함경도 삼수, 갑산 등지였다.
③ 1920년 청산리 전투에서 일본군을 격파하였다.
④ 13도 창의군을 결성하고 서울 진공 작전을 개시하였다.

문항	번호				틀린 이유
0927	①	②	③	④	
0928	①	②	③	④	
0929	①	②	③	④	
0930	①	②	③	④	
0931	①	②	③	④	
0932	①	②	③	④	

해설

0927 제시된 자료는 이회영의 활동에 대해 설명하고 있다. ② 이회영 등은 남만주에 최초의 자치 단체인 경학사를 조직하여, 한인의 이주와 정착·항일 의식 고취 등을 위해 노력하였다.
오답노트 ① 이회영은 조선어 학회 사건(1942)이 일어나기 이전인 1932년에 사망하였다. ③ 이회영은 3·1 운동 당시 민족 대표 33명에 속하지 않았다. ④ 김구는 1935년에 한국 국민당을 결성했는데, 정치 강령으로 삼균주의 등을 내세웠다.

0928 ㉠ 대종교가 북간도에 세운 단체는 중광단이다. ㉡ 권업회를 기반으로 설립된 단체는 대한 광복군 정부이다. ㉢ 1910년대에 국내에 설립됐으며, 공화 정체를 표방한 단체는 대한 광복회이다. ㉣ 경상도 일대에서 서상일 등이 조직해서 만든 단체는 조선 국권 회복단이다. 이 단체는 3·1 운동에도 가담하였다.

0929 밑줄 친 '이곳'은 연해주이다. ㉠ 권업회는 1911년 연해주 지역에서 창립된 독립운동 단체이다. ㉢ 대한 광복군 정부는 권업회가 1914년 연해주 블라디보스토크에 세운 망명 정부다.
오답노트 ㉡ 신흥 강습소(신흥 무관 학교)는 1911년 남만주 삼원보 지역에 설립되었다. ㉣ 동제사는 1912년 중국 상하이에서 조직된 독립운동 단체이다.

0930 제시된 자료는 이상설의 주요 활동을 정리한 것이다. ④ 이상설은 1914년 연해주에서 대한 광복군 정부를 조직하고, 대통령으로 선출되었다.
오답노트 ① 경학사는 이회영, 이시영 등 대종교인들을 중심으로 남만주에 설립된 최초의 자치 단체이다. ② 임병찬에 대한 설명이다. ③ 미국(미주)에서는 1910년에 박용만·이승만이 중심이 된 대한인 국민회가 조직되었다.

0931 제시된 연보는 안창호에 대한 것이다. ① 안창호는 기독교인을 중심으로 미국 샌프란시스코에서 흥사단을 조직하여 외교 및 교민 교화 활동을 전개하였다.
오답노트 ② 김구에 대한 설명이다. ③ 헤이그 특사로 파견된 사람들은 이준, 이상설, 이위종이다. ④ 신채호에 대한 설명이다.

0932 제시된 자료의 밑줄 친 '그'는 홍범도이다. 홍범도는 평안도 사람으로 1907년 정미의병 때 차도선 등과 함께 의병 활동을 하였다. ④ 이인영, 허위 등에 대한 설명이다. 홍범도는 13도 창의군에 참여하지 않았다.
오답노트 ① 홍범도는 산포수로 명성이 높았는데, 산포수들을 모아 의병을 구성하였다. ② 홍범도의 의병 부대는 함경도 삼수, 갑산 등지에서 주로 활동하였다. ③ 1920년 홍범도의 대한 독립군 등이 포함된 독립군 연합 부대는 청산리에서 일본의 대규모 병력과 교전하여 대승을 거두었다.

Answer 0927 ② 0928 ③ 0929 ② 0930 ④ 0931 ① 0932 ④

PART 07

□□□

0933 밑줄 친 '이곳'에서 한인들이 전개한 활동만을 〈보기〉에서 있는 대로 고른 것은? 2011년 법원직 9급

국권 피탈 이후 많은 한국인이 이곳으로 이주하였다. 일제가 만주 침략에 이어 중·일 전쟁을 도발하자 일본군이 이곳을 침략하기 위해 한국인을 첩자로 이용한다는 소문이 떠돌기 시작했고 이것이 강제 이주의 구실이 되었다. 이곳의 한인들은 두 달 동안 곡식 씨앗과 옷가지, 책꾸러미들만을 보따리에 싸든 채 화물 열차에 실려 중앙아시아로 끌려갔다.

┌[보기]────────────────────
│ ㉠ 성명회 조직   ㉡ 대한 국민 의회 조직
│ ㉢ 대조선 국민군단 창설   ㉣ 대한 광복군 정부 결성
└────────────────────────

① ㉠, ㉢   ② ㉡, ㉣
③ ㉠, ㉡, ㉣   ④ ㉡, ㉢, ㉣

대표
유형

□□□

0934 (가)~(라)를 일어난 순서대로 바르게 나열한 것은?
2021년 법원직 9급
유사 2021년 소방직 / 2015년 경찰 1차

(가) 서일을 총재로 조직된 대한 독립군단은 일본군을 피해 러시아 영토인 자유시로 집결하였다.
(나) 김좌진이 이끄는 북로 군정서군이 백운평 전투와 천수평, 어랑촌 전투에서 대승을 거두었다.
(다) 일본군이 청산리 대첩 패전에 대한 보복으로 간도 동포를 무차별로 학살하였다.
(라) 참의부, 정의부, 신민부의 3부가 혁신 의회와 국민부로 재편되었다.

① (가) − (나) − (다) − (라)
② (나) − (다) − (가) − (라)
③ (나) − (라) − (가) − (다)
④ (라) − (다) − (나) − (가)

□□□

0935 다음 (가)에 들어갈 내용으로 가장 옳은 것은?
2017년 법원직 9급

구분	홍범도(1868~1943)	김좌진(1889~1930)
출신	가난한 농민의 아들, 포수	홍성 지주의 아들
1907년 전후	의병 항쟁에 가담	애국 계몽 운동 (교육 운동) 전개
1910년대	연해주와 만주에서 활동	국내 비밀 결사에 가입하여 활동
3·1 운동 이후	대한 독립군 조직	북로 군정서 조직
1920년	(가)	
1921년 이후	연해주에서 후진 양성	만주에서 독립군 활동, 신민부 간부

① 한·중 연합 작전을 전개함.
② 의열단 단원으로 의거를 벌임.
③ 대한민국 임시 정부에 참여함.
④ 청산리 전투에서 일본군을 크게 물리침.

□□□

0936 1920년대 만주 지역 독립운동에 대한 설명으로 옳지 않은 것은?
2016년 국가직 9급
유사 2011년 지방직 9급 / 2009년 지방직 7급 / 2007년 서울시·법원직 9급

① 대종교 계통 인사들이 신민부를 결성하였다.
② 독립군 연합 부대가 봉오동 전투에서 승리하였다.
③ 민족 유일당 운동의 일환으로 국민부를 결성하였다.
④ 한국 독립군이 한·중 연합 작전으로 동경성에서 승리하였다.

대표유형

□□□

0937 1930년대에 있었던 사실로 옳은 것은?

2024년 국가직 9급

① 비밀 결사인 조선 건국 동맹이 결성되었다.
② 중국 관내에서 조선 의용대가 창설되었다.
③ 연해주 지역에 대한 광복군 정부가 설립되었다.
④ 서일을 총재로 하는 대한 독립군단이 조직되었다.

대표유형

□□□

0938 다음 전투를 이끈 한국인 부대에 대한 설명으로 옳은 것은?

2019년 국가직 9급

아군은 사도하자에 주둔 병력을 증강시키면서 훈련에 여념이 없었다. 새벽에 적군은 황가둔에서 이도하 방면을 거쳐 사도하로 진격하여 왔다. 그런데 적군은 아군이 세운 작전대로 함정에 들어왔고, 이에 일제히 포문을 열어 급습함으로써 적군은 응전할 사이도 없이 격파되었다.

① 양세봉이 총사령관이었다.
② 미쓰야 협정이 체결되기 직전까지 활약하였다.
③ 한국 독립당의 산하 부대로 동경성 전투도 수행하였다.
④ 조선 민족 전선 연맹이 중국 국민당의 지원을 받아 창설하였다.

문항	번호				틀린 이유
0933	①	②	③	④	
0934	①	②	③	④	
0935	①	②	③	④	
0936	①	②	③	④	
0937	①	②	③	④	
0938	①	②	③	④	

해설

0933 밑줄 친 '이곳'은 연해주이다. ㉠ 성명회는 1910년 연해주에서 유인석, 이상설 등이 조직하였다. 성명회는 '광복의 그날까지 피의 투쟁을 결행하겠다'라는 선언문을 채택하였다. ㉡ 손병희를 대통령으로 하여 1919년 연해주에서 조직된 대한 국민 의회는 상하이 임시 정부에 합병되었다. ㉣ 대한 광복군 정부는 1914년 연해주에서 이상설을 대통령으로, 이동휘를 부통령으로 하여 조직되었다.

오답노트 ㉢ 대조선 국민군단은 박용만이 1914년에 하와이에서 조직한 군대이다.

0934 (나) 1920년 10월 청산리 대첩에 대한 설명이다. (다) 청산리 전투 직후, 일본군이 패배에 대한 보복으로 저지른 간도 참변에 대한 설명이다. (가) 간도 참변 이후, 일본의 공세를 피해 밀산부에 집결한 독립군들은 병력을 통합하여 서일을 총재로 하는 대한 독립군단을 조직하였다. (라) 참의부, 정의부, 신민부 3부는 통합 운동에 따라 1928년 혁신 의회와 1929년 국민부로 재편되었다.

0935 ④ 1920년 홍범도의 대한 독립군과 김좌진의 북로 군정서군 등이 연합하여 청산리 전투에서 일본군을 크게 물리쳤다.

오답노트 ① 한·중 연합 작전은 1930년대의 일이다. ② 홍범도와 김좌진은 의열단 단원이 아니다. ③ 홍범도와 김좌진은 상해 대한민국 임시 정부에 참여하지 않고 만주에서 독립군 부대를 이끌고 항일 전투를 수행하였다.

0936 ④ 1930년대 만주 지역에서 전개된 무장 독립 전쟁에 대한 설명이다. 1930년대 지청천이 이끄는 한국 독립군은 중국의 호로군과 연합하여 쌍성보, 대전자령, 경박호, 사도하자, 동경성 전투에서 일본군을 크게 격파하였다.

오답노트 ① 1925년에 신민부가 결성되었는데, 대종교 계통의 인사들이 많이 참여하였다. ② 1920년 홍범도의 대한 독립군, 안무의 국민회군 등 독립군 연합 부대는 봉오동에서 일본군을 기습하여 크게 승리하였다. ③ 1920년대 중후반 민족 유일당 운동이 전개되어 만주의 독립운동 단체들도 통합 운동에 나섰다. 이에 따라 1929년에 국민부가 조직되었다.

0937 ② 1938년 중국 관내인 우한에서 조선 의용대가 결성되었는데, 이는 중국 관내에서 조직된 최초의 한인 군사 조직이었다.

오답노트 ① 여운형이 국내에서 조선 건국 동맹을 결성한 것은 1944년의 일이다. ③ 연해주에서 대한 광복군 정부가 세워진 것은 1914년의 일이다. ④ 1920년 청산리 대첩 이후, 일본의 공격을 피해 밀산부에 집결한 독립군 부대들은 병력을 통합하여 서일을 총재로 하는 대한 독립군단을 조직하였다.

0938 제시된 자료는 한국 독립군이 사도하자에서 일본군과 전투를 벌인 것에 대한 내용이다. ③ 한국 독립군은 한국 독립당의 산하 부대로, 쌍성보·대전자령·경박호·사도하자·동경성 전투에서 일본군을 크게 격파하였다.

오답노트 ① 조선 혁명군에 대한 설명이다. 한국 독립군은 지청천이 이끈 부대이다. ② 한국 독립군은 미쓰야 협정이 체결된 이후인 1930년대에 활약하였다. ④ 조선 의용대에 대한 설명이다.

Answer 0933 ③ 0934 ② 0935 ④ 0936 ④ 0937 ② 0938 ③

PART 07

대표유형

□□□

0939 ㉠ 부대에 대한 설명으로 옳은 것은?

2018년 지방직 9급

유사 2018년 기상직 9급

> ___㉠___은/는 1933년에 중국인 부대와 연합하여 동경성 전투 등을 치르며 큰 전과를 올렸고, 대전자령에서는 일본군을 기습 공격하여 승리를 거두었다.

① 하와이에 대조선 국민군단을 창설하였다.
② 양세봉의 지휘하에 흥경성 전투에 참여하였다.
③ 만주 지역에서 활동했던 한국 독립당의 산하 조직이었다.
④ 중국 의용군과 연합하여 영릉가 전투에서 일본군을 물리쳤다.

□□□

0940 다음 전투에 대한 설명으로 옳은 것은?

2022년 소방직 9급

> 6월 30일 오후 1시경 일본군의 전초 부대가 지나간 뒤, 화물 자동차를 앞세우고 본대가 대전자령으로 들어오기 시작했다. …(중략)… 한국 독립군은 사격과 함께 바위를 굴려 일본군을 살상하고 자동차와 우마차를 파괴해 적을 완전히 고립시켰다. …(중략)… 4~5시간에 걸쳐 치열하게 전개되었는데, 일본군은 130여 명 이상이 살상되었고 일부 부대가 빠져나가는 데 그쳤다.

① 한·중 연합 작전으로 전개되었다.
② 양세봉이 이끄는 부대가 일본군을 격퇴하였다.
③ 독립군 통합 부대가 자유시로 이동하게 되었다.
④ 봉오동에서 패배한 일본군의 반격으로 시작되었다.

□□□

0941 다음 사실들을 시기순으로 바르게 나열한 것은?

2020년 경찰 1차

유사 2016년 경찰 2차

> ㉠ 홍범도, 최진동, 안무 등이 연합하여 봉오동에서 일본군을 급습하여 크게 이겼다.
> ㉡ 윤봉길이 상하이에서 폭탄을 던져 일본군 장성과 다수의 고관을 살상하였다.
> ㉢ 연해주 지역에 한인 집단촌인 신한촌이 건설되고, 대한 광복군 정부가 조직되었다.
> ㉣ 한국 독립당, 조선 혁명당, 의열단을 비롯한 여러 단체의 인사들이 민족 혁명당을 창건하였다.

① ㉠ - ㉡ - ㉢ - ㉣
② ㉡ - ㉢ - ㉣ - ㉠
③ ㉢ - ㉠ - ㉡ - ㉣
④ ㉣ - ㉢ - ㉠ - ㉡

□□□

0942 지도에 표시된 전투가 일어났던 시기를 연표에서 옳게 고른 것은?

2020년 법원직 9급

유사 2021년 법원직 9급

1910년	1919년	1931년	1937년	1945년
(가)	(나)	(다)	(라)	
국권 피탈	3·1 운동	만주 사변	중·일 전쟁	8·15 해방

① (가)
② (나)
③ (다)
④ (라)

0943 (가)~(라)의 사건들을 발생 순서대로 옳게 나열한 것은?

2020년 소방직 9급

(가) 조선 민족 전선 연맹 산하에 조선 의용대를 창설하였다.
(나) 대한 독립군단이 자유시에서 참변을 당하였다.
(다) 한국 독립군이 한·중 연합 작전으로 쌍성보에서 전투를 전개하였다.
(라) 임시 정부에서 한국 광복군을 조직하였다.

① (가) - (나) - (다) - (라)
② (가) - (나) - (라) - (다)
③ (나) - (가) - (다) - (라)
④ (나) - (다) - (가) - (라)

0944 ㉠ 정당에 대한 설명으로 옳은 것은?

2019년 지방직 7급

한국 국민당과 조선 혁명당, 한국 독립당은 몇 차례에 걸친 논의를 통해 통합하기로 결정하였다. 이들은 1940년에 자신들의 조직을 해체하고 힘을 합쳐 ㉠ 을/를 조직하였다. 강화된 조직력을 바탕으로 ㉠ 은/는 독립운동을 활발하게 펼쳐 나갈 수 있게 되었다.

① 조선 의용대 화북 지대를 흡수하여 조선 의용군을 조직하였다.
② 무력 투쟁을 준비하기 위해 만주에 신흥 무관 학교를 창설하였다.
③ 대한민국 임시 정부를 주도적으로 이끌어 나가는 역할을 하였다.
④ 쌍성보와 대전자령 전투에서 일본군을 물리쳤다.

문항	번호				틀린 이유
0939	①	②	③	④	
0940	①	②	③	④	
0941	①	②	③	④	
0942	①	②	③	④	
0943	①	②	③	④	
0944	①	②	③	④	

해설

0939 ㉠ 부대는 지청천이 이끌던 한국 독립군이다. ③ 한국 독립군은 1930년대 중국 만주 일대에서 활약하던 한국 독립당의 산하 부대로서, 중국 호로군과 연합하여 동경성·쌍성보·대전자령·경박호·사도하자 전투 등에서 승리를 거두었다.
오답노트 ① 대조선 국민군단은 박용만이 조직한 단체이다. ②,④ 양세봉이 이끌던 조선 혁명군에 대한 설명이다.

0940 제시된 자료는 1930년대 만주에서 지청천이 이끄는 한국 독립군이 대전자령에서 일본군을 격파한 것과 관련된 내용이다. ① 한국 독립군은 중국의 호로군과 연합하여 대전자령 전투에서 일본군을 크게 격파하였다.
오답노트 ② 조선 혁명군의 활동에 대한 설명이다. ③ 서일을 총재로 하는 대한 독립군단에 대한 설명이다. ④ 1920년 청산리 전투에 대한 설명이다. 청산리 전투에는 김좌진의 북로 군정서군, 홍범도의 대한 독립군 등이 참여하였다.

0941 ㉢ 19세기 말부터 많은 동포들이 이주한 연해주에는 한인 집단 거주지인 신한촌이 건설되었다. 또한 연해주에 이상설을 대통령으로 한 대한 광복군 정부가 수립된 것은 1914년의 일이다. ㉠ 1920년 6월에 봉오동 전투가 일어났다. 홍범도의 대한 독립군, 안무의 국민회군 등 독립군 연합 부대는 봉오동 주변 야산에 매복하고 있다가 공격해오는 일본군을 기습하여 크게 승리하였다. ㉡ 윤봉길의 의거는 1932년의 일이다. 상하이 홍커우 공원에서 상하이 점령을 축하하는 행사를 거행하였다. 이 행사장에 잠입한 윤봉길은 폭탄을 던져 단상에 있던 일본군 고관들을 살상하였다. ㉣ 1935년 의열단을 중심으로 한국 독립당, 조선 혁명당 등 여러 단체들이 연합하여 민족 혁명당을 창당하였다.

0942 ③ 해당 전투들은 모두 1930년대 전반에 일어난 역사적 사실들로, 만주 사변과 중·일 전쟁 사이의 일이다. 조선 혁명군이 일본군을 격파한 영릉가 전투는 1932년, 흥경성 전투는 1933년에 일어났다. 한국 독립군이 일본군에 맞서 싸운 쌍성보 전투는 1932년, 대전자령 전투는 1933년에 일어났다.

0943 (나) 1921년 자유시 참변에 대한 설명이다. (다) 한국 독립군이 중국 호로군과 연합하여 쌍성보에서 일본군을 격파한 것은 1932년의 일이다. (가) 조선 민족 전선 연맹은 1938년에 군사 조직인 조선 의용대를 창설하였다. (라) 임시 정부는 1940년 충칭에서 한국 광복군을 창설하였다.

0944 ㉠은 1930년대 중반 이후 민족주의 진영을 이끌던 핵심 정당들을 모아 3당 합당으로 조직된 한국 독립당이다. ③ 한국 독립당은 대한민국 임시 정부의 여당으로 자리매김하면서 임시 정부를 주도하였다.
오답노트 ① 김두봉이 이끌던 조선 독립 동맹에 대한 설명이다. ② 신흥 강습소가 신흥 무관 학교로 개편된 것은 1919년의 일로, 시기상 적절하지 않다. ④ 1930년대 만주에서 활동한 한국 독립군에 대한 설명이다.

Answer 0939 ③ 0940 ① 0941 ③ 0942 ③ 0943 ④ 0944 ③

PART 07

☐☐☐ **고난도**

0945 밑줄 친 '이 단체'에 대한 설명으로 옳은 것은?

2018년 국가직 7급

> 1930년대 일제의 중국 침략이 본격화되자, 중국 본토에서 활동하던 독립운동 단체들은 좌우의 대립을 지양하고 민족 연합 전선을 형성하기 위해 상하이에서 '한국 대일 전선 통일 동맹'을 결성하고 민족 유일당 건설을 제창하였다. 이에 여러 단체의 인사들이 난징에서 회의를 열고 <u>이 단체</u>를 창건하였다. 이는 단순한 여러 단체의 동맹이 아니라 단일당을 형성한 것이다.

① 창설 당시 김구는 참여하지 않았다.
② 동북 항일 연군을 산하의 군사 조직으로 두었다.
③ 지청천, 조소앙의 독주로 김원봉이 탈퇴하였다.
④ 한국 독립당, 한국 국민당, 조선 혁명당 3당의 통합으로 만들어졌다.

☐☐☐

0946 다음 법령이 제정된 때와 가장 가까운 시기에 있었던 사실로 가장 적절한 것은?

2018년 경찰 2차

> 제 1 조 소학교는 국민 도덕의 함양과 국민 생활의 필수적인 보통의 지능을 갖게 함으로써 충량한 황국 신민을 육성하는 데 있다.
> 제13조 심상소학교의 교과목은 수신, 국어(일어), 산술, 국사, 지리, 이과, 직업, 도화, 소공, 창가, 체조이다. 조선어는 수의 과목으로 한다.

① 재만 한인 단속 방법에 관한 협약이 맺어짐으로써 독립군의 활동은 큰 위협을 받게 되었다.
② 조선 청년 독립단의 이름으로 독립 선언서를 발표하였다.
③ 일제는 한글 연구로 민족 의식이 고취되는 것을 막기 위해 조선어 학회를 강제로 해산시켰다.
④ 조선 민족 혁명당은 민족 연합 전선을 강화하기 위해 다른 단체들과 함께 조선 민족 전선 연맹을 결성하였다.

☐☐☐

0947 〈보기〉의 어록을 남긴 인물의 활동으로 가장 옳은 것은?

2018년 서울시 9급

> ─〔보기〕─
> "대전자령의 공격은 이천만 대한 인민을 위하여 원수를 갚는 것이다. 총알 한 개 한 개가 우리 조상 수천 수만의 영혼이 보우하여 주는 피의 사자이니 제군은 단군의 아들로 굳세게 용감히 모든 것을 희생하고 만대 자손을 위하여 최후까지 싸우라."

① 화북 조선 독립 동맹의 주석으로 선출되어 활동하였다.
② 조선 혁명군을 이끌고 영릉가 전투에서 대승을 거두었다.
③ 한국 독립군을 이끌고 쌍성보 전투에서 일본군을 격파하였다.
④ 조선 의용대를 결성하고 대적 심리전 등에서 크게 활약하였다.

☐☐☐

0948 다음 합의문을 작성한 독립군에 관한 설명으로 옳은 것은?

2018년 법원직 9급

유사 2014년 경찰간부

> 중국(의용군)과 한국 양국의 군민은 한마음 한뜻으로 일제에 대항하여 싸우고, 인력과 물자는 서로 나누어 쓰며, 합작의 원칙하에 국적에 관계없이 그 능력에 따라 항일 공작을 나누어 맡는다.

① 양세봉을 중심으로 활동하였다.
② 1940년대에 옌안으로 이동하였다.
③ 북만주 지역에서 주로 활동하였다.
④ 쌍성보 전투에서 일본군을 격파하였다.

□□□

0949 다음 사건을 일어난 순서대로 바르게 나열한 것은?

2017년 국가직 7급

유사 2014년 서울시 9급 / 2012년 국가직 7급 / 2007년 법원직 9급 / 2006년 법원직 9급

> ㉠ 일제는 중국 마적단을 매수하여 훈춘의 일본 영사관을 공격하게 하는 조작 사건을 일으켰다.
>
> ㉡ 서일을 총재로 하는 대한 독립군단은 소비에트 러시아의 자유시로 이동하였다.
>
> ㉢ 일제는 무장 독립 세력을 진압하기 위해 만주 군벌과 미쓰야 협정을 맺었다.
>
> ㉣ 한국 독립당의 산하에 지청천을 총사령관으로 하는 한국 독립군이 조직되었다.

① ㉠ – ㉡ – ㉢ – ㉣　　② ㉡ – ㉠ – ㉣ – ㉢
③ ㉢ – ㉣ – ㉡ – ㉠　　④ ㉣ – ㉢ – ㉠ – ㉡

대표 유형

□□□

0950 밑줄 친 '이 부대'에 대한 설명으로 옳은 것은?

2012년 법원직 9급

> 중국 한커우[漢口]에서 <u>이 부대</u>가 조직되었다. 부대는 1개 총대, 3개 분대로 편성되었는데 100여 명의 대원은 대부분 조선 민족 혁명당원이다. 총대장은 황포 군관 학교 제4기 출신인 진국빈이며, 부대는 대일 선전 공작과 대일 유격전을 수행함을 목적으로 하였다.

① 자유시 참변으로 피해를 입었다.
② 일부 대원이 한국 광복군에 편입되었다.
③ 3부 통합으로 성립된 국민부 산하의 군대였다.
④ 쌍성보, 대전자령 등에서 일본군을 격파하였다.

문항	번호				틀린 이유
0945	①	②	③	④	
0946	①	②	③	④	
0947	①	②	③	④	
0948	①	②	③	④	
0949	①	②	③	④	
0950	①	②	③	④	

해설

0945 제시된 자료의 밑줄 친 '이 단체'는 1935년에 결성된 민족 혁명당이다. ① 1935년 통일 전선 정당으로써 민족 혁명당이 조직되어 임시 정부의 해체를 요구해오자, 김구 등은 이에 불응하고 새로운 정당으로서 한국 국민당을 창립하였다.

오답노트 ② 민족 혁명당 산하의 군사 조직은 동북 항일 연군이 아니라 조선 의용대이다. ③ 김원봉을 비롯한 의열단 계통의 인사들이 민족 혁명당을 주도하자, 이에 지청천, 조소앙 계열 등은 탈퇴하였다. ④ 김구의 한국 국민당, 조소앙의 한국 독립당, 지청천의 조선 혁명당의 통합으로 만들어진 단체는 한국 독립당이다.

0946 제시된 자료는 1938년에 제정된 제3차 조선 교육령의 내용이다. ④ 1937년 조선 민족 혁명당은 민족 연합 전선을 강화하기 위해 다른 좌익 계열 단체들과 함께 조선 민족 전선 연맹을 결성하였다.

오답노트 ① 1925년 만주의 군벌 장작림과 총독부 경무국장 미쓰야는 '재만 한인 단속 방법에 관한 협약(미쓰야 협정)'을 체결하여 만주의 독립운동을 탄압하고자 하였다. ② 1919년 2월 8일 일본에서 조선 청년 독립단이 독립 선언을 발표하였다. ③ 일제는 1942년 조선어 학회를 독립운동 단체로 간주하여 관련된 인사들을 체포하고, 조선어 학회를 강제로 해산시켰다(조선어 학회 사건).

0947 제시된 자료는 지청천의 어록이다. ③ 지청천은 한국 독립군을 이끌고 쌍성보, 대전자령, 경박호, 사도하자, 동경성 전투에서 일본군을 격파하였다.

오답노트 ① 김두봉, ② 양세봉, ④ 김원봉 등에 대한 설명이다.

0948 제시된 자료는 조선 혁명군이 작성한 합의문의 내용이다. ① 조선 혁명군은 양세봉의 지휘 하에 부대를 5개 중대로 개편·정비하고, 중국 의용군과 연합하여 일본군에 맞서 싸웠다.

오답노트 ② 조선 의용대 화북 지대에 대한 설명이다. ③ 조선 혁명군은 주로 남만주 지역에서 활동하였다. ④ 지청천이 이끈 한국 독립군에 대한 설명이다.

0949 ㉠ 1920년 일제는 훈춘 사건을 일으켜 이를 구실로 만주 지역에 대규모의 병력을 투입하였다. ㉡ 1920년 12월 서일을 총재로 하는 통합 군단인 대한 독립군단을 조직하고 소련령 흑룡강 유역의 자유시로 들어갔다(1921). ㉢ 1925년 일제는 독립군 탄압을 위해 만주 군벌과 미쓰야 협정을 체결하였다. ㉣ 혁신 의회는 1930년 한국 독립당으로 개편하였고, 산하에 한국 독립군을 결성하였다.

0950 한커우(한구)에서 조직된 조선 민족 혁명당의 예하 부대는 조선 의용대(1938)이다. ② 조선 의용대의 일부는 화북으로 이동하여 조선 의용대 화북 지대(1942년 조선 독립 동맹의 예하 부대인 조선 의용군으로 재편)가 되었고, 남아있던 일부는 1942년 대한민국 임시 정부의 한국 광복군으로 편입되었다.

오답노트 ① 간도 참변을 피해 소련으로 이동 중 밀산부에서 서일을 중심으로 대한 독립군단이 조직되었다. 이들은 자유시로 들어갔으나 자유시 참변으로 피해를 입었다. ③ 조선 혁명군에 대한 설명이다. 조선 의용대는 국민부와는 관련이 없다. ④ 북만주 지역에서 주로 활동한 한국 독립군에 대한 설명이다.

Answer 0945 ① 0946 ④ 0947 ③ 0948 ① 0949 ① 0950 ②

PART 07

대표 유형

□□□

0951 (가)에 대한 설명으로 가장 옳지 않은 것은?

2024년 법원직 9급

유사 2019년 법원직 9급 / 2015년 법원직 9급

> ┌────── (가) ────── 건국 강령
> 1. 우리나라는 우리 민족이 반만년 이래로 같은 말과 글과 국토와 주권과 경제와 문화를 가지고 공동한 민족 정기를 길러온, 우리끼리 형성하고 단결한 고정적 집단의 최고 조직임.
> 2. 우리나라의 건국 정신은 삼균 제도의 역사적 근거를 두었으니 … 이는 사회 각 계급·계층이 지력과 권력과 부력의 향유를 균평하게 하여 국가를 진흥하며 태평을 보전 유지하라고 한 것이니, 홍익인간과 이화세계하자는, 우리 민족의 지켜야 할 최고의 공리임.

① 충칭에서 정규군인 한국 광복군을 창설하였다.
② 1941년 일제에 대일 선전 성명서를 발표하였다.
③ 조선 의용대 화북 지대를 조선 의용군으로 개편하였다.
④ 민족 혁명당과 사회주의 계열 단체 인사가 합류하였다.

□□□

0952 다음 선언이 발표될 당시에 볼 수 있는 모습으로 가장 적절한 것은?

2021년 경찰 1차

> 대한민국 임시 정부는 대한민국 원년 정부가 공포한 군사조직법에 의거하여 중화민국 총통 장개석 원수의 특별 허락으로 중화민국 영토 내에 광복군을 조직하고, 대한민국 22년 9월 17일 한국 광복군 총사령부를 창설함을 이에 선언한다.

① 충칭에서 활동하는 한국 독립당 당원들
② 한국 광복군에 합류를 선언하는 조선 의용대 군인
③ 건국 강령을 발표하는 대한민국 임시 정부의 각료
④ 국무회의에 참석하는 대한민국 임시 정부의 부주석

□□□   **고난도**

0953 다음 자료가 발표된 이후의 사실에 해당하지 않는 것은?

2020년 국가직 9급

유사 2020년 국가직 7급

> 우리는 3천만 한국 인민과 정부를 대표하여 삼가 중·영·미·소·캐나다 기타 제국의 대일 선전이 일본을 격패케 하고 동아를 재건하는 가장 유효한 수단이 됨을 축하하여 이에 특히 다음과 같이 성명한다.
> 1. 한국 전 인민은 현재 이미 반침략 전선에 참가하였으니 한 개의 전투 단위로서 추축국에 선전한다.
> 2. 1910년의 합방 조약과 일체의 불평등 조약의 무효를 거듭 선포하며 아울러 반(反) 침략 국가인 한국에 있어서의 합리적 기득권익을 존중한다.
>   …(중략)…
> 5. 루스벨트·처칠 선언의 각조를 견결히 주장하며 한국 독립을 실현키 위하여 이것을 적용하여 민주 진영의 최후 승리를 축원한다.

① 한국 광복군은 김원봉이 이끌던 조선 의용대의 병력을 통합하였다.
② 영국군의 요청에 따라 인도, 미얀마 전선에 한국 광복군이 파견되었다.
③ 조선 독립 동맹은 조선 의용대 화북 지대를 기반으로 조선 의용군을 조직하였다.
④ 대한민국 임시 정부는 김구를 주석으로 하는 단일 지도 체제를 만들고 대한민국 건국 강령을 제정하였다.

□□□

0954 다음과 같은 강령을 발표한 조직의 활동으로 옳은 것은?

2019년 지방직 9급

> 건국 시기의 헌법상 경제 체계는 국민 각개의 균등생활 확보 및 민족 전체의 발전 그리고 국가를 건립 보위함과 연환(連環) 관계를 가진다. 그러므로 다음에 나오는 기본 원칙에 따라서 경제 정책을 집행하고자 한다.
> 가. 규모가 큰 생산 기관의 공구와 수단 …(중략)… 은행·전신·교통 등과 대규모 농·공·상 기업 및 성시(城市) 공업 구역의 주요한 공용 방산(房産)은 국유로 한다.
> 나. 적이 침략하여 점령 혹은 시설한 일체 사유 자본과 부역자의 일체 소유 자본 및 부동산은 몰수하여 국유로 한다.

① 이승만을 대통령, 이시영을 부통령으로 선출하였다.
② 자유시 참변을 겪고 러시아 적군에 무장 해제를 당하였다.
③ 좌우 합작 위원회를 구성하고 좌우 합작 7원칙을 발표하였다.
④ 미군 전략 정보국(OSS) 지원 아래 국내 진공 작전을 준비하였다.

□□□

0955 ㉠에 대한 설명으로 옳은 것은?

2019년 국가직 7급
유사 2018년 서울시 7급[상]

> 민국 23년에 채택한 [㉠]에는 언론과 종교의 자유를 보장하며, 무상 교육을 시행하겠다는 내용이 담겨 있다. …(중략)… 현재 우리의 급무는 연합군과 같이 일본을 패배시키고 다른 추축국을 물리치는 데에 있다. 우리는 독립과 우리가 원하는 정부, 국가를 원한다. 이를 위해 [㉠]의 정신을 바탕으로 독립된 나라를 건설해 나가야 한다.
> — 신한민보

① 보통 선거 실시를 주장하였다.
② 조선 건국 동맹에서 발표하였다.
③ 파괴와 폭동 등에 의한 민중의 직접 혁명을 강조하였다.
④ 남북 제정당 사회단체 대표자 회의의 소집을 요구하였다.

문항		번호			틀린 이유
0951	①	②	③	④	
0952	①	②	③	④	
0953	①	②	③	④	
0954	①	②	③	④	
0955	①	②	③	④	

해설

0951 제시된 자료는 1941년 충칭에서 임시 정부가 발표한 건국 강령의 내용이다. ③ 화북 조선 독립 동맹에 대한 설명이다. 화북 조선 독립 동맹은 예하 부대로 조선 의용군을 두었는데, 조선 의용대 화북 지대를 개편하여 창설한 부대이다.

오답노트 ① 임시 정부는 1940년 충칭에서 지청천을 총사령관, 이범석을 참모장으로 하여 한국 광복군을 창설하였다. ② 태평양 전쟁이 발발하자, 1941년 12월 임시 정부는 대일 선전 성명서를 발표하였다. ④ 1942년에 김원봉이 이끄는 민족 혁명당이 임시 정부에 합류했으며, 일부 사회주의 계열 단체들도 임시 정부에 참여하였다. 이에 따라 민족주의 계열과 사회주의 계열이 통합된 임시 정부가 수립되었다.

0952 제시된 자료는 1940년에 발표된 한국 광복군 선언문의 내용이다. ① 1940년 임시 정부는 충칭에서 정착했으며, 임시 정부의 여당으로서 한국 독립당을 창당하였다.

오답노트 ② 1942년 김원봉이 이끄는 일부 조선 의용대는 한국 광복군에 합류하였다. ③ 건국 강령이 발표된 것은 1941년의 일이다. ④ 임시 정부는 1944년 5차 개헌을 통하여 주석·부주석의 지도 체제를 채택하고 부주석제를 신설하였다.

0953 제시된 자료는 1941년 12월에 발표된 대일 선전 포고문이다. ④ 1940년 임시 정부는 충칭에 정착하면서 제4차 개헌을 통해 국무 위원제를 주석제로 바꾸어 김구를 주석으로 하는 단일 지도 체제를 만들고, 1941년 11월 대한민국 건국 강령을 발표하였다.

오답노트 ① 1942년 김원봉이 이끄는 조선 민족 혁명당이 임시 정부에 합류하고 조선 의용대 일부가 한국 광복군에 편입되었다. ② 1943년 임시 정부는 영국군의 요청으로 미얀마·인도 전선에 광복군을 파견하여 영국군과 함께 대일 투쟁을 전개하였다. ③ 조선 독립 동맹은 1942년에 조선 의용대 화북 지대를 개편하여 조선 의용군을 창설하였다.

0954 제시된 자료는 대한민국 임시 정부에서 발표한 건국 강령의 내용이다. ④ 임시 정부의 산하 군사 기관인 한국 광복군은 미국 전략 정보국(OSS)과 연합하여 국내 진공 작전을 계획하였다.

오답노트 ① 1948년 5·10 총선거로 구성된 제헌 국회에 대한 설명으로, 대한민국 정부 수립 때의 일이다. ② 대한 독립군단 등에 대한 설명이다. ③ 좌우 합작 위원회는 김규식·여운형 등을 중심으로 중도파 인사들로 구성되었으며, 좌우 합작 7원칙을 발표하였다.

0955 제시된 자료의 ㉠은 민국 23년(=1941년)에 채택된 대한민국 건국 강령이다. ① 대한민국 건국 강령은 조소앙이 제창한 삼균주의를 바탕으로 삼았다. 건국 강령의 주요 내용으로는 헌법의 실시, 경자유전의 토지 제도, 보통 선거의 실시, 의무 교육의 실시, 정치·경제·교육의 균등 실현 등이 있다.

오답노트 ② 대한민국 건국 강령은 조선 건국 동맹이 아니라 임시 정부에서 발표하였다. ③ 의열단이 행동 강령으로 채택한 신채호의 「조선 혁명 선언」에 대한 설명이다. ④ 1948년 4월 남북 연석 회의(남북 지도자 회의)에서 발표한 '전 조선 제정당 사회단체 지도자 협의회 공동 성명(=남북 협상 회의 공동 성명)'에서는 남북의 모든 정당·사회단체 대표자 회의의 소집과 통일적 민주 정부의 수립 등을 요구하였다.

Answer 0951 ③ 0952 ① 0953 ④ 0954 ④ 0955 ①

PART 07

대표유형

□□□

0956 괄호 안에 들어갈 단체의 활동으로 옳은 것은?

2016년 지방직 7급

> 대한민국 임시 정부는 대한민국 원년에 정부가 공포한 군사 조직법에 의거하여 (   )을/를 조직하고, 공동의 적인 일본 제국주의자들을 타도하기 위해 연합군의 일원으로 항전을 계속한다. …(중략)… 이때 우리는 큰 희망을 갖고 우리 조국의 독립을 위해 우리의 전투력을 강화할 시기가 왔다고 확신한다.

① 중국군과 연합하여 쌍성보 전투를 수행하였다.
② 조선 본토에 투입할 국내 정진군을 편성하였다.
③ 중국 팔로군과 함께 태항산 지구에서 일본군과 교전하였다.
④ 연해주에서 러시아 적군과 연합 전선을 구축하려고 하였다.

□□□ **고난도**

0957 다음 자료에 나타난 사상을 정립한 인물에 대한 설명으로 옳지 않은 것은?

2017년 지방직 9급

> 우리나라의 건국 정신은 삼균 제도(三均制度)의 역사적 근거를 두었으니 선조들이 분명히 명한 바 수미균평위(首尾均平位)하야 흥방보태평(興邦保泰平)하리라 하였다. 이는 사회 각층 각 급의 지력과 권력과 부력의 향유를 균평하게 하야 국가를 진흥하며 태평을 보유(保維)하려 함이니 홍익인간(弘益人間)과 이화세계(理化世界)하자는 우리 민족의 지킬 바 최고 공리(公理)임.

① 정치·경제·교육의 균등을 주장하였다.
② 제헌 국회 의원에 당선되었다.
③ 임시 정부의 국무위원이었다.
④ 한국 독립당을 창당하였다.

□□□

0958 다음 정부 조직이 갖추어진 시기에 있었던 사실로 옳은 것은?

2016년 교육행정직 9급

유사 2018년 국가직 7급 / 2013년 서울시 7급 / 2013년 법원직 9급 / 2013년 경찰간부

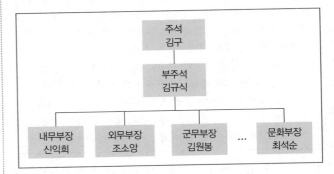

① 국내 비밀 행정 조직인 연통제가 운영되었다.
② 한국 광복군이 인도·미얀마 전선에서 활동하였다.
③ 국민 대표 회의에서 창조파와 개조파가 대립하였다.
④ 한인 애국단 단원이 홍커우 공원에서 의거를 일으켰다.

□□□

0959 밑줄 친 '이 단체'에 관한 설명으로 옳지 않은 것은?

2015년 서울시 9급

유사 2014년 국가직 9급 / 2014년 서울시 9급 / 2014년 법원직 / 2012년 지방직 9급

> 대한민국 임시 정부에서는 만주 지역의 독립군과 각처에 산재해 있던 무장 투쟁 세력을 모아 충칭에서 이 단체를 창설하였다.

① 김원봉이 이끄는 조선 의용대의 일부를 통합하여 군사력을 증강하였다.
② 초기에는 중국 군사 위원회의 지휘와 간섭을 받았다.
③ 중국의 화북 전선에서 일본군에 대항하여 팔로군과 연합 작전을 전개하였다.
④ 중국 주둔 미국 전략 정보국(OSS)과 합작하여 국내 진공 작전을 계획하였으나 실현되지 못했다.

□□□

0960 다음은 일제 강점기 국외 독립운동에 관한 사실들이다. 이를 시기순으로 바르게 나열한 것은? 2014년 지방직 9급

> ㉠ 대한민국 임시 정부가 지청천을 총사령으로 하는 한국 광복군을 창설하였다.
> ㉡ 블라디보스토크에서 이상설, 이동휘 등이 중심이 된 대한 광복군 정부가 수립되었다.
> ㉢ 홍범도가 이끄는 대한 독립군을 비롯한 연합 부대는 봉오동 전투에서 대승을 거두었다.
> ㉣ 양세봉이 이끄는 조선 혁명군은 중국 의용군과 연합하여 영릉가 전투에서 일본군을 무찔렀다.

① ㉠ - ㉣ - ㉡ - ㉢
② ㉡ - ㉢ - ㉣ - ㉠
③ ㉢ - ㉡ - ㉣ - ㉠
④ ㉣ - ㉢ - ㉠ - ㉡

□□□

0961 밑줄 친 '이곳'에서 전개된 민족 운동으로 옳은 것은? 2017년 국가직 9급

> 1903년에 우리나라 공식 이민단이 이곳에 도착하였다. 이주 노동자들은 사탕수수 농장, 개간 사업장, 철도 공사장 등에서 일하며 한인 사회를 형성하여 갔다. 노동 이민과 함께 사진 결혼에 의한 부녀자들의 이민도 이루어졌다. 또한 한인 합성 협회 등과 같은 한인 단체가 결성되었다.

① 독립운동 기지인 한흥동이 건설되었다.
② 독립운동 단체인 권업회가 조직되었다.
③ 자치 기관인 경학사와 부민단이 만들어졌다.
④ 군사 양성 기관인 대조선 국민군단이 창설되었다.

문항	번호				틀린 이유
0956	①	②	③	④	
0957	①	②	③	④	
0958	①	②	③	④	
0959	①	②	③	④	
0960	①	②	③	④	
0961	①	②	③	④	

해설

0956 괄호 안에 들어갈 단체는 한국 광복군이다. ② 한국 광복군은 미국 전략 정보국(OSS)과 연합하여 비행 편대를 편성하고 국내에 침투하여 활동할 정진군을 훈련시켰다. 그러나 1945년 8월 15일에 일본이 무조건 항복함으로써 국내 진입 계획은 실현되지 못하였다.

오답노트 ① 지청천이 이끈 한국 독립군에 대한 설명이다. ③ 조선 의용군에 대한 설명이다. ④ 대한 독립군단·고려 혁명군 등의 단체에 대한 설명이다. 고려 혁명군은 연해주에서 활동하다가 이후 대한 독립군단과 합쳐진 단체이다.

0957 제시된 자료는 조소앙의 삼균주의에 대한 설명이다. ② 조소앙은 김구·김규식 등과 같은 남북 협상파로 5·10 총선에 불참하여 제헌 국회 의원이 되지 않았다. 이후 1950년 2대 총선에서 서울 성북구에 출마하여 전국 최고 득표(34,035표)로 당선되었으나 6·25 전쟁 때 북한으로 강제 납북되었다.

오답노트 ① 조소앙은 삼균주의를 제창하면서 개인과 개인, 민족과 민족, 국가와 국가 사이의 완전한 균등을 이야기하였는데, 개인과 개인 사이의 균등은 정치·경제·교육의 균등으로 실현할 수 있다고 주장하였다. ③ 조소앙은 임시 정부의 외무국장으로서 국무위원에 소속되었다. ④ 조소앙은 민족 혁명당의 노선에 반대하여 탈당한 후 민족주의자들과 한국 독립당을 새로이 창당하였다.

0958 제시된 자료에서 주석이 김구, 부주석이 김규식인 점으로 미루어 5차 개헌(1944) 이후 대한민국 임시 정부의 조직임을 알 수 있다. ② 한국 광복군은 1941년 대일 선전 포고 이후 연합국의 일원으로 참전하여 영국군과 함께 인도·미얀마 전선에서 활동하였다.

오답노트 ① 연통제는 1919년부터 1920년대 초반까지 운영되었다. ③ 국민 대표 회의는 1923년에 개최되었다. ④ 윤봉길 의거에 대한 설명으로 1932년의 일이다.

0959 제시된 자료의 밑줄 친 '이 단체'는 한국 광복군이다. ③ 조선 의용군은 중국 공산당 팔로군과 함께 항일전에 참여하여 호가장 전투 등을 수행하였다.

오답노트 ① 한국 광복군은 1942년 김원봉의 조선 의용대를 흡수·통합하면서 군사력을 증강시켰다. ② 한국 광복군은 창설 초기에는 중국 군사 위원회의 간섭과 통제를 받았다. ④ 한국 광복군은 중국에 주둔하고 있던 미국 전략 정보국(OSS)과 연합하여 비행 편대를 편성하고 국내에 침투하여 활동할 정진군을 훈련시켰다.

0960 ㉡ 1914년 이상설, 이동휘 등을 중심으로 러시아 블라디보스토크에 망명 정부인 대한 광복군 정부가 세워졌다. ㉢ 1920년 6월 홍범도의 대한 독립군, 안무의 국민회군, 최진동의 군무 도독부군 등은 연합 부대를 편성해 봉오동 주변의 야산에서 매복하고 있다가 공격해오는 일본군을 기습하여 격파하였다. ㉣ 영릉가 전투는 1932년의 일이다. ㉠ 임시 정부는 중국 국민당 정부의 지원을 받아 1940년에 충칭에서 지청천(이청천)을 총사령관으로 하는 한국 광복군을 창설하였다.

0961 제시된 자료는 하와이에 대한 설명이다. 대한 제국 정부는 1902년 이민 업무를 담당하는 수민원을 설치하여 그 다음 해부터 하와이에 공식 이민단을 보냈다. ④ 대조선 국민군단은 박용만이 하와이에서 조직하여 군사 훈련을 실시한 단체이다.

오답노트 ① 한흥동은 북만주 밀산부에 건설되었다. ② 권업회는 연해주에서 조직되었다. ③ 경학사와 부민단은 남만주 삼원보 지역에서 창설되었다.

Answer 0956 ② 0957 ② 0958 ② 0959 ③ 0960 ② 0961 ④

PART 07

CHAPTER

02 일제 강점기의 경제, 사회, 문화

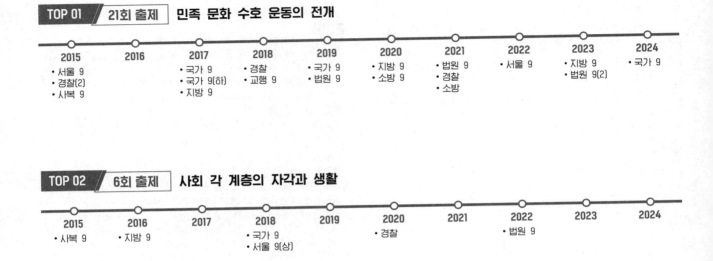

TOP 01 | **21회 출제** | **민족 문화 수호 운동의 전개**

2015	2016	2017	2018	2019	2020	2021	2022	2023	2024
• 서울 9		• 국가 9	• 경찰	• 국가 9	• 지방 9	• 법원 9	• 서울 9	• 지방 9	• 국가 9
• 경찰(2)		• 국가 9(하)	• 교행 9	• 법원 9	• 소방 9	• 경찰		• 법원 9(2)	
• 사복 9		• 지방 9				• 소방			

TOP 02 | **6회 출제** | **사회 각 계층의 자각과 생활**

2015	2016	2017	2018	2019	2020	2021	2022	2023	2024
• 사복 9	• 지방 9		• 국가 9		• 경찰		• 법원 9		
			• 서울 9(상)						

TOP 03 | **5회 출제** | **민족 실력 양성 운동**

2015	2016	2017	2018	2019	2020	2021	2022	2023	2024
	• 법원 9		• 지방 9		• 국회 9		• 지방 9		
			• 교행 9						

민족 실력 양성 운동

해설

0962 제시된 자료의 밑줄 친 '운동'은 1920년대에 전개된 물산 장려 운동이다. ③ 물산 장려 운동은 조만식을 중심으로 평양에서 시작되었고, 이후 전국 각지에 지부를 설치하는 등 전국으로 확산되었다.

오답노트 ① 회사령은 1920년에 폐지된 법령으로, 물산 장려 운동의 전개와는 관련이 없다. ② 원산 총파업은 1929년의 일로, 이 무렵 물산 장려 운동은 민족주의자들의 이탈과 민중의 외면으로 흐지부지되고 있었다. ④ 1924년 결성된 조선 노농 총동맹은 사회주의 계열이 주도한 것으로 물산 장려 운동과는 관련 없다.

0963 제시된 자료는 1920년대 물산 장려 운동 때 사용됐던 '조선 물산 장려회 포스터'이다. ③ 일부 사회주의자들은 물산 장려 운동이 상인이나 자본가 계급에게 이용당해 자본가 계급의 이익만 추구한다고 비난하였다.

오답노트 ① 민립 대학 설립 운동에 대한 설명이다. 1923년 이후 남부 지방의 가뭄과 전국적인 수해로 모금 활동에 어려움을 겪으면서 민립 대학 설립 운동은 좌절되었다. ② 회사령은 1910년에 제정된 법령으로, 물산 장려 운동이 시작되기 이전의 일이다. ④ 물산 장려 운동은 조선인이 주도한 민족 운동이다.

대표 유형

□□□

0962 밑줄 친 '운동'에 대한 설명으로 옳은 것은?

2018년 지방직 9급
유사 2018년 서울시 7급

> 조선 사람은 조선 사람이 만든 물건만 쓰고 살자고 하는 운동이 일어나고 있다. 그렇게 하면 조선인 자본가의 공업이 일어난다고 한다. …(중략)… 이 운동이 잘 되면 조선인 공업이 발전해야 하지만 아직 그렇지 않다. …(중략)… 이 운동을 위해 곧 발행된다는 잡지에 회사를 만들라고 호소하지만 말고 기업을 하는 방법 같은 것을 소개해야 한다. ─『개벽』

① 조선 총독부가 회사령을 폐지하는 계기가 되었다.
② 원산 총파업을 계기로 조직적으로 전개될 수 있었다.
③ 조만식 등에 의해 평양에서 시작되어 전국으로 확산되었다.
④ 조선 노농 총동맹의 적극적 참여로 대중적인 기반이 확충되었다.

□□□

0963 다음과 관련된 운동에 대한 설명으로 옳은 것은?

2022년 지방직 9급

① 가뭄과 홍수로 인해 중단되었다.
② 조선 총독부의 회사령에 맞서기 위해 전개되었다.
③ 일부 사회주의자는 자본가 계급을 위한 운동이라고 비판하였다.
④ 조선에 사는 일본인이 일본 자본에 대항하기 위해 일으켰다.

Answer 0962 ③ 0963 ③

0964 일제 강점 시기 (가)와 (나)의 주장을 한 단체에 대한 설명으로 옳은 것은?

2013년 지방직 9급

유사 2018년 교행직 9급 / 2014년 법원직 9급 / 2011년 서울시 9급 / 2011년 법원직 9급 / 2009년 기상직 9급

> (가) 우리가 우리의 손에 산업의 권리 생활의 제일 조건을 장악하지 아니하면 우리는 도저히 우리의 생명·인격·사회의 발전을 기대하지 못할지니 …(중략)… 우리 조선 사람의 물산을 장려하기 위하여 조선 사람은 조선 사람이 지은 것을 사서 쓰자.
>
> (나) 유감스러운 것은 우리에게 아직도 대학이 없는 일이라. 물론 관립 대학도 조만간 개교될 터지만 …(중략)… 우리 학문의 장래는 결코 일개 대학으로 만족할 수 없다. 그처럼 중대한 사업을 우리 민중이 직접 영위하는 것은 오히려 우리의 의무이다.

① (가) – 사회주의 성향의 운동 세력이 주도하였다.
② (가) – 조선과 일본 간의 관세 철폐 정책에 대항하였다.
③ (나) – 민족 연합 전선 단체인 신간회의 후원을 받았다.
④ (나) – 조선 학생 과학 연구회와 연계한 6·10 만세 운동을 전개하고 격문을 작성하였다.

0965 다음 글에서 비판하고 있는 이 운동에 대한 설명으로 옳은 것을 〈보기〉에서 고른 것은?

2013년 법원직 9급

> 이 운동의 사상적 도화수가 된 것은 누구인가? 저들의 사회적 지위로 보나 계급적 의식으로 보나 결국 중산 계급임을 벗어나지 못하였으며, 적어도 중산 계급의 이익에 충실한 대변인인 지식 계급 아닌가. …(중략)… 실상을 말하면 노동자에게는 …(중략)… 말할 필요가 없는 것이다. …(중략)… 그네는 자본가 중산 계급이 양복이나 비단 옷을 입는 대신 무명과 베옷을 입었고, 저들 자본가가 위스키나 브랜디나 정종을 마시는 대신 소주나 막걸리를 먹지 않았는가? …(중략)… 이리하여 저들은 민족적, 애국적 하는 감상적 미사(美辭)로써 눈물을 흘리면서 저들과 이해가 전연 상반한 노동 계급의 후원을 갈구하는 것이다.
>
> – 이성태, 동아일보

[보기]
㉠ 평양에서 시작하여 전국으로 확산되었다.
㉡ 사회주의 운동이 크게 확산되는 계기가 되었다.
㉢ 황성신문, 대한매일신보 등의 적극적인 지원을 받았다.
㉣ 일본 상품에 대한 관세 철폐 움직임에 대응하여 시작되었다.

① ㉠, ㉡　　　　　② ㉠, ㉢
③ ㉠, ㉣　　　　　④ ㉡, ㉢

사회 각 계층의 자각과 생활의 변화

대표유형

고난도

0966 일제 강점기 조선인의 생활 모습으로 옳지 않은 것은?

2018년 국가직 9급

유사 2020년 경찰 2차 / 2017년 국회사무처 9급

① 도시 외곽의 토막촌에는 빈민이 살았다.
② 번화가에서 최신 유행의 모던걸과 모던보이가 활동하였다.
③ 몸뻬를 입은 여성들이 근로 보국대에서 강제 노동을 하였다.
④ 상류층이 한식 주택을 2층으로 개량한 영단 주택에 모여 살았다.

대표유형

□□□

0967 다음 사실들을 시기순으로 바르게 나열한 것은?

2016년 지방직 9급

⊙ 김좌진을 중심으로 한 신민부가 조직되었다.
ⓒ 민족 협동 전선론에 따라 정우회가 조직되었다.
ⓒ 노동 조건의 개선을 요구한 원산 노동자 총파업이 일어났다.
ⓔ 백정의 사회적 차별을 철폐하고자 하는 형평사가 창립되었다.

① ⊙ - ⓒ - ⓔ - ⓒ
② ⊙ - ⓔ - ⓒ - ⓒ
③ ⓔ - ⊙ - ⓒ - ⓒ
④ ⓔ - ⓒ - ⊙ - ⓒ

대표유형

□□□

0968 일제 강점기 생활 모습을 묘사한 것으로 옳은 것은?

2015년 사회복지직 9급

① 대한 천일 은행 앞에서 회사원이 제국신문을 읽었다.
② 빈민이 토막촌을 형성하였고 걸인처럼 생활하였다.
③ 육영 공원에 입학한 청년이 선교사로부터 영어를 배웠다.
④ 서울의 학생이 미국인이 운영하는 전차를 타고 등교하였다.

문항	번호				틀린 이유
0964	①	②	③	④	
0965	①	②	③	④	
0966	①	②	③	④	
0967	①	②	③	④	
0968	①	②	③	④	

해설

0964 (가)는 조선 물산 장려회 취지서이고, (나)는 민립 대학 기성회(1922) 취지서이다. ② 물산 장려 운동은 일제의 관세 철폐 움직임(1923년 관세 철폐)에 대항하여 민족 자본가들을 중심으로 국산품 애용을 장려하고자 한 운동이다. 평양에서 조만식을 중심으로 시작되어 전국으로 확산되었다.

오답노트 ① 물산 장려 운동은 민족주의계가 주도한 것으로, 자본가의 이익만 챙긴다는 이유로 사회주의계의 비판을 받았다. ③ 두 운동 모두 신간회가 등장하기 이전에 호지부지되었다. ④ 민립 대학 기성회와 6·10 만세 운동은 무관하다. 조선 학생 과학 연구회는 1925년 9월 사회 과학의 보급 등을 목적으로 만들어진 사회주의계 학생 운동 단체로, 1926년 6월 10일 학생들의 시위를 주도하였다.

0965 제시된 자료는 사회주의자 이성태가 물산 장려 운동을 비판하는 글이다. ⊙ 물산 장려 운동은 1920년 조만식 등을 중심으로 하여 평양에서 시작되었다. ⓔ 회사령 철폐, 일본 상품에 대한 관세 철폐 등의 정책들이 실시되면서 민족 자본이 점차 위기를 맞자 지식인들을 중심으로 물산 장려 운동이 전개되었다.

오답노트 ⓒ 사회주의 운동의 확산과 물산 장려 운동은 관련이 없다. 오히려 사회주의 세력은 물산 장려 운동을 비판하였다. ⓒ 1907년 국채 보상 운동에 대한 설명이다.

0966 ④ 문화 주택에 대한 설명이다. 영단 주택은 1940년대 도시민의 주택난을 해결하기 위해 지은 일종의 연립 주택이다.

오답노트 ① 도시 외곽에 빈민들이 거주하던 토막집들을 중심으로 토막촌이 형성되었다. ② 도시 중심가에서는 일부 부자 계층을 중심으로 최신 유행 스타일만을 골라 입는 모던걸과 모던보이 등이 등장했다. ③ 몸뻬는 일본 농촌 여성들이 입던 작업복으로, 일제는 전시 상태에서 근로 보국대 등을 조직하여 여성들을 강제로 노동시키면서 몸뻬를 입게 했다.

0967 ⓔ 조선 형평사는 1923년에 창립되었다. ⊙ 신민부는 1925년에 조직되었다. ⓒ 정우회는 1926년에 조직된 단체로 그해 11월에 정우회 선언을 발표하였다. ⓒ 원산 노동자 총파업은 1929년에 일어났다.

0968 ② 일제 강점기 때 빈민은 도시의 공터나 다리 밑에 땅을 파거나 거적을 두른 움집에서 살기도 하였다. 이를 토막민이라고 하였다.

오답노트 ① 대한 천일 은행은 민족계 은행으로 1899년에 설립되었으나, 1912년에 조선 상업 은행으로 개칭되었다. 제국신문은 1898년에 창간되었으며, 일제에 강점당하기 직전인 1910년 8월 2일에 폐간되었다. ③ 육영 공원은 1886년에 설립되었으나, 재정난 등으로 1894년에 폐교되었다. ④ 근대 시기인 1890년대 이후의 사회 모습에 대한 설명이다.

Answer　0964 ②　0965 ③　0966 ④　0967 ③　0968 ②

PART 07

0969 자료에 나타난 운동에 대한 설명으로 가장 옳은 것은?

2022년 법원직 9급
유사 2013년 서울시 7급

진주성 내 동포들이 궐기하여 형평사라는 단체를 조직하여 계급 타파 운동을 개시할 것이라고 한다. …… 어떤 자는 고기를 먹으면서 존귀한 대우를 받고, 어떤 자는 고기를 제공하면서 비천한 대우를 받는다. 이는 공정한 천리(天理)에 따를 수 없는 일이다.

① 백정에 대한 차별 철폐를 요구하였다.
② 공사 노비 제도가 폐지되는 결과를 가져왔다.
③ 향·부곡·소를 일반 군현으로 승격할 것을 주장하였다.
④ 평안도 지역에 대한 차별과 지배층의 수탈에 항거하였다.

0970 (가)에 대한 설명으로 옳은 것은? 2020년 국가직 9급

문화 통치의 일환으로 한글 신문의 발행이 허용되었다. 이에 따라 [(가)]이/가 창간되었다. [(가)]은/는 자치 운동을 모색하던 이광수의 『민족적 경륜』을 실어 비판받기도 하였으나, '일장기 말소 사건'으로 일제로부터 정간 처분을 받기도 하였다.

① 한글 보급 운동에 앞장서 『한글원본』을 만들었다.
② 브나로드 운동이라는 농촌 계몽 운동을 전개하였다.
③ 『개벽』, 『신여성』, 『어린이』 등의 잡지를 발행하였다.
④ 신간회가 결성되자 신간회 본부와 같은 역할을 하게 되었다.

국학 운동의 전개

대표유형

0971 다음과 같은 활동을 펼친 인물에 대한 설명으로 옳은 것은?

2020년 지방직 9급

• 대한매일신보에 애국적인 논설을 썼다.
• 유교 개혁의 뜻을 담은 유교구신론을 집필하였다.

① 적극적인 의열 활동을 위해 한인 애국단을 만들었다.
② 일본의 침략상을 폭로하는 『한국통사』를 저술하였다.
③ 실증 사학의 입장에서 연구하는 진단 학회를 조직하였다.
④ 김원봉의 요청을 받아들여 「조선 혁명 선언」을 작성하였다.

0972 〈보기〉의 글을 저술한 인물에 대한 설명으로 가장 옳지 않은 것은?

2022년 서울시 9급
유사 2020년 소방직 9급 / 2019년 기상직 9급 / 2014년 서울시 9급 / 2012년 지방직 9급 / 2005년 국가직 9급

[보기]
옛 사람이 이르기를, 나라는 없어질 수 있으나 역사는 없어질 수 없다고 하였으니, 그것은 나라는 형체이고 역사는 정신이기 때문이다. 이제 한국의 형체는 허물어졌으나, 정신만이라도 오로지 남아 있을 수 없는 것인가.

① 유교구신론을 써서 유교의 개혁을 주장하였다.
② 식민 사학 중 정체성론의 근거를 무너트리는 데에 기여하였다.
③ 대한민국 임시 정부의 2대 대통령을 역임하였다.
④ 『한국독립운동지혈사』를 저술하였다.

□□□

0973 다음 글의 저자에 대한 설명으로 옳은 것은?

2019년 국가직 9급
유사 2016년 경찰 2차

> 무릇 동양의 수천 년 교화계(教化界)에서 바르고 순수하며 광대 정밀하여 많은 성현들이 전해주고 밝혀 준 유교가 끝내 인도의 불교와 서양의 기독교와 같이 세계에 큰 발전을 하지 못함은 어째서이며 …(중략)… 유교계에 3대 문제가 있는지라. 그 3대 문제에 대하여 개량하고 구신(求新)을 하지 않으면 우리 유교는 흥왕할 수가 없을 것이다.

① 조선얼을 강조하며 조선학 운동을 펼쳤다.
② '나라는 형(形)이고 역사는 신(神)'이라고 주장하였다.
③ 주석·부주석 체제 하의 대한민국 임시 정부에서 주석을 역임하였다.
④ 『독사신론』에서 민족을 역사 서술의 주체로 설정하고 사대주의를 비판하였다.

□□□

0974 (가) 인물에 대한 설명으로 옳은 것은?

2018년 교행직 9급
유사 2019년 서울시 7급[상]

(가) 의 연보
1859년 황해도 황주 출생
1904년 『대한매일신보』 주필
1909년 유교구신론 지음
1925년 대한민국 임시 정부 제2대 대통령 취임 11월 서거

① 진단 학회를 창립하였다.
② 조선사 편수회에 참여하였다.
③ 민족 정신으로서 국혼을 강조하였다.
④ 대한매일신보에 『독사신론』을 연재하였다.

문항		번호			틀린 이유
0969	①	②	③	④	
0970	①	②	③	④	
0971	①	②	③	④	
0972	①	②	③	④	
0973	①	②	③	④	
0974	①	②	③	④	

해설

0969 제시된 자료는 일제 강점기의 형평 운동과 관련된 내용이다. ① 형평 운동 당시 백정들은 '저울처럼 평등한 세상을 만들자'는 구호를 내걸고, 백정에 대한 사회적 차별 철폐를 요구하였다.

오답노트 ② 공사 노비 제도가 폐지된 것은 1차 갑오개혁 때의 일이고, 형평 운동이 시작된 것은 일제 강점기인 1923년의 일로 시기상 적절하지 않다. ③ 향·부곡·소는 고려 시대부터 일반 군현으로 승격되기 시작했으며, 조선 초기에 들어와 모든 향·부곡·소는 소멸되었다. ④ 조선 후기인 순조 때 일어난 홍경래의 난에 대한 설명이다.

0970 제시된 자료는 일제 강점기의 동아일보에 대해 설명하고 있다. ② 동아일보는 문맹 퇴치와 미신 타파를 목표로 브나로드 운동을 전개하였다.

오답노트 ① 조선일보가 주도한 문자 보급 운동에 대한 설명이다. 조선일보는 『한글원본』 등을 교재로 하여 문자 보급 운동을 전개했다. ③ 천도교는 『개벽』, 『신여성』, 『어린이』, 『학생』 등의 잡지를 간행하여 민중의 자각과 근대 문물의 보급에 기여하였다. ④ 조선일보는 신간회가 결성되자 신간회의 본부와 같은 역할을 맡았다. 신간회 회장에는 조선일보의 사장 이상재가 추대됐으며, 주필 안재홍 등이 신간회의 주요 인물이었다.

0971 제시된 자료에서 설명하고 있는 인물은 박은식이다. ② 박은식은 『한국통사』를 저술하여 일제의 불법적인 한국 침략과 한국 독립운동을 정리하였다.

오답노트 ① 김구에 대한 설명이다. 김구는 적극적인 의열 활동을 통하여 임시 정부의 침체를 극복하기 위해 1931년 상하이에서 한인 애국단을 결성하였다. ③ 이병도 등은 1934년 진단 학회를 조직하고 진단 학보를 발간하여 문헌 고증을 중시하는 실증주의 사학을 발전시켰다. ④ 신채호에 대한 설명이다. 김원봉은 신채호에게 의열단의 행동 강령 및 투쟁 목표를 문서화해 줄 것을 요청했다. 신채호는 이를 받아들여 1923년 「조선 혁명 선언」을 작성하였다.

0972 제시된 자료는 박은식이 저술한 『한국통사』의 내용이다. ② 사회 경제 사학자인 백남운은 한국사를 세계사적 보편성 위에서 체계화하는 과정에서 식민 사학의 정체성론을 반박하였다.

오답노트 ① 박은식에 대한 설명이다. ③ 박은식은 1925년에 임시 정부의 제2대 대통령으로 취임하였다. ④ 박은식은 『한국통사』, 『한국독립운동지혈사』를 저술하여 일제의 불법적인 한국 침략과 부단히 전개되는 한국 독립운동사를 정리하였다.

0973 제시된 자료는 박은식이 저술한 유교구신론의 일부이다. ② 박은식은 '나라는 형(形)이고 역사는 신(神)이다'라고 주장하면서 역사의 중요성을 강조하였다.

오답노트 ① 정인보, ③ 김구, ④ 신채호에 대한 설명이다.

0974 제시된 자료는 박은식의 연보이다. ③ 박은식은 역사를 국혼(정신 문화)과 국백(물질 문화)의 기록으로 규정하고, '혼'이 멸하지 않는 한 '백'도 망하지 않는다고 보면서, 국혼을 중시하였다.

오답노트 ① 이병도 등 실증 사학자들이 중심이 되어 진단 학회를 창립하였다. ② 조선사 편수회는 친일 학술 단체로서, 박은식은 이 단체에 참여하지 않았다. ④ 신채호에 대한 설명이다.

Answer 0969 ① 0970 ② 0971 ② 0972 ② 0973 ② 0974 ③

대표유형

□□□

0975 다음 자료를 쓴 역사가의 활동으로 옳은 것은?

2017년 지방직 9급

유사 2021년 소방직 9급 / 2012년 경찰 2차 / 2008년 지방직 9급

> 역사란 무엇이뇨. 인류 사회의 아와 비아의 투쟁이 시간부터 발전하며 공간부터 확대하는 심적 활동의 상태의 기록이니, 세계사라 하면 세계 인류의 그리되어 온 상태의 기록이며, 조선사라 하면 조선 민족의 그리되어 온 상태의 기록이니라.

① 『5천년간 조선의 얼』이라는 글을 동아일보에 연재하여 민족 정신을 고취하였다.
② 『조선사회경제사』를 저술하여 세계사적 보편성 속에서 한국사를 해석하였다.
③ 을지문덕, 최영, 이순신 등 애국 명장의 전기를 써서 애국심을 고취하였다.
④ 『여유당전서』를 발간하여 조선 후기 실학자들을 재평가하였다.

□□□

0976 밑줄 친 '그'에 대한 설명으로 옳은 것은?

2019년 지방직 7급

> 일제의 침략이 거세지자 <u>그</u>는 국외로 망명했다. <u>그</u>는 의열단장 김원봉의 요청을 받아 「조선 혁명 선언」을 작성하였다. 이 선언에는 외교 운동에 주력하자는 주장에 반대하고 더욱 적극적인 독립운동을 추진하자는 내용이 담겨 있다.

① 민족주의 역사학을 지향한 『독사신론』을 저술하였다.
② 철저한 문헌 고증을 지향하며 진단 학회를 조직하였다.
③ 동학을 천도교로 개편하고 친일적 인물들을 교단에서 내쫓았다.
④ 보편적 역사 발전 법칙에 따라 역사를 기술한 『조선사회경제사』를 집필하였다.

□□□

0977 자료의 내용을 작성한 인물의 활동 내용이 잘못된 것은?

2019년 법원직 9급

유사 2018년 경찰간부 / 2014년 서울시 7급 / 2007년 세무직 7급

> 우리는 '외교', '준비' 등의 미련한 꿈을 버리고 민중 직접 혁명의 수단을 취함을 선언하노라. 조선 민족의 생존을 유지하자면 강도 일본을 내쫓을 지며, 강도 일본을 내쫓을 지면 오직 혁명으로써 할 뿐이니, 혁명이 아니고는 강도 일본을 내쫓을 방법이 없는 바이다. …(중략)… 우리는 민중 속에 가서 민중과 손을 잡아 끊임없는 폭력, 암살, 파괴, 폭동으로써 강도 일본의 통치를 타도하고 …(후략)…

① 『독사신론』을 지어 식민 사관을 비판했다.
② 『을지문덕전』을 간행하여 자주 정신을 일깨웠다.
③ 역사를 '아(我)와 비아(非我)의 투쟁'으로 해석했다.
④ 유물 사관으로 식민 사학의 정체성 이론을 반박했다.

□□□

0978 다음 글을 쓴 인물에 대한 설명으로 가장 적절한 것은?

2015년 경찰 2차

유사 2008년 지방직 7급

> 묘청의 천도 운동에 대하여 역사가들은 단지 왕사(王師)가 반란한 적을 친 것으로 알았을 뿐인데 이는 근시안적인 관찰이다. 그 실상은 낭가(郎家)와 불교 양가 대 유교의 싸움이며, 국풍파(國風派) 대 한학파(漢學派)의 싸움이며, 독립당 대 사대당의 싸움이며, 진취 사상 대 보수 사상의 싸움이니, 묘청은 전자의 대표요 김부식은 후자의 대표였던 것이다. 묘청의 천도 운동에서 묘청 등이 패하고 김부식이 이겼으므로 조선사가 사대적, 보수적, 속박적 사상인 유교 사상에 정복되고 말았다. 만약 김부식이 패하고 묘청이 이겼더라면 조선사가 독립적, 진취적으로 진전하였을 것이니 이것이 어찌 일천년래 제일대 사건이라 하지 아니하랴.

① 『한국독립운동지혈사』를 저술하였다.
② 유물 사관에 바탕을 두고 식민 사관의 정체성론을 비판하였다.
③ 「조선 혁명 선언」을 작성하였다.
④ 대한민국 임시 정부 2대 대통령을 역임하였다.

□□□

0979 밑줄 친 '그'에 대한 설명으로 옳은 것은?

2021년 경찰 1차

> 그는 신채호의 고대사 연구를 계승 발전시켜 고대 국가의 사회 발전 단계를 해명하는 많은 논문을 발표하여 해방 후 『조선상고사감』이라는 단행본을 엮어냈고, 우리나라의 전통 철학을 정리하여 '불함철학대전'과 '조선철학'을 저술하였다. 또한 '신민족주의와 신민주주의'라는 독창적인 이론을 제시하고, 이에 의거하여 극좌와 극우를 배격하고 만민공생의 통합된 민족 국가를 건설하려 하였다.

① 한국 민주당 결성을 주도하였다.
② 남조선 과도 입법 의원의 의장이 되었다.
③ 독립 촉성 중앙 협의회의 회장에 추대되었다.
④ 조선 건국 준비 위원회의 결성에 참여하였다.

□□□

`고난도`

0980 다음 주장을 한 인물에 대한 설명으로 옳은 것은?

2017년 국가직 9급

> 계급 투쟁은 민족의 내부 분열을 초래할 것이며, 민족의 내쟁은 필연적으로 민족의 약화에 따르는 다른 민족으로부터의 수모를 초래할 것이다. 계급 투쟁의 길은 우리가 반드시 취해야 할 필요는 없고, 민족 균등이 실현되는 날 그것은 자연 해소되는 문제다. …(중략)… 이 세계적 기운과 민족적 요청에서 민족 사관은 출발하는 것이며, 민족사는 그 향로와 방법을 명백하게 과학적으로 지시하여야 할 것이다.
>
> ─『조선민족사개론』

① 『조선상고사』와 『조선사연구초』를 저술하였다.
② 대동사상을 수용한 유교구신론을 주장하였다.
③ 『진단 학보』를 발간한 진단 학회의 발기인으로 활동하였다.
④ 『5천년간 조선의 얼』이라는 글을 동아일보에 연재하였다.

문항	번호				틀린 이유
0975	①	②	③	④	
0976	①	②	③	④	
0977	①	②	③	④	
0978	①	②	③	④	
0979	①	②	③	④	
0980	①	②	③	④	

해설

0975 제시된 자료는 신채호가 저술한 『조선상고사』이다. ③ 신채호는 『을지문덕전』, 『강감찬전』, 『이순신전』 등 애국 명장에 대한 전기를 써서 애국심을 고취하였다.
오답노트 ① 정인보에 대한 설명이다. ② 백남운에 대한 설명이다. ④ 1934년에 정약용 서거 99주기를 맞아 『여유당전서』의 간행을 주도한 인물은 정인보, 안재홍, 문일평 등이다.

0976 밑줄 친 '그'는 『조선 혁명 선언』을 작성한 신채호이다. ① 신채호는 『독사신론』을 저술하여 민족주의 역사학의 토대를 마련하였다.
오답노트 ② 이병도, 손진태 등, ③ 손병희, ④ 백남운에 대한 설명이다.

0977 제시된 자료는 신채호가 저술한 『조선 혁명 선언』의 내용이다. ④ 백남운을 비롯한 사회·경제 사학자들에 대한 설명이다.
오답노트 ① 신채호는 『독사신론』을 저술하여 일제의 식민 사학에 대응하는 민족주의 사학의 연구 방향을 제시하였다. ② 신채호는 『을지문덕전』 등 애국 명장에 대한 전기를 저술하였다. ③ 신채호는 『조선상고사』에서 역사를 '아(我)와 비아(非我)의 투쟁의 기록'이라고 표현하였다.

0978 제시된 자료는 신채호의 『조선사 연구초』에 수록된 '조선 일천년래 제일대 사건'의 내용이다. 신채호는 동아일보에 연재한 한국 고대사 관련 논문을 엮어 『조선사 연구초』를 간행(1925)하였다. ③ 신채호는 1923년에 『조선 혁명 선언』을 작성하여 외교론, 자치론, 문화 운동론의 한계를 비판하면서 민중의 직접 혁명을 통한 독립 쟁취를 주장하였다.
오답노트 ①,④ 박은식, ② 백남운에 대한 설명이다.

0979 제시된 자료는 안재홍의 활동에 대해 설명하고 있다. ④ 안재홍은 여운형 등과 함께 광복 직후 조선 건국 준비 위원회를 조직하였다.
오답노트 ① 우익 세력인 송진우·김성수 등에 대한 설명이다. ② 김규식은 남조선 과도 입법 의원의 초대 의장이 되었다. ③ 이승만에 대한 설명이다.

0980 제시된 자료는 손진태의 『조선민족사개론』의 내용이다. ③ 진단 학회의 발기인으로는 이병도, 손진태 등이 있다.
오답노트 ① 신채호, ② 박은식, ④ 정인보에 대한 설명이다.

Answer 0975 ③ 0976 ① 0977 ④ 0978 ③ 0979 ④ 0980 ③

0981 다음 ㉠의 인물에 대한 설명으로 옳은 것은?

2015년 서울시 9급

고난도

> ___㉠___은 조선 시대에 민중을 위해서 노력한 정치가들과 혁명가들을 드러내고, 세종과 실학자들의 민족지향, 민중지향, 실용지향을 높이 평가하는 사론을 발표하여 일반 국민의 역사의식을 계발하는데 기여하였다. 또한 국제 관계에서 실리적 감각이 필요함을 절감하고, 이러한 시각에서 『대미 관계 50년사』라는 저서를 내기도 하였다.

① 1930년대에 조선학 운동을 주도하였다.
② 진단 학회를 창립하여 한국사의 실증적 연구에 힘썼다.
③ 한국사가 세계사의 보편적 법칙에 입각하여 발전하였음을 강조하였다.
④ 우리의 민족 정신을 혼으로 파악하고, 혼이 담겨 있는 민족사의 중요성을 강조하였다.

대표 유형

0982 다음 주장을 한 인물에 대한 설명으로 옳은 것은?

2023년 지방직 9급
유사 2015년 사회복지직 9급

> 우리 조선의 역사적 발전의 전 과정은 가령 지리적 조건, 인종학적 골상, 문화 형태의 외형적 특징 등 다소의 차이는 인정되더라도, 다른 문화 민족의 역사적 발전 법칙과 구별되어야 하는 독자적인 것이 아니다. 세계사적인 일원론적 역사 법칙에 의해 다른 민족과 거의 같은 궤도로 발전 과정을 거쳐왔다.

① 민족 정신으로서 조선 국혼을 강조하였다.
② 민족주의 사학을 계승하여 조선의 얼을 강조하였다.
③ 마르크스 유물 사관을 바탕으로 한국사를 연구하였다.
④ 진단 학회를 조직하여 문헌 고증을 중시하는 실증주의 사학을 정립하였다.

0983 ㉠을 비판한 사례로 가장 옳은 것은?

2023년 법원직 9급

> 근세 조선사에서 유형원·이익·이수광·정약용·서유구·박지원 등 이른바 '현실학파(現實學派)'라고 불러야 할 우수한 학자가 배출되어, 우리의 경제학적 영역에 대한 선물로 남겨준 업적이 결코 적지 않다. … ㉠후쿠다 도쿠조(福田德三)는 조선에서 봉건 제도의 존재를 전면적으로 부정했다는 점에서 그에 승복할 수 없는 것이다.

① 백남운이 『조선사회경제사』를 저술하였다.
② 이병도, 손진태 등이 진단 학보를 발간하였다.
③ 조선사 편수회 인사들이 청구 학회를 결성하였다.
④ 신채호가 대한매일신보에 독사신론을 연재하였다.

0984 다음 자료의 주장을 한 일제 강점기 역사 연구 활동에 대한 설명 중 가장 옳은 것은?

2021년 법원직 9급

> 조선 민족의 발전사는 그 과정이 아시아적이라고 하더라도 사회 구성의 내면적 발전 법칙 그 자체는 오로지 세계사적인 것이며, 삼국 시대의 노예제 사회, 통일 신라기 이래의 동양적 봉건 사회, 이식 자본주의 사회는 오늘날에 이르기까지 조선 역사의 단계를 나타내는 보편사적인 특징이다.

① 일선동조론을 유포하였다.
② 실증 사학의 영향을 받았다.
③ 대표적인 인물로 백남운이 있다.
④ 진단 학회를 결성하여 진단 학보를 발간하였다.

□□□
0985 밑줄 친 '나'에 대한 설명으로 옳은 것은?

2017년 국가직 9급[하]

나의 조선 경제사의 기도(企圖)는 사회의 경제적 구성을 기축으로 대체로 다음과 같은 제 문제를 취급하려 하였다.
제1. 원시 씨족 공산체의 태양(態樣)
제2. 삼국의 정립 시대의 노예 경제
제3. 삼국 시대 말기 경부터 최근세에 이르기까지의 아시아적 봉건 사회의 특질
제4. 아시아적 봉건 국가의 붕괴 과정과 자본주의 맹아 형태
제5. 외래 자본주의 발전의 일정과 국제적 관계
제6. 이데올로기 발전의 총 과정

① 순수 학문을 표방하면서 식민주의 사학에 학문적으로 대항하려 하였다.
② 실학에서 자주적인 근대 사상과 우리 학문의 주체성을 찾으려 하였다.
③ 일제 식민 사학의 정체성론을 극복하는 근거를 제공하였다.
④ 우리 고대사를 중국 민족에 필적하는 강건한 민족의 역사로 서술했다.

□□□
0986 ㉠~㉢에 들어갈 내용으로 옳은 것은?

2017년 지방직 7급

• (㉠)은 한국 민족사의 주체적 발전과 민족 문화의 우수성을 강조하면서, 민족 정신을 중시하고 이를 고취시켜 독립을 이룩하려는 의도를 강하게 드러냈다. 박은식, 신채호 등이 대표적 인물이다.
• (㉡)은 사회 구성체 발전 단계론의 역사 인식을 바탕으로 하면서 역사 발전의 원동력을 민중에게서 구했으며, 우리 역사를 유물 사관의 방법론에 맞추려고 하였다. 백남운, 이청원 등이 대표적 인물이다.
• (㉢)은 순수 학문으로서의 역사학을 지향하며 문헌 고증을 중시하였다. 이병도, 손진태 등이 대표적 인물이다.

	㉠	㉡	㉢
①	민족주의 사학	사회 경제 사학	실증 사학
②	실증 사학	민족주의 사학	사회 경제 사학
③	민족주의 사학	실증 사학	사회 경제 사학
④	사회 경제 사학	실증 사학	민족주의 사학

문항	번호				틀린 이유
0981	①	②	③	④	
0982	①	②	③	④	
0983	①	②	③	④	
0984	①	②	③	④	
0985	①	②	③	④	
0986	①	②	③	④	

해설

0981 제시된 자료에서 설명하고 있는 인물은 문일평이다. ① 정인보, 안재홍, 문일평 등을 중심으로 1930년대에 조선학 운동이 전개되었다.

오답노트 ② 선지의 표현은 일반적으로 실증주의 사학자를 설명하는 말이므로 문일평에 대한 설명으로 적절치 않다. 그러나 문일평도 진단 학회에 참여했기 때문에 오해의 여지가 있어 보인다. ③ 백남운 등 사회 경제 사학자들에 대한 설명이다. ④ 박은식에 대한 설명이다.

0982 제시된 자료는 백남운이 저술한 『조선사회경제사』의 서문이다. ③ 백남운을 비롯한 사회·경제 사학자들은 마르크스 유물 사관에 입각하여 우리 민족의 역사 과정이 세계사적인 발전 과정과 궤를 같이하고 있음을 입증하였다.

오답노트 ① 박은식, ② 정인보, ④ 이병도 등에 대한 설명이다.

0983 제시된 자료는 백남운이 저술한 『조선사회경제사』의 서문이다. ① 일제는 우리나라가 개항 이전까지 고대 사회의 수준에 정체되어 있으며 봉건 사회로 나아가지 못했다고 보았다(정체성론). 백남운은 『조선사회경제사』를 통해 통일 신라와 고려를 봉건 사회로 규정하며 이러한 봉건 사회 결여론을 반박하였다.

오답노트 ②,③,④ 밑줄 친 정체성론(봉건 사회 결여론)과는 관련 없는 내용들이다.

0984 제시된 자료는 사회 경제 사학의 특징에 대해 설명하고 있다. ③ 대표적인 사회 경제 사학자로는 백남운 등이 있다.

오답노트 ① 일선동조론은 한국과 일본은 시조가 같다고 하여 우리 민족의 뿌리를 없애고자 한 것으로, 일제 사학자들이 우리 한국사를 왜곡하기 위해 유포한 것이다. ②,④ 이병도 등 실증 사학자들에 대한 설명이다.

0985 밑줄 친 '나'는 백남운이다. ③ 백남운은 한국사의 발전을 세계사적 보편성에 입각해서 설명하면서 식민 사학의 정체성론에 대해 반박하였다.

오답노트 ① 실증 사학에 대한 설명으로, 백남운은 사회 경제 사학자이다. ② 1930년대에 전개된 조선학 운동에 대한 내용이다. ④ 신채호에 대한 설명이다.

0986 ㉠ 일제가 민족사를 왜곡하여 부정적인 측면만을 강조하자 박은식, 신채호 등 민족주의 사학자들은 한민족의 기원을 밝히고 민족 문화의 우수성과 독창성을 강조하였다. ㉡ 사회 경제 사학은 사적 유물론에 입각하여 우리 민족의 역사 과정이 세계사적인 발전 과정과 궤를 같이하고 있음을 입증하려고 하였다. ㉢ 실증 사학은 객관적 사실에 근거하는 문헌 고증을 중시하였다.

Answer 0981 ① 0982 ③ 0983 ① 0984 ③ 0985 ③ 0986 ①

대표유형

☐☐☐

0987 다음에서 설명하는 단체는?

2024년 국가직 9급

- '가갸날'을 제정하였다.
- 기관지인 『한글』을 창간하였다.

① 국문 연구소
② 조선 광문회
③ 대한 자강회
④ 조선어 연구회

☐☐☐

0988 (가) 단체에 대한 설명으로 옳은 것을 〈보기〉에서 모두 고른 것은?

2023년 법원직 9급
유사 2017년 경찰간부 / 2012년 경북 교행

최현배, 이극로 등이 중심이 된 ___(가)___ 은/는 '표준어 및 외래어 표기법 통일안'을 제정하는 등 한글 표준화에 기여하였다. 이에 일제는 1942년 ___(가)___ 을/를 독립운동 단체로 간주하여 회원들을 대거 검거하였다. 일제는 이들을 고문하여 자백을 강요하였고 이윤재, 한징이 옥사하였다.

〔보기〕
㉠ 국문 연구소를 설립하였다.
㉡ 한글 맞춤법 통일안을 만들었다.
㉢ 『우리말 큰사전』 편찬을 준비하였다.
㉣ 『개벽』, 『어린이』 등의 잡지를 발행하였다.

① ㉠, ㉡
② ㉠, ㉢
③ ㉡, ㉢
④ ㉡, ㉣

☐☐☐

0989 밑줄 친 '그'에 대한 설명으로 옳은 것은?

2018년 국가직 7급

독립신문 발간에 관여했던 그는 독립신문사 안에 국문 동식회(國文同式會)를 조직했으며, 1897년 4월에 「국문론」이라는 글을 발표하기도 했다. 그는 당시의 문장들이 한문에 토를 다는 형식에 그치고 있다면서 실제로 말하는 대로 글을 쓰는 언문일치가 필요하다고 주장했다.

① 『우리말 큰사전』의 편찬을 주도하였다.
② 문법 서적인 『국어문법』을 저술하였다.
③ 조선어 연구회를 주도적으로 조직하였다.
④ 한글 맞춤법 통일안을 만들어 발표하였다.

종교 · 문학 · 예술

☐☐☐

0990 〈보기〉는 일제 강점기 당시 흥행에 성공하였던 영화의 줄거리이다. 이 영화가 상영되던 시기의 문화 예술계에 대한 설명으로 가장 옳은 것은?

2018년 서울시 9급(상)

〔보기〕
영진은 전문학교를 다닐 때 독립 만세를 부르다가 왜경에게 고문을 당해 정신 이상이 된 청년이었다. 한편 마을의 악덕 지주 천가의 머슴이며, 왜경의 앞잡이인 오기호는 빚 독촉을 하며 영진의 아버지를 괴롭혔다. 더욱이 딸 영희를 아내로 주면 빚을 대신 갚아줄 수 있다고 회유하기까지 하였다. …(중략)… 오기호는 마을 축제의 어수선한 틈을 타 영희를 겁탈하려 하고 이를 지켜보던 영진은 갑자기 환상에 빠져 낫을 휘둘러 오기호를 죽인다. 영진은 살인 혐의로 일본 순경에게 끌려가고, 주제곡이 흐른다.

① 역사학 : 민족주의 역사가들 사이에서 이른바 조선학 운동이 시작되었다.
② 문학 : 민중 생활에 관심을 기울인 신경향파 문학이 대두하여 식민 통치에 대한 저항 문학으로 발전했다.
③ 음악 : 일본 주류 대중 음악의 영향을 받은 트로트 양식이 정립되었다.
④ 영화 : 일제는 조선 영화령을 공포하여 영화를 전시 체제의 옹호와 선전의 수단으로 사용하였다.

□□□

0991 다음 〈보기〉의 내용과 같은 분위기가 유행한 시대에 대한 설명으로 가장 옳지 않은 것은?

2017년 서울시 7급

[보기]

혈색 좋은 흰 피부가 드러날 만큼 반짝거리는 엷은 양말에, 금방 발목이나 삐지 않을까 보기에도 조마조마한 구두 뒤로 몸을 고이고, 스커트 자락이 비칠 듯 말 듯한 정강이를 지나는 외투에 단발 혹은 미미가쿠시(당시 유행하던 머리 모양)에다가 모자를 푹 눌러 쓴 모양 …(중략)… 분길 같은 손에 경복궁 기둥 같은 단장을 휘두르면서 두툼한 각테 안경, 펑퍼짐한 모자, 코 높은 구두를 신고 …(중략)…

－『별건곤』 모년 12월호

① 『신여성』, 『삼천리』 등의 잡지는 새로운 패션이나 화장법을 소개하여 유행을 이끌었다.

② 대한 천일 은행, 한성 은행, 조선 은행 등이 설립되어 경성 상인에게 자본을 빌려주어 유행을 뒷받침하였다.

③ 조선 총독부는 기존의 우측 통행 방침을 바꾸어 좌측 통행을 일반화하였다.

④ 사회주의 운동의 영향으로 식민지 현실의 계급 모순을 비판하는 프로 문학이 등장하였다.

문항	번호				틀린 이유
0987	①	②	③	④	
0988	①	②	③	④	
0989	①	②	③	④	
0990	①	②	③	④	
0991	①	②	③	④	

해설

0987 제시된 자료는 1921년에 조직된 조선어 연구회의 활동을 나열한 것이다. ④ 조선어 연구회는 '가갸날'을 제정하여 우리말 쓰기를 권장했으며, 『한글』이라는 잡지(기관지)를 간행하여 한글의 보급과 대중화에 노력하였다.

오답노트 ① 1907년 정부는 국문 연구소를 세워 국문의 발음, 철자 등을 연구하였다. ② 조선 광문회는 박은식 등이 1910년에 세운 단체로, 『동국통감』 등의 고전을 간행하고 보급하였다. ③ 대한 자강회는 1906년에 조직된 단체로, 국권 회복을 위해 교육과 산업의 진흥을 강조하였다.

0988 제시된 자료의 (가) 단체는 조선어 학회이다. 일제는 1942년 조선어 학회 회원들을 치안 유지법 위반으로 구속하였다. ⓒ 조선어 학회는 사전 편찬을 위해 한글 맞춤법 통일안 등을 만들었다. ⓒ 조선어 학회는 『우리말 큰사전』의 편찬을 시도하였으나, 일제의 방해로 성공하지는 못하였다.

오답노트 ⓐ 국문 연구소는 조선어 학회 조직 이전인 1907년에 설립되었다. ⓒ 천도교와 관련된 내용이다. 『개벽』은 천도교에서 발행한 잡지이고, 『어린이』는 방정환의 주도로 창립된 천도교 소년회에서 발간한 잡지이다.

0989 제시된 자료의 밑줄 친 '그'는 주시경이다. ② 주시경은 국어 표기법과 음운에 대해 연구한 후 『국어문법』 등을 저술하여 국어 연구의 기초를 확립하였다.

오답노트 ①,④ 1931년에 조직된 조선어 학회의 활동에 대한 설명이다. 주시경은 조선어 학회가 조직되기 이전인 1914년에 사망하였다. ③ 조선어 연구회는 1921년 장지연, 이윤재, 최현배 등에 의해 창립되었다.

0990 제시된 자료는 1926년에 제작 및 발표된 영화 '아리랑'의 줄거리이다. ② 1920년대 중반에는 신경향파 문학이 대두되었는데, 이는 순수 예술을 표방하는 문인들의 각성을 촉구하면서 문학이 현실과 생활을 반영할 것을 강조하였다.

오답노트 ① 정인보, 안재홍 등 민족주의 사학자들에 의해서 조선학 운동이 시작된 것은 1934년의 일이다. ③ 1930년대 이후의 일이다. ④ 1940년 일제는 조선 영화령을 제정하여 우리 영화에 대한 탄압을 강화하였다.

0991 제시된 자료는 『별건곤』 1927년 12월호에 실린 내용으로, 일제 식민지 시기 경성의 신식 여성과 남성인 '모던 걸'과 '모던 보이'의 모습을 보여 주고 있다. 모던 걸과 모던 보이는 일제 강점기 도시의 소비문화를 이끌어가는 새로운 상징이었으며, 서양 문화의 유입으로 형성된 1920~1930년대의 자본주의적 소비문화를 대표하였다. ② 대한 천일 은행은 1899년, 한성 은행은 1897년, 조선 은행은 1896년에 설립되었으나, 국권 피탈 시기를 거치면서 폐점되거나 일본 은행에 통합되었다.

오답노트 ① 1920년대부터는 서양 문화가 빠른 속도로 밀려들어 왔는데, 『신여성』과 『삼천리』 등의 잡지는 계절에 따른 새로운 패션이나 화장법 등을 소개하여 유행을 이끌었다. ③ 일제는 1920년대부터 우리 민족에게 일본과 같은 좌측 통행을 강요하였다. ④ 1920년대에는 문학의 사회적 실천을 강조하며 사회주의의 영향 아래 식민지 현실을 고발하고 계급 의식을 고취하는 신경향파 문학(프로 문학)이 등장하였다.

Answer 0987 ④ 0988 ③ 0989 ② 0990 ② 0991 ②

PART 07

Part

08

현대 사회의 발전

CHAPTER
01

현대의 정치

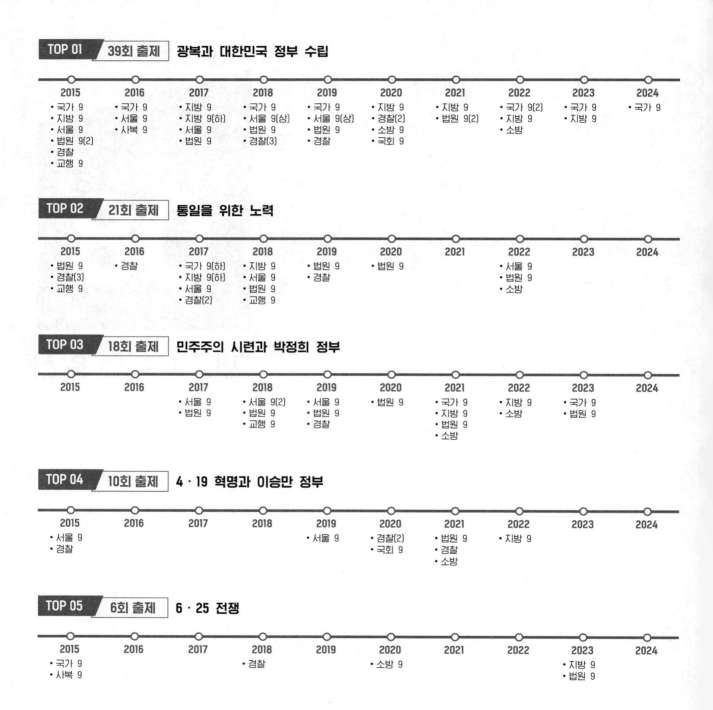

TOP 01 / 39회 출제 / **광복과 대한민국 정부 수립**

2015	2016	2017	2018	2019	2020	2021	2022	2023	2024
• 국가 9	• 국가 9	• 지방 9	• 국가 9	• 국가 9	• 지방 9	• 지방 9	• 국가 9[2]	• 국가 9	• 국가 9
• 지방 9	• 서울 9	• 지방 9[하]	• 서울 9[상]	• 서울 9[상]	• 경찰[2]	• 법원 9[2]	• 지방 9	• 지방 9	
• 서울 9	• 사복 9	• 서울 9	• 법원 9	• 법원 9	• 소방 9		• 소방		
• 법원 9[2]		• 법원 9	• 경찰[3]	• 경찰	• 국회 9				
• 경찰									
• 교행 9									

TOP 02 / 21회 출제 / **통일을 위한 노력**

2015	2016	2017	2018	2019	2020	2021	2022	2023	2024
• 법원 9	• 경찰	• 국가 9[하]	• 지방 9	• 법원 9	• 법원 9		• 서울 9		
• 경찰[3]		• 지방 9[하]	• 서울 9	• 경찰			• 법원 9		
• 교행 9		• 서울 9	• 법원 9				• 소방		
		• 경찰[2]	• 교행 9						

TOP 03 / 18회 출제 / **민주주의 시련과 박정희 정부**

2015	2016	2017	2018	2019	2020	2021	2022	2023	2024
		• 서울 9	• 서울 9[2]	• 서울 9	• 법원 9	• 국가 9	• 지방 9	• 국가 9	
		• 법원 9	• 법원 9	• 법원 9		• 지방 9	• 소방	• 법원 9	
			• 교행 9	• 경찰		• 법원 9			
						• 소방			

TOP 04 / 10회 출제 / **4 · 19 혁명과 이승만 정부**

2015	2016	2017	2018	2019	2020	2021	2022	2023	2024
• 서울 9				• 서울 9	• 경찰[2]	• 법원 9	• 지방 9		
• 경찰					• 국회 9	• 경찰			
						• 소방			

TOP 05 / 6회 출제 / **6 · 25 전쟁**

2015	2016	2017	2018	2019	2020	2021	2022	2023	2024
• 국가 9			• 경찰		• 소방 9			• 지방 9	
• 사복 9								• 법원 9	

8·15 광복과 대한민국의 수립

대표유형

□□□

0992 다음 내용을 시간 순서대로 나열한 것은?

2018년 경찰 1차

㉠ 한국 문제를 언급하여 '적당한 시기(in due course)'에 한국을 독립시킬 것을 결의하였다.
㉡ 조선 건국 동맹이 조직되었다.
㉢ '한국 문제에 관한 4개항의 결의서'를 결정하였다.
㉣ 3국 정상들은 독일에 모여 한국의 독립을 재확인하였다.

① ㉠ - ㉡ - ㉢ - ㉣
② ㉠ - ㉡ - ㉣ - ㉢
③ ㉡ - ㉠ - ㉢ - ㉣
④ ㉡ - ㉠ - ㉣ - ㉢

대표유형

□□□

0993 (가), (나) 문서에 대한 설명으로 옳은 것은?

2017년 서울시 9급

유사 2020년 경찰간부 / 2017년 지방직 9급 / 2016년 경찰간부

(가) 조선 인민의 노예 상태에 유의하여 적당한 시기에 맹세코 조선을 자주 독립시킬 것을 결의한다.
(나) 조선 임시 정부의 구성을 원조할 목적으로 먼저 그 적절한 방안을 마련하기 위하여 남조선 합중국 관구와 북조선 소련 관구의 대표자들로 공동 위원회가 설치될 것이다.

① (가)는 포츠담 회담에서 발표되었다.
② (나)의 결정에는 미국, 영국, 소련이 참여하였다.
③ (나)의 결정에 따라 좌우 합작 위원회가 만들어졌다.
④ (가), (나)는 8·15 해방 직전에 발표되었다.

문항	번호				틀린 이유
0992	①	②	③	④	
0993	①	②	③	④	

해설

0992 ㉠ 카이로 회담에 대한 설명으로, 1943년이다. ㉡ 조선 건국 동맹은 1944년에 조직되었다. ㉣ 포츠담 회담에 대한 설명으로 1945년 7월이다. 포츠담 회담은 미·영·중 3국 정상들이 모인 회담이나, 나중에 스탈린이 참여해서 포츠담 선언문은 4개국 정상의 이름으로 발표되었다. ㉢ 모스크바 3국 외상 회의에서 결정된 것으로, 1945년 12월의 일이다.

0993 (가)는 1943년 카이로 회담에서 발표된 카이로 선언, (나)는 1945년 12월에 개최된 모스크바 3상 회의 결정서의 내용이다. ② 모스크바 3상 회의에는 미국·영국·소련의 외상이 참여하였다.

오답노트 ① 포츠담 회담은 1945년 7월의 일이다. ③ (나)의 결정에 따라 미·소 양군 사령부의 대표자들로 구성된 공동 위원회가 개최되었다. 좌우 합작 위원회는 1차 미·소 공동 위원회의 결렬, 좌우익의 결렬과 대립, 이승만의 정읍 발언 등 민족의 분열이 심화되는 상황에서 만들어진 것이다. ④ (가)는 해방 이전, (나)는 해방 이후에 발표되었다.

Answer 0992 ② 0993 ②

고난도

0994 〈보기〉의 선언에 대한 설명으로 가장 옳은 것은?

2018년 서울시 9급(상)
유사 2016년 국가직 7급

─[보기]─

각 군사 사절단은 일본국에 대한 장래의 군사 행동을 협정하였다. …(중략)… 앞의 3대국은 조선 인민의 노예 상태에 유의하여 적당한 시기에 맹세코 조선을 자주독립시킬 결의를 한다.

① 이 선언에서 연합국은 일본에 무조건 항복을 요구하였다.
② 미국, 영국, 중국의 정상이 모여 회담을 한 후 나온 선언이다.
③ 소련은 일본과의 전쟁에 참전할 것을 결정했다.
④ 미국의 루즈벨트 대통령이 20~30년간의 신탁 통치안을 처음으로 제안하였다.

대표 유형

0995 다음 강령을 선포한 단체의 활동으로 옳은 것을 〈보기〉에서 모두 고른 것은?

2017년 국가직 7급(하)
유사 2021년 법원직 9급

• 우리는 완전한 독립 국가의 건설을 기함
• 우리는 전 민족의 정치적, 사회적 기본 요구를 실현할 수 있는 민주주의 정권의 수립을 기함
• 우리는 일시적 과도기에 있어서 국내 질서를 자주적으로 유지하며 대중 생활의 확보를 기함

─[보기]─

㉠ 전국에 지부를 건설하고 치안대를 조직하였다.
㉡ 이른바 8월 테제를 발표하여 토지 혁명을 제창하였다.
㉢ 남북을 통합한 좌우 합작으로 임시 정부 수립을 주장하였다.
㉣ 전국 인민 대표 대회에서 조선 인민 공화국의 수립을 선언하였다.

① ㉠, ㉡   ② ㉡, ㉢
③ ㉢, ㉣   ④ ㉠, ㉣

0996 다음 선언문을 발표한 단체에 대한 설명으로 옳은 것은?

2019년 국가직 7급

본 위원회는 우리 민족을 진정한 민주주의적 정권에로 재조직하기 위한 새 국가 건설의 준비 기관인 동시에 모든 진보적 민주주의적 세력을 집결하기 위하여 각층 각계에 완전히 개방된 통일 기관이요, 결코 혼잡된 협동 기관은 아니다.

① 각지에 치안대를 설치하였다.
② 반민족 행위 처벌법에 근거하여 설치되었다.
③ 임정 지지를 주장하면서 한국 민주당에 참가하였다.
④ 친일 청산 등을 명시한 좌우 합작 7원칙을 결정하였다.

0997 8·15 광복 직후 일어난 역사적 사실로 옳은 것은?

2015년 지방직 9급
유사 2010년 지방직 7급

① 여운형은 조선 건국 동맹을 조직하였다.
② 대한민국 임시 정부는 건국 강령을 발표하였다.
③ 조선어 학회는 우리말 큰 사전 편찬을 시작하였다.
④ 모스크바 3상 회의에서 한반도 문제가 논의되었다.

□□□
0998 다음 조항이 발표되었을 당시의 사실로 옳은 것은?

2012년 법원직 9급

> 제1조 북위 38도선 이남의 조선 영토와 조선 인민에 대한 통치의 모든 권한은 당분간 본관의 권한 하에 시행한다.
> 제2조 정부 등 모든 공공사업 기관에 종사하는 유급·무급 직원과 고용인, 그리고 기타 중요한 제반 사업에 종사하는 자는 별도의 명령이 있을 때까지 종래의 정상 기능과 업무를 수행할 것이며, 모든 기록 및 재산을 보호, 보존하여야 한다.
> 제5조 군정 기간 동안 영어를 모든 목적을 위해 사용하는 공용어로 한다.

① 신탁 통치 반대 운동이 일어났다.
② 서울에서 미·소 공동 위원회가 개최되었다.
③ 카이로 회담에서 한국의 독립을 약속하였다.
④ 조선 건국 준비 위원회가 치안과 행정을 담당하였다.

대표
유형

□□□
고난도
0999 (가) 인물에 대한 설명으로 옳지 않은 것은?

2020년 국가직 7급

> 아침 8시, ___(가)___ 은/는 조선 총독부 엔도 정무총감을 만나 다섯 가지 요구 사항을 제시하였다.
> 첫째, 전국에 구속되어 있는 정치·경제범을 즉시 석방하라.
> 둘째, 3개월간의 식량을 확보하여 달라.
> 셋째, 치안 유지와 건설 사업에 아무 간섭하지 말라.
> 넷째, 학생 훈련과 청년 조직에 대해 간섭하지 말라.
> 다섯째, 전국 사업장에 있는 노동자를 우리들의 건설 사업에 협력시키며 아무 괴로움을 주지 말라.
> — 매일신보

① 건국 동맹을 결성하여 일제의 패망과 광복에 대비하였다.
② 김규식과 함께 좌우 합작 위원회를 조직하여 활동하였다.
③ 민족 역량의 총집결을 강령으로 하는 조선 인민당을 결성하였다.
④ 평양에서 개최된 전조선 제정당 사회단체 연석회의에 참석하였다.

문항	번호				틀린 이유
0994	①	②	③	④	
0995	①	②	③	④	
0996	①	②	③	④	
0997	①	②	③	④	
0998	①	②	③	④	
0999	①	②	③	④	

해설

0994 제시된 자료는 1943년에 발표된 카이로 선언의 내용이다. ② 카이로 선언은 미국, 영국, 중국의 정상들이 카이로에서 만나 전후 처리 문제를 논의하여 발표한 것이다.

오답노트 ① 1945년 7월에 발표된 포츠담 선언에 대한 설명이다. ③ 1945년 2월에 발표된 얄타 회담의 내용이다. ④ 1945년 얄타 회담 때 스탈린과의 회담에서 루스벨트는 미국, 중국, 소련이 참여하는 한반도 신탁 통치안을 처음으로 제안했다. 루스벨트는 필리핀을 50년 동안 통치한 미국의 경험을 설명하면서 "한국의 경우에는 20년에서 30년 정도의 기간이 필요할지도 모른다."라고 말했는데, 이에 대해 스탈린은 "그 기간이 짧으면 짧을수록 좋을 것"이라고 대답했다.

0995 제시된 자료는 건국 준비 위원회(약칭 건준위)의 강령이다. 건준위는 여운형, 안재홍 등이 광복 직후 조선 건국 동맹을 모체로 조직하였다. ㉠ 건준위는 전국에 치안대와 145개의 지부를 설치하고 각 지역의 치안과 행정을 담당하였다. ㉣ 건준위는 남한에 미군이 진주한다는 소식을 듣고, 전국 인민 대표 대회에서 조선 인민 공화국의 수립을 선포하고 이승만을 주석, 여운형을 부주석으로 임명하였다.

오답노트 ㉡ 8월 테제는 광복 후 조선 공산당의 재건 배경이 되는 선언으로, 건준위와는 관련 없다. ㉢ 좌우 합작 위원회에 대한 설명이다.

0996 제시된 자료의 내용은 1945년 조선 건국 준비 위원회(약칭 건준위)가 발표한 선언문의 일부이다. ① 건준위는 전국 각지에 치안대를 설치하여 각 지역의 치안과 행정을 담당하였다.

오답노트 ② 반민족 행위 처벌법은 제헌 국회에서 1948년에 제정되었다. ③ 임정 지지를 주장하면서 한국 민주당에 참가한 인물은 송진우·김성수 등이 있다. 송진우·김성수 등은 건준위에 가담하지 않았기 때문에, 해당 선지는 건준위와는 관련이 없다. ④ 1946년 7월에 결성된 좌우 합작 위원회에 대한 설명이다.

0997 ④ 1945년 12월에 미국, 영국, 소련의 외상은 모스크바에서 회의를 열어 한반도 문제를 협의하였다(모스크바 3국 외상 회의).

오답노트 ① 1944년에 국내에서 여운형, 조동호 등이 조선 건국 동맹을 조직하였다. ② 대한민국 임시 정부는 1941년에 건국 강령을 제정 및 발표하였다. ③ 조선어 연구회가 1931년에 조선어 학회로 확대·개편되었다. 이후 조선어 학회는 우리말 큰사전의 편찬을 시작했으나, 일제의 방해로 성공하지는 못했다.

0998 제시된 자료는 1945년 9월에 발표된 '태평양 방면 미 육군 총사령관 맥아더 포고령 1호'의 내용이다. 이는 미군정의 시작을 알려주는 자료이다. ④ 조선 건국 준비 위원회는 해방 직후인 8월 15일에 조직되어 국내의 치안과 행정을 담당하였다.

오답노트 ① 모스크바 3상 회의(1945. 12.)의 결정이 국내 언론에서 보도되었고, 그 결과 반탁 운동이 격렬하게 일어났다. ② 1946년 3월 미·소 공동 위원회를 개최하였다. ③ 카이로 회담은 1943년의 일로 시기적으로 맞지 않다.

0999 제시된 자료의 (가) 인물은 여운형이다. ④ 평양에서 '전조선 제정당 사회단체 연석회의'가 열린 것은 1948년 4월의 일로, 여운형은 1947년 암살되어 회의에 참석할 수 없었다.

오답노트 ① 국내에서 활동하던 여운형은 일본의 패망을 예견하고 1944년 비밀리에 조선 건국 동맹을 조직하였다. ② 여운형은 김규식 등과 함께 통일 정부 수립을 위해 좌우 합작 위원회를 조직하여 활동하였다. ③ 여운형은 진정한 민주주의 국가의 건설을 표방하면서 조선 인민당을 결성하였다.

Answer 0994 ② 0995 ④ 0996 ① 0997 ④ 0998 ④ 0999 ④

PART 08

□□□
1000 밑줄 친 '이 사람'에 대한 설명으로 옳은 것은?

2016년 지방직 7급
유사 2016년 서울시 7급

해방 며칠 전, 엔도 정무총감은 어제까지도 자기 마음대로 모욕하던 이 사람을 초청하여 일본인의 생명 보호를 애걸하였다. 그러자 이 사람은 감옥에 있는 정치범의 즉시 석방, 청년 학생의 자치대 결성, 정치적 활동의 자유 보장, 3개월간의 식량 확보 등 4개 조항을 조건으로 내걸고 응락하였다. 돌아오는 길에는 동지들로 하여금 자치대를 조직하게 하였다.

① 반탁을 주도하는 독립 촉성 중앙 협의회를 조직하였다.
② 미군정의 지원을 받은 좌우 합작 위원회에 참가하였다.
③ 신민족주의를 내세운 국민당을 창당하였다.
④ 연합성 신민주주의를 표방한 신민당을 결성하였다.

□□□ 고난도
1001 8·15 광복 직후에 결성된 정당의 중심 인물과 주요 내용을 정리하였다. 이와 관련된 정당을 바르게 연결한 것은?

2014년 국가직 9급
유사 2015년 서울시 7급 / 2009년 지방직 7급

㉠ 여운형 등이 중심이 되어 결성하였으며, 진보적 민주주의를 표방하면서 좌우 합작을 추진하였다.
㉡ 송진우 등이 중심이 되어 결성하였으며, 인민 공화국을 부정하고 대한민국 임시 정부의 법통을 계승하려 하였다.
㉢ 안재홍 등이 중심이 되어 결성하였으며, 신민족주의를 내세워 평등 사회를 건설하려 하였다.

	㉠	㉡	㉢
①	조선 인민당	한국 민주당	한국 독립당
②	조선 신민당	민족 혁명당	한국 독립당
③	조선 신민당	한국 민주당	국민당
④	조선 인민당	한국 민주당	국민당

 대표 유형

□□□
1002 밑줄 친 '이 회의' 이후에 있었던 사실로 옳지 않은 것은?

2024년 국가직 9급

미국, 영국, 소련 3국의 외무 장관이 모인 이 회의에서는 한국의 민주주의적 임시 정부 수립과 이를 위한 미·소 공동 위원회의 설치, 최대 5년간의 신탁 통치 방안 등이 결정되었다.

① 5·10 총선거가 실시되었다.
② 좌우 합작 7원칙이 발표되었다.
③ 조선 건국 준비 위원회가 결성되었다.
④ 반민족 행위 특별 조사 위원회가 구성되었다.

□□□
1003 다음 결정문에 근거하여 실행된 사실로 옳은 것은?

2016년 국가직 9급
유사 2019년 경찰간부 / 2017년 서울시 9급 / 2014년 서울시 7급 / 2010년 지방직 9·7급

조선을 독립시키고 민주 국가로 발전시키는 동시에, 가혹한 일본의 조선 통치 잔재를 빨리 청산하기 위해 조선에 임시 민주주의 정부를 수립한다.

① 미·소 공동 위원회가 개최되었다.
② 서울에서 건국 준비 위원회가 조직되었다.
③ 유엔 감시 하에 남한에서 총선거가 실시되었다.
④ 한반도에서 미군과 소련군의 군정이 시작되었다.

□□□
1004 다음은 한국의 광복 이후에 대한 회의 결정문이다. 이에 관한 내용으로 가장 적절한 것은?

2013년 경찰 2차

유사 2018년 서울시 7급 / 2013년 국가직 7급 / 2012년 지방직 9급

1. 조선을 독립 국가로 재건설하며 조선을 민주주의적 원칙 하에 발전시키기 위한 조건을 조성하고 …(중략)… 임시 조선 민주주의 정부를 수립할 것이다.

2. 조선 임시 정부의 구성을 원조할 목적으로 …(중략)… 남조선 미합중국 관구와 북조선 소 연방국 관구의 대표자들로 공동 위원회가 설치될 것이다. 그 제안을 작성하는 데 있어 공동 위원회는 조선의 민주주의 정당 및 사회 단체와 협의해야 한다.

3. 공동 위원회의 제안은 최고 5년 기한으로 4개국 신탁 통치를 협약하기 위하여 미국·영국·중국·소련 여러 나라 정부가 공동 참작할 수 있도록 조선 임시 정부와 협의한 후 제출되어야 한다.

4. 남·북 조선에 관련된 긴급한 문제를 고려하기 위하여 …(중략)… 2주일 이내에 조선에 주둔하는 미국, 소련 양 군 사령부 대표로서 회의를 소집할 것이다.

① 미국의 트루먼 대통령, 영국의 처칠 수상, 소련의 스탈린 등 3개국 정상들이 참석하였다.

② 이 회의에서 미·소 양국은 2항을 결정하는 과정에서 협의의 대상인 정당 및 사회단체 선정 문제를 놓고 진통을 겪었다.

③ 이 소식을 접한 김구, 이승만 등의 우익 세력은 즉각적으로 대대적인 신탁 반대 운동에 나섰다.

④ 미국과 소련은 회의 결정안을 실천하기 위하여 미·소 공동 위원회를 3차례에 걸쳐 실시하였다.

문항	번호				틀린 이유
1000	①	②	③	④	
1001	①	②	③	④	
1002	①	②	③	④	
1003	①	②	③	④	
1004	①	②	③	④	

해설

1000 밑줄 친 '이 사람'은 여운형이다. ② 여운형은 김규식과 함께 미군정의 지원을 받은 좌우 합작 위원회에 참가하였다.

오답노트 ① 이승만에 대한 설명이다. ③ 안재홍에 대한 설명이다. ④ 백남운에 대한 설명이다. 해방 이후 백남운은 『조선 민족의 진로』에서 연합성 신민주의를 표방하였으며, 해방 이후 좌익 계열의 남조선 신민당을 결성하였다.

1001 ⑦은 조선 인민당에 대한 설명이다. 조선 인민당은 민족 국가 건설을 노선으로 내세웠고, 이후 근로 인민당으로 개편되었다. ⓒ은 한국 민주당에 대한 설명이다. 한국 민주당은 미군정청과 긴밀한 관계를 유지하면서 우익 진영의 대표 정당으로 성장하였다. ⓒ은 국민당에 대한 설명이다. 중도 우파 세력들이 중심이 되어 결성된 국민당은 각 계급의 단결과 임시 정부에 대한 지지를 표명하였다.

오답노트 조선 신민당은 백남운을 중심으로 중산층 이상의 공산주의 지식인들이 중심이 되어 조직된 정당이다. 민족 혁명당은 1935년 의열단 계열의 인물들을 중심으로 중국에서 조직된 단체이다.

1002 제시된 자료는 1945년 12월 모스크바 3국 외상 회의에서 결정된 내용을 서술한 것이다. ③ 1945년 8월 여운형, 안재홍 등이 중심이 되어 조선 건국 준비 위원회가 결성되었다.

오답노트 ① 1948년 5월의 일이다. ② 1946년 10월의 일이다. ④ 1948년 9월 반민족 행위 처벌법 제정 이후 국회 의원 10명으로 구성된 '반민족 행위 특별 조사 위원회(반민특위)'를 설치하였다.

1003 제시된 자료는 모스크바 3국 외상 회의의 결정서이다. ① 1945년 12월에 개최된 모스크바 3국 외상 회의에서는 미·소 양군 사령부의 대표자들로 구성된 공동 위원회의 설치를 결정하였다. 이에 따라 1946년 3월에 서울에서 1차 미·소 공동 위원회가 개최되었다.

오답노트 ② 건국 준비 위원회는 1945년 8월 15일에 조직되었다. ③ 1948년 5월 10일 남한에서 총선거가 실시되었다. ④ 해방을 전후로 한 시점에서 38도선이 설정되고, 미·소 양군이 진주함에 따라 9월경 남북한에서는 각각 미군과 소련군에 의한 군정이 실시되었다.

1004 제시된 자료는 모스크바 3국 외상 회의 결정문이다. ③ 신탁 통치 결정 소식이 국내에 알려지자, 우익 세력은 즉각적으로 신탁 통치 반대 성명을 내세우며 반탁 운동을 전개하였다.

오답노트 ① 모스크바 3국 외상 회의는 정상들(대통령 등 국가 대표자)의 회담이 아닌 외무(외교) 장관들(외상)의 회담이었다. ② 미·소 공동 위원회에 대한 내용이다. ④ 미·소 공동 위원회는 2차례에 걸쳐 전개되었다.

PART 08

Answer 1000 ② 1001 ④ 1002 ③ 1003 ① 1004 ③

1005 다음 원칙이 발표된 이후에 있었던 사실로 옳지 않은 것은?

2023년 지방직 9급

> • 조선의 민주 독립을 보장한 삼상 회의 결정에 의하여 남북을 통한 좌우 합작으로 민주주의 임시 정부를 수립할 것
> • 토지 개혁에 있어서 몰수, 유조건 몰수, 체감 매상 등으로 토지를 농민에게 무상으로 나누어 주며, …(중략)… 민주주의 건국 과업 완수에 매진할 것
> • 입법 기구에 있어서는 일체 그 권능과 구성 방법 운영에 관한 대안을 본 합작 위원회에서 작성하여 적극적으로 실행을 기도할 것

① 3·15 부정 선거에 대항하여 4·19 혁명이 일어났다.
② 친일파를 청산하기 위한 반민족 행위 처벌법이 공포되었다.
③ 제헌 국회에서 대통령에 이승만, 부통령에 이시영을 선출하였다.
④ 임시 민주 정부 수립을 논의하기 위해 제1차 미·소 공동 위원회가 개최되었다.

1006 밑줄 친 '위원회'에 대한 설명으로 가장 옳은 것은?

2019년 법원직 9급

유사 2013년 경찰간부 / 2012년 서울시 9급 / 2011년 법원직 9급 / 2008년 국가직 7급

> 본 위원회의 목적을 달성하기 위하여 기본 원칙을 아래와 같이 의정함.
> 1. 조선의 민주 독립을 보장한 삼상 결정에 의하여 남북을 통한 좌우 합작으로 민주주의 임시 정부를 수립할 것
> 2. 미·소 공동 위원회 속개를 요청하는 공동 성명을 발표할 것
> 3. 토지 개혁에 있어 몰수, 유조건 몰수, 체감 매상 등으로 토지를 농민에게 무상으로 분여하여 적정 처리하고, 중요 산업을 국유화하여 …(후략)…

① 이승만의 정읍 발언을 지지하였다.
② 여운형과 김규식 등이 주도하였다.
③ 조선 공산당과 한민당이 참여하였다.
④ 모스크바 3국 외상 회의 결정에 반대하였다.

1007 (가)에 대한 설명으로 옳은 것은?

2021년 지방직 9급

유사 2019년 지방직 7급

> 1945년 12월 모스크바에서 미국, 소련, 영국의 외무 장관들은 한국 문제를 논의하였다. 이 회의에서 미국, 소련, 영국, 중국이 최장 5년간 신탁 통치를 시행한다는 합의가 이루어졌다. 또 미국과 소련이 [(가)]을/를 개최해 민주주의 임시 정부 수립 문제에 대해 논의하기로 했다. 이 합의에 따라 1946년 3월 서울에서 [(가)]이/가 시작되었다.

① 미·소 양측의 의견 차이로 결렬되었다.
② 조선 건국 준비 위원회를 조직하는 성과를 냈다.
③ 민주 공화제를 핵심으로 한 제헌 헌법을 만들었다.
④ 유엔 감시하의 총선거로 정부를 수립한다는 결정을 내렸다.

□□□
1008 좌우 합작 위원회의 활동에 대한 설명으로 가장 옳지 않은 것은?

2017년 서울시 7급

① 제1차 미·소 공동 위원회가 결렬되고 이승만 중심의 단독 정부 수립론이 제기됨에 따라 이에 대응하여 전개되었다.

② 여운형과 김규식 등 중도파가 중심이 되어 추진하였다.

③ 미군정은 처음부터 이를 지지하지 않았으나 대중은 이 운동을 지지하였다.

④ 좌우 합작 7원칙은 토지 문제와 친일파 처리 문제 등을 중도적 입장에서 조정한 것이었다.

□□□
1009 다음 원칙을 발표한 기구가 내세운 주장으로 옳은 것은?

2015년 서울시 9급

유사 2018년 경찰 3차 / 2016년 사회복지직 9급

조선의 좌우 합작은 민주 독립의 단계요, 남북 통일의 관건인 점에서 3천만 민족의 지상 명령이며 국제 민주화의 필연적 요청이었음에도 불구하고 저간의 복잡다단한 내외 정세로 오랫동안 파란곡절을 거듭해 오던 바, 드디어 …(중략)… 다음과 같은 7원칙을 결정하였다.

① 외국 군대의 철수
② 미·소 공동 위원회의 속개
③ 토지의 무상 몰수, 무상 분배
④ 유엔(UN) 감시하의 남북한 총선거 실시

문항	번호				틀린 이유
1005	①	②	③	④	
1006	①	②	③	④	
1007	①	②	③	④	
1008	①	②	③	④	
1009	①	②	③	④	

해설

1005 제시된 자료는 1946년 10월에 좌우 합작 위원회에서 발표한 좌우 합작 7원칙의 내용이다. ④ 1946년 3월 미·소 공동 위원회가 서울의 덕수궁에서 개최되었다.

오답노트 ① 1960년 4·19 혁명이 일어났다. ② 반민족 행위 처벌법이 공포된 것은 1948년 9월의 일이다. ③ 1948년 7월 20일 제헌 국회는 대통령에 이승만을, 부통령에 이시영을 각각 선출하였다.

1006 밑줄 친 '위원회'는 좌우 합작 위원회이다. ② 좌우 합작 위원회는 중도 우익인 김규식과 중도 좌익인 여운형 등이 중심이 되었다.

오답노트 ① 좌우 합작 위원회는 남북한 통일 정부를 구성하기 위해서 조직된 단체로, 이승만의 정읍 발언을 지지하지 않았다. ③ 조선 공산당은 좌우 합작 위원회에 참여하지 않았다. ④ 좌우 합작 위원회는 모스크바 3국 외상 회의 결정에 따라 민주주의 임시 정부를 수립해야 된다고 주장하였다.

1007 제시된 자료의 (가)는 미·소 공동 위원회이다. 모스크바 결정안에 따라 1946년 3월 1차 미·소 공동 위원회가 서울의 덕수궁에서 개최되었다. ① 두 차례 열렸던 미·소 공동 위원회는 미·소 양측의 의견 차이로 타협점을 찾지 못한 채 결렬되었다.

오답노트 ② 조선 건국 준비 위원회는 1차 미·소 공동 위원회 개최 이전인 1945년 8월에 조직되었다. ③ 제헌 헌법은 제헌 국회에서 제정한 헌법으로, 1948년 7월에 제정되었다. ④ 1947년 11월 유엔 총회에서 결의한 내용이다. 유엔 총회에서 유엔 한국 임시 위원단 파견, 총선거를 바탕으로 한 국회 구성과 통일 정부의 수립 등을 내용으로 하는 한국 문제 결의안을 확정하였다.

1008 ③ 좌우 합작 운동은 초기부터 미군정의 지원을 받아 진행되었다.

오답노트 ①,② 좌익과 우익의 격렬한 대립, 제1차 미·소 공동 위원회의 결렬, 단독 정부를 주장하는 이승만의 정읍 발언 등으로 민족의 분열이 심화되자, 미군정은 중도파인 김규식·여운형 등이 중심이 되어 추진한 좌우 합작 운동을 지원하였다. ④ 좌우 합작 7원칙에서는 당시 가장 논란이 많았던 토지 문제와 친일파 처리 문제를 중도적 입장에서 모호하게 규정하였다.

1009 제시된 자료에서 설명하고 있는 기구는 김규식과 여운형을 중심으로 구성된 좌우 합작 위원회이다. ② 좌우 합작 위원회에서 발표한 좌우 합작 7원칙에는 '미·소 공동 위원회 속개를 요청하는 공동 성명을 발표할 것'이라는 내용이 있다.

오답노트 ①,④ 좌우 합작 위원회의 주장과는 거리가 멀다. ③ 1946년 3월에 실시한 북한의 토지 개혁에 대한 설명이다. 좌우 합작 위원회는 토지 개혁에 있어 '몰수, 유조건 몰수, 체감 매상 등으로 토지를 농민에게 무상으로 나누어 줄 것'을 주장하였다.

Answer 1005 ④ 1006 ② 1007 ① 1008 ③ 1009 ②

PART 08

□□□

1010 (가)와 (나)를 주장한 각 인물에 대한 설명으로 옳은 것은?

2018년 국가직 9급

유사 2015년 경찰 3차 / 2014년 지방직 9급 / 2014년 경찰 1차 /
2013년 기상직 9급 / 2012년 지방직 7급 / 2012년 경찰간부 /
2011년 국가직 7급

> (가) 우리는 남방만이라도 임시 정부 혹은 위원회 같은 것을 조직하여 38도선 이북에서 소련이 철퇴하도록 세계 공론에 호소해야 할 것이다.
> (나) 나는 통일된 조국을 달성하려 38도선을 베고 쓰러질지언정 일신의 구차한 안일을 위하여 단독 정부를 세우는 데는 협력하지 아니하겠다.

① (가) - 5·10 총선거에 불참하였다.
② (가) - 좌우 합작 7원칙을 지지하였다.
③ (나) - 탁치 반대 국민 총동원 위원회를 조직하였다.
④ (나) - 남조선 과도 입법 의원의 의장을 역임하였다.

□□□

1011 밑줄 친 '그'에 대한 설명으로 옳은 것은?

2022년 국가직 9급
유사 2020년 경찰 2차

> 한국 국민당을 이끌던 그는 독립운동 세력을 통합하고자 한국 독립당을 결성해 항일 운동을 주도하였다. 광복 직후 귀국한 그는 정부 수립을 위한 활동을 이어나갔으며, 남한 단독 선거가 결정되자 김규식과 더불어 남북 협상을 위해 평양을 방문하기도 하였다.

① 좌우 합작 위원회를 구성해 좌우 합작 7원칙을 발표하였다.
② 광복 직후 안재홍 등과 함께 조선 건국 준비 위원회를 만들었다.
③ 무장 항일 투쟁을 위해 하와이로 건너가 대조선 국민군단을 결성하였다.
④ 모스크바 3국 외상 회의의 결정 사항이 알려지자 신탁 통치 반대 운동을 펼쳤다.

□□□

1012 다음 성명서가 발표된 시점으로 가장 옳은 것은?

2021년 법원직 9급
유사 2019년 소방직 / 2018년 법원직 9급

> 마음 속의 38선이 무너지고야 땅 위의 38선도 철폐될 수 있다. … 나는 통일된 조국을 건설하려다 38선을 베고 쓰러질지언정, 일신의 구차한 안일을 위하여 단독 정부를 세우는 데는 협력하지 않겠다.

	(가)	(나)	(다)	(라)	
8·15 광복	정읍 발언	제2차 미·소 공동 위원회 개최	5·10 총선거	대한민국 정부 수립	

① (가)　　　　　　　　② (나)
③ (다)　　　　　　　　④ (라)

□□□

1013 밑줄 친 '그'에 대한 설명으로 옳은 것은?

2018년 지방직 9급

> 그는 신민회 회원으로 활동하면서 해서 교육 총회에 가담해 교육 사업에 힘을 기울였으며, 안악 사건에 연루되어 일제 경찰에 체포되었다. 1923년에 열린 국민 대표 회의에서 창조파와 개조파가 대립했을 때, 그는 국민 대표 회의의 해산을 명하는 내무부령을 공포하였다. 그 뒤 그는 한국 국민당을 조직하는 등 독립운동 정당을 만들기 위해 노력하였다.

① 평양에서 열린 남북 협상 회의에 참석하였다.
② 조선 민족 혁명당을 조직하고 조선 의용대를 이끌었다.
③ 안재홍과 함께 조선 건국 준비 위원회를 주도적으로 조직하였다.
④ 대통령 직선제를 골자로 하는 발췌 개헌안을 국회에 제출하였다.

□□□

1014 밑줄 친 '나'에 대한 설명으로 옳은 것은?

2017년 국가직 7급(하)

네 소원이 무엇이냐 하고 하느님이 내게 물으시면, 나는 서슴지 않고 "내 소원은 대한 독립이오." 하고 대답할 것이다. 그 다음 소원은 무엇이냐 하면, 나는 또 "우리나라의 독립이오." 할 것이요, 또 그 다음 소원이 무엇이냐 하는 세 번째 물음에도, 나는 더욱 소리를 높여서 "나의 소원은 우리나라 대한의 완전한 자주 독립이오." 하고 대답할 것이다.

① 신탁 통치를 반대한 독립 촉성 중앙 협의회를 조직하였다.
② 민족 자주 연맹을 결성하여 남북 협상을 주도하였다.
③ 대한민국 임시 정부의 대통령을 역임하였다.
④ 동학 접주로서 농민 전쟁에 참전하였다.

□□□

1015 (가)에 들어갈 인물로 옳은 것은?

2022년 소방직

(가) 의 약력
• 1917년 대동단결 선언 발표 참여
• 1919년 대한민국 임시 정부 국무위원
• 1930년 상하이에서 이동녕 등과 한국 독립당 결성
• 1941년 대한민국 임시 정부의 건국 강령에서 삼균주의 제창
• 1945년 대한민국 임시 정부 외무부장
• 1950년 제2대 국회 의원 최다 득표로 당선

① 김규식   ② 여운형
③ 안재홍   ④ 조소앙

문항	번호				틀린 이유
1010	①	②	③	④	
1011	①	②	③	④	
1012	①	②	③	④	
1013	①	②	③	④	
1014	①	②	③	④	
1015	①	②	③	④	

해설

1010 (가)는 1946년 6월 이승만의 정읍 발언이고, (나)는 1948년 2월에 발표한 김구의 「삼천만 동포에게 읍고함」이다. ③ 모스크바 3국 외상 회의의 신탁 통치안이 전해지자, 김구를 비롯한 임시 정부의 인사들은 신탁 통치(탁치) 반대 국민 총동원 위원회를 결성하여 반탁 운동을 적극적으로 전개하였다.

오답노트 ① 이승만은 5·10 총선거에 참여하여 제헌 국회 의원으로 당선되었다. 5·10 총선거에 불참한 인사들은 김구, 김규식, 조소앙 등 중도 우파 세력이다. ② 이승만은 좌우 합작 운동을 지지하지 않았다. ④ 김규식에 대한 설명이다.

1011 제시된 자료는 김구의 활동에 대해 설명하고 있다. ④ 김구 등 임시 정부의 인사들은 신탁 통치(탁치) 반대 국민 총동원 위원회를 결성하고, 신탁 통치는 한국의 독립을 부인하는 결정이라고 비판하면서 반탁 운동을 펼쳤다.

오답노트 ① 좌우 합작 위원회는 김규식, 여운형 등 중도파 인사들로 구성되었다. 조선 공산당, 이승만, 김구 등 좌우를 대표하는 세력들이 참여하지 않았다. ② 여운형에 대한 설명이다. ③ 박용만에 대한 설명이다.

1012 8·15 광복은 1945년 8월, 정읍 발언은 1946년 6월, 제2차 미·소 공동 위원회 개최는 1947년 5월, 5·10 총선거는 1948년 5월, 대한민국 정부 수립은 1948년 8월의 일이다. ③ 제시된 자료는 1948년 2월 김구가 발표한 「삼천만 동포에게 읍고함」의 내용으로, (다) 시기에 속한다.

1013 밑줄 친 '그'는 김구이다. ① 김구는 1948년에 열린 남북 협상에 김규식과 함께 참여하였다.

오답노트 ② 김원봉, ③ 여운형, ④ 이승만에 대한 설명이다.

1014 제시된 자료는 김구가 저술한 『백범일지』에 실린 「나의 소원」의 내용이다. ④ 김구는 동학 농민 운동 당시 팔봉 접주가 되어 해주성 공략에 참여했다가 관군에 쫓기게 되었고, 이 사건으로 김구는 안태훈의 집에 은거하게 되었고 여기서 그의 아들 안중근과 친분을 쌓았다.

오답노트 ① 독립 촉성 중앙 협의회는 이승만의 주도하에 조직되었다. ② 김규식에 대한 설명이다. ③ 임시 정부의 대통령은 이승만과 박은식이었으며, 김구는 대통령이 아니라 1940년대 주석제 실시에 따라 주석을 역임하였다.

1015 제시된 약력의 인물은 조소앙이다. ④ 조소앙은 신채호 등과 함께 상하이에서 대동단결 선언을 발표했으며, 임시 정부에 참여하였다. 또한, 삼균주의를 제창했으며 이를 기초로 임시 정부는 건국 강령을 발표하였다. 광복 이후 조소앙은 김구·김규식 등과 활동하면서 5·10 총선거에 불참하였다. 그러나 1950년에 실시된 2대 총선에서는 서울 성북구에 출마하여 2대 국회 의원 중 최다 득표로 당선되었다.

Answer 1010 ③ 1011 ④ 1012 ③ 1013 ① 1014 ④ 1015 ④

1016 제헌 국회에 대한 설명으로 옳은 것은?

2022년 국가직 9급

① 반민족 행위 특별 조사 위원회를 구성하였다.
② 한 · 일 기본 조약 체결에 반대하는 성명을 내놓았다.
③ 통일 3대 원칙이 언급된 7 · 4 남북 공동 성명을 발표하였다.
④ 통일 주체 국민 회의에서 대통령을 뽑는다는 내용의 개헌안을 통과시켰다.

1017 다음 조항을 포함한 법률에 대한 설명으로 옳지 않은 것은?

2022년 지방직 9급
유사 2017년 지방직 9급

제1조 일본 정부와 통모하여 한일 합병에 적극 협력한 자, 한국의 주권을 침해하는 조약 또는 문서에 조인한 자와 이를 모의한 자는 사형 또는 무기 징역에 처하고, 그 재산과 유산의 전부 혹은 2분의 1 이상을 몰수한다.

① 이 법률은 제헌 국회에서 제정되었다.
② 이 법률은 농지 개혁법이 제정된 후 제정되었다.
③ 이 법률에 의해 반민특위와 특별 재판부가 구성되었다.
④ 이 법률에 의해 친일 경력을 지닌 고위 경찰 간부가 체포되었다.

1018 다음과 같은 결의문에 근거하여 시행된 조치로 옳은 것은?

2023년 국가직 9급
유사 2016년 국가직 7급

소총회는 …(중략)… 한국 인민의 대표가 국회를 구성하여 중앙 정부를 수립할 수 있도록 선거를 시행함이 긴요하다고 여기며, 총회의 의결에 따라 국제 연합 한국 임시 위원단이 접근할 수 있는 지역에서 결의문 제2호에 기술된 계획을 시행함이 동 위원단에 부과된 임무임을 결의한다.

① 미군정청이 설치되었다.
② 5 · 10 총선거가 실시되었다.
③ 좌우 합작 위원회가 구성되었다.
④ 미 · 소 공동 위원회가 개최되었다.

고난도

1019 (가), (나) 사건 사이에 있었던 사실로 옳은 것은?

2020년 국가직 7급

(가) UN 한국 위원단이 총선거 감시와 협의를 할 수 있었던 그 지역에서 효과적으로 통제 및 사법권을 보유한 합법 정부가 수립되었으며, …(중략)… 한국 위원단은 지난번 한국 인민의 자유로 표현된 의사에 기초하여 장차의 대의 정부 발전에 유용한 감시와 협의를 수행할 것이다.
(나) 안전 보장 이사회는 …(중략)… 북한군의 대한민국에 대한 무력 공격이 평화 파괴를 조성한다고 단정하였다. 이 지역에서 그 무력 공격을 격퇴하고 국제적 평화와 안전을 회복시키기 위하여 필요한 원조를 대한민국에 제공하도록 국제 연합 회원국에게 권고하였다.

① 제헌 헌법이 공포되었다.
② 남조선 과도 입법 의원이 구성되었다.
③ 귀속 재산 처리를 위한 귀속 재산 처리법이 제정되었다.
④ 일본인 토지의 분배를 위해 중앙 토지 행정처가 발족되었다.

□□□

1020 다음 자료에서 밑줄 친 '위원회'에 대한 설명으로 옳은 것은?

2018년 지방직 7급

> 대통령은 우리 위원회의 활동이 삼권 분립 원칙에 위배된다고 주장하고 있으며, 내무장관은 피의자인 노덕술을 요직에 등용하였다. …(중략)… 당국자가 노덕술을 보호하고, 우리 위원회에 그의 석방을 요구한 이유가 무엇인가? 우리는 친일 경관이 아니라 애국심을 지닌 경관이 등용되기를 바란다.

① 남북 협상을 추진하였다.
② 부산 정치 파동으로 인해 해산되었다.
③ 3 · 15 부정 선거를 규탄하는 시위를 주도하였다.
④ 제헌 헌법의 특별 규정에 의해 제정된 법률에 따라 구성되었다.

□□□

고난도

1021 다음 법령에 대한 설명으로 옳지 않은 것은?

2017년 지방직 9급

유사 2010년 국가직 9급 / 2008년 국가직 9급 / 2007년 지방직 9급

> 제1조 일본 정부와 통모하여 한 · 일 합병에 적극 협력한 자, 한국의 주권을 침해하는 조약 또는 문서에 조인한 자와 모의한 자는 사형 또는 무기 징역에 처하고, 그 재산과 유산의 전부 혹은 2분의 1 이상을 몰수한다.
> 제2조 일본 정부로부터 작위를 받은 자 또는 일본 제국 의회의 의원이 되었던 자는 무기 또는 5년 이상의 징역에 처하고 그 재산과 유산의 전부 혹은 2분의 1 이상을 몰수한다.
> 제3조 일본 치하 독립운동자나 그 가족을 악의로 살상 · 박해한 자 또는 이를 지휘한 자는 사형, 무기 또는 5년 이상의 징역에 처하고 그 재산의 전부 혹은 일부를 몰수한다.

① 이 법령에 따라 특별 재판부가 설치되었다.
② 이 법령의 제정은 제헌 헌법에 명시된 사항이었다.
③ 이 법령에 따라 반민족 행위자들이 실형을 선고받았다.
④ 이 법령은 여수 · 순천 10 · 19 사건 직후에 국회에서 통과되었다.

문항	번호				틀린 이유
1016	①	②	③	④	
1017	①	②	③	④	
1018	①	②	③	④	
1019	①	②	③	④	
1020	①	②	③	④	
1021	①	②	③	④	

해설

1016 제헌 국회는 1948년에 구성되어 1950년 5월까지 운영되었다. ① 제헌 국회에서는 1948년 9월 반민족 행위 처벌법을 제정하였다. 이후 국회 의원 10명으로 구성된 '반민족 행위 특별 조사 위원회(반민 특위)'를 설치하였다.

오답노트 ② 1964년에 전개된 6 · 3 시위에 대한 설명이다. ③ 7 · 4 남북 공동 성명이 발표된 것은 1972년 7월의 일이다. ④ 1972년에 통과된 유신 헌법에 대한 설명이다.

1017 제시된 자료는 1948년 9월에 제정된 반민족 행위 처벌법의 내용이다. ② 반민족 행위 처벌법은 1948년 9월에 만들어졌으며, 농지 개혁법은 1949년에 제정된 법령이다. 따라서 반민족 행위 처벌법이 만들어진 후에 농지 개혁법이 제정되었다.

오답노트 ① 제헌 국회는 반민족 행위 처벌법 기초 특별 위원회를 구성하고 특별법 제정에 착수하여 반민족 행위 처벌법(반민법)을 제정하였다. ③ 반민족 행위 처벌법에 따라 반민족 행위 특별 조사 위원회(반민특위)가 구성되었고, 특별 재판부(단심)가 설치되었다. ④ 반민족 행위 처벌법에 따라 친일 경력을 가진 고위 경찰 간부 노덕술 등이 체포되었다.

1018 제시된 자료는 1948년 2월에 발표된 유엔 소총회의 결의문의 내용으로, 선거가 가능한 지역에서만이라도 선거를 실시해야 한다는 미국의 결의안을 채택한 것이다. ② 유엔 소총회의 결의에 따라 임시 위원단은 1948년 5월 10일에 총선거를 실시하기로 결정하였다.

오답노트 ① 미군정청이 설치된 것은 1945년 9월의 일이다. ③ 좌우 합작 위원회가 구성된 것은 1946년 7월의 일이다. ④ 미 · 소 공동 위원회는 2차례 개최되었다. 1차는 1946년 3월에, 2차는 1947년 5월에 개최되었으나 성과 없이 결렬되었다.

1019 (가)는 1948년 12월 유엔이 대한민국 정부를 한반도의 유일한 합법 정부임을 공인한 것과 관련된 내용이다. (나)는 1950년 6 · 25 전쟁이 일어나자 긴급 소집된 유엔 안전 보장 이사회에서 대한민국에 군사 지원을 결의한 것과 관련된 내용이다. ③ 정부는 1949년에 귀속 재산 처리법을 제정하였다.

오답노트 ① 1948년 7월의 일이다. ② 1946년 12월의 일이다. ④ 1948년 3월 중앙 토지 행정처를 설치하여 일본인이 소유했던 농지 매각을 담당하도록 하였다.

1020 밑줄 친 '위원회'는 1948년에 조직된 '반민족 행위 특별 조사 위원회'이다. ④ 반민특위는 제헌 헌법의 특별법에 따라 구성되었다.

오답노트 ① 김구와 김규식에 대한 설명이다. ② 반민특위는 1949년에 와해되었다. 부산 정치 파동은 1952년에 발생했으므로 시기상 맞지 않다. ③ 3 · 15 부정 선거는 1960년에 발생했으므로 시기상 맞지 않다.

1021 제시된 자료는 1948년 9월에 제정된 반민족 행위 처벌법이다. ④ 여수 · 순천 10 · 19 사건은 반민법 제정 이후에 일어났다.

오답노트 ① 반민족 행위 특별법의 제정에 따라 국회에 특별 위원회를 설치하고, 특별 재판부와 특별 검찰부도 설치되었다. ② 제헌 헌법 101조에 따르면 "국회는 단기 4278(1945)년 8월 15일 이전의 악질적인 반민족 행위를 처벌할 수 있는 특별법을 제정할 수 있다."고 명시되었다. ③ 반민특위에서는 조사 대상 682명 중 221명을 기소하고 그 중 12명이 실형을 선고받았으나 집행 유예 등으로 모두 풀려났다.

Answer 1016 ① 1017 ② 1018 ② 1019 ③ 1020 ④ 1021 ④

PART 08

1022 다음과 같이 구성된 국회의 활동으로 옳은 것은?

2017년 기상직 9급
유사 2015년 기상직 9급

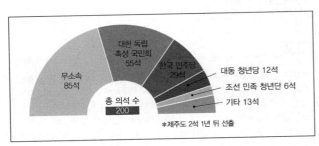

① 내각 책임제와 국회 양원제의 개헌을 하였다.
② 친일파 청산을 위해 반민족 행위 처벌법을 제정하였다.
③ 무상 몰수, 무상 분배 방식의 농지 개혁법을 제정하였다.
④ 공직자 부정행위 방지를 위한 공직자 윤리법을 제정하였다.

고난도

1023 밑줄 친 '총선거'에 대한 설명으로 옳지 않은 것은?

2015년 서울시 7급
유사 2014년 경찰간부

> 1948년 5월 10일, 마침내 남한에서는 유엔 한국 임시 위원단의 감시 아래 총선거가 실시되었다. 이 선거를 통해 구성된 제헌 국회는 국호를 대한민국으로 정하고, 7월 17일에 헌법을 제정·공포하였다.

① 만 19세 이상이면 모든 국민이 이 선거의 투표권을 가졌다.
② 이 선거를 통해 선출된 국회 의원의 임기는 2년이었다.
③ 이 선거를 앞두고 남북 협상에 참가했던 김규식은 선거에 나서지 않았다.
④ 제주도에서는 이 선거에 반대한 세력과 경찰이 충돌하면서 많은 민간인 희생자가 발생하였다.

대표 유형

1024 (가)~(라)를 시기순으로 바르게 나열한 것은?

2019년 국가직 9급
유사 2007년 국가직 7급

> (가) 좌우 합작 7원칙이 발표되었다.
> (나) 조선 건국 준비 위원회가 결성되었다.
> (다) 모스크바 3국 외상 회의가 개최되었다.
> (라) 김구와 김규식이 남북 협상을 제의하였다.

① (나) − (가) − (라) − (다)
② (나) − (다) − (가) − (라)
③ (다) − (가) − (나) − (라)
④ (다) − (나) − (가) − (라)

1025 다음의 사건을 시기순으로 바르게 나열한 것은?

2020년 지방직 9급

> (가) 제헌 국회가 구성되어 헌법을 제정하였다.
> (나) 여운형과 김규식은 좌우 합작 위원회를 조직하였다.
> (다) 조선 건국 동맹을 기반으로 조선 건국 준비 위원회가 조직되었다.
> (라) 민주주의 임시 정부 수립을 논의하기 위해 제1차 미·소 공동 위원회가 열렸다.

① (가) − (다) − (나) − (라)
② (나) − (다) − (라) − (가)
③ (다) − (라) − (나) − (가)
④ (라) − (나) − (가) − (다)

□□□
1026 다음 (가) 시기에 있었던 일로 옳지 않은 것은?

2017년 법원직 9급
유사 2007년 법원직 9급

			(가)		
모스크바 3국 외상 회의	1차 미·소 공동 위원회	좌우 합작 7원칙 합의	제헌 국회 개원	여수·순천 10·19 사건	

① 이승만이 정읍 발언을 발표하였다.
② 제주에서 4·3 사건이 발생하였다.
③ 남한에서 5·10 총선거가 실시되었다.
④ 2차 미·소 공동 위원회가 개최되었다.

□□□
1027 (가)~(라)는 광복을 전후해 일어난 사건을 시기순으로 나열한 것이다. (다)에 들어갈 수 있는 내용으로 적절하지 않은 것은?

2015년 국가직 9급
유사 2019년 서울시 9·7급 / 2009년 서울시 9급 / 2009년 기상직 9급

> (가) 삼균주의를 바탕으로 대한민국 임시 정부가 대한민국 건국 강령을 발표하였다.
> (나) 이승만을 중심으로 독립 촉성 중앙 협의회가 발족되었다.
> (다)
> (라) 제헌 국회에서 대한민국의 헌법이 제정, 공포되었다.

① 좌우 합작 위원회의 좌우 합작 7원칙이 선포되었다.
② 김구의 「삼천만 동포에게 읍고함」이라는 글이 발표되었다.
③ 여운형, 안재홍 등을 중심으로 조선 건국 준비 위원회가 조직되었다.
④ 유엔 총회에서 유엔 감시하에 인구 비례에 의한 남북한 총선거의 실시가 결의되었다.

문항	번호				틀린 이유
1022	①	②	③	④	
1023	①	②	③	④	
1024	①	②	③	④	
1025	①	②	③	④	
1026	①	②	③	④	
1027	①	②	③	④	

해설

1022 제시된 자료는 제헌 국회(1대 국회) 당시의 정당별 의석 분포이다. ② 제헌 국회는 반민족 행위 처벌법 기초 특별 위원회를 구성하고 특별법 제정에 착수하여 반민족 행위 처벌법(반민법)을 제정하였다.

오답노트 ① 제3차 개헌을 추진한 제4대 국회(1958~1960)에 대한 설명이다. ③ 무상 몰수·무상 분배가 아니라 유상 매수·유상 분배 방식의 농지 개혁법을 제정하였다. ④ 공직자 윤리법이 처음 제정된 것은 1981년 12월의 일이다. 이후 김영삼 정부 때인 1993년에 전면 개정되어 4급 이상 공무원의 재산 등록 의무화, 처벌 규정 강화 등을 통해 현재 공직 윤리 제도의 기틀을 마련하였다.

1023 밑줄 친 '총선거'는 1948년 5월 10일에 실시된 5·10 총선거이다. ① 5·10 총선거에서는 21세 이상 모든 국민에게 투표권이 부여되었다.

오답노트 ② 5·10 총선거를 통해 선출된 제헌 국회 의원들의 임기는 2년으로 한정되었다. ③ 5·10 총선거에 김구와 김규식은 불참하였다. ④ 5·10 총선거를 앞두고, 제주도에서는 단독 정부 수립에 반대하는 세력과 경찰이 충돌하여 무고한 양민들이 많이 희생되었다(제주도 4·3 사건).

1024 (나) 조선 건국 준비 위원회는 조선 건국 동맹을 모체로 하여 광복 직후인 1945년 8월 15일에 결성되었다. (다) 모스크바 3국 외상 회의는 1945년 12월에 개최되었으며, 여기에서 임시 민주 정부 수립과 최고 5년간의 신탁 통치를 결정하였다. (가) 국내 좌우익 세력의 대립이 격화되자, 여운형과 김규식을 중심으로 1946년 7월에 좌우 합작 위원회가 설립되었으며, 1946년 10월에 좌우 합작 7원칙을 발표하였다. (라) 1948년 2월 김구, 김규식 등이 남북 협상을 제의하여 1948년 4월에 김구·김규식·김일성·김두봉 등을 중심으로 남북 협상이 개최되었다.

1025 (다) 광복 직후인 1945년 8월 여운형, 안재홍 등은 조선 건국 동맹을 모체로 좌우 연합의 조선 건국 준비 위원회를 조직하였다. (라) 1차 미·소 공동 위원회가 서울의 덕수궁에서 개최된 것은 1946년 3월의 일이다. (나) 김규식(중도 우익)과 여운형(중도 좌익)을 중심으로 하는 중도파 인사들이 좌우 합작 위원회를 구성한 것은 1946년 7월의 일이다. (가) 1948년 5월 제헌 국회가 구성되어 1948년 7월에 헌법을 제정하였다.

1026 좌우 합작 7원칙 합의는 1946년 10월, 제헌 국회 개원은 1948년 5월 31일의 일이다. ① 1946년 6월 이승만은 정읍 발언을 통해 남한만의 단독 정부 수립을 주장했는데, 이는 좌우 합작 7원칙 발표 이전의 일이다.

오답노트 ② 1948년 4월, ③ 1948년 5월 10일의 일이다. ④ 1947년 5월의 일이다.

1027 (가) 대한민국 임시 정부는 1941년에 대한민국 건국 강령을 발표하였다. (나) 1945년 10월에 한국 민주당, 국민당을 비롯한 2백여 단체가 모여 이승만을 총재로 추대하고 독립 촉성 중앙 협의회를 구성하였다. (라) 1948년 7월 17일에 제헌 국회에서 대한민국 헌법을 제정하였다. ③ 1945년 8월 15일에 조선 건국 준비 위원회가 조직되었다.

오답노트 ① 1946년 10월에 좌우 합작 위원회는 토지 개혁 실시와 입법 의원 구성을 주요 내용으로 하는 좌우 합작 7원칙을 발표하였다. ② 김구의 「삼천만 동포에게 읍고함」이라는 글은 1948년 2월 10일에 발표되었다. ④ 1947년 11월 유엔 총회는 미국의 제안에 따라 유엔 감시하의 남북한 인구 비례에 의한 총선거의 실시 등을 골자로 하는 한국 문제 결의안을 확정하였다.

Answer 1022 ② 1023 ① 1024 ② 1025 ③ 1026 ① 1027 ③

□□□

1028 해방 이후 건국 과정을 시대순으로 바르게 나열한 것은?

2015년 법원직 9급

유사 2018년 기상직 9급 / 2013년 서울시 9급

㉠ 좌우 합작 7원칙 발표
㉡ 조선 인민 공화국 수립 선포
㉢ 모스크바 3국 외상 회의 개최
㉣ UN 소총회 결의에 따른 총선거 실시

---

① ㉠ － ㉡ － ㉢ － ㉣   ② ㉡ － ㉢ － ㉠ － ㉣
③ ㉢ － ㉣ － ㉡ － ㉠   ④ ㉡ － ㉣ － ㉢ － ㉠

□□□

1029 연표의 (가)~(라) 시기에 있었던 사실로 옳은 것은?

2013년 국가직 9급

유사 2014년 사회복지직 9급 / 2012년 경찰간부

	(가)	(나)	(다)	(라)	
광복	모스크바 3국 외상 회의	5·10 총선거	대한민국 정부 수립	6·25 전쟁 발발	

① (가) － 대한민국 임시 정부에서 건국 강령을 제정하였다.
② (나) － 북한 정부가 수립되었다.
③ (다) － 김구, 김규식이 남북 협상을 위해 북한을 방문하였다.
④ (라) － 국회에서 반민족 행위 처벌법을 제정하였다.

 6·25 전쟁

□□□

1030 6·25 전쟁 중 있었던 사실로 옳지 않은 것은?

2023년 지방직 9급

① 국군과 유엔군이 인천 상륙 작전을 감행하였다.
② 대통령 직선제를 포함한 발췌 개헌안이 국회에서 통과되었다.
③ 이승만 정부가 북한 송환을 거부하는 반공 포로를 석방하였다.
④ 미국이 한반도를 미국의 태평양 지역 방위선에서 제외한다는 애치슨 선언을 발표하였다.

대표유형

□□□

1031 연표의 (가), (나) 시기에 있었던 사실로 옳은 것은?

2015년 국가직 9급

유사 2018년 기상직 9급

	(가)		(나)	
6·25 전쟁 발발 (1950. 6. 25.)		서울 수복 (1950. 9. 28.)		휴전 협정 체결 (1953. 7. 27.)

① (가) － 인천 상륙 작전이 실시되었다.
② (가) － 중국군의 참전으로 인해 한국군은 서울에서 후퇴하게 되었다.
③ (나) － 애치슨 선언이 발표되었다.
④ (나) － 유엔 안전 보장 이사회에서 유엔군 파병이 결정되었다.

☐☐☐

1032 다음 조약이 조인된 시기를 연표에서 가장 옳게 고른 것은?

2023년 법원직 9급

제3조 각 당사국은 타 당사국의 행정 지배하에 있는 영토와 각 당사국이 타 당사국의 행정 지배하에 합법적으로 들어갔다고 인정하는 금후의 영토에 있어서 타당사국에 대한 태평양 지역에 있어서의 무력 공격을 자국의 평화와 안전을 위태롭게 하는 것이라 인정하고 공통한 위험에 대처하기 위하여 각자의 헌법상의 수속에 따라 행동할 것을 선언한다.

제4조 상호적 합의에 의하여 미합중국의 육군, 해군과 공군을 대한민국의 영토 내와 그 부근에 배치하는 권리를 대한민국은 이를 허여하고 미합중국은 이를 수락한다.

(가)	(나)	(다)	(라)	
대한민국 정부 수립	6·25 전쟁 발발	제2차 개정 헌법 공포	5·16 군사 정변	한·일 기본 조약 조인

① (가)　　　　　　② (나)

③ (다)　　　　　　④ (라)

☐☐☐

1033 다음 사건이 일어난 시기를 연표에서 옳게 고른 것은?

2020년 소방직 9급

- 아군은 38선 이북에서 대대적인 철수를 계획하였다.
- 아군과 피난민들이 흥남 부두에서 모든 선박을 동원하여 해상으로 철수를 시작하였다.

(가)	(나)	(다)	(라)
북한군 남침 시작	인천 상륙 작전 개시	평양 탈환	

① (가)　　　　　　② (나)

③ (다)　　　　　　④ (라)

문항	번호				틀린 이유
1028	①	②	③	④	
1029	①	②	③	④	
1030	①	②	③	④	
1031	①	②	③	④	
1032	①	②	③	④	
1033	①	②	③	④	

해설

1028 ㉡ 1945년 9월 ⇨ ㉢ 1945년 12월 ⇨ ㉠ 1946년 10월 ⇨ ㉣ 1948년 5월

1029 1945년 8월 15일 광복, 1945년 12월 모스크바 3국 외상 회의, 1948년 5월 10일 5·10 총선거, 1948년 8월 15일 대한민국 정부 수립, 1950년 6월 25일 6·25 전쟁이 발발하였다. ④ 반민족 행위 처벌법은 대한민국 정부 수립 이후인 1948년 9월에 제정되었다.

오답노트 ① 대한민국 임시 정부가 건국 강령을 발표한 것은 광복 전인 1941년의 일이다. ② 북한 정부 수립은 대한민국 정부 수립 이후인 1948년 9월 9일의 일이다. 따라서 시기적으로 (라)에 해당한다. ③ 남북 협상을 목표로 김구와 김규식이 북한을 방문한 것은 1948년 4월의 일이므로 (나) 시기에 속한다.

1030 6·25 전쟁 기간은 북한이 기습 남침한 1950년 6월 25일부터 휴전 협정이 체결된 1953년 7월 27일까지이다. ④ 미국 국무장관 애치슨이 미국의 태평양 지역 방위선에서 한국과 타이완을 제외한다는 애치슨 선언을 발표한 것은 6·25 전쟁 발발 이전인 1950년 1월의 일이다.

오답노트 ① 1950년 9월 15일 국군과 유엔군은 인천 상륙 작전에 성공하였다. ② 이승만은 임시 수도 부산에서 1952년 대통령 직선제를 주요 내용으로 하는 발췌 개헌안을 국회에서 거수 기립 표결의 방식으로 통과시켰다. ③ 이승만은 휴전 반대 의사를 표현하기 위해 외교적인 관례를 무시하고 1953년 6월 반공 성향이 있는 인민군 포로를 전격적으로 석방하였다.

1031 ① 1950년 9월 15일에 국군과 유엔군은 인천 상륙 작전에 성공하였다.

오답노트 ② 1950년 10월 중순경부터 비밀리에 압록강을 건넌 중국군은 10월 말부터 전투에 참가하여 국군과 유엔군을 압박하였다. 중국의 인해 전술에 밀린 국군과 유엔군은 후퇴하여, 1951년 1월 4일 서울은 다시 북한군의 수중에 넘어갔다. ③ 애치슨 선언은 1950년 1월에 발표되었다. ④ 6·25 전쟁이 발발하자, 유엔 안전 보장 이사회가 긴급 소집되어 북한을 침략자로 규정하고 공산군의 철수를 요구하는 한편, 유엔군의 한국 파병을 결의하였다.

1032 제시된 자료는 1953년 10월에 체결된 한·미 상호 방위 조약의 내용이다. ② 대한민국 정부 수립은 1948년, 6·25 전쟁의 발발은 1950년 6월 25일, 제2차 개정 헌법 공포는 1954년, 5·16 군사 정변은 1961년 5월, 한·일 기본 조약 조인은 1965년의 일이다. 따라서 한·미 상호 방위 조약의 조인은 (나) 시기에 속한다.

1033 북한군 남침 시작은 1950년 6월 25일, 인천 상륙 작전은 1950년 9월 15일, 평양 탈환은 1950년 10월의 일이다. ④ 제시된 자료는 6·25 전쟁 때인 1950년 12월에 전개된 흥남 철수 작전에 대한 내용으로, (라) 시기에 속한다. 1950년 12월 군 수송선과 민간 선박까지 동원된 흥남 철수 작전을 통해 북한 주민을 포함한 약 10만 명의 피난민을 수송하였다.

Answer 1028 ② 1029 ④ 1030 ④ 1031 ① 1032 ② 1033 ④

PART 08

1034 (가) 시기에 있었던 사실로 옳은 것은?

2017년 국가직 7급

1950. 6.	1950. 9.	1951. 1.	1951. 6.	1953. 7.
		(가)		
6·25 전쟁 발발	서울 수복	1·4 후퇴	휴전 회담 시작	정전 협정 체결

① 대규모 해상 작전인 흥남 철수가 이루어졌다.
② 이승만 정부가 반공 포로의 석방을 단행하였다.
③ 맥아더 장군이 유엔군 총사령관직에서 해임되었다.
④ 미국은 극동 방위선에서 한국을 제외한다고 선언하였다.

1035 다음은 6·25 전쟁의 전개 과정에 따른 전선의 변화를 표시한 것이다. (가)~(라)를 시기순으로 바르게 나열한 것은?

2016년 계리직 9급

유사 2015년 경찰간부 / 2011년 경북 교행

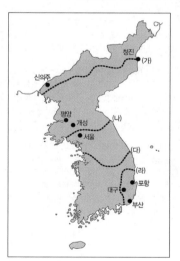

① (다) - (나) - (라) - (가)
② (다) - (라) - (가) - (나)
③ (라) - (가) - (다) - (나)
④ (라) - (다) - (나) - (가)

1036 다음 회담과 관련한 내용으로 옳지 않은 것은?

고난도

2015년 국가직 7급

유사 2018년 경찰 2차

> 제2의제 전투 행위를 정지한다는 전제 아래 양측 군대 사이에 비무장 지대를 설치하고자 군사 분계선을 정하는 일
>
> …(중략)…
>
> 제5의제 외국 군대의 철수와 한반도 문제의 평화적 해결에 관해서 쌍방 관련 국가의 정부에 권고하는 일

① 개성과 판문점 등지에서 회담이 진행되었다.
② 공산군 측은 38도선을 경계로 휴전할 것을 요구하였다.
③ 유엔군 측은 제네바 협정에 따른 포로의 자동 송환을 주장하였다.
④ 쌍방은 소련을 제외한 4개국 중립국 감시 위원회의 구성에 합의하였다.

4·19 혁명과 민주주의의 성장

□□□

1037 밑줄 친 '개헌안'에 대한 설명으로 옳은 것은?

2019년 지방직 7급
유사 2020년 국회직 9급

1954년에 실시된 선거로 국회 내 다수 세력이 된 자유당은 새 개헌안을 국회에 상정하였다. 이 개헌안이 국회를 통과하기 위해서는 그 재적 의원 203명의 3분의 2 이상이 찬성해야 했다. 그러나 표결 결과 135표를 얻는 데 그쳐 부결되었다. 그럼에도 자유당은 이른바 '사사오입'이라는 논리로 부결을 번복하고 가결을 선언하였다. 이는 절차적 민주주의 원칙이 크게 훼손된 사건이었다.

① 대통령이 국회 의원의 3분의 1을 직접 지명하도록 규정하였다.

② 국가 보위 비상 대책 위원회가 언론을 통제한다는 규정이 포함되어 있었다.

③ 대통령 선거인단에 의한 간접 선거로 대통령을 선출한다는 조항을 두었다.

④ 당시 재임 중인 대통령에 대해서는 중임 제한 규정을 적용하지 않는다는 내용이 있었다.

문항	번호				틀린 이유
1034	①	②	③	④	
1035	①	②	③	④	
1036	①	②	③	④	
1037	①	②	③	④	

해설

1034 ① 1950년 10월 중국군의 개입으로 국군과 유엔군은 후퇴하였다. 1950년 12월에 군 수송선과 모든 민간 선박까지 동원된 흥남 철수 작전을 통해 북한 주민을 포함한 약 10만 명의 피난민을 수송하였다. 국군과 유엔군의 후퇴로 1951년 1월 4일 서울은 다시 북한군의 수중에 넘어갔다(1·4 후퇴).

오답노트 ② 1953년 6월의 일이다. ③ 1·4 후퇴 이후 UN군 최고 사령관인 맥아더는 트루먼 대통령과 대립하면서 1951년 4월에 사령관직에서 해임되었다. ④ 애치슨 선언에 대한 설명으로 1950년 1월의 일이다.

1035 (라) 국군은 1950년 8월에 낙동강 전선까지 후퇴하였다. (가) 유엔군과 한국군은 1950년 11월경에 압록강까지 진격하였다. (다) 중공군의 참전으로 1951년 1월경에 서울이 다시 북한군의 수중에 넘어가고, 국군과 유엔군은 평택·오산 지방까지 후퇴하였다. (나) 후퇴했던 국군과 유엔군은 다시 총공세를 단행하여 1951년 3월 말에 38도선 부근에 이르렀다.

1036 제시된 자료는 6·25 전쟁 휴전 회담과 관련된 내용이다. ③ 휴전 회담 당시, 유엔군 측은 전쟁 포로를 자유 송환할 것을 주장하였고, 공산군 측은 제네바 협정에 따라 포로를 자동 송환(강제 송환)할 것을 주장하였다.

오답노트 ① 휴전 회담은 개성과 판문점 등지에서 진행되었다. ② 휴전 회담 당시 유엔군 측은 현 접촉선을 분계선으로 제안하였지만 공산군 측은 38도선을 군사 분계선으로 할 것을 고집했다. ④ 쌍방은 공산군 측이 지명한 폴란드와 체코슬로바키아 2개국(소련을 제외하는데 양측이 합의)과 유엔군 측이 지명한 스웨덴과 스위스 2개국 등 4개 중립국으로 감시 위원회를 구성하는 데 합의하였다.

1037 밑줄 친 '개헌안'은 2차 개헌안인 사사오입 개헌으로, 1954년에 통과되었다. ④ 사사오입 개헌을 통해서 당시 재임 중인 대통령은 중임 제한 규정을 적용받지 않는다는 조항을 추가하였다. 이는 이승만의 장기 집권을 위한 방안이었다.

오답노트 ① 1972년에 제정된 유신 헌법에 대한 설명이다. ② 국가 보위 비상 대책 위원회는 1980년에 등장했으므로 시기상 맞지 않다. ③ 1980년에 제정된 8차 헌법에 대한 설명이다.

Answer 1034 ① 1035 ③ 1036 ③ 1037 ④

□□□
1038 다음 개헌이 이루어진 정부 시기에 있었던 사실로 가장 옳은 것은?

2021년 법원직 9급
유사 2020년 경찰 1차

> 제55조 대통령과 부통령의 임기는 4년으로 한다. 단, 재선에 의하여 1차 중임할 수 있다. 대통령이 궐위된 때에는 부통령이 대통령이 되고 잔임 기간 중 재임한다.
> 부 칙 이 헌법 공포 당시의 대통령에 대하여는 제55조 제1항 단서의 제한을 적용하지 아니한다.
> – 대한민국 관보 제1228호

① 소련, 중국과 교류를 확대하였다.
② 일본과 국교 정상화를 추진하였다.
③ 진보당 사건으로 조봉암을 처형하였다.
④ 지방 자치제를 전면적으로 실시하였다.

□□□
1039 (가), (나) 선거 사이의 시기에 있었던 사실로 옳은 것은?

2016년 교육행정직 9급
유사 2020년 국회직 9급

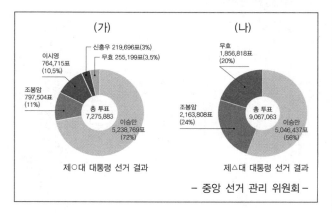

① 부산에서 자유당이 창당되었다.
② 국가 재건 최고 회의가 구성되었다.
③ 반민족 행위 특별 조사 위원회가 설치되었다.
④ 초대 대통령의 중임 제한을 없앤 헌법 개정이 이루어졌다.

□□□
1040 밑줄 친 '새 헌법'에 대한 설명으로 옳은 것은?

2020년 지방직 9급

> 정부에서는 6월 15일 국회에서 통과된 개헌안을 이송받자 이날 긴급 국무 회의를 소집하고 정식으로 이를 공포하였다. 이로써 개정된 새 헌법은 16일 0시를 기해 효력을 발생케 되었다. 새 헌법이 공포됨으로써 16일부터는 실질적인 내각 책임 체제의 정부를 갖게 되었으며 허정 수석 국무위원은 자동으로 국무총리가 된다. – 경향신문, 1960. 6. 16.

① 임시 수도 부산에서 개정되었다.
② 사사오입의 논리로 통과되었다.
③ 통일 주체 국민 회의의 설치를 규정한 조항이 있다.
④ 민의원과 참의원으로 구성된 국회 조항이 있다.

□□□
1041 다음 글은 어떤 사건이 일어났을 때 발표되었는가?

2022년 지방직 9급

> 1. 마산, 서울 기타 각지의 데모는 주권을 빼앗긴 국민의 울분을 대신하여 궐기한 학생들의 순수한 정의감의 발로이며 부정과 불의에는 언제나 항거하는 민족정기의 표현이다.
> …(중략)…
> 3. 합법적이고 평화적인 데모 학생에게 총탄과 폭력을 거리낌없이 남용하여 참극을 빚어낸 경찰은 자유와 민주를 기본으로 한 대한민국의 국립 경찰이 아니라 불법과 폭력으로 권력을 유지하려는 일부 정부 집단의 사병이다.
> – 『대학 교수단 4·25 선언문』

① 4·19 혁명
② 5·18 민주화 운동
③ 6·3 시위
④ 6·29 민주화 선언

1042 〈보기〉 선언문의 발표 후에 있었던 사건으로 가장 적합하지 않은 것은?

2019년 서울시 9급

유사 2019년 서울시 7급(상) / 2011년 지방직 9급 / 2010년 지방직 9 · 7급

[보기]

상아의 진리탑을 박차고 거리에 나선 우리는 질풍과 같은 역사의 조류에 자신을 참여시킴으로써 이성과 진리, 그리고 자유의 대학 정신을 현실의 참담한 박토에 뿌리려 하는 바이다. …(중략)… 무릇 모든 민주주의 정치사는 자유의 투쟁사다. 그것은 또한 여하한 형태의 전제로 민중 앞에 군림하든 '종이로 만든 호랑이' 같이 헤슬픈 것임을 교시한다. …(중략)… 근대적 민주주의의 근간은 자유다. …(후략)…

– 서울대학교 문리과 대학 학생 일동

① 이승만 대통령이 하야하였다.
② 장면 정권이 수립되었다.
③ 민족 자주 통일 중앙 협의회가 조직되었다.
④ 조봉암이 진보당을 결성하였다.

1043 다음은 같은 인물이 발표한 성명서이다. (가)를 발표한 때부터 (나)를 발표한 때까지 있었던 사실로 옳은 것은?

2017년 국가직 7급(하)

(가) 이제 정전이 조인되었음에 정전의 결과에 대한 나의 그동안의 판단이 옳지 않았던 것이 되기를 바란다.
(나) 나는 국회의 결의를 존중하여 대통령직을 사임하고 물러 앉아 국민의 한 사람으로서 나의 여생을 국가와 민족을 위하여 바치고자 하는 바이다.

① 제4대 대통령 선거가 실시되었다.
② 국민학교 의무 교육이 개시되었다.
③ 임시 수도 부산에서 자유당을 창당하였다.
④ 점령지 구호(GARIOA) 원조가 전개되었다.

문항	번호				틀린 이유
1038	①	②	③	④	
1039	①	②	③	④	
1040	①	②	③	④	
1041	①	②	③	④	
1042	①	②	③	④	
1043	①	②	③	④	

해설

1038 제시된 자료는 1954년 통과된 사사오입 개헌안의 내용으로, 이 개헌이 이루어진 것은 이승만 정부 때의 일이다. ③ 1958년 진보당 사건에 대한 설명으로, 이승만 정부가 강력한 대선 경쟁자로 부상한 조봉암을 제거(이듬해인 1959년 처형됨)한 사건이다.

오답노트 ① 1990년대 노태우 정부 때의 일이다. ② 1960년대 박정희 정부 때의 일이다. ④ 1990년대 김영삼 정부가 추진한 정책에 대한 설명이다.

1039 (가)는 이시영이 대통령 선거에 참여했다는 것에서 2대 대통령 선거(1952)임을 알 수 있다. (나)는 이승만과 조봉암이 대통령 후보로 출마했다는 것에서 제3대 대통령 선거(1956)임을 알 수 있다. ④ 자유당은 1954년 이승만의 영구 집권을 꾀하기 위해 초대 대통령에 한해 중임 제한을 철폐한다는 내용을 주요 골자로 하는 사사오입 개헌을 통과시켰다.

오답노트 ① 자유당 창당은 1951년이다. ② 국가 재건 최고 회의는 1961년 5 · 16 군사 정변 이후 군정이 세운 국가 최고 권력 기구이다. ③ 반민족 행위 특별 조사 위원회는 1948년에 설치되어 1949년까지 운영되었다.

1040 제시된 자료는 1960년 3차 개헌에 대한 설명으로, 허정 과도 정부는 1960년 6월에 양원제와 내각 책임제를 골자로 하는 새 헌법을 마련하였다. ④ 3차 개헌에 따라 국회가 민의원 · 참의원의 양원제로 구성되었다.

오답노트 ① 1952년 발췌 개헌(1차 개헌)은 임시 수도인 부산에서 통과된 헌법은 1952년 발췌 개헌(1차 개헌)이다. ② 1954년 사사오입 개헌(2차 개헌)에 대한 설명이다. ③ 1972년 유신 헌법(7차 개헌)에 규정된 내용이다.

1041 ① 제시된 자료는 4 · 19 혁명 때 서울의 대학 교수들이 발표한 '시국 선언문'의 내용이다. 서울 시내의 대학 교수들은 시위대를 옹호하는 한편, 이승만 대통령의 하야를 요구하는 시국 선언문을 발표하고 국회 앞까지 가두 시위를 벌였다.

1042 제시된 자료는 1960년 4 · 19 혁명 당시 발표된 「서울대학교 문리대 선언문」이다. ④ 진보당은 조봉암의 주도로 1956년에 결성되었다. 이후 1958년 진보당 사건이 발생하자 정부는 진보당의 정당 등록을 취소하였다.

오답노트 ①, ② 4 · 19 혁명의 결과 이승만이 하야하고, 재선거를 통해서 장면 내각이 출범하였다. ③ 장면 내각 출범 이후 혁신계 세력이 1960년 9월에 민족 자주 통일 중앙 협의회를 조직하였다.

1043 (가)는 이승만이 1953년 8월 12일 발표한 정전 협정에 관한 담화이다. (나)는 1960년 4 · 19 혁명의 결과로 4월 26일에 발표한 이승만의 하야 선언이다. ① 1960년 3월 15일 제4대 정 · 부통령 선거가 실시되었다.

오답노트 ② 국민학교 의무 교육은 제헌 헌법에서 명문화되어 1950년 6월부터 시작되었다. ③ 이승만은 1951년 12월에 이범석의 민족 청년단을 중심으로 자유당을 창당하였다. ④ 1945년 9월 미군정의 점령 지역 행정 구호 계획(GARIOA)에 따라 구호 원조가 전개되었다.

Answer 1038 ③ 1039 ④ 1040 ④ 1041 ① 1042 ④ 1043 ①

PART 08

□□□ 고난도

1044 다음 자료에 해당하는 선거에 대한 설명으로 가장 옳지 않은 것은?

2015년 서울시 9급

- 총 유권자의 40%에 해당하는 표를 자유당 후보에게 기표하여 투표 당일 투표함에 미리 넣어 놓는다.
- 나머지 60%의 유권자는 3인, 5인, 9인조로 묶어 매수 혹은 위협을 통해 자유당 후보에게 투표하도록 한다.
- 투표소 부근에 여당 완장을 착용한 완장 부대를 배치하여 야당 성향의 유권자를 위협한다.
- 야당 참관인은 적당한 구실을 만들어 투표소 밖으로 내쫓는다.
  － 동아일보, 1960년 3월 4일

① 4·19 혁명 발발의 중요한 계기가 되었다.
② 장면 정부는 이 선거 결과를 무효로 하고 재선거를 실시하였다.
③ 이승만의 대통령 당선 가능성이 높은 상황에서 실시되었다.
④ 정부는 이 선거를 규탄하는 시위의 배후에 공산주의 세력이 개입되었다고 발표하였다.

□□□ 고난도

1045 다음 시정 연설을 했던 정부 시기에 있었던 사실로 옳은 것은?

2021년 경찰 1차

셋째로, 부정 선거의 원흉들과 발포 책임자에 대해서는 이미 공소가 제기되어 있으므로 사법부에서 법과 혁명 정신에 의하여 엄정한 판결을 내릴 것으로 믿고 …
여섯째로, 경제 건설과의 균형상 국방비의 과중한 부담을 경감시키기 위하여 점차적 감군을 주장하여 온 우리 당의 정책을 실현하고자 국제 연합군 사령부와 협의하여 신년도부터 약간 감군할 것을 계획 중에 있으며, 동시에 새로운 장비를 도입하기 위한 계획도 이미 수립되어 있음을 양해하시기를 바란다.

① 화폐 개혁이 단행되었다.
② 잡지 『사상계』가 창간되었다.
③ 주민등록증 발급이 시작되었다.
④ 경제 개발 5개년 계획이 수립되었다.

민주화 운동과 민주주의의 발달

대표유형
□□□

1046 다음과 같은 대통령 선출 방식이 포함된 헌법의 내용으로 옳지 않은 것은?

2022년 지방직 9급

제39조 ① 대통령은 통일 주체 국민 회의에서 토론없이 무기명 투표로 선거한다.
② 통일 주체 국민 회의에서 재적 대의원 과반수의 찬성을 얻은 자를 대통령 당선자로 한다.

① 대통령은 국회를 해산할 수 있다.
② 대통령의 임기는 7년으로 하며, 중임할 수 없다.
③ 대법원장은 대통령이 국회의 동의를 얻어 임명한다.
④ 대통령은 국정 전반에 걸쳐 필요한 긴급 조치를 할 수 있다.

대표유형
□□□

1047 다음은 1960년대 어느 일간지에 실린 사설이다. 밑줄 친 '파병'에 대한 설명으로 옳은 것만을 모두 고르면?

2019년 지방직 9급

우리는 원했든 원하지 않았든 이미 이 전쟁에 직접적인 관계를 맺었고 파병을 찬반(贊反)하던 국민이 이젠 다 힘과 마음을 합해서 파병된 용사들을 성원하고 있거니와 근대 전쟁이 전투하는 사람만의 전쟁이 아니라 온 국민이 참가하는 '총력전'이라는 것을 알고 이 전쟁의 승리를 위해 모든 국민의 단합을 호소하는 바이다.

ㄱ. 발췌 개헌안 통과에 영향을 주었다.
ㄴ. 브라운 각서를 체결하는 이유가 되었다.
ㄷ. 1960년대 경제 개발 계획의 추진에 기여하였다.
ㄹ. 한·미 상호 방위 원조 협정을 체결하는 계기가 되었다.

① ㄱ, ㄴ   ② ㄱ, ㄷ
③ ㄴ, ㄷ   ④ ㄷ, ㄹ

□□□
1048 밑줄 친 '나'가 집권하여 추진한 사실로 옳은 것은?

2023년 국가직 9급

> 나는 우리 국민이 선천적으로 타고난 재질을 최대한으로 활용하여 다각적인 생산 활동을 더욱 활발하게 하고, …(중략)… 공산품 수출을 진흥시키는 데 가일층 노력할 것을 요망합니다. 끝으로 나는 오늘 제1회 수출의 날 기념식에 즈음하여 …(중략)… 이 뜻깊은 날이 자립 경제를 앞당기는 또 하나의 계기가 될 것을 기원합니다.

① 대통령 직선제 개헌을 추진하였다.
② 3 · 1 민주 구국 선언을 발표하였다.
③ 반민족 행위 특별 조사 위원회를 구성하였다.
④ 베트남 파병에 필요한 조건을 명시한 브라운 각서를 체결하였다.

문항	번호				틀린 이유
1044	①	②	③	④	
1045	①	②	③	④	
1046	①	②	③	④	
1047	①	②	③	④	
1048	①	②	③	④	

해설

1044 제시된 자료는 1960년 3월 4일 동아일보의 기사 내용으로, 민주당이 발표한 정부의 부정 선거 비밀 지령의 일부이다. 이는 제4대 정 · 부통령 선거(3 · 15 부정 선거)에서 이기붕을 부통령으로 당선시키기 위한 목적에서 내린 지시다. ② 허정 과도 정부는 3 · 15 부정 선거 결과를 무효로 하고 재선거를 실시하였다. 이 선거의 결과로 장면 정부가 수립되었다.

오답노트 ① 3 · 15 부정 선거는 4 · 19 혁명 발발의 중요한 계기가 되었다. ③ 제4대 정 · 부통령 선거 운동 중에 민주당 후보인 조병옥이 갑자기 병사하면서 당시 이승만의 당선은 확실시되었다. 이런 상황에서 자유당은 이기붕을 부통령으로 당선시키기 위해서 부정 선거를 추진하였다(당시 이승만은 86세 고령의 나이로, 대통령 유고시 부통령이 그 직위를 물려받기 때문에 자유당은 부통령 당선에 총력을 기울였다). ④ 이승만은 마산에서 일어난 불법 선거 비판 시위의 배후에 공산 세력이 개입한 혐의가 있다고 조작하여 사태를 수습하려고 하였다.

1045 제시된 자료는 1960년 4 · 19 혁명으로 장면 내각이 출범된 이후, 장면 국무총리가 국회에서 한 시정 연설문의 내용이다. ④ 장면 내각은 이승만 정권에서 작성된 경제 개발 3개년 계획안을 바탕으로 새롭게 경제 개발 5개년 계획을 수립하였다. 그러나 5 · 16 군사 정변이 발발함에 따라 실제 시행되지는 못했다.

오답노트 ① 화폐 개혁은 박정희 군정 시기인 1962년에 실시되었다. ② 이승만 정부 때인 1953년 잡지 『사상계』가 창간되어 지식인층을 대변하였다. ③ 1968년 1 · 21 사건(김신조 사건)을 계기로 정부는 전 국민에게 단일 형태의 신분증을 나눠주어 필요할 때 신원을 정확히 확인할 필요가 있다고 생각하여 관련 법안을 만들고 1968년 말까지 발급 대상자들에게 주민등록증을 발급하였다.

1046 제시된 자료는 1972년에 제정된 유신 헌법(제7차 개헌)의 내용이다. ② 1980년에 통과된 제8차 개헌에 규정된 내용이다. 유신 헌법에 따라 대통령 임기를 6년으로 연장하고 중임 제한 조항을 폐지하였다.

오답노트 ① 유신 헌법에 따라 대통령은 국회를 해산할 수 있었다. ③ 유신 헌법에는 '대법원장은 대통령이 국회의 동의를 얻어 임명한다.'라고 규정하였다. ④ 유신 헌법에 따라 대통령에게 긴급 조치라는 초헌법적 권리가 부여되었다. 이에 따라 각종 법률의 효력을 대통령 임의로 정지시킬 수 있었다.

1047 제시된 자료의 밑줄 친 '파병'은 1960년대에 추진된 베트남 파병을 일컫는다. ⓒ 1960년대 박정희 정부는 베트남 파병을 결정하였는데, 이는 미국과 브라운 각서(1966)를 체결하는데 영향을 미쳤다. ⓒ 한국은 베트남 전쟁에 참전함으로써 미국으로부터 군사 원조와 1억 5천만 달러의 장기 차관을 획득하였다. 또한 베트남과의 무역 증가로 나타난 베트남 특수는 1960년대 말~1970년대 초 외화 획득과 경제 개발 자금 마련의 밑거름이 되었다.

오답노트 ⓒ 발췌 개헌이 통과된 것은 1952년의 일이다. ⓔ 한 · 미 상호 방위 원조 협정을 체결한 것은 1950년 1월의 일이다.

1048 제시된 자료는 1964년 12월 5일 제1회 수출의 날 기념식이 열렸는데, 이때 박정희 대통령이 발표한 기념사의 내용이다. ④ 박정희 대통령 때인 1966년에 미국과 브라운 각서를 체결하여 한국의 베트남 파병에 대한 보상 조치를 확인받았다.

오답노트 ① 대통령 직선제 개헌이 추진된 시기는 이승만 정부(1952년 1차 개헌) 때와 1980년대 후반 전두환 정부 때(1987년 6월 민주 항쟁)의 일이다. ② 1976년 재야 민주 인사들이 명동 성당에서 3 · 1 민주 구국 선언을 발표하여 박정희 정권의 퇴진 등을 요구하였다. ③ 이승만 정부 시기, 제헌 국회는 1948년 9월 반민족 행위 처벌법을 제정하고, 이 법령에 따라 1948년 10월 국회 의원 10명으로 구성된 반민족 행위 특별 조사 위원회를 설치하였다.

Answer 1044 ② 1045 ④ 1046 ② 1047 ③ 1048 ④

PART 08

□□□

고난도

1049 다음 헌법이 적용된 시기에 일어난 사실로 가장 옳은 것은?

2023년 법원직 9급

> 제38조 ① 대통령은 통일에 관한 중요 정책을 결정하거나 변경함에 있어서, 국론 통일을 위하여 필요하다고 인정할 때에는 통일 주체 국민 회의의 심의에 붙일 수 있다.
> ② 제1항의 경우에 통일 주체 국민 회의에서 재적 대의원 과반수의 찬성을 얻은 통일 정책은 국민의 총의로 본다.
> 제40조 통일 주체 국민 회의는 국회 의원 정수의 3분의 1에 해당하는 수의 국회 의원을 선거한다.

① 광주 대단지 사건이 일어났다.
② 7·4 남북 공동 성명이 발표되었다.
③ 국가 보위 비상 대책 위원회가 조직되었다.
④ 전태일이 근로기준법 준수를 요구하며 분신하였다.

□□□

1050 밑줄 친 '헌법'이 시행 중인 시기에 일어난 사건은?

2021년 국가직 9급

유사 2021년 소방직 9급 / 2019년 경찰 1차 / 2013년 법원직 9급

> 이 헌법은 한 사람의 집권자가 긴급 조치라는 형식적인 법 절차와 권력 남용으로 양보할 수 없는 국민의 기본 인권과 존엄성을 억압하였다. 그리고 이러한 권력 남용에 형식적인 합법성을 부여하고자 … 입법, 사법, 행정 3권을 한 사람의 집권자에게 집중시키고 있다.

① 부·마 민주 항쟁이 일어났다.
② 국민 교육 헌장을 선포하였다.
③ 7·4 남북 공동 성명이 발표되었다.
④ 한·일 협정 체결을 반대하는 6·3 시위가 있었다.

□□□

1051 (가) 시기에 있었던 사실로 옳은 것은?

2021년 지방직 9급

	(가)	
4·19 혁명이 일어나다.		유신 헌법이 공포되다.

① 「반민족 행위 처벌법」이 제정된다.
② 7·4 남북 공동 성명이 발표된다.
③ 남북한이 유엔에 동시 가입하다.
④ 5·18 민주화 운동이 일어나다.

□□□

1052 밑줄 친 ⊙, ⓒ의 내용으로 옳은 것은?

2021년 법원직 9급

> • 투표는 ⊙이 헌법 제39조의 규정에 따라 토론 없이 무기명으로 투표 용지에 후보자 성명을 기입하는 방법으로 진행되었다. 투표 결과는 찬성 2,357표, 반대는 한표도 없이 무효 2표로 박정희 후보를 선출하였다.
> • 집권 준비를 마친 전두환은 통일 주체 국민 회의를 통해 제11대 대통령으로 선출되었다. 그러나 국민의 반발과 악화된 국제 여론을 의식하여 개헌을 단행하였다. ⓒ새 헌법에 따라 실시된 선거에서 전두환은 다시 대통령에 당선되었다.

① ⊙ - 대통령의 연임을 3회까지만 허용한다.
② ⊙ - 대통령이 국회를 해산할 권한을 갖는다.
③ ⓒ - 대통령의 임기는 5년으로 한다.
④ ⓒ - 통일 주체 국민 회의에서 대통령을 선출한다.

☐☐☐
1053 (가)에 들어갈 내용으로 가장 옳은 것은?

2020년 법원직 9급
유사 2019년 경찰간부

> 3차 개헌(1960. 6.) - 의원 내각제, 양원제 채택
> 5차 개헌(1962. 12.) - 대통령 직선제
> 6차 개헌(1969. 10.) - [(가)]
> 7차 개헌(1972. 12.) - 대통령 권한 강화

① 대통령 간선제
② 중임 제한 철폐
③ 국회 양원제 규정
④ 대통령의 3선 허용

☐☐☐
1054 〈보기〉와 같은 내용의 헌법으로 개정된 이후 발생한 사건으로 가장 옳은 것은?

2019년 서울시 9급
유사 2018년 서울시 7급

─[보기]─
> 제39조 대통령은 통일 주체 국민 회의에서 토론없이 무기명 투표로 선거한다.
> 제40조 통일 주체 국민 회의는 국회 의원 정수의 1/3에 해당하는 수의 국회 의원을 선거한다.
> 제43조 대통령은 조국의 평화적 통일을 위한 성실한 의무를 진다.

① 굴욕적인 한·일 회담에 반대하는 학생 시위가 전개되었다.
② 재야 인사들이 명동 성당에 모여 3·1 민주 구국 선언을 발표하였다.
③ 친일파 청산을 위해 반민족 행위 특별 조사 위원회를 설치하였다.
④ 민생 안정을 위해 농가 부채 탕감, 화폐 개혁 등을 실시하였다.

문항		번호			틀린 이유
1049	①	②	③	④	
1050	①	②	③	④	
1051	①	②	③	④	
1052	①	②	③	④	
1053	①	②	③	④	
1054	①	②	③	④	

해설

1049 제시된 자료는 1972년 11월 국민투표를 통해 확정된 유신 헌법(7차 개헌)의 내용으로, 1972년 12월부터 1980년 10월까지 적용되었다. ③ 전두환을 비롯한 신군부는 1980년 5월 31일 최고 군사 회의의 성격을 띤 국가 보위 비상 대책 위원회를 설치하여 국정을 장악하였다.

오답노트 ① 1971년 광주 대단지 사건은 정부의 무계획적인 도시 정책에 반발하여 경기도 광주(성남시)의 주민 5만여 명이 일으킨 폭동 사건이다. ② 유신 헌법 이전인 1972년 7월의 일이다. ④ 전태일 분신 사건은 1970년의 일이다.

1050 제시된 자료는 1972년에 제정된 유신 헌법(7차 개헌)의 내용이다. 1972년 11월 국민 투표로 확정된 유신 헌법은 다음 달인 12월에 공포·시행되어 1980년 10월 8차 개헌 전까지 적용되었다. ① 1979년 부·마 민주 항쟁이 일어났다.

오답노트 ② 1968년의 일이다. ③ 유신 헌법 제정 직전인 1972년 7월의 일이다. ④ 6·3 시위가 발발한 것은 1964년의 일이다.

1051 4·19 혁명은 1960년에 일어났고, 유신 헌법은 1972년 12월에 공포되었다. ② 유신 헌법 공포 직전인 1972년 7월 박정희 정부는 북한과 평화 통일 원칙에 합의한 7·4 남북 공동 성명을 발표하였다.

오답노트 ① 1948년 9월의 일이다. ③ 1991년 노태우 정부 때의 일이다. ④ 5·18 민주화 운동이 일어난 것은 1980년 신군부 때의 일이다.

1052 제시된 자료의 밑줄 친 ㉠ 이 헌법은 1972년에 제정된 유신 헌법(7차 개정 헌법)을 일컫고, 밑줄 친 ㉡ 새 헌법은 8차 개정 헌법을 지칭한다. ② 유신 헌법에 따라 대통령은 국회를 해산할 수 있으나 국회는 대통령을 탄핵할 수 없다고 규정하였다.

오답노트 ① 1969년 6차 개정 헌법에 대한 설명이다. 이 개정안에 따라 기존 헌법의 3선 금지 조항을 삭제하고, 대통령의 연임 횟수를 3회로 연장하였다. ③ 8차 개정 헌법에 따라 대통령의 임기를 7년 단임으로 하였다. ④ 8차 개정 헌법에 따라 대통령 선거인단이 대통령을 간접 선출하였다.

1053 ④ 1969년에 단행된 6차 개헌은 3선 연임 금지를 4선 연임 금지로 수정하면서, 대통령의 3선을 허용하였다(3선 개헌).

오답노트 ① 대통령 간선제를 규정한 헌법으로는 제헌 헌법, 7차 개헌(1972), 8차 개헌(1980)이 있다. ② 1954년 2차 개헌(사사오입 개헌)에 대한 설명이다. ③ 국회 양원제를 규정한 헌법으로는 1차 개헌(1952, 발췌 개헌)과 3차 개헌(1960)이 있다. 그러나 1차 개헌 당시 양원제를 규정한 것은 맞으나 실제로 실시하지는 않았다.

1054 제시된 자료는 1972년 10월에 제정된 유신 헌법이다. 유신 헌법은 11월에 국민 투표로 확정되고 12월 27일 공포·시행되었다. ② 유신 정권에 저항하기 위해 재야 인사들이 1976년 명동 성당에 모여 '3·1 민주 구국 선언'을 발표하였다.

오답노트 ① 1964년에 전개된 6·3 시위에 대한 설명이다. ③ 반민족 행위 특별 조사 위원회는 1948년 10월에 설치되었다. ④ 박정희 군정 시기인 1961년부터 1963년까지 국가 재건 최고 회의에서 실시했던 정책들이다.

Answer 1049 ③ 1050 ① 1051 ② 1052 ② 1053 ④ 1054 ②

PART 08

고난도

1055 1965년 6월 22일 체결된 한·일 기본 조약에 대한 설명으로 가장 옳은 것은?

2018년 서울시 9급

유사 2006년 서울시 9급

> 제2조 1910년 8월 22일 및 그 이전에 대한 제국과 일본 제국 간에 체결된 모든 조약 및 협정이 이미 무효임을 확인한다.
> 제3조 대한민국 정부가 국제 연합 총회의 결의 제195(Ⅲ)호에 명시된 바와 같이 한반도에 있어서의 유일한 합법 정부임을 확인한다.

① 위안부 문제가 주요한 의제로 논의되었다.
② 조약에 반대하여 학생들이 6·10 민주 항쟁을 일으켰다.
③ 조약 협의를 위해 중앙정보부장 이후락이 특사로 파견되었다.
④ 재일 교포의 법적 지위 및 대우에 관한 협정도 함께 체결되었다.

1056 (가)와 (나) 사이에 있었던 역사적 사실로 옳은 것을 〈보기〉에서 모두 고른 것은?

2013년 국가직 7급

유사 2004년 국가직 9급

> (가) 이번 4월의 참사는 학생 운동 사상 최대 비극이요, 이 나라의 정치적 위기를 극복하기 위한 중대 사태이다. 이에 대한 철저한 반성 없이는 이 민족의 불행한 운명을 도저히 만회할 길이 없다. 우리 전국 대학교 교수들은 이 비상시국에 대처하여 양심의 호소를 하는 바이다.
> (나) 대한민국과 일본국은 양국 국민 관계의 역사적 배경을 고려하며, 선린 관계 및 주권 상호 존중 원칙에 입각한 양국 관계의 정상화를 상호 의망(意望)함을 고려하고, 양국의 공동 복지 및 공동 이익을 증진하고 국제 평화 및 안전을 유지하는데 양국이 …(중략)… 협력하는 것이 중요하다는 사실을 인식한다.

─ 보기 ─

㉠ 진보당 사건, 경향신문 폐간이 이어졌다.
㉡ 한·일 회담에 반대하여 6·3 시위가 일어났다.
㉢ 국가 재건 최고 회의가 구성되어 군정이 실시되었다.
㉣ 부산 정치 파동으로 야당 국회 의원이 정치적 공격을 받았다.

① ㉠, ㉡   ② ㉡, ㉢
③ ㉡, ㉣   ④ ㉢, ㉣

1057 다음 자료에 나타난 민주화 운동에 대한 설명으로 옳은 것은?

2019년 소방직 9급

> 우리는 왜 총을 들 수밖에 없었는가? 그 대답은 너무나 간단합니다. 너무나 무자비한 만행을 더 이상 보고 있을 수만 없어서 너도나도 총을 들고 나섰던 것입니다. …(중략)… 계엄 당국은 18일 오후부터 공수 부대를 대량 투입하여 시내 곳곳에서 학생, 젊은이들에게 무차별 살상을 자행하였으니!
> ─ 「광주 시민군 궐기문」

① 직선제 개헌이 이루어졌다.
② 3·15 부정 선거를 규탄하였다.
③ 대통령이 하야하는 계기가 되었다.
④ 신군부 세력의 퇴진을 요구하였다.

대표 유형

□□□

1058 다음 (가), (나) 운동에 대한 설명으로 가장 옳은 것은?

2017년 법원직 9급

(가) 마산, 서울 기타 각지의 데모는 주권을 빼앗긴 국민의 울분을 대신하여 궐기한 학생들의 순수한 정의감의 발로이며 부정과 불의에 항거하는 민족 정기의 표현이다. …(중략)… 3·15 선거는 불법 선거이다. 공명 선거에 의하여 정·부통령 선거를 다시 실시하라.

(나) 국가의 미래요 소망인 꽃다운 젊은이를 야만적인 고문으로 죽여놓고 …(중략)… 현 정권에게 국민의 분노가 무엇인지를 분명히 보여 주고, 국민적 여망인 개헌을 일방적으로 파기한 4·13 호헌 조치를 철회시키기 위한 민주 장정을 시작한다.

① (가)는 유신 체제에 대한 저항이었다.
② (가)로 인해 신군부가 권력을 장악하게 되었다.
③ (나)는 대통령이 하야하는 계기가 되었다.
④ (가), (나)의 결과로 헌법이 개정되었다.

대표 유형

□□□

1059 다음은 같은 해에 벌어졌던 사건들이다. 이러한 사건들로 말미암아 나타난 사실로 옳은 것은?

2013년 국가직 9급

유사 2019년 기상직 9급 / 2018년 교행직 9급 / 2018년 경찰간부 / 2012년 국가직 7급

• 박종철 사건
• 4·13 호헌 조치
• 6·10 국민 대회 개최
• 민주 헌법 쟁취 국민 운동 본부 결성

① 국가 보위 비상 대책 위원회가 구성되었다.
② 5년 단임의 대통령 직선제 개헌이 이루어졌다.
③ 전국에 계엄령을 선포하고, 모든 정치 활동을 정지시켰다.
④ 대통령의 중임 제한을 없애고 간선제를 골자로 하는 헌법을 제정하였다.

문항	번호				틀린 이유
1055	①	②	③	④	
1056	①	②	③	④	
1057	①	②	③	④	
1058	①	②	③	④	
1059	①	②	③	④	

해설

1055 제시된 자료는 1965년에 체결된 한·일 협정(한·일 기본 조약)의 내용이다. ④ 한·일 협정에서 '재일 교포의 법적 지위와 대우에 관한 협정'을 체결했다. 이 외에도 한·일 협정에서는 '청구권·경제 협력에 관한 협정', '어업에 관한 협정', '문화재·문화 협력에 관한 협정' 등을 함께 체결하였다.

오답노트 ① 한·일 협정에서는 위안부 문제를 주요 의제로 논의하지 않았다. ② 김종필·오히라 메모가 언론에 발표되자 이에 반대하는 시위가 1964년 6월 3일에 대대적으로 전개되었다. 6·10 민주 항쟁은 1987년 6월에 일어났다. ③ 조약 협의를 위해 파견된 인물은 김종필이다. 이후락은 1970년에 중앙정보부장에 취임하여 1972년 7·4 남북 공동 성명에 특사로 파견된 인물이다.

1056 (가)는 1960년 4·19 혁명과 관련된 사료이고, (나)는 1965년 한·일 협의 사료이다. ⓒ 6·3 시위는 1964년에 일어났다. ⓒ 1961년 5·16 군사 정변을 일으킨 주체 세력은 헌법의 효력을 중단시키고 국가 재건 최고 회의를 구성하여 2년 6개월 동안 군정을 실시하였다.

오답노트 ㉠ 1958~1959년의 일이다. ㉣ 1952년 이승만은 피난 수도 부산에서 개헌안에 반대하는 야당 의원들을 구금·체포한 부산 정치 파동을 일으키고 발췌 개헌을 통과시켰다.

1057 제시된 자료는 1980년 5·18 광주 민주화 운동과 관련된 내용이다. ④ 5·18 광주 민주화 운동 당시, 비상계엄 철회와 신군부 세력의 퇴진, 김대중 석방 등을 요구하였다.

오답노트 ① 1987년 6월 민주 항쟁의 결과에 대한 설명이다. ②,③ 1960년 4·19 혁명에 대한 설명이다.

1058 (가)는 4·19 선언문(1960), (나)는 6·10 대회 선언문(1987)이다. ④ 4·19 혁명의 결과 3차 개헌이, 6월 민주 항쟁의 결과 9차 개헌이 이루어졌다.

오답노트 ① 3·1 민주 구국 선언, 부·마 항쟁 등이 있다. ② 12·12 사태(1979)에 대한 설명이다. ③ 4·19 혁명에 대한 설명이다.

1059 제시된 자료는 1987년에 일어난 6월 민주 항쟁과 관련된 사건들이다. ② 6월 민주 항쟁은 5년 단임의 대통령 직선제로의 개헌을 이끌어냈다.

오답노트 ①,③ 전두환 신군부에 대한 설명이다. 전두환 신군부는 정권 장악 후 국가 보위 비상 대책 위원회를 구성하였으며, 전국에 비상 계엄령을 선포하였고, 구 정치인의 정치 활동을 금지하였다. 전국에 계엄령을 선포하고 정치 활동을 금지시킨 것은 1961년 5·16 군사 정변 때와 1980년 전두환 신군부 때의 일이다. ④ 유신 헌법에 대한 설명이다.

Answer 1055 ④ 1056 ② 1057 ④ 1058 ④ 1059 ②

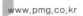

1060 밑줄 친 ⊙과 ⓒ에 대한 설명으로 옳은 것은?

2014년 국가직 7급

> 여야 합의하에 조속히 대통령 직선제 개헌을 하고, ⊙새 헌법에 의한 대통령 선거를 통해 평화적 정부 이양을 실현토록 해야겠습니다. 오늘 이 시점에서 저는 사회적 혼란을 극복하고 국민적 화해를 이룩하기 위하여는 ⓒ대통령 직선제를 택하지 않을 수 없다는 결론에 이르게 되었습니다.

① ⊙ - 노태우 정부 시기에 공포되었다.
② ⓒ - 사사오입 개헌으로 시작되었다.
③ ⊙ - 4·13 호헌 조치로 효력을 유지하였다.
④ ⓒ - 6·10 민주 항쟁의 결실이었다.

1061 다음 자료와 관련된 민주화 운동에 대한 설명으로 가장 옳은 것은?

2014년 법원직 9급

> 지난 6월 9일 오후 교내 시위 도중 경찰이 쏜 최루탄 파편에 맞아 중상을 입고 입원중인 연세대생 이한열군은 4일째 의식을 회복하지 못한 채 중태다. 연세대 상경대 교수 일동은 '이한열군 사건에 당하여'라는 제목의 성명서를 작성하여 "이번 불상사에 대한 책임을 통감하여 학생 시위와 이 같은 불상사를 유발하는 오늘의 현실을 개탄한다."면서 당국은 최루탄 난사를 포함한 과잉 진압을 금지하고 이 같은 사태의 재발을 방지하기 위한 근본적인 대책을 수립하라고 요구하였다.

① 정부의 인권 탄압과 긴급 조치를 비판하였다.
② 야당 당수를 국회에서 제명한 것이 계기가 되었다.
③ 학생과 시민들이 민주 헌법 쟁취를 구호로 내세웠다.
④ 학생들은 비상계엄령 해제와 신군부 퇴진을 요구하였다.

1062 〈보기〉에 제시된 헌법 개정의 주요 내용을 시간순으로 바르게 나열한 것은?

2019년 서울시 7급[상]

유사 2017년 경기북부 여경 / 2012년 경북 교행 / 2011년 지방직 9급

[보기]
> ⊙ 대통령을 직선으로 선출하고 임기는 5년으로 하였다.
> ⓒ 대통령을 대통령 선거인단에서 선출하고, 임기는 7년으로 하였다.
> ⓒ 대통령과 부통령을 직선으로 선출하고, 임기는 4년으로 하였다.
> ⓒ 대통령을 통일 주체 국민 회의에서 선출하고, 임기는 6년으로 하였다.

① ⊙ - ⓒ - ⓒ - ⓒ   ② ⓒ - ⓒ - ⓒ - ⊙
③ ⓒ - ⓒ - ⓒ - ⊙   ④ ⓒ - ⓒ - ⓒ - ⊙

고난도

1063 다음 (가)~(라)를 내용으로 하는 헌법이 적용되던 시기에 일어난 사건으로 바르게 연결한 것은?

2017년 지방직 9급

> (가) 대통령의 임기는 7년이며 중임할 수 없다.
> (나) 대통령과 부통령은 국회에서 무기명 투표로 각각 선거한다.
> (다) 대통령과 부통령의 임기는 4년으로 하며, 1차 중임할 수 있다. 단, 이 헌법 공포 당시의 대통령에 대하여 중임 제한을 적용하지 아니한다.
> (라) 6년 임기의 대통령은 통일 주체 국민 회의에서 선출된다.

① (가) - 남한과 북한은 함께 유엔에 가입하였다.
② (나) - 판문점에서 휴전 협정이 체결되었다.
③ (다) - 평화 통일론을 주장한 진보당의 정당 등록이 취소되었다.
④ (라) - 민족 통일을 위한 남북 공동 성명이 발표되었다.

□□□

1064 다음 정책을 시행한 정부에 대한 설명으로 가장 옳은 것은?

2016년 법원직 9급

유사 2019년 경찰간부

• 금융 실명 거래 및 비밀 보장에 관한 긴급 명령 발표
• 역사 바로 세우기 운동
---

① 한·일 국교를 정상화하였다.
② 국민 연금 제도를 도입하였다.
③ 지방 자치제를 전면 실시하였다.
④ 국가 보위 비상 대책 위원회를 구성하였다.

□□□

1065 다음 연설을 한 대통령의 집권기에 일어난 사실로 가장 옳은 것은?

2023년 법원직 9급

저는 이 순간 엄숙한 마음으로 헌법 제76조 제1항의 규정에 의거하여, 「금융 실명 거래 및 비밀 보장에 관한 대통령 긴급 명령」을 반포합니다. …… 금융 실명제에 대한 우리 국민의 합의와 개혁에 대한 강렬한 열망에 비추어 국회 의원 여러분이 압도적인 지지로 승인해 주실 것을 믿어 의심치 않습니다. 친애하는 국민 여러분, 드디어 우리는 금융 실명제를 실시합니다. 이 시간 이후 모든 금융 거래는 실명으로만 이루어집니다. 금융 실명제가 실시되지 않고는 이 땅의 부정부패를 원천적으로 봉쇄할 수가 없습니다.
---

① YH 무역 사건이 일어났다.
② 제4차 경제 개발 계획이 추진되었다.
③ 국민 기초 생활 보장법이 시행되었다.
④ 한국이 경제 협력 개발 기구(OECD)에 가입하였다.

문항	번호				틀린 이유
1060	①	②	③	④	
1061	①	②	③	④	
1062	①	②	③	④	
1063	①	②	③	④	
1064	①	②	③	④	
1065	①	②	③	④	

해설

1060 제시된 자료는 1987년 6·10 민주 항쟁 결과 6월 29일 노태우 민주 정의당 대표가 발표한 6·29 선언이다. ④ 6·10 민주 항쟁의 결과 대통령 직선제 및 5년 단임제를 골자로 하는 제9차 개헌을 이끌어냈다.

오답노트 ① 9차 개헌은 전두환 정권 시기인 1987년 10월 29일에 공포되었다. ② 1952년 이승만 정권은 제2대 대통령 선거에서의 재선을 위해 대통령 간선제를 직선제로 바꾸는 발췌 개헌을 통과시켰는데, 이것이 대통령 직선제의 시작이다. ③ 1987년 직선제 개헌 요구에 대해 정부는 헌법을 그대로 유지한 채 선거를 치르겠다는 발표(4·13 호헌 조치)를 하였는데, 이것은 6·10 민주 항쟁의 직접적인 원인이 되었다.

1061 제시된 자료에서 나오는 이한열이라는 이름을 통해 6월 항쟁에 대한 내용임을 알 수 있다. ③ 6월 항쟁 기간에 시민과 학생들은 호헌 철폐, 독재 타도, 민주 헌법 쟁취 등의 구호를 내세우고 시위에 나섰다.

오답노트 ① 긴급 조치는 유신 헌법에 규정되어 있는 내용으로 박정희 정권 때의 일이다. ② 부·마 항쟁에 대한 내용이다. 야당 총재였던 김영삼의 국회 영구제명 사건이 발단이 되어 부산과 마산에서 반유신 투쟁이 전개되었다. ④ 5·18 민주화 운동에 대한 내용이다.

1062 ⓒ 제1차 개헌인 발췌 개헌에 대한 설명으로, 1952년에 개정되었다. ② 제7차 개헌인 유신 개헌에 대한 설명으로, 1972년에 개정되었다. ⓛ 전두환의 신군부 세력이 주도한 제8차 개헌에 대한 설명으로, 1980년에 개정되었다. ㉠ 6월 민주 항쟁의 결과로 진행된 제9차 개헌에 대한 설명으로, 1987년에 개정되었다.

1063 (가)는 8차 개헌(1980), (나)는 제헌 헌법(1948), (다)는 2차 개헌(1954, 사사오입 개헌), (라)는 7차 개헌(1972, 유신 헌법)이다. ③ 2차 개헌으로 대통령에 당선된 이승만은 강력한 경쟁자로 등장한 조봉암을 제거하기 위해 조봉암과 진보당 간부들을 간첩 혐의로 구속하는 한편, 평화 통일 등을 주장한 진보당을 불법 단체로 규정하고 정당 등록을 취소시켰다(진보당 사건, 1958).

오답노트 ① 남북한 유엔 동시 가입은 9차 개헌 시기인 1991년 9월에 이루어졌다. ② 휴전 협정은 발췌 개헌(1차 개헌) 시기인 1953년 7월에 체결되었다. ④ 1972년 7·4 남북 공동 성명 선언이 발표되고 몇 달 후인 12월 7차 개헌이 시행되었다.

1064 제시된 자료는 김영삼 정부(1993~1998)에서 실시한 정책이다. ③ 1961년 5·16 군사 정변으로 중단되었던 지방 자치제는 노태우 정부 때 부분적으로 시행되었다가 김영삼 정부에 들어서서 전면적으로 시행되었다.

오답노트 ① 한·일 국교 정상화(1965)는 박정희 정부 때 시행되었다. ② 국민 연금 제도는 1988년 노태우 정부 때 처음 도입되었고, 이후 노무현 정부 때 확대·실시되었다. ④ 국가 보위 비상 대책 위원회는 전두환 정부 때 구성되었다.

1065 제시된 자료는 1993년 8월 김영삼 대통령이 발표한 금융 실명제 실시 담화문의 내용이다. ④ 김영삼 대통령 때인 1996년 한국은 경제 협력 개발 기구(OECD)에 가입하였다. 이에 따라 외국 기업에 대한 규제를 완화하고, 해외 자본이 보다 자유롭게 이동할 수 있었다.

오답노트 ① 박정희 대통령 때인 1979년의 일이다. ② 제4차 경제 개발 계획은 1977년부터 1981년까지 추진되었다(박정희 정부~전두환 정부 시기). ③ 김대중 대통령 때의 일이다. 국민 기초 생활 보장법의 시행으로 생활 유지 능력이 없거나 생활이 어려운 국민에게 필요한 급여를 지급하여 이들의 최저 생활을 보장하였다.

Answer 1060 ④ 1061 ③ 1062 ③ 1063 ③ 1064 ③ 1065 ④

□□□
1066 밑줄 친 '정부'가 실시한 정책으로 옳은 것은?

2016년 교육행정직 9급

친애하는 7천만 국내외 동포 여러분, 노태우 대통령을 비롯한 전직 대통령, 그리고 이 자리에 참석하신 내외 귀빈 여러분. 오늘 우리는 그렇게도 애타게 바라던 문민 민주주의의 시대를 열기 위하여 이 자리에 모였습니다. 오늘을 맞이하기 위하여 30년의 세월을 기다려야 했습니다. 오늘 탄생되는 정부는 민주주의에 대한 국민의 불타는 열망과 거룩한 희생으로 이루어졌습니다. － ○○○ 대통령 취임사

① 중국·소련과 국교를 맺었다.
② 남북 정상 회담을 개최하였다.
③ 7·4 남북 공동 성명을 발표하였다.
④ 경제 협력 개발 기구(OECD)에 가입하였다.

대표
유형
□□□
1067 다음 역사적 사건을 순서대로 바르게 나열한 것은?

2017년 서울시 7급

㉠ 5·16 군사 정변	㉡ 4·19 혁명
㉢ 3·1 민주 구국 선언	㉣ 10월 유신
㉤ 5·18 민주화 운동	㉥ 6·29 민주화 선언

① ㉡ － ㉠ － ㉣ － ㉢ － ㉤ － ㉥
② ㉡ － ㉠ － ㉣ － ㉢ － ㉥ － ㉤
③ ㉢ － ㉡ － ㉠ － ㉣ － ㉤ － ㉥
④ ㉢ － ㉡ － ㉠ － ㉣ － ㉥ － ㉤

□□□
1068 (가)~(라)의 민주화 운동을 일어난 순서대로 옳게 나열한 것은?

2022년 소방직

유사 2010년 국가직 9급 / 2007년 세무직 9급

| (가) 부·마 민주 항쟁 | (나) 3·1 민주 구국 선언 |
| (다) 6월 민주 항쟁 | (라) 5·18 민주화 운동 |

① (가) → (나) → (라) → (다)
② (가) → (라) → (다) → (나)
③ (나) → (가) → (라) → (다)
④ (나) → (라) → (가) → (다)

□□□
1069 (가)~(라)에 해당하는 구호와 관련된 설명이 잘못된 것은?

2019년 법원직 9급

유사 2018년 서울시 9급 / 2013년 기상직 9급

(가) 3·15 부정 선거 다시 하라!
(나) 계엄령 해제하고 신군부 퇴진하라!
(다) 굴욕적인 대일 외교 결사 반대한다!
(라) 호헌 철폐, 대통령 직선제 개헌 쟁취하자!

① (가) － 이승만이 하야하는 계기가 되었다.
② (나) － 종신 집권이 가능한 대통령제로 개헌했다.
③ (다) － 한·일 회담에 반대하고 정권의 퇴진을 요구했다.
④ (라) － 이한열 등의 희생을 통해 직선제 개헌에 성공했다.

□□□
1070 다음의 역사적 사건들을 시대순으로 바르게 나열한
것은?

2011년 지방직 7급
유사 2005년 서울시 9급

㉠ 5·18 민주화 운동	㉡ 3선 개헌
㉢ 유신 헌법 공포	㉣ 10·26 사태
㉤ 6월 민주 항쟁	

① ㉠ - ㉢ - ㉡ - ㉤ - ㉣
② ㉡ - ㉠ - ㉣ - ㉢ - ㉤
③ ㉡ - ㉢ - ㉣ - ㉠ - ㉤
④ ㉡ - ㉢ - ㉣ - ㉤ - ㉠

통일 정책과 북한의 변화

대표
유형

□□□
1071 다음 합의문에 대한 설명으로 옳은 것은?

2018년 지방직 9급
유사 2016년 계리직 9급

쌍방은 오랫동안 서로 만나보지 못한 결과로 생긴 남북 사이의 오해와 불신을 풀고 긴장의 고조를 완화시키며 나아가서 조국 통일을 촉진시키기 위하여 다음과 같은 문제들에 완전한 견해의 일치를 보았다.
1. 쌍방은 다음과 같은 조국 통일 원칙들에 합의를 보았다.
   첫째, 통일은 외세에 의존하거나 외세의 간섭을 받음이 없이 자주적으로 해결하여야 한다.
   둘째, 통일은 서로 상대방을 반대하는 무력 행사에 의거하지 않고 평화적 방법으로 실현하여야 한다.
                    …(중략)…
4. 쌍방은 지금 온 민족의 거대한 기대 속에 진행되고 있는 남북 적십자 회담이 하루빨리 성사되도록 적극 협조하는 데 합의하였다.
                    …(후략)…

① 남북 기본 합의서와 동시에 작성된 문서이다.
② 남북 조절 위원회를 구성하기로 합의한 내용이 담겨 있다.
③ 분단 후 최초로 열린 남북 정상 회담의 결과로 발표된 성명서이다.
④ 금강산 관광 사업을 추진하기로 결정했다는 내용이 수록되어 있다.

문항	번호				틀린 이유
1066	①	②	③	④	
1067	①	②	③	④	
1068	①	②	③	④	
1069	①	②	③	④	
1070	①	②	③	④	
1071	①	②	③	④	

해설

1066 '노태우 대통령을 비롯한 전직 대통령', '문민 민주주의의 시대'라는 표현을 통해 제시된 자료는 14대 대통령인 김영삼 대통령(1993~1997)의 취임사임을 알 수 있다. ④ 김영삼 정부는 1996년에 경제 협력 개발 기구(OECD)에 가입하였다.

오답노트 ① 노태우 정부의 북방 정책에 대한 설명이다. ② 김대중·노무현·문재인 정부 때의 일이다. ③ 박정희 정부에 대한 설명이다.

1067 ㉡ 1960년 ⇨ ㉠ 1961년 ⇨ ㉢ 1972년 ⇨ ㉣ 1976년 ⇨ ㉤ 1980년 ⇨ ㉥ 1987년

1068 (나) 재야 민주 세력들이 유신 반대 등을 내용으로 하는 3·1 민주 구국 선언을 발표한 것은 1976년의 일이다. (가) 부·마 민주 항쟁은 1979년에 발생하였다. (라) 1980년 5월의 일이다. (다) 1987년 6월 전두환 정권 시기의 일이다.

1069 (가)는 1960년 4·19 혁명 때의 구호이며, (나)는 1980년 5월 서울의 봄과 5·18 광주 민주화 운동 때 제기된 사항들이다. (다)는 1964년 6·3 항쟁 때 제기된 구호이며, (라)는 1987년 6월 민주 항쟁 때의 구호이다. ② 1972년 7차 개헌(유신 헌법)에 대한 설명으로, 시기상 적절치 못하다.

오답노트 ① 1960년 4·19 혁명의 결과 이승만이 하야하였다. ③ 1964년 6·3 항쟁 당시 학생과 시민들이 '굴욕적인 한·일 회담 반대'를 외치는 시위가 발생하였다. ④ 6월 민주 항쟁은 이한열 최루탄 치사 사건 등을 계기로 전국 각 도시로 시위가 확산되었다. 또한 6월 민주 항쟁의 결과 대통령 직선제 및 5년 단임제를 내용으로 하는 9차 개헌이 이루어졌다.

1070 ㉡ 1969년 ⇨ ㉢ 1972년 ⇨ ㉣ 1979년 10월 ⇨ ㉠ 1980년 5월 ⇨ ㉤ 1987년 6월

1071 제시된 자료는 1972년에 체결된 7·4 남북 공동 성명서의 내용이다. ② 7·4 남북 공동 성명을 통해서 남북한은 통일 문제의 협의를 위해 남북 조절 위원회를 설치하기로 합의하였다.

오답노트 ① 1991년에 채택된 한반도 비핵화에 관한 공동 선언에 대한 설명이다. ③ 2000년에 발표된 6·15 남북 공동 선언에 대한 설명이다. ④ 김대중 정부 때의 사실이다.

Answer 1066 ④ 1067 ① 1068 ③ 1069 ② 1070 ③ 1071 ②

대표유형

□□□

1072 남북 관계에 대한 역대 정부의 합의로 옳지 않은 것은?

2017년 국가직 9급(하)

① 박정희 정부 – 7·4 남북 공동 선언
② 김영삼 정부 – 남북 기본 합의서
③ 김대중 정부 – 6·15 남북 공동 선언
④ 노무현 정부 – 10·4 남북 공동 선언

대표유형

□□□

1073 다음의 남북 간 합의 이후에 나타난 사실로 옳은 것은?

2017년 교육행정직 9급

유사 2018년 교육행정직 9급 / 2017년 서울시 9급 / 2015년 교육행정직 9급 /
2014년 국가직 7급 / 2014년 경찰간부 / 2012년 기상직 9급

쌍방 사이의 관계가 나라와 나라 사이의 관계가 아닌 통일
을 지향하는 과정에서 잠정적으로 형성되는 특수 관계라는
것을 인정하고, 평화 통일을 성취하기 위한 공동의 노력을
경주할 것을 다짐하면서, 다음과 같이 합의하였다.
제1조 남과 북은 서로 상대방의 체제를 인정하고 존중한다.
…(중략)…
제9조 남과 북은 상대방에 대하여 무력을 사용하지 않으며,
상대방을 무력으로 침략하지 아니한다.

① 남북 조절 위원회가 설치되었다.
② 이산가족의 고향 방문이 시작되었다.
③ 남북이 동시에 유엔 회원국이 되었다.
④ 한반도 비핵화 공동 선언이 채택되었다.

□□□

1074 〈보기1〉 선언문을 발표한 정부 시기에 있었던 사실
을 〈보기2〉에서 모두 고른 것은?

2022년 서울시 9급
유사 2014년 서울시 7급

[보기1]

남과 북은 … 쌍방 사이의 관계가 나라와 나라 사이의 관계
가 아닌 통일을 지향하는 과정에서 잠정적으로 형성되는 특
수 관계라는 것을 인정하고, …
제1조 남과 북은 서로 상대방의 체제를 인정하고 존중한다.
제4조 남과 북은 상대방을 파괴·전복하려는 일체 행위를
하지 아니한다.

[보기2]

㉠ 남북한 동시 유엔(UN) 가입
㉡ 서울 올림픽 개최
㉢ 금융 실명제 실시
㉣ 6·29 선언

① ㉠, ㉡   ② ㉡, ㉢
③ ㉡, ㉣   ④ ㉢, ㉣

□□□

1075 (가), (나) 사이 시기에 있었던 사실로 가장 옳은 것은?

2022년 법원직 9급
유사 2018년 법원직 9급

(가) 남과 북은 상대방에 대하여 무력을 사용하지 않으며
상대방을 무력으로 침략하지 아니한다. …… 민족 전
체의 복리 향상을 도모하기 위하여 자원의 공동 개발,
민족 내부 교류로서의 물자 교류, 합작 투자 등 경제
교류와 협력을 실시한다.
(나) 남과 북은 나라의 통일을 위한 남측의 연합제 안과 북
측의 낮은 단계의 연방제 안이 서로 공통성이 있다고
인정하고 앞으로 이 방향에서 통일을 지향해 나가기로
하였다.

① 남북 조절 위원회가 설치되었다.
② 금강산 관광 사업이 시작되었다.
③ 제2차 남북 정상 회담이 개최되었다.
④ 남북 이산가족 상봉이 최초로 이루어졌다.

□□□
1076 (가)에 들어갈 사실로 가장 옳은 것은?

2020년 법원직 9급
유사 2015년 경찰 2차 / 2013년 지방직 7급

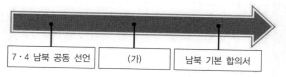

| 7·4 남북 공동 선언 | (가) | 남북 기본 합의서 |

① 개성 공업 지구가 조성되었다.
② 최초로 금강산 관광이 시작되었다.
③ 남북한이 동시에 유엔에 가입하였다.
④ 남북한이 비핵화 공동 선언을 체결하였다.

□□□
1077 다음 선언이 발표된 시기를 (가)~(라) 중 찾으시오.

2019년 법원직 9급
유사 2015년 경찰 1차 / 2007년 국가직 7급

2. 남과 북은 나라의 통일을 위한 남측의 연합제와 북측의 낮은 단계의 연방제안이 공통성이 있다고 인정하고 이 방향에서 통일을 지향시켜 나가기로 하였다.
4. 남과 북은 경제 협력을 통하여 민족 경제를 균형적으로 발전시키고, 사회, 문화, 체육, 보건, 환경 등 제반 분야의 협력과 교류를 활성화하여 서로의 신뢰를 다져 나가기로 하였다.

(가)	(나)	(다)	(라)
5·16 군사 정변	유신 헌법 공포	전두환 구속	김대중 대통령 당선	개성 공단 조성

① (가)   ② (나)
③ (다)   ④ (라)

문항	번호				틀린 이유
1072	①	②	③	④	
1073	①	②	③	④	
1074	①	②	③	④	
1075	①	②	③	④	
1076	①	②	③	④	
1077	①	②	③	④	

해설

1072 ② 남북 기본 합의서는 1991년 12월 노태우 정부 때 합의 및 채택되었다.
오답노트 ① 박정희 정부 때의 일이다. ③ 김대중 정부 때의 일이다. ④ 노무현 정부 때인 2007년 2차 남북 정상 회담을 성사시켜 10·4 남북 공동 선언을 발표하였다.

1073 제시된 자료는 1991년 12월에 채택된 남북 사이의 화해와 불가침 및 교류와 협력에 관한 합의서이다. ④ 남북 기본 합의서가 발표된 직후, 핵무기를 개발하지 않는다는 한반도 비핵화에 관한 공동 선언이 채택되었다.
오답노트 ① 1972년 7·4 남북 공동 성명에 따라 남북 조절 위원회가 설치되었다. ② 남북 이산가족 고향 방문은 1985년에 처음 시작되었다. ③ 남북이 동시에 유엔에 가입한 것은 남북 기본 합의서가 발표되기 이전인 1991년 9월의 일이다.

1074 제시된 자료는 1991년 노태우 정부 때 발표된 남북 기본 합의서에 규정된 내용이다. ㉠ 노태우 정부 때인 1991년 남북한이 별개의 의석으로 유엔에 동시 가입하였다. ㉡ 노태우 정부 때인 1988년 서울 올림픽 대회를 성공적으로 개최하여 국위를 선양하였다.
오답노트 ㉢ 김영삼 정부 때의 일이다. ㉣ 전두환 정부 때인 1987년 6월 29일 노태우 민정당 대표 위원이 대통령 직선제 개헌 등을 주요 내용으로 하는 6·29 선언을 발표하였다.

1075 (가)는 노태우 정부 시기인 1991년 12월에 발표된 남북 기본 합의서의 내용이고, (나)는 김대중 정부 때인 2000년 6월에 발표된 6·15 남북 공동 선언의 내용이다. ② 김대중 정부 때 현대 그룹의 주도로 1998년 해로로 금강산 관광이 시작되었다.
오답노트 ① 1972년에 발표된 7·4 남북 공동 성명에 따라 남북 조절 위원회가 설치되었다. ③ 노무현 대통령은 2007년 10월 북한의 평양을 방문해 김정일 국방 위원장과 함께 두 번째 남북 정상 회담을 가졌다. ④ 1985년 전두환 정부 때의 일이다.

1076 7·4 남북 공동 선언은 1972년 7월에 발표되었고, 남북 기본 합의서는 1991년 12월에 채택되었다. ③ 남북한이 동시에 유엔에 가입한 것은 1991년 9월의 일이다.
오답노트 ① 2000년 6·15 남북 공동 선언이 발표된 이후, 북한의 개성에 남한 기업이 공업 단지를 조성하였다. ② 현대 그룹의 주도로 해로로 금강산 관광이 시작된 것은 1998년의 일이다. ④ 남북한은 남북 기본 합의서 채택 직후, 핵무기를 개발하지 않는다는 한반도 비핵화에 관한 공동 선언도 체결하였다.

1077 5·16 군사 정변은 1961년, 유신 헌법이 공포된 것은 1972년, 전두환이 구속된 것은 김영삼 정부 때인 1995년, 15대 대통령 선거의 결과로 김대중이 대통령으로 당선된 것은 1997년, 개성 공단은 2003년에 착공하여 2004년에 준공되었다. ④ 제시된 자료는 2000년에 발표된 6·15 남북 공동 선언의 내용으로, (라) 시기에 속한다.

Answer 1072 ② 1073 ④ 1074 ① 1075 ② 1076 ③ 1077 ④

1078 (가)와 (나) 사이에 있었던 사실로 옳은 것은?

2018년 국가직 7급
유사 2019년 경찰간부

(가) 남북한은 자주·평화·민족적 대단결의 통일 원칙을 명시한 7·4 남북 공동 성명을 발표하였다.
(나) 남북한은 유엔에 동시 가입하였고, 같은 해에 '남북 사이의 화해와 불가침 및 교류·협력에 관한 합의서(남북 기본 합의서)'를 채택하였다.

① 4·19 혁명 발발
② 금융 실명제 실시
③ 5·18 민주화 운동 발발
④ 제2차 경제 개발 5개년 계획 시작

1079 (가)와 (나)가 발표된 시기의 사이에 있었던 사실을 〈보기〉에서 모두 고른 것은?

2018년 서울시 9급
유사 2012년 지방직 9급

(가) 첫째, 통일은 외세에 의존하거나 외세의 간섭을 받음이 없이 자주적으로 해결하여야 한다.
둘째, 통일은 서로 상대방을 반대하는 무력 행사에 의거하지 않고 평화 방법으로 실현하여야 한다.
셋째, 사상과 이념, 제도의 차이를 초월하여 우선 하나의 민족으로서 민족적 대단결을 도모하여야 한다.
(나) 1. 남과 북은 나라의 통일 문제를 그 주인인 우리 민족끼리 서로 힘을 합쳐 자주적으로 해결한다.
2. 남과 북은 남측의 연합제 안과 북측의 낮은 단계의 연방제 안이 서로 공통성이 있다고 인정한다.

[보기]
㉠ 금강산 관광이 시작되었다.
㉡ 남북 조절 위원회를 설치하였다.
㉢ 경의선과 동해선 철도가 연결되었다.
㉣ 남과 북이 동시에 유엔에 가입하였다.

① ㉠, ㉡, ㉢
② ㉠, ㉡, ㉣
③ ㉠, ㉢, ㉣
④ ㉡, ㉢, ㉣

1080 다음 사실들을 시기순으로 바르게 나열한 것은?

2017년 지방직 9급(하)
유사 2017년 경찰간부 / 2010년 국가직 9급 / 2009년 지방직 7급

㉠ 남북이 유엔에 동시 가입하였다.
㉡ 분단 후 처음으로 금강산 관광 사업이 실현되었다.
㉢ 남북 사이의 화해와 불가침 및 교류·협력에 관한 합의서가 체결되었다.
㉣ 북한 핵시설 동결과 경수로 발전소 건설 지원 등을 명시한 북·미 제네바 기본 합의서가 채택되었다.

① ㉠-㉡-㉢-㉣
② ㉠-㉢-㉣-㉡
③ ㉢-㉠-㉣-㉡
④ ㉢-㉣-㉠-㉡

문항	번호				틀린 이유
1078	①	②	③	④	
1079	①	②	③	④	
1080	①	②	③	④	

해설

1078 (가)의 7·4 남북 공동 성명은 1972년에 발표되었고, (나)의 남북 기본 합의서는 1991년에 발표되었다. ③ 5·18 민주화 운동은 1980년에 발발하였다.

오답노트 ① 4·19 혁명은 1960년에 발발하였다. ② 금융 실명제는 1993년 김영삼 정부 때 시행되었다. ④ 제2차 경제 개발 5개년 계획은 1967년 박정희 정부 때 시작되었다.

1079 (가)는 1972년에 체결된 7·4 남북 공동 성명이고, (나)는 2000년에 체결된 6·15 남북 공동 선언이다. ㉠ 1998년부터 현대 그룹의 주도로 금강산 관광이 시작되었다. ㉡ 7·4 남북 공동 성명 발표 이후, 남북 당국자들은 통일 문제를 협의하기 위해서 남북 조절 위원회를 설치하였다. ㉣ 남북한은 1991년 9월 유엔에 동시 가입하였다.

오답노트 ㉢ 6·15 남북 공동 선언 이후, 끊어진 경의선과 동해선 철도의 연결이 추진되었다.

1080 ㉢ 남북이 유엔에 동시 가입한 것은 1991년 9월의 일이다. ㉣ 남북 기본 합의서는 1991년 12월에 체결되었다. ㉡ 북·미 제네바 기본 합의서는 1994년에 체결되었다. ㉠ 금강산 관광 사업은 1998년 해로를 통해 처음 실현되었다.

Answer 1078 ③ 1079 ② 1080 ②

M.E.M.O

CHAPTER 02 현대의 경제, 사회, 문화

TOP 01 / **8회 출제** 현대의 경제

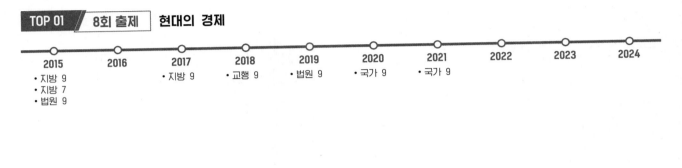

2015	2016	2017	2018	2019	2020	2021	2022	2023	2024
• 지방 9 • 지방 7 • 법원 9		• 지방 9	• 교행 9	• 법원 9	• 국가 9	• 국가 9			

TOP 01 / **8회 출제** 농지 개혁법

2015	2016	2017	2018	2019	2020	2021	2022	2023	2024
	• 사복 9	• 지방 9	• 국가 9(하) • 교행 9	• 지방 9 • 법원 9 • 경찰					• 지방 9

TOP 03 / **3회 출제** 현대의 문화

2015	2016	2017	2018	2019	2020	2021	2022	2023	2024
		• 지방 9		• 법원 9	• 지방 9				

문항		번호			틀린 이유
1081	①	②	③	④	
1082	①	②	③	④	

경제 발전과 사회 · 문화의 변화

□□□

고난도

1081 다음 그래프에 표시된 시기에 일어난 사회 현상으로 옳지 않은 것은?

2020년 국가직 9급

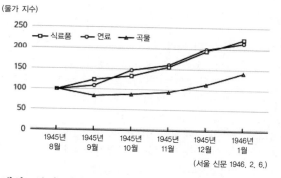

(물가 지수)

(서울 신문 1946. 2. 6.)

① 해외로부터 귀환인이 급증하여 식량이 부족했다.

② 38도선 분할 점령 이후 식료품 부문의 생산이 크게 위축되었다.

③ 미군정이 재정 적자를 메우기 위해 화폐를 과도하게 발행했다.

④ 미곡 수집제 폐지, 토지 개혁 실시를 주장하는 대규모 시위가 일어났다.

□□□

1082 다음 법령이 반포되었을 당시의 경제적 상황으로 가장 옳은 것은?

2020년 법원직 9급
유사 2006년 법원직 9급

> 제2조 본 법에서 귀속 재산이라 함은 … 대한민국 정부에 이양된 일체의 재산을 지칭한다. 단, 농경지는 따로 농지 개혁법에 의하여 처리한다.
> 제3조 귀속 재산은 본 법과 본 법의 규정에 의하여 발하는 명령이 정하는 바에 의하여 국용 또는 공유 재산, 국영 또는 공영 기업체로 지정되는 것을 제외하고는 대한민국의 국민 또는 법인에게 매각한다.
>
> — 귀속 재산 처리법

① 삼백 산업이 발달하였다.

② 금융 실명제가 실시되었다.

③ 수출 100억 달러를 달성하였다.

④ OECD 회원국으로 가입하였다.

해설

1081 제시된 그래프에 표시된 시기는 1945년 8월부터 1946년 1월까지이다. ④ 1946년 조선 공산당이 주도한 10월의 '대구 사건'에서 미곡 수집제 폐지, 토지 개혁 실시 등을 주장하였다. 한편, 대구 사건 이전에 미군정은 쌀 부족을 해소하기 위해 1946년 1월 미곡 수집령을 공포하였다. 따라서 미곡 수집제 폐지를 주장했다는 시위는 1946년 1월 이후로 추정할 수 있다.

오답노트 ① 해방과 함께 해외로부터의 귀환 동포와 북한으로부터의 월남 동포가 계속 증가함으로써 인구가 급증하였다. ② 남한 지역은 일제 강점기 이래 농업 중심지로써 공업 기반이 약한 편이었다. 38도선 분할 점령 이후 공업 생산력은 더욱 감소하여 식료품을 포함한 생필품 생산이 크게 위축되었다. ③ 미군정은 재정 적자를 메우기 위해 화폐를 과도하게 발행하였다. 이 결과 통화량이 급증하였고, 이는 물가 폭등으로 이어져 극심한 혼란을 겪게 되었다.

1082 제시된 자료는 귀속 재산 처리법의 내용이다. 정부는 1949년에 귀속 재산 처리법을 제정하고 6 · 25 전쟁 직후부터 다수의 귀속 기업체를 헐값에 민간에 불하하였다. ① 1950년대 경제 상황에 대한 설명이다.

오답노트 ② 금융 실명제가 실시된 것은 김영삼 정부 때인 1993년의 일이다. ③ 1977년 우리나라는 100억 달러 수출을 달성하였다. ④ 우리나라는 1996년에 경제 협력 개발 기구(OECD)에 가입하였다.

Answer 1081 ④ 1082 ①

PART 08

대표유형

☐☐☐

1083 다음 법령에 의해 실시된 정책에 대한 설명으로 옳은 것은?

2024년 지방직 9급

> 제1조 본법은 헌법에 의거하여 농지를 농민에게 적정히 분배함으로써 … 농민 생활의 향상 내지 국민 경제의 균형과 발전을 기함을 목적으로 한다.
> 제12조 농지의 분배는 농지의 종목, 등급 및 농가의 능력 기타에 기준한 점수제에 의거하되 1가당 총경영 면적 3정보를 초과하지 못한다.

① 한국 민주당과 지주층의 반발로 중단되었다.
② 주택 개량, 도로 및 전기 확충 등도 추진하였다.
③ 유상 매수, 유상 분배의 방식으로 시행되었다.
④ 자작농이 감소하고 소작농이 증가하는 결과를 낳았다.

대표유형

☐☐☐

1084 다음 법령과 관련한 설명으로 옳은 것은?

2019년 지방직 9급

유사 2012년 경북 교행 / 2011년 법원직 9급 / 2007년 경기도 9급

> 제5조 정부는 다음에 의하여 농지를 취득한다.
> 　　1. 다음의 농지는 정부에 귀속한다.
> 　　　(가) 법령 및 조약에 의하여 몰수 또는 국유로 된 토지
> 　　　(나) 소유권의 명의가 분명하지 않은 농지

① 농지 이외 임야도 포함되었다.
② 신한 공사가 보유하던 토지를 분배하였다.
③ 중앙 토지 행정처가 분배 업무를 주무하였다.
④ 분배받은 농민은 평년 생산량의 30%를 5년간 상환하였다.

☐☐☐

1085 다음 법령에 대한 설명으로 옳은 것은?

2018년 법원직 9급

유사 2015년 사회복지직 9급

> 제5조 정부는 아래에 의하여 농지를 취득한다.
> 　　1. 아래의 농지는 정부에 귀속한다.
> 　　　(가) 법령 내지 조약에 의하여 몰수 또는 국유로 된 농지
> 　　　(나) 소유권의 명의가 분명치 않은 농지
> 　　2. 아래의 농지는 적당한 보상으로 정부가 매수한다.
> 　　　(가) 농가 아닌 자의 농지
> 　　　(나) 자경(自耕)하지 않는 자의 농지
> 제12조 농지의 분배는 농지의 종목, 등급 및 농가의 능력 기타에 기준한 점수제에 의거하되 1가당 총 경영 면적 3정보를 초과하지 못한다.

① 미군정 시기에 제정되었다.
② 유상 매수·무상 분배의 방식으로 실시되었다.
③ 법령이 실시되어 자작농이 크게 증가하였다.
④ 이에 영향을 받아 북한에서도 토지 개혁 법령이 제정되었다.

☐☐☐ **고난도**

1086 다음 법을 시행하기 이전 상황에 대한 설명으로 옳은 것은?

2017년 국가직 9급(하)

> 제1조 본법은 헌법에 의거하여 농지를 농민에게 적절히 분배함으로써 농가 경제의 자립과 농업 생산력의 증진으로 인한 농민 생활의 향상 내지 국민 경제의 균형과 발전을 기함을 목적으로 한다.
> 제17조 일체의 농지는 소작, 임대차 또는 위탁 경영 등 행위를 금지한다.

① 반민족 행위 처벌법의 시효가 단축되었다.
② 제2대 국회 의원 총선거가 실시되었다.
③ 미국의 공법480호(PL480)에 따른 잉여 농산물이 도입되었다.
④ 국민 방위군 사건이 일어났다.

□□□
1087 밑줄 친 '개혁'에 대한 설명으로 옳지 않은 것은?

2015년 국가직 7급

정부는 제헌 헌법에 의거하여 1949년 6월 21일 법률 제31호로 농지를 농민에게 적절히 분배하는 개혁을 추진하였다. 그것을 통하여 농가 경제 자립과 농업 생산력 증진으로 인한 농민 생활의 향상 및 국민 경제의 균형과 발전을 도모하였다.

① 귀속 농지의 관리 기구인 신한 공사를 해체하였다.
② 호당 3정보 이하 농지는 매수 대상에서 제외하였다.
③ 3정보 이상의 농지로 이미 매도된 경우 개혁에서 제외하였다.
④ 매수된 농지의 지주에게는 연평균 수확량의 150%를 5년간 나누어 보상하도록 하였다.

□□□
1088 다음 (가), (나)의 정책에 대한 설명으로 옳지 않은 것은?

2012년 지방직 7급

(가) 토지 소유자는 조선 총독이 정하는 기간 내에 주소, 씨명, 명칭 및 소유지의 소재, 사표, 등급, 지적, 결수 등을 임시 토지 조사국장에게 신고해야 한다.
(나) 법령 및 조약에 의하여 몰수 또는 국유로 된 토지나 소유권 명의가 분명하지 않은 농지는 정부에 귀속하며, 농지 분배는 1가구당 총 경영 면적 3정보를 초과하지 못한다.

① (가) - 토지세 과세지가 확대되는 계기가 되었다.
② (나) - 임야 소유권 문제는 제외하였다.
③ (가) - 국유지는 동양 척식 회사 등을 통해 일본인에게 불하되었다.
④ (나) - 귀속 농지 분배를 위하여 신한 공사를 설치하였다.

문항	번호				틀린 이유
1083	①	②	③	④	
1084	①	②	③	④	
1085	①	②	③	④	
1086	①	②	③	④	
1087	①	②	③	④	
1088	①	②	③	④	

해설

1083 제시된 자료는 남한의 농지 개혁법에 규정된 내용이다. 남한의 농지 개혁법은 1949년 6월에 제정·공포되어, 1950년 3월부터 시행되었다. ③ 남한의 농지 개혁법은 유상 매수, 유상 분배를 원칙으로 하였다.

오답노트 ① 한국 민주당과 지주층은 농지 개혁에 반대하는 입장이었지만, 이들의 반발로 중단되지는 않았다. ② 1970년대에 추진된 새마을 운동에 대한 설명이다. ④ 남한의 농지 개혁법에 따라 자작농이 증가하고, 소작농이 감소하였다.

1084 제시된 자료는 남한의 농지 개혁법의 내용이다. ④ 남한의 농지 개혁에 따라 농지를 분배받은 농민들은 5년에 걸쳐 수확량의 30%씩을 상환하도록 하였다.

오답노트 ① 남한의 농지 개혁은 임야와 산림을 제외한 농지를 대상으로 하였다. ② 신한 공사는 농지 개혁 실시 이전인 1948년에 해체되었다. ③ 미군정은 1948년 신한 공사를 해체하고 중앙 토지 행정처를 설치하여 귀속 농지의 매각을 담당하도록 하였다. 신한 공사는 1948년 미군정이 해체되면서 폐지되었다. 따라서 농지 개혁과 관련이 없다.

1085 제시된 법령은 1949년에 제정되어 1950년에 시행된 농지 개혁법이다. ③ 농지 개혁법의 실시로 자신의 토지를 가진 자작농들이 크게 증가하였다.

오답노트 ① 농지 개혁법은 제헌 국회 시기에 제정되었다. ② 농지 개혁법은 '유상 매입, 유상 분배'의 원칙에 따라 실시되었다. ④ 북한은 1946년 3월부터 토지 개혁을 단행하였다.

1086 제시된 자료는 1949년 6월에 제정되어 1950년 3월에 시행된 농지 개혁법의 내용이다. ① 반민족 행위 처벌법의 공소 시효는 1950년 6월 20일까지였으나, 1949년 7월 공소 시효 단축을 주요 내용으로 하는 개정안이 국회에서 통과되었다. 이에 따라 1949년 8월 31일 공소 시효가 만료되었다.

오답노트 ② 제2대 국회 의원 총선은 1950년 5월에 시행되었다. ③ 미국은 자국 내의 잉여 농산물 처리와 한반도의 공산주의화를 막기 위해 1954년 미공법 480호를 제정하여 미국의 농산물을 한국에 도입시키는 정책을 시행했다. ④ 국민 방위군 사건은 6·25 전쟁 당시(1951년 1~4월) 군대의 간부들이 식량·의복 등 군수 물자를 빼돌린 결과 철수하는 과정에서 수많은 병력들이 아사·병사한 사건이다.

1087 제시된 자료의 밑줄 친 개혁은 '농지 개혁'이다. ① 미군정은 1946년에 동양 척식 주식회사 소유의 농지와 일본인 소유의 농지인 적산을 관리하기 위해 신한 공사를 설치하였다. 신한 공사는 농지 개혁법이 제정되기 이전인 1948년 3월에 해체되었다.

오답노트 ② 농지 개혁에서는 호당 3정보를 토지 소유의 상한선으로 정하고, 그 이상을 소유한 지주로부터 농지를 유상 매입하여 농민에게 유상 분배하였다. ③ 이미 매도된 농지들은 농지 개혁의 대상에서 제외되었다. ④ 3정보 이상을 소유한 지주에게 농지를 유상 매입할 때는, 지가 증권을 발급하여 농지의 1년 수확량의 150%를 한도로 5년간 나누어 보상하도록 하였다.

1088 (가)는 일제가 실시한 토지 조사 사업이며, (나)는 대한민국 정부가 실시한 농지 개혁에 대한 내용이다. 토지 조사 사업은 명목상으로 근대적 토지 소유권 확립을 내세웠으나 실질적으로는 토지 약탈과 더불어 지세 수입 확대를 목표로 두었다. 농지 개혁은 임야를 제외한 농지에 대해서만 실시한 개혁으로 3정보 이상은 소유하지 못하도록 하였다. ④ 신한 공사는 광복 직후 미군정 시기에 귀속 재산을 처분하기 위해 설치한 것으로, 농지 개혁이 실시되기 이전에 해체되었다.

Answer 1083 ③ 1084 ④ 1085 ③ 1086 ① 1087 ① 1088 ④

1089 이승만 정부의 경제 정책으로 옳지 않은 것은?

2021년 국가직 9급
유사 2014년 지방직 7급

① 한·미 원조 협정을 체결하였다.
② 농지 개혁에 따른 지가증권을 발행하였다.
③ 제분, 제당, 면방직 등 삼백 산업을 적극 지원하였다.
④ 제1차 경제 개발 5개년 계획을 추진하였다.

1090 다음은 어느 전직 공무원의 기록이다. 밑줄 친 ㉠이 운용된 시기의 경제 현상으로 옳은 것은?

2018년 교행직 9급

> 재무부 장관에 정식 취임한 나는 ㉠미국의 원조 물자 및 잉여 농산물의 판매 대전(代錢)으로 조성된 대충자금의 사용 방안에 관해 미국 측과의 이견 조정에 직면하게 되었다. … (중략) … 원조 물자나 잉여 농산물의 판매 대전 중 우리나라가 사용할 수 있는 돈은 반드시 국방비에만 사용할 수 있다는 주장을 내세웠고, 또 우리나라는 이를 미국 측 주장대로 감수하여 온 처지에 있었다.

① 농축산물 수입 개방 반대 운동이 전개되었다.
② 제분, 제당, 면방직 등 삼백 산업이 발달하였다.
③ 금리, 기름값, 달러 인하로 3저 호황을 누렸다.
④ 정부 주도 하에 건설 노동자들이 중동에 파견되었다.

대표유형

1091 밑줄 친 '시기'에 있었던 사실에 대한 설명으로 옳은 것은?

2017년 지방직 9급(하)
유사 2019년 서울시 9급(상) / 2014년 서울시 7급 / 2012년 국가직 9급

> 제1차 경제 개발 5개년 계획을 시행할 무렵에 우리나라 정부는 국내에서 산업 개발 자금을 확보하려 하였다. 이에 통화 개혁을 실시했으나 목적을 달성하지 못했고, 결국 외국 차관을 들여왔다. 이러한 배경 속에서 섬유·가발 등의 수출 산업이 육성되었다. 제2차 경제 개발 5개년 계획이 적용된 때에는 화학, 철강 산업에 대한 투자도 이루어졌다. 이 두 차례의 경제 개발 계획이 시행된 시기에 수출 주도 성장 전략이 자리를 잡았다.

① 경부 고속 국도가 건설되었다.
② 금융 실명제가 전격적으로 실시되었다.
③ 경제 협력 개발 기구(OECD)에 가입하였다.
④ 연간 수출 총액이 늘어나 100억 달러를 돌파하였다.

1092 (가)와 (나)는 외국과 맺은 각서이다. 두 각서 사이에 있었던 사실로 옳은 것은?

고난도
2018년 국가직 9급

> (가) 일본 측은 한국 측에 무상 원조 3억 달러, 유상 원조 (해외 경제 협력 기금) 2억 달러, 그리고 수출입 은행 차관 1억 달러 이상을 제공한다.
> (나) 미국 정부가 한국과 약속했던 1억 5천만 달러 규모의 차관 공여와 더불어 …(중략)… 한국의 경제 발전을 돕기 위한 추가 AID차관을 제공한다.

① 유엔의 지원으로 충주에 비료 공장을 설립하였다.
② 국가 기간 산업인 울산 정유 공장이 가동되었다.
③ 마산에 수출 자유 지역이 건설되었다.
④ 경부 고속 국도가 개통되었다.

1093 다음과 같은 기념물이 만들어지던 시기에 추진되었던 정부의 경제 정책으로 가장 적절한 것은? 2019년 법원직 9급

① 중화학 공업을 적극 육성하였다.
② 경제 협력 개발 기구(OECD)에 가입하였다.
③ 미국의 잉여 농산물을 가공하는 삼백 산업을 육성하였다.
④ 자유 무역 협정(FTA)을 통해 시장 개방을 확대하였다.

1094 1970년대 시행된 정책이 아닌 것은? 2015년 지방직 9급

① 금융 실명제의 실시
② 새마을 운동의 추진
③ 통일벼의 전국적 보급
④ 수출 주도형 중화학 공업화

문항	번호				틀린 이유
1089	①	②	③	④	
1090	①	②	③	④	
1091	①	②	③	④	
1092	①	②	③	④	
1093	①	②	③	④	
1094	①	②	③	④	

해설

1089 ④ 장면 내각은 이승만 정권에서 작성된 경제 개발 3개년 계획안을 바탕으로 새롭게 경제 개발 5개년 계획을 수립하였다. 그러나 5·16 군사 정변으로 실제 시행되지 못하고, 박정희 군정 때인 1962년 1차 경제 개발 5개년 계획이 실시되었다.

오답노트 ① 이승만 정부 때인 1948년 한·미 원조 협정을 체결하였다. 이 협정은 한국 정부 출범 이후 한국의 경제 안정을 위한 미국의 경제 원조를 위해 체결되었다. ② 이승만 정부 때 실시된 농지 개혁법과 관련된 내용이다. ③ 이승만 정부 때인 1950년대 원조 물자에 토대를 둔 삼백 산업(제분·제당·면방직 산업)이 발달하였다.

1090 밑줄 친 ⊙은 1950년대 미국의 원조 경제 상황에 대한 내용이다. ② 1950년대 이후 밀가루·설탕·면화를 원료로 한 제분·제당·면방직 산업을 일컫는 삼백 산업이 성장하였다.

오답노트 ① 1990년대 이후의 일이다. ③ 1980년대의 경제 상황에 대한 설명이다. ④ 1970년대부터 건설 노동자들이 중동에 파견되기 시작하였다.

1091 제시된 자료는 박정희 정부 때 1962년~1971년까지 시행되었던 1차·2차 경제 개발 계획에 대한 설명이다. ① 경부 고속 도로는 1968년에 공사를 시작하여 1970년에 완공되었다.

오답노트 ②,③ 1990년대인 김영삼 정부 때의 일이다. ④ 3·4차 경제 개발 계획이 실시되던 1977년의 일이다.

1092 (가)는 1962년 김종필·오히라 메모의 내용이고, (나)는 1966년에 체결한 브라운 각서이다. ② 울산 정유 공장은 1964년부터 가동되기 시작하였다.

오답노트 ① 충주 비료 공장은 우리나라 최초의 비료 공장으로, 1955년에 착공하여 1959년에 설립하였으나 실제 가동은 1961년부터 이루어졌다. ③ 마산이 수출 자유 지역으로 선정된 것은 1970년이다. ④ 경부 고속 국도의 개통은 1970년이다.

1093 제시된 자료의 100억불 수출의 날과 같은 기념물이 만들어진 시기는 1970년대로, 우리나라가 100억 달러 수출을 달성한 것은 1977년의 일이다. ① 1970년대 정부는 중화학 공업화 정책을 추진하여 철강, 조선, 기계, 석유 화학 등 중화학 공업이 크게 발전하였다.

오답노트 ② 1990년대인 1996년 우리나라는 경제 협력 개발 기구(OECD)에 가입하였다. ③ 1950년대의 일이다. ④ 2000년대 이후, 우리나라는 미국, 중국, 일본 등과 자유 무역 협정(FTA)을 체결하여 세계화에 따른 시장 개방과 경쟁에 대비하고자 하였다.

1094 ① 김영삼 정부는 1993년에 금융 실명제를 실시하여 금융 기관과 거래를 할 때에는 본인의 실명을 사용하도록 하였다.

오답노트 ② 1970년부터 새마을 운동이 시작되어 도시와 농촌의 균형 있는 발전 및 농어촌의 근대화와 소득 증대 등을 추구하였다. ③ 1972년 이후 다수확 품종인 통일벼, 유신벼 등의 도입으로 쌀 생산량이 획기적으로 증가하였다. ④ 1970년대에는 수출 주도형 중화학 공업이 크게 발전하였다.

Answer 1089 ④ 1090 ② 1091 ① 1092 ② 1093 ① 1094 ①

PART 08

□□□

1095 다음은 우리나라 경제 성장 과정을 시간순으로 나열한 것이다. (가)에 들어갈 내용으로 옳은 것은?

2020년 국가직 9급

유사 2012년 기상직 9급 / 2007년 국가직 7급

| 수출액 100억 달러를 돌파하였다. |
| ⇩ |
| 제2차 석유 파동으로 경제가 침체에 빠졌다. |
| ⇩ |
| (가) |
| ⇩ |
| 경제 협력 개발 기구에 가입하다. |

① 제3차 경제 개발 5개년 계획이 실시되다.
② 저금리, 저유가, 저달러의 3저 호황을 경험하다.
③ 베트남 파병을 시작하고 브라운 각서를 체결하다.
④ 일본과 대일 청구권 문제에 합의하고 한 · 일 기본 조약을 체결하다.

□□□

1096 다음 각 시기의 경제에 관한 서술로 가장 옳지 않은 것은?

2015년 법원직 9급

유사 2009년 국가직 9급

1945		1962		1972		1980		1998
	(가)		(나)		(다)		(라)	
해방		제1차 경제 개발 5개년 계획		유신 헌법		5 · 18 광주 민주화 운동		김대중 정부 출범

① (가) 무상 몰수, 유상 분배 방식의 농지 개혁법이 실시되었다.
② (나) 미국으로부터 브라운 각서를 통한 경제 지원을 약속받았다.
③ (다) 중화학 공업화 정책을 추진했으며, 수출액이 100억 달러를 넘어섰다.
④ (라) 자유 무역이 확대되는 가운데 외환 보유고 부족으로 위기를 맞았다.

□□□

1097 (가)~(라) 시기에 있었던 경제 상황에 대한 설명으로 옳지 않은 것은?

2015년 지방직 7급

유사 2018년 경찰간부 / 2013년 경찰간부

1960년		1970년		1980년		1990년		2000년
	(가)		(나)		(다)		(라)	

① (가) - 농지 개혁법을 제정 · 공포하였다.
② (나) - 연간 대외 수출액이 100억 달러를 넘어섰다.
③ (다) - 저금리 · 저유가 · 저달러의 3저 현상으로 호황을 맞이하였다.
④ (라) - 경제 협력 개발 기구(OECD)에 가입하였다.

1098 다음은 연대별 인구 정책을 상징하는 표어이다. 각 연대별로 일어난 일에 대한 설명으로 옳은 것만을 〈보기〉에서 모두 고른 것은?

2017년 국가직 9급(하)

연대	표어
(가)	덮어 놓고 낳다 보면 거지꼴을 못 면한다.
(나)	딸 아들 구별 말고 둘만 낳아 잘 기르자.
(다)	잘 키운 딸 하나 열 아들 안 부럽다.

──〔 보기 〕──
ㄱ. (가) 군사 정부가 경제 개발 5개년 계획을 추진하였다.
ㄴ. (나) 유신 체제가 성립되었고, 2차례의 오일 쇼크와 중화학 공업 과잉 중복 투자에 따른 경제 불황이 있었다.
ㄷ. (다) 6월 민주 항쟁과 저금리, 저유가, 저달러의 3저 호황이 있었다.

① ㄱ, ㄴ
② ㄱ, ㄷ
③ ㄴ, ㄷ
④ ㄱ, ㄴ, ㄷ

1099 시대별 교육 문화의 변화에 대한 설명으로 옳지 않은 것은?

2017년 지방직 9급

① 미군정기: 미국식 민주주의 교육과 6 − 3 − 3학제가 도입되었다.
② 1950년대: 경제적 어려움 속에서도 초등학교 의무 교육제가 시행되었다.
③ 1960년대: 입시 과열을 막기 위해 중학교 무시험 추첨제가 도입되었다.
④ 1970년대: 국가주의 이념을 강조한 국민 교육 헌장이 제정되었다.

문항		번호			틀린 이유
1095	①	②	③	④	
1096	①	②	③	④	
1097	①	②	③	④	
1098	①	②	③	④	
1099	①	②	③	④	

해설

1095 100억 달러 수출 달성은 1977년, 2차 석유 파동은 1979년, 경제 협력 개발 기구 가입은 1996년의 일이다. 따라서 1979년부터 1996년까지의 경제 상황으로 적절한 것을 고르는 문제이다. ② 저금리·저유가·저달러의 3저 호황이 일어난 것은 1986년부터 1988년까지이다.

오답노트 ① 3차 경제 개발 5개년 계획이 실시된 것은 1972년부터이다. ③ 1960년대의 일이다. ④ 한·일 기본 조약이 체결된 것은 1965년의 일이다.

1096 ① 1949년 6월에 제정·반포된 농지 개혁법은 1950년 3월부터 시행되었는데, 유상 매입과 유상 분배를 원칙으로 하였다.

오답노트 ② 브라운 각서는 1966년에 체결되었다. ③ 우리나라는 1970년대에 중화학 공업 정책을 추진했으며, 1977년에는 수출액 100억 달러를 달성하였다. ④ 우리나라는 1997년 말에 외환 위기를 맞이하였다.

1097 ① 농지 개혁법이 제정·공포된 시기는 1949년 6월의 일이다.

오답노트 ② 1977년, ③ 1986~1988년, ④ 1996년의 일이다.

1098 제시된 자료의 (가)는 1960년대, (나)는 1970년대, (다)는 1980년대의 인구 정책을 상징하는 표어이다. ㄱ. 박정희를 중심으로 하는 군정은 1962년 1월 제1차 경제 개발 5개년 계획을 추진하였다. ㄴ. 1970년대 유신 체제가 성립되었고, 2차례에 걸쳐 석유 파동이 일어났다. 또한 1970년대 말, 중화학 공업에 대한 중복·과잉 투자, 2차 석유 파동(1979), 국제 원자재 가격의 폭등 등으로 인해 경제 위기가 발생하였다. ㄷ. 1980년대 6월 민주 항쟁이 일어났으며, 3저 호황(저달러, 저유가, 저금리)에 따라 1986년부터 3년간 높은 경제 성장률을 기록하였다.

1099 ④ 국민 교육 헌장은 1968년에 제정되었다.

오답노트 ① 미군정기에는 새로운 교육 제도가 마련되고 남녀 공학제가 도입되었으며 미국식 민주주의 교육이 보급되었다. 또한 학제는 미국식의 6 − 3 − 3학제로 마련되었다. ② 초등학교 의무 교육은 1950년 이승만 정권 때부터 실시되었다. ③ 1960년대에는 일류 학교 진학을 위한 지나친 교육열이 문제가 되어 중학교 무시험 진학 제도가 1969년 서울에서 처음 실시되었다.

Answer 1095 ② 1096 ① 1097 ① 1098 ④ 1099 ④

□□□

1100 우리나라의 시기별 교육 변화 양상으로 옳지 않은 것은?

2017년 지방직 7급

① 1960년대 - 중학교 무시험 진학 제도가 처음 실시되었다.
② 1970년대 - 처음으로 고등학교 입학 시험이 연합고사로 바뀌었다.
③ 1980년대 - 학교 교육과 별개로 사교육인 과외가 활성화되었다.
④ 1990년대 - 대학 수학 능력 시험이 실시되었다.

문항	번호	틀린 이유
1100	① ② ③ ④	

해설

1100 ③ 1980년대 전두환 정부는 학교 교육의 정상화와 과열된 과외 해소 대책으로 과외 전면 금지를 시행하였다.

오답노트 ① 박정희 정부 때인 1969년부터 일류 학교 진학을 위한 입시 과열을 막기 위해 중학교 무시험 진학 제도가 도입되기 시작하였다. ② 1974년부터 고교 평준화 정책에 따라 입학 시험이 연합고사로 바뀌었다. ④ 1994년부터 대학 수학 능력 시험이라는 새로운 대학 입시 제도가 도입되었다.

Answer 1100 ③

노범석

주요 약력

박문각 공무원 한국사 전임교수
전) EBS 공무원 한국사 강사
전) KG패스원 공무원 한국사 전임교수
전) 강남구청 인터넷수능방송 강사
전) 두로경찰간부학원 한국사 교수
전) 을지대학교 한국사 특강 교수

주요 저서

공무원 입문서 시작! 노범석 한국사
노범석 한국사 기본서
노범석 한국사 필기노트
노범석 한국사 기선제압 OX
노범석 한국사 기출문제집
노범석 한국사 기출필수코드 단원별 실전문제
노범석 한국사 파이널 모의고사
한국사능력검정시험 노범석 원샷 한능검 심화 1/2/3급

노범석 한국사 ✧✦ 기출문제 1100제

초판 인쇄 | 2024. 9. 20.   초판 발행 | 2024. 9. 25.   편저 | 노범석
발행인 | 박 용   발행처 | (주)박문각출판   등록 | 2015년 4월 29일 제2019-000137호
주소 | 06654 서울시 서초구 효령로 283 서경 B/D 4층   팩스 | (02)584-2927
전화 | 교재 문의 (02)6466-7202

저자와의
협의하에
인지생략

이 책의 무단 전재 또는 복제 행위를 금합니다.

정가 30,000원   ISBN 979-11-7262-212-1